涉税服务相关法律
应试指南 上册

■ 武劲松 主编 ■ 正保会计网校 编

感恩25年相伴 助你梦想成真

中国税务出版社

图书在版编目（CIP）数据

涉税服务相关法律应试指南 / 武劲松主编；正保会计网校编. -- 北京：中国税务出版社，2025.5 (2025.8重印). (2025年全国税务师职业资格考试应试指南).
-- ISBN 978-7-5678-1592-6

Ⅰ. D922.220.4

中国国家版本馆CIP数据核字第2025DS7762号

版权所有·侵权必究

丛 书 名：	2025年全国税务师职业资格考试应试指南
书 名：	涉税服务相关法律应试指南
	SHESHUI FUWU XIANGGUAN FALÜ YINGSHI ZHINAN
作 者：	武劲松 主编 正保会计网校 编
责任编辑：	张 贤
责任校对：	姚浩晴
技术设计：	林立志
出版发行：	中国税务出版社
	北京市丰台区广安路9号国投财富广场1号楼11层
	邮政编码：100055
	网址：https://www.taxation.cn
	投稿：https://www.taxation.cn/qt/zztg
	发行中心电话：（010）83362083/85/86
	传真：（010）83362047/49
经 销：	各地新华书店
印 刷：	天津市蓟县宏图印务有限公司
规 格：	787毫米×1092毫米 1/16
印 张：	39
字 数：	811000字
版 次：	2025年5月第1版 2025年8月第3次印刷
书 号：	ISBN 978-7-5678-1592-6
定 价：	108.00元

前 言
PREFACE

学税务师？找"应试指南"！

考过税务师？找"应试指南"！

应试指南——正保会计网校老师潜心钻研考试大纲和命题规律精心打造，税务师考试备考路上的超级"加速器"，助力大家高效学习，轻松过关。

▶紧扣考纲剖考情：学习有重点

开篇：考情分析及学习指导——正保资深主编老师依据多年教学经验倾心编写，帮助大家迅速了解考试情况，掌握科学的学习方法，清晰明了且高效地开启备考之旅。

▶知识详解全覆盖：全面又细致

万丈高楼平地起，为了让大家学起来更加轻松，老师们在内容上精挑细选，选出最具代表性、最贴合学习需求的知识点；表述上摒弃枯燥的理论堆砌，用简洁生动的语言搭配图表等形式阐释知识；结构编排上按章由易到难、循序渐进梳理考点，让大家逐步深入掌握知识。

每章知识点讲解之后的"同步训练"，以考点顺序编排，在检测学习成果的同时查找漏洞、填补空缺，通过"学练结合"的方式提高学习效率。

▶实用小模块设计：贴心又实用

书中还设有诸多贴心小模块：在考点后采用★级标注重要程度，快速锁定学习重点，节省时间精力；"得分高手"模块紧跟考情，解读常考出题方式，传授高效解题技巧，精准把握考试方向；创新性设置的"一学多考"小标识，打通了学科之间的关键脉络，促进知识融会贯通；讲解中还穿插着提示性小模块，帮大家化解记忆难点和易混淆点。

▶模拟试卷押考点：考前不用慌

"考前模拟"部分精心准备了两套模拟试卷，扫描二维码就能答题，帮助大家熟悉考试

节奏,提升应试能力,快速进入考试状态。

▶**数字化学习资源:随时随地学**

书中配有丰富的数字化学习资源,扫描封面的防伪码即可获取线上电子书、电子题库等内容。网校还打造了配套专属课程供大家自由选择,书课结合效果更佳。

窗外有风景,笔下有前途;低头是题海,抬头是未来!备考的日子或许充满了艰辛和汗水,但每一次努力都是在为未来积攒能量,只要坚持下去,你一定会收获成功的喜悦。加油吧,小伙伴们,"应试指南"陪你一起成为更好的自己!

由于时间所限,书中难免存在疏漏,敬请批评指正。

编　者

总 目 录

上 册 / 1   下 册 / 323

目录 上册>>>

第一篇　考情分析及学习指导

2025 年考情分析及学习指导 ……………………………………………………………… 3

第二篇　应试指导及同步训练

第一章　行政法基本理论 ……………………………………………………………… 9
　考试风向 ……………………………………………………………………………… 9
　考点详解及精选例题 ………………………………………………………………… 10
　　第一节　行政法基础 ……………………………………………………………… 10
　　　考点一　行政法的概念和特征 ………………………………………………… 10
　　　考点二　行政法的基本原则 …………………………………………………… 10
　　　考点三　行政法的渊源 ………………………………………………………… 11
　　第二节　行政主体 ………………………………………………………………… 13
　　　考点四　行政主体与行政职权 ………………………………………………… 13

1

考点五　行政机关及其工作人员 ··· 14

考点六　法律、法规授权的组织 ··· 15

考点七　行政机关委托的组织 ··· 16

第三节　行政行为 ··· 17

考点八　行政行为的概念与特征 ··· 17

考点九　行政行为的效力 ··· 17

考点十　行政行为的分类 ··· 18

考点十一　行政行为的合法、无效、撤销和废止 ··· 19

考点十二　抽象行政行为 ··· 20

考点十三　具体行政行为 ··· 21

考点十四　行政程序法 ··· 23

考点十五　行政事实行为 ··· 25

同步训练 ··· 26

第二章　行政许可法律制度 ··· 33

考试风向 ··· 33

考点详解及精选例题 ··· 34

第一节　行政许可法基础 ··· 34

考点一　行政许可的概念、特征与分类 ··· 34

考点二　行政许可法的基本原则 ··· 35

第二节　税务行政许可的设定 ··· 36

考点三　行政许可事项 ··· 36

考点四　行政许可的设定权划分 ··· 37

第三节　税务行政许可的实施 ··· 38

考点五　税务行政许可实施主体 ··· 38

考点六　税务行政许可实施程序 ··· 38

考点七　行政许可实施的期限和费用 ··· 42

考点八　行政许可撤销和注销制度 ··· 43

同步训练 ··· 44

第三章 行政处罚法律制度 ········ 49

考试风向 ········ 49
考点详解及精选例题 ········ 50

第一节 行政处罚法基础 ········ 50
考点一 行政处罚的概念与特征 ········ 50
考点二 行政处罚的基本原则 ········ 50

第二节 行政处罚的种类与设定 ········ 51
考点三 行政处罚的种类 ········ 51
考点四 行政处罚的设定 ········ 52

第三节 行政处罚实施主体、管辖及适用 ········ 53
考点五 行政处罚的实施主体 ········ 53
考点六 行政处罚的管辖及适用 ········ 53
考点七 行政处罚的追究时效 ········ 56

第四节 行政处罚程序 ········ 57
考点八 行政处罚决定程序的一般规定 ········ 57
考点九 简易程序 ········ 57
考点十 普通程序 ········ 58
考点十一 听证程序 ········ 59
考点十二 行政处罚执行程序 ········ 60
考点十三 涉嫌犯罪案件移送程序 ········ 61

第五节 税务行政处罚 ········ 62
考点十四 税务行政处罚裁量权行使 ········ 62
考点十五 税务行政处罚听证程序 ········ 63
考点十六 重大税务违法案件审理程序 ········ 63

同步训练 ········ 65

第四章 行政强制法律制度 ········ 74

考试风向 ········ 74
考点详解及精选例题 ········ 75

第一节 行政强制法基础 ··· 75
　　考点一 行政强制概述 ······································· 75
　　考点二 行政强制的种类 ····································· 75
　　考点三 行政强制的设定 ····································· 76
第二节 行政强制措施的实施 ····································· 78
　　考点四 行政强制措施实施的一般规定 ························· 78
　　考点五 查封、扣押 ··· 79
　　考点六 冻结 ··· 80
第三节 行政强制执行的实施 ····································· 82
　　考点七 行政强制执行实施的一般规定 ························· 82
　　考点八 金钱给付义务的执行 ································· 84
　　考点九 代履行 ··· 84
　　考点十 申请人民法院强制执行 ······························· 85
同步训练 ··· 86

第五章 行政复议法律制度 ··· 91

考试风向 ··· 91
考点详解及精选例题 ··· 92
　第一节 行政复议法基础 ··· 92
　　考点一 行政复议概述 ······································· 92
　　考点二 行政复议的基本原则 ································· 92
　第二节 行政复议范围 ··· 93
　　考点三 行政复议范围 ······································· 93
　　考点四 行政复议附带审查范围 ······························· 95
　第三节 行政复议参加人 ··· 95
　　考点五 行政复议申请人 ····································· 95
　　考点六 行政复议代表人 ····································· 96
　　考点七 行政复议被申请人 ··································· 96
　　考点八 行政复议第三人 ····································· 97

目 录

　　　　考点九　行政复议代理人 …………………………………………… 98

　　第四节　行政复议机关及行政复议管辖 ……………………………………… 98

　　　　考点十　行政复议机关 ………………………………………………… 98

　　　　考点十一　行政复议管辖 ……………………………………………… 99

　　第五节　行政复议程序及税务行政复议 ……………………………………… 101

　　　　考点十二　行政复议的申请 …………………………………………… 101

　　　　考点十三　行政复议的受理 …………………………………………… 103

　　　　考点十四　行政复议的审理 …………………………………………… 104

　　　　考点十五　行政复议的证据 …………………………………………… 106

　　　　考点十六　行政复议中止与终止 ……………………………………… 107

　　　　考点十七　行政复议和解与调解 ……………………………………… 108

　　　　考点十八　行政复议决定 ……………………………………………… 109

　　　　考点十九　行政复议决定的履行 ……………………………………… 111

　　　　考点二十　行政复议意见书制度 ……………………………………… 111

　同步训练 …………………………………………………………………………… 112

第六章　行政诉讼法律制度 …………………………………………… 124

　考试风向 …………………………………………………………………………… 124

　考点详解及精选例题 ……………………………………………………………… 125

　　第一节　行政诉讼法基础 ……………………………………………………… 125

　　　　考点一　行政诉讼概述 ………………………………………………… 125

　　　　考点二　行政诉讼的基本原则 ………………………………………… 126

　　　　考点三　行政诉讼与行政复议的关系 ………………………………… 126

　　第二节　行政诉讼受案范围 …………………………………………………… 127

　　　　考点四　行政诉讼受理案件的范围 …………………………………… 127

　　第三节　行政诉讼管辖 ………………………………………………………… 129

　　　　考点五　级别管辖 ……………………………………………………… 129

　　　　考点六　地域管辖 ……………………………………………………… 129

　　　　考点七　裁定管辖 ……………………………………………………… 130

第四节 行政诉讼参加人 ···································· 130
- 考点八 行政诉讼原告 ···································· 130
- 考点九 行政诉讼被告 ···································· 132
- 考点十 行政诉讼第三人 ·································· 135
- 考点十一 行政诉讼代表人 ································ 135
- 考点十二 行政诉讼代理人 ································ 136
- 考点十三 行政机关负责人出庭应诉制度 ···················· 136

第五节 行政诉讼证据 ···································· 136
- 考点十四 行政诉讼的证据类型 ···························· 136
- 考点十五 行政诉讼证据的收集、质证和审查认定 ············ 138
- 考点十六 行政诉讼中的举证责任 ·························· 140

第六节 行政诉讼程序 ···································· 141
- 考点十七 行政诉讼的起诉 ································ 141
- 考点十八 行政诉讼的立案 ································ 143
- 考点十九 第一审普通程序 ································ 144
- 考点二十 简易程序 ······································ 148
- 考点二十一 第二审程序 ·································· 148
- 考点二十二 审判监督程序(再审程序) ···················· 149
- 考点二十三 行政赔偿诉讼 ································ 150
- 考点二十四 行政诉讼、非诉行政案件的执行 ················ 150

同步训练 ·· 151

第七章 民法总论 ·· 165
考试风向 ·· 165
考点详解及精选例题 ······································ 166

第一节 民法概述 ·· 166
- 考点一 民法的概念和特征 ································ 166
- 考点二 民法的基本原则 ·································· 166
- 考点三 民事法律关系的构成要素 ·························· 167

考点四　民事义务 ·· 167
　　　考点五　民事责任 ·· 167
　　　考点六　民事法律事实 ·· 169
　第二节　民事主体 ·· 171
　　　考点七　自然人 ·· 171
　　　考点八　法人 ·· 174
　　　考点九　非法人组织 ·· 177
　第三节　民事权利 ·· 177
　　　考点十　民事权利的分类 ·· 177
　　　考点十一　民事权利的取得、变更和消灭 ······························ 179
　　　考点十二　民事权利的保护 ·· 181
　第四节　民事法律行为和代理 ·· 181
　　　考点十三　民事法律行为的概念与特征 ································ 181
　　　考点十四　民事法律行为的分类 ······································ 182
　　　考点十五　民事法律行为的形式 ······································ 184
　　　考点十六　民事法律行为的成立和生效 ································ 185
　　　考点十七　民事法律行为附款 ·· 187
　　　考点十八　民事法律行为的效力样态 ·································· 188
　　　考点十九　民事法律行为的代理 ······································ 191
　第五节　诉讼时效和除斥期间 ·· 194
　　　考点二十　诉讼时效概述 ·· 194
　　　考点二十一　诉讼时效期间的类型与起算 ······························ 194
　　　考点二十二　诉讼时效的中止、中断 ·································· 196
　　　考点二十三　诉讼时效期间与除斥期间 ································ 197
　同步训练 ·· 198

第八章　物权法 ·· 207
考试风向 ·· 207
考点详解及精选例题 ·· 208

第一节 物权总论
考点一 物的客体——物 … 208
考点二 物权的概念与特征 … 210
考点三 物权法的基本原则 … 210
考点四 物权的分类 … 210
考点五 物权的效力 … 211
考点六 物权变动 … 211

第二节 所有权 … 215
考点七 所有权的概述 … 215
考点八 所有权的取得与消灭 … 215
考点九 共有 … 219
考点十 业主的建筑物区分所有权 … 221
考点十一 相邻权 … 223

第三节 用益物权 … 223
考点十二 用益物权概述 … 223
考点十三 建设用地使用权 … 224
考点十四 宅基地使用权 … 224
考点十五 土地承包经营权 … 224
考点十六 居住权 … 225
考点十七 地役权 … 226

第四节 担保物权 … 227
考点十八 担保物权概述 … 227
考点十九 抵押权 … 228
考点二十 质权 … 232
考点二十一 留置权 … 234
考点二十二 数种担保并存时的效力 … 235

第五节 占有 … 236
考点二十三 占有的分类 … 236
考点二十四 占有的取得与消灭 … 236

        考点二十五 占有的保护效力 ·························· 237
    同步训练 ··· 237

第九章 债法 ·· 252
  考试风向 ··· 252
  考点详解及精选例题 ··· 253
    第一节 债法总论 ·· 253
      考点一 债的概念和构成要素 ······························ 253
      考点二 债的发生 ·· 254
      考点三 债的分类 ·· 255
      考点四 债的效力 ·· 257
      考点五 债的保全 ·· 260
      考点六 保证 ··· 263
      考点七 定金 ··· 265
      考点八 债的移转 ·· 267
      考点九 债的消灭 ·· 268
    第二节 合同法 ·· 271
      考点十 合同的概念和特征 ································· 271
      考点十一 合同的分类 ······································· 271
      考点十二 要约 ··· 273
      考点十三 承诺 ··· 275
      考点十四 免责条款和格式条款 ·························· 276
      考点十五 合同成立的时间、地点、内容、形式 ······· 277
      考点十六 双务合同履行中的抗辩权 ··················· 278
      考点十七 合同的变更和解除 ····························· 279
      考点十八 违约责任 ·· 280
      考点十九 买卖合同 ·· 281
      考点二十 赠与合同 ·· 284
      考点二十一 借款合同 ······································· 285

考点二十二　租赁合同 ·· 287
考点二十三　融资租赁合同 ·· 288
考点二十四　保理合同 ·· 289
考点二十五　承揽合同 ·· 289
考点二十六　建设工程合同 ·· 290
考点二十七　运输合同 ·· 291
考点二十八　保管合同 ·· 292
考点二十九　仓储合同 ·· 292
考点三十　　委托合同 ·· 293
考点三十一　行纪合同 ·· 293
考点三十二　中介合同 ·· 294
考点三十三　合伙合同 ·· 294

　　第三节　侵权责任法 ··· 295
考点三十四　侵权责任的归责原则 ···································· 295
考点三十五　侵权责任的构成要件 ···································· 296
考点三十六　法定免责和减责事由 ···································· 296
考点三十七　法律特别规定的侵权责任类型 ······················· 298
考点三十八　侵权责任的承担方式 ···································· 305

同步训练 ··· 305

第一篇 考情分析及学习指导

税务师应试指南

轻松学习，快乐考试，梦想成真。

轻松听书,尽在"正保会计网校"APP!

打开"正保会计网校"APP,扫描"扫我听书"二维码,即可畅享在线听书服务。

*提示:首次使用需扫描封面防伪码激活服务,此服务仅限手机端使用。

扫我听书

2025年考情分析及学习指导

一、"涉税服务相关法律"科目的总体情况

"涉税服务相关法律"科目考试时间为150分钟,满分140分,全部是选择题,采用闭卷、计算机化考试,合格标准为84分。本科目包括行政法律制度、民商法律制度和刑事法律制度,理论性和应用性较强,考查大量的法律条文,知识点多,需要理解、记忆并熟练运用法律规定解决实际问题,作为专业法律课程有较高难度。"路虽远行则将至,事虽难做则必成",请考生提前做好备考规划,预留充足的学习时间,紧紧围绕核心考点,一步一脚印,持之以恒,方可成就通关大事。

二、考试时间、考查形式及命题规律

(一)考试时间

2025年税务师职业资格考试涉税服务相关法律考试时间为2025年11月15日16:30—19:00。

(二)考查形式

近3年考试的题型、题量与分值均完全一致。题型、题量与分值、评分标准,见下表。

题型、题量与分值、评分标准

题型	题量与分值	评分标准
单项选择题	1.5分/题×40题=60分	4个备选项,只有1个最符合题意
多项选择题	2.0分/题×20题=40分	5个备选项,有2个或2个以上符合题意,至少有1个错项。错选,不得分;少选,每个选项得0.5分

(续表)

题型	题量与分值	评分标准
综合分析题 （不定项选择题）	2.0分/题×4题/案例×5案例=40分	每题5个备选项，有1个或多个最符合题意，至少有1个错项。错选，不得分；少选，每个选项得0.5分
合计	140分	合格标准为84分

（三）命题规律

命题规律，见下表。

命题规律

编	章	预估分值	重要性	总分
第一编 行政法律制度	第一章　行政法基本理论	3分左右	★	22分左右
	第二章　行政许可法律制度	2分左右	★	
	第三章　行政处罚法律制度	6分左右	★★	
	第四章　行政强制法律制度	3分左右	★	
	第五章　行政复议法律制度	3.5分左右	★	
	第六章　行政诉讼法律制度	4.5分左右	★★	
第二编 民商法律制度	第七章　民法总论	9分左右	★★★	88分左右
	第八章　物权法	15分左右	★★★	
	第九章　债法	20分左右	★★★	
	第十章　婚姻家庭与继承法	7分左右	★★	
	第十一章　个人独资企业法	3分左右	★	
	第十二章　合伙企业法	5分左右	★★	
	第十三章　公司法	11分左右	★★	
	第十四章　破产法	7.5分左右	★★	
	第十五章　电子商务法	3.5分左右	★	
	第十六章　社会保险法	2分左右	★	
	第十七章　民事诉讼法	5分左右	★	
第三编 刑事法律制度	第十八章　刑法	13.5分左右	★★★	19分左右
	第十九章　刑事诉讼法	5.5分左右	★★	

三、备考建议

(一) 应试指南如何使用

1. 基础阶段：学习本书第二篇"考点详解及精选例题"的知识点

这一阶段是对考试内容进行全面系统的学习，时间较长，您可根据自身情况，预留出 1~3 个月的时间。这一阶段的目标是打好基础，把不懂的内容学懂，把不理解的内容理解清楚。

2. 练习阶段：完成本书第二篇"同步训练"的题目

在初步学习完每章全部知识点后，进入练习阶段。这一阶段是对已学内容进行第一次检验，完成由理论到实战的跨越。这一阶段的目标是通过一定量的练习，熟悉本科目的出题套路、考查方向及难易程度，对已学知识进行检验，发现自己的知识漏洞并加以弥补，同时掌握一定的解题方法。需要提醒您注意的是，做习题时，建议多归纳总结，争取举一反三，不要轻易尝试题海战术；好题、错题要单独标记，以备反复演练。

3. 模拟阶段：完成本书第三篇"考前模拟"

模拟阶段的目的是让我们熟悉考试的流程。建议您选择一个空闲时间，完全模拟考试场景，进行自我检测。

(二) 书课结合如何使用

1. 书：涉税服务相关法律应试指南
2. 课：正保会计网校 2025 年涉税服务相关法律"AI 畅学旗舰班"

2025 年"AI 畅学旗舰班"五大课程：零基础预习→基础精讲→习题强化→冲刺串讲→考前直播，与书配套。课程中将同步指导考生如何使用本书实现"学习、提升、突破"三阶段的目标。

最后，预祝各位考生在 2025 年能够*梦想成真*！

第二篇 应试指导及同步训练

税务师应试指南

逆流的方向，才更适合成长。

第一章 行政法基本理论

> 重要程度：非重点章节　分值：3分左右

考试风向

▰▰▰ 考情速递

本章为行政法律制度的入门，内容包括行政法基础、行政主体和行政行为，理论性较强，学习有一定难度，偏重理解和适当记忆。重点关注的考点包括行政法的基本原则、渊源，行政机关及其工作人员、法律和法规授权的组织，以及行政行为的效力、行政行为的分类、具体行政行为和行政程序法。本章主要考查单选题和多选题。

▰▰▰ 2025年考试变化

本章变动较小。

新增：（1）行政相对人的知情权、抵抗权；（2）法律、法规授权组织的行为后果由该组织承担；（3）行政行为的撤销情形——行政行为没有事实依据。

删除：法律渊源中行政法规处删除《增值税暂行条例》。

▰▰▰ 脉络梳理

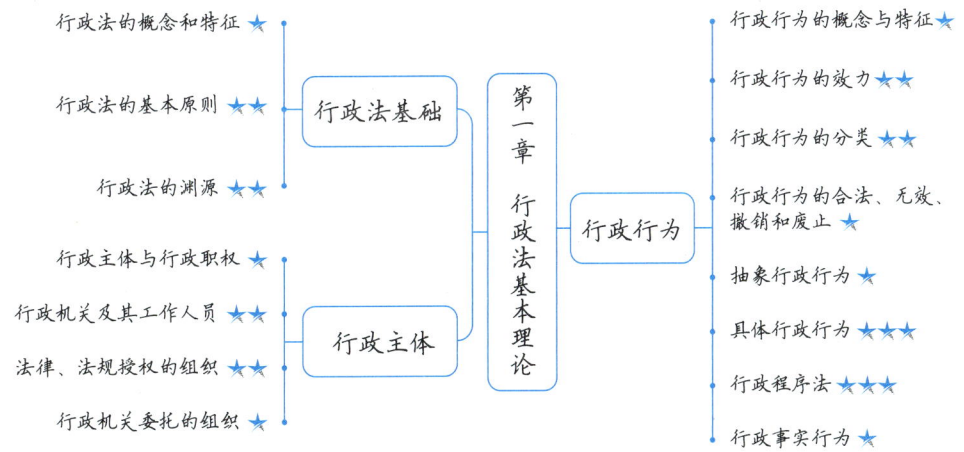

考点详解及精选例题

第一节 行政法基础

考点一 行政法的概念和特征 ★

行政法是我国社会主义法律体系的重要组成部分，行政机关应当坚持依法行政的基本原则和要求。行政法的概念和特征，见表1-1。

表1-1 行政法的概念和特征

项目	内容
概念	指关于行政权力的授予、行使、监督控制，以及对其消极后果予以补救的法律规范的总称
特征	(1)形式特征：无统一、完整法典；规范多，渊源多。 (2)内容特征：内容广泛、易变动、包含实体与程序规范

知识点拨
一个核心（行政权力）+四个基本点（授予、行使、监督控制、消极后果补救）。

【例题1·单选题】（2023年）关于行政法特征的表述中，正确的是(　　)。

A. 行政法是监督行政权力的法
B. 行政法规范稳定性较强
C. 行政法法律渊源单一
D. 行政法是限制行政相对人行使权利的法

解析 本题考查行政法的特征。选项B，行政法规范易变动，特别是以部门或地方政府规章和行政规范性文件形式表现的具体规范，其稳定性相对较弱。选项C，行政法规范数量多，且具有多种法律渊源。选项D，行政法是规范行政权力运用及行使的法，而非限制行政相对人权利的法。

考点二 行政法的基本原则 ★★

行政法的基本原则包括行政合法性原则、行政合理性原则和行政应急性原则。行政法的基本原则，见表1-2。

---

① 本书采用★级对考点进行标注。★表示需要了解，★★表示需要熟悉，★★★表示需要掌握。
② 本书仅对近7年考题进行年份标记，考题均为考生回忆并已根据2025年考试大纲修改过时内容。
③ 本书例题的答案放在页面最下方或"考点详解及精选例题"的结尾处。

答案
例题1 | A

表1-2 行政法的基本原则

项目	内容
行政合法性原则❶	(1)行政权力的存在和行使必须有法律依据； (2)行政权力必须按照法定程序行使
行政合理性原则❷	(1)行政行为应符合立法宗旨及意图、目的； (2)应考虑相关因素，不得考虑不相关因素； (3)平等适用法律规范，遵循行政惯例或先例，做到相同情况相同对待，不同情况区别对待； (4)应保持适度，符合比例原则； (5)行政行为应符合法理、情理及事理要求，符合自然规律、客观性和社会道德观念，符合人类理性和公平正义观念
行政应急性原则❸	行政应急权力的行使条件： (1)必须存在明确无误的紧急危险或危害； (2)非法定机关不得行使，否则无效，除非事后经有权机关追认； (3)作出应急行为应接受有权机关(尤其是权力机关)的监督； (4)应当尊重和保障人权，应当遵循目的、比例(适当、适度，损害最小)、安全原则

知识点拨❶

形式合法性原则的体现。

知识点拨❷

产生的主要原因是行政自由裁量权，实质合法性原则的体现。

知识点拨❸

行政应急性原则属于行政合法性原则的例外。

【例题2·多选题】合理性原则是行政法的基本原则之一，合理行政对行政机关的要求体现在(　　)。

A．行政机关作出吊销执照的处罚决定前，应当告知当事人有申请听证的权利
B．行政机关作出的行政裁量行为应当遵循合法通行的先例，符合自然规律与社会理性
C．行政机关行使行政裁量权作出的行政决定应充分考虑相关因素，排除不相关因素干扰
D．行政机关作出不予行政许可决定，应当说明理由
E．行政机关作出行政处罚决定应当有法律依据，且遵守法定程序

解析 本题考查行政合理性原则。选项A、D、E，属于行政合法性原则的要求。

考点三 行政法的渊源 ★★

1. 行政法的渊源体系构成

行政法的渊源，是指行政法律规范的各种外部表现形式和来源。行政法的渊源体系构成，见表1-3。

表1-3 行政法的渊源体系构成

渊源	制定主体	举例
宪法	全国人大	《宪法》

答案

例题2丨BC

(续表)

渊源		制定主体	举例
法律(法)		全国人大及其常委会	《行政处罚法》《行政复议法》《行政强制法》《行政诉讼法》《增值税法》
法规(条例)	行政法规	国务院	《行政复议法实施条例》《税收征收管理法实施细则》《发票管理办法》
	地方性法规	省级、设区的市人大及常委会	《××地方××条例》
行政规章(规定、办法)	部门规章	国务院各部、委、直属机构	《海关办理行政处罚案件程序规定》《重大税务案件审理办法》《税务行政复议规则》《发票管理办法实施细则》
	地方政府规章	省级、设区的市政府	《××地方××规定》《××地方××办法》
民族自治条例和单行条例		民族自治地方人大	《自治地方××条例》
国际条约、国际协定		国家之间	《××条约》《××公约》《××协定》

【效力等级】宪法＞法律(法)＞行政法规(条例)＞行政规章(规定、办法)和地方性法规(条例)

提示1 税种设立、税率确定和税收征收管理，只能由法律规定。

提示2 设区的市可以规定城乡建设与管理、生态文明建设、历史文化保护、基层治理等事项。调整

提示3 授权立法期限≤5年，但是授权决定另有规定的除外

2. 行政法渊源中效力冲突解决方式

行政法渊源的效力分为不同的层级。行政法渊源中效力冲突的解决方式，见表1-4。

记忆口诀
同一机关自己决定；不同机关，一家事领导解决，两家事自己领导回避。

表1-4 行政法渊源中效力冲突的解决方式

项目	冲突情形	裁决机关	
同一机关	法律之间新的一般与旧的特别冲突	全国人大常委会	谁制定谁裁决
	行政法规之间新的一般与旧的特别冲突	国务院	
	法律制定机关授权制定的法规与法律冲突	全国人大常委会	
不同机关	地方性法规与部门规章冲突	国务院认为应适用地方性法规，适用地方性法规	
		国务院认为应当适用部门规章，提请全国人大常委会裁决	

(续表)

项目	冲突情形	裁决机关
不同机关	A 部门规章与 B 部门规章冲突	国务院
	部门规章与地方政府规章冲突	

> **得分高手**（2023 年单选）
>
> 重点考查行政法渊源、效力等级和冲突的解决。在判断选项效力等级时，先思考中央大于地方，再思考同级人大大于同级政府。在判断选项冲突解决时，先考虑是否属于同一机关冲突，一般同一机关冲突自己解决，不同机关一家事领导解决，两家事自己领导回避。

【例题 3·单选题】（2023 年）关于行政法渊源效力冲突解决方案中，正确的是(   )。

A. 行政法规对同一事项新的一般规定和旧的特殊规定不一致，不能确定如何适用，由国务院裁决

B. 地方性法规优先于部门规章

C. 部门规章与地方性法规对同一事项规定不一致，不能确定如何适用，直接提交全国人大常委会裁决

D. 部门规章优先于地方政府规章

解析 本题考查行政法渊源中效力冲突的解决方式。选项 A，行政法规之间对同一事项新的一般规定与旧的特别规定不一致，不能确定如何适用时，由国务院裁决。选项 B、C，地方性法规与部门规章之间对同一事项的规定不一致，不能确定如何适用时，由国务院提出意见，国务院认为应当适用地方性法规的，应当决定在该地方适用地方性法规的规定；认为应当适用部门规章的，应当提请全国人民代表大会常务委员会裁决。选项 D，各部门规章之间、部门规章与地方政府规章之间对同一事项的规定不一致时，由国务院裁决。

第二节　行政主体

考点四　行政主体与行政职权 ★

行政主体是依法享有行政权力，能以自己的名义行使行政权，作出影响行政相对人权利义务的行政行为，并能独立承担由此产生的相应法律责任的组织。行政职权是行政主体行使行政权的法律表现形式。行政主体与行政职权，见表 1-5。

答案
例题 3 | A

表 1-5 行政主体与行政职权

项目		内容
行政主体	特征	(1)是组织,包括行政机关和法律、法规授权的特定组织,不包括国家机关工作人员。 (2)是享受行政权力的组织(权)。 (3)能以自己名义行使行政权的组织,内部机构、受委托的组织不是行政主体(名)。 (4)是能够独立承担法律责任的组织(责)
行政职权	特征	(1)公益性:以国家和社会公共利益为目的。 (2)优益性:优先权和受益权。 (3)支配性:一经行使,没有撤销之前,推定为有效,相对人必须遵守。 (4)不可自由处分性:不得随意转移、放弃或抛弃
	内容	行政立法权(特定主体才有)、行政解释权、行政决定权(房屋征收及补偿决定)、行政许可权、行政命令权、行政执行权、行政监督检查权、行政强制权、行政处罚权、行政司法权(行政调解、行政仲裁、行政裁决和行政复议)

权+名+责→组织。

考点五 行政机关及其工作人员 ★★

行政机关,是指依宪法或者行政组织法的规定而设置的行使国家行政职能的国家机关。行政机关工作人员,又称公务员,是指在各级国家机关中依法定方式和程序录用,纳入国家行政编制,依法履行公职,由国家财政负担工资福利的工作人员。行政机关及其工作人员类别,见表 1-6。

表 1-6 行政机关及其工作人员类别

项目	内容	
中央行政机关	国务院	是行政主体
	国务院组成部门(×部、×委、×行、×署,如审计署)	是行政主体
	国务院直属机构(×总局、×总署、×局、×署、×会,如证监会)	是行政主体
	国务院部委管理的国家局(×局,如公安部管理的国家移民管理局、中国人民银行管理的国家外汇管理局、文化和旅游部管理的国家文物局、国家发改委管理的国家能源局)	是行政主体
	国务院办事机构(国务院研究室)	不是行政主体
	国务院直属事业单位(中国气象局、国务院发展研究中心、新华通讯社、中国社会科学院、中国工程院、中国科学院、中央广播电视总台等)	经授权,可以是行政主体
	国务院直属特设机构(国资委)	是行政主体

(续表)

项目	内容	
地方行政机关	地方各级政府及其职能部门、地方各级政府的派出机关（街道办、区公所、行政公署）	是行政主体
行政机关工作人员	综合管理类、专业技术类、行政执法类	

【例题 4·多选题】 有规章制定权且属于国务院组成部门的行政机关包括（　　）。

A．财政部　　　　　　　　B．国家外汇管理局
C．中国人民银行　　　　　D．国家税务总局
E．国务院研究室

解析 本题考查中央行政机关。选项 A、C，属于国务院组成部门。选项 B，属于国务院部委管理的国家局。选项 D，属于国务院直属机构。选项 E，属于国务院办事机构。

考点六　法律、法规授权的组织 ★★

法律、法规授权的组织，是指依法律、法规授权而行使特定行政职能的非国家机关组织。在行使法律、法规所授职权时享有与行政机关相同的行政主体地位，可以以自己的名义行使所授职权，并对外承担法律责任。法律、法规授权的组织类别，见表 1-7。

表 1-7　法律、法规授权的组织类别

项目	内容	
行政机构	内设机构：县级以上公安机关内设的交通警察大队；省以下税务局设立的稽查局	经法律、法规授权，可以成为行政主体
	派出机构：审计署驻各地办事处、派出所、税务所、财政所 **提示** 派出机构与派出机关都属于行政机关的派设性组织，两者有严格的区别。派出机关与派出机构区别，见表 1-8	
事业单位	从事某种专业性活动，不以营利为目的，如被授权的高等院校	
社会团体	包括人民群众团体、社会公益团体、学术研究团体、宗教团体等，如消费者协会	
其他组织	基层群众自治组织，如居民委员会、村民委员会	

表 1-8　派出机关与派出机构区别

区别	派出机关	派出机构
种类不同	行政公署、区公所、街道办事处等	派出所、税务所、财政所等
设立机关不同	由各级政府设置	由各级政府的职能部门设置

答案
例题 4 | AC

(续表)

区别	派出机关	派出机构
职能范围不同	多方面或综合性的，相当于一级政府	只管理某项专门的行政事务
主体资格不同	以自己的名义行使行政权，是职权行政主体	授权行政主体

● **得分高手**（2021年单选）

重点考查是否可以成为行政主体。交通警察大队、稽查局、审计署驻各地办事处、派出所、税务所、财政所、高等院校、消费者协会、居民委员会、村民委员会经法律、法规授权，可以成为行政主体。行政机关委托的组织不是行政主体。

【例题5·多选题】(2021年)下列有关行政主体认定和权力来源的说法中，正确的有(　　)。

A. 行政机关的某些内设机构得到法律、法规授权情况下，可以成为行政主体

B. 村民委员会依法管理本村属于村农民集体所有土地的职权，来自《村民委员会组织法》的授权，其可以成为行政主体

C. 消费者协会对商品和服务进行监督，检查权来自市场监督管理局的委托，其可以成为行政主体

D. 高等院校学位授予权来自《高等教育法》的授权，其可以成为行政主体

E. 公安局派出所作为派出机构，经过法律、法规的授权，属于行政主体

解析 ▷ 本题考查行政主体。选项C，行政机关委托的组织不具有独立的主体资格，不是行政主体。

考点七 行政机关委托的组织 ★

行政机关委托的组织，是指接受行政机关委托行使一定行政职权的社会组织。行政机关委托社会组织行使行政权的条件及规则，见表1-9。

表1-9 行政机关委托社会组织行使行政权的条件及规则

项目	内容
条件及规则	委托必须有法律依据
	必须以书面形式在自己职权范围内委托
	对受托组织的行为后果承担法律责任
	受委托组织不得再委托

【例】房屋征收部门委托房屋征收实施单位

行政机关委托的组织与法律、法规授权的组织的区别，见表1-10。

答案 ▷
例题5 | ABDE

表 1-10　行政机关委托的组织与法律、法规授权的组织的区别

区别	行政机关委托的组织	法律、法规授权的组织
权力来源	行政机关委托	法律、法规授权
行使行政权的方式	不能独立行使，必须以委托机关的名义行使	以自己的名义行使
法律地位	不是行政主体，不具有行政复议被申请人或行政诉讼被告的资格	属于行政主体，可成为行政复议的被申请人和行政诉讼被告
法律后果	委托机关承担	该组织承担

第三节　行政行为

考点八　行政行为的概念与特征 ★

从广义上讲，行政行为既包括行政法律行为，也包括行政事实行为。行政行为的概念与特征，见表 1-11。

表 1-11　行政行为的概念与特征

项目		内容	
概念	行政法律行为	行政主体行使行政权力，产生行政法律效果，实现行政管理和服务的目标	例如行政处罚、行政许可、行政征收、行政强制等
	行政事实行为	行政主体行使行政权力，不以实现某种特定法律效果为目的，而以影响或改变事实状态为目的	例如行政机关发布信息、公开情报、采取灵活的方法进行行政疏导等
特征	（1）从属法律性，执行法律或为执行法律而制定规范。 （2）裁量性，立法时设定裁量空间。 （3）单方意志性，一般无须与行政相对方协商，行政协议除外。 （4）效力先定性，一经作出，假定合法，在未被依法宣布违法无效之前，具有约束力，必须遵守和服从。 （5）强制性，以国家强制力保证实施		

考点九　行政行为的效力 ★★

一般来说，行政行为自成立时对行政主体和行政相对人产生法律上的效力。行政行为的效力，见表 1-12。

记忆口诀

执行、公定、确定、拘束（谐音：职工定居）。

表1-12 行政行为的效力

项目	内容
具体效力	(1)确定力：有效成立的行政行为，具有不可争辩力、不可变更性，即非依法不得随意变更或撤销。 (2)拘束力：成立后即产生法律上的约束力，必须遵守、服从。 (3)公定力：一经作出推定合法有效，应当先予以遵守和服从。 (4)执行力：行政行为生效后，行政主体依法有权采取一定手段，使行政行为的内容得以实现

考点十 行政行为的分类 ★★

行政行为可以根据不同的标准进行理论上的分类。行政行为的分类，见表1-13。

表1-13 行政行为的分类

标准	分类
适用与效力作用的对象	内部行政行为：行政处分
	外部行政行为：行政许可、行政处罚、行政强制
对象是否特定	抽象行政行为：税务机关制定规范性文件
	具体行政行为：行政许可、行政处罚、行政强制、国有土地上房屋征收
受法律规范拘束的程度	羁束行政行为：税收征管（只能根据法律、法规规定的范围、对象、税种、税目、税率来进行）
	裁量行政行为：核定应纳税额
是否可以主动作出行政行为	依职权的行政行为：主动公开政府信息、征税行为、行政强制、国有土地上房屋征收行为
	依申请的行政行为：颁发营业执照、经营许可证
成立时参与意思表示的当事人数目	单方行政行为：行政许可、行政处罚、行政强制
	双方行政行为：行政委托、行政协议
是否具备一定的法定形式	要式行政行为：行政复议决定、强制执行决定
	非要式行政行为：公安机关对酗酒的人强制约束
作为方式表现	作为行政行为：行政奖励、行政强制
	不作为行政行为：公安机关未依法保护人身安全
内容对行政相对人是否有利	授益行政行为：行政许可、行政给付、行政奖励
	损益行政行为：行政处罚、征税

(续表)

标准	分类
行政权作用的表现方式和实施行政行为所形成的法律关系	行政立法行为：制定行政法规、制定行政规章、制定其他规范性文件
	行政执法行为：行政征收、给付、许可、确认、奖励、处罚、强制、监督检查
	行政司法行为：行政调解、裁决、仲裁、复议
特殊行政行为	行政终局裁决行为：国家行为(国防、外交)

【例题6·多选题】（2024年）某省稽查局管辖区内实施税务检查时，对纳税人甲的偷税行为处以少缴税款1倍的罚款，稽查局所实施的行政处罚行为属于(　　)。

A．外部行政行为　　　　B．羁束行政行为
C．损益行政行为　　　　D．非要式行政行为
E．双方行政行为

解析 本题考查行政行为的分类。行政处罚属于外部、要式、单方、损益行政行为。涉及的行政罚款属于裁量行政行为。

【例题7·单选题】（2021年）公安机关对公民甲交通违法行为依法作出的行政处罚属于(　　)。

A．双方行政行为、外部行政行为、依职权行政行为
B．具体行政行为、损益行政行为、非要式行政行为
C．作为行政行为、授益行政行为、行政执法行为
D．外部行政行为、单方行政行为、损益行政行为

解析 本题考查行政行为的分类。行政处罚属于典型的外部行政行为、具体行政行为、单方行政行为、损益行政行为、要式行政行为。

考点十一 行政行为的合法、无效、撤销和废止 ★

不同行政行为的合法要件并不完全相同，行政行为会因欠缺某些要件导致无效或撤销。行政行为具有确定力，一经作出不得随意废止。行政行为的合法、无效、撤销和废止，见表1-14。

表1-14　行政行为的合法、无效、撤销和废止

项目	具体规定
合法一般要件	(1)主体合法。 (2)在权限范围内实施。 (3)内容合法适当。 (4)符合法定程序
无效	存在重大且明显违法。 【示例】行政处罚没有依据或者实施主体不具有行政主体资格

答案
例题6｜AC
例题7｜D

(续表)

项目		具体规定
撤销	情形	(1)行政行为在合法要件方面有瑕疵。 (2)行政行为明显不当。 (3)行政行为没有事实依据 新增
	后果	(1)行政行为自被撤销之日起失去法律效力,撤销的效力可追溯到行政行为作出之日。 (2)各方根据过错承担相应的行政法律责任,包括赔偿责任
废止	情形	(1)依据的法律、法规、规章等依法修改、废止或撤销。 (2)客观情况发生重大变化,继续存在将有损公共利益。 (3)已完成既定的目标、任务
	后果	(1)从行为废止之日起失效(无追溯力)。 (2)因废止给相对人造成损失的,应当依法补偿

【例题8·单选题】(2024年)下列关于行政行为明显不当、无效、撤销和废止的说法中,正确的是(　　)。

A. 行政行为的撤销是因行政行为所依据的客观情况发生重大变化
B. 没有依据的行政行为和违反法定程序的行政行为均无效
C. 行政行为的废止是因行政行为合法要件缺失
D. 对明显不当的行政行为应当复议决定变更或判决撤销

解析 本题考查行政行为的效力。选项A、C,行政行为撤销的情形包括行政行为在合法要件方面有瑕疵、行政行为明显不当和行政行为没有事实依据。因行政行为所依据的客观情况发生重大变化,可能导致行政行为的废止。选项B,通常认为,行政行为存在重大且明显违法的,属于无效情形。选项D,在行政复议程序中,对于事实清楚,证据确凿,适用依据正确,程序合法,但是内容不适当的行政行为,行政复议机关作出变更决定。在行政诉讼程序中,对于明显不当的行政行为,人民法院判决撤销或者部分撤销,并可以判决被告重新作出行政行为。

考点十二　抽象行政行为 ★

从动态上讲,抽象行政行为是指行政主体针对不特定的人和事制定具有普遍约束力的行为规则的活动。抽象行政行为的特征,见表1-15。

表1-15　抽象行政行为的特征

项目	内容
特征	(1)对象的普遍性,针对不特定的人或事。 (2)效力的普遍性和持续性。 (3)准立法性。 (4)不可诉性 提示 行政立法属于抽象行政行为,包括行政法规和行政规章

答案
例题8｜D

考点十三 具体行政行为 ★★★

具体行政行为，是行政行为的主要类型，是指行政主体在行政管理过程中，针对特定的人或事采取具体措施的行为。具体行政行为主要包括行政许可、行政处罚、行政强制、行政复议、行政征收、行政确认、行政监督、行政给付、行政裁决、行政奖励、行政协议等。具体行政行为的类型，见表1-16。

表1-16 具体行政行为的类型

项目		内容
行政征收	概念	行政主体以强制无偿取得相对方财产所有权
	分类	(1) 因使用权而引起的征收：建设资金的征收。 (2) 因行政法上的义务而引起的征收：税收、社会保险费与非税收入征收、管理费的征收。 (3) 因国家或者公共利益的特定需要引起的征收：国有土地上房屋征收、紧急状态下的政府及其工作部门作出的财产征收行为
行政确认	概念	行政主体对相对方的法律地位、法律关系和法律事实进行甄别，给予确定、认可、证明并予以宣告
	特征	(1) 要式行政行为：必须以书面形式。 (2) 可以依申请或依职权作出
	形式	认定、认可、证明、登记、批准、鉴证、行政鉴定
	分类	(1) 依申请：城市房屋出租登记备案、收养登记、增值税一般纳税人登记。 (2) 依职权：道路交通事故责任认定、火灾事故责任认定
行政监督	概念	行政主体依法定职权，对相对方遵守法律、法规、规章以及执行行政命令、决定的情况进行检查、了解、监督
	特征	(1) 主体是享有行政监督权的国家行政机关或法律、法规授权的组织。 (2) 依职权的、单方的、相对独立的具体行政行为
	方法	审计、检查、调查、查验、检验、勘验、鉴定、登记、统计
行政给付	概念	行政主体对公民在年老、疾病或丧失劳动能力或其他特殊情况下，依照法律、法规规定，赋予其一定的物质利益或与物质有关的权益
	区别	行政奖励对象是为国家和社会作出贡献的人，内容包括物质和精神奖励。 行政给付一般只有物质上的权益和与物质有关的权益
	形式	发放退休金、退职金、失业救济金、社会保险金、最低生活保障费、安置、补助、抚恤、优待、救灾扶贫、免费教育、免费治疗

(续表)

项目		内容
行政裁决	概念	法律授权的特定行政主体对平等主体之间特定的民事权利归属或侵权损害纠纷进行审查，并就各方责任的承担作出裁断
	区别	行政裁决：双方争议裁决； 行政确认：单方认可确认
	情形	著作权侵权损害赔偿纠纷的裁决；专利权许可使用费纠纷的裁决；土地等自然资源使用权侵权损害赔偿纠纷的裁决；国有资产产权纠纷的裁决
行政奖励	概念	行政机关对为国家和社会作出一定贡献的行政相对人给予物质、精神奖励
	主体	限于行政机关
	情形	税务机关对实名检举税收违法行为的物质奖励；授予A级纳税人的称号
行政协议	概念	又称行政契约、行政合同，是指行政机关为实现公共利益或者行政管理目标，与公民、法人或者其他组织协商订立的具有行政法上权利义务内容的协议
	情形	政府特许经营协议、土地房屋征收补偿协议

> **知识点拨**
> 企业、学校内部及社会团体实施的奖励不属于行政奖励。

● **得分高手**（2024年、2023年单选）

重点考查各类具体行政行为的区别：①"官"收"民"的钱属于行政征收；因年老、疾病或丧失劳动能力，"官"给"民"的钱属于行政给付；为国家和社会作出贡献，"官"给"民"的钱属于行政奖励。②"官"对"民"法律地位、法律关系和法律事实的确定、认可属于行政确认，"官"对"民"守法守规的检查、了解属于行政监督。③"官"对"民"与"民"纠纷的裁决属于行政裁决，上级"官"对"民"与下级"官"之间纠纷的裁决，属于行政复议。

【例题9·单选题】(2024年)下列对具体行政行为类型的认定中，正确的是( )。

A．稽查局对实施偷税行为的纳税人给予行政处罚，属于行政裁决

B．稽查局对检举税收违法行为的举报人给予奖金，属于行政给付

C．政府对国有土地上房屋进行征收，属于行政强制

D．交警部门对道路交通事故责任进行认定，属于行政确认

解析 本题考查具体行政行为。选项A，行政裁决的对象是特定的民事纠纷。行政处罚属于行政纠纷。选项B，行政给付，是指行政主体对公民在年老、疾病或丧失劳动能力或其他特殊情况下，依照法律、法规规定，赋予其一定的物质利益或与物质有关的权益的具体行政行为。选项C，对国有土地上房屋进行征收属于行政征收。

【例题10·单选题】(2023年)下列对税务机关行政行为的认定中，正确

答案
例题9｜D

的是( )。
   A. 稽查局向税务违法行为举报人颁发奖金属于行政给付
   B. 税务局为增值税一般纳税人办理登记属于行政协议
   C. 税务局收取社会保险费属于行政征收
   D. 稽查局对纳税人实施税务检查属于行政裁决

解析 本题考查行政行为的认定。选项 A，属于行政奖励。选项 B，属于行政确认。选项 D，属于行政监督。

考点十四 行政程序法 ★★★

行政程序法是规定行政主体实施各种行政行为所应遵循的方式、步骤、顺序和时限的法律规范的总称。行政程序法规范与行政实体法规范往往交织在同一法律文件或法律条款之中。

1. 行政程序法的基本原则
（1）公开原则：行政依据公开、程序公开、信息公开、决定公开。
（2）公正原则：平等地对待当事人各方。
（3）参与原则：听证程序。
（4）效率原则：时效制度、简易程序、紧急处置程序。

2. 行政程序法的基本制度
行政程序法的基本制度，见表1-17。

表1-17 行政程序法的基本制度

项目		内容
信息公开制度	概念	涉及行政相对人权利、义务的行政信息资料应当公开，法律规定保密的除外
	限制	（1）绝对不公开：涉及国家秘密，可能危及国家安全、公共安全、经济安全、社会稳定，法律、行政法规禁止公开的政府信息。 （2）相对不公开：涉及商业秘密、个人隐私，第三方同意或不公开会对公共利益造成重大影响
	时限	（1）主动公开：自该信息形成或变更之日起20个工作日内，法律、法规另有规定的除外。 （2）依申请公开：①能当场答复的，当场答复。②不能当场答复的，自收到申请之日起20个工作日内答复；需延长答复期限的，经政府信息公开工作机构负责人同意并告知申请人，延长的期限最长不得超过20个工作日（当场→20日+20日）
	费用	不收费，但申请公开信息的数量、频次明显超过合理范围的除外
回避制度		有利害关系的公务员必须避免参与行政管理事项或者作出有关行政行为

答案
例题10 | C

(续表)

项目		内容
行政调查检查制度 调整	概念	行政主体有权依法获取公民、法人或其他组织的个人信息、从事生产经营等信息以及有关证据材料的一种行政程序制度。调查制度主要包括不能超过调查检查权限、遵守法定调查检查程序
	调查检查程序	《行政处罚法》规定，在调查或者进行检查时，执法人员不得少于两人，主动出示执法证件。证据可能灭失或以后难以取证的，经行政机关负责人批准，可先行登记保存，7日内作出处理决定
告知制度		行政机关在作出行政行为之前，就依据的事实、理由、当事人的权利及其他有关事项，有义务告知当事人并加以指导
催告制度	概念	当事人在行政决定作出后不自觉履行义务，行政主体催促、督促当事人在一定期限内履行，否则承担被强制执行后果的一种行政程序制度
	种类	行政机关自行强制执行的催告、代履行的催告、申请人民法院强制执行的催告
听证制度		行政主体在作出影响行政相对人合法权益的决定前，行政主体告知决定理由和听证权利，行政相对人表达意见、提供证据，以及行政主体听取意见、质证等所构成的一项基本制度
行政案卷制度		又称案卷排他性制度，行政决定只能以行政案卷体现的事实作为根据。例如，《行政许可法》规定，行政机关应当根据听证笔录，作出行政许可决定
说明理由制度		又称附加理由制度，行政主体应将作出行政决定所依据的事实上和法律上的理由对行政相对人说明
教示制度		行政机关对行政相对人正式作出某种不利决定时，应当明确告知有关法律救济权利，包括告知救济机关、时限、方式、后果。 **提示** 与告知制度所告知的内容不同。 《行政复议法实施条例》规定，行政机关作出的具体行政行为对公民、法人或者其他组织的权利、义务可能产生不利影响的，应当告知其申请复议的权利、行政复议机关和行政复议申请期限
时效制度		是对行政主体的行政行为时间上的限制，例如行政主体对行政相对人申请行政许可的审查时限、决定时限、送达时限；行政主体实施行政处罚时作出行政处罚决定时限、送达时限、执行时限等

【例题11·单选题】根据《行政处罚法》《行政许可法》《行政强制法》及《税收征收管理法》等法律及行政法理论，下列关于税务机关应当遵守的行政程序基本制度规定的说法中，正确的是(　　)。

A. 说明理由制度要求，与纳税人有直接利害关系的税务人员在涉嫌偷税案件调查取证阶段应主动提出回避

B. 行政案卷制度要求，税务机关应将有关税务行政许可的事项、依据、条件、数量、程序、期限以及需要提交的全部材料的目录和申请书示范文本等在办公场所公示

C. 催告制度要求，税务机关在作出税务行政处罚前应充分听取纳税人的陈述申辩意见，并对纳税人提出的事实、理由及证据进行复核
D. 教示制度要求，税务机关作出冻结纳税人存款的决定时应告知其申请复议的权利、复议机关和申请复议的期限

解析 本题考查行政程序法的基本制度。选项 A，体现的是回避制度。选项 B，体现的是信息公开制度。催告是当事人在行政决定作出后不自觉履行义务，行政主体督促当事人在一定期限内履行义务，否则承担被强制执行后果的一种程序。选项 C，体现的不是催告制度，而是行政程序法的基本原则——公正原则。

考点十五 行政事实行为 ★

从广义上讲，行政行为可分为行政法律行为和行政事实行为，前者行政相对人不服从会导致相应的法律制裁或者承受其他强制性后果，后者则不具有法律的强制性。

1. 行政事实行为

行政事实行为是指行政主体作出的以影响或改变事实状态为目的、非产生法律约束力而仅产生事实上的效果的行为。例如，行政机关发布信息、公开情报、行政疏导、发布不合格产品警示、行政指导等。行政事实行为的分类与救济，见表 1-18。

表 1-18 行政事实行为的分类与救济

项目	内容
分类	(1) 执行性行政事实行为：根据行政处罚决定书所进行的没收物品行为；根据行政给付决定发放特定人生活补助金的行为等。 (2) 通知性行政事实行为：对相对人提出的意见、劝告、提供的咨询服务等。 (3) 协商性行政事实行为：签订行政协议前与相对人的协商行为
救济	不能提起行政诉讼，但是因行政机关违法行使职权对相对人的人身权、财产权造成损害，相对人有权提出国家赔偿

2. 行政指导

行政指导是指行政主体为了达到某种行政目的，在其职权范围内采用希望、劝告、建议、指示等非强制性手段谋求行政相对人协助或合作的行政活动，是一种行政事实行为。行政指导的要求与救济，见表 1-19。

表 1-19 行政指导的要求与救济

项目	内容
依法行政要求	(1) 应有法律依据； (2) 在职权范围内实施； (3) 遵守有关程序法的规定
救济	不能提起行政诉讼，可以提出国家赔偿

答案
例题 11 | D

同步训练

关于"扫我做试题",你需要知道

移动端操作:使用"正保会计网校"APP扫描"扫我做试题"二维码,即可同步在线做题。

电脑端操作:使用电脑浏览器登录正保会计网校(www.chinaacc.com),进入"我的网校我的家",打开"我的图书"选择对应图书享受服务。

提示:首次使用需扫描封面防伪码激活服务。

考点一 行政法的概念和特征

(多选题)下列关于行政法特征的表述,正确的有( )。

A. 行政法没有统一、完整的法典

B. 行政法规范数量多,且具有多种法律渊源

C. 行政法内容广泛,涉及几乎所有的社会生活领域

D. 行政法规范不易变动,稳定性较强

E. 行政法内容往往包含实体与程序两种规范

考点二 行政法的基本原则

1.(单选题)下列选项中关于行政合理性原则的说法,不正确的是( )。

A. 行政行为应符合立法宗旨及意图、目的

B. 平等地适用法律规范,遵循行政惯例或先例,做到相同情况相同对待,不同情况区别对待

C. 行政权力的存在和行使必须有法律依据,必须按照法定程序行使

D. 行政行为应保持适度,符合比例原则要求

2.(多选题)根据行政应急性原则要求,下列表述正确的有( )。

A. 必须存在明确无误的紧急危险或危害

B. 行政应急性原则是一般情形下合法性原则的例外,排斥法律原则约束

C. 行政应急行为不需考虑负面损害大小

D. 行政机关作出应急行为应接受有权机关的监督

E. 行政机关行使应急权力应当尊重和保障人权

考点三 行政法的渊源

1.(单选题·2022年)下列选项中属于行政法规的是( )。

A.《行政处罚法》 B.《税收征收管理法实施细则》

  C.《税务行政复议规则》   D.《重大税务案件审理办法》

2. (多选题)下列关于行政法渊源的效力等级及其冲突的解决方式的表述,正确的有(　　)。

  A. 行政法规的效力低于法律,高于规章和地方性法规

  B. 法律是全国人民代表大会及其常委会制定的规范性文件,其效力仅次于宪法

  C. 法律之间对同一事项的新的一般规定与旧的特别规定不一致,不能确定如何适用时,由国务院裁决

  D. 国务院部门规章与地方性法规之间对同一事项的规定不一致时,由全国人民代表大会常务委员会裁决

  E. 各部门规章之间、各部门规章与地方政府规章之间具有同等效力,对同一事项的规定不一致时,由国务院裁决

考点四 行政主体与行政职权

1. (单选题)下列关于行政主体特征的表述,不正确的是(　　)。

  A. 行政主体是组织及其工作人员

  B. 行政主体是享有行政权力的组织

  C. 行政主体是能以自己的名义行使行政权的组织

  D. 行政主体是能够独立承担法律责任的组织

2. (多选题)下列关于行政职权特征的表述,正确的有(　　)。

  A. 具有强制性、命令性、执行性

  B. 具有公益性,以国家和社会的公共利益为目的

  C. 行政主体行使行政职权时依法享有优先权和受益权,即行政优益权

  D. 行政职权对行政相对人具有支配性

  E. 具有可自由处分性,可随意转移、随意放弃或抛弃

考点五 行政机关及其工作人员

(多选题)下列关于中央行政机关是否具备行政主体资格的表述,正确的有(　　)。

  A. 国务院是行政主体   B. 商务部不是行政主体

  C. 国务院研究室具有行政主体资格 D. 中国科学院不能成为行政主体

  E. 国家外汇管理局具有行政主体资格

考点六 法律、法规授权的组织

(单选题)下列关于法律、法规授权组织的表述,正确的是(　　)。

  A. 县级以上公安机关内设的交通警察大队以及省以下税务局设立的稽查局不得成为行政主体

  B. 公安派出所、税务所、财政所等派出机构,经法律、法规授权,可以成为行政主体

  C. 事业单位不得成为行政主体

  D. 居民委员会和村民委员会不得成为行政主体

考点七 行政机关委托的组织

(单选题)下列关于行政机关委托的组织的表述,正确的是(   )。

A. 委托行政机关必须对受委托组织的行为实施监督,并对其行为的后果承担法律责任
B. 行政机关委托的组织的权力来源于法律、法规的授权
C. 行政机关委托的组织基于委托取得的行政权能够独立行使,可以自己的名义行使行政权
D. 行政机关委托的组织具有独立的主体资格,是行政主体

考点八 行政行为的概念与特征

(单选题)下列行为中,不属于行政行为的是(   )。

A. 某县税务局因办公需要,购买一批桌椅
B. 某县市场监督管理局吊销某企业的营业执照
C. 某县交警大队对张三违法停车罚款200元
D. 某县药品监督管理局对某企业假药予以查封

考点九 行政行为的效力

(单选题)下列关于行政行为的效力的表述,不正确的是(   )。

A. 行政行为自成立后对行政主体和行政相对人产生法律上的效力
B. 行政行为具有确定力,即有效成立的行政行为,具有不可争辩力、不可变更性
C. 行政行为具有拘束力,即行政主体作出的行政行为,不论合法还是违法,都推定为合法有效
D. 行政行为具有执行力,在行政相对人拒不履行义务的情况下,行政行为需要予以强制执行

考点十 行政行为的分类

1. (多选题)某省建设主管部门依法向某建筑企业发放安全许可证,属于(   )。

   A. 外部行政行为   B. 依职权行政行为
   C. 作为行政行为   D. 损益行政行为
   E. 抽象行政行为

2. (多选题)根据行政法原理,下列有关税收强制执行行为属性的说法中,正确的有(   )。

   A. 属于损益行政行为   B. 属于非要式行政行为
   C. 属于作为行政行为   D. 属于具体行政行为
   E. 属于依职权的行政行为

考点十一 行政行为的合法、无效、撤销和废止

1. (单选题)下列属于行政行为撤销的情形是(   )。

   A. 行政处罚没有依据或者实施主体不具有行政主体资格
   B. 行政行为没有事实依据

C. 行政行为所依据的法律、法规、规章等经有权机关依法修改、废止或撤销

D. 行政行为所依据的客观情况发生重大变化，原行政行为的继续存在将有损公共利益，同时可能会给公民、法人或者其他组织造成财产损失

2. (多选题)下列关于行政行为无效、撤销、废止后果的表述，正确的有(　　)。

A. 行政行为自被撤销之日起失去法律效力，撤销的效力可追溯到行政行为作出之日

B. 无效行政行为自始无效，而可撤销的行政行为只有在被撤销后才失去效力

C. 行政行为的撤销是因行政相对人的过错或行政主体与行政相对人的共同过错所引起的，过错方各依自己的过错程度承担相应的行政法律责任

D. 行政行为废止后，其效力从行为废止之日起失效

E. 行政主体在行为被废止之前通过相应行为已给予行政相对人的权益予以收回，行政相对人依原行政行为已履行的义务可以要求行政机关返还利益

考点十二 抽象行政行为

(单选题)下列关于抽象行政行为特征的表述，不正确的是(　　)。

A. 效力的普遍性和持续性　　　　B. 对象的特定性
C. 准立法性　　　　　　　　　　D. 不可诉性

考点十三 具体行政行为

1. (单选题)根据行政法理论，关于行政行为，下列选项说法正确的是(　　)。

A. 城市房屋出租登记备案属于行政确认　　B. 发放社会保险金属于行政奖励
C. 给予金钱奖励属于行政给付　　　　　　D. 行政裁决的对象是特定的行政纠纷

2. (单选题)下列有关具体行政行为认定的说法中，正确的是(　　)。

A. 某区税务局为纳税人办理税收优惠属于行政奖励

B. 某县税务局为纳税人办理税收登记属于行政确认

C. 某省税务局作出的税务行政复议决定属于行政裁决

D. 某市税务局对管辖内县区税务局实施税收执法检查属于行政监督

3. (多选题)2024年8月，某县妇联授予张三妹"三八红旗手"荣誉称号，下列关于该行为的说法，正确的有(　　)。

A. 该行为在法律性质上是行政奖励　　B. 该行为在法律性质上是行政给付
C. 该行为是事实行为　　　　　　　　D. 该行为是授益行政行为
E. 该行为是抽象行政行为

考点十四 行政程序法

(单选题)甲税务局对某公司作出税收强制执行决定，此决定的执行对该公司可能产生重大不利影响，甲税务局依照《行政复议法实施条例》及《税务行政复议规则》的要求，依法告知其享有申请税务行政复议的权利、税务行政复议机关和申请期限，甲税务局的这一做法，体现了行政程序法中的(　　)。

A. 行政执法全过程记录制度　　　　B. 教示制度
C. 行政执法公示制度　　　　　　　D. 说明理由制度

考点十五 行政事实行为

(单选题)曹某在当地集镇市场临时贩卖鲜活鱼,市场管理办公室工作人员章某责令其交纳有关费用,曹某拒不交纳。双方由此发生争吵,章某将曹某未卖完的鲜活鱼全部扣押,且将曹某打伤。下列关于本案涉及的主体、行为和责任的表述中,正确的是( )。

A. 章某是本案行政主体

B. 章某扣押曹某鲜活鱼的行为属于行政征收

C. 章某殴打曹某的行为属于事实行为

D. 章某个人应当就曹某的损失承担民事赔偿责任

参考答案及解析

考点一 行政法的概念和特征

ABCE 【解析】本题考查行政法的特征。选项 D,行政法规范易于变动,特别是以部门或地方政府规章和行政规范性文件形式表现的具体规范,其稳定性相对较弱。

考点二 行政法的基本原则

1. C 【解析】本题考查行政合理性原则。行政权力的存在和行使必须有法律依据,必须按照法定程序行使,属于行政合法性原则的要求。

2. ADE 【解析】本题考查行政应急性原则。选项 B,行政应急性原则是一般情形下合法性原则的例外,不排斥法律原则约束。选项 C,行政应急行为应当适当、适度,尽最大可能将负面损害控制在最小或者最低限度的范围内。

考点三 行政法的渊源

1. B 【解析】本题考查行政法渊源。选项 A,《行政处罚法》属于法律。选项 C、D,《税务行政复议规则》和《重大税务案件审理办法》属于部门规章。

2. ABE 【解析】本题考查行政法渊源的效力等级及其冲突的解决方式。选项 C,法律之间对同一事项的新的一般规定与旧的特别规定不一致,不能确定如何适用时,由全国人民代表大会常务委员会裁决。选项 D,国务院部门规章与地方性法规之间对同一事项的规定不一致,不能确定如何适用时,由国务院提出意见,国务院认为应当适用地方性法规的,应当决定在该地方适用地方性法规的规定;认为应当适用部门规章的,应当提请全国人民代表大会常务委员会裁决。

考点四 行政主体与行政职权

1. A 【解析】本题考查行政主体特征。选项 A,行政主体是组织,任何个人,包括国家机关工作人员,都不能成为行政主体。

2. ABCD 【解析】本题考查行政职权特征。选项 E,行政职权具有不可自由处分性,不可随意转移、随意放弃或抛弃。

考点五 行政机关及其工作人员

AE 【解析】本题考查中央行政机关是否具备行政主体资格。选项 B，商务部属于国务院组成部门，是行政主体。选项 C，国务院研究室属于国务院办事机构，不具有行政主体资格。选项 D，中国科学院属于国务院直属事业单位，经法律、法规授权，可以成为行政主体。

考点六 法律、法规授权的组织

B 【解析】本题考查法律、法规授权组织。选项 A，县级以上公安机关内设的交通警察大队以及省以下税务局设立的稽查局，经法律、法规授权，可以成为行政主体。选项 C、D，事业单位、居民委员会和村民委员会，经法律、法规授权，可以成为行政主体。

考点七 行政机关委托的组织

A 【解析】本题考查行政机关委托的组织。选项 B，行政机关委托的组织的权力来源于行政机关的委托。选项 C，行政机关委托的组织基于委托取得的行政权不能独立行使，必须以委托机关的名义行使。选项 D，行政机关委托的组织不具有独立的主体资格，不是行政主体。

考点八 行政行为的概念与特征

A 【解析】本题考查行政行为的概念。选项 A，属于民事法律行为。选项 B、C，属于行政处罚。选项 D，属于行政强制。

考点九 行政行为的效力

C 【解析】本题考查行政行为的效力。选项 C，行政行为具有公定力，即行政主体作出的行政行为，不论合法还是违法，都推定为合法有效。拘束力是指行政行为成立后，即对行政主体和行政相对人产生法律上的约束力，有关人员或组织必须遵守、服从。

考点十 行政行为的分类

1. AC 【解析】本题考查行政行为的分类。发放安全许可证是行政许可行为，属于外部行政行为、具体行政行为、依申请行政行为、单方行政行为、要式行政行为、作为行政行为、授益行政行为、执法行为。

2. ACDE 【解析】本题考查行政行为的分类。选项 B，强制执行决定应当以书面形式作出，并载明《行政强制法》规定的法定事项内容，属于要式行政行为。

考点十一 行政行为的合法、无效、撤销和废止

1. B 【解析】本题考查行政行为的无效、撤销和废止。选项 A，属于行政行为无效的情形。选项 C、D，属于行政行为废止的情形。

2. ABCD 【解析】本题考查行政行为无效、撤销、废止后果。选项 E，行政主体在行为被废止之前通过相应行为已给予行政相对人的权益不再收回，也不再给予，行政相对人依原行政行为已履行的义务不能要求行政机关返还利益。

考点十二 抽象行政行为

B 【解析】本题考查抽象行政行为的特征。选项 B，对象的普遍性，即以普遍的、不特定的人或事为行为对象，其所针对的是某一类人或事，而非特定的、具体的人或事。

考点十三 具体行政行为

1. A 【解析】本题考查具体行政行为。选项 B，行政给付的形式有退休金、退职金、失业救济金、社会保险金、最低生活保障费、安置、补助、抚恤、优待、救灾扶贫等。选项 C，行政奖励，是指行政机关对为国家和社会作出一定贡献的行政相对人给予物质、精神奖励的行政行为，是为行政相对人设定权利、给予利益的行政行为，行政相对人因此而得到一定的权利或利益，如给予金钱奖励，给予荣誉称号等。选项 D，行政裁决的对象是特定的民事纠纷。

2. B 【解析】本题考查具体行政行为。选项 A，行政奖励是指行政机关对为国家和社会作出一定贡献的行政相对人给予物质、精神奖励的行政行为。税收优惠，是指国家运用税收政策在税收法律、行政法规中规定对某一部分特定企业和课税对象给予减轻或免除税收负担的一种措施。选项 C，行政裁决的对象是特定的民事纠纷。选项 D，行政监督的对象是作为行政相对方的公民、法人或其他组织。

3. AD 【解析】本题考查行政奖励。选项 A、B，行政机关给予荣誉称号的行政行为属于行政奖励的具体行政行为，不属于行政给付。选项 C、D、E，行政奖励是一种授益行为，而非行政事实行为。

考点十四 行政程序法

B 【解析】本题考查行政程序法的基本制度。教示制度，是指行政机关对行政相对人正式作出某种不利决定时，应当将有关法律救济权利事项明确地告知，教引行政相对人如何获得法律救济的一种行政程序法律制度。

考点十五 行政事实行为

C 【解析】本题考查行政主体、行政强制措施、行政事实行为和行政赔偿主体。选项 A，行政主体是社会组织，行政机关的工作人员不是行政主体。选项 B，扣押财产的行为属于行政强制措施。选项 C，章某在执行职务的过程中殴打曹某的行为是一种侵权行为，属于行政事实行为。行政事实行为，是指行政主体不以实现某种特定的法律效果为目的，而以影响或者改变事实状态为目的的实施的行为。选项 D，章某是行政机关的工作人员，其执行职务给相对人造成的损失，由其所属行政机关承担行政赔偿责任。

亲爱的读者，你已完成本章15个考点的学习，本书知识点的学习进度已达5%。

第二章 行政许可法律制度

重要程度：非重点章节　分值：2分左右

考试风向

考情速递

本章主要内容包括行政许可法基础、税务行政许可的设定和税务行政许可的实施，有一定理论性，学习难度不大，更偏重记忆。重点关注的考点包括行政许可法的基本原则、行政许可事项、税务行政许可实施主体、税务行政许可实施程序、行政许可撤销和注销制度。本章主要考查单选题，偶尔考查多选题。

2025年考试变化

本章变动较小。

调整：精简税务行政许可的设定。

脉络梳理

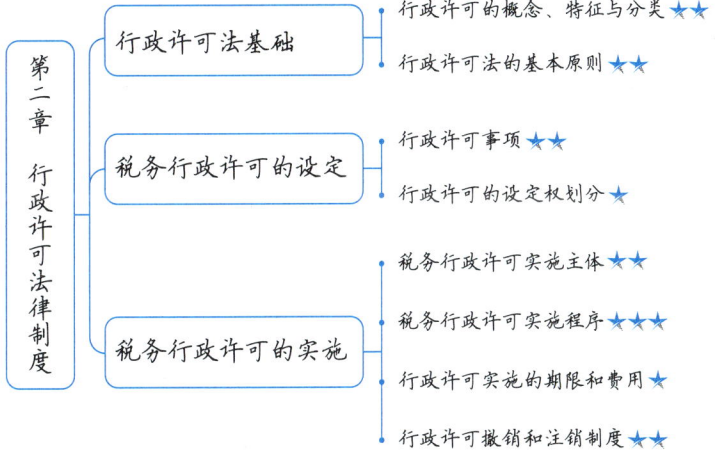

考点详解及精选例题

第一节 行政许可法基础

考点一 行政许可的概念、特征与分类 ★★

1. 行政许可的概念、特征

行政许可，是指行政机关根据公民、法人或者其他组织的申请，经依法审查，准予其从事特定活动的行为。行政许可的特征主要包括：①依申请的行政行为；②外部管理行为；③依法审查的行为；④准予从事特定活动的行为。

2. 行政许可的分类

行政许可的分类，见表2-1。

表2-1 行政许可的分类

分类	性质	功能	示例
普通许可	确定特定相对人行使现有权利的条件	控制危险	集会游行示威许可、爆炸品生产运输许可、商业银行设立许可
特许	向相对人授予权利	配置有限资源	电信业务经营许可、快递业务经营许可、无线电频率占用许可
认可	确认具备某种能力	提高从业水平、技能，降低行业风险	律师资格、建筑企业的资质
核准	确定达到特定的经济技术规范、标准	控制该事项或者活动的危险	消防验收、生猪屠宰检疫
登记	授予特定的主体资格	证明及社会公示	企业设立核准登记、事业单位及社会团体设立登记

3. 行政许可、行政审批、行政确认、行政登记的比较

行政许可、行政审批、行政确认、行政登记的比较，见表2-2。

表2-2 行政许可、行政审批、行政确认、行政登记的比较

类型	特征	具体示例
行政许可	依申请、外部行为，有裁量权，目的是事先严加控制相对人的行为，相对人的权利或资格产生于行政机关作出决定之后	企业设立登记许可、出入境许可、持枪许可、渔业捕捞许可

(续表)

类型	特征	具体示例
行政审批	依申请或依职权行为，可以是内部或外部行为，包括许可审批、确认审批、其他审批（部分审批属于行政许可）	减税免税审批、税收保全的批准
行政确认	依申请或依职权行为，相对人的权利形成于行政机关作出决定之前	道路交通事故责任认定、火灾事故原因和责任认定
行政登记	一般无裁量权，目的在于建立一种秩序，行政机关大多数为依法履行义务	婚姻登记、收养登记、一般纳税人登记

【例题1·单选题】（2024年）下列行政行为中，属于行政许可的是（　）。

A．主管税务局为丁公司办理一般纳税人登记
B．民政部门为甲、乙二人办理结婚登记
C．县政府对县财政局报送的财政预算予以审批
D．公安部门向通过考试的丙发放驾驶执照

解析 本题考查行政许可。选项A、B，属于行政确认类型的行政登记。行政机关在登记中一般没有裁量权，只要有符合法律规定的事实，行政机关就必须予以登记。而行政机关在行政许可程序中拥有一定的裁量权。选项C，属于行政机关的内部管理审批，不是基于对外履行社会管理法定职权而作出的，不属于行政许可。

考点二 行政许可法的基本原则 ★★

1. 法定原则

许可设定法定、主体及权限法定、实施程序法定。

2. 公开、公平、公正、非歧视原则

（1）有关行政许可的规定应当公布，未公布不得作为实施依据；

（2）行政许可的实施和结果应公开，国家秘密、商业秘密或个人隐私除外；

（3）申请人依法平等取得许可，行政机关不得歧视。

3. 便民和效率原则

具体体现在公示制度、一次申请制度、当场更正制度、一次告知补正制度、相对集中行政许可权制度、期限时效制度等。

4. 救济原则

行政相对人享有陈述权、申辩权；有权依法申请行政复议或提起行政诉讼；有权依法要求赔偿。

5. 信赖保护原则

（1）不得擅自改变已生效的行政许可；

（2）依法变更或者撤回已经生效的行政许可，造成损失的，应当补偿。

答案
例题1｜D

6. 行政许可不得转让原则

依法取得的行政许可不得转让,另有规定的除外。

7. 监督原则

(1)建立健全对行政机关实施行政许可的监督制度;

(2)对行政相对人从事行政许可事项的活动实施有效监督。

【例题2·单选题】(2019年)行政许可所依据的法律废止,为了公共利益的需要,行政机关可以依法撤回已经生效的行政许可。由此给公民、法人或者其他组织造成财产损失的,行政机关应当依法给予补偿。该规定体现的原则是( )。

A. 法定原则

B. 信赖保护原则

C. 公开、公平、公正、非歧视原则

D. 便民和效率原则

解析 本题考查《行政许可法》的基本原则。《行政许可法》第8条的规定,公民、法人或者其他组织依法取得的行政许可受法律保护,行政机关不得擅自改变已经生效的行政许可。行政许可所依据的法律、法规、规章修改或者废止,或者准予行政许可所依据的客观情况发生重大变化的,为了公共利益的需要,行政机关可以依法变更或者撤回已经生效的行政许可。由此给公民、法人或者其他组织造成财产损失的,行政机关应当依法给予补偿。这是我国行政法律首次确立信赖保护原则。

第二节 税务行政许可的设定

考点三 行政许可事项 ★★

1. 行政许可事项和类别

行政许可事项和类别,见表2-3。

表2-3 行政许可事项和类别

许可事项	类别	示例
直接涉及国家安全、公共安全、经济宏观调控、生态环境保护以及直接关系人身健康、生命财产安全等特定活动	普通许可	集会游行示威许可、爆炸品生产运输许可、商业银行设立许可、排污许可
有限自然资源开发利用、公共资源配置以及直接关系公共利益的特定行业的市场准入	特许	土地、矿藏等自然资源的开发利用、无线电频率占用许可、电信业务经营许可、快递业务经营许可
提供公众服务并且直接关系公共利益的职业、行业,需要确定具备特殊信誉、特殊条件或者特殊技能等资格、资质	认可	律师资格、执业医师资格、注册会计师资格

答案
例题2 | B

(续表)

许可事项	类别	示例
直接关系公共安全、人身健康、生命财产安全的重要设备、设施、产品、物品，需要按照技术标准、技术规范，通过检验、检测、检疫	核准	消防验收、生猪屠宰检疫
企业或者其他组织的设立等，需要确定主体资格	登记	企业设立核准登记、事业单位及社会团体设立登记

2. 可以不设行政许可的事项
(1)公民、法人或者其他组织能够自主决定；
(2)市场竞争机制能够有效调节；
(3)行业组织或者中介机构能够自律管理；
(4)行政机关采用事后监督能够解决。

提示 税务行政许可事项仅保留增值税专用发票(增值税税控系统)最高开票限额审批。

【例题3·单选题】(2022年)根据《行政许可法》的规定，可以不设定行政许可的事项是(   )。
A. 直接涉及公共安全的事项
B. 直接涉及生态环境保护的事项
C. 直接涉及开发矿藏资源的事项
D. 直接涉及个人隐私的事项

解析 本题考查可以不设行政许可的事项。选项A、B、C，可以设定行政许可。

考点四 行政许可的设定权划分 ★

1. 法律
可以设定各种许可事项。有关国家基本制度(采矿许可、草原使用许可、伐木许可等)和有关公民基本权利的事项(公民健康权、环境权、劳动权)，只能法律设定许可。

2. 行政法规
(1)未制定法律，行政法规可以设定许可；
(2)必要时，国务院可以采用决定方式设定许可。实施后，除临时性行政许可事项外，国务院应当及时提请全国人大及其常委会制定法律，或者自行制定行政法规。

3. 地方性法规和地方政府规章设定权
地方性法规和地方政府规章设定权，见表2-4。

答案
例题3 | D

表 2-4　地方性法规和地方政府规章设定权

项目	设定权
地方性法规	未制定法律、行政法规的，地方性法规可以设定许可	（1）不得设定应当由国家统一确定的公民、法人或者其他组织的资格、资质的行政许可； （2）不得设定企业或者其他组织的设立登记及其前置性行政许可； （3）不得限制其他地区的个人或者企业到本地区从事生产经营和提供服务，不得限制其他地区的商品进入本地区市场
地方政府规章	未制定法律、行政法规、地方性法规的，省级地方政府规章可以设定临时许可，实施满1年需要继续实施的应制定地方性法规	

提示1 行政法规、地方性法规和地方政府规章，可以在上位法设定的许可事项范围内，对实施该许可作出具体规定，但不得增设违反上位法的其他条件。

提示2 除上述以外的其他规范性文件不得设定各种许可事项

第三节　税务行政许可的实施

考点五　税务行政许可实施主体 ★★

1. 行政许可实施主体
（1）行政机关；
（2）法律、法规授权的具有管理公共事务职能的组织，如注册会计师协会、律师协会、证券业协会；
（3）受委托的行政机关，以委托行政机关名义实施许可，不得再委托。

2. 税务行政许可实施主体特殊要求
（1）具有行政许可权的税务机关在法定权限内实施；
（2）各级税务机关下属的事业单位一律不得实施行政许可；
（3）税务机关不得委托其他行政机关实施税务行政许可，法律、法规、规章另有规定的除外。

3. 其他有关规定
（1）相对集中行政许可权的原则。
（2）一个窗口对外、统一办理或联合、集中办理。
（3）行政机关及其工作人员办理行政许可事项应当遵守的纪律约束规定。
（4）专业技术标准或者技术规范的行政许可应当逐步授权专业组织实施。

考点六　税务行政许可实施程序 ★★★

1. 程序
申请→受理→审查→法定事项需听证→决定→变更或延期。

2. 申请
申请，见表 2-5。

表 2-5　申请

项目	具体规定
公示	八项公示：事项、依据、条件、数量、程序、期限以及需提交材料的目录和申请书示范文本在办公场所公示 
说明	申请人要求，行政机关应当对公示内容说明、解释
委托	可委托代理人提出申请，依法由申请人提出的除外
形式	（1）需采用格式文本的，行政机关应免费提供； （2）可通过书面、信函、电报、电传、传真、电子数据交换和电子邮件等方式提出
代办转报	税务行政许可实施机关与申请人不在同一县（市、区、旗）的，可选择由其主管税务机关代为转报申请材料，一般在5个工作日内完成

知识点拨 1

税务行政许可增加公示服务指南。

3. 受理

受理，见表 2-6。

表 2-6　受理

项目	具体规定
受理	事项属于职权范围，材料齐全、形式合法，或者按照要求提交全部补正材料 
不受理	申请事项依法不需行政许可
不予受理	申请事项依法不属于本行政机关职权范围，告知申请人向有关行政机关申请
更正	材料存在可以当场更正的错误的，应当允许当场更正
补正材料	材料不齐全或不符合法定形式，当场或在5日内一次告知需补正的全部内容，逾期不告知，自收到申请材料之日起即为受理

知识点拨 2

对能够当即办理的税务行政许可事项，直接出具和送达《准予税务行政许可决定书》，不再出具《税务行政许可受理通知书》。

【例题4·多选题】根据《行政许可法》及国家税务总局有关公告规定，下列关于税务行政许可申请、受理、审查及决定程序事项的说法中，正确的有（　　）。

A. 对能够当即办理的税务行政许可事项，税务行政许可实施机关仍应出具《税务行政许可受理通知书》，不得直接出具和送达《准予税务行政许可决定书》

B. 具备条件的地方，申请人可以通过电子数据交换、电子邮件和网上办理平台提出申请

C. 税务行政许可实施机关审查许可申请，以书面审查为原则；对申请材料的实质内容进行实地核查的，由两名以上税务人员进行核查

D. 税务行政许可实施机关与申请人不在同一县（市、区、旗）的，申请人可在规定期限内选择由其主管税务机关代为转报申请材料，代办转报一般应当在15个工作日内完成

E. 申请人可以委托代理人提出申请，税务机关不得拒绝

解析 本题考查行政许可实施的申请程序。选项A，对能够当即办理的税务行政许可事项，直接出具和送达《准予税务行政许可决定书》，不再出具《税务行政许可受理通知书》。选项D，税务行政许可实施机关与申请人不在同一县(市、区、旗)的，申请人可在规定的申请期限内选择由其主管税务机关代为转报申请材料，代办转报一般应当在5个工作日内完成。

【例题5·多选题】下列关于行政许可实施程序的说法中，正确的有( )。

A. 申请人要求行政机关对公示内容予以说明、解释的，行政机关可以根据具体情况决定是否作出解释、说明
B. 申请人申请行政许可应当对其申请材料实质内容的真实性负责，行政机关无须对此进行核查或者履行义务
C. 申请事项依法不属于本行政机关职权范围的，应制作并送达《不予行政许可决定书》
D. 申请材料不齐全或者不符合法定形式的，应当当场或5日内一次告知申请人需要补正的全部内容
E. 行政机关提供行政许可申请书格式文本不得收费，申请人对此无须缴纳费用

解析 本题考查行政许可实施的申请程序。选项A，申请人要求行政机关对公示内容予以说明、解释的，行政机关"应当"说明、解释，提供准确、可靠的信息。选项B，申请人申请行政许可，应当如实向行政机关提交有关材料和反映真实情况，并对其申请材料实质内容的真实性负责。行政机关应当对申请人提交的申请材料进行审查。选项C，申请事项依法不属于本行政机关职权范围的，应当即时作出不予受理的决定，并告知申请人向有关行政机关申请。

4. 审查

(1)形式审查：材料齐全、形式合法。
(2)实质审查：原则上对材料的真实性、合法性书面审查，如有需要可以实地核查，应指派两名以上工作人员。

提示 存在争议或重大的税务行政许可事项，应当进行合法性审查，并经集体讨论决定。

5. 听证

(1)听证类型，见表2-7。

答案
例题4 | BCE
例题5 | DE

表2-7 听证类型

项目	具体规定
依职权	法律、法规、规章规定或行政机关认为需要听证的、涉及公共利益的重大行政许可事项，应当公告，并举行听证
依申请	直接涉及申请人与他人之间重大利益关系的，作出许可前，告知申请人、利害关系人享有听证权利，5日内提出申请，20日内组织听证

（2）要求。

行政机关应当提前7日将举行听证的时间、地点通知申请人、利害关系人，必要时公告。主持人应是审查该许可以外的人员，有直接利害关系的应回避。听证应当制作笔录，参加人签字或者盖章。行政机关应当根据笔录，作出许可决定。

【例题6·多选题】关于行政许可实施程序听证规定的说法，正确的有（   ）。

A. 申请人不承担行政机关组织听证的费用
B. 应收取听证费
C. 听证应当制作笔录，参加人签字或者盖章
D. 申请人、利害关系人应当在被告知听证权利之日起7日内提出申请
E. 行政机关应当根据笔录，作出许可决定

解析 本题考查行政许可听证程序。选项A、B，申请人、利害关系人不承担行政机关组织听证的费用。选项D，申请人、利害关系人在被告知听证权利之日起5日内提出听证申请的，行政机关应当在20日内组织听证。

6. 决定

决定，见表2-8。

表2-8 决定

项目	具体规定
上级决定	下级机关初审后直接报送上级机关，上级机关可要求申请人补充材料，但不得要求重复提供
利害关系人	许可事项直接关系他人重大利益的，应当告知该利害关系人，应当听取申请人、利害关系人的意见
准予许可	准予许可，应当采用书面形式，公众有权查阅，需要颁发行政许可证件的，应依法颁发许可证、资格证等行政许可证件。 提示 税务许可应当制作《准予税务行政许可决定书》，并在决定之日起7日内公开
不予许可	不予许可，应说明理由，并告知有权行政复议或行政诉讼。 提示 不予税务行政许可应制作《不予税务行政许可决定书》

答案
例题6｜ACE

7. 申请变更和延续

(1)申请变更属于被许可人的权利,随时可以提出。税务机关应当 20 日内作出是否准予的决定。

(2)申请延续应在有效期届满 30 日前提出申请,行政机关在有效期届满前作出决定,逾期未作决定的,视为准予延续(默视批准制度)。

8. 特别规定

特别规定,见表 2-9。

表 2-9 特别规定

项目	具体规定
特许	资源利用:通过招标、拍卖等公平竞争的方式作出
认可	资格赋予:公民通过考试、赋予法人或其他组织资格资质的,行政机关根据申请人专业人员构成、技术、业绩、管理决定
核准	技术审定:受理后 5 日内指派两人以上工作人员检验、检测、检疫,根据结果作出决定
登记	组织设立:材料齐全、形式合法,当场登记 

有数量限制的许可,根据受理申请先后决定,除非法律、行政法规另有规定。

考点七 行政许可实施的期限和费用 ★

1. 决定期限

(1)当场决定。

(2)自受理申请之日起 20 日内决定→本机关负责人批准,可以延长 10 日。法律、法规另有规定的,依照其规定。

(3)统一办理、联合办理或集中办理的,不超过 45 日→本级政府负责人批准,可以延长 15 日。

(4)下级机关审查后报上级决定的(下级 20 日审完+上级 20 日决定),特殊情况下可以延长。法律、法规另有规定的,依照其规定。

2. 送达期限

自作出决定之日 10 日内向申请人颁发、送达许可证件。

提示 需听证、招标、拍卖、检验、检测、检疫、鉴定和专家评审的,所需时间不计入规定期限内。

情形(1)相对禁止,情形(2)绝对禁止。

3. 费用

(1)实施行政许可及检查监督,不收费,法律、行政法规另有规定除外。依照规定收费的,应公布收费的法定项目和标准,全部上缴国库,不得以任何形式返还。

(2)提供行政许可申请书格式文本,不得收费。

考点八 行政许可撤销和注销制度 ★★

1. 撤销

(1) 可以撤销情形：①行政机关工作人员滥用职权、玩忽职守作出准予行政许可决定；②超越法定职权作出准予行政许可决定；③违反法定程序作出准予行政许可决定；④对不具备申请资格或者不符合法定条件的申请人准予行政许可。

提示 被许可人以欺骗、贿赂等不正当手段取得行政许可，应当撤销。依照规定撤销许可，可能对公共利益造成重大损害的，不予撤销。

(2) 撤销后果：取消已生效的行政许可，使其从成立时丧失效力。

2. 注销

(1) 注销情形：①行政许可有效期届满未延续；②赋予公民特定资格的行政许可，该公民死亡或者丧失行为能力；③法人或者其他组织依法终止；④行政许可依法被撤销、撤回，或者行政许可证件依法被吊销；⑤因不可抗力导致行政许可事项无法实施。

(2) 注销后果：消灭已颁发的许可证件的效力。

得分高手（2019年单选）

重点考查行政许可撤销和注销的区别。撤销一般是行政许可前的错，包括行政机关的错和被许可人的错。注销一般和到期、死亡或终止有关。

知识点拨 1
撤销属于许可有瑕疵，发证前的错误，属于实体性行为。

知识点拨 2
注销许可属于有瑕疵或无瑕疵，属于程序性行为。

【例题 7·单选题】下列关于行政许可撤销和注销的说法中，正确的是（ ）。

A. 行政机关可以注销超越法定职权作出的行政许可
B. 撤销属于程序性行为，注销属于实体性行为
C. 撤销和注销的法律效力相同
D. 作出行政许可决定的行政机关的上级行政机关有权撤销行政许可

解析 本题考查行政许可的撤销和注销。选项A、D，有下列情形之一的，作出行政许可决定的行政机关或者其上级行政机关，根据利害关系人的请求或者依据职权，可以撤销行政许可：①行政机关工作人员滥用职权、玩忽职守作出准予行政许可决定的；②超越法定职权作出准予行政许可决定的；③违反法定程序作出准予行政许可决定的；④对不具备申请资格或者不符合法定条件的申请人准予行政许可的；⑤依法可以撤销行政许可的其他情形。选项B，撤销与注销是不同的行政行为：①撤销与许可行为的合法有效相对应，该许可有瑕疵，撤销属于实体性行为；②注销只是手续办理问题，它与颁发许可相对应，该许可或有瑕疵，或无瑕疵，注销属于程序性行为。选项C，撤销是依法取消已经生效的许可，使其从成立时就丧失效力；注销是依法消灭已经颁发的许可证件。

答案
例题 7｜D

【例题8·单选题】（2019年）下列有关行政许可撤销制度的说法中，正确的是(　　)。

A. 行政许可有效期届满未延续的，行政机关应当撤销该许可

B. 因不可抗力导致行政许可事项无法实施的，行政机关应当撤销该许可

C. 被撤销的行政许可自成立时起丧失效力

D. 被撤销的行政许可一般不存在瑕疵

答案
例题8 | C

解析 本题考查行政许可撤销和注销制度。选项A、B，属于注销的情形。选项D，撤销与许可行为合法有效相对应，针对许可有瑕疵的情形。

同步训练

考点一 行政许可的概念、特征与分类——考点三 行政许可事项

1. (单选题·2020年)下列有关行政许可的说法中，正确的是(　　)。

    A. 行政许可是准予从事特定活动的行为

    B. 行政许可是依职权的行政行为

    C. 行政许可与行政审批的内涵外延相同

    D. 行政许可是行政机关依照法定职权对社会事务实施的内部管理行为

2. (单选题)下列有关行政许可法基本原则的说法中，正确的是(　　)。

    A. 行政许可的实施和结果，除涉及商业秘密或者个人隐私外，应当公开

    B. 公民、法人或者其他组织对行政机关实施行政许可，享有陈述权、申辩权，但不得申请行政复议或者提起行政诉讼

    C. 依法变更或者撤回已经生效的行政许可，造成损失的，应当补偿

    D. 依法取得的行政许可，除法律、法规规定依照法定条件和程序不得转让的外，可以转让

3. (多选题)根据《行政许可法》的规定，可以不设行政许可的事项有(　　)。

    A. 公民、法人或者其他组织能够自主决定的

    B. 提供公众服务并且直接关系公共利益的职业、行业，需要确定具备特殊技能等资格、资质的

    C. 市场竞争机制能够有效调节的

    D. 行政机关采用事后监督等其他行政管理方式能够解决的

    E. 企业和其他组织的设立等，需要确定主体资格的

考点四 行政许可的设定权划分

(单选题)下列有关行政许可设定权的说法中，不正确的是(　　)。

A. 法律可以设定各种行政许可事项

B. 必要时，国务院可以采用决定方式设定行政许可

C. 未制定法律、行政法规的，地方性法规可以设定行政许可

D. 未制定法律、行政法规、地方性法规的，市级地方政府规章可以设定临时许可，实施满2年应制定地方性法规

考点五 税务行政许可实施主体

(多选题)根据法律及有关规定，可以实施行政许可的主体包括(　　)。

A. 税务机关下属的税务培训中心

B. 法律、法规授权的具有管理公共事务职能的组织

C. 依法受委托的行政机关

D. 依法受委托的行政机关再委托的机关

E. 具有行政许可权的行政机关

考点六 税务行政许可实施程序

1. (单选题)下列关于行政许可实施程序的说法中，不正确的是(　　)。

   A. 可委托代理人提出申请，依法由申请人提出的除外

   B. 可通过书面、信函、电报、电传、传真、电子数据交换和电子邮件等方式提出

   C. 对能够当即办理的税务行政许可事项，直接出具和送达《准予税务行政许可决定书》，仍需出具《税务行政许可受理通知书》

   D. 材料不齐全或不符合法定形式，当场或在5日内一次告知需补正的全部内容

2. (单选题)关于行政许可决定和延期的说法，正确的是(　　)。

   A. 许可事项直接关系他人重大利益的，应当告知该利害关系人，但无须听取申请人、利害关系人的意见

   B. 准予许可，可以采用书面形式

   C. 不予许可，应说明理由，但无权申请行政复议或行政诉讼

   D. 申请延续应在有效期届满30日前提出申请，行政机关在有效期届满前作出决定，逾期视为准予延续

3. (多选题)关于行政许可实施程序听证规定的说法，正确的有(　　)。

   A. 行政机关一般可视具体情况自由裁量决定是否公开举行听证

   B. 组织听证的行政机关应当根据听证笔录作出行政许可决定

   C. 申请人、利害关系人可以依照规定提出听证主持人回避的申请

   D. 行政机关必须在举行听证5日前将时间、地点通知申请人、利害关系人

   E. 行政机关举行听证应当制作听证笔录，笔录应当交听证参与人确认无误后签字或者盖章

考点七 行政许可实施的期限和费用

(多选题)根据《行政许可法》，下列关于行政许可期限或者费用制度的表述中，正确的有(　　)。

A. 行政机关提供申请书格式文本，不得收费

B. 检验、检测、检疫、鉴定和专家评审所需时间应计算在规定的期限内

C. 应公布收费的法定项目和标准，全部上缴国库，不得以任何形式返还
D. 行政机关应自受理申请之日起30日内作出行政许可决定，特殊情况下可以延长，但是延长时间不得超过30日
E. 行政机关实施许可原则上不得收取任何费用，但是，法律、行政法规、地方性法规另有规定的，可依照其规定执行

考点八 行政许可撤销和注销制度

1. （单选题）关于行政许可撤销和注销的说法，不正确的是（ ）。
   A. 行政许可的撤销后果是取消已生效的行政许可，使其从成立时丧失效力
   B. 撤销属于许可有瑕疵，发证前的错误，属于实体性行为
   C. 行政许可的注销后果是消灭已颁发的许可证件的效力
   D. 注销许可属于许可无瑕疵，程序性行为

2. （单选题）某公司依法取得某事项的许可，行政机关无须办理许可注销手续的情形是（ ）。
   A. 该公司许可被依法撤回
   B. 该公司许可被依法撤销
   C. 该公司登记事项依法变更
   D. 该公司许可证件被依法吊销

3. （单选题）某市税务局向某企业发放许可证后，发现该企业所提交的申请材料有问题。经市税务局进一步调查核实，申请材料系伪造，内容不真实。根据《行政许可法》，在办理该许可证的注销手续前，市税务局对此案的正确处理是（ ）。
   A. 吊销许可证
   B. 撤回该许可
   C. 撤销该许可
   D. 废止该许可

4. （多选题）根据《行政许可法》的规定，作出行政许可决定的行政机关或者其上级行政机关，可以撤销行政许可的有（ ）。
   A. 行政机关工作人员滥用职权、玩忽职守作出准予行政许可决定
   B. 被许可人以欺骗、贿赂等不正当手段取得行政许可
   C. 赋予公民特定资格的行政许可，该公民死亡或者丧失行为能力
   D. 行政许可依法被撤销、撤回，或者行政许可证件依法被吊销
   E. 行政机关工作人员超越法定职权作出准予行政许可决定

参考答案及解析

考点一 行政许可的概念、特征与分类——考点三 行政许可事项

1. A 【解析】本题考查行政许可的特征。选项A，行政许可是准予从事特定活动的行为。选项B、D，行政许可是依申请的行政行为，是行政机关依照法定职权对社会事务实施的外部管理行为。选项C，行政审批与行政许可的内涵外延不同，行政审批可以是许可审批，也可以是确认审批，还可以是其他类型审批，只是其中部分行政审批属于行政许可范畴。

2. C 【解析】本题考查行政许可法基本原则。选项A，行政许可的实施和结果，除

涉及国家秘密、商业秘密或者个人隐私的外，应当公开。选项 B，公民、法人或者其他组织对行政机关实施行政许可，享有陈述权、申辩权，有权申请行政复议或者提起行政诉讼。选项 D，依法取得的行政许可，除法律、法规规定依照法定条件和程序可以转让的外，不得转让。

3. ACD 【解析】本题考查行政许可的事项。选项 A、C、D，通过下列方式能够予以规范的，可以不设行政许可：①公民、法人或者其他组织能够自主决定的；②市场竞争机制能够有效调节的；③行业组织或者中介机构能够自律管理的；④行政机关采用事后监督等其他行政管理方式能够解决的。

考点四 行政许可的设定权划分

D 【解析】本题考查行政许可设定权。选项 D，尚未制定法律、行政法规和地方性法规的，因行政管理的需要，确需立即实施行政许可的，省、自治区、直辖市人民政府规章可以设定临时性的行政许可。临时性的行政许可实施满 1 年需要继续实施的，应当提请本级人民代表大会及其常务委员会制定地方性法规。

考点五 税务行政许可实施主体

BCE 【解析】本题考查行政许可的实施主体。选项 A，各级税务机关下属的事业单位一律不得实施行政许可。选项 D，依法受委托的行政机关，可以作为实施行政许可的主体，但不得再委托。

考点六 税务行政许可实施程序

1. C 【解析】本题考查行政许可实施程序。选项 C，对能够当即办理的税务行政许可事项，直接出具和送达《准予税务行政许可决定书》，不再出具《税务行政许可受理通知书》。

2. D 【解析】本题考查行政许可决定和延期。选项 A，许可事项直接关系他人重大利益的，应当告知该利害关系人，应当听取申请人、利害关系人的意见。选项 B，准予许可，应当采用书面形式。选项 C，不予许可，应说明理由，并告知有权申请行政复议或行政诉讼。

3. BCE 【解析】本题考查行政许可听证程序。选项 A，听证应当公开举行，但涉及国家秘密、商业秘密或者个人隐私的除外。选项 D，行政机关应当于举行听证的 7 日前将举行听证的时间、地点通知申请人、利害关系人，必要时予以公告。

考点七 行政许可实施的期限和费用

AC 【解析】本题考查行政许可的期限和费用。选项 B，检验、检测、检疫、鉴定和专家评审所需时间不应计算在规定的期限内。选项 D，行政机关作出行政许可决定一般有两种情况：一种是当场作出行政许可决定；另一种是行政机关应当自受理行政许可申请之日起 20 日内作出行政许可决定，20 日内不能作出决定的，经本机关负责人批准，可以延长 10 日，并应当将延长期限的理由告知申请人，但是，法律、法规另有规定的除外。选项 E，行政机关实施行政许可以及对行政许可事项进行监督检查，不得收取任何费用。但是，法律、行政法规另有规定的，依照其规

定。这里是不包括"地方性法规"的。

考点八 行政许可撤销和注销制度

1. D 【解析】本题考查行政许可撤销和注销。选项D，注销许可属于许可有瑕疵或者无瑕疵，程序性行为。

2. C 【解析】本题考查注销行政许可的情形。有下列情形之一的，行政机关应当依法办理有关行政许可的注销手续：①行政许可有效期届满未延续的；②赋予公民特定资格的行政许可，该公民死亡或者丧失行为能力的；③法人或者其他组织依法终止的；④行政许可依法被撤销、撤回，或者行政许可证件依法被吊销的；⑤因不可抗力导致行政许可事项无法实施的；⑥法律、法规规定的应当注销行政许可的其他情形。

3. C 【解析】本题考查行政许可撤销制度。被许可人以欺骗手段取得许可的，应当予以撤销。

4. AE 【解析】本题考查行政许可的撤销与注销。选项B，属于应当撤销的情形。选项C、D，属于行政许可注销的情形。

亲爱的读者，你已完成本章8个考点的学习，本书知识点的学习进度已达7%。

第三章　行政处罚法律制度

重要程度：次重点章节　　分值：6分左右

考试风向

考情速递

本章主要内容包括行政处罚法基础，行政处罚的种类与设定，行政处罚实施主体，行政处罚的管辖及适用，行政处罚程序和税务行政处罚，有一定理论性，学习难度较大，需要理解和重点记忆。重点关注的考点包括行政处罚的基本原则、行政处罚的种类、行政处罚的设定、行政处罚的实施主体、行政处罚的管辖及适用、行政处罚的追究时效，以及简易程序、听证程序、行政处罚执行程序和税务行政处罚。本章考查单选题、多选题为主，偶尔涉及综合分析题。

2025年考试变化

本章变动较小。

删除：（1）行政法规和地方性法规补充设定程序；（2）省税务局应当联合制定本地区统一适用的税务行政处罚裁量基准；（3）审理委员会办公室的职责。

脉络梳理

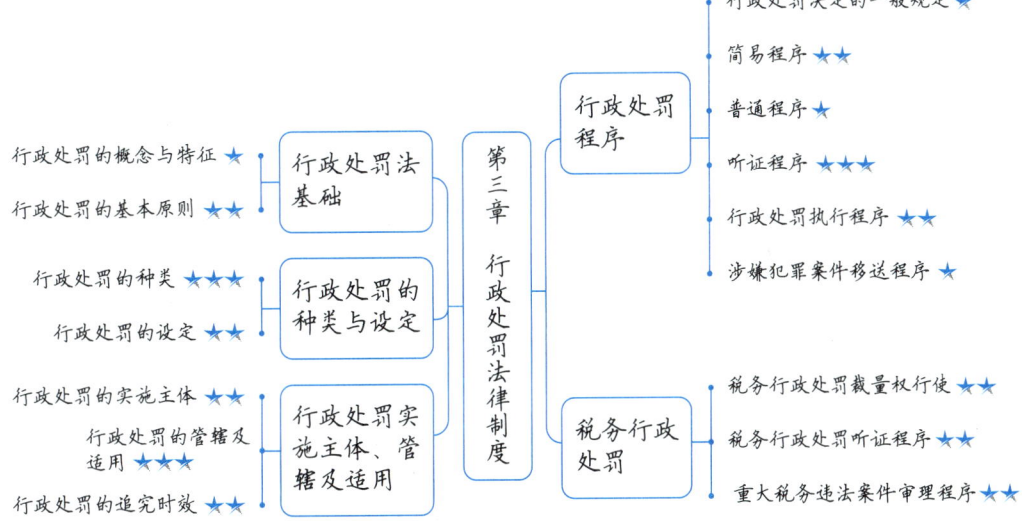

考点详解及精选例题

第一节 行政处罚法基础

考点一 行政处罚的概念与特征 ★

1. 行政处罚的概念

行政处罚是指行政机关依法对违反行政管理秩序的公民、法人或者其他组织，以减损权益或者增加义务的方式予以惩戒的行为。

2. 行政处罚的特征

(1)只能是依法享有行政处罚权的行政机关或法律、法规授权的组织、受委托的组织实施；

(2)处罚的对象是违反行政管理秩序、应予处罚的行政相对人，不同于行政处分；

(3)处罚的目的是教育行政相对人自觉守法并纠正行政违法行为；

(4)作出行政处罚时必须严格依据法定权限，在职能范围内行使，不能超越。

考点二 行政处罚的基本原则 ★★

1. 处罚法定原则

设定权法定、依据法定、主体法定、程序法定。

没有依据、主体不具有资格、违反法定程序构成重大且明显违法的，行政处罚无效。

2. 处罚公开、公正、过罚相当原则

(1)公开：依据公开、执法过程公开。

(2)公正：查处分开、审执分开。

(3)过罚相当：重过重罚、轻过轻罚，符合设定目的，相同情况相同处罚；符合比例原则、合乎情理且有可行性、符合客观规律。

3. 处罚与教育相结合原则

实施行政处罚时，应当责令改正或限期改正，情节轻微的不一定处罚，但不得以教代罚，以罚代刑。

提示 未责令改正或限期改正，不导致程序违法，不导致处罚无效或撤销。

4. 保障相对人权益原则(无救济即无处罚原则)

包括：①公民、法人或其他组织享有陈述权、申辩权；②对处罚不服，有权申请行政复议或提起行政诉讼；③因违法受到损害，有权提出赔偿。

5. 监督制约、职能分离原则

调查与审理分离、作出罚款决定的机关与收缴罚款的机构分离、听证主持人与调查检查人员分离。

6. 一事不二罚(款)原则

对当事人的同一违法行为,不得给予两次以上罚款的处罚;同一违法行为违反多个法律规范应当给予罚款处罚的,按照数额高的规定处罚。

提示 同一违法行为,可以基于一个法律规范给予的是除罚款外的某类型的行政处罚并处罚款(如吊销许可证与罚款)。

【例题1·单选题】(2020年)下列行政处罚的基本原则中,被称为"无救济即无处罚"原则的是( )。

A. 处罚法定原则
B. 保障相对人权益原则
C. 处罚公开、公正、过罚相当原则
D. 处罚与教育相结合原则

解析 本题考查行政处罚的基本原则。行政机关对相对人实施行政处罚时,必须保证其获得法律救济的权利,以保障其合法权益,因此保障相对人权益原则又被称为"无救济即无处罚"原则。

第二节 行政处罚的种类与设定

考点三 行政处罚的种类 ★★★

1. 行政处罚的法定种类和理论分类

行政处罚的法定种类和理论分类,见表3-1。

表3-1 行政处罚的法定种类和理论分类

法定种类	理论分类
警告、通报批评	精神罚
罚款、没收违法所得、没收非法财物	财产罚
暂扣许可证件、降低资质等级、吊销许可证件	行为罚
限制开展生产经营活动、责令停产停业、责令关闭、限制从业	
行政拘留	人身自由罚

2. 税务行政处罚

(1)由税收违法行为发生地具有行政处罚权的税务机关实施,包括停止出口退税权、吊销税务行政许可证件、罚款、没收违法所得。

(2)不属于税务行政处罚:①责令限期改正(包括责令停止税收违法行为、责令改正税收违法行为、责令限期进行纳税调整)是行政命令;②收缴或者停售发票是间接强制执行措施;③通知有关部门阻止出境、取消一般纳税人资格登记、收缴税务登记证、停止抵扣属于具体行政行为。

记忆口诀
停止、吊销、罚款、没收(谐音:停掉罚没)。

答案
例题1|B

> **得分高手**（2021年多选）
>
> 重点考查税务行政处罚种类，包括停止出口退税权、吊销税务行政许可证件、罚款、没收违法所得(速记口诀：停掉罚没)，停售发票和停止抵扣不属于税务行政处罚。

【例题2·多选题】(2021年、2020年)税务机关可以作出的行政处罚包括(　　)。

A. 罚款　　　　　　　　B. 没收违法所得
C. 通报批评　　　　　　D. 停止出口退税
E. 责令停产停业

解析 ▶ 本题考查税务行政处罚的种类。根据目前有关规定，税务行政处罚主要包括罚款、没收违法所得、停止出口退税权以及吊销税务行政许可证件四种。

考点四　行政处罚的设定 ★★

行政处罚的设定，见表3-2。

表3-2　行政处罚的设定

项目	内容	
法律	可以设定**各种**行政处罚 **提示** 限制人身自由的行政处罚，只能由法律设定	上位法未规定，下位法**可以设定**；上位法已规定，下位法可以**具体规定**
行政法规	可以设定**除限制人身自由以外**的行政处罚	
地方性法规	可以设定**除限制人身自由、吊销营业执照以外**的行政处罚	
部门规章	可以设定**警告、通报批评、罚款**(限额由**国务院**规定)的行政处罚	
地方政府规章	可以设定**警告、通报批评、罚款**(限额由**省级人大常委会**规定)的行政处罚	

提示 其他规范性文件，**不得设定**

记忆口诀①
地方不能吊人。

记忆口诀②
警告、通报批评、罚款(谐音：精通法)。

记忆口诀③
警告、通报批评、罚款(谐音：精通法)。

【例题3·多选题】(2024年)下列关于行政处罚认定和设定权限的说法中，正确的有(　　)。

A. 暂扣违法停放的电动自行车属于行政处罚
B. 部门规章可以设定一定数额罚款的行政处罚
C. 注销营业执照属于行政处罚
D. 地方性法规可以设定责令停产停业的行政处罚
E. 罚金属于行政处罚

解析 ▶ 本题考查行政处罚的设定。选项A，暂扣违法停放的电动自行车，

答案 ▶
例题2 | ABD
例题3 | BD

是对财物实施的暂时性控制,属于行政强制措施。选项C,注销营业执照,只是手续办理问题,它与颁发许可相对应,该许可或有瑕疵,或无瑕疵。选项E,罚金属于刑罚中的附加刑。罚款属于行政处罚。

第三节 行政处罚实施主体、管辖及适用

考点五 行政处罚的实施主体 ★★

1. 行政机关

具有对外管理职能,取得特定的行政处罚权,在法定职权范围内实施。

提示 国务院或省级政府可以决定一个行政机关行使有关行政机关的行政处罚权。

2. 法律法规授权的组织

可以在法定授权范围内实施,例如公安派出所、税务所等。

3. 受委托的组织

依法成立并具有管理公共事务的职能,以委托行政机关名义实施,委托行政机关承担责任,不得再委托,委托书向社会公布。

提示 行政处罚委托组织,行政许可委托行政机关。

考点六 行政处罚的管辖及适用 ★★★

(一)行政处罚的管辖

1. 地域管辖

由违法行为发生地的行政机关管辖,法律、行政法规、部门规章另有规定的,从其规定。例如,海关行政处罚由发现违法行为或违法行为发生地海关管辖。

2. 级别管辖

由县级以上地方政府具有行政处罚权的行政机关管辖,法律、行政法规另有规定的,从其规定。省、自治区、直辖市可以决定将基层管理迫切需要的县级政府部门的行政处罚权交由能够有效承接的乡镇政府、街道办事处行使。

3. 共同管辖

两个以上行政机关都有管辖权的,由最先立案的行政机关管辖。

4. 指定管辖

(1)管辖争议→协商→报请共同的上一级行政机关指定管辖;

(2)可以直接由共同的上一级行政机关指定管辖。

5. 移送管辖

(1)涉嫌犯罪的,行政机关应及时移送司法机关;

(2)不需追究或免予刑事处罚，但应当给予行政处罚的，司法机关应及时移送行政机关。

【例题 4·单选题】（2024 年）下列关于行政处罚权集中行使、实施主体和管辖权的说法中，正确的是(　　)。
A. 法律、法规授权的具有管理公共事务职能的组织可以在法定授权范围内实施行政处罚
B. 行政处罚由违法主体住所地的行政机关管辖
C. 两个以上行政机关都有管辖权的，由最先收到违法案件举报的机关管辖
D. 针对市场监督领域的综合行政执法，省人大常委会可以决定由一个行政机关集中行使行政处罚权

解析 本题考查行政处罚的实施主体、管辖。选项 B，行政处罚由违法行为发生地的行政机关管辖。法律、行政法规、部门规章另有规定的，从其规定。选项 C，两个以上行政机关都有管辖权的，由最先立案的行政机关管辖。选项 D，国家在城市管理、市场监管、生态环境、文化市场、交通运输、应急管理、农业等领域推行建立综合行政执法制度，相对集中行政处罚权。国务院或者省、自治区、直辖市人民政府可以决定一个行政机关行使有关行政机关的行政处罚权。

(二)行政处罚的适用

1. 适用条件
(1)已经实施了违法行为，且该违法行为违反了行政法规范；
(2)行政相对人具有责任能力；
(3)行政相对人的行为依法应当受到处罚；
(4)违法行为未超过追究时效。

2. 从旧兼从轻
实施行政处罚，适用违法行为发生时的法律、法规、规章。但作出处罚决定时，法律、法规、规章已被修改或废止，且新的规定处罚较轻或不认为是违法的，适用新的规定。

3. 行政处罚与刑罚折抵
(1)违法行为构成犯罪，法院判处拘役或有期徒刑时，行政机关已经给予当事人行政拘留的，应当折抵相应刑期。
(2)违法行为构成犯罪，法院判处罚金时，行政机关已经给予当事人罚款的，应当折抵相应罚金；行政机关尚未给予当事人罚款的，不再给予罚款。

4. 不予行政处罚的情形
(1)不满 14 周岁的未成年人有违法行为的。
(2)精神病人、智力残疾人在不能辨认或者不能控制自己行为时有违法

记忆口诀
不满14、2年、精神、残疾、轻微、无过错(谐音：不满14，2年经济倾国)。

答案
例题4 | A

行为的。

(3)违法行为轻微并及时纠正，没有造成危害后果的。

(4)初次违法且危害后果轻微并及时改正的。

(5)违法行为在 2 年内未被发现的，涉及公民生命健康安全、金融安全且有危害后果的，该期限延长至 5 年。法律另有规定的除外。

(6)当事人有证据足以证明没有主观过错的，法律、行政法规另有规定的，从其规定。

【注意】(4)属于可以不予行政处罚，其他情形属于应当不予行政处罚。

5. 从轻、减轻处罚的情形

(1)已满 14 周岁不满 18 周岁的未成年人有违法行为的；

(2)主动消除或减轻违法行为危害后果的；

(3)受他人胁迫或者诱骗有违法行为的；

(4)主动供述行政机关尚未掌握的违法行为的；

(5)配合行政机关查处违法行为有立功表现的。

提示1 尚未完全丧失辨认或者控制自己行为能力的精神病人、智力残疾人有违法行为的，可以从轻或减轻。

提示2 减轻处罚是在法定幅度的最低限以下处罚。

记忆口诀
不满18岁，胁迫诱骗，主动立功。

【例题 5 · 多选题】(2023 年)下列关于行政处罚适用的说法中，正确的有( )。

A. 初次违法且危害后果轻微并及时改正的，可以不予行政处罚
B. 不满 16 周岁的未成年人实施违法行为的，不予行政处罚
C. 主动消除违法行为危害后果的，不予行政处罚
D. 配合行政机关查处违法行为有立功表现的，应当从轻或者减轻处罚
E. 当事人有证据足以证明没有主观过错的，应当从轻或者减轻处罚

解析 本题考查行政处罚的适用。选项 B，不满 14 周岁的未成年人有违法行为的，不予行政处罚。选项 C，主动消除或者减轻违法行为危害后果的，应当从轻或者减轻行政处罚。选项 E，当事人有证据足以证明没有主观过错的，不予行政处罚。法律、行政法规另有规定的，从其规定。

【例题 6 · 多选题】(2021 年)下列违法的行为中，行政机关对其行为人不给予行政处罚的有( )。

A. 初次违法且危害后果轻微并及时改正的违法行为
B. 主动消除危害后果的行为
C. 受他人胁迫的违法行为
D. 不满 14 周岁的人实施的违法行为
E. 当事人有证据足以证明没有主观过错的

解析 本题考查行政处罚的适用。选项 A，属于"可以"不予处罚的情形，而非"不予处罚"。选项 B、C，属于应当"从轻或者减轻"行政处罚的情形。

答案
例题 5 | AD
例题 6 | DE

考点七 行政处罚的追究时效★★

行政处罚的追究时效，见表3-3。

表3-3 行政处罚的追究时效

项目	内容
时效	一般：2年未被发现的，不再处罚； 特殊：5年(涉及公民生命健康安全、金融安全且有危害后果的，税收违法)、 6个月(违反治安管理行为)
起算	从违法行为发生之日起计算；违法行为有连续或继续状态的，从行为终了之日起计算。 连续状态，是指行为人基于同一个违法故意，连续实施数个独立的同一种类的行政违法行为(两个同一)。 继续状态，是指一个违法行为在时间上的延续

【例题7·单选题】(2019年)下列有关行政处罚追究时效的说法中，正确的是(　　)。

A. 行政处罚的追究时效为2年，法律、行政法规另有规定的除外

B. 对违反税收法律、法规行为的行政处罚追究时效为2年

C. 违法行为有连续状态的，行政处罚的追究时效从行为终了之日起计算

D. 行政处罚的追究时效，从违法行为被发现之日起计算

解析 ↘ 本题考查行政处罚的追究时效。选项A、C、D，违法行为在2年内未被发现的，不再给予行政处罚；涉及公民生命健康安全、金融安全且有危害后果的，上述期限延长至5年。法律另有规定的除外。前述规定的期限，从违法行为发生之日起计算；违法行为有连续或者继续状态的，从行为终了之日起计算。选项B，违反税收法律、行政法规应当给予行政处罚的行为，在5年内未被发现的，不再给予行政处罚。

【例题8·单选题】(2018年)行政处罚的追究时效从违法行为发生之日起计算，违法行为有连续或者继续状态的，从行为终了之日起计算。下列关于连续状态的说法中，正确的是(　　)。

A. 连续状态是指行为人基于不同的违法故意，连续实施数个独立的行政违法行为

B. 连续状态是指行为人基于同一个违法故意，连续实施数个独立的不同种类的行政违法行为

C. 连续状态是指行为人基于同一个违法故意，连续实施数个独立的同一种类的行政违法行为

D. 连续状态是指行为人基于不同的违法故意，连续实施数个不同种类的行政违法行为

解析 ↘ 本题考查行政处罚的追究时效。连续状态，是指行为人基于同一

答案 ↘
例题7 | C
例题8 | C

个违法故意，连续实施数个独立的同一种类的行政违法行为。

第四节 行政处罚程序

考点八 行政处罚决定程序的一般规定 ★

1. 公示公开
（1）行政处罚的实施机关、立案依据、实施程序和救济渠道等信息应当公示。
（2）具有一定社会影响的行政处罚决定应当依法公开。
（3）公开的行政处罚决定被依法变更、撤销、确认违法或者确认无效的，应当在 3 日内撤回并公开说明理由。

2. 保密和记录
处罚过程中知悉的国家秘密、商业秘密或个人隐私，应当保密。行政处罚的启动、调查取证、审核、决定、送达、执行等全过程记录，归档保存。

3. 执法人员
（1）不得少于 2 人，法律另有规定的除外。
（2）与案件有直接利害关系或者有其他关系可能影响公正执法的，应当由行政机关负责人决定回避，决定作出之前，不停止调查。

4. 陈述申辩
（1）作出处罚决定之前，应当告知当事人拟处罚内容及事实、理由、依据，享有的陈述、申辩、要求听证等权利。
（2）当事人有权进行陈述和申辩，不得因陈述、申辩而给予更重的处罚。

5. 电子技术监控设备
（1）设置地点应当向社会公布；
（2）未经审核或经审核不符合要求的记录内容，不得作为处罚的证据。

6. 证据
（1）证据类型：书证；物证；视听资料；电子数据；证人证言；当事人的陈述；鉴定意见；勘验笔录、现场笔录。
（2）证据运用：①证据必须经查证属实，方可作为认定案件事实的根据。②以非法手段取得的证据，不得作为认定案件事实的根据。

考点九 简易程序 ★★

1. 适用条件
（1）违法事实确凿；
（2）有法定依据；
（3）数额较小的罚款（对公民处 200 元以下，对法人或其他组织处 3 000 元以下）或警告处罚。

2. 具体程序

表明身份→确认违法事实，说明理由和依据→制作决定书(执法人员签名或盖章)→当场交付决定书(当事人拒签，应当注明)→备案(必须报所属行政机关备案)。

【例题9·单选题】(2021年)下列有关行政处罚简易程序的说法中，正确的是( )。

A. 对法人或者其他组织处10 000元以下罚款的行政处罚，应当适用简易程序

B. 税务机关适用简易程序作出行政处罚的，执法文书须由税务机关负责人签字

C. 执法人员适用简易程序当场作出的行政处罚决定，必须报所属行政机关备案

D. 对公民处500元以下罚款的行政处罚应当适用简易程序

解析 本题考查行政处罚简易程序。选项A、D，简易程序适用于违法事实确凿并有法定依据，对公民处200元以下、对法人或者其他组织处3 000元以下罚款或者警告的行政处罚。选项B，税务机关当场作出行政处罚决定的，税务执法文书由税务执法人员签字，不要求税务机关负责人签字。选项C，执法人员当场作出的行政处罚决定，应当报所属行政机关备案。

考点十 普通程序 ★

1. 具体程序

立案(行政首长批准，专人承办)→调查(应出示执法证件，制作笔录)→审查→告知和说明理由(当事人有权申请回避、辩解、陈述、听证)→听取当事人陈述和申辩意见(不得因陈述、申辩加重处罚)→制作处罚决定书(立案之日起90日内作出)→送达行政处罚决定书(当场送达，不在现场的7日内送达当事人，可以传真、电子邮件送达)。

2. 审查

审查，见表3-4。

表3-4 审查

项目	内容
处理建议	分别作出予以行政处罚、不予行政处罚或移送司法机关等处理建议
法制审核	(1)涉及重大公共利益的； (2)直接关系当事人或者第三人重大权益，经过听证程序的； (3)案件情况疑难复杂、涉及多个法律关系的

答案
例题9 | C

考点十一 听证程序 ★★★

1. 适用范围
(1) 较大数额罚款；
(2) 没收较大数额违法所得、没收较大价值非法财物；
(3) 降低资质等级、吊销许可证件；
(4) 责令停产停业、责令关闭、限制从业。

> **记忆口诀**
> 较大、降低、吊销、责令、限制
> （大将叼着线）。

2. 听证程序具体要求

听证程序具体要求，见表3-5。

表3-5 听证程序具体要求

项目	内容
启动	当事人在行政机关告知后5日内提出申请，行政机关应当在举行听证的7日前将时间、地点通知当事人及有关人员
形式	公开举行，涉及国家秘密、商业秘密或个人隐私的除外
费用	当事人不承担听证的费用
主持	由非本案调查人员主持；当事人认为主持人与本案有直接利害关系的，有权申请回避
参加	当事人可以亲自参加听证，也可以委托1~2人代理
缺席	当事人及其代理人无正当理由拒不出席听证或者未经许可中途退出听证的，视为放弃听证权利，行政机关终止听证
笔录	应当制作笔录，由当事人或代理人签字或盖章。拒绝签字或盖章的，由主持人注明
决定	根据听证笔录，作出行政处罚决定

3. 当事人在听证中的权利

包括：①使用本民族的语言文字参加听证；②申请或者放弃听证；③申请不公开听证；④委托律师或者其他人员为听证代理人参加听证；⑤进行陈述、申辩、举证和质证；⑥查阅听证笔录，并进行修改和签字确认；⑦依法申请听证主持人、听证员、记录员回避。

【例题10·单选题】（2020年）下列有关行政处罚程序的说法中，正确的是（　　）。

A. 当事人对适用普通程序作出行政处罚的案件均有权申请听证
B. 财政部门可以向作出行政处罚决定的行政机关返还罚款
C. 当事人对吊销许可证件的行政处罚有权要求听证
D. 适用简易程序的行政处罚也应当经过立案阶段

解析 本题考查行政处罚程序。选项A、C，行政机关拟作出下列行政处罚决定，应当告知当事人有要求听证的权利，当事人要求听证的，行政机

答案
例题10｜C

关应当组织听证：①较大数额罚款；②没收较大数额违法所得、没收较大价值非法财物；③降低资质等级、吊销许可证件；④责令停产停业、责令关闭、限制从业；⑤其他较重的行政处罚；⑥法律、法规、规章规定的其他情形。选项B，除依法应当退还、退赔的外，财政部门不得以任何形式向作出行政处罚决定的行政机关返还罚款、没收的违法所得或者没收非法财物拍卖的款项。选项D，立案是行政处罚普通程序的开始，并没有明确说明是简易程序的必经程序。

考点十二 行政处罚执行程序 ★★

1. 执行原则

（1）处罚机关与收缴罚款机构相分离：除依法当场收缴外，作出处罚决定的机关及执法人员不得自行收缴。当事人自收到处罚决定书之日起15日内，到指定的银行或通过电子支付系统缴纳。

（2）收支两条线：罚款、没收违法所得或没收非法财物拍卖的款项，必须全部上缴国库，任何机关或个人不得截留、私分或变相私分。

2. 当场收缴罚款

当场收缴罚款，见表3-6。

表3-6 当场收缴罚款

项目	内容
情形	（1）100元以下罚款； （2）不当场收缴事后难以执行； （3）在边远、水上、交通不便地区，作出罚款决定后，当事人到指定的银行或通过电子支付系统缴纳罚款确有困难，经当事人提出的
上缴期限	执法人员自收缴罚款或抵岸（在水上当场收缴的罚款）之日起2日内交至行政机关→行政机关2日内缴付指定银行
票据	必须向当事人出具国务院财政部门或省、自治区、直辖市人民政府财政部门统一制发的专用票据，否则，当事人有权拒绝缴纳罚款

百十元水桶。

3. 强制执行措施

当事人逾期不履行处罚决定，作出行政处罚决定的行政机关可以采取下列措施：①到期不缴纳罚款的，每日按罚款数额的3%加处罚款，加处数额不得超出罚款数额；②依法将查封、扣押的财物拍卖，依法处理或将冻结的存款、汇款划拨抵缴；③依法申请法院强制执行。

提示 当事人确有经济困难，需要延期或分期缴纳的，经当事人申请和行政机关批准，可以暂缓或分期缴纳。申请法院强制执行的期限，自暂缓或者分期缴纳罚款期限结束之日起计算。

4. 申请行政复议与行政诉讼

（1）行政处罚不停止执行，法律另有规定的除外。

(2)限制人身自由情形，可以向作出决定的机关提出暂缓执行申请。

(3)加处罚款的数额在行政复议或者行政诉讼期间不予计算。

(4)在法定的复议和诉讼期内，税务机关不得对当事人实施强制执行。

【例题 11·单选题】(2019 年)根据法律规定，下列有关行政处罚执行程序的说法中，正确的是( )。

A. 行政机关及其执法人员当场收缴罚款的，必须向当事人出具地级市财政部门统一制发的罚款收据

B. 纳税人不履行税务行政处罚决定，在法定的申请复议和起诉期限内依法申请复议或起诉的，税务机关不得对处罚决定实施强制执行

C. 当事人对行政处罚决定不服，申请行政复议或提起行政诉讼的，原则上该行政处罚决定应当停止执行

D. 当事人到期不缴纳罚款的，行政机关应当每日按照罚款数额的2%加处罚款

解析 本题考查行政处罚执行程序。选项 A，行政机关及其执法人员当场收缴罚款的，必须向当事人出具国务院财政部门或者省、自治区、直辖市人民政府财政部门统一制发的专用票据；不出具财政部门统一制发的专用票据的，当事人有权拒绝缴纳罚款。选项 C，当事人对行政处罚决定不服，申请行政复议或者提起行政诉讼的，行政处罚不停止执行，法律另有规定的除外。选项 D，当事人到期不缴纳罚款的，每日按罚款数额的3%加处罚款，加处罚款的数额不得超出罚款的数额。

考点十三 涉嫌犯罪案件移送程序 ★

1. 行政机关移送程序

(1)应当指定 2 名或 2 名以上行政执法人员组成专案组，核实后提出移送涉嫌犯罪案件的书面报告，本机关正职负责人或主持工作的负责人接到报告之日起 3 日内审批。

(2)决定批准的，应当在 24 小时内向同级公安机关移送，同时抄送检察院。

提示 不得以行政处罚代替移送。

2. 公安机关审查程序

(1)公安机关应在回执上签字，不属于本机关管辖范围的，24 小时内转送有管辖权的机关，并书面告知移送案件的行政机关。

(2)公安机关应当自接受案件之日起 3 日内审查：①认为需追究刑事责任，决定立案的，应当书面通知移送机关；②认为不需追究刑事责任，不予立案的，应说明理由，并书面通知移送机关，退回材料。

提示 公安机关不得以材料不全为由，不接受移送案件，应当在接受案件的 24 小时内书面告知移送机关在 3 日内补正。

3. 异议解决

第一次异议：行政执法机关接到公安机关不予立案的通知书后，可以自

答案
例题 11 | B

接到通知书之日起 3 日内，提请该公安机关复议，也可以建议检察院立案监督，公安机关自收到提请复议的文件之日起 3 日内作出立案或者不予立案决定。

第二次异议：行政执法机关对公安机关不予立案的复议决定仍有异议，应当自收到复议决定通知书之日起 3 日内建议检察院进行立案监督，公安机关应当接受检察院的立案监督。

第五节 税务行政处罚

考点十四 税务行政处罚裁量权行使 ★★

1. 行使原则

合法、合理、公平公正、公开（依据和处罚信息）、程序正当、信赖保护（不得随意改变）、处罚与教育相结合原则。

2. 裁量基准制定

（1）税务行政处罚裁量基准应当以税务规范性文件形式发布。

（2）税务机关在实施行政处罚时，应当以法律、法规、规章为依据，并在裁量基准范围内作出相应的行政处罚决定，不得单独引用税务行政处罚裁量基准作为依据。

3. 裁量规则适用

裁量规则适用，见表 3-7。

表 3-7 裁量规则适用

项目	内容
首违可不罚	首次违反且后果轻微，并在发现前主动改正或在税务机关责令限期改正的期限内（一般不超过 30 日）改正的，可不予处罚
一事不二罚款	（1）对当事人的同一个税收违法行为不得给予两次以上罚款。 **提示** 其他行政处罚没禁止两次。 （2）同一个税收违法行为违反不同行政处罚规定且均应处以罚款的，应当选择处罚较重的条款
追究时效	违法行为 5 年内未被发现的，不再给予行政处罚
告知制度	在作出处罚决定前，应当告知当事人处罚的事实、理由、依据、拟处理结果及享有的权利
回避制度	（1）涉及法定回避情形的，应当告知当事人享有申请回避的权利； （2）税务人员存在法定回避情形的，应当自行回避或由税务机关决定回避
陈述和申辩权	税务机关应当充分听取当事人的意见，不得因当事人的申辩而加重处罚
集体审议	对情节复杂、争议较大、处罚较重、影响较广或者拟减轻处罚的案件，应当经过集体审议决定

【例题 12·单选题】（2019 年）下列有关税务行政处罚裁量权的说法中，正确的是（   ）。

A. 税务行政处罚裁量基准应当以部门规章形式发布
B. 税务机关在实施行政处罚时,可以单独引用税务行政处罚裁量基准作为依据
C. 当事人同一个税收违法行为违反不同行政处罚规定且均应处以罚款的,应当选择适用处罚较重的条款
D. 对当事人同一税收违法行为不得给予两次以上行政处罚

解析 本题考查税务行政处罚裁量权行使规则。选项 A,税务行政处罚裁量基准应当以规范性文件形式发布,并结合税收行政执法实际及时修订。选项 B,税务机关在实施行政处罚时,应当以法律、法规、规章为依据,并在裁量基准范围内作出相应的行政处罚决定,不得单独引用税务行政处罚裁量基准作为依据。选项 D,对当事人的同一个税收违法行为不得给予两次以上罚款的行政处罚。

考点十五 税务行政处罚听证程序 ★★

1. 适用范围
(1)较大数额的罚款(对公民 2 000 元以上,对法人或其他组织 10 000 元以上);
(2)吊销税务行政许可证件;
(3)没收较大数额违法所得案件。

提示 停止办理出口退税不适用听证程序。

> **记忆口诀**
> 两千、一万、较大、吊销(谐音:千万大雕)。

2. 组织听证
当事人应当在被告知听证权之日起 5 个工作日内提出,符合条件的,税务机关在收到当事人申请后 15 日内举行听证,并在举行听证的 7 日前通知当事人及有关人员听证的时间、地点。

3. 不组织听证的法律后果
对应当听证的案件,税务机关不组织听证,行政处罚决定不成立,但当事人放弃听证权利或者被正当取消听证权利的除外。

4. 听证终止
当事人及其代理人无正当理由拒不出席或者无正当理由中途退出。

考点十六 重大税务违法案件审理程序 ★★

1. 审理机构
省以下各级税务局设立重大税务案件审理委员会(下称审理委员会),由主任、副主任和成员单位组成,实行主任负责制,主任由税务局局长担任,副主任由税务局其他领导担任。

2. 职责
审理委员会成员单位根据部门职责参加案件审理,提出审理意见。稽查局负责提交重大税务案件证据材料、拟作税务处理处罚意见、举行听证。

答案
例题 12 | C

3. 审理范围

重大税务案件，包括：①重大税务行政处罚案件；②根据《重大税收违法案件督办管理暂行办法》督办的案件；③应司法、监察机关要求出具认定意见的案件(应报上一级税务局审理委员会备案)；④拟移送公安机关处理的案件；⑤审理委员会成员单位认为案情重大、复杂，需要审理的案件。

4. 提请和受理

(1)稽查局应当在内部审理程序终结后5日内，将重大税务案件提请审理委员会审理。

(2)审理委员会办公室收到稽查局提请审理的案件材料后，应当在5日内进行审核。

5. 审理一般要求

(1)采用书面审理和会议审理相结合的方式。

(2)回避：重大税务案件审理参与人员的回避，由其所在部门的负责人决定。审理委员会成员单位负责人的回避，由审理委员会主任或其授权的副主任决定。

(3)审理决定：应当自批准受理之日起30日内作出审理决定，经审理委员会主任或其授权的副主任批准，可以最多延长15日。

提示 补充调查、请示上级机关或征求有权机关意见的时间不计入审理期限。

6. 书面形式

(1)审理委员会办公室自批准受理之日起5日内，将审理提请书及必要的案件材料分送审理委员会成员单位。

(2)审理委员会成员单位自收到案件材料之日起10日内，提出书面审理意见送审理委员会办公室。

提示 稽查局补充调查不应超过30日，特殊情况，经局长批准可延长最多30日。

(3)审理委员会成员单位书面审理意见一致，或者经审理委员会办公室协调后达成一致意见的，由审理委员会办公室起草审理意见书，报审理委员会主任批准。

7. 会议审理

(1)审理委员会成员单位书面审理意见存在较大分歧，经协调仍不能达成一致意见的，由审理委员会办公室向主任或其授权的副主任报告，提请会议审理。

(2)由审理委员会主任或其授权的副主任主持，2/3以上成员单位到会方可开会。

(3)审理委员会办公室制作审理纪要和审理意见书：①审理纪要由审理委员会主任或其授权的副主任签发；②审理意见书由审理委员会主任签发。

8．执行

稽查局应当按照重大税务案件审理意见书制作税务处理处罚决定等相关文书，加盖稽查局印章后送达执行。文书送达后5日内，由稽查局送审理委员会办公室备案。

重大税务违法案件审理程序小结，见图3-1。

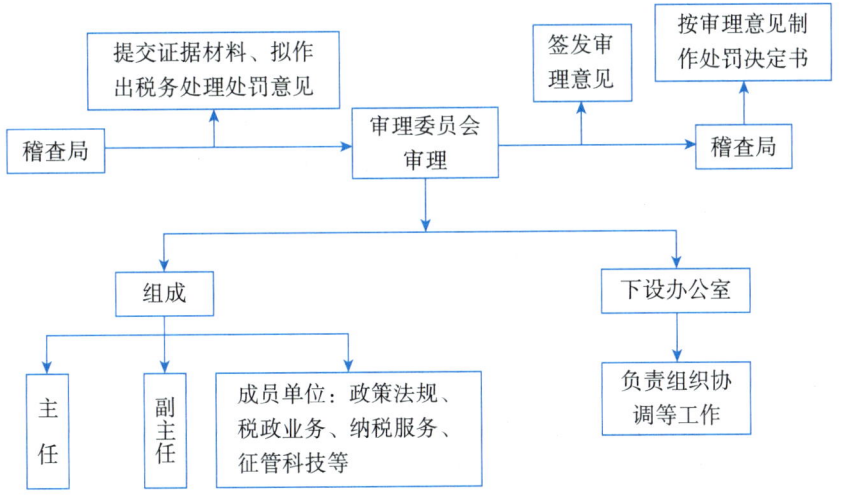

图3-1 重大税务违法案件审理程序小结

【例题13·单选题】(2018年)根据《重大税务案件审理办法》的规定，下列关于重大税务案件审理程序要求的说法中，错误的是( )。

A．重大税务案件审理采取书面审理和会议审理相结合的方式

B．重大税务案件一般应当自批准受理之日起30日内作出审理决定

C．重大税务案件审理期间，稽查局补充调查一般不应超过30日

D．审理意见书应由审理委员会主任或其授权的副主任签发

解析 本题考查税收违法案件审理程序。审理意见书由审理委员会主任签发。

答案 例题13 | D

同步训练

扫我做试题

考点一 行政处罚的概念与特征

(单选题)下列有关行政处罚的说法中，正确的是( )。

A．只能是依法享有行政处罚权的行政机关组织实施

B．处罚的对象是违反行政管理秩序、应予处罚的行政相对人，与行政处分相同

C. 处罚的目的是惩罚行政相对人并纠正行政违法行为

D. 作出行政处罚时必须严格依据法定权限，在职能范围内行使，不能超越

考点二 行政处罚的基本原则

1. （单选题）李某回国携带应申报的物品进境，未向海关如实申报，海关认定李某的行为构成走私，对其作出没收物品，并罚款1 000元的处罚。按照《行政处罚法》的规定，海关的上述处罚(　　)。

   A. 是违法的，因为其只能实施没收物品的处罚
   B. 是违法的，因为其只能实施罚款1 000元的处罚
   C. 是违法的，因为其只能在没收与罚款之间选择一种行政处罚实施
   D. 是合法的，不违反一事不二罚的原则

2. （多选题）下列有关保障相对人权益原则的说法中，正确的有(　　)。

   A. 程序重大且明显违法的，行政处罚无效
   B. 重过重罚、轻过轻罚，符合设定目的
   C. 公民、法人或其他组织享有陈述权、申辩权
   D. 对处罚不服，有权申请行政复议或提起行政诉讼
   E. 作出罚款决定的机关与收缴罚款的机构分离

考点三 行政处罚的种类

（单选题）下列行政处罚中，属于行为罚的是(　　)。

A. 行政拘留　　　B. 吊销许可证件　　　C. 罚款　　　D. 通报批评

考点四 行政处罚的设定

（多选题）根据《行政处罚法》的规定，下列关于行政处罚设定的表述，正确的有(　　)。

A. 限制人身自由的行政处罚，只能由法律设定
B. 行政法规可以设定吊销营业执照的处罚
C. 国务院部门规章可以设定警告的处罚
D. 地方性法规可以设定责令关闭的处罚
E. 地方政府规章不可以设定行政处罚

考点五 行政处罚的实施主体

（单选题）根据《行政处罚法》的规定，下列有关行政处罚实施主体的说法，不正确的是(　　)。

A. 只有国务院可以决定相对集中行政处罚权
B. 必须是依法成立并具有管理公共事务职能的组织才能受委托实施行政处罚
C. 证监会可以根据《证券法》授权作出罚款、没收违法所得等行政处罚
D. 委托实施行政处罚事项须公开

考点六 行政处罚的管辖及适用

1. （单选题）根据《行政处罚法》的规定，下列有关行政处罚管辖的说法，正确的

是( )。
- A. 由违法行为人住所地的行政机关管辖，法律、行政法规、部门规章另有规定的，从其规定
- B. 由市级以上地方政府具有行政处罚权的行政机关管辖，法律、行政法规另有规定的，从其规定
- C. 两个以上行政机关都有管辖权的，由最先立案的行政机关管辖
- D. 违法行为涉嫌犯罪的，行政机关应及时移送其他行政机关管辖

2. (单选题)关于行政处罚的适用，下列说法不正确的是( )。
- A. 行政处罚没有依据或者实施主体不具有行政主体资格的，行政处罚无效
- B. 作出处罚决定时，法律、法规、规章已被修改或废止，且新的规定处罚较轻，适用新的规定
- C. 违法行为构成犯罪，人民法院判处罚金时，行政机关已经给予当事人罚款的，罚款和罚金合并执行
- D. 违法行为构成犯罪，法院判处拘役或有期徒刑时，行政机关已经给予当事人行政拘留的，应当折抵相应刑期

考点七 行政处罚的追究时效

(单选题)根据《税收征收管理法》的规定，下列关于税务行政处罚追究时效规定的说法中，正确的是( )。
- A. 违反税收法律、行政法规应当给予行政处罚的行为，在5年内未被发现的，不再给予行政处罚
- B. 违反税收规章应当给予行政处罚的行为，在3年内未被发现的，不再给予行政处罚
- C. 违反税收规章应当给予行政处罚的行为，在5年内未被发现的，不再给予行政处罚
- D. 违反税收法律、行政法规应当给予行政处罚的行为，在2年内未被发现的，不再给予行政处罚

考点八 行政处罚决定程序的一般规定

(单选题)下列有关行政处罚程序一般规定的说法中，符合《行政处罚法》的是( )。
- A. 以非法手段取得的证据，不得作为认定案件事实的根据
- B. 执法人员不得少于3人，法律另有规定的除外
- C. 行政处罚决定应当公开
- D. 行政机关及其工作人员对实施行政处罚过程中知悉的国家秘密，应当依法予以保密，但商业秘密除外

考点九 简易程序——考点十一 听证程序

1. (单选题)下列有关行政处罚简易程序的说法中，正确的是( )。
- A. 对法人或者其他组织处200元以下罚款的行政处罚，应当适用简易程序
- B. 违法事实确凿并有法定依据，对公民处警告处罚，应当适用简易程序
- C. 执法人员适用简易程序当场作出的行政处罚决定，必须报所属行政机关审批

D. 对公民处 3 000 元以下罚款的行政处罚应当适用简易程序

2. (单选题)根据《行政处罚法》的规定,下列关于听证程序的说法中,不正确的是( )。

A. 听证程序公开举行,涉及国家秘密、商业秘密或个人隐私除外
B. 当事人不承担听证的费用
C. 听证应由行政机关指定本案调查人员主持
D. 当事人可以申辩和质证,双方可以进行辩论

3. (多选题)根据行政处罚法律制度的规定,下列关于行政处罚程序的说法正确的有( )。

A. 直接关系第三人权益,经过听证程序的案件,行政处罚决定作出前应当由行政机关负责人进行法制审核
B. 执法人员不出示执法证件的,当事人或有关人员有权拒绝接受调查、检查
C. 行政处罚决定书必须盖有作出行政处罚决定的行政机关的印章以及行政机关负责人的印章
D. 行政处罚决定关系当事人重大利益的,应当在当事人在场的情况下送交行政处罚决定书,不能采用其他形式
E. 行政机关在依法作出行政处罚决定之前,应当事先告知作出处罚决定的理由,这是行政机关必须履行的程序性义务

4. (多选题)根据《行政处罚法》的规定,下列有关听证的说法,正确的有( )。

A. 适用听证程序以当事人申请为前提
B. 行政机关拟作出较大数额罚款的处罚决定,依法应当告知当事人具有听证的权利
C. 当事人有权申请主持人回避
D. 当事人可以亲自参加听证,行政机关可以委托 1~2 人代理参加听证
E. 听证结束后,行政机关应当根据听证笔录,作出决定

考点十二 行政处罚执行程序

1. (单选题)张某到甲县某饭店吃饭,与服务员发生争执,并且砸毁了饭店的物品。服务员报警之后,公安派出所的民警及时赶到,制止了张某的行为,对其处以 500 元的罚款。张某不服申请行政复议。根据《行政处罚法》的规定,下列说法正确的是( )。

A. 罚款属于自由罚
B. 申请行政复议的,行政处罚停止执行
C. 在法定的复议期内,不得对当事人实施强制执行
D. 执法人员可以当场收缴该罚款

2. (多选题)行政执法人员当场作出行政处罚决定并收缴罚款的,依照法律规定( )。

A. 执法人员必须向当事人出具省、自治区、直辖市财政部门统一制发的专用票据

B. 执法人员应当当场将行政处罚决定书交付给当事人
C. 执法人员不出具财政部门统一制发的专用票据的，当事人有权拒绝缴纳罚款
D. 执法人员应当自收缴罚款之日起2日内，将罚款交至指定银行
E. 银行自收到罚款之日起2日内，将罚款缴付给行政机关

考点十三 涉嫌犯罪案件移送程序

(单选题)根据行政执法机关移送涉嫌犯罪案件的规定，下列关于行政机关对公安机关决定不予立案的处理，不正确的是( )。

A. 应当给予行政处罚的，应当依法实施行政处罚
B. 行政执法机关向公安机关移送涉嫌犯罪案件前已经作出的警告、责令停产停业、暂扣或者吊销许可证、暂扣或者吊销执照的行政处罚决定，不停止执行
C. 行政执法机关向公安机关移送涉嫌犯罪案件前，已经依法给予当事人罚款的，人民法院判处罚金时，依法折抵相应罚金
D. 行政执法机关接到公安机关不予立案的通知书后，认为依法应当由公安机关决定立案的，应当向检察院申请立案监督

考点十四 税务行政处罚裁量权行使

1. (单选题)根据税务行政处罚裁量权行使规则的规定，下列说法不正确的是( )。

   A. 对情节复杂、争议较大、处罚较重、影响较广或者拟减轻处罚等税务行政处罚案件，应当经过集体审议决定
   B. 税务机关对于当事人首次违反且危害后果轻微，并在税务机关发现前主动改正的或者在税务机关责令限期改正的期限内改正的，可以不予行政处罚
   C. 行使税务行政处罚裁量权，税务机关应当依法履行告知义务
   D. 税务机关责令当事人限期改正的，除法律、法规、规章另有规定外，责令限期改正的期限一般不超过60日

2. (多选题)下列关于税务行政处罚裁量规则适用的说法中，正确的有( )。

   A. 对事实、性质、情节及危害程度等因素基本相同的税收违法行为，所适用的行政处罚种类和幅度应当基本相同
   B. 对当事人的同一个税收违法行为不得给予两次以上罚款的行政处罚
   C. 对拟减轻处罚的处罚案件，税务机关应当经过集体审议决定
   D. 税务人员存在法定回避情形的，应当由税务机关决定回避
   E. 违法行为5年内未被发现的，不再给予行政处罚

考点十五 税务行政处罚听证程序

(多选题)根据《税务行政处罚听证程序实施办法》的规定，下列说法正确的有( )。

A. 听证过程中，当事人或者其代理人无正当理由拒不出席听证的，听证终止
B. 税务机关应当在举行听证的7日前将《税务行政处罚听证通知书》送达当事人
C. 当事人要求听证符合条件的，税务机关应当在收到当事人听证要求后15日内举行听证

D. 对应当进行听证的案件，税务机关不组织听证，行政处罚决定不能成立，但当事人放弃听证权利或者被正当取消听证权利的除外

E. 税务机关对公民作出1 000元以上罚款的行政处罚之前，应告知其有要求举行听证的权利

考点十六 重大税务违法案件审理程序

(多选题)根据重大税务案件审理办法规定，下列关于重大税务案件审理程序要求的说法中，正确的有(　　)。

A. 重大税务案件审理采取书面审理和会议审理相结合的方式
B. 拟移送公安机关处理的案件属于重大税务案件
C. 采用会议审理还是书面审理，由当事人申请后审理委员会主任决定
D. 审理意见书由审理委员会主任签发
E. 审理委员会成员单位书面审理意见存在较大分歧、经审理委员会办公室协调仍不能达成一致意见时才适用会议审理

综合拓展

(多选题)关于行政处罚的实施，下列说法中符合《行政处罚法》的规定的有(　　)。

A. 限制人身自由的行政处罚权只能由公安机关和法律规定的其他机关行使
B. 需要由一个行政机关集中行使行政处罚权的，由省级人民政府报请国务院决定
C. 国家在城市管理、市场监管等领域推行建立综合行政执法制度，相对集中行政处罚权
D. 对当事人的同一个违法行为，不得给予两次以上罚款的行政处罚
E. 委托行政机关对受委托组织实施行政处罚的行为应当负责监督，并对该行为的后果承担法律责任

参考答案及解析

考点一 行政处罚的概念与特征

D 【解析】本题考查行政处罚的特征。选项A，行政处罚只能是依法享有行政处罚权的行政机关或法律、法规授权的组织、受委托的组织实施。选项B，处罚的对象是违反行政管理秩序、应予处罚的行政相对人，与行政处分不同。选项C，处罚的目的是<u>教育</u>行政相对人并<u>纠正</u>行政违法行为。

考点二 行政处罚的基本原则

1. D 【解析】本题考查对一事不二罚原则。一事不二罚(款)原则的基本内涵是，对违法行为人的同一个违法行为，不得以同一事实和同一依据给予两个(次)以上的同类(罚款)处罚。海关的处罚并不是针对同一违法行为给予两次以上罚款的处罚，而是对同一违法行为给予不同种类的处罚，属于行政处罚的并处。因此，海关的处罚行为是合法的，并未违反一事不二罚的原则。

2. CD 【解析】本题考查行政处罚的原则。选项A，属于处罚法定原则。选项B，属

于处罚公开、公正、过罚相当原则。选项 E，属于监督制约、职能分离原则。

考点三 行政处罚的种类

B 【解析】本题考查行政处罚的理论分类。行为罚，又称能力罚，是行政主体对违反行政法律规范的行政相对人所采取的限制或剥夺其特定行为能力或资格的一种处罚措施。行为罚包括暂扣许可证件、降低资质等级、吊销许可证件、限制开展生产经营活动、责令停产停业、责令关闭、限制从业等形式。选项 A，是人身自由罚。选项 C，是财产罚。选项 D，是精神罚。

考点四 行政处罚的设定

ABCD 【解析】本题考查行政处罚的设定。选项 A，法律可以设定各种行政处罚。限制人身自由的行政处罚，只能由法律设定。选项 B，行政法规可以设定除限制人身自由以外的行政处罚。选项 C，尚未制定法律、行政法规的，国务院部门规章对违反行政管理秩序的行为，可以设定警告、通报批评或者一定数额罚款的行政处罚。罚款的限额由国务院规定。选项 D，地方性法规可以设定除限制人身自由、吊销营业执照以外的行政处罚。选项 E，尚未制定法律、法规的，地方政府规章对违反行政管理秩序的行为，可以设定警告、通报批评或者一定数额罚款的行政处罚。罚款的限额由省、自治区、直辖市人民代表大会常务委员会规定。

考点五 行政处罚的实施主体

A 【解析】本题考查行政处罚实施主体。选项 A，国家在城市管理、市场监管、生态环境、文化市场、交通运输、应急管理、农业等领域推行建立综合行政执法制度，相对集中行政处罚权。国务院或者省、自治区、直辖市人民政府可以决定一个行政机关行使有关行政机关的行政处罚权。

考点六 行政处罚的管辖及适用

1. C 【解析】本题考查行政处罚的管辖。选项 A，行政处罚由违法行为发生地的行政机关管辖，法律、行政法规、部门规章另有规定的，从其规定。选项 B，行政处罚由县级以上地方政府具有行政处罚权的行政机关管辖，法律、行政法规另有规定的，从其规定。选项 D，违法行为涉嫌犯罪的，行政机关应及时移送司法机关管辖。

2. C 【解析】本题考查行政处罚的适用。选项 C，违法行为构成犯罪，人民法院判处罚金时，行政机关已经给予当事人罚款的，应当折抵相应罚金；行政机关尚未给予当事人罚款的，不再给予罚款。

考点七 行政处罚的追究时效

A 【解析】本题考查行政处罚的追究时效。违反税收法律、行政法规应当给予行政处罚的行为，在 5 年内未被发现的，不再给予行政处罚。

考点八 行政处罚决定程序的一般规定

A 【解析】本题考查行政处罚程序的一般规定。选项 B，执法人员不得少于 2 人，法律另有规定的除外。选项 C，具有一定社会影响的行政处罚决定应当依法公开。选项 D，行政机关及其工作人员对实施行政处罚过程中知悉的国家秘密、商业秘密或个人隐私,应当依法予以保密。

考点九 简易程序——考点十一 听证程序

1. B 【解析】本题考查行政处罚简易程序。选项A、D,简易程序适用于违法事实确凿并有法定依据,对公民处200元以下、对法人或者其他组织处3 000元以下罚款或者警告的行政处罚。选项C,执法人员当场作出的行政处罚决定,应当报所属行政机关备案。

2. C 【解析】本题考查听证程序。听证由行政机关指定非本案调查人员主持。

3. BE 【解析】本题考查行政处罚的普通程序。选项A,直接关系当事人或者第三人重大权益,经过听证程序的案件,在作出行政处罚的决定之前,应当由从事行政处罚决定法制审核的人员进行法制审核。选项C,行政处罚决定书必须盖有作出行政处罚决定的行政机关的印章。法律没有要求加盖行政机关负责人的印章。选项D,行政处罚决定书应当在宣告后当场交付当事人;当事人不在场的,行政机关应当在7日内依照《民事诉讼法》的有关规定,将行政处罚决定书送达当事人。当事人同意并签订确认书的,行政机关可以采用传真、电子邮件等方式,将行政处罚决定书等送达当事人。

4. ABCE 【解析】本题考查行政处罚听证程序。选项D,当事人可以亲自参加听证,也可以委托1~2人代理参加听证。

考点十二 行政处罚执行程序

1. C 【解析】本题考查行政处罚的种类、行政处罚的执行程序、对行政处罚不服的救济程序。选项A,罚款属于财产罚。选项B,申请行政复议的,行政处罚不停止执行,法律另有规定的除外。选项D,本题中,不能当场收缴罚款。

2. BC 【解析】本题考查处罚机关与收缴罚款机构相分离。选项A,行政机关及其执法人员当场收缴罚款的,必须向当事人出具国务院财政部门或者省、自治区、直辖市人民政府财政部门统一制发的专用票据;不出具财政部门统一制发的专用票据的,当事人有权拒绝缴纳罚款。选项D、E,执法人员当场收缴的罚款,应当自收缴之日起2日内,交至行政机关。行政机关应当在2日内将罚款缴付指定的银行。

考点十三 涉嫌犯罪案件移送程序

D 【解析】本题考查行政执法机关移送涉嫌犯罪案件程序。行政执法机关接到公安机关不予立案的通知书后,认为依法应当由公安机关决定立案的,可以自接到不予立案通知书之日起3日内,提请作出不予立案决定的公安机关复议,也可以建议人民检察院依法进行立案监督。

考点十四 税务行政处罚裁量权行使

1. D 【解析】本题考查税务行政处罚裁量权行使规则。对于税务机关应当责令当事人改正或者限期改正违法行为的,除法律、法规、规章另有规定外,责令限期改正的期限一般不得超过30日。

2. ABCE 【解析】本题考查税务行政处罚裁量权行使规则。税务人员存在法定回避情形的,应当自行回避或者由税务机关决定回避。

考点十五 税务行政处罚听证程序

ABCD 【解析】本题考查税务行政处罚听证程序。选项 E，税务机关对公民作出 2 000 元以上(含本数)罚款或者对法人或其他组织作出 1 万元以上(含本数)罚款的行政处罚之前，应当向当事人送达《税务行政处罚事项告知书》，告知当事人已经查明的违法事实、证据、行政处罚的法律依据和拟将给予的行政处罚，并告知有要求举行听证的权利。

考点十六 重大税务违法案件审理程序

ABDE 【解析】本题考查税收违法案件审理程序。选项 C，审理委员会成员单位书面审理意见存在较大分歧、经审理委员会办公室协调仍不能达成一致意见时才适用会议审理，两种审理方式不可以自由选择。

综合拓展

ACDE 【解析】本题考查行政处罚的实施。选项 B，国务院或者省、自治区、直辖市人民政府可以决定一个行政机关行使有关行政机关的行政处罚权。

亲爱的读者，你已完成本章16个考点的学习，本书知识点的学习进度已达12%。

第四章　行政强制法律制度

重要程度：非重点章节　　分值：3分左右

考试风向

考情速递

本章主要内容包括行政强制法基础、行政强制措施的实施、行政强制执行的实施，有一定理论性，学习难度不大，更偏重记忆。重点关注的考点包括行政强制的种类，行政强制的设定，行政强制措施实施的一般规定，查封、扣押，冻结，行政强制执行实施的一般规定，金钱给付义务的执行和申请人民法院强制执行。本章主要考查单选题、多选题，偶尔考查综合分析题。

2025年考试变化

本章无实质性变化。

脉络梳理

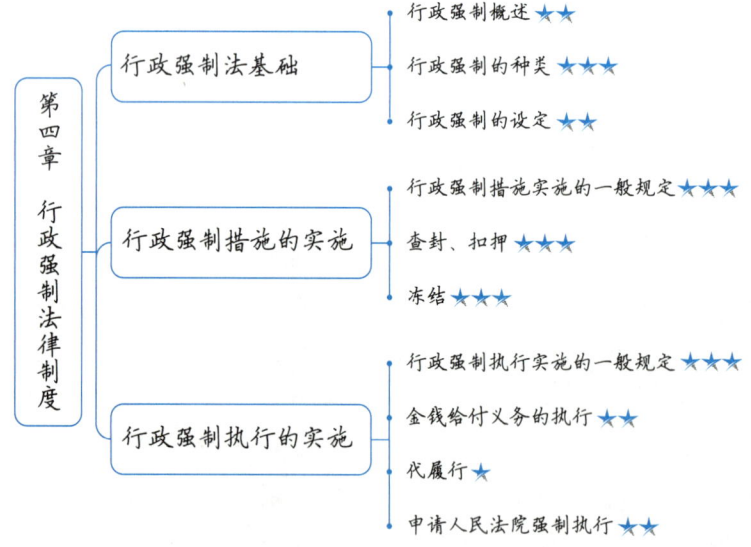

考点详解及精选例题

第一节 行政强制法基础

考点一 行政强制概述 ★★

1. 行政强制措施

行政机关在行政管理过程中，为制止违法行为、防止证据损毁、避免危害发生、控制危险扩大等，依法对公民的人身自由实施暂时性限制，或者对公民、法人或其他组织的财物实施暂时性控制的行为。

2. 行政强制执行

行政机关或其申请法院，对不履行行政决定的公民、法人或者其他组织，依法强制履行义务的行为。

3. 基本原则

（1）合法性原则：权限、范围、条件和程序设定合法、实施合法。

（2）适当原则：①情节轻微的，能不实施就不实施；②查封、扣押、冻结的财物价值适当；③强制手段适当，多种强制手段都可以实现行政目的，应当选择对当事人损害最小的方式。

（3）教育与强制相结合原则：实施强制前，应当先以书面形式催告当事人。

（4）禁止利用行政强制权谋取利益原则：①不得使用被查封、扣押的财产；②不得收取保管费；③收支两条线；④合理确定代履行费用。

（5）保障当事人程序权利和法律救济权利原则：①陈述权、申辩权是基本程序权利；②法律救济途径包括行政复议、行政诉讼和国家赔偿。

【例题1·多选题】（2022年）下列选项中，属于行政强制基本原则的有（　　）。

A. 高效便捷原则
B. 教育与强制相结合原则
C. 禁止利用行政强制权谋取利益原则
D. 行政强制合法性原则
E. 行政强制适当原则

解析 本题考查行政强制的基本原则。行政强制的基本原则包括：行政强制合法性原则、行政强制适当原则、教育与强制相结合原则、禁止利用行政强制权谋取利益原则、保障当事人程序权利和法律救济权利原则。

考点二 行政强制的种类 ★★★

行政强制的种类，见表4-1。

答案
例题1｜BCDE

表 4-1 行政强制的种类

项目	具体规定
行政强制措施	限制公民人身自由；查封场所、设施或者财物；扣押财物；冻结存款、汇款；其他行政强制措施（证据先行登记保存、交通管制、强制进入场所、通信管制）
行政强制执行	加处罚款或者滞纳金；划拨存款、汇款；拍卖或者依法处理查封、扣押的场所、设施或者财物；排除妨碍、恢复原状；代履行；其他强制执行方式（强制履行兵役义务、强制收购、强制教育）

记忆口诀

冻结、扣押、限制自由、查封（谐音：洞口献茶）。

记忆口诀

强制、加处、拍卖、妨碍、代履行、划拨、原状（谐音：强制出卖爱戴花园）。

【例题2·单选题】（2024年）下列关于行政强制执行的说法中，正确的是（　　）。

A. 强制进入食品企业生产经营场所检查属于强制执行
B. 冻结存款属于行政强制执行
C. 加处滞纳金属于行政强制执行
D. 加处罚款属于行政强制措施

解析 本题考查行政强制执行。选项A，行政强制执行，是指行政机关或者行政机关申请人民法院，对不履行行政决定的公民、法人或者其他组织，依法强制履行义务的行为。强制进入食品企业生产经营场所检查是相关部门履行食品安全监督管理职责，对生产经营者采取的监督检查措施。其适用前提并非行政相对人不履行义务，不符合行政强制执行的内涵，故不属于行政强制执行。选项B，属于行政强制措施。选项D，属于行政强制执行。

【例题3·多选题】（2021年）根据《行政强制法》的规定，下列属于行政强制执行的方式有（　　）。

A. 冻结存款、汇款
B. 排除妨碍、恢复原状
C. 加处罚款或者滞纳金
D. 查封场所、设施或者财物
E. 拍卖或者依法处理查封、扣押的场所、设施或者财物

解析 本题考查行政强制执行。选项A、D，属于行政强制措施。

考点三 行政强制的设定 ★★

行政强制的设定，见表 4-2。

表 4-2 行政强制的设定

项目	行政强制措施	行政强制执行
法律	√	√

答案

例题 2｜C
例题 3｜BCE

第四章 | 行政强制法律制度

（续表）

项目	行政强制措施	行政强制执行
行政法规	√（尚未制定法律，且属于国务院职权，除外：限制人身自由、冻结存款汇款应由法律规定）	× 提示 行政强制执行只能法律设定
地方性法规	√（尚未制定法律、行政法规，且属于地方性事务，仅可以设立查封场所、设施或财物以及扣押财物）	
其他规范性文件	×	

> **记忆口诀**
> 冻结、限制人身（谐音：冻人除外）。
>
> **记忆口诀**
> 查封、扣押（谐音：只能封口）。

行政处罚、许可、强制设定权的对比总结，见表4-3。

表4-3 行政处罚、许可、强制设定权的对比总结

项目	行政处罚	行政许可	行政强制措施	行政强制执行
法律	√	√	√	√
行政法规	√（除限制人身自由）	√	√（除限制公民人身自由，冻结存款、汇款）	×
地方性法规	√（除限制人身自由、吊销营业执照）	√	√（限于查封、扣押）	×
地方政府规章	√（警告、通报批评或者一定数额罚款）	√（省级规章可规定临时性）	×	×
部门规章	√（警告、通报批评或者一定数额罚款）	×	×	×
其他规范性文件	×	×	×	×

> **记忆口诀**
> 执行冻人只能法律设立，地方性法规只能许可封口，不得吊人，规章只能临时精通法。

● **得分高手**（2021年、2019年单选）

重点考查行政强制的设定。强制执行、冻结存款汇款、限制人身自由（执行冻人）只能法律设立；地方性法规只能设立行政许可、查封、扣押（许可封口），不能设立吊销营业执照、限制人身自由（吊人）；规章只能设立临时性许可、警告、通报批评、一定数额罚款（临时精通法）。

【例题4·单选题】（2021年）下列有关行政强制设定的说法，正确的是（　　）。

A．行政规章不得设定行政强制执行
B．行政法规可以设定冻结存款、汇款的行政强制措施
C．行政强制措施由法律设定，行政强制执行由行政法规设定

D. 行政规章可以设定行政强制措施

解析 本题考查行政强制的设定。选项A、C，行政强制执行由法律设定。选项B，尚未制定法律，且属于国务院行政管理职权事项的，行政法规可以设定除限制公民人身自由、冻结存款汇款和应当由法律规定的行政强制措施以外的其他行政强制措施。选项D，法律、法规以外的其他规范性文件不得设定行政强制措施。

【例题5·单选题】（2019年）下列有关设定行政强制的说法中，正确的是（　　）。

A. 尚未制定法律的，行政法规可以设定限制公民人身自由的行政强制措施

B. 尚未制定法律、行政法规的，地方性法规可以设定冻结存款、汇款的行政强制措施

C. 行政法规不得设定行政强制执行

D. 一定条件下，行政规章也可以设定行政强制措施

解析 本题考查行政强制的设定。选项A，尚未制定法律，且属于国务院行政管理职权事项的，行政法规可以设定除限制公民人身自由、冻结存款汇款和应当由法律规定的行政强制措施以外的其他行政强制措施。选项B，尚未制定法律、行政法规，且属于地方性事务的，地方性法规可以设定查封场所、设施或者财物、扣押财物的行政强制措施。选项C，行政强制执行由法律设定。选项D，法律、法规以外的其他规范性文件不得设定行政强制措施。

第二节　行政强制措施的实施

考点四　行政强制措施实施的一般规定 ★★★

1. 实施行政强制措施的程序

实施前须向行政机关负责人报告并经批准（情况紧急，需要当场实施的，应在24小时内报告并补办）→由2名以上行政执法人员，出示执法身份证件→通知当事人到场，当场告知强制的理由、依据以及享有的权利、救济途径→听取当事人的陈述和申辩→制作现场笔录，当事人和执法人员签名或盖章，若当事人拒绝，应在笔录中注明。

提示 当事人不到场，邀请见证人到场，由见证人和执法人员在现场笔录上签名或盖章。限制人身自由的强制措施，应当场告知或者事后立即通知家属实施机关、地点和期限；紧急情况下当场实施的，返回后立即报告并补办批准手续。

2. 行政处罚、行政许可、行政强制措施实施主体比较

行政处罚、行政许可、行政强制措施实施主体比较，见表4-4。

答案
例题4 | A
例题5 | C

表 4-4 行政处罚、行政许可、行政强制措施实施主体比较

类型	行政处罚	行政许可	行政强制措施
行政机关	具有行政处罚权的行政机关	具有行政许可权的行政机关	法律、法规规定的行政机关
被授权的组织	法律、法规授权的	法律、法规授权的	法律、行政法规授权的
被委托的组织	可以(组织)	可以(行政机关)	不得委托
集中实施	国务院或省级政府可以决定一个行政机关;限制人身自由的行政处罚权只能由公安和法律规定的其他机关行使	国务院批准,省级政府可以决定一个行政机关	行使相对集中行政处罚权的行政机关,可以实施法律、法规规定的与行政处罚权有关的行政强制措施

【例题 6·单选题】(2018 年)根据《行政强制法》的规定,下列关于行政强制措施实施的说法中,错误的是( )。

A. 冻结存款、汇款应当由法律规定的行政机关实施,其他任何行政机关或者组织不得实施

B. 行政强制措施可以委托给其他行政机关实施,其他任何组织不得实施

C. 查封、扣押应当由法律、法规规定的行政机关实施,其他任何行政机关或者组织不得实施

D. 法律、行政法规授权的具有管理公共事务职能的组织可以在法定授权范围内以自己的名义实施行政强制措施

解析 本题考查行政强制措施的实施。行政强制措施权不得委托。

考点五 查封、扣押 ★★★

1. 实施主体

法律、法规规定的行政机关。

2. 范围

限于涉案的场所、设施或者财物,不包括:①与违法行为无关的场所、设施或者财物;②公民个人及其所扶养家属的生活必需品;③已被其他国家机关查封的,不得重复查封。

3. 程序

依照法定程序,制作并当场交付查封、扣押决定书和清单。

提示1 清单一式二份,由当事人和行政机关分别保存。

提示2 决定书应当载明:①当事人的姓名或名称、地址;②查封、扣押的理由、依据和期限;③查封、扣押场所、设施或财物的名称、数量等;④申请行政复议或提起行政诉讼的途径和期限;⑤行政机关的名称、印章和

答案
例题 6 | B

日期。

4. 期限

（1）不得超过30日；情况复杂，经行政机关负责人批准，可以延长，但延长期限不得超过30日。法律、行政法规另有规定的除外(30日+30日)。

（2）税收保全措施一般不得超过6个月；重大案件报国家税务总局批准可延长。

提示 不包括检测、检验、检疫或技术鉴定的期间，费用由行政机关承担。

5. 保管

（1）行政机关应妥善保管，不得使用或损毁；若造成损失，应承担赔偿责任。

（2）查封（不包括扣押）的场所、设施或者财物，可以委托第三人保管。第三人造成的损失，行政机关先行赔付后，向第三人追偿。

（3）保管费用由行政机关承担。

6. 解除情形

（1）当事人没有违法行为；

（2）查封、扣押的场所、设施或者财物与违法行为无关；

（3）行政机关对违法行为已经作出处理决定，不再需要查封、扣押；

（4）查封、扣押期限已经届满。

行政机关解除查封、扣押，应立即退还财物；已拍卖或变卖的，退还款项；变卖价格明显低于市场价格的，应补偿。

考点六　冻结 ★★★

1. 实施主体

由法律规定的行政机关实施，不得委托给其他行政机关或者组织。

提示 查封、扣押实施主体是法律、法规规定的行政机关。

2. 范围

冻结存款、汇款的数额应当与违法行为涉及的金额相当；已被其他国家机关依法冻结的，不得重复冻结。

3. 程序

（1）行政机关交付冻结通知书→金融机构立即冻结，不得拖延和泄露→行政机关3日内向当事人交付冻结决定书。

（2）冻结决定书载明事项：当事人的姓名或名称、地址；冻结的理由、依据和期限；冻结的账号和数额；申请行政复议或提起行政诉讼的途径和期限；行政机关的名称、印章和日期。

4. 期限

自冻结之日起30日内，行政机关作出决定；情况复杂，经行政机关负责人批准，可延长不超过30日。法律另有规定的除外(30日+30日)。

提示 查封、扣押期限法律、行政法规另有规定除外。

5. 解除情形

(1) 当事人没有违法行为；

(2) 冻结的存款、汇款与违法行为无关；

(3) 行政机关对违法行为已经作出处理决定，不再需要冻结；

(4) 冻结期限已经届满。

行政机关应当及时通知金融机构和当事人，金融机构接到通知后，立即解除。逾期未作出处理决定或者解除冻结决定的，自冻结期满之日起解除。

【例题7·单选题】（2019年）根据《行政强制法》的规定，下列有关冻结的说法中，正确的是（　　）。

A. 冻结存款、汇款应当由法律规定的行政机关实施，行政机关不得委托给其他行政机关或者组织

B. 已被其他国家机关依法冻结的存款、汇款，行政机关可以重复冻结

C. 行政法规可以对冻结期限作出特别规定

D. 依照法律规定冻结存款、汇款的，作出决定的行政机关应于当日向当事人交付冻结决定书

解析 本题考查冻结。选项B，冻结存款、汇款的数额应当与违法行为涉及的金额相当；已被其他国家机关依法冻结的，不得重复冻结。选项C，自冻结存款、汇款之日起30日内，行政机关应当作出处理决定或者作出解除冻结决定；情况复杂的，经行政机关负责人批准，可以延长，但是延长期限不得超过30日。法律另有规定的除外。选项D，依照法律规定冻结存款、汇款的，作出决定的行政机关应当在3日内向当事人交付冻结决定书。

【例题8·多选题】（2018年）根据《行政强制法》的规定，下列关于查封、扣押及冻结的说法中，正确的有（　　）。

A. 行政机关实施查封、扣押应当遵守《行政强制法》一般期限和延长期限的规定，但法律、行政法规另有规定的除外

B. 当事人的场所、设施或者财物已被其他国家机关依法查封的，不得重复查封

C. 行政机关不得查封、扣押公民个人及其所扶养家属的生活必需品

D. 行政机关实施冻结应当遵守《行政强制法》一般期限和延长期限的规定，但法律、行政法规另有规定的除外

E. 冻结存款的数额应当与违法行为涉及的金额相当

解析 本题考查查封、扣押、冻结。选项D，自冻结存款、汇款之日起30日内，行政机关应当作出处理决定或者作出解除冻结决定；情况复杂的，经行政机关负责人批准，可以延长，但是延长期限不得超过30日。法律另有规定的除外。

答案

例题7｜A

例题8｜ABCE

第三节 行政强制执行的实施

考点七 行政强制执行实施的一般规定 ★★★

1. 行政处罚、行政许可和行政强制实施主体比较

行政处罚、行政许可和行政强制实施主体比较，见表4-5。

表4-5 行政处罚、行政许可和行政强制实施主体比较

类型	行政处罚	行政许可	行政强制措施	行政强制执行
行政机关	具有行政处罚权的行政机关	具有行政许可权的行政机关	法律、法规规定的行政机关	具有行政强制执行权的行政机关
被授权的组织	法律、法规授权	法律、法规授权	法律、行政法规授权	法律、行政法规授权
被委托的组织/机关	可以	可以	不得委托	不得委托

2. 行政强制执行的程序

(1)催告：行政机关作出强制执行决定前，应当事先催告当事人履行义务(催告前置)。

书面形式催告书内容：履行义务的期限和方式；涉及金钱给付的，应当有明确的金额和给付方式；当事人依法享有的陈述权和申辩权。

> **记忆口诀**
> 陈述权、申辩权、方式、期限、金额(谐音：全是现金)。

(2)陈述、申辩权：当事人收到催告书后有权进行陈述和申辩，行政机关应当充分听取意见并记录、复核。

(3)强制执行决定：经催告，当事人逾期仍不履行行政决定，且无正当理由的，行政机关可以作出强制执行决定。在催告期间，对有证据证明有转移或者隐匿财物迹象的，行政机关可以作出立即强制执行决定。

强制执行决定书内容：当事人的姓名或者名称、地址；强制执行的理由和依据；强制执行的方式和时间；申请行政复议或者提起行政诉讼的途径和期限；行政机关的名称、印章和日期。

> **记忆口诀**
> 机关、当事人、理由、方式、时间、行政复议和诉讼。

提示 催告书、行政强制执行决定书应当直接送达当事人。

(4)中止执行情形：当事人履行行政决定确有困难或者暂无履行能力的；第三人对执行标的主张权利，确有理由的；执行可能造成难以弥补的损失，且中止执行不损害公共利益的。

> **记忆口诀**
> 第三人、无能力、有困难、难弥补损失(谐音：三无男士)。

提示 中止情形消失后，恢复执行；对没有明显社会危害，确无能力履行，中止满3年未恢复，不再执行。

(5)终结执行情形：公民死亡，无遗产可供执行，又无义务承受人的；法人或者其他组织终止，无财产可供执行，又无义务承受人的；执行标的灭

失的;据以执行的行政决定被撤销的。

(6)执行和解:在不损害公共利益和他人合法权益的情况下,行政机关可以与当事人达成执行协议;可以约定分阶段履行;当事人采取补救措施的,可以减免加处的罚款或者滞纳金(罚款、税款、行政性收费本金不减免)。当事人不履行执行协议的,恢复强制执行。

(7)文明执行:不得在夜间或法定节假日强制执行,情况紧急除外。不得对居民生活采取停止供水、供电、供热、供燃气等方式迫使当事人履行(对企业生产可以采用)。

(8)强制拆除:对违法的建筑物、构筑物、设施等需要强制拆除的,应当由行政机关予以公告,限期当事人自行拆除。当事人在法定期限内不申请行政复议或者提起行政诉讼,又不拆除的,行政机关可以依法强制拆除。

> 记忆口诀
> 死亡、撤销、终止、标的灭失(谐音:网校重视)。

【例题9·单选题】(2023年)下列关于行政强制执行实施规则的说法中,正确的是( )。

A. 催告期届满前,行政机关不得作出立即强制执行决定
B. 行政机关不得对单位采取停止供水、供电、供热、供燃气等方式迫使当事人履行相关行政决定
C. 行政机关一律不得在夜间或者法定节假日实施强制执行
D. 行政机关作出强制执行决定前,应当以书面形式催告当事人

解析 本题考查行政强制执行。选项A,在催告期间,对有证据证明有转移或者隐匿财物迹象的,行政机关可以作出立即强制执行决定。选项B,行政机关不得对居民生活采取停止供水、供电、供热、供燃气等方式迫使当事人履行相关行政决定。选项C,行政机关不得在夜间或者法定节假日实施行政强制执行,情况紧急除外。选项D,行政机关作出强制执行决定前,应当事先催告当事人履行义务。催告应当以书面形式作出。

【例题10·单选题】(2020年)下列有关行政强制执行的说法中,正确的是( )。

A. 行政机关作出强制执行决定前,应当事先采取书面或者口头形式催告当事人履行义务
B. 据以执行的行政决定被撤销的,行政机关应中止执行
C. 行政强制执行一律不得在夜间或者法定节假日实施
D. 在强制执行阶段,罚款本金、税款本金不适用执行和解的减免规定

解析 本题考查行政强制执行。选项A,行政机关作出强制执行决定前,应当事先催告当事人履行义务。催告应当以书面形式作出。选项B,据以执行的行政决定被撤销的,行政强制终结执行。选项C,行政机关不得在夜间或者法定节假日实施行政强制执行,情况紧急除外。

答案
例题9|D
例题10|D

考点八 金钱给付义务的执行 ★★

1. 加处罚款、滞纳金

（1）适用条件：行政机关依法作出金钱给付义务的行政决定，当事人逾期不履行。

提示 加处罚款或者滞纳金<u>不得超出</u>金钱给付义务的数额。

（2）告知义务：加处的标准应当告知当事人；因追求罚款与滞纳金收益故意不告知，而使当事人遭受不合理损失的，应认定<u>无效</u>。

（3）直接执行：加处罚款或者滞纳金超过30日，经催告当事人仍不履行的，具有强制执行权的行政机关可以强制执行；没有强制执行权的行政机关应当申请法院强制执行。

2. 划拨存款、汇款

（1）由法律规定的行政机关决定，并书面通知金融机构。

（2）金融机构接到决定后，应当<u>立即划拨</u>；法律规定以外的行政机关或者组织要求划拨，金融机构应当拒绝。

（3）所得的款项应当上缴国库或者划入财政专户；不得<u>截留、私分或者变相私分</u>。

考点九 代履行 ★

1. 适用条件

行政机关依法作出要求当事人履行排除妨碍、恢复原状等义务的行政决定，逾期不履行，经催告仍不履行，其后果已经或者将要危害交通安全、造成环境污染或破坏自然资源。

提示 不适用<u>金钱给付义务</u>的行政决定。

2. 实施主体

行政机关或者委托没有利害关系的第三人。

3. 费用

按照成本合理确定，由当事人承担，法律另有规定除外。

4. 方式

不得采用暴力、胁迫以及其他非法方式。

5. 程序

（1）代履行前送达决定书，代履行决定书应当载明当事人的姓名或者名称、地址，代履行的理由和依据、方式和时间、标的、费用预算以及代履行人。

（2）代履行3日前，催告当事人履行，当事人履行的，停止代履行。

提示 无须催告，立即代履行：需要立即清除道路、河道、航道或者公共场所的遗洒物、障碍物或者污染物，当事人不能清除的，行政机关可以立即实施代履行；当事人不在场的，行政机关应当在事后立即通知当事人，并依法作出处理。

（3）代履行时，作出决定的行政机关应当派员到场监督。

（4）代履行完毕，行政机关到场监督的工作人员、代履行人和当事人或者见证人应当在执行文书上签名或者盖章。

考点十 申请人民法院强制执行 ★★

1. 适用条件

当事人在法定期限内不申请行政复议或者提起行政诉讼，又不履行行政决定的，没有行政强制执行权的行政机关可以自期限届满之日起 3 个月内，依法申请法院强制执行。

【例】税务行政处罚决定由税务局稽查局向所在地有管辖权的法院申请强制执行；征收行政决定由作出房屋征收决定的市、县级政府申请法院强制执行。

2. 法院管辖

强制执行前，应当催告。催告书送达 10 日后仍未履行的，行政机关可以向所在地有管辖权的法院申请强制执行；执行对象是不动产的，向不动产所在地有管辖权的法院申请强制执行。

3. 申请法院强制执行需提供的材料

应当提供：①强制执行申请书；②行政决定书及作出决定的事实、理由和依据；③当事人意见和行政机关催告情况；④申请强制执行标的的情况；⑤法律、行政法规规定的其他材料。

4. 受理

法院接到申请 5 日内受理。法院不予受理，行政机关可在 15 日内向上一级法院申请复议，上一级法院自收到申请之日起 15 日内作出是否受理的裁定。

5. 审查

（1）书面审查，符合规定，且行政决定具备法定执行效力的，除《行政强制法》规定的情形外，法院应当自受理之日起 7 日内作出执行裁定。

（2）情况紧急，为保障公共安全，可以申请法院立即执行。经院长批准，法院应当自作出执行裁定之日起 5 日内执行。

6. 执行费用

（1）行政机关申请法院强制执行，不缴纳申请费。

（2）强制执行的费用由被执行人承担；人民法院以划拨、拍卖方式强制执行的，可以在划拨、拍卖后将强制执行的费用扣除。

【例题 11·单选题】根据《行政强制法》的规定，下列关于行政机关申请人民法院强制执行的表述中，正确的是（   ）。

A. 强制执行的费用由行政机关缴纳和承担

B. 行政机关申请人民法院强制执行前应当书面催告当事人履行义务

C. 行政机关申请人民法院强制执行无须提供关于执行标的情况的材料

D. 人民法院以拍卖方式强制执行，不可以在拍卖后将强制执行的费用扣除

解析 本题考查申请人民法院强制执行的费用。选项 A，强制执行的费用由被执行人承担。选项 C，行政机关申请人民法院强制执行应当提供下列材料：①强制执行申请书；②行政决定书及作出决定的事实、理由和依据；③当事人的意见及行政机关催告情况；④申请强制执行标的情况；⑤法律、行政法规规定的其他材料。选项 D，人民法院以划拨、拍卖方式强制执行的，可以在划拨、拍卖后将强制执行的费用扣除。

答案
例题11｜B

同步训练

考点一 行政强制概述

（多选题）行政强制的基本原则之一是禁止利用行政强制权谋取利益原则，下列选项中体现该原则的有（　　）。

A. 不得使用被查封、扣押的财产

B. 不得收取保管费

C. 收支两条线

D. 选择的强制方式应当适当

E. 行政强制的设定和实施，应当依照法定的权限、范围、条件和程序

考点二 行政强制的种类

（单选题）下列关于行政强制及其种类的表述，正确的是（　　）。

A. 行政强制是一种授益性的行政行为

B. 行政强制包括行政强制措施和行政强制执行

C. 限制公民人身自由是行政强制执行的方式

D. 划拨存款是行政强制措施的种类

考点三 行政强制的设定

（单选题）根据《行政强制法》的规定，下列关于行政强制设定的说法中，正确的是（　　）。

A. 行政规章可以设定行政强制措施

B. 限制公民人身自由、冻结存款的行政强制措施只能由法律、行政法规设定

C. 法律、法规以外的其他规范性文件包括规章在内，均不得设定行政强制措施

D. 行政强制执行只能由法律、行政法规设定

考点四 行政强制措施实施的一般规定

(单选题)行政机关实施行政强制措施的下列做法，不符合《行政强制法》的规定的是(　　)。

A. 甲行政机关因人员短缺，将作出查封财产的权利委托给乙行政机关
B. 丙行政机关在实施行政强制措施时派出了2名执法人员，并出示执法身份证件
C. 丁行政机关执法人员在实施行政强制措施时，制作现场笔录，由当事人和行政执法人员签名或者盖章，当事人拒绝的，在笔录中予以注明
D. 因情况紧急，需要当场实施查封的，戊行政机关执法人员查封了己公司的财物，事后24小时内补办了批准手续

考点五 查封、扣押

(单选题)根据《行政强制法》的规定，下列关于查封、扣押及其实施程序和人员的说法中，不正确的是(　　)。

A. 查封、扣押限于涉案的场所、设施或者财物，公民个人及其所扶养家属的生活必需品不得被查封、扣押
B. 税收保全措施一般不得超过6个月；重大案件报国家税务总局批准可延长
C. 查封、扣押的期限不得超过30日；情况复杂，经行政机关负责人批准，可以延长，但延长期限不得超过30日
D. 因查封、扣押发生的保管费用由行政相对人承担

考点六 冻结

(单选题)根据《行政强制法》的规定，下列选项中关于冻结的说法，正确的是(　　)。

A. 冻结存款、汇款实施主体由法律、法规规定的行政机关实施，不得委托给其他行政机关或者组织
B. 自冻结之日60日内，行政机关作出决定；情况复杂，经行政机关负责人批准，可延长不超过60日
C. 行政机关逾期未作出处理决定，金融机构应当继续冻结
D. 冻结的存款、汇款与违法行为无关，行政机关应当作出解除冻结决定

考点七 行政强制执行实施的一般规定

1. (单选题)根据《行政强制法》的规定，下列关于行政强制执行实施的说法中，正确的是(　　)。

   A. 实施行政强制执行时，行政机关不可以与当事人达成执行协议
   B. 催告期届满前，行政机关不得作出立即强制执行决定
   C. 实施行政强制执行，可以适用执行和解程序
   D. 行政强制执行不可以由法律、行政法规授权的组织实施

2. (单选题)甲公司临时占用草原,占用期届满,该公司却不予恢复草原植被。该县人民政府草原行政主管部门依据职权责令其限期恢复,由于甲公司已经终止,无义务承受人,也无任何财产可供执行,在此情况下,草原行政主管部门决定( )。

A. 中止执行　　　　　　　　B. 强制执行
C. 终结执行　　　　　　　　D. 代履行

考点八 金钱给付义务的执行

(多选题)下列有关加处罚款的说法中,正确的有( )。

A. 稽查局加处罚款属于行政强制措施
B. 稽查局加处罚款属于行政处罚
C. 稽查局加处罚款属于行政强制执行
D. 稽查局可以在不损害公共利益和他人合法权益的情况下,与相对人达成执行协议,相对人采取补救措施的,可以减免加处的罚款
E. 稽查局加处罚款不得超出罚款的数额

考点九 代履行

(单选题)根据《行政强制法》的规定,关于代履行的说法,正确的是( )。

A. 行政机关必须自行代履行,不得委托第三人代履行
B. 代履行 3 日前,催告当事人履行,当事人履行的,停止代履行
C. 代履行的费用按照成本合理确定,由行政机关、代履行人以及当事人共同分担,但是法律另有规定的除外
D. 代履行适用要求当事人履行排除妨碍、恢复原状、金钱给付义务的行政决定

考点十 申请人民法院强制执行

1. (单选题)根据《行政强制法》的规定,关于行政机关申请人民法院强制执行的说法,不正确的是( )。

A. 强制执行的费用由行政机关和被执行人共同承担
B. 税务行政处罚决定由税务局稽查局向所在地有管辖权的法院申请强制执行
C. 执行对象是不动产的,向不动产所在地有管辖权的法院申请强制执行
D. 行政机关申请法院强制执行,不缴纳申请费

2. (多选题)甲市 A 局(无强制执行权)根据南山唯冠科技公司的控告,对北风通信公司销售门店开展了专利侵权产品查处行动,决定没收侵权手机共计 200 台,罚款50 000 元。北风通信公司在规定期限内既未缴罚款,也未申请行政复议或提起行政诉讼。下列说法正确的有( )。

A. A 局可以扣押并拍卖北风通信公司其他产品以抵缴罚款
B. A 局只能申请法院强制执行其罚款决定
C. A 局申请法院强制执行的,应当自北风通信公司法定起诉期限届满之日起 180 日内提出执行申请
D. A 局申请法院强制执行其罚款决定的,应当由 A 局所在地的有管辖权的人民法

院受理

E. 人民法院接到行政机关强制执行的申请，应当在 5 日内受理

参考答案及解析

考点一 行政强制概述

ABC 【解析】本题考查行政强制的原则。选项 A、B、C，禁止利用行政强制权谋取利益原则的具体要求有：①不得使用被查封、扣押的财产；②不得收取保管费；③收支两条线；④合理确定代履行费用。选项 D，体现了行政强制适当原则。选项 E，体现了行政强制合法性原则。

考点二 行政强制的种类

B 【解析】本题考查行政强制的概念和种类。选项 A，行政强制是一种损益性的行政行为。选项 C，限制公民人身自由是行政强制措施。选项 D，划拨存款、汇款属于行政强制执行的方式。

考点三 行政强制的设定

C 【解析】本题考查行政强制的设定。选项 A、C，法律、法规以外的其他规范性文件不得设定行政强制措施。选项 B，限制公民人身自由和冻结存款、汇款的行政强制措施只能由法律设定，不能由行政法规设定。选项 D，行政强制执行只能由法律设定。

考点四 行政强制措施实施的一般规定

A 【解析】本题考查行政强制措施实施的一般规定。选项 A，行政强制措施权<u>不得委托</u>。选项 B、C，行政机关实施行政强制措施应当遵守下列规定：①实施前须向行政机关负责人报告并经批准；②由两名以上行政执法人员实施；③出示执法身份证件；④通知当事人到场；⑤当场告知当事人采取行政强制措施的理由、依据，以及当事人依法享有的权利、救济途径；⑥听取当事人的陈述和申辩；⑦制作现场笔录；⑧现场笔录由当事人和行政执法人员签名或者盖章，当事人拒绝的，在笔录中予以注明；⑨当事人不到场的，邀请见证人到场，由见证人和行政执法人员在现场笔录上签名或者盖章；⑩法律、法规规定的其他程序。选项 D，情况紧急，需要当场实施行政强制措施的，行政执法人员应当在 24 小时内向行政机关负责人报告，并补办批准手续。

考点五 查封、扣押

D 【解析】本题考查查封、扣押和实施行政强制措施的一般程序。选项 D，因查封、扣押发生的保管费用由行政机关承担。

考点六 冻结

D 【解析】本题考查冻结。选项 A，冻结存款、汇款实施主体由法律规定的行政机关实施，不得委托给其他行政机关或者组织。选项 B，自冻结之日起 30 日内，行

政机关作出决定；情况复杂，经行政机关负责人批准，可延长不超过 30 日。法律另有规定除外。选项 C，行政机关逾期未作出处理决定或者解除冻结决定的，金融机构应当自冻结期满之日起解除冻结。

考点七 行政强制执行实施的一般规定

1. C 【解析】本题考查行政强制执行实施的一般规定。选项 A，实施行政强制执行，行政机关可以在不损害公共利益和他人合法权益的情况下，与当事人达成执行协议。选项 B，在催告期间，对有证据证明有转移或者隐匿财物迹象的，行政机关可以作出立即强制执行决定。选项 D，法律、行政法规授权的具有管理公共事务职能的组织在法定授权范围内，以自己的名义实施行政强制执行，适用《行政强制法》有关行政机关的规定。

2. C 【解析】本题考查行政强制执行实施的一般规定。有下列情形之一的，终结执行：①公民死亡，无遗产可供执行，又无义务承受人的；②法人或者其他组织终止，无财产可供执行，又无义务承受人的；③执行标的灭失的；④据以执行的行政决定被撤销的；⑤行政机关认为需要终结执行的其他情形。

考点八 金钱给付义务的执行

CDE 【解析】本题考查金钱给付义务的执行。选项 A、B，加处罚款属于行政强制执行。

考点九 代履行

B 【解析】本题考查代履行。选项 A，行政机关可以代履行，或者委托没有利害关系的第三人代履行。选项 C，代履行的费用按照成本合理确定，由当事人承担。但是，法律另有规定的除外。选项 D，代履行适用行政机关依法作出要求当事人履行排除妨碍、恢复原状等义务的行政决定，不适用金钱给付义务的行政决定。

考点十 申请人民法院强制执行

1. A 【解析】本题考查申请人民法院强制执行。强制执行的费用由被执行人承担。
2. BDE 【解析】本题考查非诉行政案件的执行。选项 A，A 局无行政强制执行权。选项 C，当事人在法定期限内不申请行政复议或者提起行政诉讼，又不履行行政决定的，没有行政强制执行权的行政机关可以自期限届满之日起 3 个月内，依照规定申请法院强制执行。

亲爱的读者，你已完成本章 10 个考点的学习，本书知识点的学习进度已达 15%。

第五章 行政复议法律制度

重要程度：非重点章节　分值：3.5分左右

考试风向

▶ 考情速递

本章主要内容包括行政复议法基础、行政复议范围、行政复议参加人、行政复议机关及行政复议管辖、行政复议程序及税务行政复议，专业性较强，学习有一定难度，偏重于记忆。重点关注的考点包括行政复议的基本原则、行政复议范围、行政复议附带审查范围、行政复议被申请人、行政复议机关、行政复议管辖、行政复议程序及税务行政复议。本章主要考查单选题和多选题，偶尔考查综合分析题。

▶ 2025年考试变化

本章变动较小。

新增：行政复议申请人的权利。

删除：申请人、第三人及其委托代理人的权利。

▶ 脉络梳理

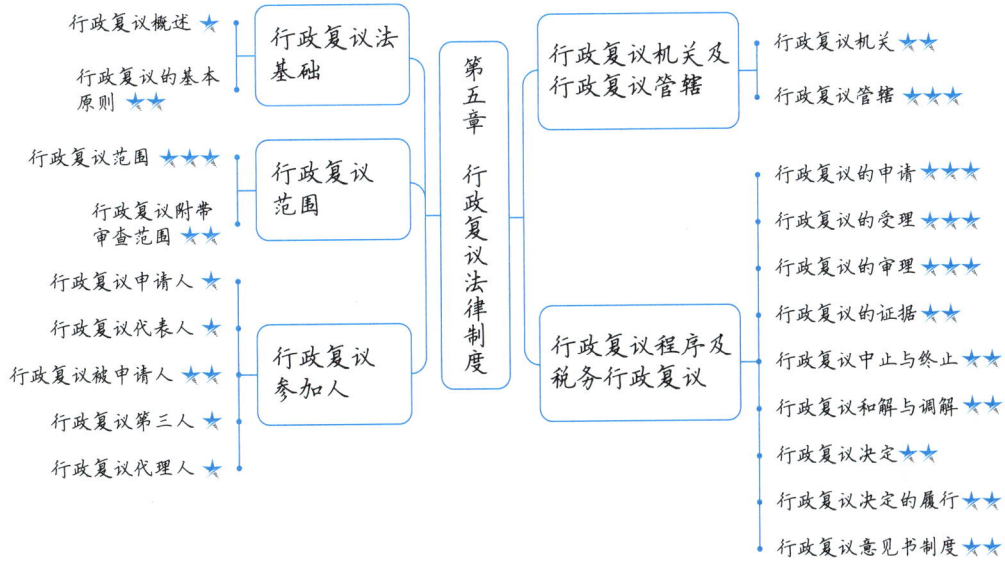

考点详解及精选例题

第一节 行政复议法基础

考点一 行政复议概述 ★

(1)行政复议,是指公民、法人或者其他组织认为行政主体的行政行为侵犯其合法权益,依法向行政复议机关提出复查该行政行为的申请,行政复议机关依照法定程序对行政行为是否合法、适当进行审查并作出行政复议决定的活动。

(2)性质:①行政权利救济手段;②准司法的行政行为。

(3)目的:防止和纠正行政主体作出的违法或者不当的行政行为,保护行政相对人的合法权益,监督和保障行政主体依法行使行政职权。 *调整*

(4)特征:①以当事人提出复议申请为前提;②只能由法定行政机关行使;③审查对象是行政主体作出的行政行为,包括行政机关的行政行为,也包括法律、法规、规章授权的组织作出的行政行为,同时可以一并审查部分规范性文件。

考点二 行政复议的基本原则 ★★

1. 合法原则

复议机关、审理依据、审理程序应当合法。

2. 公正原则

(1)审查行政行为的合法性和适当性:①违法的行政行为,行政复议机关予以撤销或者确认违法。必要时,对于撤销的情形还可以责令被申请人重新作出行政行为。②明显不当的行政行为,依法予以变更。

(2)全面审查案件事实,并作出准确定性。

(3)正当合理地行使复议裁量权。

3. 公开原则

(1)过程公开:要求行政复议机关尽可能听取申请人、被申请人、第三人的意见。

(2)依据公开:涉及国家秘密、商业秘密、个人隐私或者可能危及国家安全、公共安全、社会稳定的除外。

(3)结果公开:复议决定的内容和作出复议决定的理由公开。

4. 高效原则

受理及时、审理遵守审限、及时作出复议决定、及时处理不履行复议决定的情况。

5. 便民、为民原则

（1）便民原则：行政复议程序中，尽可能为申请人、第三人提供必要的便利条件。

（2）为民原则：理念上以人为本，多措并举，为民众办实事、解难题。

6. 调解原则

（1）行政复议案件可以调解，应当遵循合法、自愿的原则，不得损害国家利益、社会公共利益和他人合法权益，不得违反法律、法规的强制性规定。

（2）调解原则贯穿行政复议案件整个过程，即从受理、审理到作出决定前的全过程。

7. 禁止不利变更原则

复议机关在作出变更决定时，不得作出对申请人更为不利的复议决定，但是第三人提出相反请求的除外，即复议不加重原则。

> **知识点拨**
> 允许口头或通过电子邮件申请。

【例题1·单选题】 根据行政复议法律制度规定，下列关于行政复议的说法中，正确的是(　　)。

A. 公开原则要求复议机关在申请人、第三人的请求下，必须公开与行政复议案件有关的所有依据性材料

B. 行政复议调解主要适用于行政复议审理阶段，而不适用于其他阶段

C. 行政复议机关在作出变更决定时，不得作出对申请人更为不利的行政复议决定，但是第三人提出相反请求的除外

D. 行政复议机关受理口头申请时，行政复议机关工作人员应当记录，并由复议机关负责人签名或者盖章

解析 本题考查行政复议的基本原则。选项A，复议机关在申请人、第三人的请求下，公开与行政复议案件有关的依据性材料，涉及国家秘密、商业秘密、个人隐私或者可能危及国家安全、公共安全、社会稳定的情形除外。选项B，行政复议调解贯穿行政复议全过程，包括行政复议受理、审理和作出复议决定前。选项D，受理口头申请时，行政复议机关工作人员应当记录，并由申请人签名或者盖章，以此作为行政相对人正式提出申请的材料。

第二节　行政复议范围

考点三　行政复议范围 ★★★　一学多考|中①

1. 受案范围

（1）行政处罚；

（2）行政强制措施、强制执行；

（3）拒绝行政许可或法定期限内不予答复等；

答案
例题1 | C

---

① "中"表示中级会计资格考试同步考查，"注"表示注册会计师考试同步考查。

(4)确认自然资源的所有权或使用权;

(5)行政征收、征用及其补偿;

(6)行政赔偿或不予赔偿;

(7)不予受理工伤或工伤认定结论;

(8)行政机关侵犯经营自主权、农村土地(承包)经营权;

(9)滥用行政权力排除或限制竞争;

(10)违法集资、摊派费用或者违法要求履行其他义务;

(11)未履行保护人身权、财产权、受教育权等合法权益的法定职责;

(12)未依法给付抚恤金、社会保险待遇或最低生活保障;

(13)不依法订立、履行或违法变更、解除政府特许经营协议、土地房屋征收补偿协议;

(14)在政府信息公开工作中侵犯合法权益。

2. 税务行政复议范围

(1)征税行为:确认纳税主体、征税对象、征税范围、减税、免税、退税、抵扣税款、适用税率、计税依据、纳税环节、纳税期限、纳税地点和税款征收方式等具体行政行为,征收税款、加收滞纳金,扣缴义务人、受税务机关委托的单位和个人作出的代扣代缴、代收代缴、代征行为等;

(2)行政许可、行政审批行为;

(3)发票管理行为(发售、收缴、代开发票);

(4)税收保全措施、强制执行措施;

(5)税务行政处罚行为;

(6)税务机关不依法履行职责的行为:不颁发税务登记,不开具、出具完税凭证、外出经营活动税收管理证明,不履行行政赔偿,不履行行政奖励;

(7)资格认定;

(8)政府信息公开工作中的行政行为;

(9)纳税信用等级评定行为;

(10)通知出入境管理机关阻止出境行为;

(11)不依法确认纳税担保行为。

3. 不属于复议范围

(1)国防、外交等国家行为;

(2)行政法规、规章或者行政机关制定、发布的具有普遍约束力的决定、命令等规范性文件;

(3)行政机关对行政机关工作人员的奖惩、任免等决定;

(4)行政机关对民事纠纷作出的调解。

记忆口诀
国防、外交、文件、人员、调解(谐音:国外文员调解)。

● **得分高手**(2021年单选)

重点考查不属于行政复议受案范围的行政行为。利用记忆口诀,同时用排除法掌握行政复议受案的范围。

【例题 2·单选题】（2022 年）下列行政纠纷中，不属于行政复议受案范围的是(　　)。

A．认为行政机关不依法办理行政许可
B．对行政机关作出行政处罚决定所依据的法律不服
C．认为行政机关不依法发放抚恤金
D．对行政机关作出的行政强制措施决定不服

解析 本题考查行政复议受案范围。

考点四 行政复议附带审查范围 ★★　一学多考｜中

1．规范性文件的范围
(1)国务院部门(包括国家税务总局)的规范性文件；
(2)县级以上地方各级政府及其工作部门的规范性文件；
(3)地方各级税务机关的规范性文件；
(4)乡、镇政府的规范性文件；
(5)法律、法规、规章授权的组织的规范性文件。

2．提起方式
(1)不能单独提起；
(2)在对行政行为提起复议时，一并提起；
(3)申请人在对行政行为提出行政复议申请时尚不知道该行政行为所依据的规范性文件的，可以在行政复议机关作出行政复议决定前向行政复议机关提出。

3．处理措施
(1)复议机关有权处理的，应当在 30 日内依法处理；
(2)复议机关无权处理的，应当在 7 日内按照法定程序转送有权处理的行政机关依法处理，有权处理的行政机关应当在收到转送之日起 60 日内，将处理意见回复转送的行政复议机关。

第三节　行政复议参加人

考点五 行政复议申请人 ★　一学多考｜中

1．申请人一般规定
依法申请行政复议的公民、法人或者其他组织。

2．申请人资格转移
(1)有权申请行政复议的公民死亡的，其近亲属可以申请行政复议。
(2)有权申请行政复议的法人或者其他组织终止的，其权利义务承受人可以申请行政复议。

提示 有权申请行政复议的公民为无民事行为能力人或者限制民事行为能

知识点拨 1
(1)不包括国务院部门(包括国家税务总局)的规章、地方政府的规章和国务院的规范性文件；
(2)必须是该行政行为的依据，且是被申请人在行政程序中作出该行政行为时所引用的规范性文件。

知识点拨 2
处理期间，中止对被申请复议行政行为的审查。

知识点拨 3
外国人、无国籍人、外国组织在我国境内申请行政复议，适用《行政复议法》。

答案
例题 2｜B

力人的，其法定代理人可以代为申请行政复议。

3. 税务行政复议

（1）申请人通常是纳税人、扣缴义务人、纳税担保人以及其他税务当事人；

（2）权利直接被行政行为剥夺、限制或者被赋予义务的公民、法人或其他组织，即便不是该行政行为的行政管理相对人，在行政管理相对人没有申请行政复议时，可以单独申请行政复议。

4. 申请人特殊规定

申请人特殊规定，见表5-1。

表5-1 申请人特殊规定

组织类型	复议申请人
合伙企业	执行合伙事务的合伙人以企业名义参加
其他合伙组织	合伙人共同申请
股份制企业	股东会、董事会以企业的名义申请 调整

5. 行政复议申请人的权利 新增

有权委托代理人参加行政复议，有权获得法律援助，有权请求听证，有权申请停止执行被申请复议的行政行为，有权撤回行政复议申请，有权查阅、复制被申请人提出的书面答复、作出行政行为的证据、依据和其他有关材料，有权依法提起诉讼等。

考点六 行政复议代表人 ★

行政复议代表人，见表5-2。

表5-2 行政复议代表人

项目	具体规定
适用情形	同一行政复议案件申请人人数众多
产生	申请人推选代表参加行政复议
身份	既是申请人之一，又是代表人
行为效力	代表人参加行政复议的行为对其所代表的申请人发生效力，但是代表人变更行政复议请求、撤回行政复议申请、承认第三人请求的，应当经被代表的申请人同意
非强制性	不一定要推选代表人参加行政复议，不同意推选的，可以自己参加

考点七 行政复议被申请人 ★★ 一学多考｜中

1. 被申请人

被申请人，见表5-3。

表 5-3 被申请人

行政行为	被申请人
行政机关作出	行政机关
法律、法规、规章授权的组织作出	法律、法规、规章授权的组织
行政机关委托的组织作出	委托的行政机关
被撤销的或者职权变更的行政机关作出	继续行使其职权的行政机关
行政机关+行政机关（2个以上行政机关）共同作出	共同作出行政行为的行政机关（共同被申请人）
行政机关+法律、法规、规章授权的组织共同作出	行政机关+法律、法规、规章授权的组织（共同被申请人）
行政机关+其他组织共同作出	行政机关（其他组织不具有行政主体资格）
下级机关作出，上级机关批准	上级机关（否则变成自我复议）
县级以上政府依法设立的派出机关作出	派出机关（相当于一级政府）
县级以上政府工作部门依法设立的派出机构依照法律、法规、规章，以自己名义作出	派出机构（该派出机构此时具有行政主体资格）
派出机构、内设机构、其他组织，未经法律、法规、规章授权，以自己名义作出	设立派出机构、内设机构、其他组织的行政机关（其不具有行政主体资格，视为其所在机关作出行政行为）

2. 税务行政复议的被申请人

税务行政复议的被申请人，见表 5-4。

表 5-4 税务行政复议的被申请人

行政行为	被申请人
一般的税务行政行为	作出该行政行为的税务机关
扣缴义务人的扣缴税款行为	主管该扣缴义务人的税务机关
税务机关委托的单位和个人的代征行为	委托税务机关
税务机关+法律、法规授权的组织，共同的名义作出	税务机关和法律、法规授权的组织（共同被申请人）
税务机关+其他组织，共同名义作出	税务机关
经上级税务机关批准作出行政行为	批准机关
经重大税务案件审理程序作出的决定	审理委员会所在税务机关
派出机构、内设机构或其他组织，未经法律、法规授权，以自己名义对外作出行政行为	设立派出机构、内设机构、其他组织的税务机关

考点八 行政复议第三人 ★

行政复议第三人，见表 5-5。

表 5-5 行政复议第三人

项目	具体规定
概念	申请人以外的同被申请行政复议的行政行为或者行政复议案件处理结果有利害关系的公民、法人或者其他组织
参加方法	(1)复议机构通知参加行政复议； (2)第三人申请参加行政复议。 **提示** 第三人不参加行政复议，不影响行政复议案件的审理
地位	独立法律地位，在复议中不依附于申请人或被申请人，享有与申请人基本相同的复议权利

考点九 行政复议代理人 ★

行政复议代理人，见表 5-6。

表 5-6 行政复议代理人

项目	具体规定
委托代理人	(1)申请人、第三人可以委托1~2名律师、基层法律服务工作者或者其他代理人代为参加行政复议(被申请人不得委托)。 (2)税务行政复议：申请人、第三人可以委托1~2名代理人参加行政复议；被申请人不得委托本机关以外人员参加行政复议
税务复议提交文件	(1)申请人、第三人委托代理人的，应当向行政复议机构提交授权委托书。授权委托书应当载明委托事项、权限和期限。 (2)公民在特殊情况下无法书面委托的，可以口头委托，行政复议机构应当核实并记录在卷
变更、解除	申请人、第三人变更或者解除代理人权限的，应当书面告知行政复议机构

第四节　行政复议机关及行政复议管辖

考点十 行政复议机关 ★★

行政复议机关，见表 5-7。

表 5-7 行政复议机关

主体	规定
行政复议机关	县级以上各级政府以及其他依法履行行政复议职责的行政机关
行政复议机构	行政复议机关办理行政复议事项的机构
行政复议人员	行政复议机构中初次从事行政复议工作的人员，应当通过国家统一法律职业资格考试取得法律职业资格，并参加统一职前培训

(续表)

主体	规定
行政复议委员会	县级以上各级政府应当建立相关政府部门、专家、学者等参与的行政复议委员会，为办理行政复议案件提供咨询意见，并就行政复议工作中的重大事项和共性问题研究提出意见

【例题3·单选题】（2020年）下列有关行政复议机关的说法中，正确的是（ ）。

A．行政复议委员会不得邀请行政复议机关以外的人员参加

B．行政复议机关中从事行政复议工作的人员，均应当取得法律职业资格

C．行政复议机关和行政复议机构均有作出行政复议决定的职权

D．县级以上各级人民政府应当建立行政复议委员会

解析 本题考查行政复议机关。选项A、D，县级以上各级人民政府应当建立相关政府部门、专家、学者等参与的行政复议委员会，为办理行政复议案件提供咨询意见，并就行政复议工作中的重大事项和共性问题研究提出意见。选项B，行政复议机构中初次从事行政复议工作的人员，应当通过国家统一法律职业资格考试取得法律职业资格，并参加统一职前培训。选项C，行政复议机关有权作出行政复议决定；行政复议机构是行政复议机关内部设立的专门负责办理行政复议案件的工作机构，不是行政主体，不能以自己的名义对外行使职权。

考点十一 行政复议管辖 ★★★ 一学多考|中

1. 县级以上地方各级政府管辖

（1）对本级政府工作部门作出的行政行为不服的行政复议案件；

（2）对下一级政府作出的行政行为不服的行政复议案件；

（3）对本级政府依法设立的派出机关作出的行政行为不服的行政复议案件；

（4）对本级政府或者其工作部门管理的法律、法规、规章授权的组织作出的行政行为不服的行政复议案件。

2. 特殊规定

（1）省、自治区、直辖市政府同时管辖对本机关作出的行政行为不服的行政复议案件。

（2）省、自治区人民政府依法设立的派出机关（行政公署）参照设区的市级政府的职责权限，管辖相关行政复议案件。

（3）对县级以上地方各级政府工作部门依法设立的派出机构依照法律、法规、规章规定，以派出机构的名义作出的行政行为不服的行政复议案件，由本级人民政府管辖。其中，对直辖市、设区的市人民政府工作部门按照行政区划设立的派出机构作出的行政行为不服的，也可以由其所在地的人民政

答案
例题3｜D

府管辖。

3. 国务院部门管辖

(1)对本部门作出的行政行为不服的行政复议案件；

(2)对本部门依法设立的派出机构依照法律、行政法规、部门规章规定，以派出机构的名义作出的行政行为不服的行政复议案件；

(3)对本部门管理的法律、行政法规、部门规章授权的组织作出的行政行为不服的行政复议案件。

4. 其他管辖

(1)垂直管辖：对海关、金融、外汇管理等实行垂直领导的行政机关、税务和国家安全机关的行政行为不服的，向上一级主管部门申请行政复议。

记忆口诀

海外税金国。

(2)选择管辖：对履行行政复议机构职责的地方政府司法行政部门的行政行为不服的，可以向本级政府申请行政复议，也可以向上一级司法行政部门申请行政复议。

(3)指定管辖：申请人就同一事项向两个或者两个以上有权受理的行政机关申请行政复议的，由最先收到行政复议申请的行政机关受理；同时收到行政复议申请的，由收到行政复议申请的行政机关在10日内协商确定；协商不成的，由其共同上一级行政机关在10日内指定受理机关。

【例题4·单选题】根据行政复议法律制度规定，下列有关行政复议管辖的表述中，正确的是(　　)。

A. 对县级以上地方各级人民政府工作部门的行政行为不服的，可以向该部门的本级人民政府申请行政复议，也可以向上一级主管部门申请行政复议

B. 对海关作出的行政行为不服的，应当向上一级主管部门申请行政复议

C. 对履行行政复议机构职责的地方人民政府司法行政部门的行政行为不服的，应当向上一级司法行政部门申请行政复议

D. 对国务院部门或者省、自治区、直辖市人民政府的行政行为不服的，应当向国务院申请行政复议

解析　本题考查行政复议管辖。选项A，对县级以上地方各级人民政府工作部门的行政行为不服的，应当向该部门的本级人民政府申请行政复议。选项C，对履行行政复议机构职责的地方人民政府司法行政部门的行政行为不服的，可以向本级人民政府申请行政复议，也可以向上一级司法行政部门申请行政复议。选项D，对国务院部门或者省、自治区、直辖市人民政府的行政行为不服的，应当向作出该行为的国务院部门或者省、自治区、直辖市人民政府申请行政复议。

答案
例题4 | B

第五节 行政复议程序及税务行政复议

考点十二 行政复议的申请 ★★★ 一学多考|中

1. 申请期限

申请期限，见表 5-8。

表 5-8 申请期限

项目	具体规定
一般规定	(1)期限：一般为 60 日，但法律规定超过 60 日的除外。 (2)起算：自知道或者应当知道该行政行为之日起起算。 **提示** 行政机关作出行政行为时，未告知公民、法人或者其他组织申请复议的权利、行政复议机关和申请期限的，自知道或者应当知道申请行政复议权利、行政复议机关和申请期限之日起计算，但是自知道或者应当知道行政行为内容之日起最长不得超过 1 年
中止	因不可抗力或者其他正当理由耽误法定申请期限的，申请期限自障碍消除之日起继续计算
最长期限	因不动产提出的行政复议申请自行政行为作出之日起超过 20 年，其他行政复议申请自行政行为作出之日起超过 5 年的，行政复议机关不予受理

2. 申请期限的起算规定

申请期限的起算规定，见表 5-9。

表 5-9 申请期限的起算规定

情形		行政复议申请期限起算
当场作出行政行为		行政行为作出之日
法律文书直接送达		受送达人签收之日
法律文书邮寄送达		受送达人在邮件签收单上签收之日→无签收单的，送达回执上签名之日
公告形式告知受送达人		公告规定的期限届满之日
作出行政行为时未告知公民、法人或者其他组织，事后补充告知		收到补充告知通知之日
被申请人能够证明公民、法人或者其他组织知道行政行为		证据材料证明其知道行政行为之日
请求履行法定职责，行政机关未履行	有履行期限规定	履行期限届满之日
	没有履行期限规定	行政机关收到申请满 60 日

提示1 行政机关作出行政行为，依法应当向有关公民、法人或者其他组织送达法律文书而未送达的，视为该公民、法人或者其他组织不知道该行政行为。

提示2 公民、法人或者其他组织在紧急情况下请求行政机关履行保护人身权、财产权的法定职责，行政机关不履行的，行政复议申请期限不受有关规定的限制。

【例题5·单选题】(2021年)下列有关行政复议申请的说法中，正确的是( )。

A. 行政行为依法通过公告形式告知受送达人的，自公告发布之日起计算复议申请期限

B. 行政机关作出行政行为，依法应当向公民、法人或者其他组织送达法律文书而未送达的，视为该公民、法人或者其他组织不知道该行政行为

C. 公民、法人或者其他组织可以自知道或者应当知道行政行为之日起6个月内提出行政复议申请

D. 公民、法人或者其他组织可以自知道或者应当知道行政行为之日起90日内提出行政复议申请

解析 本题考查行政复议申请。选项A，行政行为依法通过公告形式告知受送达人的，自公告规定的期限届满之日起计算行政复议申请期限。选项C、D，公民、法人或者其他组织认为行政行为侵犯其合法权益的，可以自知道或者应当知道该行政行为之日起60日内提出行政复议申请，但是法律规定的申请期限超过60日的除外。

3. 申请方式

(1) 申请方式：书面、(书面申请有困难)口头。

提示 口头申请复议的，复议机关应当<u>当场记录</u>申请人的基本情况、行政复议请求、申请行政复议的主要事实、理由和时间。

(2) 提交途径：当面提交、通过邮寄或者行政复议机关指定的互联网渠道等方式提交行政复议申请书。申请人对2个以上行政行为不服的，应当分别申请行政复议。

4. 复议前置

有下列情形之一的，申请人应当先向行政复议机关申请行政复议，对行政复议决定不服的，可以再依法向法院提起行政诉讼：

(1) 对<u>当场</u>作出的行政处罚决定不服；

(2) 对行政机关作出的<u>侵犯</u>其已经依法取得的<u>自然资源</u>的所有权或者使用权的决定不服；

(3) 认为行政机关存在《行政复议法》第11条规定的<u>未履行法定职责</u>情形；

(4) 申请政府<u>信息公开</u>，行政机关不予公开；

(5) 法律、行政法规规定的其他情形，如征税行为。

5. 税务行政复议申请

(1) 申请期限：知道税务机关作出行政行为之日起60日内提出申请，因

记忆口诀
当场、未履行、侵犯、信息、征税（谐音：党委亲信征税）。

答案
例题5 | B

不可抗力或者被申请人设置障碍等耽误法定申请期限的,应当扣除被耽误时间。

(2)复议前置:规定的征税行为,包括确认纳税主体、征税对象、征税范围、减税、免税、退税、抵扣税款、适用税率、计税依据、纳税环节、纳税期限、纳税地点和税款征收方式等;征收税款、加收滞纳金,扣缴义务人、受税务机关委托的单位和个人作出的代扣代缴、代收代缴、代征行为等。

提示 申请人对征税行为不服的,必须先行缴纳或者解缴税款和滞纳金,或者提供相应的担保(保证、抵押和质押),才可以在缴清税款和滞纳金以后或者所提供的担保得到税务机关确认之日起 60 日内提出行政复议申请。

(3)加处罚款不服:申请人对税务机关作出逾期不缴纳罚款加处罚款的决定不服的,应当先缴纳罚款和加处罚款,再申请行政复议。

提示 相对人仅对罚款不服,如属于当场作出罚款决定,属于复议前置型;如是其他处罚决定,则可以申请行政复议或提起行政诉讼。

考点十三 行政复议的受理 ★★★ 一学多考|中

1. 审查期限

行政复议机关收到行政复议申请后,应当在 5 日内进行审查。

提示 审查期限届满,复议机关未作出不予受理决定的,审查期限届满之日起视为受理。

2. 受理条件

(1)有明确的申请人和符合规定的被申请人;

(2)申请人与被申请行政复议的行政行为有利害关系;

(3)有具体的行政复议请求和理由;

(4)在法定申请期限内提出;

(5)属于法定的行政复议范围;

(6)属于本机关的管辖范围;

(7)复议机关未受理过该申请人就同一行政行为提出的行政复议申请,并且法院未受理过该申请人就同一行政行为提起的行政诉讼。

3. 审查决定

审查决定,见表 5-10。

表 5-10 审查决定

项目		具体规定
符合规定		予以受理
不符合规定	不属于本机关管辖	不予受理并说明理由,还应当在不予受理决定中告知申请人有管辖权的行政复议机关
	其他理由	不予受理并说明理由

4. 告知补正

（1）申请材料不齐全或者表述不清楚，无法判断行政复议申请是否符合规定的，复议机关应当自收到申请之日起5日内书面通知申请人补正。补正通知应当一次性载明需要补正的事项。

（2）申请人应当自收到补正通知之日起10日内提交补正材料。

（3）无正当理由逾期不补正的，视为申请人放弃行政复议申请，并记录在案。

考点十四 行政复议的审理 ★★★ 一学多考|中

1. 行政复议审理的一般规定

（1）审理程序分为普通程序和简易程序，行政复议机构应当指定行政复议人员负责办理行政复议案件，依据法律、法规、规章、（民族自治地方）自治条例和单行条例审理。

（2）行政复议期间行政行为不停止执行，但是有下列情形之一的，应当停止执行：①被申请人认为需要停止执行；②行政复议机关认为需要停止执行；③申请人、第三人申请停止执行，行政复议机关认为其要求合理，决定停止执行；④法律、法规、规章规定停止执行的其他情形。

官说停就停。

（3）申请人在行政复议决定作出前自愿撤回行政复议申请的，经行政复议机构同意，可以撤回。撤回行政复议申请的，不得再以同一事实和理由提出行政复议申请，但申请人能够证明撤回行政复议申请违背其真实意愿的除外。

提示 如果符合法定条件（如自由选择型争议），撤回后可以依法提起行政诉讼；法律、法规规定应当先申请复议，撤回复议申请，行政复议终止，当事人不得提起行政诉讼。

（4）行政复议期间被申请人改变原行政行为的，不影响行政复议案件的审理。但是，申请人依法撤回行政复议申请的除外。

2. 普通程序

（1）流程：行政复议申请书副本发送被申请人→被申请人提交材料→听取当事人意见/书面受理→听证程序（特定案件）→咨询程序（特定案件）→作出行政复议决定。

（2）答复、举证：行政复议机构应当自行政复议申请受理之日起7日内，将行政复议申请书副本或者行政复议申请笔录复印件发送被申请人。被申请人应当自收到行政复议申请书副本或者行政复议申请笔录复印件之日起10日内，提出书面答复，并提交作出行政行为的证据、依据和其他有关材料。

（3）审理方式：普通程序审理的，行政复议机构应当当面或者通过互联网、电话等方式听取当事人的意见，并将听取的意见记录在案。因当事人原因不能听取意见的，可以书面审理。

（4）听证程序，见表5-11。

表 5-11　听证程序

项目		具体规定
听证情形	应当	重大、疑难、复杂的行政复议案件
	可以	行政复议机构认为有必要听证，或者申请人请求听证
听证人员组成		1 名行政复议人员任主持人；2 名以上行政复议人员任听证员；1 名记录员制作听证笔录
通知		应当于举行听证的 5 日前将听证的时间、地点和拟听证事项书面通知当事人
申请人		无正当理由拒不参加听证的，视为放弃听证权利（≠撤回复议申请）
告官见官		被申请人的负责人应当参加听证。不能参加的，应当说明理由并委托相应的工作人员参加听证

（5）咨询程序：审理行政复议案件涉及下列情形之一的，行政复议机构应当提请行政复议委员会提出咨询意见：案情重大、疑难、复杂；专业性、技术性较强；省、自治区、直辖市政府管辖的对本机关作出的行政行为不服的行政复议案件；行政复议机构认为有必要。

（6）审限：行政复议机关应当自受理申请之日起 60 日内作出行政复议决定，法律规定少于 60 日的除外；情况复杂，不能在规定期限内作出复议决定的，经行政复议机构的负责人（≠复议机关的负责人）批准，可以适当延长，并书面告知当事人，但是延长期限最多不得超过 30 日。

3. 简易程序

（1）下列行政复议案件，认为事实清楚、权利义务关系明确、争议不大的，可以适用简易程序：①被申请复议的行政行为是当场作出；②被申请复议的行政行为是警告或通报批评；③案件涉及款额 3 000 元以下；④属于政府信息公开案件。

提示 除上述规定以外的行政复议案件，当事人各方同意适用简易程序的，可以适用。

（2）答复和举证：行政复议机构应当自受理行政复议申请之日起 3 日内，将行政复议申请书副本或者行政复议申请笔录复印件发送被申请人；被申请人应当自收到行政复议申请书副本或者行政复议申请笔录复印件之日起 5 日内提出书面答复，并提交作出行政行为的证据、依据和其他有关材料。

（3）审理方式：可以书面审理（听取意见不是简易程序必要程序，复议机关选择审理方式）。

（4）简易转普通：适用简易程序审理的行政复议案件，行政复议机构认为不宜适用简易程序的，经行政复议机构的负责人批准，可以转为普通程序审理。（普通程序不得转为简易程序。）

（5）审限：行政复议机关应当自受理申请之日起 30 日内作出行政复议决定。

记忆口诀

通报、警告、三千、当场、信息、同意（谐音：通告三场心痛）。

4. 行政复议附带审查

（1）启动方式：①依申请：申请人依法提出对有关规范性文件的附带审查申请；②依职权：行政复议机关在对被申请人作出的行政行为进行审查时，认为其依据不合法。

提示 启动对于规范性文件附带审查的，行政复议中止。

（2）处理：行政复议机关<u>有权处理</u>的，应当在30日内依法处理。行政复议机关<u>无权处理</u>的，应当在7日内转送有权处理的行政机关依法处理，依法接受转送的行政机关应当自收到转送之日起60日内，将处理意见回复转送的行政复议机关。

5. 税务行政复议的审理

（1）一般规定：依据法律、法规和规章，对被申请人作出的税务行政行为所依据的事实及证据、法律程序、法律依据和设定的权利义务内容是否具备合法性、适当性进行全面审查。

（2）听证程序，见表5-12。

表5-12　听证程序

项目	具体规定
应当	重大、疑难、复杂的案件
可以	申请人提出要求或者行政复议机构认为必要时
通知	应当在举行听证的5日前将举行听证的时间、地点和拟听证事项书面通知申请人、被申请人和第三人
申请人	申请人无正当理由拒不参加听证的，视为放弃听证权利
被申请人	被申请人的税务机关负责人应当参加听证。不能参加的，应当说明理由并委托相应的工作人员参加听证
第三人	第三人不参加听证的，不影响听证的举行
公开	听证应当<u>公开举行</u>，但是涉及国家秘密、商业秘密或者个人隐私的除外
听证人员	不得少于2人（对比：《行政复议法》要求1名听证主持人、2名听证员、1名记录员）
主持人	听证主持人由行政复议机构指定
听证笔录	（1）应当制作听证笔录：申请人、被申请人和第三人应当确认听证笔录内容；（2）听证笔录应当附卷，作为行政复议机构审理案件的依据之一

考点十五　行政复议的证据 ★★

1. 行政复议的证据

（1）举证责任倒置：被申请人对其作出的行政行为的合法性、适当性负有举证责任。

（2）复议机关调查取证：行政复议机关有权向有关单位和个人调查取证，查阅、复制、调取有关文件和资料，向有关人员进行询问。调查取证时，行政复议人员不得少于 2 人，并应当出示行政复议工作证件。

（3）行政复议期间，被申请人不得自行向申请人和其他有关单位或者个人收集证据；自行收集的证据不作为认定行政行为合法性、适当性的依据。行政复议期间，申请人或者第三人提出被申请行政复议的行政行为作出时没有提出的理由或者证据的，经行政复议机构同意，被申请人可以补充证据。

（4）行政复议期间，申请人、第三人及其委托代理人可以按照规定查阅、复制被申请人提出的书面答复、作出行政行为的证据、依据和其他有关材料，除涉及国家秘密、商业秘密、个人隐私或者可能危及国家安全、公共安全、社会稳定的情形外，行政复议机构应当同意。

2. 税务行政复议的证据

税务行政复议的证据，见表 5-13。

表 5-13 税务行政复议的证据

项目	具体规定
证据类型	包括：①书证；②物证；③视听资料；④电子数据；⑤证人证言；⑥当事人陈述；⑦鉴定意见；⑧勘验笔录、现场笔录
举证责任	被申请人对其作出的行政行为负有举证责任
证据规则	（1）在税务行政复议过程中，被申请人不得自行向申请人和其他有关组织或者个人收集证据，自行收集的证据不作为认定税务行政行为合法性、适当性的依据。 （2）税务行政复议机关有权向有关单位和个人调查取证；行政复议机构依据规定的职责所取得的有关材料，不得作为支持被申请人行政行为的证据

【例题 6·单选题】根据行政复议法律制度的规定，下列有关行政复议证据的说法中，不正确的是（　　）。

A. 税务行政复议机构依据规定的职责所取得的有关材料，不得作为支持被申请人行政行为的证据

B. 在行政复议中，被申请人不得自行向申请人和其他有关组织或者个人收集证据

C. 行政复议期间，被申请人或者第三人不得补充证据

D. 调查取证时，行政复议人员不得少于 2 人

解析　本题考查行政复议的证据。选项 C，行政复议期间，申请人或者第三人提出被申请行政复议的行政行为作出时没有提出的理由或者证据的，经行政复议机构同意，被申请人可以补充证据。

考点十六 行政复议中止与终止 ★★★

1. 行政复议中止情形

（1）作为申请人的公民死亡，其近亲属尚未确定是否参加行政复议；

（2）作为申请人的公民丧失参加行政复议的行为能力，尚未确定法定代

例题 6｜C

理人参加行政复议；

（3）作为申请人的公民下落不明；

（4）作为申请人的法人或者其他组织终止，尚未确定权利义务承受人；

（5）申请人、被申请人因不可抗力或者其他正当理由，不能参加行政复议；

（6）依法进行调解、和解，申请人和被申请人同意中止；

（7）行政复议案件涉及的法律适用问题需要有权机关作出解释或者确认；

（8）行政复议案件审理需要以其他案件的审理结果为依据，而其他案件尚未审结；

（9）涉及有关规范性文件或者依据审查处理；

（10）需要中止行政复议的其他情形。

2. 行政复议终止情形

（1）申请人撤回行政复议申请，行政复议机构准予撤回；

（2）作为申请人的公民死亡，没有近亲属或者其近亲属放弃行政复议权利；

中止一般等一等，终止一般死了没人管、撤了、犯罪了、中止60日。

（3）作为申请人的法人或者其他组织终止，没有权利义务承受人或者其权利义务承受人放弃行政复议权利；

（4）申请人对行政拘留或者限制人身自由的行政强制措施不服申请行政复议后，因同一违法行为涉嫌犯罪，被采取刑事强制措施；

（5）依照行政复议中止情形第（1）项、第（2）项、第（4）项的规定中止行政复议满60日，行政复议中止的原因仍未消除。

考点十七 行政复议和解与调解 ★★ 一学多考|中

1. 和解

（1）和解时间：当事人在行政复议决定作出前可以自愿达成和解，和解内容不得损害国家利益、社会公共利益和他人合法权益，不得违反法律、法规的强制性规定。

（2）一事不再理原则：当事人达成和解后，由申请人向行政复议机构撤回行政复议申请。行政复议机构准予撤回行政复议申请、行政复议机关决定终止行政复议的，申请人不得再以同一事实和理由提出行政复议申请。但是，申请人能够证明撤回行政复议申请违背其真实意愿的除外。

2. 调解

（1）调解时间和原则：行政复议机关办理行政复议案件，可以进行调解。调解应当遵循合法、自愿的原则，不得损害国家利益、社会公共利益和他人合法权益，不得违反法律、法规的强制性规定。

（2）调解协议和调解书：当事人经调解达成协议的，行政复议机关应当制作行政复议调解书，经各方当事人签字或者签章，并加盖行政复议机关印章，即具有法律效力。调解未达成协议或者调解书生效前一方反悔的，行政复议机关应当依法审查或者及时作出行政复议决定。

3. 税务行政复议和解与调解

（1）适用范围：行使自由裁量权作出的行政行为，如行政处罚、核定税额、确定应税所得率等；行政赔偿；行政奖励；存在其他合理性问题的行政行为。

（2）后果：经行政复议机构准许和解终止行政复议的，申请人原则上不得以同一事实和理由再次申请行政复议。申请人、第三人逾期不起诉又不履行行政复议调解书的，由税务行政复议机关依法强制执行，或者申请人民法院强制执行。

【例题7·单选题】 下列关于行政复议调解与行政复议和解的说法，正确的是(   )。

A. 当事人在行政复议决定作出后可以自愿达成和解

B. 行政复议调解书，经各方当事人签字或者签章，并加盖行政复议机关印章，即具有法律效力，但不能强制执行

C. 当事人达成和解，行政复议机构准予撤回行政复议申请的，申请人不得再以同一事实和理由提出行政复议申请，但撤回申请违背当事人真实意愿的除外

D. 行政复议和解协议属于强制执行的文书

解析 本题考查行政复议和解与调解。选项A，当事人在行政复议决定作出前可以自愿达成和解。选项B，行政复议调解书，经各方当事人签字或者签章，并加盖行政复议机关印章，即具有法律效力，可以强制执行。选项D，行政复议和解协议不属于强制执行的文书。

考点十八 行政复议决定 ★★ 一学多考|中

1. 复议决定书

行政复议机关作出行政复议决定，应当制作行政复议决定书，并加盖行政复议机关印章。行政复议决定书一经送达，即发生法律效力。(送达生效)

2. 复议决定

（1）变更决定：①事实清楚，证据确凿，适用依据正确，程序合法，但是内容不适当；②事实清楚，证据确凿，程序合法，但是未正确适用依据(≠适用依据错误，未正确适用包括违法适用、不当适用)；③事实不清、证据不足，经行政复议机关查清事实和证据。

提示 复议机关不得作出对申请人更为不利的变更决定，第三人提出相反请求除外。

（2）撤销决定，责令重新作出：①主要事实不清、证据不足；②违反法定程序；③适用的依据不合法；④超越职权或者滥用职权。

提示 行政复议机关责令被申请人重新作出行政行为的，被申请人不得

答案：例题7｜C

以同一事实和理由作出与被申请行政复议的行政行为相同或者基本相同的行政行为，但是行政复议机关以违反法定程序为由决定撤销或者部分撤销的除外。

(3) 确认违法，见表 5-14。

表 5-14　确认违法

项目	具体规定
能撤不撤	行政行为有下列情形之一的，不撤销该行政行为，但是确认该行政行为违法： a. 依法应予撤销，但是撤销会给国家利益、社会公共利益造成重大损害； b. 程序轻微违法，但是对申请人权利不产生实际影响
不能撤	行政行为有下列情形之一，不需要撤销或者责令履行的，确认该行政行为违法： a. 行政行为违法，但是不具有可撤销内容； b. 被申请人改变原违法行政行为，申请人仍要求撤销或者确认该行政行为违法； c. 被申请人不履行或者拖延履行法定职责，责令履行没有意义

(4) 履行决定：被申请人不履行法定职责的，行政复议机关决定被申请人在一定期限内履行。

(5) 确认无效：行政行为有实施主体不具有行政主体资格或者没有依据等重大且明显违法情形，申请人申请确认行政行为无效的，行政复议机关确认该行政行为无效。

(6) 维持决定：行政行为认定事实清楚，证据确凿，适用依据正确，程序合法，内容适当的，行政复议机关决定维持该行政行为。

(7) 驳回行政复议请求：行政复议机关受理申请人认为被申请人不履行法定职责的行政复议申请后，发现被申请人没有相应法定职责或者在受理前已经履行法定职责的，决定驳回申请人的行政复议请求。

3. 证据失权及例外

被申请人不依法提出书面答复、提交作出行政行为的证据、依据和其他有关材料的，视为该行政行为没有证据、依据，行政复议机关决定撤销、部分撤销该行政行为，确认该行政行为违法、无效或者决定被申请人在一定期限内履行，但是行政行为涉及第三人合法权益，第三人提供证据的除外。

4. 行政赔偿

行政赔偿，见表 5-15。

表 5-15　行政赔偿

项目	具体规定
提出赔偿请求	符合规定应予赔偿的，在决定撤销或者部分撤销、变更行政行为或者确认行政行为违法、无效时，应当同时决定被申请人依法给予赔偿

(续表)

项目	具体规定
未提赔偿请求	在依法决定撤销或者部分撤销、变更罚款，撤销或者部分撤销违法集资、没收财物、征收征用、摊派费用以及对财产的查封、扣押、冻结等行政行为时，应当同时责令被申请人返还财产，解除对财产的查封、扣押、冻结措施，或者赔偿相应的价款

5. 税务行政复议决定特殊规定

（1）复议不加重及例外：行政复议机关责令被申请人重新作出行政行为的，被申请人不得作出对申请人更为不利的决定；但是行政复议机关以原行政行为主要事实不清、证据不足或适用依据错误决定撤销的，被申请人重新作出行政行为的除外。

（2）重新作出行政行为的期限要求：行政复议机关责令被申请人重新作出行政行为的，被申请人应当在 60 日内重新作出行政行为；情况复杂，不能在规定期限内重新作出行政行为的，经行政复议机关批准，可以适当延期，但是延期不得超过 30 日。

（3）行政赔偿：申请人在申请行政复议时没有提出行政赔偿请求的，行政复议机关在依法决定撤销、变更原行政行为确定的税款、滞纳金、罚款和对财产的扣押、查封等强制措施时，应当同时责令被申请人退还税款、滞纳金和罚款，解除对财产的扣押、查封等强制措施，或者赔偿相应的价款。

考点十九　行政复议决定的履行 ★★ 一学多考｜中

（1）被申请人不履行或者无正当理由拖延履行行政复议决定书、调解书、意见书的，行政复议机关或者有关上级行政机关应当责令其限期履行，并可以约谈被申请人的有关负责人或者予以通报批评。

（2）申请人、第三人逾期不起诉又不履行行政复议决定书、调解书的，或者不履行最终裁决的行政复议决定的，按照下列规定分别处理：①维持行政行为的行政复议决定书，由作出行政行为的行政机关依法强制执行，或者申请法院强制执行；②变更行政行为的行政复议决定书，由行政复议机关依法强制执行，或者申请法院强制执行；③行政复议调解书，由行政复议机关依法强制执行，或者申请法院强制执行。

考点二十　行政复议意见书制度 ★★

1. 制发行政复议意见书

行政复议机关在办理行政复议案件过程中，发现被申请人或者其他下级行政机关的有关行政行为违法或者不当的，可以向其制发行政复议意见书。

提示 此处涉及的是在行政复议过程中发现的非申请的行政行为的有关行为。

2. 行政复议意见书法律效力

（1）具有与行政复议决定书相近的法律效力。

（2）有关行政机关收到后，必须严格按照要求立即纠正违法或者不当的行政行为，或者认真做好相关善后工作，并在收到之日起60日内将纠正相关违法或者不当行政行为的情况报送行政复议机关。

（3）被申请人不履行或者无正当理由拖延履行行政复议意见书的，行政复议机关或者有关上级行政机关应当责令其限期履行，并可以约谈被申请人的有关负责人或者予以通报批评。

（4）被申请人不履行或者无正当理由拖延履行行政复议意见书的，对负有责任的领导人员和直接责任人员依法予以警告、记过、记大过的处分；经责令履行仍不履行的，依法给予降级、撤职、开除的处分。

同步训练

考点一 行政复议概述——考点三 行政复议范围

1. （单选题）下列有关行政复议的说法中，正确的是(　　)。

   A. 行政复议是一种司法活动

   B. 行政复议的直接目的是防止和纠正行政主体作出的违法或者不当的行政行为，保护行政相对人的合法权益，监督和保障行政主体依法行使行政职权

   C. 行政复议可依当事人申请启动，也可依职权启动

   D. 行政复议的审查对象限于具体行政行为

2. （单选题）下列有关行政复议原则的说法中，不正确的是(　　)。

   A. 复议不加重原则要求复议机关在作出变更决定时，不得作出对申请人更为不利的复议决定，但是第三人提出相反请求的除外

   B. 行政复议案件可以调解，调解原则贯穿行政复议案件整个过程

   C. 行政复议要求过程公开、依据公开和结果公开

   D. 复议机关应当仅从合法性方面审查被申请的行政行为

3. （多选题）根据《行政复议法》的规定，下列选项中，可以申请行政复议的有(　　)。

   A. 赵某认为行政机关作出的行政行为侵犯其合法的经营自主权

   B. 李某对行政机关不发放抚恤金的行为不服

   C. 村民王某对县政府对其农业承包地作出的征收决定不服

   D. 孙某对省政府制定的地方政府规章不服

   E. 张某对公安局对其民事纠纷的调解行为不服

考点四 行政复议附带审查范围

(单选题·2018年)根据《行政复议法》《行政复议法实施条例》的规定,申请人可依法一并提出对行政行为所依据的有关规定的审查申请。下列文件中,属于可以审查的规定是( )。

A. 县级人民政府的规定 B. 设区的市人民政府规章
C. 县人大常委会的规定 D. 省级人民政府规章

考点五 行政复议申请人——考点七 行政复议被申请人

1. (单选题)甲食品公司因卫生不达标被市场监督管理局罚款10万元,后甲公司与乙公司合并为丙公司。此时,若公司对市场监督管理局的罚款决定不服,提起复议的申请人是( )。

   A. 甲公司 B. 丙公司
   C. 乙公司 D. 原甲公司的法定代表人

2. (单选题)关于行政复议的被申请人,下列说法不正确的是( )。

   A. 两个以上行政机关以共同的名义作出同一行政行为的,共同作出行政行为的行政机关为被申请人
   B. 行政机关与法律、法规、规章授权的组织以共同的名义作出行政行为的,行政机关和法律、法规、规章授权的组织为共同被申请人
   C. 作出行政行为的行政机关职权变更的,原行政机关负责人为被申请人
   D. 对县级以上地方人民政府依法设立的派出机关作出的行政行为不服申请行政复议的,该派出机关为被申请人

3. (单选题)关于税务行政复议的被申请人,下列说法不正确的是( )。

   A. 申请人对扣缴义务人的扣缴税款行为不服的,主管该扣缴义务人的税务机关为被申请人
   B. 对税务机关委托的单位和个人的代征行为不服的,委托税务机关为被申请人
   C. 申请人对经重大税务案件审理程序作出的决定不服的,审理委员会所在税务机关为被申请人
   D. 税务机关与其他组织以共同名义作出行政行为的,税务机关和其他组织为共同被申请人

4. (多选题)根据行政复议法律制度规定,下列有关行政复议申请人及行政复议代表人的说法中,不正确的有( )。

   A. 行政复议申请人即对行政行为不服的行政相对人
   B. 合伙企业作为申请人的,由全体合伙人共同申请
   C. 行政复议代表人可由申请人推选,也可由行政复议机关指定
   D. 不同意推选代表人的当事人,可以自己参加行政复议
   E. 行政复议代表人参加复议的所有行为对其所代表的申请人发生效力

考点八 行政复议第三人

(多选题)甲取得了县房产局颁发的扩大原地基和建筑面积的建房许可证,阻碍了

邻居乙的正常通行，乙与甲协商未果，向县政府申请行政复议。根据《行政复议法》及相关规定，下列说法错误的有(　　)。

A. 乙可以委托两名代理人参加行政复议
B. 甲须由县政府通知才可作为第三人参加行政复议
C. 若复议过程中第三人甲不参加行政复议，不影响该行政复议案件的审理
D. 县政府认为必要时，可以采取听证的方式审理
E. 乙提出要求，县政府应当采取听证的方式审理

考点九 行政复议代理人

(单选题)关于行政复议的第三人和代理人，下列说法正确的是(　　)。

A. 第三人不参加行政复议，不影响行政复议案件的审理
B. 第三人在行政复议中不具有独立的法律地位，只能复议机构通知参加行政复议
C. 第三人、被申请人可以委托1~2名律师、基层法律服务工作者或者其他代理人代为参加行政复议
D. 税务行政复议的被申请人可以委托本机关以外人员参加行政复议

考点十 行政复议机关

(多选题)下列有关行政复议机关的说法中，正确的有(　　)。

A. 行政复议机关就是行政复议机构
B. 行政复议机关有权作出复议决定，而行政复议机构是行政复议机关设立的专门负责办理行政复议案件的工作机构
C. 行政复议机关同时组织办理行政复议机构的行政应诉事项
D. 县级以上各级人民政府应当建立行政复议委员会，研究重大、疑难案件，提出处理建议
E. 行政复议机关中从事行政复议工作的人员，均应当取得法律职业资格

考点十一 行政复议管辖

1. (多选题)下列行政复议申请情形中，符合法律规定的有(　　)。

   A. 赵某对商务部的行政行为不服，应当向国务院申请行政复议
   B. 王某对丙县财政局的行政行为不服，应当向丙县人民政府申请行政复议
   C. 张某对甲市乙县人民政府的行政行为不服，应当向甲市人民政府申请行政复议
   D. 李某对丁市税务局的行政行为不服，可以向丁市人民政府申请行政复议
   E. 李某对A市B县司法局作出的行政处罚决定不服，应当向B县人民政府申请行政复议

2. (多选题)根据某市政府整顿农贸市场的决定，某镇市场监管所和派出所对集贸市场进行检查。在检查过程中，因个体户王某乱设摊点，执法人员强令其撤摊，王某不同意，故意纠集摊主闹事，派出所以自己的名义对王某处以警告和罚款200元的行政处罚。王某不服，申请行政复议。根据《行政复议法》的规定，下列说法中正确的有(　　)。

   A. 应以派出所作为被申请人

B. 王某应当向县人民政府申请行政复议
C. 王某可以直接向市人民政府申请行政复议
D. 王某应将市场监管所和派出所作为共同被申请人
E. 王某可以选择向县公安局或镇人民政府申请复议

考点十二　行政复议的申请

1. (多选题)根据行政复议法律制度,下列有关行政复议申请期限的表述中,正确的有(　　)。
   A. 行政机关作出行政行为时未告知公民、法人或者其他组织,事后补充告知的,自该公民、法人或者其他组织收到行政机关补充告知的通知之日起计算
   B. 被申请人能够证明公民、法人或者其他组织知道行政行为的,自证据材料证明其知道行政行为之日起计算
   C. 载明行政行为的法律文书邮寄送达的,自法律文书交邮之日起计算
   D. 行政行为依法通过公告形式告知受送达人的,自公告对外发出之日起计算
   E. 载明行政行为的法律文书直接送达的,自受送达人签收之日起计算

2. (多选题)根据行政复议法律制度的规定,下列纠纷处理适用行政复议前置的有(　　)。
   A. 甲对市场监督管理局对其作出的降级处分的决定不服
   B. 乙对政府机关作出的侵犯其依法取得的林地使用权的决定不服
   C. 丙对公安局作出的行政拘留决定不服
   D. 丁公司对税务局对其偷税行为作出的处罚不服
   E. 戊对税务机关加收税款滞纳金的行为不服

考点十三　行政复议的受理

1. (单选题)某市A区政府决定征收某村集体土地150 000平方米。该村200户村民不服,申请行政复议。根据《行政复议法》《行政复议法实施条例》的规定,下列说法不正确的是(　　)。
   A. 可以书面申请;书面申请有困难的,也可以口头申请
   B. 行政复议机关收到行政复议申请后,应当在5日内进行审查
   C. 审查期限届满,复议机关未作出受理决定的,审查期限届满之日起视为不予受理
   D. 对不符合法律规定的行政复议申请,行政复议机关应当在审查期限内决定不予受理并说明理由

2. (多选题)下列有关税务行政复议申请和受理的说法中,正确的有(　　)。
   A. 行政复议机关依法通知申请人补正申请材料的,申请人无正当理由逾期不补正的,视为申请人放弃行政复议申请
   B. 上级税务机关认为行政复议机关不予受理行政复议申请的理由不成立的,应当责令其限期受理
   C. 申请人提出行政复议申请时错列被申请人的,行政复议机关应当告知申请人变

更被申请人

D. 有条件的行政复议机关可以接受以电子邮件形式提出的行政复议申请

E. 因不可抗力或者被申请人设置障碍等原因耽误法定申请期限的,申请期限的计算应当扣除被耽误时间

考点十四 行政复议的审理

1. (单选题)2024年8月12日,某县税务局以违法开具发票为由,向该县纳税人月弯弯娱乐有限公司送达罚款10 000元的税务行政处罚决定书。该公司不服,于8月22日向市税务局申请行政复议。9月28日,经市税务局行政复议机构同意,该公司撤回复议申请。根据有关法律法规和司法解释,下列关于该公司撤回行政复议申请的表述中正确的是(　　)。

A. 该公司撤回复议申请后,只要尚未超出法定复议申请期限,都可以同一事实和理由再次对该处罚决定提出复议申请

B. 如该公司能够证明撤回复议申请违背其真实意愿,则可以同一事实和理由再次对该处罚决定提出复议申请

C. 该公司撤回复议申请,应在复议机关向县税务局发送复议申请书副本之日起10日内书面提出,否则撤回行为无效

D. 该公司撤回复议申请,必须经法院作出准予撤回的书面裁定,否则不导致复议终止

2. (多选题)下列有关行政复议普通程序的说法中,正确的有(　　)。

A. 行政复议机构应当自行政复议申请受理之日起7日内,将行政复议申请书副本或者行政复议申请笔录复印件发送被申请人

B. 行政复议机构应当当面或者通过互联网、电话等方式听取当事人的意见

C. 审理重大、疑难、复杂的行政复议案件,行政复议机构应当组织听证

D. 专业性、技术性较强的行政复议案件,行政复议机构应当提请行政复议委员会提出咨询意见

E. 行政复议机关应当自受理申请之日起90日内作出行政复议决定,法律规定少于90日的除外

3. (多选题)下列有关税务行政复议听证程序的说法中,正确的有(　　)。

A. 申请人无正当理由拒不参加听证的,视为放弃听证权利

B. 被申请人的税务机关工作人员应当参加听证

C. 第三人不参加听证的,不影响听证的举行

D. 听证应当公开举行,但是涉及国家秘密、商业秘密或者个人隐私的除外

E. 听证主持人由行政复议机构指定,听证人员不得少于2人

考点十五 行政复议的证据

(单选题)下列有关税务行政复议证据的说法中,正确的是(　　)。

A. 申请人对被申请人作出的行政行为的违法性负有举证责任

B. 在税务行政复议过程中,被申请人不得自行向申请人和其他有关组织或者个人

收集证据

C. 勘验笔录、现场笔录属于书证

D. 税务复议机关不得调查取证

考点十六 行政复议的中止与终止

(单选题)甲市乙区生态环境局因某新建水电站未报批环境影响评价文件,擅自开工建设并已投入生产使用,决定对其罚款10万元。该水电站不服,申请行政复议。下列说法正确的是(　　)。

A. 水电站可以委托代理人代为参加行政复议

B. 复议机关为乙区人民政府或甲市生态环境局

C. 在复议过程中乙区生态环境局可以自行向水电站收集证据

D. 若复议期间案件涉及法律适用问题,需要有权机关作出解释,行政复议终止

考点十七 行政复议和解与调解

(多选题)根据《税务行政复议规则》的规定,税务行政复议和解与调解的适用范围包括(　　)。

A. 行使自由裁量权作出的行政行为

B. 税务行政处罚、核定税额、确定应税所得率

C. 行政赔偿

D. 行政奖励

E. 税务机关具体行政行为

考点十八 行政复议决定

(单选题)下列关于行政复议决定的说法,正确的是(　　)。

A. 行政复议决定书一经作出,即发生法律效力

B. 复议机关不得作出对申请人更为不利的变更决定,第三人提出相反请求的除外

C. 行政复议机关责令被申请人重新作出行政行为的,被申请人可以同一事实和理由作出与被申请行政复议的行政行为相同的行政行为

D. 主要事实不清、证据不足的,行政复议机关确认该行政行为无效

考点十九 行政复议决定的履行

(单选题)下列关于行政复议决定的履行的说法,正确的是(　　)。

A. 强制执行依据包括行政复议决定书、调解书和行政复议和解协议

B. 维持行政行为的行政复议决定书,由行政复议机关依法强制执行,或者申请法院强制执行

C. 变更行政行为的行政复议决定书,由行政复议机关依法强制执行,或者申请法院强制执行

D. 行政复议调解书,由作出行政行为的行政机关依法强制执行,或者申请法院强制执行

考点二十 行政复议意见书制度

(单选题) 下列关于行政复议意见书的说法，不正确的是( )。

A. 行政复议机关在办理行政复议案件过程中，发现被申请人或者其他下级行政机关的有关行政行为违法或者不当的，可以向其制发行政复议意见书

B. 具有与行政复议决定书相近的法律效力

C. 被申请人不履行或者无正当理由拖延履行行政复议意见书的，由行政复议机关依法强制执行，或者申请法院强制执行

D. 被申请人不履行或者无正当理由拖延履行行政复议意见书的，对负有责任的领导人员和直接责任人员依法予以警告、记过、记大过的处分

综合拓展

(综合分析题) 甲市某奶茶公司为庆祝新店开业，销售经理武某购置大量烟花礼炮准备燃放。接到群众举报后，甲市乙区公安局迅速出动干警制止武某的燃放行为，并依据该省公安厅发布的《汉东省烟花爆竹燃放管理办法》扣押了剩余烟花礼炮。武某表示不服，向相关行政机关申请行政复议。上级行政复议机关适用普通程序审理此案。

(1) 依据《行政复议法》及其实施条例，武某可向( )申请复议。

A. 省公安厅   B. 省政府
C. 乙区政府   D. 乙区公安局
E. 甲市公安局

(2) 若武某认为《汉东省烟花爆竹燃放管理办法》违反上位法规定，在申请行政复议时要求对其附带审查。对此，复议机关( )。

A. 应告知《汉东省烟花爆竹燃放管理办法》不属于《行政复议法》规定的附带审查范围，不予受理

B. 不予受理，告知《汉东省烟花爆竹燃放管理办法》为上级机关文件，建议其向制定机关申请复议

C. 应予受理，并在7日内转送有权处理的行政机关依法处理

D. 应予受理，行政复议机关应当在收到附带审查申请后30日内依法处理

E. 审查《汉东省烟花爆竹燃放管理办法》期间，行政复议中止

(3) 针对行政复议的审查处理，下列说法中正确的有( )。

A. 复议机关调查取证时，行政复议人员不得少于2人

B. 若需要现场勘验，现场勘验所用时间不计入行政复议审理期限

C. 若武某在行政复议决定作出前自愿撤回行政复议申请，经行政复议机构同意，可以撤回

D. 若武某撤回行政复议申请，一律不得再次提出行政复议申请

E. 若被申请人在行政复议期间改变原行政行为，行政复议案件应当暂停审理

(4) 依据行政复议法律制度，下列关于本案的说法中正确的有( )。

A. 复议机关应当自受理申请之日起30日内作出行政复议决定

B. 武某向复议机关申请听证，行政复议机构可以组织听证

C. 行政复议机关作出行政复议决定，应当制作行政复议决定书，但无须加盖印章

D. 行政复议决定书一经送达，即发生法律效力

E. 被申请人不履行或者无正当理由拖延履行行政复议决定的，行政复议机关或者有关上级行政机关应当责令其限期履行，并可以约谈被申请人的有关负责人或者予以通报批评

参考答案及解析

考点一 行政复议概述——考点三 行政复议范围

1. B 【解析】本题考查行政复议的特征。选项A，行政复议是一种准司法活动。选项C，行政复议以当事人提出复议申请为前提。选项D，行政复议的审查对象是行政主体作出的行政行为，同时可以一并审查部分规范性文件。

2. D 【解析】本题考查行政复议的原则。选项D，公正原则要求复议机关应当从合法性和合理性两方面审查被申请的行政行为。

3. ABC 【解析】本题考查行政复议受案范围。

考点四 行政复议附带审查范围

A 【解析】本题考查行政复议附带审查的范围。可以审查的"规范性文件"有：国务院部门的规范性文件；县级以上地方各级人民政府及其工作部门的规范性文件；乡、镇人民政府的规范性文件；法律、法规、规章授权的组织的规范性文件。但这些规定不含部门规章和地方规章。

考点五 行政复议申请人——考点七 行政复议被申请人

1. B 【解析】本题考查行政复议申请人资格转移。有权申请行政复议的法人或者其他组织终止的，其权利义务承受人可以申请行政复议。

2. C 【解析】本题考查行政复议被申请人的确定。选项C，作出行政行为的行政机关被撤销或者职权变更的，继续行使其职权的行政机关是被申请人。

3. D 【解析】本题考查税务行政复议的被申请人。选项D，税务机关与其他组织以共同名义作出行政行为的，税务机关为被申请人。

4. ABCE 【解析】本题考查行政复议申请人、代表人。选项A，行政复议申请人包括行政相对人、特定第三人。选项B，合伙企业作为申请人的，应当以核准登记的企业为申请人，由合伙事务执行人代表该合伙企业参加行政复议。选项C，行政复议代表人由申请人推选。选项E，行政复议代表人参加行政复议的行为对其所代表的申请人发生效力，但是代表人变更行政复议请求、撤回行政复议申请、承认第三人请求的，应当经被代表的申请人同意。

考点八 行政复议第三人

BE 【解析】本题考查行政复议参加人。选项A，申请人、第三人可以委托一至二名律师、基层法律服务工作者或者其他代理人代为参加行政复议。选项B、C，申请人以外的同被申请行政复议的行政行为或者行政复议案件处理结果有利害关系的

公民、法人或者其他组织，可以作为第三人申请参加行政复议，或者由行政复议机构通知其作为第三人参加行政复议。第三人不参加行政复议，不影响行政复议案件的审理。选项D、E，行政复议机构认为有必要听证，或者申请人请求听证的，行政复议机构可以组织听证。

考点九 行政复议代理人

A 【解析】本题考查行政复议的第三人和代理人。选项B，第三人在行政复议中具有独立的法律地位，可以复议机构通知参加行政复议，也可以第三人申请参加行政复议。选项C，第三人、申请人可以委托1~2名律师、基层法律服务工作者或者其他代理人代为参加行政复议。选项D，税务行政复议的被申请人不可以委托本机关以外人员参加行政复议。

考点十 行政复议机关

BD 【解析】本题考查行政复议机关相关概念。选项A，行政复议机关与行政复议机构是两个不同的概念。县级以上各级人民政府以及其他依照《行政复议法》履行行政复议职责的行政机关是行政复议机关。行政复议机关办理行政复议事项的机构是行政复议机构。选项C，行政复议机构同时组织办理行政复议机关的行政应诉事项。选项E，行政复议机构中初次从事行政复议工作的人员，应当通过国家统一法律职业资格考试取得法律职业资格，并参加统一职前培训。

考点十一 行政复议管辖

1. BC 【解析】本题考查行政复议管辖。选项A，对国务院部门或者省、自治区、直辖市人民政府的行政行为不服的，向作出该行政行为的国务院部门或者省、自治区、直辖市人民政府申请行政复议。选项B，对县级以上地方各级人民政府工作部门的行政行为不服的，向该部门的本级人民政府申请行政复议。选项C，对地方各级人民政府的行政行为不服的，向上一级地方人民政府申请行政复议。选项D，对海关、金融、外汇管理等实行垂直领导的行政机关、税务和国家安全机关的行政行为不服的，向上一级主管部门申请行政复议。选项E，对履行行政复议机构职责的地方人民政府司法行政部门的行政行为不服的，可以向本级人民政府申请行政复议，也可以向上一级司法行政部门申请行政复议。

2. AB 【解析】本题考查行政复议参加人和管辖权问题。选项A、B，对县级以上地方各级人民政府工作部门依法设立的派出机构依照法律、法规、规章规定，以派出机构的名义作出的行政行为不服的行政复议案件，由本级人民政府管辖。选项D，本案中，作出行政处罚决定的是派出所，应以派出所为被申请人，而不是将派出所和市场监管所作为共同被申请人。选项C、E，县公局、镇人民政府和市人民政府对本案没有管辖权。

考点十二 行政复议的申请

1. ABE 【解析】本题考查行政复议申请期限。选项C，载明行政行为的法律文书邮寄送达的，自"受送达人在邮件签收单上签收之日"起计算；没有邮件签收单的，自"受送达人在送达回执上签名之日"起计算。选项 D，行政行为依法通过公告形式告知受送达人的，自"公告规定的期限届满之日"起计算。

2. BE 【解析】本题考查行政复议前置。选项 A，属于内部行政处分，不能申请行政复议。选项 B，申请人对行政机关作出的侵犯其已经依法取得的自然资源的所有权或者使用权的决定不服，应当先申请行政复议；对行政复议决定不服的，可以再依法向人民法院提起行政诉讼。选项 C、D，可以选择申请行政复议，也可以直接向法院提起行政诉讼。选项 E，对税务机关加收税款滞纳金的行为不服的，应当先申请行政复议；对行政复议决定不服的，可以再依法向人民法院提起行政诉讼。

考点十三 行政复议的受理

1. C 【解析】本题考查行政复议申请与受理。选项 C，审查期限届满，复议机关未作出不予受理决定的，审查期限届满之日起视为受理。

2. ACDE 【解析】本题考查行政复议的申请和受理。选项 B，上级税务机关认为行政复议机关不予受理行政复议申请的理由不成立的，可以督促其受理；经督促仍然不受理的，责令其限期受理。

考点十四 行政复议的审理

1. B 【解析】本题考查税务行政复议申请撤回后的法律后果。税务行政复议决定作出前，申请人要求撤回税务行政复议申请的，经行政复议机构同意，可以撤回。申请人撤回行政复议申请的，不得再以同一事实和理由提出行政复议申请。但是，申请人能够证明撤回行政复议申请违背其真实意愿的除外。

2. ABCD 【解析】本题考查行政复议普通程序。选项 E，适用普通程序审理的行政复议案件，行政复议机关应当自受理申请之日起 60 日内作出行政复议决定，法律规定少于 60 日的除外。情况复杂，不能在规定期限内作出行政复议决定的，经行政复议机构的负责人批准，可以适当延长，并书面告知当事人；但是延长期限最多不得超过 30 日。

3. ACDE 【解析】本题考查税务行政复议听证程序。选项 B，被申请人税务机关负责人应当参加听证。

考点十五 行政复议的证据

B 【解析】本题考查税务行政复议的证据。选项 A，在税务行政复议程序中，被申请人对其作出的税务行政行为负有举证责任。选项 C，勘验笔录、现场笔录、书证均属于税务行政复议的证据种类。选项 D，税务行政复议机关有权向有关单位和个人调查取证。

考点十六 行政复议的中止与终止

A 【解析】本题考查行政复议参加人、行政复议证据的收集、行政复议中止与终止。选项 A，申请人、第三人可以委托一至二名律师、基层法律服务工作者或者其他代理人代为参加行政复议。选项 B，对本级政府工作部门（非司法行政部门）作出的行政行为不服的，向本级政府申请复议。本案复议机关为乙区人民政府。选

项C，行政复议期间，被申请人不得自行向申请人和其他有关单位或者个人收集证据。选项D，行政复议期间案件涉及法律适用问题，需要有权机关作出解释或者确认的，行政复议中止。

考点十七 行政复议和解与调解

ABCD 【解析】本题考查税务行政复议和解与调解的适用范围。根据《税务行政复议规则》的规定，对下列行政复议事项，按照自愿、合法的原则，申请人和被申请人在行政复议机关作出行政复议决定以前可以达成和解，行政复议机关也可以调解：①行使自由裁量权作出的具体行政行为，如行政处罚、核定税额、确定应税所得率等。②行政赔偿。③行政奖励。④存在其他合理性问题的具体行政行为。

考点十八 行政复议决定

B 【解析】本题考查行政复议的决定。选项A，行政复议决定书一经送达，即发生法律效力。选项C，行政复议机关责令被申请人重新作出行政行为的，被申请人不得以同一事实和理由作出与被申请行政复议的行政行为相同或者基本相同的行政行为，但是行政复议机关以违反法定程序为由决定撤销或者部分撤销的除外。选项D，主要事实不清、证据不足的，行政复议机关决定撤销或者部分撤销该行政行为，可以责令被申请人在一定期限内重新作出行政行为。

考点十九 行政复议决定的履行

C 【解析】本题考查行政复议决定的履行。选项A，强制执行依据包括行政复议决定书、调解书，但没有行政复议和解协议。选项B，维持行政行为的行政复议决定书，由作出行政行为的行政机关依法强制执行，或者申请法院强制执行。选项D，行政复议调解书，由行政复议机关依法强制执行，或者申请法院强制执行。

考点二十 行政复议意见书制度

C 【解析】本题考查行政复议意见书。选项C，被申请人不履行或者无正当理由拖延履行行政复议意见书的，行政复议机关或者有关上级行政机关应当责令其限期履行，并可以约谈被申请人的有关负责人或者予其通报批评。

综合拓展

（1）C 【解析】本题考查行政复议管辖。对县级以上地方各级人民政府工作部门的行政行为不服的，向该部门的本级人民政府申请行政复议。

（2）CE 【解析】本题考查行政复议附带审查。选项A、B，公民、法人或者其他组织认为行政机关的行政行为所依据的下列规范性文件不合法，在对行政行为申请行政复议时，可以一并向行政复议机关提出对该规范性文件的附带审查申请：①国务院部门的规范性文件；②县级以上地方各级人民政府及其工作部门的规范性文件；③乡、镇人民政府的规范性文件；④法律、法规、规章授权的组织的规范性文件。前述所列规范性文件不含规章。规章的审查依照法律、行政法规办理。《汉东省烟花爆竹燃放管理办法》属于附带审查范围，复议机关应当依法受理其申请。选项C、D、E，申请人在申请行政复议时，一并提出对有关规范性文件的附带审查申请的，行政复议机关有权处理的，应当在 30 日内依法处理；无权处理的，应当在 7 日内转送有权处理的行政机关依法处理，有权处理的行政机关应当自收到转送之日起 60 日内，将处理意见回复转送的行政复议机关。处理期间，行政复议中止。

(3) ABC 【解析】本题考查行政复议的审查、受理。选项 D，申请人撤回行政复议申请的，不得再以同一事实和理由提出行政复议申请。但是，申请人能够证明撤回行政复议申请违背其真实意愿的除外。选项 E，行政复议期间被申请人改变原行政行为的，不影响行政复议案件的审理。但是，申请人依法撤回行政复议申请的除外。

(4) BDE 【解析】本题考查行政复议审理程序。选项 A，适用普通程序审理的行政复议案件，行政复议机关应当自受理申请之日起 60 日内作出行政复议决定；但是法律规定的行政复议期限少于 60 日的除外。情况复杂，不能在规定期限内作出行政复议决定的，经行政复议机构的负责人批准，可以适当延长，并书面告知当事人；但是延长期限最多不得超过 30 日。适用简易程序审理的行政复议案件，行政复议机关应当自受理申请之日起 30 日内作出行政复议决定。选项 C，行政复议机关作出行政复议决定，应当制作行政复议决定书，并加盖行政复议机关印章。

亲爱的读者，你已完成本章20个考点的学习，本书知识点的学习进度已达22%。

第六章　行政诉讼法律制度

重要程度：次重点章节　　分值：4.5分左右

考试风向

▶ 考情速递

本章主要内容包括行政诉讼法基础、行政诉讼受案范围、行政诉讼管辖、行政诉讼参加人、行政诉讼证据、行政诉讼程序、行政诉讼的执行与非诉行政案件的执行，理论性和专业性较强，学习难度大，要求理解和重点记忆。重点关注的考点包括行政诉讼受理案件的范围、行政诉讼被告、行政诉讼代表人、行政诉讼中的举证责任、第一审普通程序和简易程序、行政诉讼和非诉行政案件的执行。本章主要考查单选题、多选题和综合分析题。

▶ 2025年考试变化

本章变动较小。

删除：(1) 公民无法书面委托代理人的处理；(2) 当事人申请法院收集证据，法院不予准许的情形；(3) 被拘留或限制人身自由的人死亡或丧失行为能力时的举证责任。

▶ 脉络梳理

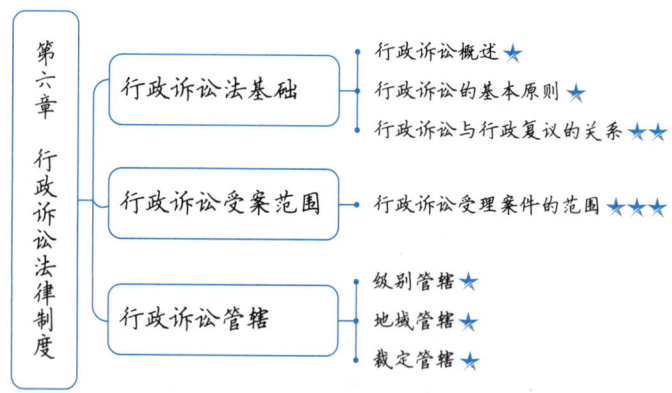

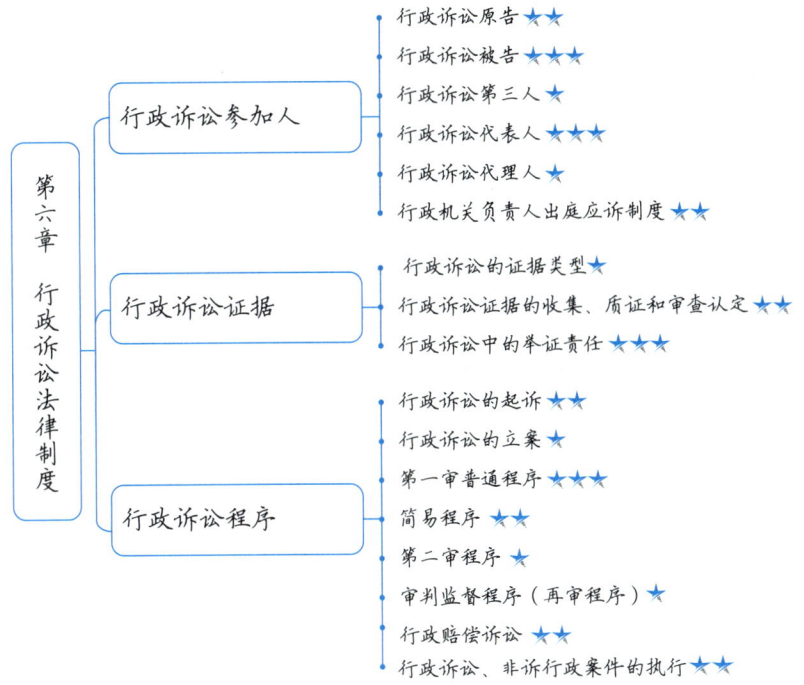

考点详解及精选例题

第一节 行政诉讼法基础

考点一 行政诉讼概述 ★

1. 行政诉讼的概念

行政诉讼，是指行政行为的相对人或者有利害关系的其他公民、法人或其他组织向法院提起诉讼，请求法院对被诉的行政行为进行审查、审理并作出裁判的活动。

2. 行政诉讼的特征

（1）审理裁判对象是被诉行政行为。部分抽象行政行为可以成为一并审查的对象。

（2）行政诉讼是法院运用国家审判权的一种司法活动。

（3）以不服行政行为的公民、法人或其他组织为原告，以作出该行政行为的行政主体为被告。

（4）被告对行政行为合法性负举证责任。

考点二 行政诉讼的基本原则 ★

1. 被告对行政行为合法性负举证责任原则
2. 诉讼期间行政行为不停止执行原则

法定例外情形有：①被告认为需要停止执行；②原告或者利害关系人申请停止执行，法院认为该行政行为的执行会造成难以弥补的损失，并且停止执行不损害国家利益、社会公共利益；③法院认为该行政行为的执行会给国家利益、社会公共利益造成重大损害；④法律、法规规定停止执行。

3. 司法依法变更原则(司法变更有限原则)
4. 对行政行为合法性审查原则

知识点拨

司法机关一般不审查行政裁量权，但是对于行政处罚行为明显不当的，以及涉及款额确定、认定错误的情形，法院可以判决变更。

【例题1·多选题】(2020年)下列有关行政诉讼的说法中，正确的有(　　)。

A. 行政诉讼实行被告对行政行为合法性负举证责任原则
B. 抽象行政行为不能成为行政诉讼一并审查的对象
C. 若被告认为需要停止执行行政行为的，则可以在行政诉讼期间停止执行行政行为
D. 法院判决变更行政行为，任何情况下不得加重原告的义务或者减损原告的权益
E. 没有原告或者利害关系人的申请，法院不得依职权在行政诉讼期间裁定停止执行行政行为

解析　本题考查行政诉讼的基本原则。选项B，部分抽象行政行为可以成为一并审查的对象。选项D，人民法院判决变更，不得加重原告的义务或者减损原告的权益。但利害关系人同为原告，且诉讼请求相反的除外。选项E，人民法院认为该行政行为的执行会给国家利益、社会公共利益造成重大损害的，裁定停止执行。

考点三 行政诉讼与行政复议的关系 ★★

1. 选择型

选择型，见表6-1。

表6-1　选择型

项目	具体规定
先选择复议	复议期内不得向法院起诉；对复议决定不服或者复议机关逾期不作决定的，可向法院起诉
先选择诉讼	法院受理的，不得再申请复议
同时选择(又复议又诉讼)	先立案→同时立案的，申请人选择

2. 复议前置型

(1)应当先复议再诉讼(征税行为)：①确认纳税主体、征税对象、征

答案
例题1 | AC

范围、减税、免税、退税、抵扣税款、适用税率、计税依据、纳税环节、纳税期限、纳税地点和税款征收方式等具体行政行为；②征收税款、加收滞纳金（不包含罚款、加处罚款）；③扣缴义务人、受税务机关委托的单位和个人作出的代扣代缴、代收代缴、代征行为等。

（2）特殊情况处理：①未经复议直接向法院起诉的，法院不予受理；②行政复议机关受理后，在行政复议期限内不得向法院提起行政诉讼；③如果当事人申请撤回复议，行政复议机构准许，行政复议终止，不得向法院起诉。

第二节 行政诉讼受案范围

考点四 行政诉讼受理案件的范围 ★★★ 一学多考｜中

1. 属于行政诉讼受案范围

（1）行政处罚：行政拘留、暂扣或者吊销许可证和执照、责令停产停业、没收违法所得、没收非法财物、罚款、警告等；

（2）行政强制措施和行政强制执行：限制人身自由或者对财产的查封、扣押、冻结等；

（3）行政许可：行政机关拒绝或者在法定期限内不予答复等；

（4）行政确权：确认土地、矿藏、水流、森林、山岭、草原、荒地、滩涂、海域等自然资源的所有权或者使用权；

（5）征收、征用决定及其补偿决定；

（6）不作为：申请行政机关履行保护人身权、财产权，行政机关拒绝履行或者不予答复；

（7）行政机关侵犯其经营自主权或者农村土地承包经营权、农村土地经营权；

（8）行政机关滥用行政权力排除或者限制竞争；

（9）行政机关违法集资、摊派费用或者违法要求履行其他义务；

（10）行政机关没有依法支付抚恤金、最低生活保障待遇或者社会保险待遇；

（11）行政机关不依法履行、未按照约定履行或者违法变更、解除政府特许经营协议、土地房屋征收补偿协议；

（12）行政机关侵犯其他人身权、财产权等合法权益。

2. 一并审查

行政行为所依据的国务院部门和地方政府及其部门制定的规范性文件（不含规章）不合法，在提起诉讼时，可以请求一并审查。

3. 不受理的案件范围

（1）国防、外交等国家行为；

(2)抽象行政行为：行政法规、规章或者行政机关制定、发布的具有普遍约束力的决定、命令；

(3)内部行为：行政机关对行政机关工作人员的奖惩、任免等决定；

(4)法律规定由行政机关最终裁决的行政行为；

(5)公安、国家安全等机关依照《刑事诉讼法》的明确授权实施的行为；

(6)调解行为以及法律规定的仲裁行为；

(7)行政指导行为；

(8)驳回当事人对行政行为提起申诉的重复处理行为；

(9)行政机关作出的不产生外部法律效力的行为；

(10)行政机关为作出行政行为而实施的准备、论证、研究、层报、咨询等过程性行政行为；

(11)行政机关根据法院的生效裁判、协助执行通知书作出的执行行为，但行政机关扩大执行范围或者采取违法方式实施的除外；

(12)上级行政机关基于内部层级监督关系对下级行政机关作出的听取报告、执法检查、督促履责等行为；

(13)行政机关针对信访事项作出的登记、受理、交办、转送、复查、复核意见等行为；

(14)对公民、法人或者其他组织权利义务不产生实际影响的行为。

> **记忆口诀**
> 国防、外交、文件、人员、调解、内部、信访、指导、刑事、仲裁（谐音：国外文员调解，内心执行仲裁）。

【例题2·单选题】(2020年)根据《行政诉讼法》及司法解释规定，下列属于行政诉讼受案范围的是(　　)。

A. 税务机关为作出行政行为而实施的层报、咨询等过程性行政行为

B. 税务机关协助法院执行时采取违法方式作出的执行行为

C. 上级税务机关基于内部层级监督关系对下级税务机关作出的执法检查、督促履责行为

D. 税务机关作出的对纳税人权利义务不产生实际影响或者不产生外部法律效力的行为

解析 本题考查行政诉讼不受理案件的范围。行政机关为作出行政行为而实施的准备、论证、研究、层报、咨询等过程性行为；上级行政机关基于内部层级监督关系对下级行政机关作出的听取报告、执法检查、督促履责等行为；行政机关作出的不产生外部法律效力的行为；对公民、法人或者其他组织权利义务不产生实际影响的行为不属于行政诉讼的受案范围。

【例题3·单选题】(2018年)根据《行政诉讼法》及司法解释规定，下列行政行为中，属于行政诉讼受案范围的是(　　)。

A. 税务行政处罚事项告知行为　　B. 层报、咨询、论证过程性行为

C. 税务行政指导行为　　D. 解除政府特许经营协议行为

解析 本题考查行政诉讼受案范围。选项A，行政处罚告知行为不属于行政诉讼受案范围。选项B，行政机关为作出行政行为而实施的准备、论证、

答案
例题2 | B
例题3 | D

研究、层报、咨询等过程性行政行为不属于行政诉讼受案范围。选项 C，行政指导行为不属于行政诉讼受案范围。

第三节 行政诉讼管辖

考点五 级别管辖 ★ 一学多考|中

级别管辖，见表 6-2。

表 6-2 级别管辖

项目	具体规定
基层法院	管辖第一审行政案件。 **提示** 作出原行政行为的行政机关和复议机关为共同被告的，以作出原行政行为的行政机关确定案件的级别管辖
中级法院	(1)对国务院部门或者县级以上地方政府所作的行政行为提起诉讼的案件。 (2)海关处理的案件。 (3)本辖区内重大、复杂的案件(社会影响重大的共同诉讼案件；涉外或者涉及港、澳、台地区案件；其他重大、复杂案件)。 (4)发明案件：发明专利、实用新型专利、植物新品种、集成电路布图设计、技术秘密、计算机软件的权属、侵权纠纷以及垄断纠纷第一审民事、行政案件由知识产权法院，省、自治区、直辖市人民政府所在地的中级人民法院和最高人民法院确定的中级人民法院管辖。法律对知识产权法院的管辖有规定的，依照其规定。 (5)外观设计案件：外观设计专利的权属、侵权纠纷以及涉驰名商标认定第一审民事、行政案件由知识产权法院和中级人民法院管辖；经最高人民法院批准，也可以由基层人民法院管辖，但外观设计专利行政案件除外
高级法院	本辖区内重大、复杂的第一审行政案件
最高法院	全国范围内重大、复杂的第一审行政案件

考点六 地域管辖 ★ 一学多考|中

1. 一般地域管辖

由最初作出行政行为的行政机关所在地法院管辖。

2. 特殊地域管辖

特殊地域管辖，见表 6-3。

表 6-3 特殊地域管辖

项目	具体规定
对限制人身自由的行政强制措施不服提起的诉讼	由被告所在地(被诉行政机关主要办事机构所在地)或者原告所在地(原告的户籍所在地、经常居住地和被限制人身自由地)法院管辖 

经常居住地指自公民离开户籍所在地起至提起诉讼时已连续居住满1年以上地方，但公民住院就医的地方除外。

（续表）

项目	具体规定
因不动产提起的行政诉讼	由不动产所在地法院管辖

不动产所在地确定：不动产已登记的，为登记簿记载的所在地；未登记的，为不动产实际所在地。

3. 共同地域管辖

（1）经复议的案件，由最初作出行政行为的行政机关所在地法院和复议机关所在地法院共同管辖。

（2）行政机关基于同一事实，既采取限制公民人身自由的行政强制措施，又采取其他行政强制措施或者行政处罚，由被告所在地或者原告所在地的法院管辖。

（3）不动产提起行政诉讼，如该不动产涉及两个以上的法院管辖，由该两个以上的法院共同管辖。

提示 两个以上法院都有管辖权的，原告可以选择其中一个法院提起诉讼。原告向两个以上有管辖权的法院提起诉讼的，由最先立案的法院管辖。

考点七 裁定管辖 ★ 一学多考|中

裁定管辖，见表6-4。

表6-4 裁定管辖

项目	具体规定
移送管辖	法院发现受理的行政案件不属于本院管辖的，应当移送有管辖权的法院，受移送的人民法院不得再行移送（皮球只能踢一次）
指定管辖	有管辖权的法院由于特殊原因不能行使管辖权的，由上级人民法院指定管辖
	法院对管辖权有争议的，协商解决。协商不成，报其共同上级法院指定管辖
管辖权转移	上级法院有权审理下级法院管辖的第一审行政案件
	下级法院对其管辖的第一审案件以及需要由上级法院审判的案件，可以报请上级法院决定

第四节 行政诉讼参加人

考点八 行政诉讼原告 ★★ 一学多考|中

1. 原告资格

（1）行政诉讼原告包括行政行为的相对人以及其他与被诉行政行为有利害关系的公民、法人或者其他组织。

（2）有权提起行政诉讼的公民死亡，其近亲属可以提起行政诉讼。有权提起行政诉讼的法人或其他组织终止，承受其权利的法人或其他组织可以提起行政诉讼（原告资格转移）。

2. 原告资格的特殊规定

原告资格的特殊规定，见表 6-5。

表 6-5 原告资格的特殊规定

提起诉讼		原告
合伙	合伙企业	核准登记的字号
	未依法登记领取营业执照的个人合伙	全体合伙人为共同原告；全体合伙人可以推选代表人，由全体合伙人出具推选书
个体工商户	有字号	登记的字号
	没有字号	登记的经营者
行政机关侵犯股份制企业经营自主权		股东会、董事会可以企业名义提起诉讼
联营企业、中外合资或者合作企业的联营、合资、合作各方，认为联营、合资、合作企业权益或者自己一方合法权益受行政行为侵害		联营企业、中外合资或者合作企业的联营、合资、合作各方可以自己的名义提起诉讼
非国有企业被行政机关注销、撤销、合并、强令兼并、出售、分立或者改变隶属关系		企业或者其法定代表人可以提起诉讼
事业单位、社会团体、基金会、社会服务机构等非营利法人的出资人、设立人认为行政机关损害法人合法权益		非营利法人的出资人、设立人可以自己的名义提起诉讼
业主委员会对于行政机关作出的涉及业主共有利益的行政行为		业主委员会可以自己的名义提起诉讼
行政公益诉讼		行政机关不依法履行职责的，检察院依法向法院提起诉讼

【例题 4·单选题】 中外合资企业 W 公司由中方甲公司与外方乙公司共同投资设立。外方乙公司认为，我国税务局对 W 公司作出的停止办理出口退税行政处罚决定侵害其合法权益，遂以乙公司的名义向法院提起行政诉讼。对此，法院的正确做法是(　　)。

A. 不受理，因为乙公司不是行政行为的相对人
B. 受理，因为乙公司依法享有单独提起行政诉讼的权利
C. 不受理，因为乙公司不是独立的法人
D. 受理，应当同时列甲公司为共同原告，因为甲公司与被诉行政处罚决定有法律上的利害关系

解析 本题考查行政诉讼原告。如果联营企业、中外合资或者合作企业的联营、合资、合作各方，认为联营、合资、合作企业权益或者自己一方合法权益受行政行为侵害的，均可以自己的名义提起诉讼。本题中，乙公司有

知识点拨

人民检察院在履行职责中发现生态环境和资源保护、食品药品安全、国有财产保护、国有土地使用权出让等领域负有监督管理职责的行政机关违法行使职权或者不作为，致使国家利益或者社会公共利益受到侵害的，应当向行政机关提出检察建议，督促其依法履行职责。

答案
例题 4 | B

权以自己的名义提起诉讼。

考点九 行政诉讼被告 ★★★

1. 被告资格

(1)行政诉讼被告,是指原告起诉其行政行为侵犯自己的合法权益,而被法院通知应诉的行政机关或法律、法规授权的组织。(必须具有行政主体资格。)

提示 原告所起诉的被告不适格,法院应当告知原告变更被告;原告不同意变更的,裁定驳回起诉。

(2)被告资格特殊性:①对原告的诉讼请求没有反诉权(民事诉讼中被告有反诉权);②承担被诉行政行为合法性的举证责任;③有权依法执行或者改变被诉的行政行为。

2. 具体情形下被告资格确定

(1)一般性规定,见表6-6。

表6-6 一般性规定

行政行为	被告
行政机关作出行政行为	行政机关
法律、法规、规章授权的组织作出行政行为	该组织
行政机关委托的组织所作的行政行为	委托的行政机关
经上级行政机关批准的行政行为	对外文书上署名的机关
两个以上行政机关作出同一行政行为	共同作出行政行为的行政机关是共同被告

(2)行政机关组建机关、内设机构、派出机构,见表6-7。

表6-7 行政机关组建机关、内设机构、派出机构

行政行为	被告
行政机关组建并被赋予行政管理职能,但不具有独立承担法律责任能力的机构,以自己的名义作出行政行为	组建该机构的行政机关
法律、法规或者规章授权行使行政职权的行政机关内设机构、派出机构或者其他组织,超出法定授权范围实施行政行为	实施该行为的机构或者组织
没有法律、法规或者规章规定,行政机关授权其内设机构、派出机构或者其他组织行使行政职权(视为委托)	该行政机关

(3)开发区管理机构,见表6-8。

表 6-8　开发区管理机构

	行政行为	被告
国务院、省级政府批准设立的开发区	开发区管理机构作出的行政行为	开发区管理机构
	开发区管理机构所属职能部门作出的行政行为	开发区管理机构职能部门
其他开发区	开发区管理机构具有行政主体资格	开发区管理机构
	开发区管理机构没有行政主体资格	设立该机构的地方政府

（4）行政机关被撤销或者职权变更，见表6-9。

表 6-9　行政机关被撤销或者职权变更

行政行为	被告	
有继续行使其职权的行政机关	继续行使其职权的行政机关	
没有继续行使其职权的行政机关	非垂直领导	所属的政府
	垂直领导	垂直领导的上一级行政机关

（5）村民委员会或者居民委员会，见表6-10。

表 6-10　村民委员会或者居民委员会

行政行为	被告
依据授权履行行政管理职责的行为	村民委员会或者居民委员会
受行政机关委托作出的行为	委托的行政机关

（6）高等学校等事业单位以及律师协会、注册会计师协会等行业协会，见表6-11。

表 6-11　高等学校等事业单位以及律师协会、注册会计师协会等行业协会

行政行为	被告
依据授权实施的行政行为	事业单位、行业协会
受行政机关委托作出的行为	委托的行政机关

（7）房屋征收，见表6-12。

表 6-12　房屋征收

行政行为	被告
市、县级政府确定的房屋征收部门组织实施房屋征收与补偿工作过程中作出的行政行为	房屋征收部门
征收实施单位受房屋征收部门委托，在委托范围内从事的行为	

(8)经复议案件被告资格的确定,见表6-13。

表6-13 经复议案件被告资格的确定

复议决定	被告
复议维持	作出原行政行为的行政机关和复议机关是共同被告
复议改变	复议机关

(9)行政许可案件被告资格的确定,见表6-14。

表6-14 行政许可案件被告资格的确定

行政许可	被告
一般	作出行政许可决定的机关
经上级机关批准	对批准或者不批准行为不服一并提起诉讼的,以上级行政机关为共同被告
下级或管理公共事务的组织初审并上报	不予初步审查或者不予上报的下级行政机关或者管理公共事务的组织
统一办理	对当事人作出具有实质影响的不利行为的机关

【例题5·单选题】(2020年)下列有关行政诉讼被告的说法中,正确的是( )。

A. 行政诉讼被告对原告的诉讼请求具有反诉权

B. 行政诉讼被告可以是行政机关工作人员

C. 当事人不服经上级行政机关批准的行政行为而向法院提起诉讼的,应当以在对外发生法律效力的文书上署名的行政机关为被告

D. 复议机关改变原行政行为的,由作出原行政行为的行政机关和复议机关作为共同被告

解析 本题考查行政诉讼的被告。选项A,行政诉讼被告对原告的诉讼请求没有反诉权。选项B,行政诉讼被告既不是国家,也不是行政机关工作人员。选项D,复议机关改变原行政行为的,复议机关是被告。

【例题6·单选题】(2018年)根据《行政诉讼法》及司法解释规定,对复议机关决定维持原行政行为而当事人不服提起行政诉讼的案件,确定被告的规则是( )。

A. 以复议机关为被告,以作出原行政行为的行政机关为第三人

B. 以作出原行政行为的行政机关和复议机关为共同被告

C. 以作出原行政行为的行政机关为被告,复议机关作为第三人

D. 由当事人选择作出原行政行为的行政机关和复议机关二者之一作为被告

解析 本题考查行政诉讼被告。复议机关维持原行政行为的,原机关和复议机关为共同被告。

答案
例题5 | C
例题6 | B

考点十 行政诉讼第三人 ★

行政诉讼第三人,见表6-15。

表6-15 行政诉讼第三人

项目	具体规定
资格	同被诉行政行为有利害关系但没有提起诉讼,或者同案件处理结果有利害关系
参加方式	一般可以作为第三人<u>申请</u>参加诉讼,或者由法院<u>通知</u>参加诉讼 (1)同一行政行为涉及两个以上利害关系人,其中一部分利害关系人提起诉讼,法院<u>应当通知</u>没有起诉的其他利害关系人作为第三人参加诉讼; (2)应当追加被告而原告不同意追加的,法院<u>应当通知</u>其以第三人的身份参加诉讼,但行政复议机关作共同被告的除外
未参加	不能归责于本人的事由未参加诉讼,但有证据证明发生法律效力的判决、裁定、调解书损害其合法权益的,可以自知道或应当知道其合法权益受到损害之日起6个月内,向上一级法院申请再审

考点十一 行政诉讼代表人 ★★★

行政诉讼代表人,见表6-16。

表6-16 行政诉讼代表人

项目	具体规定		
地位	诉讼代表人是本案的<u>当事人</u>,与本案的诉讼标的有法律上的利害关系,其参加诉讼的目的是保护自己和全体当事人的权益,并且要受法院判决的约束		
适用	当事人一方人数众多(一般指<u>10人以上</u>)的共同诉讼		
产生	在指定期限内诉讼代表人未选定的,法院指定		
数量	<u>2~5人</u>		
委托	代表人可以委托1~2人作为诉讼代理人		
不具备法人资格组织的诉讼代表人	放弃或变更诉求	放弃或变更诉讼请求,须经过被代表的其他当事人的同意	
	合伙企业	以核准登记的字号为原告,诉讼代表人是执行合伙企业事务的合伙人	
	不具备法人资格的其他组织	有主要负责人	主要负责人是诉讼代表人
		没有主要负责人	推选的负责人作为诉讼代表人

【例题7·单选题】(2018年)根据《行政诉讼法》及司法解释规定,由推选产生的2~5名当事人作为诉讼代表人参加诉讼的适用情形是( )。

A. 同案原告至少5人

B. 同案原告至少10人

C. 同案原告至少 15 人

D. 同案原告至少 30 人

解析 本题考查行政诉讼代表人。根据规定，如果同案原告为 10 人以上，则由推选产生的 2~5 名当事人作为诉讼代表人参加诉讼。

考点十二 行政诉讼代理人 ★

行政诉讼代理人，见表 6-17。

表 6-17 行政诉讼代理人

项目	具体规定
法定诉讼代理人	没有或限制诉讼行为能力的公民，由其法定代理人代为诉讼
指定诉讼代理人	没有诉讼行为能力的公民，由其法定代理人代为诉讼。法定代理人互相推诿代理责任的，由法院指定 1 人代为诉讼
委托诉讼代理人	当事人、法定代理人可以委托 1~2 人作为诉讼代理人
	下列人员可以被委托为诉讼代理人：①律师、基层法律服务工作者；②当事人的近亲属或者工作人员；③当事人所在社区、单位以及有关社会团体推荐的公民
	应当向法院提交由委托人签名或者盖章的授权委托书

记忆口诀
律师、法律服务、推荐、近亲属（谐音：师父退亲）。

考点十三 行政机关负责人出庭应诉制度 ★★

（1）被诉行政机关负责人应当出庭应诉；不能出庭的，应当委托行政机关相应的工作人员出庭（不得仅委托律师出席）。

（2）涉及重大公共利益、社会高度关注或者可能引发群体性事件等案件以及法院书面建议行政机关负责人出庭的案件，被诉行政机关负责人应当出庭。

提示 行政机关负责人有正当理由不能出庭应诉的，应当向法院提交情况说明。行政机关拒绝说明理由的，不发生阻止案件审理的效果，法院可以向监察机关、上一级行政机关提出司法建议。

第五节 行政诉讼证据

考点十四 行政诉讼的证据类型 ★

行政诉讼的证据类型，见表 6-18。

答案
例题 7 | B

表 6-18　行政诉讼的证据类型

项目	具体规定
书证	(1)以其内容、文字、符号、图画等证明案件事实的材料。 (2)提供书证的要求：①提供书证的原件(原本、正本和副本)，提供原件确有困难的，可以提供与原件核对无误的复印件、照片、节录本；②提供由有关部门保管的书证原件的复制件、影印件或者抄录件的，应当注明出处，经该部门核对无异后加盖其印章
物证	通过其外形、规格、质量、特征等来证明案件事实的物品。提供原物确有困难的，可以提供与原物核对无误的复制件或者证明该物证的照片、录像
视听资料	(1)提供原始载体确有困难的，可以提供复制件。 (2)注明制作方法、制作时间、制作人和证明对象等。 (3)声音资料应当附有该声音内容的文字记录
电子数据	电子邮件、电子数据交换、网上聊天记录、网络博客、手机短信、电子签名、域名等
证人证言	(1)知道案件事实的人，都有义务出庭作证，出庭作证的证人不得旁听案件的审理。不能正确表达意志的人不能作证。证人根据其经历所作的判断、推测或者评论，不能作为定案的依据。 (2)经法院允许，可以提交书面证言：①当事人在行政程序或庭前证据交换中对证人证言无异议的；②证人因年迈体弱或者行动不便无法出庭的；③证人因路途遥远、交通不便无法出庭的；④证人因自然灾害等不可抗力或其他意外事件无法出庭的。 (3)行政执法人员作为证人出庭：①对现场笔录的合法性或者真实性有异议的；②对扣押财产的品种或者数量有异议的；③对检验的物品取样或者保管有异议的；④对行政执法人员身份的合法性有异议的
当事人的陈述	当事人对案件事实的陈述，包括承认、反驳等内容
鉴定意见❶	(1)可以由当事人提供，也可以由法院依职权指定或委托法定鉴定部门提供。 (2)鉴定意见应当载明委托人和委托鉴定的事项、向鉴定部门提交的相关材料、鉴定的依据和使用的科学技术手段、鉴定部门和鉴定人鉴定资格的说明，并应有鉴定人的签名和鉴定部门的盖章。 (3)重新鉴定情形：①鉴定部门或者鉴定人不具有相应的鉴定资格；②鉴定程序严重违法；③鉴定意见明显依据不足的；④经过质证不能作为证据
勘验笔录	法院或行政机关对物品、现场等进行查看、检验后所做的能够证明案件事实的记录。法院可以依当事人申请或者依职权进行
现场笔录❷	(1)应当在现场制作(不能事后补正)。 (2)被告向法院提供的现场笔录，应当载明时间、地点和事件等内容，并由执法人员和当事人签名。当事人拒绝签名或者不能签名的，应当注明原因。有其他人在现场的，可由其他人签名。 (3)对现场笔录的合法性或者真实性有异议的，原告或者第三人可以要求相关行政执法人员作为证人出庭作证

知识点拨❶

有缺陷的鉴定意见，可以通过补充鉴定、重新质证或者补充质证等方式解决。

知识点拨❷

现场笔录是行政诉讼中特有的法定证据。

【例题8·单选题】根据《行政诉讼法》及有关司法解释的规定，被告向法院提供的( )，属于行政诉讼中的书证。

A．在行政执法过程中取得的录音录像资料
B．在行政程序中采用的鉴定意见
C．被诉行政行为所依据的询问、陈述类笔录
D．在行政执法过程中由执法人员对现场情况所作的书面记录

解析 本题考查行政诉讼证据的种类。书证，是指以其内容、文字、符号、图画等表达一定思想从而证明案件事实的材料。选项A，属于视听资料。选项B，属于鉴定意见。选项D，属于现场笔录。

考点十五 行政诉讼证据的收集、质证和审查认定 ★★

(一)行政诉讼证据的收集

1. 被告收集证据

被告承担行政行为合法的举证责任，向法院提交的证据在作出行政行为之前收集。

补充证据：①当事人无争议，但涉及国家利益、公共利益或他人合法权益的事实；法院可以责令当事人提供或者补充有关证据。②原告或者第三人提出了在行政处理程序中没有提出的理由或者证据的，经法院准许，被告可以补充相关证据。

2. 证据保全

证据可能灭失或难以取得，法院对证据采取保全措施(如查封、扣押、拍照、录音等)，应当在举证期限届满前以书面形式提出，法院可以要求申请人提供担保。

3. 法院收集证据

主动调取：①涉及国家利益、公共利益或者他人合法权益的事实认定；②涉及依职权追加当事人、中止诉讼、终结诉讼、回避等程序性事项的。

提示 法院不得为证明行政行为的合法性调取被告作出行政行为时未收集的证据。

申请调取：①由国家有关部门保存而须由法院调取的证据材料；②涉及国家秘密、商业秘密或者个人隐私的证据材料；③确因客观原因不能自行收集的其他证据材料。

(二)行政诉讼证据的质证

只有经过庭审质证和审核认定的证据，才能作为定案的依据。法院依职权调取的证据由法庭出示并进行说明，听取当事人意见，无须质证。

答案
例题8｜C

(三)行政诉讼证据的审查认定

1. 审查认定

法院应当从关联性、合法性、真实性三方面审查核实证据。

提示 对未采纳的证据应当在裁判文书中说明理由。

2. 直接认定证据

(1)众所周知的事实;

(2)自然规律及定理;

(3)按照法律规定推定的事实;

(4)已经依法证明的事实;

(5)根据日常生活经验法则推定的事实;

(6)生效的法院裁判文书或仲裁机构裁决文书确认的事实,可以作为定案依据。

记忆口诀
自然、周知、推动、确定、证明(谐音:自知腿瘸症)。

3. 证明效力

(1)国家机关以及其他职能部门依职权制作的公文文书优于其他书证;

(2)鉴定意见、现场笔录、勘验笔录、档案材料以及经过公证或者登记的书证优于其他书证、视听资料和证人证言;

(3)原件、原物优于复制件、复制品;

(4)法定鉴定部门的鉴定意见优于其他鉴定部门的鉴定意见;

(5)法庭主持勘验所制作的勘验笔录优于其他部门主持勘验所制作的勘验笔录;

(6)原始证据优于传来证据;

(7)其他证人证言优于与当事人有亲属关系或者其他密切关系的证人提供的对该当事人有利的证言;

(8)出庭作证的证人证言优于未出庭作证的证人证言;

(9)数个种类不同、内容一致的证据优于一个孤立的证据。

知识点拨
证明效力比较:官方证据>民间证据,原件/原物/原始证据>复制件/复制品/传来证据,其他证人>亲朋证人,出庭证人>未出庭证人,多个一致证据>孤立证据。

4. 不予采纳的鉴定意见

(1)鉴定人不具备鉴定资格;

(2)鉴定程序严重违法;

(3)鉴定意见错误、不明确或不完整。

【例题9·多选题】(2023年)下列关于行政诉讼证据的说法中,正确的有( )。

A. 出庭作证的证人均不得旁听案件的审理
B. 手机中的微信聊天属于电子数据
C. 没有当事人签名的现场笔录不具有法律效力
D. 仲裁机构生效裁决书确认的事实可以作为定案依据
E. 证人根据其专业知识所做的推测,可以作为定案依据

答案
例题9 | ABD

解析 本题考查行政诉讼证据概述。选项C，被告向人民法院提供的现场笔录，应当载明时间、地点和事件等内容，并由执法人员和当事人签名。当事人拒绝签名或者不能签名的，应当注明原因。有其他人在现场的，可由其他人签名。法律、法规和规章对现场笔录的制作形式另有规定的，从其规定。选项E，证人根据其经历所作的判断、推测或者评论，不能作为定案的依据。

考点十六 行政诉讼中的举证责任 ★★★　　一学多考|中

（一）被告的举证责任与规则

1. 被告举证责任

被告对作出的行政行为负有举证责任，应当提供作出该行政行为的证据和所依据的规范性文件。被告不提供或者无正当理由逾期提供证据的，视为没有相应证据。但是，被诉行政行为涉及第三人合法权益，第三人提供证据的除外。

提示 在诉讼过程中，被告及其诉讼代理人不得自行向原告、第三人和证人收集证据。

2. 延期提供证据

被告在作出行政行为时已经收集了证据，但因不可抗力等正当事由不能提供的，经法院准许，可以延期提供。被告应当在正当事由消除后15日内提供证据。逾期提供的，视为被诉行政行为没有相应的证据。

3. 法院推定证据

原告或者第三人确有证据证明被告持有的证据对原告或者第三人有利的，可以在开庭审理前书面申请法院责令行政机关提交。行政机关无正当理由拒不提交的，法院可以推定原告或者第三人基于该证据主张的事实成立。

4. 复议案件的举证责任

（1）复议机关决定维持原行政行为的，法院应当在审查原行政行为合法性的同时，一并审查复议决定的合法性。

（2）作出原行政行为的行政机关和复议机关对原行政行为合法性共同承担举证责任，可以由其中一个机关实施举证行为。复议机关对复议决定的合法性承担举证责任。

（3）复议机关作共同被告的案件，复议机关在复议程序中依法收集和补充的证据，可以作为法院认定复议决定和原行政行为合法的依据。

（二）原告的举证规则

1. 原告举证情形

（1）起诉时，原告应当提供其符合法定条件的相应证据材料，但被告认为原告起诉超过起诉期限的除外。原告可以提供证明被诉行政行为违法的证据。原告提供的证据不成立的，不免除被告对被诉行政行为合法性的举证责任。

（2）在起诉被告不作为的案件中，原告应当提供曾经向被告提出申请的证据材料。有下列情形之一的除外：①被告应当依职权主动履行法定职责的；②原告因被告受理申请的登记制度不完备等正当事由不能提供相关证据材料并能够作出合理说明的。

（3）在行政赔偿、补偿的案件中，原告应当对行政行为造成损害的事实提供证据。

2. 举证期限

（1）原告或者第三人应当在开庭审理前或者法院指定的交换证据清单之日提供证据。因正当事由申请延期提供证据的，经法院准许，可以在法庭调查中提供。逾期提供证据的，法院应当责令其说明理由；拒不说明理由或者理由不成立的，视为放弃举证权利。

（2）原告或者第三人在第一审程序中无正当事由未提供而在第二审程序中提供的证据，法院不予采纳。

【例题10·多选题】（2021年）下列有关行政诉讼证据收集与举证责任的说法中，正确的有(   )。

A．原告对被诉行政行为的违法负有举证责任

B．法院不得主动收集证据

C．被告对被诉行政行为的有合法性负有举证责任

D．原告请求行政赔偿的，应当对被诉行政行为造成的损害事实提供证据

E．进入诉讼程序后，被告不得自行收集证据

解析 本题考查行政诉讼中的举证责任。选项A、C，被告对作出的行政行为负有举证责任。选项B，人民法院有权向有关行政机关以及其他组织、公民调取证据。但是，不得为证明行政行为的合法性调取被告作出行政行为时未收集的证据。选项D，在行政赔偿、补偿诉讼中，原告应当对被诉行政行为造成损害的事实提供证据。选项E，在诉讼过程中，被告及其诉讼代理人不得自行向原告、第三人和证人收集证据。

第六节　行政诉讼程序

考点十七　行政诉讼的起诉 ★★　一学多考|中

（一）起诉期限

起诉期限，见表6-19。

答案
例题10｜CDE

表 6-19　起诉期限

项目	具体规定
经复议	不服复议决定的，可以在收到复议决定书之日起 15 日内向法院提起诉讼。复议机关逾期不作决定的，申请人可以在复议期满之日起 15 日内向法院提起诉讼。法律另有规定的除外
起诉不作为	对行政机关不履行保护其人身权、财产权等合法权益的法定职责提起诉讼的，应当在行政机关履行法定职责期限届满之日起 6 个月内提出
直接起诉	直接向法院提起诉讼的，应当自知道或者应当知道作出行政行为之日起 6 个月内提出，法律另有规定的除外 行政机关作出行政行为时，未告知起诉期限的，从公民、法人或者其他组织知道或者应当知道起诉期限之日起计算，但从知道或者应当知道行政行为内容之日起最长不得超过 1 年 公民、法人或者其他组织不知道行政行为内容的，起诉期限从知道或者应当知道该行政行为内容之日起计算，但不得超过最长起诉期限
最长起诉期限	因不动产提起诉讼的案件自行政行为作出之日起超过 20 年，其他案件自行政行为作出之日起超过 5 年提起诉讼的，法院不予受理
起诉期限延长	因不可抗力或者其他不属于其自身的原因耽误起诉期限的，被耽误的时间不计算在起诉期限内。因前述规定以外的其他特殊情况耽误起诉期限的，在障碍消除后 10 日内，可以申请延长期限，是否准许由法院决定

（二）起诉的条件与方式

1. 起诉条件

（1）原告是符合《行政诉讼法》规定的公民、法人或者其他组织；

（2）有明确的被告；

（3）有具体的诉讼请求和事实根据；

（4）属于法院受案范围和受诉法院管辖。

2. 起诉方式

应当向法院递交起诉状，并按照被告人数提出副本；书写起诉状确有困难的，可以口头起诉。

（三）行政复议与行政诉讼

行政复议与行政诉讼，见表 6-20。

表 6-20 行政复议与行政诉讼

项目	具体规定
复议前置 ✦	法律、行政法规规定应当先申请复议,直接提起诉讼的,法院裁定不予立案。 【例外】复议机关不受理复议申请或者在法定期限内不作出复议决定,公民、法人或者其他组织不服,依法向法院提起诉讼的,法院应当受理
自由选择	(1)既提起诉讼又申请行政复议的,由先立案的机关管辖;同时立案的,由公民、法人或者其他组织选择。 (2)已经申请行政复议,在法定复议期间内又向法院提起诉讼的,法院不予立案。 (3)申请行政复议,在复议机关受理后决定作出前,申请人撤回行政复议申请,行政复议机构准予撤回,在法定起诉期限内对原行政行为提起诉讼的,法院应当立案

> **知识点拨** 申请行政复议后,经复议机关同意撤回,复议终止,不得向法院提起行政诉讼。

【例题 11·单选题】 某县公安局因杨某打架斗殴,对其作出罚款 300 元的决定。下列表述正确的是( )。

A. 若杨某直接提起诉讼,应在知道该罚款决定之日起 15 日内提起

B. 若杨某经复议,复议机关作出维持决定,杨某应在收到复议决定书之日起 3 个月内提起行政诉讼

C. 若公安局未告知杨某起诉期限,从杨某知道或者应当知道起诉期限之日起计算,但从知道或者应当知道行政行为内容之日起最长不得超过 5 年

D. 如果杨某既提出复议又提出诉讼,由先立案的机关进行管辖

解析 本题考查行政诉讼的起诉。选项 A、B,直接提起诉讼一般期限为 6 个月,经复议的案件一般期限为 15 日。选项 C,若公安局未告知杨某起诉期限,从杨某知道或者应当知道起诉期限之日起计算,但从知道或者应当知道行政行为内容之日起最长不得超过 1 年。

考点十八 行政诉讼的立案 ★

1. 立案期限

能够判断符合起诉条件的,应当当场登记立案;当场不能判断的,应当在接收起诉状后 7 日内决定是否立案;7 日内仍不能作出判断的,应当先予立案。

2. 一次告知

起诉状内容欠缺或者有其他错误的,应当给予指导和释明,并一次性告知当事人需要补正的内容。不得未经指导和释明即以起诉不符合条件为由不接收起诉状。对于不接收起诉状、接收起诉状后不出具书面凭证,以及不一次性告知当事人需要补正的起诉状内容的,当事人可以向上级法院投诉。

> **答案**
> 例题 11 | D

3. 不予立案

（1）不符合起诉条件的，作出不予立案的裁定。裁定书应当载明不予立案的理由。原告对裁定不服的，可以提起上诉。

（2）法院裁定准许原告撤诉后，原告以同一事实和理由重新起诉的，法院不予立案。

4. 向上一级法院起诉

受诉法院自收到起诉状之日起 7 日内既不立案，又不作出不予立案裁定的，可以向上一级法院起诉。上一级法院认为符合起诉条件的，应当立案、审理，也可以指定其他下级法院立案、审理。

5. 立案后驳回起诉

有下列情形之一，已经立案的，裁定驳回起诉：①不符合起诉条件的；②超过法定起诉期限且无《行政诉讼法》规定情形的；③错列被告且拒绝变更的；④未按照法律规定由法定代理人、指定代理人、代表人为诉讼行为的；⑤未按照法律、法规规定先向行政机关申请复议的；⑥重复起诉的；⑦撤回起诉后无正当理由再行起诉的；⑧行政行为对其合法权益明显不产生实际影响的；⑨诉讼标的已为生效裁判或者调解书所羁束的。

考点十九 第一审普通程序 ★★★ 一学多考｜中

（一）审理前的准备

审理前的准备，见表 6-21。

表 6-21　审理前的准备

项目	具体规定
提交答辩状	在立案之日起 5 日内，法院将起诉状副本和应诉通知书发送被告
	被告应当在收到起诉状副本之日起 15 日内向法院提交作出行政行为的证据和所依据的规范性文件，并提出答辩状
	在收到答辩状之日起 5 日内，法院将答辩状副本发送原告
	被告不提出答辩状的，不影响法院审理
合议庭	适用普通程序审理行政案件，由审判员组成合议庭，或者由审判员、陪审员组成合议庭。合议庭的成员，应当是 3 人以上的单数

（二）开庭审理（一审程序一律开庭审理，不得书面审理）

开庭审理，见表 6-22。

表 6-22　开庭审理

项目	具体规定
开庭审理	一审程序中应当一律实行开庭审理，不得进行书面审理

二审在特定情况下可以实行书面审理。

(续表)

项目	具体规定
公开审理	除涉及国家秘密、个人隐私和法律另有规定外，一律公开审理

（三）判决

1. 判决期限

立案之日起 6 个月内作出第一审判决。特殊情况需要延长的，由高级法院批准；高级法院审理第一审案件需要延长的，由最高法院批准。

2. 判决类型

（1）驳回诉讼请求判决。行政行为证据确凿，适用法律、法规正确，符合法定程序的，法院判决驳回原告的诉讼请求。

（2）撤销判决。行政行为有下列情形之一，法院应当作出撤销判决，并可以判决被告重新作出行政行为：①主要证据不足的；②适用法律、法规错误的；③违反法定程序的；④超越职权的；⑤滥用职权的；⑥明显不当的。

（3）确认违法判决。行政行为有下列情形之一的，法院判决确认违法，但不撤销行政行为：①行政行为依法应当撤销，但撤销会给国家利益、社会公共利益造成重大损害的；②行政行为程序轻微违法（如处理期限轻微违法、通知或送达等程序轻微违法情形），但是对原告依法享有的听证、陈述、申辩等重要程序性权利不产生实质损害的。

行政行为有下列情形之一，不需要撤销或者判决履行的，法院判决确认违法：①行政行为违法，但不具有可撤销内容的；②被告改变原违法行政行为，原告仍要求确认原行政行为违法的；③被告不履行或者拖延履行法定职责，判决履行没有意义的。**1**

（4）履行判决。原告请求被告履行法定职责的理由成立，被告违法拒绝履行或者无正当理由逾期不予答复的，法院可以判决在一定期限内依法履行。原告申请被告依法履行支付抚恤金、最低生活保障待遇或者社会保险待遇等给付义务的理由成立，被告依法负有给付义务而拒绝或者拖延履行义务的，法院判决在一定期限内履行相应的给付义务。

（5）变更判决。行政处罚明显不当，或者其他行政行为涉及对款额的确定、认定确有错误的，法院可以判决变更。**2**

（6）确认无效判决。行政行为有重大且明显违法情形，原告申请确认行政行为无效的，法院判决确认该行政行为无效。

提示 "重大且明显违法"是指：①行政行为实施主体不具有行政主体资格；②减损权利或者增加义务的行政行为没有法律规范依据；③行政行为的内容客观上不可能实施。

3. 经复议行政案件的判决

（1）复议机关决定维持原行政行为的，法院对原行政行为作出判决的同

> **知识点拨 1**
> 原告起诉被告不作为，在诉讼中被告作出行政行为，原告不撤诉的，法院应当继续审查被告的不作为是否合法。

> **知识点拨 2**
> 不得加重对原告的处罚，包括加重处罚幅度或增加处罚内容，但利害关系人同为原告，且诉讼请求相反的除外。

时，应当对复议决定一并判决。

（2）复议决定改变原行政行为错误，法院判决撤销复议决定时，可以一并责令复议机关重新作出复议决定或者判决恢复原行政行为的法律效力。

【例题12·单选题】（2019年）行政行为存在重大且明显违法情形，人民法院应判决确认该行政行为无效。根据《行政诉讼法》及司法解释规定，该情形不包括（　　）。

A. 行政行为明显不当

B. 行政行为的内容客观上不可能实施

C. 减损权利或者增加义务的行政行为没有法律规范依据

D. 行政行为实施主体不具有行政主体资格

解析 本题考查行政诉讼判决。行政行为明显不当，法院可以作出撤销判决。如果行政处罚行为明显不当，法院可以判决变更。

（四）案件审理中需注意的几个问题

1. 撤回起诉

撤回起诉，见表6-23。

表6-23　撤回起诉

项目			具体规定
申请撤诉	时间		法院对行政案件宣告判决或者裁定前
	程序		原告申请撤回+法院同意
	后果	原告以同一事实和理由重新起诉	法院不予立案
			准予撤诉的裁定确有错误，原告申请再审的，法院应当通过审判监督程序撤销原准予撤诉的裁定，重新对案件进行审理
按撤诉处理			（1）经法院传票传唤，原告无正当理由拒不到庭或者未经法庭许可中途退庭； （2）原告在法定期限内未缴纳诉讼费用且又未提出暂不缴纳诉讼费用申请的

2. 缺席判决

（1）原告或上诉人申请撤诉，法院裁定不予准许，原告或上诉人经人民法院传票传唤无正当理由拒不到庭，或者未经法庭许可中途退庭的，可以缺席判决。

（2）被告经法院传票传唤无正当理由拒不到庭，或者未经法庭许可中途退庭的，法院可依法缺席判决。

3. 诉讼中止情形

（1）原告死亡，须等待其近亲属表明是否参加诉讼的；

（2）原告丧失诉讼行为能力，尚未确定法定代理人的；

后果：①暂时停止；②当中止诉讼的情况消除后，再恢复诉讼程序，中止前已进行的诉讼行为仍然有效。

答案
例题12 | A

（3）作为一方当事人的行政机关、法人或其他组织终止，尚未确定权利义务承受人的；

（4）一方当事人因不可抗力的事由不能参加诉讼的；

（5）案件涉及法律适用问题，需要送请有权机关作出解释或者确认的；

（6）案件的审判须以相关民事、刑事或者其他行政案件的审理结果为依据，而相关案件尚未审结的。

诉讼中止情形（1）至（3），中止满 90 日仍无人继续诉讼的，裁定终结诉讼，但有特殊情况的除外。

4. 诉讼终结情形

（1）原告死亡，没有近亲属或者近亲属放弃诉讼权利的；

（2）作为原告的法人或其他组织终止后，其权利义务的承受人放弃诉讼权利的。

后果：诉讼程序结束。

5. 财产保全

法院采取保全措施，可以责令申请人提供担保；申请人不提供担保的，裁定驳回申请。

6. 先予执行

法院对起诉行政机关没有依法支付抚恤金、最低生活保障金和工伤、医疗社会保险金的案件，权利义务关系明确、不先予执行将严重影响原告生活的，可以根据原告的申请，裁定先予执行。当事人对先予执行裁定不服的，可以申请复议一次。复议期间不停止裁定的执行。

7. 合并审理情形

（1）两个以上行政机关就同一事实共同或分别作出行政行为，对同一行政行为或同类行政行为不服向同一法院起诉的。

（2）行政机关就同一事实对数个公民、法人或其他组织一并或分别作出行政行为，对同一行政行为或同类行政行为不服分别向同一法院起诉的。

（3）在诉讼过程中，被告对原告作出新的行政行为，原告不服向同一法院起诉的。

8. 审理依据

（1）以法律和行政法规、地方性法规、自治条例和单行条例为依据，并参照规章（部门规章、地方政府规章），援引最高人民法院司法解释，引用合法有效的规章及其他规范性文件。

（2）经审查认为有关规范性文件不合法的，不作为认定行政行为合法的依据，并向制定机关提出处理建议。

9. 行政诉讼的调解

原则上，不适用调解，但是行政赔偿、补偿以及行政机关行使法律、法规规定的自由裁量权的案件可以调解。调解达成协议，法院应当制作调解书，双方当事人签收后，即具有法律效力。

行政复议可以调解。

考点二十 简易程序★★ 一学多考|中

记忆口诀
两千、当场、信息、同意（谐音：两场心痛）。

1. 适用范围

法院审理下列第一审行政案件，认为**事实清楚、权利义务关系明确、争议不大**的，可以适用简易程序：
（1）被诉行政行为是依法**当场**作出的；
（2）案件涉及款额 **2 000** 元以下的；
（3）属于政府信息**公开**案件的。
除以上情形，当事人各方**同意**适用简易程序的，可以适用简易程序。

2. 简易程序特殊规定

简易程序特殊规定，见表 6-24。

表 6-24 简易程序特殊规定

项目	具体规定
审判组织	由审判员**一人**独任审理。 **提示** 普通程序必须组成合议庭
举证期限	法院确定，也可以由当事人协商一致并经法院准许，但不得超过 15 日
审理期限	立案之日起 45 日内审结。 **提示** 普通程序立案之日起 6 个月内作出一审判决
转换	审理过程中，发现案件不宜适用简易程序的，裁定转为普通程序。 **提示** 普通程序不得转为简易程序

【例题 13·多选题】（2019 年）根据《行政诉讼法》的规定，人民法院审理第一审行政案件，认定事实清楚、权利义务关系明确、争议不大的，可以适用简易程序。具备该前提条件，可以适用简易程序的案件包括(　　)。
A. 行政机关不履行行政协议的案件
B. 被诉行政行为是依法当场作出的案件
C. 行政机关不履行法定职责的案件
D. 被诉行政行为涉及款额 10 000 元以下的所有行政案件
E. 政府信息公开案件
解析 本题考查行政诉讼简易程序的适用范围。

答案
例题 13 | BE

考点二十一 第二审程序★ 一学多考|中

1. 上诉期限

不服法院第一审判决，在判决书送达之日起 **15 日内**向上一级法院提起上诉。不服法院第一审裁定，在裁定书送达之日起 **10 日内**向上一级法院提起上诉。
提示 可以提出上诉的裁定仅包括：不予立案、驳回起诉、管辖权异议。

2. 审理方式

对原审法院的判决、裁定和被诉行政行为进行全面审查。应当组成合议庭，开庭审理；经过阅卷、调查和询问当事人，对没有提出新的事实、证据或者理由，合议庭认为不需要开庭审理的，可以不开庭审理。对事实清楚的上诉案件，二审法院可以实行书面审理。

3. 审限

法院审理上诉案件，应当在收到上诉状之日起3个月内作出终审判决。特殊情况需要延长的，由高级法院批准；高级法院审理上诉案件需要延长的，由最高人民法院批准。

4. 二审判决

二审判决，见表6-25。

表 6-25 二审判决

项目	具体规定
原判决、裁定认定事实清楚，适用法律、法规正确	判决或者裁定驳回上诉，维持原判决、裁定
原判决、裁定认定事实错误或者适用法律、法规错误	依法改判、撤销或者变更
原判决认定基本事实不清、证据不足	发回原审法院重审，或者查清事实后改判
原判决遗漏当事人或者违法缺席判决等严重违反法定程序	裁定撤销原判决，发回原审法院重审

提示 原审法院对发回重审的案件作出判决后，当事人提起上诉的，第二审法院不得再次发回重审

考点二十二 审判监督程序（再审程序）★ 〔一学多考|中〕

1. 申请再审

当事人对已经发生法律效力的判决、裁定或者调解书，认为确有错误的，可以向上一级法院申请再审，但判决、裁定不停止执行。当事人向上一级法院申请再审，应当在判决、裁定或者调解书发生法律效力后6个月内提出。

有下列情形之一的，自知道或者应当知道之日起6个月内提出：①有新的证据，足以推翻原判决、裁定的；②原判决、裁定认定事实的主要证据是伪造的；③据以作出原判决、裁定的法律文书被撤销或者变更的；④审判人员审理该案件时有贪污受贿、徇私舞弊、枉法裁判行为的。

2. 申请抗诉或者检察建议

有下列情形之一的，当事人可以向检察院申请抗诉或者检察建议：①法院驳回再审申请的；②法院逾期未对再审申请作出裁定的；③再审判决、裁定有明显错误的。法院基于抗诉或者检察建议作出再审判决、裁定后，当事

人申请再审的，法院不予立案。

3. 再审程序要求

再审程序要求，见表6-26。

表6-26 再审程序要求

项目	具体规定
审理	法院审理再审案件，应当另行组成合议庭
审限	自再审申请案件立案之日起6个月内审查，有特殊情况需要延长的，由本院院长批准
中止执行	按照审判监督程序决定再审的案件，裁定中止原判决、裁定、调解书的执行，但支付抚恤金、最低生活保障费或者社会保险待遇的案件，可以不中止执行

考点二十三 行政赔偿诉讼 ★★

1. 起诉条件

起诉条件，见表6-27。

表6-27 起诉条件

项目	具体规定
一并提起的行政赔偿诉讼	通常以行政复议或行政诉讼形式确认行政职权行为违法为赔偿先决条件
单独提起的行政赔偿诉讼	以行政赔偿义务机关的先行处理为前提条件

2. 举证责任

(1)法院审理行政赔偿案件，赔偿请求人和赔偿义务机关对自己提出的主张，应当提供证据。

(2)原告应当对遭受行政职权行为侵害的事实及损害情况承担举证责任，并且被告可以在诉讼过程中就侵害事实及损害情况调查取证。

3. 审理形式

调解可以作为审理结案方式。

考点二十四 行政诉讼、非诉行政案件的执行 ★★ 一学多考|中

1. 行政诉讼的执行

(1)申请执行的期限为2年，中止、中断，适用法律有关规定。申请执行的期限从法律文书规定的履行期间最后1日起计算；分期履行的，从规定的每次履行期间的最后1日起计算；没有规定履行期限的，从该法律文书送达当事人之日起计算。

(2)执行机关：法院(原则上是一审法院)或行政机关。

行政机关作为执行机关应满足：法院判决驳回原告诉讼请求+该机关有法律所赋予的强制执行权。

(3)执行根据包括已经发生法律效力的行政判决书、行政裁定书、行政赔偿判决书和行政调解书,依当事人申请提起或者由执行机关依职权提起。

提示 具有可执行内容和可执行事项具体明确才能作为执行根据。

(4)行政机关拒绝履行判决、裁定、调解书的,第一审法院可以采取下列措施:①对应当归还的罚款或者应当给付的款额,通知银行从该行政机关的账户内划拨;②在规定期限内不履行的,从期满之日起,对该行政机关负责人按日处 50~100 元的罚款;③将行政机关拒绝履行的情况予以公告;④向监察机关或者该行政机关的上一级行政机关提出司法建议;⑤拒不履行判决、裁定、调解书,社会影响恶劣的,可以对该行政机关直接负责的主管人员和其他直接责任人员予以拘留;情节严重,构成犯罪的,依法追究刑事责任。

2. 非诉行政案件的执行

(1)适用范围:公民、法人或者其他组织对行政决定在法定期限内不提起诉讼又不履行的,行政机关可以申请法院强制执行,或者依法强制执行。

(2)期限:没有强制执行权的行政机关申请法院强制执行其行政决定,应当自法定起诉期限届满之日起 3 个月内 提出。

行政机关根据法律的授权对平等主体之间民事争议作出裁决后,当事人在法定期限内不起诉又不履行,作出裁决的行政机关在申请执行的期限内未申请法院强制执行的,生效行政裁决确定的权利人或者其继承人、权利承受人在 6 个月内可以申请法院强制执行。

(3)管辖:一般由申请人所在地的基层法院受理;执行对象为不动产的,由不动产所在地的基层法院受理。

(4)审查处理:法院受理后,7 日内对行政行为的合法性进行审查,并作出是否准予执行的裁定。行政机关对法院不予执行的裁定有异议的,自收到裁定之日起 15 日内向上一级法院申请复议。

同步训练

考点一 行政诉讼概述

(**单选题**)下列有关行政诉讼特征的说法中,不正确的是( )。

A. 审理裁判对象是被诉行政行为

B. 行政诉讼是法院运用国家审判权的一种司法活动

C. 以不服行政行为的公民、法人或其他组织为原告,以作出该行政行为的行政主体为被告

D. 原告对行政行为合法性负举证责任

考点二 行政诉讼的基本原则

(单选题)下列有关行政诉讼基本原则的说法中,正确的是( )。

A. 对行政行为合法性审查原则是指对行政行为的实质合法性进行审查

B. 诉讼期间行政行为不停止执行原则,原告认为需要停止执行的除外

C. 行政诉讼的实质与核心是审查行政行为的合法性

D. 原告在行政诉讼中不承担举证责任

考点三 行政诉讼与行政复议的关系

(多选题)根据《税务行政复议规则》,纳税人对税务机关( )的行为不服,可以不经复议直接向法院提起行政诉讼。

A. 评定纳税信用等级
B. 采取税收强制执行措施
C. 不依法确认纳税担保是否有效
D. 确认税款征收方式
E. 加收滞纳金

考点四 行政诉讼受理案件的范围

1. (单选题)下列争议中,可以提起行政诉讼的是( )。

   A. 赵某认为国家税务总局颁布的税收规章侵犯其合法权益
   B. 钱某对乙公安机关对其打架斗殴作出行政拘留 15 日的决定不服
   C. 丙税务机关工作人员孙某对本单位作出撤销其行政职务的决定不服
   D. 丁财政部门工作人员李某对本单位对其作出年度考核不合格的决定不服

2. (多选题)根据《行政诉讼法》及相关规定,对下列行政行为不服,不可以提起行政诉讼的有( )。

   A. 行政机关滥用行政权力排除或者限制竞争
   B. 针对信访事项作出的登记行为
   C. 上级行政机关对下级行政机关作出的执法检查行为
   D. 行政机关限制人身自由或者对财产的查封、扣押、冻结等行政强制措施
   E. 行政机关的征收、征用决定及其补偿决定

考点五 级别管辖

(单选题)下列行政诉讼案件中,由中级人民法院管辖的第一审行政案件是( )。

A. 知识产权案件
B. 省公安厅作为被告的案件
C. 乡镇人民政府作为被告的案件
D. 县级人民政府作为被告的案件

考点六 地域管辖

(多选题)关于行政诉讼的管辖的说法,正确的有( )。

A. 海关处理的第一审行政案件,由基层人民法院管辖
B. 经复议的案件,复议机关改变原行政行为的,应当由复议机关所在地人民法院

管辖

C. 对限制人身自由的行政强制措施不服提起的诉讼，由被告所在地或原告所在地人民法院管辖

D. 一般的行政案件由最初作出行政行为的行政机关所在地法院管辖

E. 因不动产提起的诉讼，由不动产所在地法院管辖

考点七 裁定管辖

(多选题)下列关于管辖权转移的说法，正确的有(　　)。

A. 上级人民法院有权审理下级人民法院管辖的第一审行政案件

B. 人民法院发现受理的行政案件不属于自己管辖时，应当移送有管辖权的人民法院

C. 有管辖权的人民法院由于特殊原因，不能行使管辖权的，由上级人民法院指定管辖

D. 下级人民法院对其管辖的第一审行政案件，认为需要由上级人民法院审理，可以报请上级人民法院决定

E. 经最高人民法院批准，高级人民法院可以根据审判工作的实际情况，确定若干人民法院跨行政区域管辖行政案件

考点八 行政诉讼原告

1. (单选题)根据《行政诉讼法》及相关规定，下列关于行政诉讼原告资格确定的说法错误的是(　　)。

    A. 个体工商户起诉的，以登记的经营者为原告；有字号的，以登记的字号为原告

    B. 联营企业的联营方，认为联营企业权益受行政行为侵害的，应以联营企业的名义提起诉讼

    C. 业主委员会对于行政机关作出的涉及业主共有利益的行政行为，可以自己的名义提起诉讼

    D. 股份制企业的股东会、董事会等认为行政机关作出的行政行为侵犯企业经营自主权的，可以企业名义提起诉讼

2. (多选题)甲市居民陈某驾车送人前往乙市，在乙市丙区与丁区居民谷某的车相撞，陈某出手殴打谷某，将其打伤。乙市丙区公安分局作出决定，扣留陈某的汽车，并处罚款500元。陈某对丙区公安分局的处理决定不服，认为处理太重。谷某亦不服，认为应给予陈某拘留处罚。下列关于本案的表述符合法律规定的有(　　)。

    A. 若陈某起诉，法院应当追加谷某为共同原告

    B. 谷某作为受害人无权起诉丙区公安分局

    C. 对扣留汽车行为，陈某可向丙区人民法院起诉

    D. 谷某应向丁区人民法院起诉丙区公安分局

    E. 陈某可以不经复议而直接提起行政诉讼

考点九 行政诉讼被告

1. (单选题)某化妆品有限公司未按照规定的期限办理税务登记，县税务局责令其限

期改正，对其处2 000元的罚款。该公司不服，向市税务局申请复议，市税务局维持原处罚决定，该公司仍然不服，欲起诉。下列有关说法中，正确的是（　　）。

A. 应当向县法院起诉，县税务局为被告
B. 应当向市税务局所在地的区法院起诉，县税务局和市税务局为被告
C. 可以向县法院起诉，也可以向市税务局所在地的区法院起诉，市税务局为被告
D. 可以向县法院起诉，也可以向市税务局所在地的区法院起诉，市税务局与县税务局为共同被告

2.（多选题）根据《行政诉讼法》及相关规定，关于行政诉讼的被告，下列说法正确的有（　　）。

A. 由法律、法规、规章授权的组织所作的行政行为，该组织为被告
B. 两个以上行政机关作出同一行政行为的，可以选择共同作出行政行为的任一行政机关为被告
C. 当事人对高等学校等事业单位根据授权实施的行政行为不服提起诉讼的，以该事业单位为被告
D. 行政机关被撤销或者职权变更的，继续行使其职权的行政机关为被告
E. 当事人对村民委员会、居民委员会受行政机关委托作出的行为不服提起诉讼的，以村民委员会、居民委员会为被告

考点十　行政诉讼第三人

（多选题）2020年底，梁某按照县税务局要求缴纳一笔税款。2023年初，梁某发现多缴税款39万元，5月15日，梁某向县税务局提交要求退还多缴税款的书面申请。县税务局于5月25日作出不予退还税款的决定。梁某不服，向市税务局申请行政复议。市税务局作出维持县税务局不予退还的复议决定后，梁某不服，依法向法院起诉。下列关于本案复议与诉讼事项的说法中，正确的有（　　）。

A. 本案被告仅为县税务局
B. 市税务局是诉讼中的第三人
C. 梁某可以不经复议直接就县税务局不予退还税款的行为向法院提起诉讼
D. 市税务局作出复议决定可以使用行政复议专用章，行政复议专用章与复议机关印章具有同等效力
E. 人民法院审理本案，以法律、行政法规、地方性法规、自治条例和单行条例为依据，并参照规章

考点十一　行政诉讼代表人

（单选题）下列关于行政诉讼中的诉讼代表人的说法中，错误的是（　　）。

A. 诉讼代表人与本案的诉讼标的没有法律上的利害关系
B. 诉讼代表人是由当事人推选或者法院指定产生的
C. 诉讼代表人是本案的当事人
D. 诉讼代表人放弃或者变更诉讼请求，需经过被代表的其他当事人的同意

考点十二 行政诉讼代理人

(多选题)根据《行政诉讼法》及司法解释规定,下列有关委托诉讼代理人的说法,不正确的有(   )。

A. 当事人委托诉讼代理人的,应当向人民法院提交由委托人签名或者盖章的授权委托书

B. 诉讼代理人以自己的名义进行诉讼活动

C. 当事人、法定代理人,可以委托1~2人作为诉讼代理人

D. 委托诉讼代理人互相推诿代理责任的,由人民法院指定其中一人代为诉讼

E. 基层法律服务工作者、当事人的亲属可以被委托为诉讼代理人

考点十三 行政机关负责人出庭应诉制度

(单选题)下列有关被诉行政机关负责人出庭应诉制度的说法,错误的是(   )。

A. 被诉行政机关负责人不能出庭的,应当委托行政机关相应的工作人员出庭

B. 涉及重大公共利益的案件,被诉行政机关负责人应当出庭

C. 行政机关负责人有正当理由不能出庭应诉的,行政机关可以仅委托律师出庭而自己的工作人员不出庭应诉

D. 行政机关负责人拒不说明不出庭应诉的理由,人民法院可以向监察机关提出司法建议

考点十四 行政诉讼的证据类型

(单选题)根据《行政诉讼法》的规定,下列关于行政诉讼证据类型的表述中,正确的是(   )。

A. 电子邮件、鉴定意见属于书证

B. 电子数据交换、网上聊天记录属于视听资料

C. 当事人的陈述属于证人证言

D. 现场笔录是行政诉讼中特有的法定证据

考点十五 行政诉讼证据的收集、质证和审查认定

1. (单选题)甲县市场监督管理局发现葛某销售假冒名牌女士背包,执法人员表明了自己的身份,并制作了现场笔录。因葛某拒绝签名,随行电视台记者范某作为见证人在笔录上签名,该局当场制作行政处罚决定书,没收全部假冒名牌女士背包。葛某不服该决定,申请行政复议,后对行政复议决定不服,提起行政诉讼。诉讼中,县市场监督管理局向法院提交了现场笔录、县电视台拍摄的现场录像、范某的证词。下列说法正确的是(   )。

A. 现场录像应当提供原始载体,提供原始载体确有困难的,可以提供复制件

B. 现场录像的证明效力优于现场笔录和证词

C. 现场笔录不能当场制作的,可以事后补作,但应当有当事人的签名或盖章

D. 范某的证词有范某的签字后,即可作为定案依据

2. (多选题)下列关于行政诉讼证据的说法中,正确的有(   )。

A. 鉴定意见只能由人民法院依职权指定或委托法定鉴定部门提供

B. 行政机关向法院提交的证据原则上应当在作出行政行为之前收集

C. 涉及国家利益、公共利益的事实认定的，人民法院有权主动调取证据

D. 只有经过庭审质证和审核认定的证据，才能作为定案的依据

E. 质证主要围绕所出示的证据是否具有关联性、合法性和真实性进行

考点十六 行政诉讼中的举证责任

(单选题)根据《行政诉讼法》的规定，下列关于行政诉讼中举证责任的说法，正确的是(　　)。

A. 原告提供的证明被诉行政行为违法的证据不成立的，可以认定该行政行为合法

B. 被告逾期不提供证据的，视为没有相应证据，但特殊情况除外

C. 原告在一审程序中没有提供而在二审程序中提供的证据，法院一律不得采纳

D. 被告应当在收到起诉状副本之日起10日内提供据以作出被诉行政行为的全部证据和所依据的规范性文件

考点十七 行政诉讼的起诉

(多选题)下列关于行政诉讼起诉的说法，正确的有(　　)。

A. 已经申请行政复议，在法定复议期间内又向法院提起诉讼的，法院不予立案

B. 公民、法人或者其他组织不知道行政机关作出的行政行为内容的，其起诉期限从知道或者应当知道该行政行为内容之日起计算，自行政行为作出之日起超过3年提起诉讼，人民法院不予受理

C. 不服复议决定的，可以在收到复议决定书之日起15日内向法院提起诉讼

D. 直接向法院提起诉讼的，应当自知道或者应当知道作出行政行为之日起6个月内提出，法律另有规定的除外

E. 法律、法规未规定行政复议为提起行政诉讼必经程序，公民、法人或者其他组织既提起诉讼又申请行政复议的，应当先由复议机关管辖

考点十八 行政诉讼的立案

(多选题)某日刘某被税务机关处500元罚款的行政处罚，刘某不服，向当地基层人民法院提起诉讼。下列关于法院处理该案件的说法，正确的有(　　)。

A. 人民法院裁定准许原告撤诉后，原告以同一事实和理由重新起诉的，人民法院不予立案

B. 受诉人民法院自收到起诉状之日起7日内既不立案，又不作出不予立案裁定的，可以向上一级人民法院起诉

C. 人民法院对当场不能判定是否符合起诉条件的，应当接收起诉状，出具注明收到日期的书面凭证，并在5日内决定是否立案

D. 错列被告且拒绝变更的，人民法院已经立案的，裁定驳回起诉

E. 起诉状内容欠缺或者有其他错误的，应当给予指导和释明，并一次性告知当事人需要补正的内容

考点十九 第一审普通程序

1. (单选题)中江县人民政府与鸿大开发公司签订旧城改造项目协议书,对某地区旧城改造范围、拆迁补偿费及支付方式和期限等事宜加以约定。致远科技公司持有经市政府批准取得的第8号地块国有土地使用权证,而第8号地块位于该地区旧城改造范围内。鸿大开发公司获得改造范围内新建房屋的预售许可证,并向社会公开预售。致远科技公司认为,中江县人民政府以协议形式规划、管理和利用项目改造的行为违法,遂向法院起诉。法院受理此案。根据《行政诉讼法》及司法解释的规定,下列关于本案处理方法的表述中,正确的是(   )。
   A. 若法院经审理查明,中江县人民政府以协议形式规划、管理和利用项目改造的行为证据确凿,适用法律、法规正确,符合法定程序,法院应当判决维持行政行为
   B. 若法院经审理查明,中江县人民政府以协议形式规划、管理和利用项目改造的行为违法,应当判决撤销,并责令其在一定期限内重新作出行政行为
   C. 若法院经审理查明,中江县人民政府以协议形式规划、管理和利用项目改造的行为违法,应当判决确认违法,但不撤销
   D. 法院应当裁定驳回起诉,因为致远科技公司不是旧城改造项目协议书的当事人

2. (单选题)下列行政诉讼案件中,可以适用调解的是(   )。
   A. 对行政机关作出的关于确认山岭使用权的决定不服的案件
   B. 认为行政机关侵犯其经营自主权的案件
   C. 认为行政机关限制竞争的案件
   D. 请求行政赔偿、补偿的案件

考点二十 简易程序

(多选题)县公安局对陈某作出罚款1 000元的决定。陈某不服,向法院起诉。下列关于适用简易程序的说法中,不正确的有(   )。
   A. 若一审法院适用简易程序审理此案,则应由审判员一人独任审理,并应当当庭宣判
   B. 若一审法院认为本案事实清楚,权利义务关系明确,争议不大,则可以适用简易程序审理
   C. 本案中,被告若同意适用简易程序,一审法院可以适用简易程序审理
   D. 二审法院审理本案也可以适用简易程序
   E. 若一审法院适用简易程序审理此案,则应自立案之日起15日内审结

考点二十一 第二审程序

(单选题)根据《行政诉讼法》的规定,下列关于行政诉讼第二审程序的说法中,正确的是(   )。
   A. 不服法院第一审判决,自判决书送达之日起10日内向上一级法院提起上诉
   B. 二审法院审理上诉案件,应当自收到上诉状之日起6个月内作出终审判决
   C. 人民法院对上诉案件,应当组成合议庭,开庭审理,不得书面审理

D. 二审法院审理上诉案件时，应当对原审法院的裁判和被诉行政行为是否合法进行全面审查

考点二十二 审判监督程序（再审程序）

(多选题)根据《行政诉讼法》，对于下列裁判文书，可以适用再审程序的有(　　)。

A. 判决书
B. 裁定书
C. 调解书
D. 裁决书
E. 决定书

考点二十三 行政赔偿诉讼

(多选题)根据《行政诉讼法》《国家赔偿法》及司法解释的规定，下列关于行政赔偿诉讼的说法中，正确的有(　　)。

A. 原告应当对遭受行政侵权行为侵害的事实承担举证责任
B. 赔偿义务机关对自己提出的主张，应当提供证据
C. 行政许可补偿案件可适用调解
D. 行政赔偿诉讼不适用调解
E. 在单独提出行政赔偿诉讼时，要以行政赔偿义务机关的先行处理为前提条件

考点二十四 行政诉讼、非诉行政案件的执行

1. (单选题)下列有关行政诉讼执行程序的说法，不正确的是(　　)。

  A. 申请执行的期限为3年，从法律文书规定的履行期间最后1日起计算
  B. 执行的主体为人民法院或者有行政强制执行权的行政机关
  C. 据以执行的法律文书必须具有可执行内容和可执行事项具体明确
  D. 执行申请人、被申请执行人，其中有一方是行政主体

2. (多选题)根据《行政诉讼法》及相关规定，行政机关拒绝履行判决，第一审法院可以采取的措施有(　　)。

  A. 对应当归还的罚款或者应当给付的款额，通知银行从该行政机关的账户内划拨
  B. 从期满之日起，对该行政机关负责人按日处100元至500元的罚款
  C. 将行政机关拒绝履行的情况予以公告
  D. 向监察机关或者该行政机关的上一级行政机关提出司法建议
  E. 对该行政机关负责人予以撤职处分

综合拓展

(综合分析题)2024年3月15日，甲(住A市C区)、乙(住A市C区)二人在A市D区某酒吧因琐事斗殴，二人均受伤。事发后，A市D区派出所警察丙根据《治安管理处罚法》对甲罚款400元，对乙罚款200元。甲不服，向D区政府申请行政复议。复议机关对甲、乙二人分别作出了罚款200元和100元的处罚决定。

(1)若甲不服欲提起行政诉讼，根据《行政诉讼法》的规定，下列说法正确的有(　　)。

A. 甲应当以派出所为被告，向A市D区法院提起诉讼

B. 甲应当以 A 市公安局为被告，向 A 市中级人民法院提起诉讼
C. 甲应当以 D 区政府为被告，向 A 市中级人民法院提起诉讼
D. 甲应当以派出所为被告，向 A 市 D 区法院提起诉讼
E. 甲应当以 A 市 D 区公安分局为被告，向 A 市 D 区法院提起诉讼

（2）若甲对复议决定不服提起行政诉讼，下列做法符合规定的有（　　）。

A. 应将乙列为共同被告
B. 可以将乙列为共同被告
C. 可以将乙列为第三人
D. 应要求乙提供自己没有过错的证据
E. 应将乙列为共同原告

（3）法院审理本案，除特殊情况外，应当（　　）内作出一审判决。

A. 自立案之日起 3 个月
B. 自立案之日起 6 个月
C. 自开庭审理之日起 3 个月
D. 自开庭审理之日起 6 个月
E. 自开庭审理之日起 1 个月

（4）人民法院对案件进行审理，认为（　　）。

A. 该行政处罚决定明显不当，法院应当判决确认无效
B. 该行政处罚决定主要证据不足，法院作出撤销判决
C. 该行政处罚决定违反法定程序，法院作出撤销判决
D. 该行政处罚决定较轻，法院可以作出加重处罚的变更判决
E. 该行政处罚决定滥用职权，法院应当作出确认违法判决

● 参考答案及解析

考点一　行政诉讼概述

D　【解析】本题考查行政诉讼的特征。选项 D，被告对行政行为合法性负举证责任。

考点二　行政诉讼的基本原则

C　【解析】本题考查行政诉讼的基本原则。选项 A，对行政行为合法性审查原则的合法性，既包括形式合法性，也包括实质合法性。选项 B，原告或者利害关系人申请停止执行，人民法院认为该行政行为的执行会造成难以弥补的损失，并且停止执行不损害国家利益、社会公共利益的，人民法院裁定停止执行。选项 D，被告对行政行为合法性负举证责任，原告在特定的情况下对特定事项也需要承担举证责任。

考点三　行政诉讼与行政复议的关系

ABC　【解析】本题考查税务行政复议前置。根据《税务行政复议规则》的规定，相对人对征税行为不服的，应当先申请行政复议。征税行为包括确认纳税主体、征税对象、征税范围、减税、免税、退税、抵扣税款、适用税率、计税依据、纳税环节、纳税期限、纳税地点和税款征收方式等具体行政行为，征收税款、加收滞纳

金，扣缴义务人、受税务机关委托的单位和个人作出的代扣代缴、代收代缴、代征行为等。

考点四 行政诉讼受理案件的范围

1. B 【解析】本题考查行政诉讼的受案范围。选项 A，抽象行政行为，不能提起行政诉讼，如行政法规、规章或行政机关制定、发布的具有普遍约束力的决定、命令。选项 B，对行政拘留等行政处罚不服的，可以提起行政诉讼。选项 C、D，内部行政行为，不得提起行政诉讼，如行政机关对行政机关工作人员的奖惩、任免等决定。

2. BC 【解析】本题考查行政诉讼的受案范围。选项 B，属于行政机关针对信访事项作出的登记、受理、交办、转送、复核意见等行为。选项 C，属于内部层级监督行为。

考点五 级别管辖

D 【解析】本题考查行政诉讼级别管辖。中级人民法院管辖下列第一审行政案件：①对国务院部门或者县级以上地方人民政府所作的行政行为提起诉讼的案件；②海关处理的案件；③本辖区内重大、复杂的案件；④其他法律规定由中级人民法院管辖的案件。

考点六 地域管辖

CDE 【解析】本题考查行政诉讼的管辖。选项 A，海关处理的第一审行政案件，由中级人民法院管辖。选项 B，行政案件由最初作出行政行为的行政机关所在地人民法院管辖，经复议的案件，也可以由复议机关所在地人民法院管辖。

考点七 裁定管辖

AD 【解析】本题考查行政诉讼中的管辖权的转移。选项 B，属于移送管辖。选项 C，属于指定管辖。选项 E，属于跨区域管辖。

考点八 行政诉讼原告

1. B 【解析】本题考查行政诉讼原告资格的确定。联营企业、中外合资或者合作企业的联营、合资、合作各方，认为联营、合资、合作企业权益或者自己一方合法权益受行政行为侵害的，可以<u>自己的名义</u>提起诉讼。

2. CE 【解析】本题考查行政诉讼的管辖、当事人的确定、行政诉讼与行政复议的关系。选项 A，陈某是行政处罚的被处罚人，陈某对处罚不服提起行政诉讼，谷某可以作为第三人参加诉讼，但是法院<u>不需要</u>追加谷某为共同原告。选项 B，谷某作为与行政处罚有利害关系的人，对行政处罚不服，有权提起行政诉讼。选项 D，管辖法院是乙市丙区人民法院。

考点九 行政诉讼被告

1. D 【解析】本题考查行政诉讼的管辖以及被告的确定。行政案件由最初作出行政行为的行政机关所在地人民法院管辖。经复议的案件，也可以由复议机关所在地人民法院管辖。经复议的案件，复议机关决定维持原行政行为的，作出原行政行为的行政机关和复议机关是共同被告；复议机关改变原行政行为的，复议机关是被告。本案是经过行政复议的案件，且复议机关维持了原行政行为，因此该案件可以由县税务局所在地的县级人民法院或者市税务局所在地的区人民法院管辖，被告是作出复议决定的市税务局和原行政机关县税务局。

2. ACD 【解析】本题考查行政诉讼被告的确定。选项B，两个以上行政机关作出同一行政行为的，共同作出行政行为的行政机关为共同被告。选项E，被告当事人对村民委员会、居民委员会受行政机关委托作出的行为不服提起诉讼的，以委托的行政机关为被告。

考点十 行政诉讼第三人

DE 【解析】本题考查行政复议、行政诉讼。选项A、B，经过复议的案件，复议机关维持原行政行为的，复议机关和作出原行政行为的机关为共同被告，故县税务局和市税务局是共同被告。选项C，行政机关不予退还税款的行为属于征税行为，行政相对人应当先向行政复议机关申请行政复议，对复议决定不服的，才可以向人民法院提起行政诉讼。

考点十一 行政诉讼代表人

A 【解析】本题考查行政诉讼代表人。选项A，诉讼代表人是本案的当事人，与本案的诉讼标的有法律上的利害关系，其参加诉讼的目的是保护自己和全体当事人的权益，并且要受人民法院判决的约束。

考点十二 行政诉讼代理人

BDE 【解析】本题考查委托诉讼代理人。选项B，诉讼代理人只能以被代理人的名义并为维护被代理人的合法权益进行诉讼活动。选项D，法定代理人互相推诿代理责任的，由人民法院指定其中一人代为诉讼。选项E，基层法律服务工作者、当事人的近亲属可以被委托为诉讼代理人。

考点十三 行政机关负责人出庭应诉制度

C 【解析】本题考查行政机关负责人出庭应诉制度。选项C，被诉行政机关负责人应当出庭应诉；不能出庭的，应当委托行政机关相应的工作人员出庭，不得仅委托律师出席。

考点十四 行政诉讼的证据类型

D 【解析】本题考查行政诉讼证据的类型。选项A，电子邮件属于电子数据，鉴定意见属于法定证据种类。选项B，电子数据交换、网上聊天记录属于电子数据。选项C，当事人的陈述与证人证言均属于法定证据种类，不存在包含关系。

考点十五 行政诉讼证据的收集、质证和审查认定

1. A 【解析】本题考查行政诉讼证据。选项B，现场笔录的效力优于视听资料和证人证言。选项C，现场笔录应当在现场制作，不能事后补作，并应当由当事人签名或盖章。在可能的情况下，还应当由在场证人签名或盖章。选项D，范某的证词只有经过庭审质证和审核认定，才能作为定案的依据，而不是仅仅有范某的签字

即可。

2. BCDE 【解析】本题考查行政诉讼证据的收集和质证。选项 A，鉴定意见可以由当事人提供，也可以由人民法院依职权指定或委托法定鉴定部门提供。

考点十六 行政诉讼中的举证责任

B 【解析】本题考查行政诉讼中的举证责任。选项 A，原告提供的证明被诉行政行为违法的证据不成立的，不免除被告对被诉行政行为合法性的举证责任，即行政行为是否合法还需被告承担举证责任。选项 C，原告在第一审程序中无正当事由未提供而在第二审程序中提供的证据，人民法院不予采纳。选项 D，被告应当在收到起诉状副本之日起 15 日内（而非 10 日内）向法院提交作出行政行为的证据和所依据的规范性文件。

考点十七 行政诉讼的起诉

ACD 【解析】本题考查行政诉讼的起诉。选项 B，公民、法人或者其他组织不知道行政机关作出的行政行为内容的，其起诉期限从知道或者应当知道该行政行为内容之日起计算，因不动产提起诉讼的案件自行政行为作出之日起超过 20 年，其他案件自行政行为作出之日起超过 5 年提起诉讼的，法院不予受理。选项 E，法律、法规未规定行政复议为提起行政诉讼必经程序，公民、法人或者其他组织既提起诉讼又申请行政复议的，由先立案的机关管辖；同时立案的，由公民、法人或者其他组织选择。

考点十八 行政诉讼的立案

ABDE 【解析】本题考查行政诉讼的起诉和受理。选项 C，人民法院在接到起诉状时对符合规定的起诉条件的，应当登记立案。对当场不能判定是否符合规定的起诉条件的，应当接收起诉状，出具注明收到日期的书面凭证，并在 7 日内决定是否立案。

考点十九 第一审普通程序

1. C 【解析】本题考查行政诉讼的判决。选项 A，行政行为证据确凿，适用法律、法规正确，符合法定程序的，人民法院应判决驳回原告的诉讼请求。选项 B，行政行为依法应当撤销，但撤销会给国家利益、社会公共利益造成重大损害的，人民法院判决确认违法，但不撤销行政行为。人民法院判决确认违法或者无效的，可以同时判决责令被告采取补救措施。选项 D，致远科技公司是旧城改造项目协议书的利害关系人，其具有原告资格。

2. D 【解析】本题考查行政诉讼的调解。人民法院审理行政案件，不适用调解。但是，行政赔偿、补偿以及行政机关行使法律、法规规定的自由裁量权的案件可以调解。

考点二十 简易程序

ACDE 【解析】本题考查行政诉讼简易程序。选项 A，适用简易程序审理的行政案件，由审判员一人独任审理，但并不要求必须当庭宣判。选项 B、D，人民法院审理第一审行政案件，认为事实清楚、权利义务关系明确、争议不大的，可以适用简易程序。选项 C，当事人各方同意适用简易程序的，可以适用简易程序。选项 E，适用简易程序审理的行政案件，应当自立案之日起 45 日内审结。

考点二十一 第二审程序

D 【解析】本题考查行政诉讼第二审程序。选项 A，不服法院第一审判决，自判决书送达之日起 15 日内向上一级法院提起上诉。选项 B，二审法院审理上诉案件，应当自收到上诉状之日起 3 个月内作出终审判决。特殊情况需要延长的，由高级法院批准；高级法院审理上诉案件需要延长的，由最高人民法院批准。选项 C，人民法院对上诉案件，应当组成合议庭，开庭审理。经过阅卷、调查和询问当事人，对没有提出新的事实、证据或者理由，合议庭认为不需要开庭审理的，也可以不开庭审理。

考点二十二 审判监督程序（再审程序）

ABC 【解析】本题考查审判监督程序。启动审判监督程序必须具备法定理由，即发生法律效力的判决、裁定或者调解书违反法律法规的规定，确有错误。

考点二十三 行政赔偿诉讼

ABCE 【解析】本题考查行政赔偿诉讼。根据《行政诉讼法》的规定，人民法院审理行政案件，不适用调解。但是，行政赔偿、补偿以及行政机关行使法律、法规规定的自由裁量权的案件可以调解。

考点二十四 行政诉讼、非诉行政案件的执行

1. A 【解析】本题考查行政诉讼的执行。申请执行的期限为 2 年，申请执行时效的中止、中断，适用法律有关规定。申请执行的期限从法律文书规定的履行期间最后 1 日起计算；分期履行的，从规定的每次履行期间的最后 1 日起计算；没有规定履行期限的，从该法律文书送达当事人之日起计算。

2. ACD 【解析】本题考查行政诉讼的执行措施。选项 B，在规定期限内不履行的，从期满之日起，对该行政机关负责人按日处 50 元至 100 元的罚款。选项 E，拒不履行判决、裁定、调解书，社会影响恶劣的，可以对该行政机关直接负责的主管人员和其他直接责任人员予以拘留。情节严重，构成犯罪的，依法追究刑事责任。

综合拓展

（1）C 【解析】本题考查行政诉讼被告。复议机关改变原行政行为的处理结果，原行政行为已经不存在，不会对当事人的权利义务产生影响，复议机关是被告。经过复议的案件，由最初作出行政行为的行政机关所在地人民法院或者复议机关所在地人民法院共同管辖。所以本题中的被告是 D 区政府。对县级以上地方人民政府所作的行政行为提起诉讼的案件由中级人民法院管辖。所以管辖法院是 A 市中级人民法院。

（2）C 【解析】本题考查行政诉讼当事人。同提起诉讼的行政行为有利害关系的其他公民、法人或者其他组织，可以作为第三人申请参加诉讼，或者由人民法院通知

参加诉讼。

（3）B 【解析】本题考查行政诉讼案件一审审理时限。适用普通程序审理的案件，人民法院应当自立案之日起6个月内作出第一审判决。有特殊情况需要延长的，由高级人民法院批准，高级人民法院审理第一审案件需要延长的，由最高人民法院批准。

（4）BC 【解析】本题考查行政诉讼的判决。选项 A，行政处罚明显不当，或者其他行政行为涉及对款额的确定、认定确有错误的，人民法院可以判决变更。选项 D，人民法院判决变更，不得加重原告的义务或者减损原告的权益。但利害关系人同为原告，且诉讼请求相反的除外。选项 B、C、E，行政行为有下列情形之一的，人民法院判决撤销或者部分撤销，并可以判决被告重新作出行政行为：①主要证据不足的；②适用法律、法规错误的；③违反法定程序的；④超越职权的；⑤滥用职权的；⑥明显不当的。

亲爱的读者，你已完成本章24个考点的学习，本书知识点的学习进度已达29%。

第七章 民法总论

重要程度：重点章节　　分值：9分左右

考试风向

考情速递

本章主要内容包括民法概述、民事主体、民事权利、民事法律行为和代理、诉讼时效和除斥期间，理论性和专业性很强，学习难度大，要求理解和重点记忆。应系统复习所有考点，尤其重点关注民事法律事实、自然人、法人、民事权利的分类、民事法律行为附款、效力样态、代理和诉讼时效。本章考查单选题、多选题和综合分析题，各种题型考查频率都很高，应当加强各种题型的训练。

2025年考试变化

本章无实质性变化。

脉络梳理

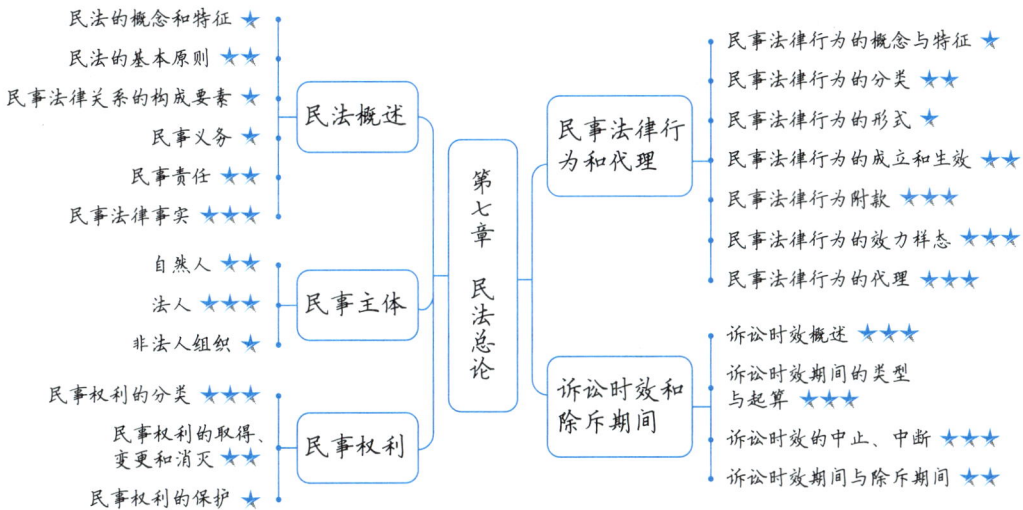

考点详解及精选例题

第一节 民法概述

考点一 民法的概念和特征 ★

民法，是调整平等主体的自然人、法人和非法人组织之间的人身关系和财产关系的法律规范的总称。其主要特征包括：①民法是权利法；②平等主体之间的法律；③民法规范多为任意性。

> **记忆口诀**
> 平等、生态、权益保护、自愿、诚信、公平、公序良俗（谐音：平生犬子成功）。

考点二 民法的基本原则 ★★

(1) 权益保护原则；
(2) 平等原则；
(3) 自愿原则；
(4) 公平原则；
(5) 诚实信用原则；
(6) 公序良俗原则；
(7) 生态保护/绿色原则。

【例题1·单选题】（2024年）《民法典》第1186条规定，"受害人和行为人对损害的发生都没有过错的，依照法律的规定由双方分担损失"。此规定所体现的民法基本原则是（ ）。

A. 平等原则 B. 公平原则
C. 诚信原则 D. 自愿原则

解析 本题考查民法的基本原则。选项B，通常，民事主体所承担的民事责任与其过错程度相当。仅在特殊情况下，即使没有过错，也可能需依法合理分担损失。《民法典》第1186条的规定体现了公平原则，是法律基于公平考量在行为人（加害人）与受害人之间强制进行了损失分摊，其目的不在于维护当事人的权利和义务，而在于实现分配正义，体现衡平理念。

【例题2·多选题】（2021年）下列属于民法的基本原则的有（ ）。

A. 合法性原则 B. 公平原则
C. 绿色原则 D. 诚实信用原则
E. 公序良俗原则

解析 本题考查民法的基本原则。民法的基本原则包括权益保护原则、平等原则、自愿原则、公平原则、诚实信用原则、公序良俗原则、生态保护原则（绿色原则）。

> **答案**
> 例题1 | B
> 例题2 | BCDE

考点三 民事法律关系的构成要素 ★

1. 主体

自然人、法人、非法人组织和特定情况下的国家。

2. 内容

民事权利和民事义务。

3. 客体

(1) 物：物权关系的客体；

(2) 行为：债权关系的客体；

(3) 智慧产品：知识产权关系的客体；

(4) 人格利益和身份利益：人身关系的客体；

(5) 权利：抵押权、质权的客体。

考点四 民事义务 ★

民事义务，见表7-1。

表7-1 民事义务

标准	分类	举例
根据义务发生的依据划分	法定义务	不得侵害他人人身和财产的义务
	约定义务	合同义务
根据义务与其主体的关系划分	专属义务	赡养义务、抚养义务
	非专属义务	金钱给付义务
根据相关联义务之间的地位划分	主义务	抵押借款中的借款人的还款义务
	从义务	抵押人担保借款人偿还借款的义务
根据义务人行为方式或内容划分	积极义务	交付货物、支付金钱、交付工作成果、移转权利
	消极义务	保密义务、不妨害他人所有权的义务

考点五 民事责任 ★★

1. 民事责任的分类

民事责任的分类，见表7-2。

表7-2 民事责任的分类

标准	分类	
根据民事责任的产生原因	侵权责任、违约责任、缔约过失责任	
根据民事责任的内容	财产责任	支付违约金、赔偿损失
	非财产责任	赔礼道歉、恢复名誉、消除影响

标准	分类	
根据复数责任人之间的对外关系	按份责任	复数责任人中的任何一个人"仅按其确定的份额"承担责任
	连带责任	复数责任人中的"任何一个人"均有义务应权利主体的请求而承担"部分或者全部"责任
根据侵权责任的构成要件和举证方式	过错责任	以过错作为主观要件的侵权责任
	推定过错责任	以法律推定的过错作为主观要件的侵权责任
	无过错责任	不以过错作为主观要件的侵权责任
根据出资人承担责任的财产范围	有限责任	出资人仅以其出资财产为限对企业债务所承担的责任。 【例】有限责任公司、股份有限公司的股东
	无限责任	出资人以其包括出资财产在内的全部财产对企业债务承担的责任。 【例】普通合伙人

2. 民事责任的承担方式和免责事由

(1)承担方式：停止侵害；排除妨碍；消除危险；返还财产；恢复原状；修理、重作、更换；继续履行；赔偿损失；支付违约金；消除影响、恢复名誉；赔礼道歉。

承担民事责任的方式，可以单独适用，也可以合并适用。

(2)免责事由：不可抗力、正当防卫、紧急避险、紧急救助、受害人故意、第三人致害、自甘冒险、自助行为。

【例题3·多选题】甲厂与乙厂为共谋发展，将二厂的汽车司机班组建成一个运输队，共同经营，该运输队未取得法人资格。对该运输队经营中所负债务，甲厂与乙厂应承担(　　)。

A. 有限责任　　　　　　B. 无限责任

C. 连带责任　　　　　　D. 按份责任

E. 补充责任

解析 本题考查民事责任的类型。本题中的运输队未取得法人资格，不具有独立承担民事责任的能力，故甲厂与乙厂对运输队所负债务应承担无限连带责任。

【例题4·单选题】下列责任中，属于民法意义上的有限责任的是(　　)。

A. 有限责任公司以其注册资本为限对外承担的责任

B. 股份有限公司的股东以其出资为限对公司债务承担的责任

C. 普通合伙人以其全部财产对合伙债务所承担的责任

D. 公司出资人以其全部财产对公司债务承担的责任

解析 本题考查有限责任和无限责任的区分。有限责任，是指出资人仅

答案

例题3 | BC

例题4 | B

以其出资财产为限承担的责任；无限责任，是指出资人以其包括出资财产在内的全部财产承担的责任。公司股东以出资为限承担责任，是有限责任。

【例题5·单选题】我国《民法典》的规定了承担民事责任的方式，其中不包括( )。

A. 赔礼道歉
B. 消除危险
C. 吊销营业执照
D. 修理、重作、更换

解析 ↘ 本题考查民事责任的承担方式。民事责任的承担方式有：停止侵害；排除妨碍；消除危险；返还财产；恢复原状；修理、重作、更换；继续履行；赔偿损失；支付违约金；消除影响、恢复名誉；赔礼道歉。吊销营业执照属于承担行政责任的方式，属于行政处罚。

考点六 民事法律事实 ★★★

1. 概念

符合民法规范，能够引起民事法律关系发生、变更和消灭的客观事实。

2. 自然事实

自然事实，见表7-3。

表7-3 自然事实

项目	内容
事件	某种自然事实的发生，如人的出生、死亡，自然灾害的发生
状态	某种事实的持续，如时间的经过（成年、时效经过）

3. 行为

行为，见表7-4。

表7-4 行为

项目		内容
表意行为	法律行为	以意思表示为核心要素，旨在按照行为人意思表示的内容发生相应民法效果，如订立合同、立遗嘱
	准法律行为	由法律直接规定民法效果的行为人的表意行为，包括意思通知（要约拒绝）、观念通知（债权让与通知）和情感表示（被继承人对继承人的宽恕）三种类型
非表意行为		即事实行为，无须表示内心意思即依法发生民法效果的行为，如建造房屋、创作作品、拾得遗失物、先占、无因管理、侵权行为

4. 法律事实构成

引起某一民事法律关系发生、变更或消灭的几个法律事实的总和。

【例】有效遗嘱+遗嘱人死亡→遗嘱继承关系发生。

答案 ↘

例题 5 | C

● **得分高手**（2024年、2022年、2019年单选）

重点考查法律行为、准法律行为和事实行为的区别。法律行为与准法律行为都有意思表示，主要区别在于是否按意思表示的内容产生法律效果。而事实行为无须表示内心意思。

【例题6·单选题】(2024年)下列民事法律事实中，属于准法律行为的是(　　)。

A. 债权让与通知　　B. 立遗嘱

C. 侵权行为　　D. 无因管理

解析　本题考查准法律行为。选项A，准法律行为，是指由法律直接规定民法效果的表意行为，包括意思通知(即行为人内心意愿的告知，如要约拒绝、履行催告)、观念通知(即行为人对客观事实的告知，如承诺迟到通知、债权让与通知)和情感表示(即行为人感情的表达，如被继承人对继承人的宽恕)三种类型。选项B，法律行为，是指以意思表示为核心要素，旨在按照行为人意思表示的内容发生相应民法效果的表意行为，如订立合同、立遗嘱。选项C、D，非表意行为，即事实行为，是指无须表示内心意思即依法发生民法效果的行为，如建造房屋、创作作品、拾得遗失物、先占、无因管理、侵权行为等。

【例题7·多选题】(2024年)属于事实行为的有(　　)。

A. 创作作品　　B. 无因管理

C. 抵押房屋　　D. 自然人出生

E. 建造房屋

解析　本题考查事实行为。事实行为是指无须表示内心意思即依法发生民法效果的行为，如建造房屋、创作作品、拾得遗失物、先占、无因管理、侵权行为等。选项C，是法律行为。选项D，是自然事实。

【例题8·单选题】(2022年)根据民事法律制度的规定，下列属于准法律行为的是(　　)。

A. 立遗嘱

B. 承诺迟到通知

C. 订立合同

D. 抛弃所有权

解析　本题考查民事法律事实的分类。准法律行为，是指由法律直接规定民法效果的行为人的表意行为，包括意思通知(即行为人内心意愿的告知，如要约拒绝、履行催告)、观念通知(即行为人对客观事实的告知，如承诺迟到通知、债权让与通知)和情感表示(即行为人感情的表达，如被继承人对继承人的宽恕)三种类型。选项A、C、D，属于法律行为。

【例题9·单选题】(2019年)下列法律事实中，属于法律行为的

答案
例题6 | A
例题7 | ABE
例题8 | B

是( )。

A. 张某高空抛物
B. 李某拾得他人手机占为己有
C. 李某施救落水儿童
D. 王某立遗嘱

解析 本题考查民事法律事实——行为。选项 D，法律行为，是指以意思表示为核心要素，旨在按照意思表示的内容发生相应民法效果的表意行为，如订立合同、立遗嘱。选项 A、B、C，属于事实行为。

【例题 10·单选题】甲因病去世，留有遗嘱，甲的儿子乙继承了甲的房屋一套。关于乙取得该房屋是基于( )。

A. 法律行为 B. 事实行为
C. 事件 D. 法律事实构成

解析 本题考查民事法律事实构成。法律事实构成，是指引起某一民事法律关系发生、变更和消灭的几个法律事实的总和。例如有效遗嘱与遗嘱人死亡两个法律事实结合，即为引起遗嘱继承关系发生的法律事实构成。

第二节 民事主体

考点七 自然人 ★★ 一学多考｜中

1. 自然人的民事权利能力
(1)从出生时起到死亡时止，具有民事权利能力。
(2)遗产继承、接受赠与，胎儿视为具有民事权利能力。但是，胎儿娩出时为死体的，其民事权利能力自始不存在。

2. 自然人的民事行为能力
自然人的民事行为能力，见表 7-5。

表 7-5 自然人的民事行为能力

项目	内容
完全民事行为能力人	(1)成年人($Y \geq 18$ 周岁)； (2)16 周岁以上的未成年人(16 周岁$\leq Y < 18$ 周岁)，以自己的劳动收入作为主要生活来源的，视为完全民事行为能力人
限制民事行为能力人	(1)8 周岁以上的未成年人(8 周岁$\leq Y < 18$ 周岁)； (2)不能完全辨认自己行为的成年人
无民事行为能力人	(1)不满 8 周岁的未成年人($Y < 8$ 周岁)； (2)不能辨认自己行为的自然人

3. 监护制度
监护制度，见表 7-6。

答案
例题 9｜D
例题 10｜D

表7-6 监护制度

类型	监护人顺序
未成年人	父母→祖父母、外祖父母→兄、姐→其他愿意担任监护人的个人或者组织，但是须经未成年人住所地的居民委员会、村民委员会或者民政部门同意
无或限制民事行为能力的成年人	配偶→父母、子女→其他近亲属→其他愿意担任监护人的个人或者组织，但是须经被监护人住所地的居民委员会、村民委员会或者民政部门同意

【例题11·单选题】下列关于自然人民事权利能力与民事行为能力的说法中，正确的是(   )。

A. 自然人的民事权利能力与民事行为能力同时产生
B. 自然人的民事权利能力与民事行为能力同时消灭
C. 自然人的民事权利能力始于出生，终于死亡
D. 自然人之间民事行为能力人人相同，不存在差异

解析 ↘ 本题考查自然人的民事权利能力与民事行为能力。选项A、B、C，自然人的民事权利能力"始于出生，终于死亡"(与意思能力无关)；自然人的民事行为能力则是以意思能力为基础，分为完全民事行为能力人、限制民事行为能力人和无民事行为能力人。因此，自然人的民事权利能力和民事行为能力并非同时产生、同时消灭。选项D，自然人之间的民事行为能力并不相同，存在个体差异。

4. 宣告失踪

(1)自然人下落不明满2年的，利害关系人可以向法院申请宣告失踪。

利害关系人：①被申请人的近亲属；②对被申请人有继承权的亲属；③债权人、债务人、合伙人等与被申请人有民事权利义务关系，但是不申请宣告失踪不影响其权利行使、义务履行的除外。

(2)下落不明从其失去音讯之日起计算；战争期间下落不明的，自战争结束之日或有关机关确定的下落不明之日起计算。

(3)失踪人的财产由其配偶、成年子女、父母或者其他愿意担任财产代管人的人代管。

(4)失踪人重新出现，经本人或者利害关系人申请，法院应当撤销失踪宣告。重新出现的失踪人有权请求财产代管人及时移交有关财产并报告财产代管情况。

5. 宣告死亡

(1)申请宣告死亡条件：下落不明满4年；因意外事件，下落不明满2年。

(2)利害关系人：被申请人的配偶、父母、子女；对被申请人有继承权的亲属；被申请人的其他近亲属；对被申请人有继承权的代位继承人；被申

知识点拨 1
税务机关可以作为利害关系人申请宣告失踪。

知识点拨 2
意外事件下落不明，有关机关证明不可能生存的，不受2年时间限制。

答案
例题11 | C

请人的债权人、债务人、合伙人等民事主体不能认定为利害关系人，但是不申请宣告死亡不能保护其相应合法权益的除外。

（3）对同一自然人，有的利害关系人申请宣告死亡，有的利害关系人申请宣告失踪，符合宣告死亡条件的，法院<u>应当</u>宣告死亡。

（4）被宣告死亡的人，法院宣告死亡的判决作出之日视为其死亡的日期；因意外事件下落不明宣告死亡的，意外事件发生之日视为其死亡的日期。

（5）被宣告死亡的人重新出现，经本人或者利害关系人申请，法院应当撤销死亡宣告。被宣告死亡但是并未死亡，不影响该自然人在被宣告死亡期间实施的民事法律行为的效力。

（6）撤销后果：被宣告死亡的人的婚姻关系，自死亡宣告之日起消除。死亡宣告被撤销，婚姻关系自撤销死亡宣告之日起自行恢复。但是，其配偶再婚或者向婚姻登记机关书面声明不愿意恢复的除外。

子女被他人依法收养，在死亡宣告被撤销后，不得以未经本人同意主张无效。被撤销死亡宣告的人有权请求因继承而取得其财产的民事主体返还财产；无法返还的，应当给予适当补偿。

提示 隐瞒真实情况，使他人被宣告死亡→返还财产+赔偿损失。

【例题12·单选题】（2020年）根据《民法典》的规定，死亡宣告被撤销后，被宣告死亡的人的婚姻关系可以自行恢复的情形是（　　）。

A．其配偶虽再婚但再婚配偶已去世
B．其配偶已经与他人同居
C．其配偶虽再婚但再婚配偶失踪
D．其配偶虽再婚但已离婚

解析 本题考查宣告死亡。被宣告死亡的人的婚姻关系，自死亡宣告之日起消除。死亡宣告被撤销的，婚姻关系自撤销死亡宣告之日起自行恢复。但是，其配偶再婚或者向婚姻登记机关书面声明不愿意恢复的除外。

6．个体工商户和农村承包经营户

（1）性质：是自然人主体的两种特殊形态，属于商自然人。

（2）个体工商户：自然人从事工商业经营，经依法登记，为个体工商户，可以起字号。所欠债务，包括应缴税款，个人经营的，以个人财产承担；家庭经营的，以家庭财产承担；无法区分的，以家庭财产承担。

（3）农村承包经营户：农村集体经济组织的成员，依法取得农村土地承包经营权，从事家庭承包经营的，为农村承包经营户。债务，包括应缴税款，以农户财产承担；事实上由农户部分成员经营的，以该部分成员的财产承担。

答案
例题12｜B

考点八 法人 ★★★

1. 法人的概念与特征

法人是能以自己的名义独立享有民事权利和承担民事义务的团体。

法人特征包括：①法人是民法赋予民事权利能力和民事行为能力的团体；②法人具有独立人格和独立的财产；③法人以自己的名义参加民事活动，独立承担民事责任。

【例题13·单选题】（2019年）下列有关法人特征的说法中，正确的是（　　）。

A. 法人的财产属于法人出资人共有

B. 法人民事权利能力受法人财产范围制约

C. 法人独立承担民事责任

D. 法人的人格与其创立人的人格不能分离

解析 本题考查法人的特征。选项A，法人的财产属于法人所有。选项B，法人的民事权利能力范围，原则上由法人章程或设立目的决定，而不是受财产范围制约。选项D，法人的人格与其创立人和成员的人格是分离的，法人具有独立的人格。法人有自己的名称，能够以自己的名义从事民事活动，为自己设定权利、承担义务。

2. 法人的类型

法人的类型，见表7-7。

表7-7 法人的类型

项目	内容
营利法人	(1)公司(有限责任公司、股份有限公司)； (2)其他企业法人(国有独资企业)
非营利法人	(1)事业单位法人(政府举办的学校、医院、科研机构等)； (2)社会团体法人(行业协会以及科技、文化、艺术、慈善事业等)； (3)捐助法人：基金会(中国扶贫基金会、中国青少年发展基金会)、社会服务机构(民办非营利学校、民办非营利医院)、宗教活动场所等
特别法人	(1)机关法人(最高人民法院、财政局、税务局)； (2)农村集体经济组织法人(农村经济联合社)； (3)城镇农村的合作经济组织法人(农民专业合作社)； (4)基层群众性自治组织法人(居委会、村委会)

📝记忆口诀

农村、机关和基层（谐音：一个农民带两鸡）。

● **得分高手**（2021年单选；2020年多选）

重点考查法人的类型的区分。通过口诀记忆特别法人，用排除法掌握其他法人类型。

答案
例题13｜C

【例题14·单选题】（2021年）下列属于特别法人的是（　　）。

A．居民委员会

B．基金会

C．社会服务机构

D．科学研究院

解析 本题考查特别法人。选项 A，机关法人、农村集体经济组织法人、城镇农村的合作经济组织法人、基层群众性自治组织法人(居民委员会、村民委员会)，为特别法人。选项 B、C，基金会、社会服务机构属于非营利法人。选项 D，事业单位法人，如政府举办的学校、医院、科研机构等。科学研究院属于事业单位法人。

【例题15·多选题】（2020年）下列民事主体中，属于《民法典》的规定的特别法人的有(   )。

A．居民委员会

B．村民委员会

C．宗教活动场所

D．农村集体经济组织

E．合伙企业

解析 本题考查特别法人。选项 A、B、D，机关法人、农村集体经济组织法人、城镇农村的合作经济组织法人、基层群众性自治组织法人，为特别法人。居民委员会、村民委员会属于基层群众性自治组织法人。选项 C，依法设立的宗教活动场所，具备法人条件的，可以申请法人登记，取得捐助法人资格。选项 E，合伙企业属于非法人组织。

3．法人的成立

（1）成立条件：应当依法成立；应当有自己的名称、组织机构、住所、财产或经费。

提示 营利法人登记成立，成立日期为营业执照签发日。非营利法人依法登记成立，不需登记，自成立之日具有法人资格。法人以其主要办事机构所在地为住所。

法定代表人：①法定代表人以法人名义从事民事活动，法律后果由法人承受。②法人章程或权力机构对法定代表人代表权的限制，不得对抗善意相对人。③法定代表人因执行职务造成他人损害的，由法人承担民事责任，法人承担后，可向有过错法定代表人追偿。

（2）法人可以依法设立分支机构，分支机构以自己的名义从事民事活动，民事责任由法人承担；也可先以该分支机构管理的财产承担，不足以承担的，由法人承担。

4．法人的民事权利能力、民事行为能力

法人的民事权利能力、民事行为能力自法人成立时产生，至法人终止时消灭。

答案

例题14｜A

例题15｜ABD

【例题16·多选题】(2021年)根据《民法典》的相关规定，下列关于法人成立、法人能力及责任承担的说法中，正确的有(　　)。

A. 法人成立必须经有关机关批准

B. 法人以其全部财产独立承担民事责任

C. 法人应对法定代表人的职务侵权行为与法定代表人连带承担民事责任

D. 法人需承受法定代表人以法人名义所从事民事活动的法律后果

E. 法人的民事权利能力与民事行为能力，自法人成立时产生

解析　本题考查法人的成立、民事权利能力和行为能力、责任承担。选项A，法人成立的具体条件和程序，依照法律、行政法规的规定。例如，设立有限责任公司或者股份有限公司，应当遵守《中华人民共和国公司法》的相关规定。设立法人，法律、行政法规规定须经有关机关批准的，依照其规定。由此可知，并不是所有的法人成立都需要有关机关批准。选项C，法定代表人因执行职务造成他人损害的，由法人承担民事责任。法人承担民事责任后，依照法律或者法人章程的规定，可以向有过错的法定代表人追偿。

【例题17·多选题】根据我国民事法律的规定，法人成立必须具备的条件有(　　)。

A. 有自己的名称、组织机构、住所

B. 有自己的财产或者经费

C. 依法成立

D. 能独立承担民事责任

E. 有自己的分支机构

解析　本题考查法人成立的条件。法人应当依法成立。法人应当有自己的名称、组织机构、住所、财产或者经费。

5. 法人的变更

法人的变更，见表7-8。

表7-8　法人的变更

项目	内容
登记事项变更	经营范围、法定代表人、住所等发生变化
组织形式变更	有限责任公司变为股份有限公司
法人合并	分类：新设合并和吸收合并
	后果：其权利和义务由合并后的法人享有和承担
法人分立	分类：新设分立和派生分立
	后果：其权利和义务由分立后的法人连带享有、连带承担，但是债权人和债务人另有约定的除外

6. 法人的终止

法人的终止，见表7-9。

答案
例题16 | BDE
例题17 | ABC

表 7-9　法人的终止

项目	内容
终止原因	（1）解散； （2）被宣告破产
解散情形	（1）法人章程规定的存续期间届满或其他解散事由出现； （2）法人的权力机构决议解散； （3）因法人合并或分立需要解散； （4）法人依法被吊销营业执照、登记证书，被责令关闭或被撤销
解散清算	应组成清算组进行清算，合并或分立不需清算。 **提示** 清算期间法人存续，但是不得从事与清算无关的活动
法人终止	清算结束并完成法人注销登记时，法人终止；依法不需要办理法人登记的，清算结束时，法人终止

考点九　非法人组织 ★

（1）概念：不具有法人资格，但是能够依法以自己的名义从事民事活动的组织，包括个人独资企业、合伙企业、不具有法人资格的专业服务机构等。

（2）非法人组织依法登记，法律、行政法规规定须经有关机关批准，依照规定。财产不足以清偿债务，其出资人或设立人承担无限责任，法律另有规定的除外。

（3）解散情形包括：①章程规定的存续期间届满或其他解散事由出现；②出资人或设立人决定解散。非法人组织解散的，应当依法清算。

第三节　民事权利

考点十　民事权利的分类 ★★★

民事权利的分类，见表 7-10。

表 7-10　民事权利的分类

标准	分类		
根据民事权利客体所体现的利益性质	人身权	人格权	生命权、身体权、健康权、姓名权、肖像权、名誉权、荣誉权、隐私权、婚姻自主权等。 **提示** 法人享有名称权、名誉权、荣誉权
		身份权	配偶权、亲权、亲属权
	财产权		物权、债权和继承权
	知识产权		兼具人身性和财产性，如著作权、专利权、商标权
	成员权		股权，表决权，对业务的知悉权、执行权、监督权，盈利分配权，团体终止时的剩余财产分配权等

(续表)

标准		分类
根据民事权利的作用方式	支配权	(1)支配权的实现，凭权利人单方的意思即可； (2)包括物权(所有权、用益物权、担保物权)、人身权和知识产权
	请求权	请求他人为或不为一定行为的权利，如债权、返还原物请求权
	形成权	(1)依权利人单方意思表示，能使既存的法律关系发生变化的权利； (2)包括承认权、同意权、选择权、撤销权、解除权、抵销权、终止权
	抗辩权	(1)主要是针对请求权的权利，如同时履行抗辩权； (2)效力在于阻止请求权效力的发生
根据权利实现方式	绝对权	无须借助他人协助，即可行使、实现的权利，如人格权、身份权、物权、知识产权
	相对权	须借助他人的协助，方可实现的权利，如债权
根据权利的效力范围	对世权	能够请求不特定的一般人为一定行为的权利，如物权、人身权等
	对人权	仅能请求特定的人为一定行为的权利，如债权
根据权利是否可与其主体分离	专属权	只能由权利主体享有或者行使的权利，如人格权、身份权、居住权
	非专属权	可以与权利主体分离的权利，可以让与和继承，如物权、债权
根据权利相互间的依存关系	主权利	不依赖其他权利而独立存在的权利，如借款合同
	从权利	以其他权利的存在为其存在前提的权利，如担保物权
根据权利相互间地位	原权	原生性权利
	救济权	原权受到侵害或存在被侵害的危险时产生的救济性权利，如财产权受侵害时，可要求赔偿的权利
根据权利要件是否全部具备	既得权	也称完整权，是指全部法律要件齐备，权利人可以现实享有和行使的权利
	期待权	也称形成中的权利，只具备部分法律要件，须待其余要件具备时才能实际发生的权利，如附生效条件的民事行为

人身权、物权、债权、知识产权比较，见表7-11。

表 7-11 人身权、物权、债权、知识产权比较

类型	支配权	请求权	绝对权	相对权
人身权	√	×	√	×
物权	√	×	√	×
债权	×	√	×	√
知识产权	√	×	√	×

> **得分高手**（2023年多选；2022年、2020年单选）
>
> 重点考查民事权利的分类。形成权是单方意思表示能使既存的法律关系发生变化，专属权不得让与和继承，名誉权和荣誉权是自然人、法人和非法人组织均享有权利。

【例题18·多选题】（2023年）下列民事权利中，权利人不得转让和继承的有（　　）。

A．租金债权　　　　　B．地役权
C．身体权　　　　　　D．健康权
E．居住权

解析 本题考查民事权利的分类。专属权，是指只能由权利主体本人享有或者行使的权利。专属权不得让与和继承，如人格权、身份权、居住权。

【例题19·单选题】（2022年）根据民事法律制度的规定，受欺诈的民事法律行为，受欺诈方有权请求人民法院或者仲裁机构予以撤销。这里行使的撤销权属于（　　）。

A．形成权　　B．请求权　　C．支配权　　D．抗辩权

解析 本题考查民事权利的分类。形成权，是指权利人依其单方意思表示，就能使既存的法律关系发生变化的权利。形成权的发生或基于当事人约定，或基于法律的特别规定，如承认权、同意权、选择权、撤销权、解除权、抵销权、终止权等。

【例题20·单选题】（2020年）根据《民法典》的规定，下列人格权中，自然人和非法人组织均享有的是（　　）。

A．肖像权　　B．名称权　　C．荣誉权　　D．隐私权

解析 本题考查人格权。自然人享有的人格权包括生命权、身体权、健康权、姓名权、肖像权、名誉权、荣誉权、隐私权、婚姻自主权等。法人、非法人组织享有的名称权、名誉权、荣誉权和其他财产权利受法律保护。

考点十一 民事权利的取得、变更和消灭 ★★

1. 民事权利的原始取得

民事权利的原始取得，见表7-12。

答案
例题18｜CDE
例题19｜A
例题20｜C

表 7-12　民事权利的原始取得

项目	内容
法律直接规定	(1)善意取得动产、不动产物权； (2)无主物的法定归属
事实行为	(1)基于先占而取得无主动产的所有权； (2)基于添附而取得添附物的所有权； (3)基于建造而取得不动产的所有权； (4)基于无因管理而取得必要费用的返还请求权； (5)基于侵权行为而取得损害赔偿请求权
事件	基于不当得利而取得不当利益的返还请求权
民事法律行为	基于合同而取得合同债权

2．民事权利的继受取得

民事权利的继受取得，见表 7-13。

表 7-13　民事权利的继受取得

项目	内容
民事法律行为	(1)基于交付而受让或者设定动产物权； (2)基于登记而受让或者设定不动产物权； (3)基于合同而设定用益物权或者担保物权
其他法律事实	基于继承而取得遗产的所有权

3．民事权利内容的变更

民事权利内容的变更，见表 7-14。

表 7-14　民事权利内容的变更

项目	内容
权利量变	所有权因添附而扩大、所有权因标的物部分灭失而缩小、债权因部分清偿而缩小
权利部分质变	所有权因标的物的出租或者抵押而产生负担从而变得不再圆满、无息债权变为有息债权

4．民事权利的消灭

民事权利的消灭，见表 7-15。

表 7-15　民事权利的消灭

项目	内容
绝对消灭	权利本身不复存在，如所有权因标的物灭失而消灭、知识产权因保护期间届满而消灭、债权因全部清偿而消灭、形成权因除斥期间届满而消灭
相对消灭	权利由前手转移至后手，本身并不消灭，如赠与物所有权因交付而自赠与方转移至受赠方(对赠与方系权利的相对消灭，对受赠方系权利的继受取得)

【例题21·单选题】甲以其"爱彼"手表质押向乙借款。质押期间,乙将该手表以市场价卖给不知情的丙并交付。后丙不慎将该手表遗失,被人捡到后交给失物招领机关。失物招领公告发布1年后,无人认领。失物招领机关遂依法拍卖该手表,丁拍得该手表。根据民法相关理论,下列关于"爱彼"手表物权变动方式的说法中,正确的是(　　)。

A. 乙继受取得对"爱彼"手表的质权
B. 甲对"爱彼"手表的所有权绝对消灭
C. 丁原始取得"爱彼"手表的所有权
D. 丙继受取得"爱彼"手表的所有权

解析 ▶ 本题考查所有权的取得和消灭。选项B,权利的绝对消灭,即权利本身不复存在,如所有权因标的物灭失而消灭、知识产权因保护期间届满而消灭、债权因全部清偿而消灭、形成权因除斥期间届满而消灭等。选项C、D,继受取得,是指基于他人既存的权利而取得所有权,如买受人自出卖人处受让标的物所有权,丁是继受取得;丙是善意取得,属于原始取得。

【例题22·单选题】下列民事权利的原始取得方式中,基于法律行为取得的是(　　)。

A. 甲基于合同取得合同债权
B. 丁基于无因管理取得必要费用的返还请求权
C. 乙基于先占取得无主动产所有权
D. 丙基于善意取得而取得动产质权

解析 ▶ 本题考查民事权利的原始取得。权利的原始取得,是不以他人既存的权利为前提的权利取得。其中,基于合同属于基于法律行为而发生,基于先占、无因管理属于基于事实行为而发生。善意取得属于基于法律的直接规定而发生。

考点十二 民事权利的保护 ★

1. 公力救济

通过国家的专门力量和法定程序保护,如民事诉讼和强制执行,属于权利救济的主要方式。

2. 私力救济

权利人依靠自己的力量强制侵害人,以捍卫受到侵犯的权利,如自卫行为(正当防卫和紧急避险)和自助行为(公交售票员扣留逃票乘客)。

第四节　民事法律行为和代理

考点十三 民事法律行为的概念与特征 ★　一学多考|中注

1. 概念

民事主体通过意思表示设立、变更、终止民事法律关系的行为,如订立

答案 ▶
例题21 | A
例题22 | A

合同、立遗嘱。

2. 特征

(1)属于人为的法律事实;

(2)属于表意行为;

(3)旨在发生一定的民事法律效果;

(4)效果取决于国家法律的评价。

【例题23·单选题】下列民事法律事实中属于法律行为的是(　　)。

A. 乙中途遇到晕倒的陌生人,为其垫付医药费

B. 丙因债务纠纷将戊打伤

C. 甲将购物卡八折卖给同事

D. 丁在海边游玩时捡拾贝壳

解析　本题考查法律行为。选项A、B、D,事实行为,是指无须表示内心意思即依法发生法律效果的行为。例如,作品创作行为、拾得遗失物、先占、无因管理、侵权行为等。选项A,为无因管理。选项B,为侵权行为。选项D,为先占。这些均属于事实行为。选项C,法律行为,是指以意思表示为核心要素,旨在按照意思表示的内容发生相应民法效果的表意行为。例如,订立合同、立遗嘱。甲将购物卡卖给同事的行为就属于合同行为。

考点十四 民事法律行为的分类 ★★

民事法律行为的分类,见表7-16。

表7-16　民事法律行为的分类

标准		内容
根据法律行为成立中意思表示的构成特点	单方法律行为	【例】行使追认权、行使撤销权、行使抵销权、立遗嘱、抛弃所有权
	双方法律行为	【例】合同行为、收养协议、委托监护协议
	共同法律行为	两个以上行为人达成一致,如合伙合同
	决议行为	根据法律或者章程规定的议事方式和表决程序形成团体意思,如公司股东会决议、业主大会决议、债权人会议决议等
根据法律行为所引起的效果	财产法律行为	【例】设立抵押权、订立买卖合同
	身份法律行为	【例】结婚、离婚、收养
根据法律行为成立或生效是否必须采用特定形式	要式法律行为	【例】抵押合同、保证合同、建设工程合同,要求以书面形式
	不要式法律行为	不要求采用特定方式,可以自由选择,如买卖合同

答案

例题23 | C

(续表)

标准		内容
根据彼此关联的法律行为相互间依从关系	主法律行为	不需要依附其他行为,能独立存在,如借款合同
	从法律行为	要依附其他行为存在而存在,如抵押合同、保证合同
根据彼此关联的法律行为有无独立的实质内容	基本法律行为	具有独立实质内容却以相关法律行为作为生效要件,如需法定代理人同意方能生效的、限制民事行为能力人依法不能独立实施的法律行为
	补助法律行为	不具有独立的实质内容、仅作为基本法律行为生效要件,如法定代理人对限制民事行为能力人依法不能独立实施的法律行为的追认
根据法律行为的生效发生于行为人生前或死后	生存法律行为	生效发生于行为人生前,也称生前行为,如订立合同
	死因法律行为	生效发生于行为人死亡之时,也称死后行为,如遗嘱
根据双方法律行为的成立是否于意思表示之外尚须交付实物	诺成法律行为	仅以意思表示为成立要件,如买卖合同、租赁合同
	践成法律行为	除双方当事人意思表示达成一致外,须交付实物才能成立,如保管合同、定金合同
根据当事人之间有无对价性给付	有偿法律行为	【例】买卖合同、租赁合同
	无偿法律行为	【例】赠与合同、借用合同

【例题24·单选题】 甲参加抽奖活动得彩电一台,遂将旧电视机丢弃。该旧电视机被乙捡回送给邻居丙。丙因病死亡,包括旧电视机在内的遗产被儿子丁继承。下列关于上述法律事实性质的说法中,正确的是( )。

A. 乙捡回旧电视机取得其所有权,属于双方法律行为
B. 乙将旧电视机送给邻居丙,属于单方法律行为
C. 丙死亡,属于引起继承关系发生的事实行为
D. 甲抛弃旧电视机,属于单方法律行为

解析 本题考查民事法律行为的分类。选项A,乙捡回旧电视机取得其所有权,属于通过"先占"取得所有权。先占属于事实行为,非法律行为。选项B,属于双方民事法律行为。选项C,人的死亡属于自然事实中的事件,而非事实行为。

【例题25·单选题】 根据我国民事法律的理论,关于赠与合同,下列说法正确的是( )。

A. 赠与合同是单方法律行为
B. 赠与合同是无偿法律行为
C. 赠与合同是双务法律行为
D. 赠与合同是要式法律行为

解析 本题考查法律行为的分类。赠与合同是双方法律行为、无偿法律

答案
例题24 | D
例题25 | B

行为、单务法律行为、不要式法律行为。

【例题 26·多选题】 下列合同中,属于要式法律行为的有( )。

A. 赠与合同
B. 买卖合同
C. 保证合同
D. 借用合同
E. 抵押合同

解析 本题考查要式法律行为。选项 C,保证人与债权人应当以书面形式订立保证合同,故保证合同属于要式合同。选项 E,设立抵押权,当事人应当采取书面形式订立抵押合同,故抵押合同属于要式合同。选项 A、B、D,赠与合同、买卖合同、借用合同均为不要式合同。

考点十五 民事法律行为的形式 ★

民事法律行为的形式,见表 7-17。

表 7-17 民事法律行为的形式

项目		内容
明示形式	口头形式	【例】当面交谈、电话交谈、托人带口信
	书面形式	【例】合同书、信件、电报、电传、传真。 **提示** 以电子数据交换、电子邮件等方式能够有形地表现所载内容,并可以随时调取查用的数据电文,视为书面形式
默示形式	推定默示	积极作为推知行为人已作某种意思表示,如租赁期满,承租人继续交租金,出租人受领,推定双方续签租赁合同
	特定沉默	单纯的不作为被赋予一定意思表示,仅适用法律规定、当事人约定或符合交易习惯,如继承开始后遗产处理前,继承人没有以书面形式作出放弃继承的表示,视为接受继承

【例题 27·单选题】 民事法律行为是以意思表示为核心要素,旨在依意思表示的内容发生相应私法效果的表意行为,法律行为的形式其实就是意思表示的方式。下列意思表示的方式中,仅在法律有特别规定、当事人有特别约定或符合当事人之间的交易习惯的情形下,才可以视为意思表示的是( )。

A. 沉默形式
B. 口头形式
C. 书面形式
D. 推定形式

解析 本题考查法律行为的形式。法律行为的形式分为明示形式和默示形式两大类。其中,明示形式又可以分为口头形式和书面形式等;默示形式

答案
例题 26 | CE
例题 27 | A

包括推定默示和特定沉默两类。沉默只有在有法律规定、当事人约定或者符合当事人之间的交易习惯时，才可以视为意思表示。

考点十六 民事法律行为的成立和生效 ★★   一学多考|中注

1. 民事法律行为的成立要件

民事法律行为的成立要件，见表7-18。

表7-18 民事法律行为的成立要件

项目	内容
一般成立要件	(1)单方法律行为：当事人意思表示完成； (2)双方或多方法律行为：双方或者多方意思表示达成一致
特别成立要件	(1)要物法律行为：须交付标的物，如借用合同、一般保管合同； (2)要式法律行为：以书面或者公证形式，如建设工程合同

2. 民事法律行为的生效要件

民事法律行为的生效要件，见表7-19。

表7-19 民事法律行为的生效要件

项目	内容	
一般生效要件	行为人具有相应的民事行为能力	
	意思表示真实	
	不违反法律、行政法规的强制性规定，不违背公序良俗	
特别生效要件	附停止条件法律行为	所附条件成就
	附始期法律行为	所附期限届至
	公示行为	采行法定公示方式
	效力待定行为	第三人同意
	遗嘱	立遗嘱人死亡
	法律规定须经批准	获得批准

3. 意思表示

(1)概念：民事主体将欲产生一定民事法律效果的内心意思，通过适当方式的对外表示。

(2)构成要素：主观要素(行为意思、表示意识、效果意思)和客观要素(表示行为)。

(3)有相对人的意思表示生效时间，见表7-20。

表7-20 有相对人的意思表示生效时间

项目	内容
对话方式	相对人知道其内容时生效

(续表)

项目		内容
非对话方式	数据电文	生效时间有约定的，按照约定
		指定特定系统接收数据电文：该数据电文进入该特定系统时生效
		未指定特定系统：相对人知道或者应当知道该数据电文进入其系统时生效
	其他	以非对话方式作出，到达相对人时生效
公告方式		以公告方式作出，公告发布时生效

(4)无相对人的意思表示生效时间：表示完成时生效，法律另有规定的，依照其规定。

【例题28·单选题】(2021年)甲承租乙的一套房屋，两人在租赁合同之中约定，若甲连续三个月不缴纳房租，乙可以单方解除租赁合同。后来，甲失业，连续3个月没有缴纳房租。2021年5月1日，乙打电话给甲，欲通知其解除合同，甲当时在地下室没有收到电话，后来甲当日回电，乙未接通。5月3日，乙以邮寄的方式向甲寄出解约通知函，5月4日到达甲处。但是甲由于心情不佳，回老家散心，5月13日才返回出租屋，收到解约通知。下列关于合同解除时间的说法正确的是(　　)。

A. 甲、乙的租赁合同于5月4日解除
B. 甲、乙的租赁合同于5月13日解除
C. 甲、乙的租赁合同于5月1日解除
D. 甲、乙的租赁合同于5月3日解除

解析▶本题考查租赁合同、意思表示的生效时间。当事人一方依法主张解除合同的，应当通知对方。合同自通知到达对方时解除。以对话方式作出的意思表示，相对人知道其内容时生效。以非对话方式作出的意思表示，到达相对人时生效。本题中5月1日乙打电话并没有接通，甲并不知道乙解除租赁合同的意思。5月4日解约通知函到达甲处，此时解除租赁合同的意思生效。

【例题29·单选题】(2020年)下列关于意思表示生效时间的说法中，符合《民法典》的规定的是(　　)。

A. 以公告方式作出意思表示，公告发布时生效
B. 以非对话方式作出的意思表示，相对人知道其内容时生效
C. 以对话方式作出的意思表示，到达相对人时生效
D. 采用数据电文形式的非对话意思表示，进入相对人任一系统时生效

解析▶本题考查意思表示的生效。选项A，以公告方式作出的意思表示，公告发布时生效。选项B，以非对话方式作出的意思表示，到达相对人时生

答案
例题28 | A
例题29 | A

效。选项C，以对话方式作出的意思表示，相对人知道其内容时生效。选项D，以非对话方式作出的采用数据电文形式的意思表示，相对人指定特定系统接收数据电文的，该数据电文进入该特定系统时生效。未指定特定系统的，相对人知道或者应当知道该数据电文进入其系统时生效。当事人对采用数据电文形式的意思表示的生效时间另有约定的，按照其约定。

考点十七 民事法律行为附款 ★★★   —学多考|中

1. 附条件法律行为

（1）条件的特征：须是将来发生的事实；成就与否须不确定；须为合法事实；须为当事人约定的事实。

（2）条件的效力，见表7-21。

表7-21 条件的效力

项目	内容
生效条件/延缓条件/停止条件：自条件成就时生效	不正当地阻止条件成就的，视为条件已成就；不正当地促成条件成就的，视为条件不成就
解除条件：自条件成就时失效	
所附条件不可能发生：约定为生效条件的，法院应当认定民事法律行为不发生效力；约定为解除条件的，应当认定未附条件，民事法律行为是否失效依法认定	

2. 附期限法律行为

（1）条件和期限的区分：条件将来成就与否不确定，而期限将来确定发生。

（2）期限的效力：附生效期限（始期/延缓期限）的民事法律行为，自期限届至时生效。附终止期限（终期/解除期限）的民事法律行为，自期限届满时失效。

【例题30·单选题】（2021年）奥运会前夕，甲对乒乓球运动员乙说：一个月后的奥运会，你若赢某国运动员丙，我即送你一套价值500万元的海景房。根据《民法典》的相关规定，上述法律事实在甲、乙之间产生了一项（　　）。

A. 附期限法律行为　　　　B. 有偿法律行为
C. 附条件法律行为　　　　D. 实践性法律行为

解析 本题考查法律行为附款。附条件法律行为，是指包含条件附款的法律行为。条件，是指由行为人选定、用以控制民事法律行为效果效力发生或者消灭的、成就与否并不确定的将来事实。乙在奥运会上能否赢某国运动员具有不确定性，属于附条件民事法律行为。

【例题31·多选题】（2019年）甲、乙约定：若乙考上音乐学院，甲即将其珍藏的一把小提琴以1.5万元的价格卖给对该琴心仪已久的乙。后甲因急

答案
例题30 | C

需用钱将该小提琴以1万元的价格卖给了丙(丙不知甲、乙间的约定),且钱货两清。乙考上音乐学院后,向甲求购该小提琴未果。双方遂发生纠纷。下列有关小提琴买卖合同效力及乙的请求权的说法中,正确的有(   )。

A. 甲、乙间买卖合同先于甲、丙间买卖合同生效
B. 甲、丙间买卖合同有效
C. 甲、乙间买卖合同有效
D. 乙有权请求甲承担违约责任
E. 乙无权请求丙返还小提琴,因丙已经善意取得小提琴所有权

解析 本题考查法律行为的附款、违约责任、所有权的取得和消灭。选项A,甲、乙之间是"附生效条件"的买卖合同,条件成就之前,合同已经成立但未生效。因此,甲、丙的买卖合同生效在先。选项B、C,一物多卖的买卖合同,原则上均有效。选项D,甲、乙的买卖合同在条件成就后生效,甲违约,乙可以追究甲的违约责任。选项E,甲、丙的买卖合同,甲是所有权人,是有权处分行为,不适用善意取得制度。

考点十八 民事法律行为的效力样态 ★★★   一学多考|中注

1. 完全生效的民事法律行为
完全具备法律规定和当事人约定的生效要件的民事法律行为。
2. 尚未完全生效的民事法律行为
(1)民事法律行为已成立,且具备一般生效要件;但存在法定或约定的特别生效要件,而该特别生效要件尚未成就。
(2)效力状态属于待生效(非终局的效力状态,而是过渡性、暂时性效力状态)。
(3)具有一定拘束力,任何一方不得擅自撤回、解除或者变更。
(4)特别生效要件不能成就,即转化为确定不生效民事法律行为。
3. 无效的民事法律行为
(1)无民事行为能力人实施;
(2)行为人与相对人恶意串通,损害他人合法权益;
(3)行为人与相对人以虚假的意思表示实施;
(4)违反法律、行政法规的强制性规定,但该强制性规定不导致无效的除外;
(5)违背公序良俗。
后果:自始没有法律约束力(自始无效);部分无效,不影响其他部分效力。
4. 可撤销的民事法律行为
可撤销的民事法律行为,见表7-22。

记忆口诀
无民事、恶意、虚假、违法(谐音:无恶虚伪)。

记忆口诀
重大误解、显失公平、欺诈、胁迫(谐音:武功气魄)。

答案
例题 31 | BCD

表 7-22 可撤销的民事法律行为

情形	撤销权人	除斥期间
重大误解	行为人	自知道或者应当知道撤销事由之日起 90 日
欺诈	受欺诈方	自知道或者应当知道撤销事由之日起 1 年
胁迫	受胁迫方	自胁迫行为终止之日起 1 年
显失公平	受损害方	自知道或者应当知道撤销事由之日起 1 年

撤销权消灭：
（1）自民事法律行为发生之日起 5 年内没有行使撤销权；
（2）知道撤销事由后明确表示或者以自己的行为表明放弃撤销权

5. 效力待定的民事法律行为

（1）无权处分行为。

（2）狭义无权代理（不构成表见代理的无权代理）。

（3）债务承担。

（4）限制民事行为能力人实施的与其年龄、智力、精神健康状况不相适应的，有待其法定代理人同意或者追认的法律行为。相对人可以催告法定代理人自收到通知之日起 30 日内予以追认，未作表示的，视为拒绝。被追认前，善意相对人有撤销权。

> **记忆口诀**
> 主要是民事法律行为的主体问题。

得分高手（2023 年单选；2021 年多选）

重点考查无效、可撤销和效力待定的民事法律行为的区别。无效民事法律行为主要原因是违法，可撤销民事法律行为主要原因是违背真实意思，效力待定民事法律行为主要原因是主体不合格。通过口诀记忆无效和可撤销法律行为，用排除法掌握效力待定法律行为。

【例题 32 · 多选题】（2024 年）下列属于确定不生效的民事法律行为的有（　　）。

A. 附期限民事法律行为，所附期限尚未届至
B. 基于重大误解实施的民事法律行为
C. 附停止条件的民事法律行为，所附条件确定不能成就
D. 法律、行政法规规定须经批准才生效的民事法律行为，终未获批准
E. 违背公序良俗的民事法律行为

解析 本题考查民事法律行为的效力样态。选项 A，尚未完全生效民事法律行为，也称"待生效民事法律行为"，是指存在法定或者约定的特别生效要件，而该特别生效要件尚未成就的民事法律行为。包括：①尚未满足法定特别生效要件的民事法律行为，如法律、行政法规规定须办理批准等手续方能生效的，尚未办理批准等手续；②尚未满足约定特别生效要件的民事法律行为，如附停止条件或附始期的民事法律行为，所附停止条件

答案
例题 32 | CD

尚未成就或所附期限尚未届至。选项 B，属于可撤销民事法律行为。选项 C、D，尚未完全生效民事法律行为，若其法定或者约定的特别生效要件确定不能成就，则其即转化为"确定不生效民事法律行为"。前者如法律、行政法规规定须办理批准等手续方能生效的民事法律行为，终未获批准；后者如附停止条件的民事法律行为，所附停止条件确定不能成就。选项 E，属于无效民事法律行为。

【例题 33·单选题】(2023 年)根据《民法典》的规定，下列甲、乙之间的合同，效力待定的是(　　)。

A. 甲在醉酒的情况下将自己的摩托车低价卖给乙
B. 甲授权 16 岁的丙将汽车以 15 万元的价格出卖给乙
C. 甲将其一处正在出租的房产赠送给 15 岁的乙
D. 甲将价值 16 万元的汽车作为生日礼物赠送给 7 岁的乙

解析　本题考查民事法律行为的效力。选项 A、C，属于有效的民事法律行为。选项 B，属于效力待定的民事法律行为。选项 D，属于无效的民事法律行为。

【例题 34·单选题】(2023 年)根据《民法典》的规定，下列关于撤销权除斥期间的说法，正确的是(　　)。

A. 因受欺诈实施的民事法律行为，撤销权除斥期间为 90 日
B. 因受胁迫实施的民事法律行为，撤销权除斥期间为 1 年
C. 因重大误解实施的民事法律行为，撤销权除斥期间为 1 年
D. 上述撤销权除斥期间自可撤销民事法律行为发生之日起算

解析　本题考查可撤销民事法律行为的撤销权。有下列情形之一的，撤销权消灭：①当事人自知道或者应当知道撤销事由之日起 1 年内、重大误解的当事人自知道或者应当知道撤销事由之日起 90 日内没有行使撤销权；②当事人受胁迫，自胁迫行为终止之日起 1 年内没有行使撤销权；③当事人知道撤销事由后明确表示或者以自己的行为表明放弃撤销权；④当事人自民事法律行为发生之日起 5 年内没有行使撤销权。

【例题 35·多选题】(2021 年)甲有笔记本电脑 1 台，对 15 周岁的乙表达出卖的意愿，限乙 1 周内答复，乙当即拒绝，但乙父次日知悉后表示同意。根据《民法典》的相关规定，甲、乙间笔记本电脑买卖合同(　　)。

A. 可撤销　　　　　　　　B. 不成立
C. 有效　　　　　　　　　D. 效力待定
E. 成立

解析　本题考查民事法律行为的效力。15 周岁的乙为限制民事行为能力人，限制民事行为能力人实施的纯获利益的民事法律行为或者与其年龄、智力、精神健康状况相适应的民事法律行为有效；实施的其他民事法律行为经法定代理人同意或者追认后有效。

答案
例题 33｜B
例题 34｜B
例题 35｜CE

考点十九 民事法律行为的代理 ★★★ 一学多考|中注

1. 代理的适用范围、特征与行使

（1）适用范围：法律规定、当事人约定或者民事法律行为的性质，应当由本人亲自实施的民事法律行为，不得代理。例如，结婚、离婚等身份行为。

（2）特征：代理人代他人实施民事法律行为；代理人以被代理人的名义实施民事法律行为；代理人在代理活动中独立发出或者受领意思表示；代理行为的法律后果直接归属于被代理人。

提示 禁止自己代理和双方代理，被代理人同意或者追认的除外（效力待定）。

2. 代理的分类

代理的分类，见表7-23。

表7-23 代理的分类

分类		具体规定
根据代理权的来源	委托代理	（1）基于被代理人的委托授权，例如，税务代理； （2）可以采用口头形式、书面形式
	法定代理	（1）依照法律规定行使代理权，如监护人、失踪人的财产代管人、清算组； （2）无、限制民事行为能力人的监护人； （3）失踪人的财产由其配偶、成年子女、父母或其他愿意担任财产代管人的人代管
	职务代理	（1）基于职权而实施的代理：执行法人或者非法人组织工作任务的人员（本质属于委托代理）； （2）法人或非法人组织对执行其工作任务的人员职权限制，不得对抗善意相对人；超越职权订立合同对法人不生效，法人有过错，应赔偿
根据代理权的范围	概括代理	代理权范围及于一切民事法律行为
	特别代理	代理权被限定在一定范围内或者特定事项上。 **提示** 未指明为特别代理，无法确定代理权限范围，推定为概括代理
根据代理人的人数	单独代理	代理权属于单独一个人
	共同代理	代理权属于数人；应当共同行使代理权，另有约定的除外
根据代理人的产生方式	本代理	代理人由被代理人选任或依法产生
	再代理	（1）也称复代理、转代理，应取得被代理人的同意或追认； （2）代理人仅就第三人的选任、对第三人的指示承担责任； （3）未经被代理人同意或追认的，代理人承担责任；但紧急情况除外

【例题36·单选题】(2024 年)根据《民法典》的规定,职务代理不同于一般委托代理之处在于( )。

A. 代理人可以是法人、非法人组织或自然人
B. 被代理人限于法人或非法人组织
C. 不适用表见代理
D. 被代理人对代理人权限的限制不得对抗善意第三人

解析 本题考查代理的分类。职务代理,是指法人或者非法人组织的工作人员基于其职权以法人或者非法人组织的名义所实施的代理。

3. 无权代理

(1)狭义无权代理:行为人没有代理权、超越代理权或者代理权终止后,仍然实施代理行为。相对人可以催告被代理人自收到通知之日起 30 日内追认。未作表示的,视为拒绝追认。追认前,善意相对人有撤销的权利。未被追认的,善意相对人有权请求无权代理人履行债务或赔偿损失。

(2)表见代理,见表 7-24。

表 7-24 表见代理

项目	内容
构成要件	(1)行为人无代理权但以本人名义实施民事法律行为; (2)客观上存在使相对人相信行为人有代理权的表征; (3)相对人须为善意,即无过失地不知行为人无代理权; (4)具备民事法律行为的生效要件
类型	(1)授权表示型:未获授权+相对人善意信赖有代理权; (2)权限逾越型:超越代理权+相对人善意信赖其未越权代理; (3)权限延续型:代理期限届满后或者约定的代理事务完成后或者代理权被撤销后+相对人善意信赖仍有代理权

> **知识点拨** 发生有权代理的效果。

【例题37·单选题】(2020 年)甲在展销会上看到乙公司展台上有一款进口食品料理机,想起同事丙前几天说想买 1 台料理机,遂自作主张以丙的名义向乙公司订购 1 台该款料理机,约定货到付款。随后,乙公司将料理机快递给丙,丙签收并付款。根据《民法典》的规定,乙公司与丙之间买卖合同的效力应为( )。

A. 无效 B. 效力待定
C. 有效 D. 可撤销

解析 本题考查无权代理。无权代理人以被代理人的名义订立合同,被代理人已经开始履行合同义务或者接受相对人履行的,视为对合同的追认。甲擅自以丙的名义与乙公司签订料理机买卖合同,属于无权代理行为。之后丙签收料理机并付款,属于对买卖合同的追认,此时买卖合同有效。

【例题38·单选题】下列民事代理行为中,属于表见代理的是( )。
A. 代理人超越被代理人的委托授权范围所作出的代理行为

答案
例题 36 | B
例题 37 | C

B. 某公司销售员被公司解除职务后,继续以该公司销售员身份与原客户订立销售公司产品的合同

C. 被代理人死亡后,代理人继续实施的代理行为

D. 无民事行为能力、限制民事行为能力人的监护人

解析 本题考查表见代理。表见代理是指虽无代理权但表面上有足以使人相信其有代理权的表征,从而须由本人负授权之责的代理。选项 A,属于越权的无权代理。选项 C,属于代理权消灭后的无权代理。选项 D,属于法定代理。

4. 委托代理关系的终止

(1) 代理期限届满或者代理事务完成;

(2) 被代理人取消委托或者代理人辞去委托;

(3) 代理人丧失民事行为能力;

(4) 代理人或者被代理人死亡;

(5) 作为代理人或者被代理人的法人、非法人组织终止。

被代理人死亡后,有下列情形之一的,委托代理行为有效:①代理人不知道且不应当知道被代理人死亡;②被代理人的继承人予以承认;③授权中明确代理权在代理事务完成时终止;④被代理人死亡前已经实施,为了被代理人的继承人的利益继续代理。

> **知识点拨**
> 作为被代理人的法人、非法人组织终止的,参照适用上述规定。

5. 法定代理关系终止的情形

(1) 被代理人取得或者恢复完全民事行为能力;

(2) 代理人丧失民事行为能力;

(3) 代理人或者被代理人死亡;

(4) 法律规定的其他情形。

【例题 39·多选题】(2020 年)甲委托乙出售房屋,并向乙出具授权委托书。根据《民法典》的规定,下列乙的代理行为中,属于效力待定行为的有( )。

A. 乙与丁恶意串通以远低于市场价的价格将房屋卖给丁

B. 乙在甲取消委托后,仍向他人出示尚未被收回的授权委托书售出房屋

C. 乙以甲的名义与自己签订房屋卖合同

D. 乙不知甲意外去世,以甲的名义将房屋卖给他人

E. 乙以甲的名义与委托其买房的丙签订房屋买卖合同

解析 本题考查代理。选项 A,行为人与相对人恶意串通,损害他人合法权益的民事法律行为无效。选项 B,行为人没有代理权、超越代理权或者代理权终止后,仍然实施代理行为,相对人有理由相信行为人有代理权的,代理行为有效。选项 C、E,代理人不得以被代理人的名义与自己实施民事法律行为,但是被代理人同意或者追认的除外。代理人不得以被代理人的名义与自己同时代理的其他人实施民事法律行为,但是被代理的双方同意或者追认的除外。选项 D,被代理人死亡后,代理人不知道且不应当知道被代理人

答案
例题 38 | B
例题 39 | CE

死亡，委托代理人实施的代理行为有效。

第五节 诉讼时效和除斥期间

考点二十 诉讼时效概述 ★★★   一学多考|中注

1. 概念

请求权人在法定期间内不行使请求权，导致义务人永久抗辩权发生效果的时效。

2. 适用对象

(1)债权请求权、物权请求权(主要是未登记动产)。

(2)不适用诉讼时效：①停止侵害、排除妨碍、消除危险请求权；②不动产物权和登记的动产物权的权利人的返还财产请求权；③支付抚养费、赡养费或者扶养费请求权；④支付存款本金及利息请求权；⑤兑付国债、金融债券以及向不特定对象发行的企业债券本息请求权；⑥基于投资关系产生的缴付出资请求权。

> 记忆口诀
> 村寨头，亲爱威武样。

3. 特征

(1)诉讼时效届满的，义务人可以提出不履行义务的抗辩。

(2)诉讼时效届满后，义务人同意履行的，不得以诉讼时效期间届满为由抗辩；义务人已经自愿履行的，不得请求返还。

(3)法院不得主动适用诉讼时效的规定。

(4)诉讼时效具有法定性：期间、计算方法、中止、中断的事由法律规定，约定无效。

【例题40·单选题】(2021年)根据《民法典》相关规定，下列关于诉讼时效期间届满的法律效果的说法中，正确的是( )。

A. 诉讼时效期间届满后，义务人已经自愿履行义务的，可以主张返还不当得利

B. 诉讼时效期间届满后，义务人同意履行义务的，诉讼时效期间重新起算

C. 诉讼时效期间届满，权利人丧失实体权利

D. 诉讼时效期间届满，义务人取得一时抗辩权

解析 本题考查诉讼时效。选项A，诉讼时效期间届满后，义务人同意履行的，不得以诉讼时效期间届满为由抗辩；义务人已经自愿履行的，不得请求返还。选项C、D，诉讼时效期间届满后，权利人的实体权利不丧失，但义务人享有永久性抗辩权。

考点二十一 诉讼时效期间的类型与起算 ★★★   一学多考|中注

1. 诉讼时效期间的类型

诉讼时效期间的类型，见表7-25。

> 答案
> 例题40 | B

第七章 民法总论

表 7-25 诉讼时效期间的类型

项目	内容			
普通诉讼时效	一般纠纷	3 年	自权利人知道或者应当知道权利受到损害以及义务人之日起，法律另有规定的除外	可以中止、中断，不得延长
特殊诉讼时效	涉外合同（国际货物买卖合同、技术进出口合同）	4 年		
最长保护期限	所有纠纷	20 年	自权利被侵害时	不适用中止、中断，可以延长

2. 诉讼时效期间的起算

诉讼时效期间的起算，见表 7-26。

表 7-26 诉讼时效期间的起算

项目	内容
普通诉讼时效	自权利人知道或者应当知道权利受到损害以及义务人之日起计算
最长保护期限	权利受到损害之日起计算
债务分期履行	自最后一期履行期限届满之日起计算
无民事行为能力人或者限制民事行为能力人	(1) 对其法定代理人的请求权自该法定代理终止之日起计算； (2) 权利受到损害的，诉讼时效期间自其法定代理人知道或者应当知道权利受到损害以及义务人之日起计算，法律另有规定的除外
未成年人遭受性侵害的损害赔偿请求权	自受害人年满 18 周岁之日起计算

【例题 41·多选题】(2020 年)下列关于诉讼时效的适用及期间起算的说法中，正确的有(   )。

A. 限制民事行为能力人对其法定代理人的请求权自知道权利受到损害之日起算
B. 身体受到伤害要求赔偿的，适用普通诉讼时效
C. 兑付国债本金和利息的请求权不适用诉讼时效
D. 债务人自愿履行债务后又以诉讼时效期间届满为由提出抗辩的，法院不予支持
E. 分期履行的债务，诉讼时效期间从最后一期履行期限届满之日起计算

解析 本题考查诉讼时效的适用及期间起算。选项 A，无民事行为能力人或者限制民事行为能力人对其法定代理人的请求权的诉讼时效期间，自该法定代理终止之日起计算。

答案
例题 41 | BCDE

考点二十二 诉讼时效的中止、中断 ★★★　　一学多考｜中注

1. 诉讼时效的中止

诉讼时效的中止，见表 7-27。

表 7-27　诉讼时效的中止

项目	内容
发生	在诉讼时效期间的最后 6 个月内
情形❷	(1) 不可抗力； (2) 无民事或者限制民事行为能力人没有法定代理人或者法定代理人死亡、丧失民事行为能力、丧失代理权； (3) 继承开始后未确定继承人或者遗产管理人； (4) 权利人被义务人或者其他人控制
后果	原因消除之日起满 6 个月，诉讼时效期间届满

> 记忆口诀
> 主要是客观因素：无民事、控制、不可抗力、继承（谐音：悟空不急）。

2. 诉讼时效中断

诉讼时效中断，见表 7-28。

表 7-28　诉讼时效中断

项目	内容
发生	在诉讼时效期间内
情形❷	(1) 权利人向义务人提出履行请求； (2) 义务人同意履行义务； (3) 权利人提起诉讼或者申请仲裁； (4) 与提起诉讼或者申请仲裁具有同等效力的其他情形。 其他情形：①申请支付令；②申请破产、申报破产债权；③为主张权利而申请宣告义务人失踪或死亡；④申请诉前财产保全、诉前临时禁令等诉前措施；⑤申请强制执行；⑥申请追加当事人或者被通知参加诉讼；⑦在诉讼中主张抵销
后果	诉讼时效期间重新计算

> 记忆口诀
> 主要是主观因素：要钱、还钱、告状。

【例题 42·单选题】某税务师事务所 2021 年 2 月 3 日为某公司提供涉税鉴证服务，应收报酬 5 万元。2022 年 1 月 17 日为该公司查账时，发现该公司尚有余款 3 万元未付，当日即向该公司催收。该公司以资金周转困难为由请求延期，被税务师事务所拒绝。2024 年 2 月 18 日，税务师事务所起诉该公司，请求判令该公司支付报酬。下列关于本案诉讼时效的表述中，正确的是(　　)。

A. 税务师事务所向公司催收报酬的行为导致诉讼时效中断
B. 税务师事务所的起诉已经超过了诉讼时效
C. 本案的诉讼时效届满日为 2024 年 1 月 16 日

D. 该公司请求延期的行为属于诉讼时效的中止事由

解析 ↘ 本题考查诉讼时效的中止和中断、诉讼时效期间以及诉讼时效的延长。选项A，在诉讼时效期间内，诉讼时效因提起诉讼，当事人一方提出要求或者同意履行义务而中断。催收行为导致诉讼时效中断。选项B、C，本案适用普通诉讼时效3年的规定，2022年1月17日诉讼时效中断，到2025年1月17日届满。事务所提起诉讼时，未超过诉讼时效。选项D，公司请求延期的行为导致诉讼时效中断，并不是诉讼时效中止。

考点二十三 诉讼时效期间与除斥期间 ★★

诉讼时效期间与除斥期间，见表7-29。

表7-29 诉讼时效期间与除斥期间

项目	诉讼时效期间	除斥期间
功能	维持新生秩序	维持原有秩序
适用对象	债权请求权、物权请求权	形成权：撤销权、解除权
性质	可变期间：适用中止、中断、延长	不变期间
法律效果	义务人永久性抗辩权，实体权利不消灭	实体权利消灭
期间始点	权利人知道或者应当知道权利受损以及义务人之日	权利人知道或者应当知道权利发生之日

提示1 按照日、月、年计算期间，开始的当天不算入，从下一天开始计算；

提示2 期间中的以上、以下、以内、届满等都包括本数；而不满、以外、超过不包括本数。

【**例题43·单选题**】（2019年）下列有关诉讼时效期间的说法中，正确的是（ ）。

A. 商品"保质期"属于诉讼时效期间

B. 当事人不可以自行约定诉讼时效期间

C. 法律规定的少缴税款的追征期限属于诉讼时效期间

D. 法律规定的多缴税款的退还期限属于诉讼时效期间

解析 ↘ 本题考查诉讼时效。选项A，诉讼时效的适用对象为请求权，商品"保质期"不涉及请求权，不属于诉讼时效。选项B，诉讼时效的期间、计算方法以及中止、中断事由均由法律明确规定，当事人约定无效。选项C、D，《税收征管法》规定的多缴税款的退还期限和少缴税款的追征期限，性质上均属于除斥期间，期间届满，纳税人的退税权、税务机关的追征权即消灭。

答案 ↘

例题42 | A

例题43 | B

同步训练

考点一 民法的概念和特征——考点三 民事法律关系的构成要素

1. (单选题)下列有关民法特征的说法中,正确的是(　　)。
   A. 民法是权利和义务法
   B. 民法是不平等主体之间的法律
   C. 民法规范多为任意性
   D. 民法规范多为强制性

2. (单选题)下列法律原则中,属于民法基本原则的是(　　)。
   A. 公信原则
   B. 公序良俗原则
   C. 公示原则
   D. 等价有偿原则

3. (单选题)下列属于民事法律关系客体的是(　　)。
   A. 自然人、法人和非法人组织
   B. 民事权利
   C. 民事义务
   D. 行为

考点四 民事义务——考点五 民事责任

1. (单选题)根据义务与其主体的关系,民事义务可以划分为(　　)。
   A. 法定义务和约定义务
   B. 专属义务和非专属义务
   C. 主义务和从义务
   D. 积极义务和消极义务

2. (单选题)根据复数责任人之间的对外关系,民事责任可以划分为(　　)。
   A. 按份责任和连带责任
   B. 过错责任、推定过错责任和无过错责任
   C. 有限责任和无限责任
   D. 侵权责任、违约责任、缔约过失责任

考点六 民事法律事实

1. (单选题)下列法律事实中,属于法律行为的是(　　)。
   A. 赵某的死亡
   B. 李某长大成年
   C. 王某与武某订立合同
   D. 周某转让债权后,通知债务人郑某

2. (多选题)下列法律事实中,属于事实行为的有(　　)。
   A. 建造房屋
   B. 无因管理
   C. 拾得遗失物
   D. 被继承人对继承人的宽恕
   E. 遗嘱继承关系发生

考点七 自然人——考点九 非法人组织

1. (单选题)下列有关法人特征的说法中,不正确的是(　　)。
   A. 法人是民法赋予民事权利能力和民事行为能力的团体
   B. 法人具有独立人格和独立财产

C. 法人以自己的名义参加民事活动

D. 法人不能独立承担民事责任

2. (单选题)下列有关非法人组织的说法中,不正确的是(   )。

A. 非法人组织具有法人资格

B. 非法人组织能够依法以自己的名义从事民事活动

C. 个人独资企业、合伙企业均属于非法人组织

D. 非法人组织出资人或设立人承担无限责任,法律另有规定的除外

3. (多选题)下列关于宣告失踪的说法中,正确的有(   )。

A. 自然人下落不明满2年的,利害关系人可以向法院申请宣告失踪

B. 失踪人所欠税款、债务和应付的其他费用,由财产代管人从失踪人的财产中支付

C. 战争期间下落不明的,下落不明的时间自战争开始之日起计算

D. 失踪人的财产由其配偶、成年子女、父母或者其他愿意担任财产代管人的人代管

E. 失踪人重新出现,经本人或者利害关系人申请,法院应当撤销失踪宣告

4. (多选题)下列情况,利害关系人可以向人民法院申请宣告其死亡的有(   )。

A. 2年前,甲在和妻子发生一次激烈冲突后离家出走,至今杳无音信

B. 乙3年前在攀爬珠穆朗玛峰的途中遭遇雪崩,至今下落不明

C. 丁患有老年痴呆,3年前与家人走失

D. 戊于10年前外出打工,不久后即与家人断绝联系,不断有村民在某市见到他,但其家人几次寻找未果

E. 5年前,戊在和邻居因琐事打架后离家出走,至今杳无音信

5. (多选题)下列关于宣告死亡的说法中,正确的有(   )。

A. 因意外事件下落不明,有关机关证明不可能生存的,不受2年时间限制

B. 对同一自然人,有的利害关系人申请宣告死亡,有的利害关系人申请宣告失踪,符合宣告死亡条件的,法院应当宣告失踪

C. 被宣告死亡的人,法院宣告死亡的判决生效之日视为其死亡的日期

D. 被宣告死亡但是并未死亡,不影响该自然人在被宣告死亡期间实施的民事法律行为的效力

E. 死亡宣告被撤销,婚姻关系一律自撤销死亡宣告之日起自行恢复

考点十 民事权利的分类——考点十二 民事权利的保护

1. (单选题)下列民事权利中,既属于财产权又属于请求权的是(   )。

A. 债权　　　　B. 配偶权　　　　C. 名誉权　　　　D. 亲属权

2. (单选题)12周岁的小明在看网红直播时,陆续为其打赏2万元,因小明父亲也是该网红的"铁粉",知情后追认了该行为。小明父亲的追认权利属于(   )。

A. 支配权　　　　B. 请求权　　　　C. 形成权　　　　D. 既得权

3. (单选题)下列属于公力救济的是(   )。

A. 正当防卫 B. 紧急避险
C. 自助行为 D. 民事诉讼

4. (多选题)下列关于民事权利属性的说法中,正确的有(   )。

A. 追认权属于形成权 B. 人身权属于对人权
C. 物权属于相对权 D. 债权属于请求权
E. 著作权属于支配权

5. (多选题)下列民事权利的继受取得方式中,基于法律行为取得的有(   )。

A. 丙基于抵押合同取得动产抵押权
B. 基于不当得利而取得不当利益的返还请求权
C. 甲基于地役权合同取得地役权
D. 戊基于买卖合同受让取得动产所有权
E. 丁基于继承取得遗产所有权

考点十三 民事法律行为的概念与特征——考点十五 民事法律行为的形式

1. (单选题)下列有关民事法律行为特征的说法中,不正确的是(   )。

A. 民事法律行为属于人为的法律事实
B. 民事法律行为属于非表意行为
C. 民事法律行为是旨在发生一定民事法律效果的行为
D. 民事法律行为的效果取决于国家法律的评价

2. (单选题)下列有关民事法律行为形式的说法中,正确的是(   )。

A. 电话交谈属于书面形式
B. 电子邮件属于口头形式
C. 租赁期满,承租人继续交租金,出租人受领,推定双方续签租赁合同,属于推定默示形式
D. 继承开始后遗产处理前,继承人没有以书面形式作出放弃继承的表示,视为接受继承,属于书面形式

3. (多选题)下列属于践成法律行为的有(   )。

A. 借款合同 B. 买卖合同
C. 保管合同 D. 租赁合同
E. 定金合同

考点十六 民事法律行为的成立和生效——考点十八 民事法律行为的效力样态

1. (单选题)下列有关民事法律行为成立的说法中,正确的是(   )。

A. 对于单方法律行为,须双方或者多方意思表示达成一致,民事法律行为始告成立
B. 对于双方或者多方法律行为而言,当事人意思表示完成,民事法律行为即告成立
C. 保管合同、定金合同须双方意思表示达成一致,合同始告成立
D. 不动产抵押合同除须双方意思表示达成一致之外,尚须采用书面形式合同始告成立

2. (单选题)下列民事法律行为中,属于附期限法律行为的是( )。
   A. 甲对乙承诺,如果明年乙获得博士学位,甲即赠给乙宝马车一辆
   B. 甲、乙约定,如果明天下雪,则甲将其滑雪板租给乙
   C. 甲、乙约定,若甲的儿子明年大学毕业回到本市工作,则乙将承租的房屋退还给甲
   D. 甲对乙承诺,下次下雨时送给乙一把折叠雨伞

3. (单选题)甲打算卖房,问乙是否愿意买。乙一向迷信,就跟甲说:"如果明天早上7点你家屋顶上来了喜鹊,我就出10万块钱买你的房子。"甲同意。乙回家后非常后悔。第二天早上差几分7点时,恰有一群喜鹊停在甲家的屋顶上,乙正要将喜鹊赶走,甲不知情的儿子拿起弹弓把喜鹊打跑了,至7点再无喜鹊飞来。关于甲、乙之间的房屋买卖合同,下列说法中正确的是( )。
   A. 合同尚未成立   B. 合同无效
   C. 乙有权拒绝履行该合同   D. 乙应当履行该合同

4. (多选题)民事法律行为的生效要件包括( )。
   A. 行为人具有完全的民事行为能力,且意思表示真实
   B. 不违反法律、行政法规的强制性规定,不违背公序良俗
   C. 附停止条件法律行为的特别生效要件,需所附条件成就
   D. 效力待定行为的特别生效要件,需采法定公示方式
   E. 遗嘱的特别生效要件,需立遗嘱人死亡

5. (多选题)甲、乙签订房屋买卖合同,双方约定,甲以300万元的价格将其房屋卖给乙。为少交税款,双方约定在书面房屋买卖合同中,交易价款写250万元,合同签订1周后,双方即办理了房屋过户登记手续,后因房款支付数额,双方发生纠纷。下列关于本案房屋买卖合同属性、效力及甲、乙双方权利义务的说法中,正确的有( )。
   A. 约定房屋价款300万元的房屋买卖合同有效
   B. 约定房屋价款250万元的房屋买卖合同有效
   C. 甲、乙关于房屋价款250万元的约定属于虚假意思表示
   D. 乙仅有义务向甲支付250万元房屋价款
   E. 甲有权请求乙支付300万元房屋价款

6. (多选题)根据民法相关规定,下列法律行为中,可因重大误解而请求撤销的有( )。
   A. 乙误将真画当成赝品而低价出售
   B. 丙误将单价1 800元的商品以180元的价格售出
   C. 甲不知女友已与他人结婚而到商场购买订婚钻戒
   D. 丁误认某人为救命恩人而给其5 000元以表谢意
   E. 戊误以为自己能分到公寓房而按公寓房面积到商场购买地毯

考点十九 民事法律行为的代理

1. (单选题)根据《民法典》的规定,下列法律行为中,可以通过代理实施的是( )。
   A. 签订抵押合同
   B. 婚姻登记
   C. 订立遗嘱
   D. 签订收养协议

2. (多选题)李某与甲公司解除代理关系后,持甲公司未收回的盖有甲公司印章的空白合同,代理甲公司与善意的乙公司签订了供货合同。下列关于李某代理行为的表述,正确的有( )。
   A. 属于无权代理
   B. 属于有权代理
   C. 代理行为有效
   D. 代理行为无效
   E. 属于表见代理

考点二十 诉讼时效概述

1. (单选题)根据《民法典》相关规定,下列关于诉讼时效特征的说法中,不正确的是( )。
   A. 诉讼时效届满后,义务人可以提出不履行义务的抗辩
   B. 诉讼时效届满后,义务人同意履行的,不得以诉讼时效期间届满为由抗辩
   C. 诉讼时效届满后,义务人已经自愿履行的,不得请求返还
   D. 法院可以主动适用诉讼时效的规定

2. (多选题)下列请求权中,法院不支持当事人提出诉讼时效抗辩的有( )。
   A. 请求支付抚养费、赡养费或者扶养费
   B. 存款本金和利息的偿付请求权
   C. 身体受到伤害的损害赔偿请求权
   D. 买卖合同的支付请求权
   E. 基于投资关系产生的缴付出资请求权

考点二十一 诉讼时效期间的类型与起算——考点二十三 诉讼时效期间与除斥期间

1. (单选题)根据民事法律制度的规定,下列有关诉讼时效制度的表述错误的是( )。
   A. 诉讼时效期间自权利人知道或者应当知道权利受到损害以及义务人之日起计算
   B. 未成年人遭受性侵害的损害赔偿请求权的诉讼时效期间,自受害人受到侵害之日起计算
   C. 当事人约定同一债务分期履行的,诉讼时效期间自最后一期履行期限届满之日起计算
   D. 自权利受到损害之日起超过20年的,人民法院不予保护;有特殊情况的,人民法院可以根据权利人的申请决定延长

2. (单选题)武某向潘某借款30万元,2023年3月5日借款到期,武某提出要求潘某偿还借款,潘某拒绝向武某支付。2024年4月,武某出差遭遇车祸后,住院20天,此期间未要求潘某支付借款。根据《民法典》的规定,武某请求人民法院保护

潘某返还借款的权利的诉讼时效期间为( )。

A. 自 2023 年 3 月 5 日至 2024 年 3 月 5 日
B. 自 2023 年 3 月 5 日至 2024 年 3 月 25 日
C. 自 2023 年 3 月 5 日至 2026 年 3 月 5 日
D. 自 2023 年 3 月 5 日至 2026 年 3 月 25 日

3. (多选题)诉讼时效期间与除斥期间是民法上两项权利行使的限制期间,下列关于二者区别的说法中,正确的有( )。

A. 除斥期间旨在维持原有秩序,诉讼时效期间旨在维持新生秩序
B. 除斥期间适用于形成权,诉讼时效期间适用于请求权
C. 除斥期间为可变期间,诉讼时效期间为不变期间
D. 除斥期间届满,发生义务人永久性抗辩权;诉讼时效期间届满,实体权利消灭
E. 除斥期间自权利人知道或者应当知道权利产生之日起算,诉讼时效期间自权利人知道或者应当知道权利受到损害以及义务人之日起算

参考答案及解析

考点一 民法的概念和特征——考点三 民事法律关系的构成要素

1. C 【解析】本题考查民法的特征。选项 A,民法是权利法。选项 B,民法是平等主体之间的法律。选项 D,民法规范多为任意性,而不是强制性。

2. B 【解析】本题考查民法的基本原则。民法的基本原则包括:权益保护原则、平等原则、自愿原则、公平原则、诚实信用原则、公序良俗原则、生态保护/绿色原则。

3. D 【解析】本题考查民事法律关系的构成要素。选项 A,属于民事法律关系的主体。选项 B、C,属于民事法律关系的内容。

考点四 民事义务——考点五 民事责任

1. B 【解析】本题考查民事义务的分类。选项 A,根据义务发生的依据划分为法定义务和约定义务。选项 C,根据相关联义务之间的地位划分为主义务和从义务。选项 D,根据义务人行为方式或者内容划分为积极义务和消极义务。

2. A 【解析】本题考查民事责任的分类。选项 B,根据侵权责任的构成要件和举证方式,民事责任分为过错责任、推定过错责任和无过错责任。选项 C,根据出资人承担责任的财产范围,民事责任分为有限责任和无限责任。选项 D,根据民事责任的产生原因,民事责任分为侵权责任、违约责任和缔约过失责任。

考点六 民事法律事实

1. C 【解析】本题考查民事法律事实。选项 A,属于事件。选项 B,属于状态。这两项均为自然事实。选项 D,属于准法律行为。

2. ABC 【解析】本题考查事实行为。选项 D,属于准法律行为。选项 E,属于法律事实构成。

考点七 自然人——考点九 非法人组织

1. D 【解析】本题考查法人的特征。法人能独立承担民事责任。

2. A 【解析】本题考查非法人组织。选项 A，非法人组织不具有法人资格。

3. ABDE 【解析】本题考查宣告失踪。选项 C，战争期间下落不明的，下落不明的时间自战争结束之日或有关机关确定的下落不明之日起计算。

4. BE 【解析】本题考查宣告死亡的条件。宣告死亡的条件包括：①一般下落不明满4年；②因意外事件，下落不明满2年（因意外事件下落不明，经有关机关证明该自然人不可能生存的，申请宣告死亡不受该2年时间的限制）。选项 B，属于因意外事件下落不明，已满2年。选项 A、C，属于一般下落不明，不满4年。选项 D，尽管与家人断绝联系超过4年，但不断有村民见到他，不属于下落不明。选项 E，属于下落不明，已满4年。

5. AD 【解析】本题考查宣告死亡。选项 B，对同一自然人，有的利害关系人申请宣告死亡，有的利害关系人申请宣告失踪，符合宣告死亡条件的，法院应当宣告死亡。选项 C，被宣告死亡的人，法院宣告死亡的判决作出之日视为其死亡的日期；因意外事件下落不明宣告死亡的，意外事件发生之日视为其死亡的日期。选项 E，死亡宣告被撤销，婚姻关系自撤销死亡宣告之日起自行恢复。但是，其配偶再婚或者向婚姻登记机关书面声明不愿意恢复的除外。

考点十 民事权利的分类——考点十二 民事权利的保护

1. A 【解析】本题考查民事权利的分类。配偶权、名誉权、亲属权属于人身权，不属于财产权。

2. C 【解析】本题考查民事权利的分类。形成权，是指权利人依其单方意思表示，就能使既存的法律关系发生变化的权利，如承（追）认权、同意权、选择权、撤销权、解除权、抵销权、终止权等。

3. D 【解析】本题考查民事权利的保护。选项 A、B、C，均属于私力救济。

4. ADE 【解析】本题考查民事权利的分类。选项 A，形成权，是指依权利人单方意思表示，就能使既存的法律关系发生变化的权利，如追认权、同意权、选择权、撤销权、解除权、抵销权、终止权。选项 B，对世权，是指能够请求不特定的一般人为一定行为的权利，如物权、人格权、身份权等。对人权，是仅能请求特定的人为一定的行为的权利，如债权。选项 C，以权利实现方式为标准，民事权利可划分为绝对权与相对权。绝对权，是指无须他人协助，即可行使、实现的权利，如物权、人格权。相对权，是指须借助他人的协助，方可实现的权利，如债权。选项 D，请求权，是可以请求他人为一定行为或者不为一定行为的权利，如债权。选项 E，支配权，是对客体直接支配并享受其利益的排他性权利，如物权、人身权和知识产权。

5. ACD 【解析】本题考查民事权利的继受取得。选项 B，属于民事权利的原始取得。选项 E 属于基于民事法律行为之外的法律事实的继受取得。

考点十三 民事法律行为的概念与特征——考点十五 民事法律行为的形式

1. B 【解析】本题考查民事法律行为的特征。选项 B，民事法律行为属于表意行为。

2. C 【解析】本题考查民事法律行为的形式。选项 A，电话交谈属于口头形式。选项 B，电子邮件属于书面形式。选项 D，继承开始后遗产处理前，继承人没有以书面形式作出放弃继承的表示，视为接受继承，属于特定沉默。

3. CE 【解析】本题考查践成法律行为。选项 A、B、D，属于诺成法律行为。

考点十六 民事法律行为的成立和生效——考点十八 民事法律行为的效力样态

1. D 【解析】本题考查民事法律行为的成立。选项 A，对于单方法律行为，当事人意思表示完成，民事法律行为即告成立。选项 B，对于双方或者多方法律行为而言，须双方或者多方意思表示达成一致，民事法律行为始告成立。选项 C，保管合同、定金合同，除须双方意思表示达成一致之外，尚须完成物的交付合同始告成立。

2. D 【解析】本题考查附条件、附期限的民事法律行为。期限是必然能到来的，条件是可能发生的。选项 A、B、C，所述事实可能发生，也可能不发生，属于附条件的法律行为。

3. C 【解析】本题考查附条件的民事法律行为。选项 A、B，甲、乙之间的合同为附生效条件的买卖合同，合同已经成立，尚未生效。选项 C、D，行为人为自己的利益不正当地阻止条件成就的，视为条件已成就；不正当地促成条件成就的，视为条件不成就。本题中，不存在乙恶意阻止条件成就的情形，第二天早上 7 点屋顶没有喜鹊飞来，甲、乙之间约定的条件未成就，合同不生效，乙无须履行合同。

4. BCE 【解析】本题考查民事法律行为的生效要件。选项 A，行为人具有相应的民事行为能力，且意思表示真实。选项 D，效力待定行为的特别生效要件，第三人同意。

5. ACE 【解析】本题考查民事法律行为。行为人与相对人以虚假的意思表示实施的民事法律行为无效。因此，约定价款 250 万元的买卖合同无效，而约定价款 300 万元的买卖合同有效，甲有权请求乙支付 300 万元的价款。

6. ABD 【解析】本题考查可撤销民事法律行为。行为人因对行为的性质、对方当事人、标的物的品种、质量、规格和数量等产生的错误认识，按照通常理解如果不发生该错误认识行为人就不会作出相应意思表示的，可以认定为重大误解。选项 C、E，属于对动机的错误认识，一般不构成重大误解，是有效行为。

考点十九 民事法律行为的代理

1. A 【解析】本题考查代理的适用范围。依照法律规定、当事人约定或者民事法律行为的性质，应当由本人实施的民事法律行为，不得代理，如订立遗嘱、婚姻登记、收养子女等；本人未亲自实施的，应当认定行为无效。

2. ACE 【解析】本题考查表见代理。选项 A、C、E，李某没有代理权，但持有甲公司未收回的盖有甲公司印章的空白合同，相对人有理由相信行为人有代理权的，属于表见代理，该代理行为有效。

考点二十 诉讼时效概述

1. D 【解析】本题考查诉讼时效的特征。选项D，诉讼时效抗辩权是义务人的一项重要权利，行使与否由义务人自主决定，司法不应主动干预。《民法典》规定，人民法院不得主动适用诉讼时效的规定。该规定与法院居中裁判的地位相适应。

2. ABE 【解析】本题考查诉讼时效。下列请求权不适用诉讼时效的规定：①停止侵害、排除妨碍、消除危险请求权；②不动产物权和登记的动产物权的权利人的返还财产请求权；③支付抚养费、赡养费或者扶养费请求权；④支付存款本金及利息请求权；⑤兑付国债、金融债券以及向不特定对象发行的企业债券本息请求权；⑥基于投资关系产生的缴付出资请求权；⑦依法不适用诉讼时效的其他请求权。

考点二十一 诉讼时效期间的类型与起算——考点二十三 诉讼时效期间与除斥期间

1. B 【解析】本题考查诉讼时效。选项B，未成年人遭受性侵害的损害赔偿请求权的诉讼时效期间，自受害人年满18周岁之日起计算。

2. C 【解析】本题考查诉讼时效期间和诉讼时效的中止。本题中，诉讼时效期间为2023年3月5日至2026年3月5日。中止诉讼时效是在诉讼时效结束前6个月内，本题并不符合该条件，所以不构成诉讼时效中止。

3. ABE 【解析】本题考查诉讼时效与除斥期间的区别。选项C，除斥期间为不变期间，诉讼时效期间为可变期间。选项D，除斥期间届满，实体权利消灭；诉讼时效期间届满，发生义务人永久性抗辩权。

亲爱的读者，你已完成本章23个考点的学习，本书知识点的学习进度已达36%。

第八章 物权法

重要程度:重点章节　分值:15分左右

考试风向

◼▰▰▰ 考情速递

本章主要内容包括物权总论、所有权、用益物权、担保物权和占有,理论性和专业性很强,学习难度大,要求理解和重点记忆。应系统学习所有考点,尤其重点关注物权变动、所有权的取得与消灭、共有、抵押权、质权和占有的分类。本章考查单选题、多选题和综合分析题,各种题型考查频率都很高,应当加强各种题型的训练。

◼▰▰▰ 2025年考试变化

本章无实质性变化。

◼▰▰▰ 脉络梳理

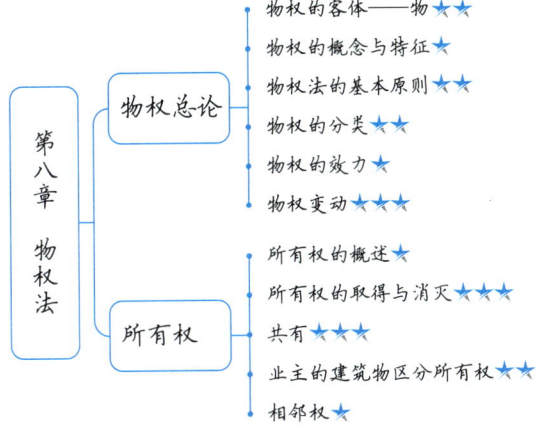

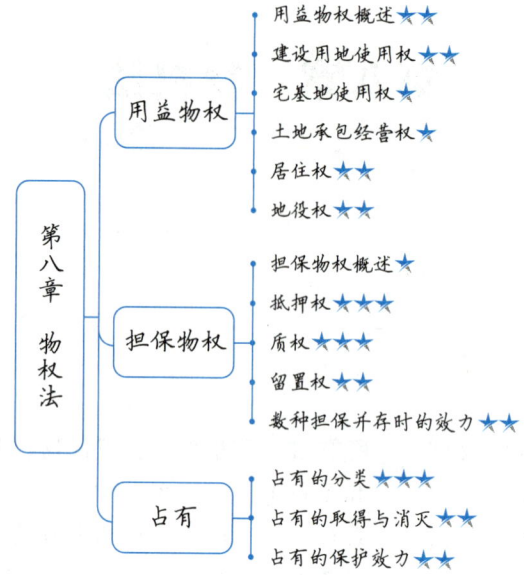

考点详解及精选例题

第一节 物权总论

考点一 物权的客体——物 ★★ 一学多考|中注

1. 物的概念
人们能够支配或者控制的物质实体和自然力,包括不动产和动产。
2. 物的特征
客观物质性;可支配性;可使用性;特定性;独立性;稀缺性。
3. 物的分类
物的分类,见表8-1。

表8-1 物的分类

标准	分类	含义/举例
根据能否移动或移动后是否损害价值	动产	如电脑、汽车、家用电器等
	不动产	如土地、海域、附着于土地上的建筑物及其他定着物、建筑物的固定附属设备等
根据是否有独立特征或被特定化	特定物	具有独立特征或者被权利人指定,不能以其他物替代的物,如齐白石的一幅画
	种类物	具有共同特征和同样经济意义并可以用度量衡计算的可替代之物,如五常大米

(续表)

标准	分类	含义/举例
根据在用途上的主从关系	主物	独立存在，在与同属一人所有的其他独立物结合使用中起主要作用的物
	从物	独立存在，在与同属一人所有的其他独立物结合使用中处于附属地位、起辅助和配合作用的物，如电视机是主物，其遥控器是从物。 **提示** 装在汽车上的轮胎、甲的电视机与乙的遥控器，上衣和裤子不是主物与从物的关系
根据能否分割	可分物	可以分割且分割后不损害其经济用途或者改变其性质的物，如面粉、汽油等
	不可分物	不能分割或分割损害其原有用途或降低其经济价值的物，如手机、汽车等
根据产出与被产出关系	原物	基于自然法则或依据一定的法律关系产生新物的物，如生蛋的母鸡、产生利息的存款本金
	孳息物	原物产生的新物，如母牛生的小牛、本金所产生的利息
		天然孳息：如鸡蛋、果实
		法定孳息：如利息、租金
	提示 孳息必须与原物分离，为独立物，母牛腹中的小牛不是孳息	
根据构成	单一物	独立成一体的物，如一头牛
	合成物	数个单一物结合为一体的物，如汽车
	集合物	多个单一物或合成物集合在一起构成的聚合体，如国家图书馆的全部藏书

知识点拨 主物转让，从物随主物转让，另有约定的除外。

【例题1·单选题】甲从商场购得一台电视机，发现缺少遥控器，于是向商场索要，商场称"遥控器需另外购买"。双方因此产生纠纷。下列关于本案纠纷处理及商场行为性质的说法中，正确的是(　　)。

A. 商场的行为构成缔约过失

B. 商场应当在交付电视机的同时交付遥控器

C. 商场拒绝交付遥控器的行为合法，因为遥控器和电视机是两个不同的物

D. 本案中的合同关系属于选择之债，商场有选择交付标的物的权利

解析 本题考查主物与从物。电视机和遥控器属于主物和从物的关系，在法律无相反规定或合同无相反约定的情形下，主物所有权转移时，从物所有权也随之转移，即对主物的处分及于从物。因此，商场在交付电视机的时候应当同时交付遥控器。

答案
例题1 | B

【例题2·多选题】根据物权法律制度的有关理论，下列选项中，属于民

法意义上孳息的有( )。

A. 母牛腹中的小牛　　B. 苹果树上长着的苹果
C. 母鸡下的鸡蛋　　　D. 每月出租房屋获得的租金
E. 银行存款产生的利息

解析 本题考查原物与孳息物。选项A，此处为一头怀孕的母牛，是一物而非两物。选项B，此处为一棵结了苹果的苹果树，是一物而非两物。

考点二　物权的概念与特征 ★

物权，是指权利人依法直接支配特定物，并享有其利益的排他性财产权，包括所有权、用益物权和担保物权。

物权特征：直接支配权；排他性财产权；对世权；绝对权。

考点三　物权法的基本原则 ★★

1. 物权客体特定原则

即一物一权原则，一物之上只能有一个所有权，不允许同时存在互不相容的两个以上的物权，如两个土地承包经营权、两个建设用地使用权、两个宅基地使用权。

提示 可以同时存在相容的两个以上的物权，如同一物上同时存在两个抵押权。

2. 物权法定原则

物权的种类、内容均由法律规定，不得由当事人自由创设。

3. 公示和公信原则

(1)公示原则：不动产要登记，动产要占有和交付；
(2)公信原则：物权的存在与变动因公示而取得法律上的可信赖性。

提示 善意取得制度是公信原则的具体体现。

【例题3·多选题】不可以在同一物上并存的物权有( )。

A. 建设用地使用权　　B. 所有权
C. 抵押权　　　　　　D. 质权
E. 宅基地使用权

解析 本题考查物权法的基本原则。一物一权，是指一个物上不允许有互不相容的两个以上的物权同时存在，如两个所有权、两个土地承包经营权、两个建设用地使用权、两个宅基地使用权。

考点四　物权的分类 ★★

物权的分类，见表8-2。

答案
例题2｜CDE
例题3｜ABE

表 8-2 物权的分类

标准	分类	含义/举例
根据是否对自有物享有物权	自物权	所有权
	他物权	用益物权、担保物权
根据物权客体的类型	动产物权	动产所有权、动产抵押权、动产质权
	不动产物权	不动产所有权、建设用地使用权、居住权、地役权、不动产抵押权
	权利物权	权利质权、权利抵押权
根据能否单独存在	主物权	单独存在的物权，如所有权、建设用地使用权
	从物权	不能单独存在、须依赖其他权利的存在而存在的物权，如担保物权、地役权
根据变动是否登记生效	登记物权	不动产物权
	非登记物权	绝大多数动产物权
根据他物权设立目的	用益物权	以实现对标的物的使用和收益为目的，如建设用地使用权、地役权、土地承包经营权、宅基地使用权、居住权等
	担保物权	为担保债务履行，支配标的物的交换价值，如抵押权、质权、留置权

记忆口诀：土地建住宅。

考点五 物权的效力 ★

1. 物权的排他支配力
（1）自物权具有完全的排他支配力；
（2）他物权具有不完全的排他支配力。
2. 物权的优先力
（1）物权效力优于债权，让与不得击破租赁除外；
（2）物权相互间的优先力：时间在先，效力优先。
3. 物权的妨害排除力
恢复物权人对物正常支配，如排除妨碍、消除危险和返还原物请求权。
4. 物权的追及效力
标的物无论辗转何处，物权人皆可追及，善意取得除外。

考点六 物权变动 ★★★ 一学多考｜中注

1. 物权的取得
物权的取得，见表 8-3。

表 8-3 物权的取得

分类	具体内容
原始取得	不依赖他人既存权利和意志,基于法律规定的特定法律事实而取得。 【例】国家取得无人认领的遗失物、漂流物、埋藏物或者隐藏物的所有权,因加工、附合、混合而取得加工物或合成物的所有权,因先占取得无主动产的所有权,基于善意取得而取得动产或不动产的所有权
继受取得	基于他人既存权利和意志而取得,如买卖、赠与

2. 物权变动的原因

物权变动的原因,见表 8-4。

表 8-4 物权变动的原因

类型	举例
民事法律行为	如买卖、互易、赠与、遗赠、抛弃物权
法律事实	如房屋建造、先占、添附、继承、无主物的法定取得、天然孳息收取、标的物消费、标的物灭失及混同
公法上的原因	如公用征收、没收、罚款

【例题 4·多选题】(2024 年)下列民事法律事实中,既能引起不动产物权变动,又能引起动产物权变动的有( )。

A. 先占 B. 法院判决
C. 继承 D. 赠与
E. 善意取得

解析 本题考查物权变动。先占只适用动产取得。因此,先占不能引起不动产物权变动。

3. 我国物权变动的立法

我国物权变动的立法,见表 8-5。

表 8-5 我国物权变动的立法

类型		具体规定
不动产	登记	登记生效,法律另有规定的除外
	除外	依法属于国家所有的自然资源,所有权可以不登记
		合法建造、拆除房屋,自事实行为成就时生效
		土地承包经营权自土地承包经营合同生效时设立
		地役权自地役权合同生效时设立
动产	交付	交付时生效,法律另规定的除外
	登记对抗	船舶、航空器和机动车,未经登记,不得对抗善意第三人

答案
例题 4 | BCDE

(续表)

类型	具体规定
特殊情况	因法院、仲裁机构的法律文书或政府的征收决定，导致物权变动的，自法律文书或征收决定生效时发生物权变动的效力
	因继承取得物权的，自继承开始时发生效力

【例题 5·单选题】（2024 年）下列行为中，属于登记生效物权的是（　　）。

A．遗嘱继承居住权　　　B．地役权
C．建设用地使用权抵押　D．继承房产

解析　本题考查物权变动。选项 A、D，通过法律行为设立的居住权，原则上属于登记生效物权。但是，如果基于遗嘱而取得的居住权，应适用继承取得物权的规定，即因继承取得物权的，自继承开始时发生效力。选项 B，地役权自地役权合同生效时设立。选项 C，建设用地使用权抵押的，应当办理抵押登记，抵押权自登记时设立。

【例题 6·多选题】（2021 年）甲在山上采到 1 棵野生灵芝，即可基于先占而取得该灵芝的所有权。根据民法相关理论，下列关于先占的说法中，正确的有（　　）。

A．先占的成立须先占人具有自主占有的意思
B．先占是一种非基于法律行为的物权取得方式
C．先占人须具有相应的民事行为能力
D．我国《民法典》未规定先占规则
E．先占既适用于动产，亦适用于不动产

解析　本题考查先占。选项 C，先占是指以所有的意思，占有无主动产而取得其所有权的法律事实。作为事实行为，先占的法律效果由法律直接规定，与行为人意思表示无关。因此，法律对行为人的主体资格并无严格要求，即完全民事行为能力人、限制民事行为能力人、无民事行为能力人皆可实施。选项 E，先占只适用于动产。

> **得分高手**（2021 年多选；2020 年单选、多选）
>
> 重点考查物权原始取得和继受取得的区别、物权登记制度。原始取得和继受取得的区别主要在于是否依赖他人既有权利和意志，前者不依赖，后者需依赖。不动产物权变动一般要求登记生效，但土地承包经营权、地役权合同生效设立。动产物权变动一般要求交付，注意船舶、航空器和机动车采用登记对抗。

【例题 7·单选题】（2020 年）下列物权取得方式中，属于继受取得的是（　　）。

A．乙取得其从海中垂钓所得石斑鱼的所有权
B．丁基于添附而取得添附物的所有权

答案
例题 5 | C
例题 6 | ABD

213

C. 甲因建造而取得自建房屋所有权
D. 丙自土地承包经营权人处受让土地经营权

解析 本题考查物权的继受取得。原始取得，是指权利人不依赖他人既存权利和意志，而是基于法律规定的特定法律事实而取得物权。例如，基于添附而取得添附物的所有权，因先占而取得无主物的所有权，基于建造而取得不动产的所有权等。继受取得，是指基于他人既存权利而取得物权。例如，基于合同而设定用益物权或者担保物权。

【例题 8·多选题】（2020 年）下列不动产物权登记中，属于发生物权变动效力的登记有( )。

A. 甲将继承所得房屋登记到自己名下
B. 乙在其房屋上为再婚老伴设立居住权并办理登记
C. 丙将其继承的房屋卖给同事并办理过户登记
D. 丁在自己承包地上为同村村民设立通行地役权并办理登记
E. 戊以其建造中的房屋抵押向银行贷款并办理抵押登记

解析 本题考查我国物权变动的立法。选项 A，因继承取得物权的，自继承开始时(而非"登记或交付"时)发生效力。选项 D，地役权自地役权合同生效时设立。

4. 不动产登记制度

不动产登记制度，见表 8-6。

表 8-6 不动产登记制度

登记类型	具体规定
变动登记	设立、变更、转让和消灭
更正登记	记载的事项错误
异议（抗辩）登记	权利人不同意更正，利害关系人可以申请异议登记，申请人自异议登记之日起 15 日内 不提起诉讼，异议登记失效
预告登记	预告登记后，未经预告登记的权利人同意，处分该不动产的，不发生物权效力
	预告登记后，债权消灭（合同无效、被撤销或放弃）或自能够进行不动产登记之日起 90 日内 未申请登记的，预告登记失效

5. 动产交付

动产交付，见表 8-7。

表 8-7 动产交付

交付方式	含义/举例
现实交付	直接交对方占有，实践中最常见的交付方式。
	视为现实交付：拟制交付，即交付仓单、提单

答案
例题 7 | D
例题 8 | BCE

(续表)

交付方式		含义/举例
观念交付	简易交付	设立和转让前，权利人已经占有该动产，自民事法律行为生效时发生效力。 【例】买方先借(租)后买，买卖合同生效时物权转移
	指示交付	设立和转让前，第三人占有该动产，转让请求第三人返还原物的权利。 【例】购买前为第三人占有，约定生效时物权转移
	占有改定	转让时，当事人约定由出让人继续占有该动产，自该约定生效时发生效力。 【例】卖方先卖后借(租)，约定生效时物权转移

第二节 所有权

考点七 所有权的概述 ★

1. 所有权的概念和特征

所有权，指所有人对自己的不动产或动产，依法享有占有、使用、收益和处分的权利。所有权具有以下特征：

(1)自权性，对自有物所享有的物权，是唯一的自物权类型。

(2)完全性，所有人具备全面支配物的一切可能性，除法律和公序良俗外，不受其他任何限制。

(3)归一性或整体性，所有权集占有、使用、收益、处分四项权能，但不是这四项权能在量上的简单相加，而是一个整体性的权利。

(4)恒久性或永久性，法律并不限制所有权的存续期限。

(5)弹力性，所有权部分权能的全部或者部分，可以通过设定他物权的形式或其他形式同作为整体的所有权暂时和有条件地相分离，所有权之上的限制或负担一旦消除，分离出去的权能即回复原位。

2. 所有权的类型

(1)国家所有权：专属国有的包括矿藏、水流、海域、无居民海岛、城市的土地、国防资产、无线电频谱资源。

(2)集体所有权：集体所有的土地和森林、山岭、草原、荒地、滩涂等。

(3)私人所有权：法律未禁止私人所有的财产。

考点八 所有权的取得与消灭 ★★★

(一)所有权的取得方式

所有权的取得方式，见表8-8。

> 记忆口诀
> 矿海水，城无防。

表 8-8 所有权的取得方式

取得方式	具体内容
原始取得	先占、生产、收取孳息、添附物的归属、无主物和罚没物的法定归属、善意取得、没收等
继受取得	买卖、赠与

(二)所有权的取得原因

1. 民事法律行为

民事法律行为,见表 8-9。

表 8-9 民事法律行为

类型	举例
双方民事法律行为	买卖、赠与、互易
单方民事法律行为	受遗赠

2. 其他法律事实

继承,建造、法院判决、强制执行,公用征收、没收,善意取得。

动产特有取得原因:收取孳息、先占(无主动产)、无主物的法定归属(埋藏物、隐藏物、遗失物、漂流物自发布招领公告之日起 1 年内无人认领,归国有;无人继承又无人受遗赠的遗产,归国家或集体所有)、添附(包括附合、混合、加工,归属按约定→无约定,按法定→无法定,按照充分发挥物的效用以及保护无过错方的原则确定)。

(1)附合:指不同所有人的物因结合形成难以分割之物,非毁损不能分离或者分离于经济上不合理。包括动产与动产附合、动产与不动产附合。

【例】错用潘某油漆刷武某桌子。

(2)混合:指不同所有人的动产因相互混杂或者交融,难以识别或者识别于经济上不合理。

【例】不同所有权人的不同大米倒入同一仓库。

(3)加工:指对他人之物加以制作或者改造,使之成为具有更高价值之物。

【例】雕刻他人的木材为木雕、在他人的画布上作画。

【例题 9·单选题】某失物招领处将一块已经超过招领期限的手表以拍卖方式卖给甲,乙盗得该表并赠与丙,丙将该表丢失,被人拾起后又送到招领处。经查,该手表原为丁所有,现该表的所有权属于( )。

A. 甲 B. 丙
C. 丁 D. 甲、丙、丁三人

解析 本题考查无主物的法定归属。遗失物自发布招领公告之日起 1 年内无人认领的,归国家所有。甲以合法(拍卖)方式得到该表,属于正当

答案
例题 9 | A

取得。

(三)善意取得的适用规则

1. 适用条件

转让人无权处分；受让人受让该不动产或者动产时是善意的；以合理的价格受让；转让的不动产或者动产依照法律规定应当登记的已经登记，不需要登记的已经交付给受让人；转让合同有效。

2. 法律后果

受让人取得不动产或者动产的所有权的，原所有权人有权向无处分权人请求损害赔偿。

3. 善意相关规定

善意相关规定，见表8-10。

> **记忆口诀**
> 合同有效、善意、无权处分、价格合理、已登记/交付(谐音：小姨无理计较)。

表8-10 善意相关规定

项目	具体规定
善意认定	受让人受让时，不知道转让人无处分权且无重大过失
举证责任	真实权利人承担举证证明责任，即证明受让人不构成善意
不动产受让人恶意认定	应当认定不动产受让人知道转让人无处分权情形： (1)登记簿上存在有效的异议登记； (2)预告登记有效期内，未经预告登记的权利人同意； (3)登记簿上已经记载司法机关或者行政机关依法裁定、决定查封或者以其他形式限制不动产权利的有关事项； (4)受让人知道登记簿上记载的权利主体错误； (5)受让人知道他人已经依法享有不动产物权
重大过失认定	(1)真实权利人有证据证明不动产受让人应当知道转让人无处分权； (2)受让动产时，交易的对象、场所或者时机等不符合交易习惯
善意时间	(1)简易交付：转让动产法律行为生效时； (2)指示交付：转让返还原物请求权的协议生效时
交付取得	船舶、航空器和机动车等特殊动产的善意取得
善意取得的排除适用	(1)转让合同被认定无效； (2)转让合同被撤销

【例题10·单选题】(2024年)甲将祖传玉器质押给乙作为担保向乙借款，乙将玉器寄存于丙处。寄存期间，丙因急需用钱以市价将玉器出售给不知情的丁并交付。下列关于物权变动及买卖合同效力的说法中，正确的是(　　)。

A. 丙、丁玉器买卖合同效力待定

B. 丁原始取得玉器所有权

C. 乙可基于物权的追及效力，向丁主张行使对玉器的质权

D. 甲可基于物权的追及效力，请求丁返还玉器

解析 本题考查物权变动及买卖合同效力。选项A，因无权处分订立的合同，合同的效力不受让与人无处分权事实的影响，合同不会因让与人无权处分而不生效、无效、效力待定。若无法律规定的效力瑕疵，该合同有效。选项B，动产善意取得的适用条件：①受让人须自无处分权人处受让动产；②须受让人受让该动产时是善意的；③须支付合理价格；④须已依照法律规定完成交付。本题中，丙将玉器出售给丁是无权处分行为，而丁善意、支付合理对价，且玉器已经交付，因此丁善意取得了玉器的所有权。基于善意取得制度而取得所有权，属于原始取得。选项C、D，第三人的善意取得可以阻断物权的追及效力。本题中，甲、乙都不能对丁主张权利。

【例题11·多选题】(2024年)2024年5月6日，甲将其自有的一辆汽车出售给乙并交付，乙依约支付了价款，但双方未办理转移登记。2024年5月16日，因汽车存在质量问题，乙将汽车交给甲修理。5月20日，甲将该汽车以市价出售给不知情的丙并交付。5月25日，甲为丙办理了转移登记。下列说法中正确的有(　　)。

A. 5月16日，汽车所有权归甲所有
B. 5月25日，丙善意取得所有权
C. 5月20日，乙能够基于物权的追及效力要求丙返还汽车
D. 5月6日，乙取得汽车所有权
E. 5月20日，丙原始取得汽车的所有权

解析 本题考查动产物权变动及善意取得。选项A、D，动产物权的设立和转让，自交付时发生效力，但是法律另有规定的除外。本题中，5月6日甲已经将汽车交付给乙，乙此时取得汽车的所有权。5月16日再返还给甲修理，并不会导致所有权的转移。选项B、C、E，无处分权人将不动产或者动产转让给受让人的，所有权人有权追回；除法律另有规定外，符合下列情形的，受让人取得该不动产或者动产的所有权：①受让人受让该不动产或者动产时是善意的；②以合理的价格转让；③转让的不动产或者动产依照法律规定应当登记的已经登记，不需要登记的已经交付给受让人。本题中甲将汽车出卖给丙，属于无权处分，且已经交付给丙，丙自交付时善意取得汽车的所有权，乙此时无法再基于物权的追及效力要求丙返还汽车。丙善意取得汽车的所有权属于原始取得。

【例题12·单选题】(2020年)下列关于善意取得适用条件的说法中，不符合《民法典》的规定的是(　　)。

A. 须受让的财产限于动产
B. 须受让财产是以合理价格有偿取得的
C. 须受让人受让财产时是善意的
D. 须出让人为无权处分人

答案
例题10 | B
例题11 | DE
例题12 | A

解析 本题考查善意取得。选项A，不动产与动产均适用善意取得制度。

(四) 所有权的消灭原因

1. 民事法律行为

民事法律行为，见表8-11。

表8-11 民事法律行为

类型	具体内容
双方民事法律行为	所有权出让，如赠与、买卖、互易等
单方民事法律行为	所有权抛弃

2. 其他法律事实

作为所有权人的自然人死亡或法人终止；标的物灭失；判决、强制执行、罚款、没收、纳税等；动产因添附于他人的不动产或者动产，而依法由他人取得添附物所有权。

【例题13·多选题】独资企业经理王某办公用的一台电脑损坏，王某遂嘱咐秘书张某将该电脑扔到垃圾站。张某想，与其扔了不如给儿子用，于是，张某便将电脑搬回家，经修理后，电脑可以正常使用。王某得知电脑能正常使用后，遂要求张某返还。下列关于本案中电脑所有权变动的说法中，正确的有(   )。

A. 张某违反委托合同，不能取得电脑的所有权
B. 张某基于先占取得电脑的所有权
C. 王某有权请求返还电脑，但应当对张某予以补偿
D. 因抛弃行为尚未完成，王某可以撤回其意思表示收回对电脑的所有权
E. 王某因抛弃的意思表示而丧失电脑的所有权

解析 本题考查所有权的取得和消灭。选项A、B、C，张某基于"先占"取得无主动产"电脑"的所有权，王某无权请求张某返还。选项D、E，"抛弃"所有权为单方法律行为，仅由行为人(王某)一方意思表示即可成立。王某作出抛弃的意思表示时即丧失电脑的所有权。

考点九 共有 ★★★　一学多考|中注

1. 共有概念

两个以上的人对同一物共同享有一个所有权。

2. 共有类型

共有类型，见表8-12。

答案
例题13 | BE

表 8-12 共有类型

类型	有约定	没有约定/约定不明
按份共有	按照份额享有所有权	除共有人具有家庭关系等外，视为按份共有
共同共有	共同享有所有权，包括夫妻财产共有、家庭财产共有和遗产分割前的共有	

3. 按份共有与共同共有的对比

按份共有与共同共有的对比，见表 8-13。

表 8-13 按份共有与共同共有的对比

考点		按份共有	共同共有
处分、重大修缮、变更性质或用途		经占份额 2/3 以上的共有人同意，另有约定的除外	经全体共有人同意，另有约定的除外
担保		可以在其份额上设定担保物权	无规定
分割		对共有物有分割请求权。分割方式：可分物实物分割→变价分割→作价分割（共有物归一人或数人）	存续期间，共同共有人无分割请求权。提示 共有的基础丧失或者有重大理由，可以请求分割
债权债务	对外效力	享有连带债权、承担连带债务，法律另有规定或第三人知道共有人不具有连带债权债务关系的除外	
	对内效力	除约定外，按照份额享有债权、承担债务；偿还超过按份，可追偿	除另约定外，共享债权、共担债务

4. 按份共有的特别规则

(1) 优先购买权：按份共有人对外转让其享有的份额时，其他共有人同等条件有优先购买的权利。

(2) 优先购买权排除：因继承、遗赠等原因发生变化时，不得主张优先购买，另有约定的除外。按份共有人之间转让，其他按份共有人不得主张优先购买，另有约定的除外。

(3) 优先购买权的行使期限：首先按约定，没约定或约定不明的，以转让人发出的通知载明行使期间为准；通知中未载明行使期间或者行使期间短于通知送达之日起 15 日的，为 15 日；未通知且无法确定其他共有人知道的，为共有份额权属转移之日起 6 个月。

【例题 14·单选题】(2020 年) 甲、乙、丙按 3∶2∶1 的出资比例共同购买 1 头耕牛，约定 3 人共同饲养管理，轮流使用。在乙使用耕牛期间，耕牛将同村村民丁承包地中的庄稼践踏损毁。根据《民法典》的规定，下列关于丁应如何向甲、乙、丙请求赔偿的说法中，正确的是(　　)。

> **知识点拨**
> 两个以上共有人主张优先购买：协商比例→转让时按各自份额比例。

A. 丁可以请求甲、乙、丙承担连带赔偿责任

B. 丁应当请求甲、乙、丙按各自份额比例承担赔偿责任

C. 丁只能请求乙承担全部赔偿责任

D. 丁只能请求乙承担 1/3 的赔偿责任

解析 ↘ 本题考查按份共有。因共有的不动产或者动产产生的债权债务，在对外关系上，共有人享有连带债权、承担连带债务，但是法律另有规定或者第三人知道共有人不具有连带债权债务关系的除外。

【例题 15·单选题】甲、乙、丙三人共有一套房屋，分别持 1/3 份额。为提高房屋的价值，甲主张将该房屋地面铺上实木地板，乙表示赞同，但丙反对。根据《民法典》的规定，下列关于本案是否可以铺实木地板的说法中，正确的是(　　)。

A. 未经全体共有人同意，甲、乙不得铺实木地板

B. 因甲、乙所占份额合计为 2/3，故甲、乙可以铺实木地板

C. 甲、乙只能在自己的应有部分之上铺实木地板

D. 若甲、乙坚持铺实木地板，则须先分割共有房屋

解析 ↘ 本题考查按份共有。处分共有的不动产或者动产以及对共有的不动产或者动产作重大修缮、变更性质或者用途的，应当经占份额 2/3 以上的按份共有人或者全体共同共有人同意，但是共有人之间另有约定的除外。本题中，甲、乙、丙为按份共有，并无特别约定，他们分别持有 1/3 的份额，甲、乙同意，份额达到了 2/3，因此可以将该房屋铺上实木地板(进行重大修缮)。

考点十 业主的建筑物区分所有权 ★★

1. 概念

业主对建筑物内的住宅、经营性用房等专有部分享有所有权，对专有部分以外的共有部分享有共有和共同管理的权利。

2. 特征

(1)复合性：专有部分所有权+共有部分共有权+成员权；

(2)专有部分所有权的主导性；

(3)一体性：三权权利一并转让；

(4)主体身份多重性：集所有权人、共有人、成员；

(5)客体是兼有独立用途部分和必要共同设施的建筑物。

3. 建筑物区分所有权的内容

建筑物区分所有权的内容，见表 8-14。

答案 ↘
例题 14 | A
例题 15 | B

表 8-14　建筑物区分所有权的内容

项目	具体内容
专有部分所有权	房屋、车位、摊位等特定空间。 **提示** 能够登记成为特定业主所有权的客体
共有部分共有权	(1)建筑区划内的道路，属于城镇公共道路的除外； (2)建筑区划内的绿地，属于城镇公共绿地或明示属于个人的除外； (3)建筑区划内的其他公共场所、公用设施和物业服务用房； (4)占用业主共有的道路或者其他场地用于停放汽车的车位

知识点拨
(1)道路、绿地有除外，其他没有。
(2)不得以放弃权利为由不履行义务。

4. 业主共同决定事项

业主共同决定事项，见表8-15。

表 8-15　业主共同决定事项

共同决定事项	决议规则	
	参与表决	通过决议
(1)制定和修改业主大会议事规则； (2)制定和修改管理规约； (3)选举业主委员会或者更换业主委员会成员； (4)选聘和解聘物业服务企业或者其他管理人； (5)使用建筑物及其附属设施的维修资金	由专有部分面积占比≥2/3的业主且人数占比≥2/3的业主参与表决	经参与表决专有部分面积>1/2的业主且参与表决人数>1/2的业主同意
(6)筹集建筑物及其附属设施的维修资金； (7)改建、重建建筑物及其附属设施； (8)改变共有部分的用途或者利用共有部分从事经营活动。 **提示** 用钱需>1/2，筹钱需≥3/4		经参与表决专有部分面积≥3/4的业主且参与表决人数≥3/4的业主同意；其他均需过半数

记忆口诀
筹钱、改建、改变、经营≥3/4，其他>1/2（谐音：应该筹钱）。

【例题16·单选题】（2021年）下列关于建筑物区分所有权的说法正确的是(　　)。

A. 建筑区划内的物业服务用房，属于物业公司和业主共有
B. 占用业主共有的道路用于停放汽车的车位，属于业主共有
C. 建筑区划内的公共道路，属于业主共有
D. 建筑区划内的公共绿地，属于业主共有

解析 本题考查业主的建筑物区分所有权。选项A，建筑区划内的其他公共场所、公用设施和物业服务用房，属于业主共有。选项B，占用业主共有的道路或者其他场地用于停放汽车的车位，属于业主共有。选项C、D，建筑区划内的道路，属于业主共有，但是属于城镇公共道路的除外。建筑区划内的绿地，属于业主共有，但是属于城镇公共绿地或者明示属于个人的除外。

答案
例题 16 | B

【例题 17·多选题】(2020 年)根据《民法典》物权编的规定,业主共同决定筹集建筑物及其附属设施的维修资金,须满足的条件有( )。

A. 由专有部分面积占比 2/3 以上的业主且人数占比 2/3 以上的业主参与表决
B. 经参与表决的全体业主同意
C. 经参与表决专有部分面积过半数的业主且参与表决人数过半数的业主同意
D. 由专有部分面积占比 1/2 以上的业主且人数占比 1/2 以上的业主参与表决
E. 经参与表决专有部分面积 3/4 以上的业主且参与表决人数 3/4 以上的业主同意

解析 本题考查业主的建筑物区分所有权。

考点十一 相邻权 ★ 一学多考|中

1. 概念

不动产相毗邻各方在对各自所有或使用的不动产行使所有权或者使用权时,相互间依法应当给予必要便利或接受必要限制而发生的权利义务关系。

2. 类型

(1)土地的相邻权:邻地通行权、邻地管线安设权、邻地使用权、邻地环境保护权、邻地安全保护权。

(2)水流的相邻权:相邻水流使用权、相邻水流排放权。

(3)建筑物的相邻权:相邻通风权、采光权,相邻通行权,相邻环境保护权。

第三节 用益物权

考点十二 用益物权概述 ★★ 一学多考|中注

1. 概念

对他人所有的不动产或动产,依法享有占有、使用、收益的权利。

2. 特征

(1)以使用收益为目的的定限物权;
(2)享有和行使以对物之占有为前提;
(3)是一种独立的物权;
(4)客体包括不动产和动产。

3. 类型

土地承包经营权、地役权、建设用地使用权、居住权、宅基地使用权。

提示《民法典》宣示性地规定:海域使用权、探矿权、采矿权、取水权

记忆口诀
土地建住宅。

答案
例题 17 | AE

和捕捞权等准物权。

考点十三 建设用地使用权 ★★ 一学多考|中注

1. 概念

建设用地使用权，是指自然人、法人和非法人组织依法对国家所有的土地享有占有、使用和收益的权利。客体主要是国家所有的土地，依法特定情形下也可以是集体所有的土地。

2. 建设用地使用权取得方式和设立

建设用地使用权取得方式和设立，见表8-16。

表8-16 建设用地使用权取得方式和设立

项目	具体类型
出让	有偿用地：工业、商业、旅游、娱乐和商品住宅等经营性用地以及同一土地有两个以上意向用地者的，应当采取招标、拍卖等公开竞价的方式
划拨	无偿用地：仅限于国家机关用地和军事用地、城市基础设施用地和公益事业用地，以及国家重点扶持的能源、交通、水利等项目用地
转让	出卖、互换和赠与等，应当采用书面合同，使用期限不得超过剩余期限，附着于该土地上的建筑物、构筑物及其附属设施一并处分。 **提示** 房随地走和地随房走
继承	作为被继承人的遗产由其继承人依法继受取得

【注意】建设用地使用权自登记时设立，应当发放权属证书

考点十四 宅基地使用权 ★ 一学多考|中注

宅基地使用权是指农村集体经济组织成员依法对集体所有的土地享有占有和使用的权利。一户只能拥有一处宅基地，无偿无期限，因自然灾害灭失，应当依法重新分配。只能在宅基地上建造住宅及其附属设施。

考点十五 土地承包经营权 ★ 一学多考|中注

1. 概念

土地承包经营权，是指依法对承包经营的耕地、林地、草地等享有占有、使用和收益的权利。

2. 主体

（1）家庭经营方式承包：限于本集体经济组织的农户；

（2）招标、拍卖、公开协商方式承包：可以是本集体经济组织成员或以外的单位、自然人。

3. 客体

农民集体所有或国家所有由农民集体使用的耕地、林地、草地以及其他用于农业的土地。

4. 设立和流转

土地承包经营权的设立和流转，见表 8-17。

表 8-17　土地承包经营权的设立和流转

项目	具体规定
设立	自土地承包经营权合同生效时设立
承包期限	耕地：30 年；草地：30~50 年；林地：30~70 年
流转	内部流转：有权将土地承包经营权互换、转让，受让方须是本集体经济组织成员
	(1)土地承包经营权人可以采取出租、入股或其他方式向他人流转土地经营权。 (2)通过招标、拍卖、公开协商等方式承包农村土地，经依法登记取得权属证书的，可以依法采取出租、入股、抵押或者其他方式流转土地经营权。 提示1 三权分置：土地所有权、土地承包经营权、土地经营权。 提示2 经营权流转受让方不限于本集体经济组织成员。流转 5 年以上，自流转合同生效时设立，未登记，不得对抗善意第三人

记忆口诀
耕草林，三五七。

考点十六　居住权 ★★　一学多考|中

居住权，见表 8-18。

表 8-18　居住权

项目	具体规定
概念	按照合同约定或遗嘱，为满足生活居住需要对他人的住宅及其附属设施享有占有、使用的用益物权
设立	采用书面合同或遗嘱方式，自登记时设立，无偿设立，有约定的除外
限制	不得转让、继承、出租，另有约定可以出租的除外
出租	设立居住权的住宅不得出租，但是当事人另有约定的除外
消灭	居住权期限届满或居住权人死亡，应办理注销登记

【例题18·多选题】(2023 年)甲和乙签订房屋买卖合同，但并未办理权属变更登记。之后，甲为丙在该房屋上设立了居住权，并且办理了登记。之后甲与乙去办理了房屋权属的变更登记。下列关于本案的说法中正确的有(　　)。

A．乙取得了负担居住权的房屋的所有权
B．丙是基于继受取得了居住权
C．若丙对甲、乙之间买卖房屋的事项不知情，则丙基于善意取得而获得居住权
D．甲是无权处分，居住权并未设立

E. 若广告公司要在房屋外墙印刷广告，则该广告取得的收益归丙享有

解析 本题考查不动产所有权变动、居住权。选项A、B、C、D，不动产物权的设立、变更、转让和消灭，经依法登记，发生效力；未经登记，不发生效力，但是法律另有规定的除外。居住权自登记时设立。本案中甲在为乙办理房屋过户登记前，为丙办理了居住权登记，故丙已经继受取得居住权。之后甲为乙办理了房产过户登记，乙取得了房屋的所有权。选项E，居住权人有权按照合同约定，对他人的住宅享有占有、使用的用益物权，以满足生活居住的需要。居住权通常只具有占有、使用的权能，一般情况下居住权人不得利用房屋进行收益。

考点十七 地役权 ★★   一学多考｜中注

1. 地役权的概念

地役权，是指按照合同约定，利用他人的不动产（供役地），以提高自己的不动产（需役地）效益的权利。自地役权合同生效时设立地役权，未经登记，不得对抗善意第三人。

【例】通行、通过、排水、通风、采光、取水及眺望等。

2. 地役权的特征

（1）从属性：不得单独转让，不得单独抵押。

（2）不可分性：需役地以及需役地上的土地承包经营权、建设用地使用权等部分转让时，转让部分涉及地役权的，受让人同时享有地役权。供役地以及供役地上的土地承包经营权、建设用地使用权等部分转让时，转让部分涉及地役权的，地役权对受让人具有法律约束力。

3. 地役权和相邻权比较

地役权和相邻权比较，见表8-19。

表8-19 地役权和相邻权比较

项目	相邻权	地役权
产生方式	法律规定	当事人约定
权利性质	不是独立的物权	独立的物权
权利限制	最低限度内的法定必要限制或扩张	超越相邻关系限度的约定限制
对价与否	一般为无偿	一般为有偿
存续期限	无期限限制	通常有期限限制

【例题19·多选题】（2021年）甲、乙的承包地相邻。3月9日，甲与乙签订地役权合同，约定甲在自己承包地上为乙设立取水地役权。3月16日，双方办理了地役权登记。5月10日，甲将自己的土地承包经营权转让于丙。5月25日，乙将自己的土地承包经营权转让于丁。根据《民法典》相关规定，下列关于乙的地役权变动及效力的说法中，正确的有（　　）。

A. 乙的取水地役权于3月16日地役权登记完成时设立

答案
例题18｜AB

B．乙的取水地役权于3月9日地役权合同生效时设立

C．5月25日之前，乙有权在丙受让的承包地上行使取水地役权

D．5月10日之后，丙有权拒绝乙在其受让的承包地上行使取水地役权

E．5月25日之后，丙有权拒绝丁在其受让的承包地上行使取水地役权

解析 本题考查地役权。选项A、B，地役权自地役权合同生效时设立。选项C、D、E，地役权不得单独转让。土地承包经营权、建设用地使用权等转让的，地役权一并转让，但是合同另有约定的除外。

用益物权设立比较，见表8-20。

表8-20 用益物权设立比较

项目	具体内容
土地承包经营权	合同生效时设立，未登记，不得对抗善意第三人
地役权	合同生效时设立，未登记，不得对抗善意第三人
建设用地使用权	登记取得
居住权	书面合同或遗嘱方式，自登记时设立
宅基地使用权	农村村民依法享有

记忆口诀

土地建住宅，同同记记法。

第四节 担保物权

考点十八 担保物权概述 ★

1. 担保物权的概念

担保物权，是指以确保债权实现为目的，对债务人或第三人用供担保的特定财产依法享有的优先受偿的权利，包括抵押权、质权和留置权。

2. 担保物权的特征

（1）从属性、附随性：以债权的存在为前提，随债权的转移而转移，并随债权的消灭而消灭。

（2）不可分性：担保物的分割、部分灭失或转让，被担保债权的分割或部分转让，均不影响担保物权。

（3）物上代位性：担保期间，担保财产毁损、灭失或者被征收等，担保物权人可以就获得的保险金、赔偿金或者补偿金等优先受偿。

3. 担保物权的分类

担保物权的分类，见表8-21。

表8-21 担保物权的分类

标准	分类	举例
根据发生原因	法定担保物权	如留置权
	意定担保物权	如抵押权、质权

答案

例题19 | BC

(续表)

标准	分类	举例
根据主要效力与占有状态	优先性担保物权	如抵押权
	占有性担保物权	如质权
根据担保财产属性	动产担保物权	如动产抵押权、动产质押权、留置权
	不动产担保物权	如不动产抵押权
	权利担保物权	如权利质权
根据成立和生效是否登记	登记担保物权	如不动产抵押权
	非登记担保物权	如动产抵押权、动产质押权、留置权
根据财产范围是否固定	固定财产担保物权	如普通抵押权
	非固定财产担保物权	如浮动抵押权
根据法律是否明确规定	典型担保物权	如抵押权、质权、留置权
	非典型担保物权	如所有权保留买卖中出卖人所保留的所有权、融资租赁合同中出租人所保留的所有权

考点十九 抵押权 ★★★ 一学多考│中注

1. 抵押权的概念

抵押权，指债权人于债务人不履行到期债务或者发生当事人约定的实现抵押权的情形时，可以对债务人或者第三人提供的、不移转占有的担保财产进行变价处分并优先受偿的权利。设立抵押权，应当采用书面抵押合同。约定债务人不履行到期债务时抵押财产归债权人所有，只能就抵押财产优先受偿。（绝押条款）

2. 可以抵押的财产

包括：①建筑物和其他土地附着物；②建设用地使用权；③海域使用权；④生产设备、原材料、半成品、产品；⑤正在建造的建筑物、船舶、航空器；⑥交通运输工具；⑦法律、行政法规未禁止抵押的其他财产。

3. 禁止抵押的财产

包括：①土地所有权；②宅基地、自留地、自留山等集体所有土地的使用权，但是法律规定可以抵押的除外；③学校、幼儿园、医疗机构等为公益目的成立的非营利法人的教育设施、医疗卫生设施和其他公益设施；④所有权、使用权不明或者有争议的财产；⑤依法被查封、扣押、监管的财产；⑥法律、行政法规规定不得抵押的其他财产。

4. 房地一体

（1）以建筑物抵押的，该建筑物占用范围内的建设用地使用权一并抵押。以建设用地使用权抵押的，该土地上的建筑物一并抵押；抵押人未一并抵押的，未抵押的财产视为一并抵押。

(2)乡镇、村企业的建设用地使用权不得单独抵押；以乡镇、村企业的厂房等建筑物抵押的，其占用范围内的建设用地使用权一并抵押。

5．抵押权设立

抵押权设立，见表8-22。

表8-22 抵押权设立

类型	内容	设立
不动产	(1)建筑物和其他土地附着物； (2)建设用地使用权； (3)海域使用权； (4)正在建造的建筑物	抵押权自登记时设立。 **提示** 有效抵押合同+登记→不动产抵押权
动产	(1)生产设备、原材料、半成品、产品； (2)正在建造的船舶、航空器； (3)交通运输工具	抵押权自抵押合同生效时设立；未经登记，不得对抗善意第三人。 **提示** 有效抵押合同→动产抵押权

得分高手（2021年、2020年单选）

重点考查抵押权设立。不动产登记设立，动产合同生效设立。注意：不是交付设立，抵押不需要交付，质押才需要交付质押物。

【例题20·单选题】（2021年）甲公司为了盖房子向乙银行借款5 000万元，以该地的建设用地使用权作抵押；一个月后，房屋建成，甲公司又向丙银行借款5 000万元，以该房屋做抵押。乙、丙的抵押权均已登记。后借款到期，甲公司无力偿还债务，建设用地使用权拍卖所得3 000万元，房屋拍卖所得4 000万元。下列说法正确的是（　　）。

A．乙公司可以就5 000万元优先受偿
B．丙公司可以就7 000万元优先受偿
C．丙公司只能就4 000万元优先受偿
D．乙公司可以就7 000万元优先受偿

解析 本题考查抵押权。建设用地使用权抵押后，该土地上新增的建筑物不属于抵押财产。该建设用地使用权实现抵押权时，应当将该土地上新增的建筑物与建设用地使用权一并处分。但是，新增建筑物所得的价款，抵押权人无权优先受偿。因此，乙无权对房屋拍卖所得价款优先受偿。以建筑物抵押的，该建筑物占用范围内的建设用地使用权一并抵押。抵押人未依据法律规定将房、地一并抵押的，未抵押的财产视为一并抵押。因此，丙可以就房屋和建设用地使用权拍卖所得的价款优先受偿。

【例题21·单选题】（2020年）下列关于物权设立时间的说法中，符合《民法典》的规定的是（　　）。

答案
例题20｜B

A. 以正在建造的船舶、航空器抵押的，抵押权自完成抵押登记时设立
B. 居住权自居住权合同生效时设立
C. 建设用地使用权自建设用地使用权出让合同生效时设立
D. 地役权自地役权合同生效时设立

解析 ↘ 本题考查抵押权的设立。选项 A，以动产抵押的，抵押权自抵押合同生效时设立；未经登记，不得对抗善意第三人。选项 B，设立居住权，当事人应当采取书面形式订立居住权合同，并向登记机构申请居住权登记。居住权自登记时设立。选项 C，建设用地使用权自登记时设立。

6. 抵押权的效力

抵押权的效力，见表 8-23。

表 8-23 抵押权的效力

项目	具体规定
担保范围	约定→主债权及其利息、违约金、损害赔偿金和实现抵押权的费用
抵押标的物范围	抵押权及于抵押财产本身及其从物、从权利；及于抵押财产被法院依法扣押期间产生的孳息；及于抵押财产因加工、附合、混合而形成的添附物；及于抵押财产因侵权行为、保险事故、征收、添附等原因毁损、灭失所获得的赔偿金、保险金、补偿金等代位物
抵押权人的权利	变价处分权；优先受偿权；抵押财产价值保全权（抵押财产价值减损，有权请求恢复价值或者提供担保）；抵押权的处分权（可以放弃抵押权或者抵押权的顺位，不得对其他抵押权人产生不利影响）
抵押权的追及效力及其限制	(1)抵押期间，抵押人可以转让抵押财产，应通知抵押权人，抵押权不受影响。另有约定的，按照约定。 (2)动产抵押不得对抗正常经营活动中（营业执照记载且持续销售同类商品）已经支付合理价款并取得抵押财产的买受人
重复抵押	(1)已登记>未登记。 (2)先登记>后登记。 (3)均未登记，按债权比例清偿
价款债权抵押权	动产抵押担保的主债权是抵押物的价款，标的物交付后 10 日内办理抵押登记的，该抵押权人优先于抵押物买受人的其他担保物权人受偿，但是留置权人除外

【例题 22·多选题】（2024 年）甲公司向乙公司赊购新生产设备，价款 1 000 万元。8 月 10 日，乙公司如约将生产设备运送至甲公司。甲公司验收合格后，承诺半年内一次性付清价款。8 月 12 日，甲公司以该生产设备作抵押向丙公司借款 500 万元，用于采购原材料。甲、丙当日即办理了抵押登记。8 月 15 日，甲公司又以该生产设备作抵押为乙公司的价款债权提供担保。次日，甲、乙双方办理了抵押登记。下列关于生产设备物权变动及抵押权效力的说法，正确的有（　　）。

答案 ↘
例题 21 | D

A．8月16日，乙公司抵押权设立
B．乙公司的抵押权优于丙公司抵押权
C．甲、丙抵押合同有效，甲、乙抵押合同部分有效部分无效
D．8月12日，丙公司抵押权设立
E．8月10日，甲公司原始取得生产设备所有权

解析 本题考查购置款超级优先权。选项A、D，动产抵押权自抵押合同生效时设立。本题中，丙公司抵押权自8月12日设立，乙公司的抵押权自8月15日设立。选项B，动产抵押担保的主债权是抵押物的价款，标的物交付后10日内办理抵押登记的，该抵押权人优先于抵押物买受人的其他担保物权人受偿，但是留置权人除外。选项C，两个抵押合同都有效。选项E，甲通过买卖合同（法律行为）而取得动产所有权，依赖于其前手乙的权利和意志，这是继受取得。

7．特殊抵押

（1）最高额抵押：为担保债务的履行，债务人或者第三人对一定期间内将要连续发生的债权提供担保财产的，债务人不履行到期债务或者发生当事人约定的实现抵押权的情形，抵押权人有权在最高债权额限度内就该担保财产优先受偿。

最高额抵押的特征：设立时，所担保的实际债权额不确定，但所担保的最高债权额确定；最高额抵押权所担保的债权通常是将来发生的债权；最高额抵押权不随部分债权的移转而移转，另有约定的除外。

债权确定：①约定的债权确定期间届满；②没有约定债权确定期间或者约定不明确的，抵押权人或者抵押人自最高额抵押权设立之日起满2年后请求确定债权；③新的债权不可能发生；④抵押权人知道或者应当知道抵押财产被查封、扣押；⑤债务人、抵押人被宣告破产或者解散。

（2）浮动抵押：企业、个体工商户、农业生产经营者可以将现有的以及将有的生产设备、原材料、半成品、产品抵押，债务人不履行到期债务或者发生当事人约定的实现抵押权的情形，债权人有权就抵押财产确定时的动产优先受偿。

浮动抵押的特征：①抵押人限于企业、个体工商户、农业生产经营者；②抵押财产限于生产设备、原材料、半成品、产品等动产；③抵押财产不固定，直到抵押权实现时才固定下来；④抵押期间，抵押人对抵押财产的使用、收益及处分不受抵押权的影响。

抵押财产确定：①债务履行期限届满，债权未实现；②抵押人被宣告破产或者解散；③当事人约定的实现抵押权的情形；④严重影响债权实现的其他情形。

【例题23·单选题】 甲公司向乙信用社借款20万元，以甲公司现有的及将有的生产设备、原材料和产品设立抵押。根据《民法典》的规定，下列关于

记忆口诀
两年、届满、不可能、查封、破产（谐音：两届不丰产）。

记忆口诀
严重影响、破产、届满、约定（谐音：中产节约）。

答案
例题22｜BD

该抵押的说法中，正确的是( )。

A. 乙信用社的抵押权，可以对抗正常经营活动中已经支付合理价款并取得抵押财产的买受人
B. 本案抵押权自抵押登记完成时设立
C. 本案抵押权设立后，甲公司不得再使用抵押财产
D. 本案抵押担保方式属于浮动抵押

解析 本题考查浮动抵押。选项 A，以动产抵押的，不得对抗正常经营活动中已经支付合理价款并取得抵押财产的买受人。选项 B，抵押权自合同生效时设立；未经登记，不得对抗善意第三人。选项 C，浮动抵押期间，抵押人仍可使用抵押财产。

考点二十 质权 ★★★ 一学多考｜中注

1. 动产质权的概念

动产质权，是指为担保债务的履行，债务人或者第三人将其动产出质给债权人占有的，债务人不履行到期债务或者发生当事人约定的实现质权的情形，债权人有权就该动产优先受偿。

2. 动产质权的设立和效力

动产质权的设立和效力，见表8-24。

表8-24 动产质权的设立和效力

项目	具体规定
设立	自出质人交付质押财产时设立（现实交付、简易交付、指示交付均可）
流质条款	约定债务人不履行到期债务时质押财产归债权人所有，只能依法就质押财产优先受偿
担保范围	按约定→主债权及利息、违约金、损害赔偿金、质押财产的保管费用和实现质权的费用
收取孳息	质权人有权收取质押财产的孳息，另有约定的除外
并存	同一财产抵押权、质权并存，按登记、交付的时间先后清偿

知识点拨：有效的质押合同＋交付→动产质权。

【例题24·多选题】甲向乙借款10万元，甲的朋友丙以其价值15万元的轿车提供担保，乙与丙签订了抵押合同，但未办理抵押登记。后丙向丁借款8万元，以该车设定质押。丙与丁签订了质押合同，并于次日向丁交付了该轿车。因甲和丙均未清偿各自到期债务，遂发生纠纷。下列关于本案担保物权设立及效力的说法中，正确的有( )。

A. 丁优先于乙就轿车变价款受偿
B. 乙和丁应当就轿车变价款按照债权比例受偿
C. 丁的质权自丙向其交付轿车时设立
D. 丁的质权自质押合同签订时设立
E. 乙的抵押权自抵押合同生效时设立

答案
例题23｜D
例题24｜ACE

解析 本题考查动产质权的设立。选项 A、B，同一财产既设立抵押权又设立质权的，拍卖、变卖该财产所得的价款按照登记、交付的时间先后确定清偿顺序。选项 C、D，动产质权，自出质人交付质押财产时设立。选项 E，以动产抵押的，抵押权自抵押合同生效时设立；未经登记，不得对抗善意第三人。

3. 权利质权的设立

权利质权的设立，见表 8-25。

表 8-25 权利质权的设立

可出质的权利	质权的设立
汇票、支票、本票、债券、存款单、仓单、提单	权利凭证交付时设立；没有权利凭证，自办理出质登记时设立
可转让的知识产权（商标权、专利权、著作权）中的财产权	自办理出质登记时设立
现有的以及将有的应收账款	
可转让的基金份额、股权	

得分高手（2021 年单选；2020 年多选）

重点考查出质范围和质权设立。动产和权利可以出质，不动产属于抵押对象。动产交付设立质权，权利中"三票三单一券"一般交付设立质权，其他权利登记设立质权。

【例题 25·单选题】（2021 年）甲为顺利取得借款，与乙签订一份质押担保合同。根据《民法典》的规定，下列需要登记才能设立质权的是(　　)。

A. 应收账款　　　　　　　　B. 家庭轿车
C. 单反相机　　　　　　　　D. 提单

解析 本题考查质权的设立。选项 A，以应收账款出质的，质权自办理出质登记时设立。选项 B、C，动产质权自出质人交付质押财产时设立。选项 D，以汇票、本票、支票、债券、存款单、仓单、提单出质的，质权自权利凭证交付质权人时设立；没有权利凭证的，质权自办理出质登记时设立。法律另有规定的，依照其规定。

【例题 26·多选题】（2020 年）根据《民法典》的规定，下列财产权利中，可以出质的有(　　)。

A. 建设用地使用权　　　　　B. 现有的应收账款
C. 将有的应收账款　　　　　D. 土地经营权
E. 可以转让的股权

解析 本题考查权利质权。债务人或者第三人有权处分的下列权利可以出质：①汇票、本票、支票；②债券、存款单；③仓单、提单；④可以转让

答案
例题 25 | A
例题 26 | BCE

的基金份额、股权；⑤可以转让的注册商标专用权、专利权、著作权等知识产权中的财产权；⑥现有的以及将有的应收账款；⑦法律、行政法规规定可以出质的其他财产权利。

考点二十一 留置权★★ 一学多考｜中注

1. 概念

留置权，是指债务人不履行到期债务，债权人可以留置已经合法占有的债务人的动产，并有权就该动产优先受偿。

提示 法律规定或者当事人约定不得留置的动产，不得留置。留置财产为可分物的，留置财产的价值应当相当于债务的金额。

2. 特征

(1)属于法定担保物权；

(2)应当与债权属于同一法律关系，但是企业之间留置的除外。

3. 留置权的效力

留置权的效力，见表 8-26。

表 8-26　留置权的效力

项目	具体内容
孳息	留置权人有权收取留置财产的孳息，应当先充抵收取孳息的费用
债务履行期限	应当约定留置后的债务履行期限；没有约定或约定不明的，留置权人应当给债务人 60 日以上履行期限，但鲜活易腐等不易保管的动产除外
并存	同一动产上已经设立抵押权或质权，该动产又被留置的，留置权人优先受偿
消灭	(1)债权消灭； (2)留置权实现； (3)留置权人丧失对留置财产的占有； (4)留置物灭失且无替代物； (5)留置权人接受债务人另行提供的担保

【例题 27·单选题】(2020 年)甲将其电动自行车借给乙使用，乙在使用时发生故障，遂将电动自行车交给丙修理中心修理。丙修理中心将电动自行车修好后，乙却以电动自行车非其所有为由拒付维修费。因乙在催告期内仍未支付维修费，丙修理中心遂变卖该电动自行车以实现其维修费债权。根据《民法典》的规定，下列关于丙修理中心权利行使及行为效力的说法中，正确的是(　　)。

A. 丙修理中心可以对电动自行车行使留置权

B. 丙修理中心不能对电动自行车行使留置权，因乙对电动自行车无处分权

C. 丙修理中心变卖电动自行车的行为对甲构成侵权

D. 丙修理中心变卖电动自行车的行为效力待定

答案
例题 27｜A

解析 本题考查留置权。债务人不履行到期债务,债权人因同一法律关系留置合法占有的第三人的动产,并主张就该留置财产优先受偿的,人民法院应予支持。第三人以该留置财产并非债务人的财产为由请求返还的,人民法院不予支持。

考点二十二 数种担保并存时的效力 ★★ 一学多考|中注

1. 抵押权、质权、留置权并存

抵押权、质权、留置权并存,见表8-27。

表8-27 抵押权、质权、留置权并存

并存	处理
抵押权+质权	同一财产既设立抵押权又设立质权的,拍卖、变卖该财产所得的价款按照登记、交付的时间先后确定清偿顺序
抵押权+留置权;质权+留置权	同一动产上已设立抵押权或者质权,该动产又被留置的,留置权人优先受偿

2. 担保物权、保证并存

担保物权、保证并存,见表8-28。

表8-28 担保物权、保证并存

类型		处理
有约定		按约定实现债权
没有约定或约定不明	债务人自己提供物的担保	债权人应当先就该物的担保实现债权
	第三人提供物的担保	债权人可以就物的担保实现债权,也可以请求保证人承担保证责任。提供担保的第三人承担担保责任后,有权向债务人追偿

3. 保证、保证并存

(1)担保人之间可以相互追偿:担保人之间约定相互追偿及分担份额,承担了担保责任的担保人可以请求其他担保人按照约定分担份额(可直接追其他担保人)。担保人之间约定承担连带共同担保,或者约定相互追偿但是未约定分担份额的,各担保人按照比例分担向债务人不能追偿的部分(先追债务人,再追其他担保人)。担保人之间未对相互追偿作出约定且未约定承担连带共同担保,但是各担保人在同一份合同书上签字、盖章或者按指印,承担了担保责任的担保人可以请求其他担保人按照比例分担向债务人不能追偿部分(先追债务人,再追其他担保人)。

(2)担保人之间不得相互追偿:除上述规定的情形外,承担了担保责任的担保人请求其他担保人分担向债务人不能追偿部分的,法院不予支持。

第五节 占有

考点二十三 占有的分类 ★★★ 一学多考|中

占有的分类，见表8-29。

表8-29 占有的分类

标准	分类	含义/举例
依有无占有的权源	有权占有	基于法律上的原因占有，如基于物权的占有、基于债权的占有
	无权占有	欠缺法律上原因的占有，如小偷对盗窃物的占有
依无权占有人是否知其无占有的权源	善意占有	无权占有人不知其无占有的权源，而误信有正当权源且无怀疑地占有
	恶意占有	无权占有人明知其无占有的权源，或对是否有权源虽怀疑而仍为占有
依占有人是否具有所有的意思	自主占有	以所有的意思而为的占有，如先占人对无主动产的占有
	他主占有	不以所有的意思而为的占有，如借用人对借用物的占有
依占有人在事实上是否直接占有其物	直接占有	占有人事实上占有其物，如质权人对质物的占有、保管人对保管物的占有
	间接占有	基于一定法律关系而对直接占有其物之人有返还请求权的占有，如出质人对质物的占有、寄托人对保管物的占有

考点二十四 占有的取得与消灭 ★★ 一学多考|中

占有的取得与消灭，见表8-30。

表8-30 占有的取得与消灭

标准	分类	含义/举例
取得方式	原始取得	非基于他人既存的占有而取得的占有，如先占
	继受取得	基于他人既存的占有而取得的占有，如买卖
取得原因	民事法律行为	如保管合同、租赁合同、质押合同
	事实行为	如房屋建造、先占、无因管理、侵权行为
	自然事件	如树上果实落入邻人院内
	其他	如占有推定、继承
占有消灭	民事法律行为	如抛弃占有、让与占有
	事实行为	如占有物被窃、被抢
	占有物毁损、灭失	

考点二十五 占有的保护效力 ★★ 一学多考|中

（1）保护方式：占有保护请求权、自力救济权、损害赔偿请求权、善意占有人必要费用偿还请求权。

（2）占有的不动产或者动产被侵占或者占有被妨害的，占有人可以请求原物返还、妨害排除、妨害防止请求权。不动产或者动产被占有人占有的，权利人可以请求返还原物及其孳息，但是应当支付善意占有人因维护该不动产或者动产支出的必要费用。

提示 原物返还请求权的除斥期间为 1 年，自侵占发生之日起算。

【例题28·单选题】（2023年）甲卖给乙一批电脑，在运输途中遗落了一台，被丙拾到据为己有，后丙租给不知情的丁。丁对该电脑的占有状态为（　　）。

A. 自主占有　　　　　　　　　B. 恶意占有
C. 直接占有　　　　　　　　　D. 善意占有

解析 本题考查占有的分类。丁事实上占有租赁物，直接对物有事实上的管领力，所以丁对租赁物的占有属于直接占有。丁基于租赁合同占有电脑，属于有权占有。针对电脑的所有权人而言，丁无权占有电脑，属于无权占有。但是单选题中按照单选选最优的情况，直接占有是最优答案。

答案 例题28 | C

扫我做试题

同步训练

考点一 物权的客体——考点三 物权法的基本原则

1. （单选题）根据物权法律制度的规定，下列关于物的种类的表述中，正确的是（　　）。

   A. 笔记本电脑是主物，鼠标是从物　　B. 海域属于动产，土地属于不动产
   C. 徐悲鸿的一幅画属于种类物　　　　D. 果树上的果实是孳息

2. （单选题）根据物权法律制度的规定，下列关于物权特征的表述中，不正确的是（　　）。

   A. 物权是对物的直接支配权　　　　　B. 物权是排他性财产权
   C. 物权是对世权　　　　　　　　　　D. 物权是相对权

3. （单选题）下列关于物权基本原则的表述中，正确的是（　　）。

   A. 一个物上只能有一个所有权，但可以同时存在所有权和他物权
   B. 在同一标的物上不得同时存在两个以上不相冲突的他物权
   C. 不动产物权存在与变动的法定公示方式为占有和交付，动产物权存在与变动的

法定公示方式为登记

D. 物权的种类不得创设，但物权的内容可以创设

考点四 物权的分类

(多选题)下列关于物权分类的说法正确的有(　　)。

A. 自物权即所有权，用益物权、担保物权属于他物权

B. 建设用地使用权属于不动产物权，也属于从物权

C. 担保物权随所依赖权利的移转而移转，随所依赖权利的消灭而消灭

D. 地役权、居住权都属于用益物权

E. 抵押权、质权、留置权都属于担保物权

考点五 物权的效力

(单选题)物权的优先效力表现在(　　)。

A. 物的所有权人对物享有完全的支配力

B. 物权优先于一般债权而行使

C. 物权人可以请求妨害人停止侵害

D. 登记的抵押权优先于留置权

考点六 物权变动

1. (单选题)甲向乙购买一辆汽车，两人于3月10日签订买卖合同，并约定过两天交车。3月14日，乙将车交给甲。3月16日，甲将车款全数汇至乙的账户。3月28日，甲、乙完成了车辆的变更登记。甲取得车辆所有权的时间是(　　)。
   A. 3月14日　　B. 3月10日　　C. 3月28日　　D. 3月16日

2. (单选题)赵某将其所有的一辆自行车借给钱某，借用期间双方于2024年1月10日达成转让协议，约定钱某以1 000元的价格购买该自行车并于1月25日支付价款。1月11日，钱某将该自行车以1 100元的价格转让给孙某，双方约定钱某以借用人身份继续使用至2月25日再交还孙某。1月13日，钱某向赵某支付价款。下列关于该自行车权属的表述正确的是(　　)。
   A. 孙某于2024年1月11日取得自行车所有权
   B. 钱某于2024年1月25日取得自行车所有权
   C. 钱某于2024年1月13日取得自行车所有权
   D. 孙某于2024年2月25日取得自行车所有权

3. (单选题)2024年5月10日张某出售汽车给钱某，同时约定将汽车借给张某使用一个月，合同当日生效。2024年5月20钱某交付价款。2024年6月10日张某交付汽车，2024年6月25日办理产权登记。则钱某取得汽车所有权的时间是(　　)。
   A. 5月10日　　B. 5月20日　　C. 6月10日　　D. 6月25日

考点七 所有权的概述

(单选题)关于所有权的特征，下列表述中正确的是(　　)。

A. 所有权是对自有物所享有的物权，属于自物权之一

B. 所有人具备全面支配物的一切可能性，不受其他任何限制
C. 所有权集占有、使用、收益、处分四项权能，是这四项权能在量上的简单相加
D. 所有权具有永久性和弹力性

考点八 所有权的取得与消灭

1. （单选题）根据民事法律制度的规定，下列物可以适用先占取得的是（　　）。
   A. 遗失的手机　　　　　　　　　　B. 隐藏物
   C. 宅基地　　　　　　　　　　　　D. 所有权人抛弃的书包

2. （单选题）根据物权法律制度的规定，下列不构成添附的是（　　）。
   A. 用自己的钢筋盖房子　　　　　　B. 杨某池塘的鱼因大雨游到武某的池塘
   C. 将他人的木头加工成桌子　　　　D. 杨某错将乳胶漆刷到邻居墙上

3. （多选题）农民工甲秋收时节请假回老家秋收，其间将自己的摩托车委托好友乙保管。乙未经甲同意，谎称该摩托车为自己所有，卖给不知情的老乡丙，并在丙支付合理价款的同时将该摩托车交付于丙。关于这一事例，下列表述中，符合《民法典》的规定的有（　　）。
   A. 甲无权要求丙返还该摩托车
   B. 丙基于与乙的买卖合同获得该摩托车的所有权
   C. 由于乙无权处分该摩托车，所以在甲不予追认时，乙处分行为无效，丙不能获得该摩托车的所有权
   D. 甲丧失对该摩托车的所有权，但有权请求乙赔偿损失
   E. 丙取得该摩托车的所有权是原始取得

4. （多选题）下列各项所有权消灭的情形中，属于因法律行为而消灭的有（　　）。
   A. 甲将自己的旧钱包扔到垃圾桶
   B. 乙将刚买的面包吃掉
   C. 丙将家里的旧电视卖给收废品的小商贩
   D. 丁将自己的一套邮票赠与好友
   E. 戊的汽车被法院强制执行用以抵债

考点九 共有

1. （单选题）甲、乙以7∶3的比例按份共有一套房屋，双方约定二人平均承担亏损。甲居住期间，房屋外墙由于失修，掉落墙皮砸伤罗某，需要赔偿5 000元。对此，下列表述中正确的是（　　）。
   A. 罗某只能找甲、乙其中一人赔偿
   B. 如果甲承担了5 000元，不可以向乙追偿2 500元
   C. 罗某可以找甲、乙承担连带责任
   D. 乙主张自己仅有30%的比例，不承担责任

2. （单选题）下列共有关系属于共同共有关系的是（　　）。
   A. 甲、乙、丙3人共有一栋房屋，甲、乙主张为按份共有，丙主张为共同共有，但都没有证据

B. 甲、乙对各出资800元购买的洗衣机形成的共有关系

C. 婚姻关系存续期间，双方无特别约定，夫妻对一方所得的稿酬形成的共有关系

D. 甲、乙对各出资20万元购买的一辆卡车形成的共有关系

考点十 业主的建筑物区分所有权

(单选题)根据相关法律的规定，关于建筑物区分所有权的特征，下列说法中正确的是(   )。

A. 建筑物区分所有权是专有部分所有权和共有部分共有权构成的特别不动产所有权

B. 建筑物区分所有权中的三项权利具有一体性，在发生物权变动可以分开转让

C. 共有权及成员权需要单独进行登记才能设立

D. 建筑物区分所有权人集所有权人、共有人、成员三重身份于一身

考点十一 相邻权

(多选题)在下列民事关系中，应按照相邻关系处理的有(   )。

A. 甲在乙的房屋后挖菜窖，造成乙的房屋基础下沉，墙体裂缝，引起纠纷

B. 甲开发商购得一块土地的使用权，欲建一露天餐厅，其与该土地相邻的乙约定，乙不得再建露天餐厅，为此甲给予乙每年3万元的补偿

C. 甲村在河流上游修建拦河坝，使乙村水量剧减，引起纠纷

D. 甲家与乙家相邻，甲家的猫闯入乙家，打碎乙家的花瓶，引起纠纷

E. 甲建房时堆放的建筑材料倒塌，将邻居家的猪砸死

考点十二 用益物权概述

(单选题)下列有关用益物权的说法中，不正确的是(   )。

A. 用益物权是以使用收益为目的的定限物权

B. 用益物权是一种独立的物权

C. 用益物权的客体仅包括不动产

D. 地役权和居住权都属于用益物权

考点十三 建设用地使用权

(单选题)下列有关建设用地使用权的说法中，正确的是(   )。

A. 建设用地使用权只能存在于国家所有土地之上的权利

B. 建设用地使用权的出让方式包括出售、交换、赠与等，附着于该地上的建筑物无须一并处分，且不得超过剩余期限

C. 工业、商业、旅游、娱乐和商品住宅等经营性用地以及同一土地有两个以上意向用地者的，应当采取划拨方式设立

D. 建设用地使用权自登记时设立，应当发放权属证书

考点十四 宅基地使用权

(多选题)下列有关宅基地使用权的说法中，正确的有(   )。

A. 宅基地使用权的主体仅限于农村集体经济组织成员

B. 宅基地使用权基于集体经济组织依法无偿分配而取得

C. 一户最多只能拥有两处宅基地

D. 宅基地使用权的存续无期限限制

E. 转让宅基地使用权的，应当依法重新分配

考点十五 土地承包经营权

(单选题)陈某与其所属的甲集体经济组织拟就该集体所有的一块林地签订土地承包经营权合同，拟定的下列条款中，符合法律规定的是( )。

A. 陈某可以将该林地用于旅游度假村的建设

B. 陈某可以向甲集体经济组织以外的人员转让土地承包经营权

C. 该林地的承包期为70年

D. 该林地的土地承包经营权自登记时生效

考点十六 居住权

(多选题)下列关于居住权的说法中正确的有( )。

A. 居住权人死亡，居住权可继承

B. 居住权可以通过合同约定有偿设立

C. 合同生效时居住权设立

D. 设立居住权的住宅不得出租，当事人另有约定的除外

E. 居住权可因居住权期限届满或者居住权人死亡而消灭

考点十七 地役权

(多选题)A地所有人张三，在李四所有的B地上设定通行地役权，并进行了登记，后张三将A地卖给王五。下列说法中正确的有( )。

A. 张三可以与王五约定，单独转让地役权

B. 在办理相关登记前，张三、李四之间关于地役权的约定有效，但不能对抗善意的第三人

C. 张三与李四可以约定三年内有偿通行

D. 如果张三、王五对地役权的归属没有约定，则由张三享有地役权

E. 如果张三、王五对地役权的归属没有约定，则由王五享有地役权

考点十八 担保物权概述

(单选题)下列有关担保物权的说法中，不正确的是( )。

A. 担保物权具有从属性，以债权的存在为前提，但不随债权的消灭而消灭

B. 担保物权具有不可分性，担保物的分割、部分灭失，不影响担保物权

C. 担保物权具有物上代位性，担保期间，担保财产毁损，担保物权人可以就获得的保险金、赔偿金优先受偿

D. 担保物权包括抵押权、质权和留置权

考点十九 抵押权

1. (单选题)根据《民法典》的规定，以下列财产设定抵押的，抵押权自登记时设立的

是( )。

A. 挖掘机
B. 远洋运输船
C. 未加工的钢管
D. 正在建造的厂房

2. (单选题)甲将房屋抵押给乙,并办理了抵押登记,但是未约定不得转让。后甲又将房屋抵押给丙,未办理抵押登记。后甲将房屋转让给丁,并办理过户登记手续。下列表述中正确的是( )。

A. 甲可以不通知乙直接转让抵押的房屋
B. 因丁取得该房屋所有权,导致抵押权消灭
C. 因甲未经过乙同意转让抵押物,该转让无效
D. 丙的抵押权未设立

3. (多选题)陈某用自己的汽车作为抵押物向银行借款40万元,并办理了抵押登记手续。陈某驾驶该车出行时,不慎发生交通事故。经鉴定,该车的价值损失了30%,保险公司赔偿了该车损失。根据合同法律制度的规定,下列关于该抵押担保的表述中,正确的有( )。

A. 该汽车不再担保银行的债权
B. 该汽车的残存部分仍应担保银行债权
C. 保险赔偿不应担保银行债权
D. 保险赔偿应担保银行债权
E. 保险赔偿一半担保银行债权

4. (多选题)5月5日,珠宝经销商甲向乙借款5万元,借期2个月,以其店内价值6万元的"海蓝之密珠宝"为乙设定抵押权,并于同日签订书面抵押合同。5月10日办理了抵押登记。6月5日,丙到甲的店铺选购珠宝,看中"海蓝之密珠宝",并以6万元的价格购得。7月5日,因甲拒绝偿还借款,乙遂向丙主张行使抵押权,被丙拒绝。根据《民法典》相关规定,下列关于乙之抵押权设立及效力的说法中,正确的有( )。

A. 乙对"海蓝之密珠宝"的抵押权于5月10日完成抵押登记时设立
B. 乙可基于物权的追及效力向丙主张行使对"海蓝之密珠宝"的抵押权
C. 乙对"海蓝之密珠宝"的抵押权不能对抗丙
D. 乙对"海蓝之密珠宝"的抵押权于5月5日抵押合同生效时设立
E. 乙对"海蓝之密珠宝"的抵押权自5月10日起可以对抗善意第三人

考点二十 质权

1. (单选题)甲公司为生产经营需要向乙合伙企业借款300万元,由丙个人独资企业提供价值200万元的房屋作抵押。乙合伙企业、丙个人独资企业签订了房屋抵押合同,但未办理抵押登记。另外,甲公司又以一张汇票出质,与乙合伙企业签订了质押合同。甲公司将汇票交付给乙合伙企业,但未办理出质登记。根据《民法典》的规定,下列关于本案合同效力和担保物权设立效力的说法中,正确的是( )。

A. 质押合同无效
B. 抵押权未设立

C. 质权未设立　　　　　　　　　　D. 抵押合同无效

2. (单选题)吴某拟将其对赵某的应收账款出质给林某,吴某于2022年1月10日将拟出质事项以电子邮件方式通知赵某,赵某于1月11日表示无异议。吴某与林某于1月16日签订质押合同,于1月18日办理了出质登记,该项质权生效的时间是(　　)。

A. 2022年1月10日　　　　　　　　B. 2022年1月11日
C. 2022年1月16日　　　　　　　　D. 2022年1月18日

考点二十一　留置权

1. (单选题)下列有关留置权的表述中,不正确的是(　　)。
   A. 企业之间留置的,留置的动产可以与债权不属于同一法律关系
   B. 留置的财产为可分物的,留置物的价值应当相当于债务的金额
   C. 同一动产上已设立抵押权或者质权,该动产又被留置的,抵押权人或质权人优先受偿
   D. 留置权人对留置财产丧失占有,留置权消灭

2. (单选题)下列情形中,甲享有留置权的是(　　)。
   A. 甲为乙修理汽车,乙拒付修理费,待乙前来提车时,甲将该汽车扣留
   B. 甲为了迫使丙偿还欠款,强行将丙的一辆汽车拉走
   C. 甲为丁有偿保管某物,保管期满,丁取走保管物却未付保管费。于是,甲谎称丁取走的保管物有误,要求丁送回并调换。待丁送回该物,甲即予以扣留,要求丁支付保管费
   D. 甲为了确保对戊的一项未到期债权能够顺利实现,扣留戊交其保管的某物不还

考点二十二　数种担保并存时的效力

(多选题)2024年3月1日,周某以其所有的一辆轿车设立抵押权,向吴某借款10万元,双方签订抵押合同但未办理抵押登记。3月23日,周某为获得李某20万元的借款,又将该轿车抵押给李某,双方签订抵押合同并办理了抵押登记。4月10日,该轿车因故障需要维修,周某将其送至王某处进行维修,周某一直未支付维修费用,王某遂将该轿车留置。上述债务均已到期,因周某无力偿还,该轿车被拍卖,吴某、李某、王某均主张就轿车拍卖价款优先受偿,下列关于债权人受偿顺序的表述中,正确的有(　　)。

A. 王某优先于李某受偿　　　　　　B. 李某优先于吴某受偿
C. 吴某优先于李某受偿　　　　　　D. 李某优先于王某受偿
E. 王某优先于吴某受偿

考点二十三　占有的分类——考点二十五　占有的保护效力

1. (单选题·2021年)甲将一幅字画交给乙保管,保管期间乙将该字画送交给丙装裱。装裱期间,甲将该字画出售给丁,双方约定待装裱完毕由丁直接向丙请求返还字画。根据民法相关理论,下列关于甲丁约定完成之时,各当事人对字画占有状态的说法中,正确的是(　　)。

A. 乙自主占有 B. 丙善意占有
C. 甲无权占有 D. 丁间接占有

2. (单选题·2021年)甲欲环游世界,3月1日,跟乙签订房屋买卖和设定居住权的合同,合同约定甲的房屋以市场价80%的价格转让给乙,并约定乙以该房屋给甲设定居住权,期限为甲的余生。5月3日,甲和乙办理了房屋所有权过户登记和居住权登记。下列关于房屋的物权变动及占有性质的说法中,正确的是( )。

A. 3月1日,乙取得对房屋的间接占有
B. 3月1日,甲丧失对房屋所有权
C. 5月3日,甲取得对房屋的居住权
D. 5月3日,乙取得对房屋的直接占有

3. (多选题)甲向乙借款,并将其1辆电动三轮车出质给乙。在质押期间,为向丙借款,乙擅自将该三轮车出质给不知情的丙,丙欠丁借款到期,丁多次催讨未果。某日,丁趁丙不在家,将该三轮车偷偷骑走。之后向丙声称:"如不还借款,就以三轮车抵债。"下列有关三轮车占有的性质及效力的说法中,符合法律规定的有( )。

A. 丙可基于占有返还请求权请求丁返还该三轮车
B. 丙可基于物权请求权请求丁返还该三轮车
C. 乙因甲的出质而善意占有该三轮车
D. 丁对该三轮车的占有属于恶意占有
E. 丁基于对该三轮车的占有而取得留置权

综合拓展

1. (综合分析题·2021年)1月6日,甲在其一套房屋上为前妻乙设立居住权,双方签订居住权合同并约定:乙若再婚,则居住权消灭。1月10日,双方办理了居住权登记。3月5日,甲因急需生意周转资金,遂以该房屋抵押向同乡丙借款500万元,双方签订了借期6个月的借款合同和房屋抵押合同。3月8日,丙将500万元汇入甲的账户。3月10日,双方办理了房屋抵押登记。办理抵押登记时,丙方知晓该房屋上存在乙的居住权,遂要求甲另外再提供一份担保。

甲于是找到好友丁和戊,请求2人为其向丙提供担保。3月16日,丙与丁、戊签订保证合同约定:如果甲到期未能还款,则由丁、戊2人承担返还本金的保证责任。其余事项未进行约定。8月9日,甲因车祸离世,其子己继承了上述房屋。8月20日,己将继承的房屋登记到自己名下。借款到期后,丙因追讨欠款与丁、戊、己发生纠纷。

请结合上述案情并根据《民法典》相关规定回答下列问题。

(1)下列关于乙所享有的居住权性质、效力的说法中,正确的有( )。

A. 乙的居住权属于财产权,可以抵押,也可以继承
B. 甲为乙设立的居住权因未约定居住权期限,故乙若未再婚即可终生居住
C. 乙的居住权属于支配权,可以自己行使,也可以转让他人

D. 乙的居住权属于用益物权，具有对世性

E. 甲为乙设立的居住权附有解除条件

（2）下列关于涉案房屋物权变动的说法中，正确的有（　　）。

A. 3月5日，丙对房屋的抵押权设立

B. 8月20日，己自登记完成时取得继承房屋的所有权

C. 1月6日，乙的居住权于合同签订时设立

D. 8月9日，己继承取得房屋所有权

E. 1月10日，乙的居住权自登记时设立

（3）下列关于丙、丁、戊间保证合同效力的说法中，正确的有（　　）。

A. 丁、戊须以各自的全部财产承担保证责任

B. 丙在甲没有偿还借款时，可任意选择丁或戊，请求其代甲清偿借款

C. 若丁代清偿了全部借款，则可以向戊进行全部追偿

D. 丙仅在甲没有偿还借款时，方可请求丁或戊代甲清偿所欠借款

E. 丁、戊对甲的全部借款债务承担保证责任

（4）根据《民法典》相关规定，己继承房屋的法律效果有（　　）。

A. 己取得带有居住权和抵押权负担的房屋所有权

B. 丙仍可以对房屋行使抵押权

C. 丙对房屋的抵押权当然消灭

D. 乙仍可以继续在房屋中居住

E. 乙对房屋的居住权当然消灭

2. （综合分析题）2024年2月3日，甲继承了一套坐落于市中心的房屋。2024年4月8日，甲因急需用钱，在尚未办理继承房屋产权登记的情况下，即与乙签订买卖合同，将该房屋卖给乙，并交给乙居住。2024年6月9日，甲将继承的房屋登记于自己名下。2024年6月15日，甲将该房屋卖给丙并办理了所有权移转登记。2024年7月20日，丙受丁胁迫将房屋低价卖给丁并完成了房屋所有权移转登记。2024年8月22日，丁又将该房屋加价转手卖给戊，并完成了房屋所有权移转登记（戊不知丁胁迫丙）。戊请求乙腾退房屋遭拒，由此引发纠纷。

（1）2024年2月3日，甲对房屋的权利状态属于（　　）。

A. 已经原始取得房屋所有权

B. 所取得的房屋所有权不能对抗善意第三人

C. 已经继受取得房屋所有权

D. 所取得的房屋所有权可以对抗善意第三人

E. 尚未取得房屋所有权

（2）2024年4月8日，乙对房屋的占有事实及权利状态属于（　　）。

A. 善意占有　　　　　　　　　　　B. 他主占有

C. 有权占有　　　　　　　　　　　D. 直接占有

E. 尚未取得房屋所有权

（3）2024年6月9日及以后，房屋所有权的变动情况有（　　）。

A. 2024年6月15日，甲的房屋所有权绝对消灭
B. 2024年6月15日，丙继受取得房屋所有权
C. 2024年6月9日，甲取得所继承房屋的所有权
D. 2024年7月20日，丁继受取得房屋所有权
E. 2024年8月22日，戊有权请求乙返还房屋的占有

(4) 丙受丁胁迫将房屋低价出售给丁，丙可以行使撤销权。根据《民法典》的规定，丙行使撤销权应遵循的规则有（　　）。
A. 自丁的胁迫行为终止之日起1年内行使撤销权
B. 自丁的胁迫行为开始之日起3个月内行使撤销权
C. 自丁的胁迫行为开始之日起1年内行使撤销权
D. 自丁的胁迫行为终止之日起3个月内行使撤销权
E. 自2024年7月20日起5年内行使撤销权

参考答案及解析

考点一 物权的客体——考点三 物权法的基本原则

1. A 【解析】本题考查物的种类。选项B，海域属于不动产。选项C，徐悲鸿的一幅画属于特定物。选项D，孳息必须与原物分离，为独立物，果树上的果实尚未与果树分离，所以不是孳息。

2. D 【解析】本题考查物权的特征。选项D，物权是绝对权。

3. A 【解析】本题考查物权的基本原则。选项B，在同一标的物上可以同时存在二个以上不相冲突的他物权。选项C，动产物权存在与变动的法定公示方式为占有和交付，不动产物权存在与变动的法定公示方式为登记。选项D，物权的种类不得创设，物权的内容也不得创设。

考点四 物权的分类

ACDE 【解析】本题考查物权分类。选项B，建设用地使用权属于不动产物权，也属于主物权。

考点五 物权的效力

B 【解析】本题考查物权的优先效力。物权的优先力，是指法律赋予物权的、可以优先于同一物上的一般债权或者在后设立的物权而行使的作用力。选项A，是物权的支配力的体现。选项C，是物权的妨害排除力的体现。选项D，是物权相互间优先力的限制，应当是留置权优先于抵押权。

考点六 物权变动

1. A 【解析】本题考查动产的交付。动产物权的设立和转让，自交付时发生效力，但是法律另有规定的除外。船舶、航空器和机动车等的物权的设立、变更、转让和消灭，未经登记，不得对抗善意第三人。乙在3月14日将车交付给甲，甲此时取得车辆的所有权。

2. A 【解析】本题考查动产观念交付。选项B、C，赵某将自行车卖给钱某，是简易交付，在法律行为生效时（买卖合同生效时——2024年1月10日），视为交付，所有权转移。钱某将自行车卖给孙某，是占有改定，是在借用约定生效时（1月11日）视为交付，所有权转移。

3. A 【解析】本题考查占有改定。动产物权转让时，当事人又约定由出让人继续占有该动产的，物权自该约定生效时发生效力。因此，题目中是借用合同生效时，视为交付，所有权转移。

考点七 所有权的概述

D 【解析】本题考查所有权的特征。选项A，所有权是对自有物所享有的物权，是唯一的自物权类型。选项B，所有人具备全面支配物的一切可能性，除法律和公序良俗外，不受其他任何限制。选项C，所有权集占有、使用、收益、处分四项权能，但又不是这四项权能在量上的简单相加，而是一个整体性的权利。

考点八 所有权的取得与消灭

1. D 【解析】本题考查所有权的取得。选项A、B，遗失物、埋藏物、隐藏物、漂流物、无人继承又无人受遗赠的遗产是法律有特别规定的无主物，不能先占。选项C，宅基地系不动产，而先占仅适用于动产。

2. A 【解析】本题考查添附。选项A，用自己的钢筋盖房子属于一个所有权人，不属于添附。选项B，属于混合。选项C，属于加工。选项D，属于附合。

3. ADE 【解析】本题考查善意取得制度。选项A、D，受让人依据善意取得制度而取得不动产或者动产所有权的，原所有权人有权向无处分权人请求损害赔偿。选项B，因为丙是基于善意取得制度获得摩托车的所有权，而非基于买卖合同。选项C，乙对摩托车的处分是无权处分，但其法律后果并非效力待定，而是善意取得。选项E，善意取得是原始取得。

4. ACD 【解析】本题考查所有权的消灭。选项B、E，属于因为法律行为以外的事实消灭。

考点九 共有

1. C 【解析】本题考查按份共有。因共有的不动产或者动产产生的债权债务，在对外关系上，共有人享有连带债权、承担连带债务，但是法律另有规定或者第三人知道共有人不具有连带债权债务关系的除外；在共有人内部关系上，除共有人另有约定外，按份共有人按照份额享有债权、承担债务；偿还债务超过自己应当承担份额的按份共有人，有权向其他共有人追偿。

2. C 【解析】本题考查共同共有。选项A，没有约定视为按份共有。选项B、D，属于按份共有。

考点十 业主的建筑物区分所有权

D 【解析】本题考查建筑物区分所有权的特征。选项A，建筑物区分所有权是三项权利构成的特别不动产所有权，有别于单一的不动产所有权。选项B，建筑物区

分所有权中的三要素具有一体性，在发生物权变动时须一体变动。选项C，建筑物区分所有权中专有部分所有权具有主导性，建筑物区分所有权成立登记时，只登记专有部分所有权，而共有权及成员权并不单独登记。

考点十一 相邻权

AC 【解析】本题考查相邻关系。选项A，属于避免邻地地基动摇或其他危险的相邻关系。选项B，约定产生，属于地役权。选项C，属于相邻用水与排水关系。选项D，不属于相邻关系，因为相邻是不动产之间的关系。选项E，属于建筑物侵权行为。

考点十二 用益物权概述

C 【解析】本题考查用益物权。选项C，用益物权的客体包括不动产和动产。

考点十三 建设用地使用权

D 【解析】本题考查建设用地使用权。选项A，建设用地使用权的客体主要是国家所有的土地，依法特定情形下也可以是集体所有的土地。选项B，建设用地使用权的出让方式包括出售、交换、赠与等，附着于该地上的建筑物须一并处分，且不得超过剩余期限。选项C，工业、商业、旅游、娱乐和商品住宅等经营性用地以及同一土地有两个以上意向用地者的，应当采取招标、拍卖等公开竞价的方式出让。

考点十四 宅基地使用权

ABD 【解析】本题考查宅基地使用权。选项C，一户只能拥有一处宅基地。选项E，因自然灾害灭失，应当依法重新分配。

考点十五 土地承包经营权

C 【解析】本题考查土地承包经营权。选项A，土地承包经营权，是以种植、养殖、畜牧等农业目的，对集体经济组织所有或国家所有由农民集体使用的农用土地依法占有、使用、收益的权利。选项B，土地承包经营权人依照法律规定，有权将土地承包经营权转让。转让的对象只能是本集体经济组织成员。选项C，林地的承包期为30年至70年。选项D，土地承包经营权自土地承包经营权合同生效时设立。

考点十六 居住权

BDE 【解析】本题考查居住权。选项A、C，居住权不得转让、继承，居住权自登记时设立。

考点十七 地役权

BCE 【解析】本题考查地役权的相关规定。选项B，地役权自地役权合同生效时设立。当事人要求登记的，可以向登记机构申请地役权登记。未经登记，不得对抗善意第三人。选项C，地役权一般为有偿有期限的。选项A、D、E，地役权具有从属性，不得单独转让。

考点十八 担保物权概述

A 【解析】本题考查担保物权的种类和特征。选项 A，担保物权具有从属性，以债权的存在为前提，随债权的转移而转移，并随债权的消灭而消灭。

考点十九 抵押权

1. D 【解析】本题考查抵押权设立。选项 A、B、C，当事人以生产设备、原材料、半成品、产品、交通运输工具和正在建造的船舶、航空器抵押或其他动产设定抵押的，抵押权自抵押合同生效时设立。选项 D，以建筑物和其他土地附着物、建设用地使用权、海域使用权、正在建造的建筑物设定抵押的，应当办理抵押登记，抵押权自登记时起设立。

2. D 【解析】本题考查抵押人的权利。选项 A，抵押人转让抵押财产的，应当及时通知抵押权人。选项 B、C，抵押期间，抵押人可以转让抵押财产。当事人另有约定的，按照其约定。抵押财产转让的，抵押权不受影响。选项 D，房屋抵押的，自登记时抵押权设立。题目中甲将房屋抵押给丙没有办理抵押登记，因此抵押权未设立。

3. BD 【解析】本题考查抵押权的效力。选项 A、B，在所担保的债权未全部清偿前，担保权人可就担保物的全部行使权利；担保物部分灭失，残余部分仍担保债权全部。选项 C、D、E，在抵押物灭失、毁损或者被征收的情况下，抵押权人可以就该抵押物的保险金、赔偿金或者补偿金优先受偿。

4. CDE 【解析】本题考查抵押权设立和效力。选项 A、D、E，以动产抵押的，抵押权自抵押合同生效时设立；未经登记，不得对抗善意第三人。选项 B、C，以动产抵押的，不得对抗正常经营活动中已经支付合理价款并取得抵押财产的买受人。

考点二十 质权

1. B 【解析】本题考查抵押和质权。选项 B，以建筑物和其他土地附着物、建设用地使用权、海域使用权、正在建造的建筑物抵押的，应当办理抵押登记；抵押权自登记时设立。

2. D 【解析】本题考查权利质押的设立。以应收账款出质的，质权自办理出质登记时设立。

考点二十一 留置权

1. C 【解析】本题考查留置权。选项 C，同一动产上已设立抵押权或者质权，该动产又被留置的，留置权人优先受偿。

2. A 【解析】本题考查留置权。留置权是指债务人不履行到期债务，债权人可以留置已经合法占有的债务人的动产，并有权就该动产优先受偿。选项 B、C，不是"债权人合法占有债务人的动产"，不享有留置权。选项 D，债务未到期，不能行使留置权。

考点二十二 数种担保并存时的效力

ABE 【解析】本题考查担保物权的顺位。选项 C，同一财产向两个以上债权人抵

押的，抵押权已经登记的先于未登记的受偿；因此李某优先于吴某受偿。选项 D，同一动产上已经设立抵押权或者质权，该动产又被留置的，留置权人优先受偿；因此王某优先于李某受偿。

考点二十三 占有的分类——考点二十五 占有的保护效力

1. D 【解析】本题考查占有。选项 A，自主占有，是指以所有的意思而为的占有。他主占有，是指不以所有的意思而为的占有。乙知道自己是替甲保管字画，对字画不是所有的意思占有，即乙是他主占有。选项 B，善意占有的前提是无权占有，本题中乙将字画交给丙装裱，丙是有权占有。选项 C，甲、丁约定完成之时，甲交付了字画，此时没有占有的状态，不属于无权占有。选项 D，间接占有，是指基于一定法律关系而对直接占有其物之人有返还请求权的占有。

2. C 【解析】本题考查占有、居住权。选项 A、B，不动产物权的设立、变更、转让和消灭，经依法登记，发生效力；未经登记，不发生效力，但是法律另有规定的除外。3月1日仅订立房屋买卖合同，甲仍是房屋的所有权人，乙也无权占有房屋。选项 C，设立居住权的，应当向登记机构申请居住权登记。居住权自登记时设立。选项 D，5月3日甲取得居住权，乙并未实际占有房屋。

3. ABD 【解析】本题考查占有。选项 A，占有的不动产或者动产被侵占的，占有人有权请求返还原物。选项 B，丙基于善意取得制度而取得对车的质权，因此丙可以基于物权请求权请求丁返还。选项 C，乙是基于出质而有权占有，善意占有属于无权占有。选项 D，丁是恶意偷走车，是无权占有中的恶意占有。选项 E，留置权的前提是"合法占有债务人的动产"，丁不属于留置权。

综合拓展

1. （1）BDE 【解析】本题考查居住权性质、效力。选项 A、C、D，居住权是指按照合同约定或者遗嘱，为满足生活居住需要而对他人的住宅及其附属设施享有占有、使用的用益物权，不得转让、继承。选项 B，居住权的期限可由当事人在居住权合同中约定或者在遗嘱中确定，若合同或者遗嘱未对居住权期限予以明确，则推定居住权期限为居住权人的终生。选项 E，甲与乙约定乙若再婚，则居住权消灭，属于附解除条件的民事法律行为。

（2）DE 【解析】本题考查不动产物权的变动。选项 A，以建筑物和其他土地附着物、建设用地使用权、海域使用权或者正在建造的建筑物抵押的，应当办理抵押登记，抵押权自登记时（3月10日）设立。选项 B、D，因继承取得物权的，自继承开始时（8月9日）发生效力。选项 C、E，设立居住权的，应当向登记机构申请居住权登记，居住权自登记时（1月10日）设立。

（3）A 【解析】本题考查保证合同效力。选项 A，根据民法相关规定，保证人原则上应以其全部财产作为履行债务的担保。选项 B、D，被担保的债权既有物的担保又有人的担保的，债务人不履行到期债务或者发生当事人约定的实现担保物权的情形，债权人应当按照约定实现债权；没有约定或者约定不明确，债务人自己提供物的担保的，债权人应当先就该物的担保实现债权；第三人提供物的担保的，债权人可以就物的担保实现债权,也可以请求保证人承担保证责任。提供担保的第三人承担担保责任后,有权向债务人追偿。当事人在保证合同中对保证方式没有约定或者约定不明确的,按照一般保证承担保证责任,保证人(丁、戊)享有先诉抗辩权。因此,作为债权人的丙应先实现抵押权,之后就债务纠纷进行民事诉讼或申请仲裁,对诉讼判决或仲裁裁决强制执行仍不能清偿债务的,方可请求丁、戊承担各自的保证责任。选项 C,同一债务有两个以上第三人提供担保,担保人之间未对相互追偿作出约定且未约定承担连带共同担保,但是各担保人在同一份合同书上签字、盖章或者按指印,承担了担保责任的担保人请求其他担保人按照比例分担向债务人不能追偿部分的,人民法院应予支持(不是全部)。选项 E,保证的范围包括主债权及其利息、违约金、损害赔偿金和实现债权的费用;当事人另有约定的,按照其约定。本题中明确约定仅对本金提供保证,不包括利息等其他债务。

(4) ABD 【解析】本题考查抵押权和居住权消灭。选项 B、C,抵押权消灭的条件:主债权消灭、抵押权实现、抵押财产因不可归责于任何人的事由而灭失、抵押权人放弃抵押权。选项 D、E,居住权消灭的法定条件:居住权期限届满或者居住权人死亡。

2.(1) BC 【解析】本题考查所有权的取得。选项 A、C,继承属于继受取得。选项 B、D、E,甲因继承而取得房屋,无须办理登记即可取得所有权,但未经登记不能对抗善意第三人。

(2) CDE 【解析】本题考查占有的分类。选项 A、C,乙是基于与甲的买卖合同而占有,是有权占有,不是无权占有中的善意占有。选项 B,乙是以所有的意思占有,是自主占有,不是他主占有。选项 D,房屋已经交付,乙直接占有该房屋,是直接占有。选项 E,因为未办理登记,乙没有取得房屋的所有权。

(3) BDE 【解析】本题考查不动产所有权的取得和消灭。选项 A,所有权转让,属于物权的相对消灭,不是绝对消灭。选项 B,6 月 15 日,甲将房屋过户登记给丙,丙基于合同行为属于所有权,这是继受取得。选项 C,因继承或者受遗赠取得物权的,自继承或者受遗赠开始时发生效力;因此甲在 2 月 3 日就取得所有权,而不是 6 月 9 日才取得所有权。选项 D,7 月 20 日,丁通过过户登记而取得所有权。选项 E,戊享有所有权,可以要求乙返还房屋的占有。

(4) AE 【解析】本题考查可撤销的法律行为撤销权的行使时间。选项 A,当事人受胁迫,自胁迫行为终止之日起 1 年内没有行使撤销权,撤销权消灭。选项 E,当事人自民事法律行为发生之日起 5 年内没有行使撤销权的,撤销权消灭。

亲爱的读者,你已完成本章25个考点的学习,本书知识点的学习进度已达44%。

第九章 债 法

重要程度：重点章节　分值：20分左右

考试风向

▶ 考情速递

本章主要内容包括债法总论、合同法和侵权责任法，理论性和专业性很强，学习难度较大，要求理解和重点记忆。应系统复习所有考点，尤其重点关注债的发生、债的效力、债的保全、保证、定金、债的移转、承诺、买卖合同、租赁合同、侵权责任的归责原则和法律特别规定的侵权责任类型。本章考查单选题、多选题和综合分析题，各种题型考查频率都很高，应当加强各种题型的训练。

▶ 2025年考试变化

本章变动较大。

新增：（1）法律特别规定的侵权责任类型中涉及《最高人民法院关于适用〈中华人民共和国民法典〉侵权责任编的解释（一）》的内容；（2）不当得利属于法律事实中的事件范畴。

▶ 脉络梳理

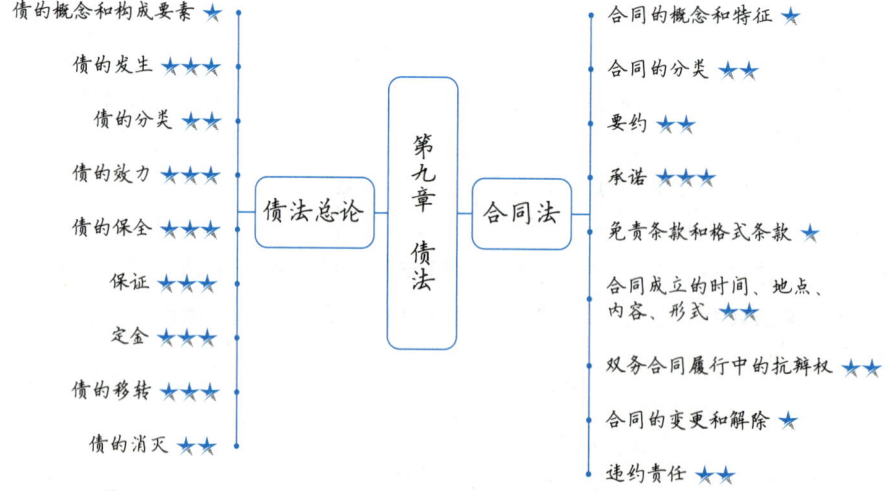

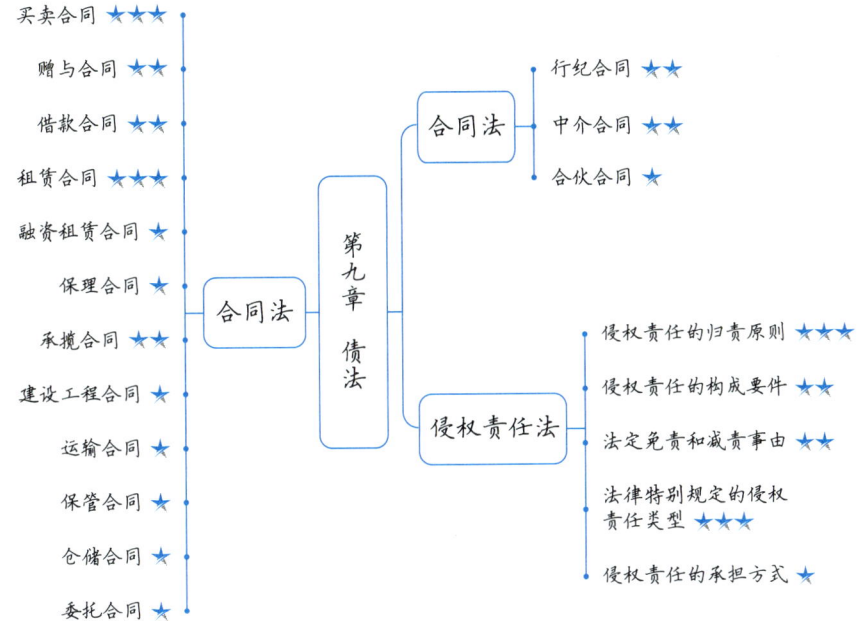

考点详解及精选例题

第一节 债法总论

考点一 债的概念和构成要素 ★

1. 概念

特定当事人之间请求为或者不为一定行为的财产性民事法律关系,包括债权和债务。

2. 构成要素

(1)主体:债权人和债务人。

(2)内容:债权和债务。

债权是请求特定义务人为或不为一定行为的权利,特征包括债权是财产权、请求权、对人权、相对权,债权具有相容性、平等性、期限性,债权类型可法定也可约定。

债务是应向特定权利人为或不为一定行为的义务,特征包括债务具有特定性、期限性、强制性。

(3)客体/债的标的:特定行为/给付,如交付财物、支付金钱、移转权利、提供劳务、提交成果以及不作为等。

考点二 债的发生 ★★★

债的发生原因，见表9-1。

表9-1 债的发生原因

债的发生原因	具体规定
合同	引起债发生的最主要原因，属于意定之债
缔约过失	属于法定之债。订立合同过程中的缔约过失行为包括：①假借订立合同，恶意进行磋商；②故意隐瞒与订立合同有关的重要事实或者提供虚假情况；③泄露或者不正当地使用在订立合同过程中知悉的商业秘密或者其他应当保密的信息；④有其他违背诚信原则的行为
单方允诺	属于意定之债。例如，悬赏广告，悬赏人以公开方式声明对完成特定行为的人支付报酬的，完成该行为的人可以请求其支付
侵权行为	属于法定之债。 **提示** 好意施惠/情谊行为/君子协议不产生法律效果，如搭乘便车（例外：发生交通事故，构成侵权，应赔偿）；请吃饭；乘客叫醒另一乘客到站下车等
无因管理	没有法定或约定的义务，为避免他人利益受损失而管理他人事务的行为，管理人可以请求受益人偿还因管理事务而支出的必要费用和适当补偿受到的损失，属于法定之债
不当得利	得利人没有法律根据取得不当利益的，受损失的人可以请求得利人返还取得的利益，但是有下列情形之一的除外：①为履行道德义务进行的给付；②债务到期之前的清偿；③明知无给付义务而进行的债务清偿

知识点拨：赔偿对方信赖利益损失。

【例题1·单选题】（2021年）根据《民法典》相关规定，下列生活事实中，能够在甲、乙之间产生债权债务关系的是（　　）。

A. 甲搭乘同事乙的车上班，途中下雨道路湿滑，乙所驾汽车不慎撞树，致甲受伤

B. 甲同意乙于3日后搭乘其车去郊区开会，因当天甲忘记，致乙自费打车前往郊区

C. 甲同意火车到南京时叫醒乙，因甲专注玩手机忘记叫醒乙，致乙过站到达上海

D. 甲答应好友乙周末在米其林餐厅的宴请，后甲爽约

解析 本题考查债的发生原因。侵权行为，是指不法侵害他人民事权益造成损害，依法应当承担民事责任的致害行为。被侵权人有权请求侵权人予以赔偿，侵权人也应当向被侵权人进行赔偿，双方因此形成以损害赔偿为主要内容的债权债务关系。选项A，乙在好意施惠过程中构成侵权，甲有权请求乙予以赔偿，故产生债权债务关系。选项B、C、D，属于好意施惠范畴，并未形成民事法律关系。

答案
例题1 | A

【例题 2·单选题】（2021 年）以下属于无因管理的是(　　)。

A．邻居赡养被子女遗弃的老人

B．消防员救灾灭火

C．超市提供保管箱保管顾客的随身物品

D．派出所民警维持秩序

解析 本题考查无因管理。无因管理是指无法定或者约定的义务，为避免他人利益受损而管理他人事务的行为。例如，赡养被他人遗弃的老人、替未按时缴税的他人代缴代垫税款。选项 B、D，属于履行其职责的行为，不属于无因管理。选项 C，属于保管合同中的保管义务，不属于无因管理。

考点三 债的分类 ★★

1. 债的分类

债的分类，见表 9-2。

表 9-2 债的分类

项目		具体规定	
根据债的发生原因	意定之债	合同、遗赠	
	法定之债	侵权行为之债、无因管理之债、不当得利之债	
根据债的给付标的		货币之债、利息之债、实物之债(特定物和种类物)、劳务之债(演出、雇佣、修理)、权利之债(债权让与、股权转让、专利权转让)、损害赔偿之债(侵权、违约损害)	
根据债的双方主体人数	单数主体之债	债权人与债务人各为一人	
	复数主体之债	债的当事人一方或双方为两人以上	
根据复数主体之债的标的是否可分	可分之债	如先交付 30 台电脑，再交付另外 70 台电脑	
	不可分之债	如数人共同承租一套公寓	
根据债的标的是否可选择	简单之债	债的标的只有一宗，当事人只能按该宗标的履行	
	选择之债	债的标的有数宗，当事人可以选择其中之一为履行标的	
	任意之债	可以约定用原定给付之外的其他给付来代替原定给付。例如，双方约定，债务人应交付冰箱一台，但可以用一台洗衣机代替	
根据两个债之间的主从关系	主债	能够独立存在的债	如借款合同与其担保合同，前者为主债，后者为从债
	从债	以主债的存在为前提，主债消灭，从债随之消灭	

答案
例题 2｜A

(续表)

项目		具体规定
根据债的给付方式	一时之债	债的内容只须一次给付或分期给付即可完成，如买卖合同
	持续之债	债的内容须以持续性给付予以完成，如租赁合同、保管合同
根据复数主体对外关系	按份之债	按份债权和按份债务，份额难以确定，视为份额相同
	连带之债	连带债权和连带债务

2. 连带之债的效力

（1）连带债务内部效力：①连带债务人之间的份额难以确定的，视为份额相同；②实际承担债务超过自己份额的连带债务人，有权就超出部分在其他连带债务人未履行的份额范围内向其追偿，并相应享有债权人的权利，但是不得损害债权人的利益；③被追偿的连带债务人不能履行其应分担份额的，其他连带债务人应当在相应范围内按比例分担。

（2）连带债务外部效力：①部分连带债务人履行、抵销债务或提存标的物，其他债务人的债务在相应范围内消灭；②部分连带债务人的债务被债权人免除，在该连带债务人应当承担的份额范围内，其他债务人的债务消灭；③部分连带债务人的债务与债权人的债权同归于一人，在扣除该债务人应当承担的份额后，债权人对其他债务人的债权继续存在；④债权人对部分连带债务人的给付受领迟延，对其他连带债务人也发生受领迟延效力。

（3）连带债权内部关系：连带债权人之间的份额难以确定的，视为份额相同。实际受领债权的连带债权人，应当按比例向其他连带债权人返还。

3. 不真正连带债务与连带债务比较

不真正连带债务与连带债务比较，见表9-3。

表9-3 不真正连带债务与连带债务比较

项目	不真正连带债务	连带债务
举例	乙受托保管甲的电脑，因丙不慎致该电脑毁损，甲既可根据委托合同请求乙赔偿，亦可根据侵权行为请求丙赔偿	二人以上共同实施侵权行为，造成他人损害的，应当承担连带责任
发生的法律要求	并非法律规定，亦不是各债务人约定，而是<u>不同法律关系</u>偶然竞合所致	法律规定、当事人约定

【例题3·单选题】（2024年）下列关于债的类型及其效力观点的说法中，正确的是( )。

A. 复数主体之债对应的是简单之债

B. 不真正连带债务的发生须有当事人的约定或法律规定

256

C. 种类物之债通常不发生给付不能

D. 非金钱债务的继续履行请求权无排除事由

解析 本题考查债的分类。选项 A，根据债的双方主体人数，可以将债分为单数主体之债和复数主体之债。根据债的标的可否选择，可以将债分为简单之债、选择之债和任意之债。选项 B，不真正连带债务中，各债务人的债务分别基于不同原因而各自独立。不真正连带债务的发生是因不同法律关系的偶然竞合所致，并非法律所规定，各债务人之间亦不可能存在约定。选项 C，因种类物可以相互替代，故种类物之债通常不发生给付不能，除非该种类物全部灭失。选项 D，强制履行，也称"继续履行"。金钱债务均可以直接强制履行；非金钱债务也可以直接强制履行，但下列情形除外：①法律上或者事实上不能履行；②债务的标的不适于强制履行或者履行费用过高；③债权人在合理期限内未请求履行。

【例题 4·多选题】（2022 年）甲、乙、丙三人殴打另一人丁，导致丁住院花了 3 万元，甲去医院看望丁，丁同意免除甲的赔偿责任。下列关于丁主张的赔偿责任正确的有（　　）。

A. 丁可以要求乙赔偿 3 万元　　B. 丁可以要求乙赔偿 2 万元

C. 丁可以要求丙赔偿 2 万元　　D. 丁可以要求乙、丙各赔偿 1 万元

E. 乙、丙对 2 万元承担连带责任

解析 本题考查连带之债。二人以上共同实施侵权行为，造成他人损害的，应当承担连带责任。二人以上依法承担连带责任的，权利人有权请求部分或者全部连带责任人承担责任。连带责任人的责任份额根据各自责任大小确定；难以确定责任大小的，平均承担责任。实际承担责任超过自己责任份额的连带责任人，有权向其他连带责任人追偿。部分连带债务人的债务被债权人免除的，在该连带债务人应当承担的份额范围内，其他债务人对债权人的债务消灭。本题中，丁免除了甲应承担的 1 万元份额后，乙、丙对剩余的 2 万元承担连带责任。故丁可分别或共同请求乙、丙清偿全部或部分债务。

考点四 债的效力 ★★★

1. 债权的效力

（1）请求力：债权人请求债务人履行债务以实现债权。

（2）执行力：债务人不履行给付之诉判决，债权人可以请求法院强制债务人履行。

（3）保持力：债权人可以永久保持受领债务人给付的效力，如诉讼时效届满的债权。

2. 债权人受领迟延

（1）概念：债权人对债务人已提出的给付，未受领或者未为给付完成提供必要协助的事实。

答案

例题 3 | C

例题 4 | BCDE

【理解】受领迟延是债权人对协助义务的违反(违反诚信原则)。

（2）构成要件：①须有履行上需要债权人协助的债务；②须债务人已按债的内容提出给付，使债权人处于可予受领的状态；③须债权人未予受领，包括不能受领和拒绝受领。

（3）法律后果：①减免债务人的责任；②使债权人承受不利益，如债务人停止支付利息、危险负担转移。

3. 债务的效力

（1）给付义务，见表9-4。

表9-4 给付义务

项目	具体规定	
依复数给付之间的关系	主给付义务：债的关系所固有的、必备的并决定债的关系类型的基本义务	【例】甲将自有汽车卖与乙，交付汽车是主给付义务，交付该车的相关资料是从给付义务
	从给付义务：不决定债的关系类型，辅助主给付义务，债权人可就从给付义务独立诉请履行	
依给付义务的原发性或继发性	原给付义务：债原本存在的给付义务	【例】买卖合同中，卖方交付标的物义务、买方支付价款义务
	次给付义务：当原给付义务在履行过程中，因特定事由发生变化而产生的义务	【例】买卖合同中，因卖方交付的标的物存在瑕疵致买方遭受损害而产生的损害赔偿义务
依给付与预期利益关系	给付行为：债的类型或性质确定，给付内容只考虑给付行为本身，不考虑是否有预期利益	【例】律师代理，律师只需依约完成代理行为，即完成了给付义务
	给付效果：债的类型或性质确定，给付内容不仅要考虑行为本身，还要谋求相对人预期利益的给付	【例】承揽，承揽人不仅要完成承揽行为，还要使该行为达到定作人预期的效果

（2）附随义务：根据诚信原则，依债的关系发展情形所发生的对相对人的告知、照顾、保护等义务。

提示 不得独立诉请履行。不履行，债权人原则上不得解除合同，仅能请求损害赔偿。

例如：①当事人应当遵循诚信原则，根据合同的性质、目的和交易习惯履行通知、协助、保密等义务。当事人在履行合同过程中，应当避免浪费资源、污染环境和破坏生态；②承运人在运输过程中，应当尽力救助患有急病、分娩、遇险的旅客。

（3）前合同义务：当事人为订立合同而进行接触、磋商阶段所负担的说明、告知、保护、注意等义务。下列义务属于前合同义务：①不得假借订立合同，恶意磋商；②不得故意隐瞒与订立合同有关的重要事实或者提供虚假情况；③不得泄露或不正当地使用在订立合同中知悉的商业秘密或者其他应当保密的信息。

（4）后合同义务：合同之债消灭后，当事人为了维护给付效果或者为了协助相对方终了善后事务所负担的作为或者不作为义务。例如，受雇人离职后不得泄露雇主的商业秘密；债权债务终止后，当事人应当遵循诚信等原则，根据交易习惯履行通知、协助、保密、旧物回收等义务。

（5）不真正义务：指在债之关系中，为使己方权利或利益完全实现，而由债权人负担的义务或风险。一方违约后，对方应当采取适当措施防止损失的扩大；没有采取适当措施致使损失扩大的，不得就扩大的损失要求赔偿。

【例题5·单选题】（2023年）王某与甲公司签订了和田玉买卖合同。甲公司如期交付和田玉，但是未交付和田玉的品质鉴定书。王某催告甲公司交付品质鉴定书后，甲公司仍然没有交付品质鉴定书。下列说法正确的是（   ）。

A. 因甲公司催告后仍不交付品质鉴定书，故王某可以不支付和田玉的价款
B. 甲公司交付品质鉴定书的义务属于次给付义务
C. 甲公司的行为属于给付迟延，王某能解除合同
D. 甲公司交付品质鉴定书的行为属于从给付义务，王某可以针对此单独提起诉讼

解析 本题考查债的效力。选项A、B、D，从给付义务，是指辅助主给付义务的义务，它并不决定债的关系类型，但债权人可以就从给付义务独立诉请履行。本案中交付和田玉的品质鉴定书属于从给付义务，从给付义务未履行，不影响支付货款的主给付义务履行。选项C，给付迟延，是指对已届满履行期且能给付的债务，因可归责于债务人的事由而未为给付所致的迟延。本题不属于给付迟延的情况。

【例题6·单选题】（2021年）甲向乙购买一批海鲜，并先行支付了货款。货到后，甲验收时发现海鲜品质不佳，遂要求更换。在等待更换期间，甲并未将收到的海鲜放置于保鲜箱中妥善保管，以致部分海鲜变质。根据《民法典》相关规定，该变质部分海鲜损失应由甲自己承担，理由是（   ）。

A. 甲违反了从给付义务
B. 甲违反了防止自己损失扩大的义务
C. 甲违反了对待给付义务
D. 甲违反了附随义务

解析 本题考查债务的效力。当事人一方违约后，对方应当采取适当措施防止损失的扩大；没有采取适当措施致使损失扩大的，不得就扩大的损失

答案
例题5｜D
例题6｜B

要求赔偿。上述所规定的债权人"应当采取适当措施防止损失的扩大"的义务，即为不真正义务。

4. 债务违反及其效力

(1)给付不能：指实现给付的内容成为不可能。给付不能，见表9-5。

表9-5 给付不能

类型	效力
事实不能(如标的物被洪水冲走而无法交付)与法律不能(如以禁止流通物为标的物)	不可归责的给付不能的效力：①免除债务人的给付义务且不承担违约责任；②债务人及时告知；③第三人致损或有保险的，债权人享有让与请求权，也可以请求债务人交付所受领的赔偿物；④双务合同中，债权人免除对待给付义务。
自始不能(债成立时给付即为不能)与嗣后不能(债成立后发生的)	
客观不能(如国家政策变更)与主观不能(如歌手因声带嘶哑而无法演唱)	
永久不能(整个履行期间)与一时不能(部分期间)	
全部不能(全部履行不能)和部分不能(一部分履行不能)	可归责的给付不能的效力：①能履行的部分继续履行，不能履行的部分，损害赔偿；②债权人可行使解除权解除合同和请求损害赔偿
可归责的给付不能(可归责于债务人的事由)与不可归责的给付不能	

(2)给付拒绝：债务人在债成立后履行期届满之前，能为给付而明确地表示不为给付。

构成要件：①须存在合法的债务；②须给付尚可能；③须债务人有拒绝给付的表示；④拒绝给付须无合法理由。

法律后果：①履行期已届至但尚未届满前的给付拒绝，债权人可以请求继续履行或承担不履行债务的责任(支付违约金、损害赔偿)；②履行期届至前的给付拒绝，债权人可以直接解除合同。

(3)给付迟延：对已届履行期且能给付的债务，因可归责于债务人的事由而未为给付所致的迟延。

构成要件：①债务已届满履行期；②给付须为可能；③须有可归责于债务人的事由；④债务人未为给付。

法律后果：①继续履行有意义，诉请法院强制履行和赔偿损失；②继续履行无意义，解除合同+赔偿损失。

(4)不完全给付：债务人没有完全按债务的内容所为的给付，例如数量不足、品种不符、地点不妥、时间不宜、方法不当、未履行附随义务等。

法律后果：能补正的可以要求债务人补正给付(更换、重做、修理)；不能补正的则赔偿损失。

考点五 债的保全 ★★★ 一学多考｜中注

1. 代位权

(1)因债务人怠于行使其债权或者与该债权有关的从权利，影响债权人的到期债权实现的，债权人可以向法院请求以自己的名义代位行使债务人对相对人的权利，但是该权利专属于债务人自身的除外。

（2）行使条件：①债权人对债务人的债权合法；②债务人怠于行使其到期债权或与该债权有关的从权利，即不以诉讼或仲裁方式向相对人主张；③债务人的债权已到期；④债务人的债权不是专属于债务人自身的权利。

（3）专属于债务人自身的权利：①抚养费、赡养费、扶养费请求权；②人身损害赔偿请求权；③劳动报酬请求权，超过债务人及其所扶养家属的生活必需费用的部分除外；④请求支付基本养老保险金、失业保险金、最低生活保障金等；⑤其他专属于债务人自身的权利。

（4）行使范围以债务人的债权额和债权人的债权额为限。必要费用由债务人负担。相对人对债务人的抗辩，可以向债权人主张。法院认定代位权成立的，由债务人的相对人向债权人履行义务，债权人接受履行后，债权人与债务人、债务人与相对人之间相应的权利义务终止。

（5）税收代位权：欠缴税款的纳税人怠于行使到期债权而对国家税收造成损害时，由税务机关以自己的名义代替纳税人行使其债权的权利。

2. 撤销权

撤销权，指债权人请求法院撤销债务人影响其债权实现的行为的权利。

（1）债务人以放弃其债权、放弃债权担保、无偿转让财产等方式无偿处分财产权益，或者恶意延长其到期债权的履行期限，影响债权人的债权实现的，债权人可以请求人民法院撤销债务人的行为。

（2）债务人以明显不合理的低价转让财产、以明显不合理的高价受让他人财产或者为他人的债务提供担保，影响债权人的债权实现，债务人的相对人知道或者应当知道该情形的，债权人可以请求法院撤销债务人的行为。

提示 情形（1）相对人无论善意和恶意均可撤销；情形（2）要求相对人是恶意的。

（3）行使范围以债权人的债权额为限，必要费用由债务人负担。撤销权自债权人知道或者应当知道撤销事由之日起 1 年内行使。自债务人的行为发生之日起 5 年内没有行使撤销权的，该撤销权消灭。债务人影响债权人的债权实现的行为被撤销的，自始没有法律约束力。

（4）税收撤销权：欠缴税款的纳税人滥用财产处分权而实施对国家税收造成损害的行为，税务机关可以请求法院撤销纳税人的行为。

● **得分高手**（2024年、2021年、2020年单选）

重点考查代位权和撤销权行使的情形。代位权可以行使的情形是债务人该做的事没做，债权人请求法院以自己的名义帮债务人做。撤销权可以行使的情形是债务人做了不该做的事，债权人自己的名义请求法院撤销。

知识点拨

转让价格未达到交易时交易地的市场交易价或者指导价 70% 的，一般可以认定为"明显不合理的低价"；受让价格高于交易时交易地的市场交易价或者指导价 30% 的，一般可以认定为"明显不合理的高价"。债务人与相对人存在亲属关系、关联关系的，不受上述 70%、30% 的限制。

【例题7·单选题】(2024年)甲对乙享有的500万元债权将于8月20日到期。6月10日,甲了解到乙资产不足,经调查发现:①乙对丙享有50万元货款债权,已到期但乙一直未向丙主张权利。②乙对好友丁享有30万元借款债权,该债权由其好友戊提供连带责任保证。乙免除丁的债务,同时免除戊的保证责任。③乙将其市值200万元的房屋以150万元的价格卖给其姐,且已办理登记。6月15日,甲决定采取措施以保障其债权实现。下列关于甲权利行使的说法中,正确的是( )。

A. 甲不得请求法院撤销乙与其姐的房屋买卖合同,因转让价格不属于明显不合理的低价

B. 甲可以以自己的名义向法院请求代位行使乙对丙的50万元债权

C. 甲可以请求法院撤销乙免除丁债务的行为,并请求丁直接向甲履行

D. 甲可以请求法院撤销乙免除戊保证责任的行为,但不得请求戊直接向甲履行

解析 本题考查债的保全。选项A,债务人以明显不合理的低价转让财产、以明显不合理的高价受让他人财产或者为他人的债务提供担保,影响债权人的债权实现,债务人的相对人知道或者应当知道该情形的,债权人可以请求人民法院撤销债务人的行为。转让价格未达到交易时交易地的市场交易价或者指导价70%的,一般可以认定为"明显不合理的低价";但债务人与相对人存在亲属关系、关联关系的,不受前述规定70%的限制。选项B,代位权的行使条件之一是须债权人的债权已届满履行期,甲对乙的债权未到期,所以不能行使代位权。选项C、D,债务人以放弃其债权、放弃债权担保、无偿转让财产等方式无偿处分财产权益,或者恶意延长其到期债权的履行期限,影响债权人的债权实现的,债权人可以请求人民法院撤销债务人的行为。行使撤销权的债权人,有权请求第三人返还财产,但就收取的财产并无优先受偿权,而应将收取的财产加入债务人的责任财产。

【例题8·单选题】(2021年)甲借给乙一笔钱,后来债务到期,乙无力偿还。甲查明,丙对于乙负有一笔债务,欠款已到期2个月,甲欲提起诉讼。下列说法正确的是( )。

A. 甲应当以自己的名义提起诉讼,丙应当直接向甲偿还欠款

B. 甲应当以自己的名义提起诉讼,丙应当直接向乙偿还欠款

C. 甲应当以乙的名义提起诉讼,丙应当直接向甲偿还欠款

D. 甲应当以乙的名义提起诉讼,丙应当直接向乙偿还欠款

解析 本题考查代位权。因债务人怠于行使其债权或者与该债权有关的从权利,影响债权人的到期债权实现的,债权人可以向人民法院请求以自己的名义代位行使债务人对相对人的权利,但是该权利专属于债务人自身的除外。人民法院认定代位权成立的,由债务人的相对人向债权人履行义务。

答案

例题7 | D
例题8 | A

考点六 保证 ★★★ 一学多考|中注

1. 债的担保

债的担保,见表9-6。

表9-6 债的担保

担保基础	担保方式	性质
信用担保	保证	约定担保
财产担保	定金	约定担保
财产担保	抵押	约定担保
财产担保	质押	约定担保
财产担保	留置	法定担保

提示 留置、定金不适用于纳税担保

2. 保证合同

保证合同,见表9-7。

表9-7 保证合同

项目	具体规定
概念	合同当事人以外的第三人向债权人担保债务人履行合同义务的协议
特征	单务、无偿、诺成、要式、从合同
合同形式	(1)可以是单独订立的书面合同,也可以是主债权债务合同中的保证条款; (2)第三人单方以书面形式向债权人作出保证,债权人接收且未提出异议的,保证合同成立
合同变更	(1)转债权,应通知保证人;转债务,经保证人同意,另有约定的除外; (2)第三人加入债务或擅自变更主债权债务合同的履行期限,保证不受影响; (3)擅自变更主债权债务内容,减轻债务的,保证人按变更后的债务承担保证责任,加重债务的,保证人按变更前的债务承担保证责任

3. 保证人

(1)机关法人不得为保证人,但是经国务院批准为使用外国政府或者国际经济组织贷款进行转贷的除外;

(2)以公益为目的的非营利法人、非法人组织不得为保证人。

4. 保证方式

一般保证和连带责任保证,保证方式没约定或约定不明的,按一般保证(有先诉抗辩权)。

一般保证人失去先诉抗辩权情形:

(1)债务人下落不明,且无财产可供执行;

(2)法院已经受理债务人破产案件;

(3)债权人有证据证明债务人的财产不足以履行全部债务或者丧失履行

债务能力；

（4）保证人书面表示放弃先诉抗辩权。

5．**保证范围**

（1）有约定，按约定；

（2）无约定：主债权及其利息、违约金、损害赔偿金和实现债权的费用。

6．**保证期间**

不变期间，不发生中断、中止、延长。

（1）有约定，按约定。

（2）无约定、约定不明：自主债务履行期限届满日起 6 个月；履行期限没约定或约定不明，自债权人请求债务人履行债务的宽限期届满之日起 6 个月。

（3）纳税保证期间自纳税人缴纳税款期限届满之日起 60 日。

提示 债权人与保证人约定的保证期间早于主债务履行期或与主债务履行期同时届满，视为没有约定。

7．**诉讼时效**

（1）一般保证：从保证人拒绝承担保证责任的权利消灭之日；

（2）连带责任保证：从债权人请求保证人承担保证责任之日。

8．**数人保证**

（1）同一债务有 2 个以上保证人，按约定的保证份额，承担保证责任；

（2）没有约定份额，债权人可以请求任何一个保证人在其保证范围内承担保证责任。

9．**共同担保**

在同一债权上既有保证又有物的担保的，属于共同担保。

被担保的债权既有物的担保又有人的担保的，债务人不履行到期债务或者发生当事人约定的实现担保物权的情形，债权人应当按照约定实现债权。

（1）没有约定或约定不明，债务人自己提供的物的担保的，应当先就该物的担保实现债权（先物保后人保）。

（2）没有约定或约定不明，第三人提供物的担保的，债权人可以就物的担保实现债权，也可以请求保证人承担保证责任（物保人保没先后）。

担保人承担责任后，有权向债务人追偿。

10．**最高额保证**

约定在最高债权额限度内就一定期间连续发生的债权提供保证。

11．**保证合同无效的法律责任**

保证合同无效的法律责任，见表 9-8。

记忆口诀

保证人无过错不担责；从合同无效，两人有错担1/2，自己有错补充；主从合同无效，有错担1/3。

表 9-8 保证合同无效的法律责任

主合同	保证合同	债权人	保证人	责任承担
有效	无效	有过错	有过错	保证人承担≤债务人不能清偿部分的1/2
有效	无效	无过错	有过错	保证人承担债务人不能清偿部分
有效	无效	有过错	无过错	保证人不承担责任
无效	无效	—	无过错	保证人不承担责任
无效	无效	—	有过错	保证人承担≤债务人不能清偿部分的1/3

【例题 9·单选题】甲借款给乙，约定于 2021 年 3 月 1 日前还清本息，丙承担连带责任保证。履行期届满后，乙没有还款，甲也一直没有催乙还款。2024 年 4 月 1 日，因乙一直未还款，甲遂要求丙承担保证责任。根据民法相关规定，下列关于丙保证责任承担的说法中，正确的是(　　)。

A. 甲必须先起诉乙，经强制执行未果后，才能要求丙承担保证责任
B. 乙放弃诉讼时效期间届满的抗辩，丙无权向甲主张该抗辩
C. 丙有权主张乙的诉讼时效抗辩权，拒绝向甲承担保证责任
D. 乙所负债务虽已超过诉讼时效期间，但丙仍应向甲承担保证责任

解析 本题考查保证期间和诉讼时效。根据规定，向人民法院请求保护民事权利的诉讼时效期间为 3 年，法律另有规定的，依照其规定。本题中，诉讼时效期间为 2021 年 3 月 1 日~2024 年 3 月 1 日，该笔债务已经超过了诉讼时效期间。选项 A，在连带责任保证中，保证人不享有先诉抗辩权。选项 B、C，保证人可以主张债务人对债权人的抗辩。债务人放弃抗辩的，保证人仍有权向债权人主张抗辩。选项 D，连带责任保证的保证人与债权人未约定保证期间的，债权人有权自主债务履行期届满之日起 6 个月内要求保证人承担保证责任。本案中保证期间为 2021 年 3 月 1 日~2021 年 9 月 1 日；截至 2024 年 4 月 1 日，已经过了保证期间，丙的保证责任消灭，有权拒绝向甲承担保证责任。

考点七 定金 ★★★　一学多考|中注

1. 定金合同的成立
定金合同属于实践合同，自实际交付定金时成立。

2. 定金数额
定金的数额可以由当事人约定，不超过主合同标的额的 20%，超过部分不产生定金效力。实际交付的数额多于或少于约定数额，视为变更约定的定金数额。

3. 定金类型
定金类型，见表 9-9。

答案
例题 9 | C

表 9-9 定金类型

项目	具体规定
违约定金	约定了定金性质，未约定定金类型或者约定不明，适用违约定金
立约定金	约定以交付定金作为订立合同的担保，一方拒绝订立合同或者在磋商订立合同时违背诚信原则导致未能订立合同，适用定金罚则
成约定金	约定以交付定金作为合同成立或生效条件，未交付定金，合同主要义务已经履行完毕并为对方所接受，法院认定合同在对方接受履行时已经成立或生效
解约定金	交付定金一方可以主张以丧失定金为代价解除合同，或收受定金一方可以主张双倍返还定金以解除合同

4. 定金罚则

(1) 债务人履行债务，定金应当抵作价款或收回。

(2) 给付定金的一方不履行债务或履行债务不符合约定，致使不能实现合同目的的，无权请求返还定金。

(3) 收受定金的一方不履行债务或履行债务不符合约定，致使不能实现合同目的的，应当双倍返还定金。

5. 特殊适用定金罚则

一方轻微违约，对方具有致使不能实现合同目的的违约行为，轻微违约方可主张适用定金罚则；一方已经部分履行，对方接受并可以主张按未履行部分占比适用定金罚则；部分未履行致使不能实现合同目的的，可以主张整体适用定金罚则。

6. 定金 VS 违约金

既约定违约金，又约定定金，一方违约时，对方可以选择适用违约金或者定金条款；定金不足以弥补一方违约造成的损失的，对方可以请求赔偿超过定金数额的损失。

7. 定金与预付款

定金与预付款，见表 9-10。

表 9-10 定金与预付款

区别	定金	预付款
是否有担保作用	有担保作用	单纯的预付款无担保作用
是否为单独的合同	交付定金是成立定金合同的法律要件	合同履行的一部分
是否适用定金罚则	适用	不适用
是否适用非金钱履行义务的合同	可以适用	只能适用以金钱履行义务的合同
是否可以分期交付	一般一次性交付	可以分期交付

【例题 10·多选题】(2021 年)甲厂购买乙厂价值 100 万元的设备,并支付 30 万元定金。双方在买卖合同中约定,若一方违约,须向对方支付 20 万元违约金,后甲厂违约。下列乙厂对甲厂违约所采取的做法,获得法律支持的有(　　)。

  A. 乙厂拒绝返还 30 万元定金,并请甲厂支付 20 万元违约金

  B. 乙厂仅拒绝返还 30 万元定金

  C. 乙厂仅请求甲厂支付 20 万元违约金

  D. 乙厂拒绝返还 20 万元定金,并请甲厂交 20 万元违约金

  E. 乙厂仅拒绝返还 20 万元定金

解析 本题考查定金与违约金的竞合。选项 A、D,当事人既约定违约金,又约定定金的,一方违约时,对方可以选择适用违约金或者定金条款。选项 A、D 中乙厂同时主张定金和违约金,不能获得支持。选项 B、E,定金的数额由当事人约定;但是,不得超过主合同标的额的 20%,超过部分不产生定金的效力。本题中合同价款为 100 万元,定金 30 万元,超过了主合同标的额的 20%。所以乙厂仅能就 20 万元主张适用定金罚则。选项 C,乙厂仅主张适用违约金条款,可以获得支持。

考点八 债的移转 ★★★　　一学多考|中注

1. 债权让与

(1)债权让与<u>应当通知</u>债务人,通知到达债务人时对债务人生效。让与人未通知债务人,受让人直接起诉债务人,法院审理确认债权转让事实,债权转让自起诉状副本送达时对债务人生效。

(2)<u>不得转让的债权</u>:①根据债权性质不得转让(抚养、赡养请求权、雇佣债权);②按照当事人约定不得转让(当事人约定非金钱债权不得转让的,不得对抗善意第三人。当事人约定金钱债权不得转让的,不得对抗第三人);③依照法律规定不得转让(精神损害抚慰金请求权)。

(3)债权让与的法律后果:受让人取得与债权有关的从权利,但是该从权利专属于债权人自身的除外。债务人接到通知后,债务人对让与人的抗辩,可以向受让人主张。

(4)多重让与:让与人将同一债权转让给两个以上受让人,债务人以已经向最先通知的受让人履行,可以主张其不再履行债务。债务人明知接受履行的受让人不是最先通知的受让人,最先通知的受让人可以请求债务人继续履行或者依据债权转让协议请求让与人承担违约责任。最先通知的受让人不得请求接受履行的受让人返还其接受的财产,但明知在受让前已经转让给其他受让人的除外。

提示 最先通知的受让人,是最先到达债务人的转让通知中载明的受让人。

答案 例题 10 | CE

2. 债务承担

债务承担应当经债权人同意，债权人在合理期限内未作表示的，视为不同意。第三人与债务人约定加入债务并通知债权人，或者第三人向债权人表示愿意加入债务，债权人未在合理期限内明确拒绝的，债权人可以请求第三人在其愿意承担的债务范围内和债务人承担连带债务。第三人与债务人约定追偿权，履行债务后可以主张向债务人追偿；没有约定追偿权，可以依据不当得利请求债务人向其履行，但第三人知道或应当知道加入会损害债务人利益的除外。

3. 债权债务的概括移转

当事人一方经对方同意，可以将自己在合同中的权利和义务一并转让给第三人，如法定继承、法人合并。

【例题11·单选题】（2024年）下列关于债权让与效力及法律限制的说法中，符合《民法典》的规定的是(　　)。

A. 债务人对让与人享有债权且该债权与转让的债权是基于同一合同产生，债务人可以向受让人主张抵销

B. 债权人转让债权时，受让人取得与该债权有关的一切从权利

C. 债权让与自通知债务人时生效

D. 当事人约定非金钱债权不得转让的，不得对抗第三人

解析 本题考查债权让与。选项A，债权让与中，债务人对让与人享有的债权，符合下列条件之一的，可以向受让人主张抵销：①债务人接到债权转让通知时，债务人对让与人享有债权，且债务人的债权先于转让的债权到期或者同时到期；②债务人的债权与转让的债权是基于同一合同产生。选项B，债权人转让债权的，受让人取得与债权有关的从权利，但是该从权利专属于债权人自身的除外。选项C，债权让与以通知债务人为对债务人生效的要件，而非债权让与的生效要件。选项D，当事人约定非金钱债权不得转让的，不得对抗"善意第三人"。

考点九　债的消灭 ★★　　一学多考｜中注

1. 清偿

清偿，见表9-11。

表9-11　清偿

项目	具体规定
清偿人	债务人、债务人的代理人、第三人（由第三人履行；第三人代为履行）。 债务人不履行债务，第三人对履行该债务具有合法利益，第三人有权向债权人代为履行；但是，根据债务性质、当事人约定、法律规定只能由债务人履行的除外

答案
例题11｜A

(续表)

项目	具体规定
清偿人	**提示** 具有合法利益的第三人包括：①保证人或者提供物的担保的第三人；②担保财产的受让人、用益物权人、合法占有人；③担保财产上的后顺位担保权人；④对债务人的财产享有合法权益且该权益将因财产被强制执行而丧失的第三人；⑤债务人为法人或者非法人组织的，其出资人或者设立人；⑥债务人为自然人的，其近亲属
受领清偿人	债权人、债权人的代理人、债权受领证书的持有人、第三人
清偿标的	可以是交付实物、支付金钱、提供劳务、移转权利、完成工作及不作为等。原则上应以债的原定给付清偿，但以他种给付代替，并经债权人同意，也发生清偿效力
清偿地	双方合意选择，也可依给付的性质确定
	没有约定或约定不明	给付货币	在接受货币一方所在地履行
		交付不动产	在不动产所在地履行
		其他给付	在履行义务一方所在地履行
清偿期	有约定按约定；没有约定或约定不明，随时履行，但是应当给对方必要的准备时间
清偿费用	有除法定或约定外，由债务人承担；但因债权人原因增加的费用，由债权人承担
清偿抵充	(1)债务人对同一债权人负担的数项债务种类相同，债务人的给付不足以清偿全部债务的，除当事人另有约定外，由债务人在清偿时指定其履行的债务。债务人未作指定的，应当优先履行已经到期的债务；数项债务均到期的，优先履行对债权人缺乏担保或者担保最少的债务；均无担保或者担保相等的，优先履行债务人负担较重的债务；负担相同的，按照债务到期的先后顺序履行；到期时间相同的，按照债务比例履行。 (2)债务人在履行主债务外还应当支付利息和实现债权的有关费用，其给付不足以清偿全部债务的，除当事人另有约定外，应当按照下列顺序履行：①实现债权的有关费用；②利息；③主债务

记忆口诀
约定→债务人指定→已到期→缺乏担保或较少担保→负担较重→到期先后→债务比例。

记忆口诀
约定→实现债权有关费用→利息→主债务。

2. 抵销
(1)法定抵销，见表9-12。

表9-12 法定抵销

项目	具体规定
条件	须双方互享债权、互负债务；须双方互负债务属于同一种类；须主动债权已届至清偿期；须债权债务依其性质或者法律规定可以为抵销
方法与效力	通知自到达对方时生效，双方对等数额的债权债务消灭(主债务、利息、违约金或者损害赔偿金等)。 **提示** 抵销不得附条件或者附期限

(续表)

项目	具体规定
不得抵销	根据债务性质、按照当事人约定、依照法律规定不得抵销
	诉讼时效期间已届满的债权：当事人互负债务，一方不能以其诉讼时效期间已届满的债权通知对方主张抵销。一方的债权诉讼时效期间已届满，对方可以主张抵销

（2）合意抵销：由当事人自由商定，双方达成抵销合意时生效。

3. 提存

（1）债务人难以履行债务，可以提存的情形：债权人无正当理由拒绝受领；债权人下落不明；债权人死亡未确定继承人、遗产管理人或者丧失民事行为能力未确定监护人。

提示 标的物不适于提存或费用过高的，债务人可以拍卖或变卖，提存所得价款。

（2）提存效力，见表9-13。

表9-13　提存效力

项目	具体规定
对债务人	债权债务关系消灭
对债权人	标的物提存后，毁损、灭失的风险由债权人承担
	提存期间，标的物的孳息归债权人所有
	提存费用由债权人负担

（3）领取提存物。债权人可以随时领取，自提存之日起 5 年内不行使权利消灭，扣除提存费用后归国家所有。债权人未履行对债务人的到期债务或提供担保之前，提存部门根据债务人的要求应当拒绝其领取提存物。债权人未履行对债务人的到期债务，或者债权人向提存部门书面表示放弃领取提存物权利的，债务人负担提存费用后有权取回提存物。

免除可以附条件、附期限。

4. 免除

债权人免除债务人部分或者全部债务的，债权债务部分或者全部终止，但是债务人在合理期限内拒绝的除外。

5. 混同

债权和债务同归于一人，债权债务终止，但是损害第三人利益的除外。

【例】债权让与、债务承担、企业合并、继承、债权债务的概括承受等。

【例题12·多选题】(2019年)甲公司欠乙公司货款5万元到期未还。乙公司需付甲公司5万元加工费，但已过诉讼时效。下列有关甲、乙公司主张抵销的说法中，正确的有(　　)。

A. 甲、乙公司均不可以单方主张抵销

B. 若甲公司主张抵销，须经乙公司同意方可

C. 若甲公司主张抵销，通知乙公司即可
D. 若乙公司主张抵销，通知甲公司即可
E. 若乙公司主张抵销，须经甲公司同意方可

解析 本题考查抵销。法定抵销：当事人互负债务，该债务的标的物种类、品质相同的，任何一方可以将自己的债务与对方的到期债务抵销，但是，根据债务性质、按照当事人约定或者依照法律规定不得抵销的除外。当事人主张抵销的，应当通知对方。通知自到达对方时生效。合意抵销：当事人互负债务，标的物种类、品质不相同的，经协商一致，也可以抵销。选项 B、C，甲的债权已过诉讼时效，不能主动提起法定抵销。若想抵销，须通过合意抵销的方式，经过乙同意。选项 A、D、E，乙可主张法定抵销，通知甲即可，并非须经甲同意。

第二节 合同法

考点十 合同的概念和特征 ★ 〔一学多考｜中注〕

1. 概念

合同是指民事主体之间设立、变更、终止民事法律关系的协议。

提示 婚姻、收养、监护等有关身份关系的协议，适用身份关系的法律规定；没有规定，可以参照适用合同编的规定。

2. 特征

合同是一种民事法律事实；属于民事法律事实中的行为；属于表意行为；属于民事法律行为；是双方法律行为。

考点十一 合同的分类 ★★ 〔一学多考｜中〕

合同的分类，见表9-14。

表9-14 合同的分类

项目		具体规定
根据当事人是否互负对待给付义务	单务合同	如赠与合同、保证合同
	双务合同	如买卖合同、租赁合同
根据当事人取得利益是否支付对价	有偿合同	如买卖合同
	无偿合同	如赠与合同
根据合同成立是否以交付标的物或完成其他给付为成立要件	诺成合同	双方意思表示一致即可成立
	践成合同	即要物合同、实践合同，双方意思表示一致＋交付标的物或完成其他给付＝合同成立，如自然人之间的借款合同、借用合同、保管合同、定金合同

答案
例题 12｜BD

(续表)

项目		具体规定
根据法律对合同是否规定并赋予特定名称	典型合同	即有名合同,法律规定并赋予特定名称,如买卖合同、借款合同
	非典型合同	即无名合同,法律未规定,未赋予特定名称
根据合同成立或生效是否需要具备法定形式和手续	要式合同	(1)法律规定应采用书面形式的合同(合同书、信件、电报、电传、电子数据交换、电子邮件); (2)要求鉴证或公证的合同; (3)须经有关国家机关审批的合同。 【例】建设工程合同、保证合同、抵押合同
	不要式合同	法律不要求具备一定形式和手续
根据合同订立是否以订立另一合同为内容	预约	约定将来一定期限内订立合同的认购书、订购书、预订书、定金等,意向书、备忘录一般不是
	本约	履行预约而订立的合同
根据合同是否涉及第三人利益或负担	束己合同	效力不涉及第三人而仅约束合同当事人
	涉他合同	分为利益第三人合同(利他合同)与由第三人履行合同(负担合同)两种类型
根据合同效果在缔约时是否确定	确定合同	合同的法律效果在缔约时既已确定
	射幸合同	即机会性合同,合同的法律效果在缔约时不能确定,如保险、博彩合同
格式合同		为<u>重复使用</u>而将交易条件预先拟定。 **提示** 提供格式条款的一方负有提示和说明义务,不合理地免除或减轻其责任、加重对方责任、限制对方主要权利的格式条款或者排除对方主要权利的格式条款无效
复合合同		即混合合同,由两个以上的典型合同或非典型合同的内容复合构成的合同,属一个合同。 【例】甲应聘担任乙所有大厦的管理员,乙为甲免费提供住房,甲的给付义务属于雇佣合同,乙的给付义务属于借用合同

【例题13·单选题】(2024年)下列关于合同性质及效力的认定中,正确的是( )。

A. 甲拟购买乙一套价值 500 万元的商品房,并按约定向乙支付定金 150 万元。该定金合同因定金数额超过合同标的额的 20% 而无效

B. 甲向乙购买一辆轿车,合同约定分两次付款,该合同属于分期付款买卖合同

C. 甲、乙经磋商签订一份意向书，约定半年内根据双方业务发展情况签订正式合同，未约定将来所要订立合同的主体、标的等内容，该意向书不构成预约合同

D. 甲赠送乙一辆轿车，同时约定乙负责接送一名残疾儿童上下学。该合同属于双务合同

解析 本题考查合同性质及效力。选项 A，定金的数额由当事人约定；但是，不得超过主合同标的额的 20%，超过部分不产生定金的效力；并非是定金合同无效。选项 B，分期付款要求买受人将应付的总价款在一定期限内至少分 3 次向出卖人支付。选项 C，当事人通过签订意向书或者备忘录等方式，仅表达交易的意向，未约定在将来一定期限内订立合同，或者虽然有约定但是难以确定将来所要订立合同的主体、标的等内容，一方主张预约合同成立的，人民法院不予支持。选项 D，附义务的赠与合同，仍旧属于单务合同。

【例题 14·多选题】（2021 年）根据《民法典》相关规定，以标的物的交付作为成立要件的合同有(   )。

A. 保管合同
B. 定金合同
C. 租赁合同
D. 仓储合同
E. 自然人之间的借款合同

解析 本题考查实践合同。实践合同，也称要物合同、践成合同，是指除双方当事人意思表示一致以外，尚须交付标的物或者完成其他给付才能成立的合同。例如，自然人之间的借款合同、保管合同、定金合同。

考点十二 要约 ★★ 一学多考｜中注

1. 要约邀请

希望他人向自己发出要约的表示，不发生法律上的效果。

【例】 拍卖公告、招标公告、招股说明书、债券募集办法、基金招募说明书、商业广告和宣传、寄送的价目表、商贩的沿街叫卖。商业广告和宣传的内容符合要约条件的，构成要约。

2. 要约

希望与他人订立合同的意思表示，如自动售货机。

（1）构成要件：特定人作出的意思表示；向要约人希望与之订立合同的相对人发出；内容具体确定；受相对人承诺拘束的意思表示。

（2）要约的法律效力，见表 9-15。

答案
例题 13｜C
例题 14｜ABE

表 9-15　要约的法律效力

项目	具体规定		
要约生效的时间	对话形式		相对人知道其内容时生效
	非对话形式	其他	到达相对人时生效
		数据电文	当事人对生效时间有约定，按约定
			指定特定系统接收数据电文，数据电文进入该特定系统时生效
			未指定特定系统，相对人知道或应当知道数据电文进入其系统时生效
对要约人的拘束力	要约生效后，在要约存续期间不得随意变更或撤回		
对受要约人的拘束力	因要约生效而获得承诺的权利，经受要约人承诺，合同成立		

（3）要约撤回和撤销，见表 9-16。

表 9-16　要约撤回和撤销

项目	具体规定
要约撤回	撤回要约的通知应在要约到达受要约人前或同时到达受要约人
要约撤销	对话方式作出撤销，应当在受要约人作出承诺之前为受要约人所知道
	非对话方式作出撤销，应当在受要约人作出承诺之前到达受要约人
	不得撤销：①要约人以确定承诺期限或者其他形式明示要约不可撤销；②受要约人有理由认为要约是不可撤销的，并已经为履行合同做了合理准备工作

（4）要约失效：要约被拒绝；要约被依法撤销；承诺期限届满，受要约人未作出承诺；受要约人对要约的内容作出<u>实质性变更</u>。

> **提示** 实质性内容：有关合同标的、数量、质量、价款或者报酬、履行期限、履行地点和方式、违约责任和解决争议方法等。

记忆口诀
撤销、届满、被拒绝、实质性变更（谐音：小姐巨变）。

（5）特殊要约，见表 9-17。

表 9-17　特殊要约

项目	具体规定
反要约	受要约人对要约的内容作出实质性变更
悬赏广告	悬赏人公开声明对完成特定行为的人支付报酬，完成该行为的人可以请求其支付
交叉要约	双方互为意思内容相同的要约，互达于相对人时合同即成立
现物要约	未经订购而当事人一方向相对人径寄物品的行为，相对人不负有承诺义务，但在要约人领回物品前负有保管义务

【例题 15·单选题】（2019 年）下列有关要约的说法中，正确的是（   ）。

A．拍卖公告属于要约　　　　B．要约对受要约人没有拘束力
C．要约作出后不得撤回　　　D．要约对要约人具有拘束力

解析 本题考查要约。选项 A，拍卖公告、招标公告、招股说明书、债券募集办法、基金招募说明书、寄送的价目表等为要约邀请。选项 B、D，要约对要约人与受要约人均有拘束力。选项 C，要约可以撤回与撤销。

考点十三　承诺★★★　一学多考｜中注

1. 概念

受要约人同意要约的意思表示。

2. 承诺方式

应当以通知的方式作出，根据交易习惯或要约表明可以通过行为作出承诺的除外。

3. 承诺期限和起算

承诺期限和起算，见表 9-18。

表 9-18　承诺期限和起算

项目		具体规定
承诺期限	要约确定期限	承诺应当在要约确定的期限内到达要约人
	要约未确定期限	要约以对话方式作出，应当即时作出承诺
		要约以非对话方式作出，应当在合理期限内到达
承诺期限起算		（1）要约以信件或电报作出的，自信件载明的日期或电报交发之日起开始计算。信件未载明日期的，自投寄该信件的邮戳日期起开始计算。
（2）要约以电话、传真、电子邮件等方式作出的，自要约到达受要约人时开始计算

4. 承诺生效

承诺生效，见表 9-19。

表 9-19　承诺生效

项目	具体规定
通知方式	生效时间同要约
行为	根据交易习惯或者要约的要求作出承诺的行为时生效

提示 承诺生效时合同成立，法律另规定或另约定的除外

5. 承诺撤回

撤回的通知应当在承诺到达要约人前或者与承诺同时到达要约人。

6. 过期承诺

（1）承诺迟到：超过承诺期限发出或者在承诺期限内发出，通常情形不

知识点拨

承诺不得撤销。

答案

例题 15｜D

能及时到达,为新要约;但要约人及时通知受要约人该承诺有效除外。

(2)承诺迟延:在承诺期限内发出,通常情形能够及时到达,但因其他原因到达要约人时超过承诺期限,除要约人及时通知不接受外,该承诺有效。

7. 承诺内容

(1)应当与要约的内容一致,作出实质性变更的,为新要约。

(2)作出<u>非实质性变更的</u>,该承诺有效,除非要约人及时反对或要约表明承诺不得对要约内容作任何变更。

8. 强制缔约

国家根据抢险救灾、疫情防控或者其他需要下达国家订货任务、指令性任务的,有关民事主体之间应当依照有关法律、行政法规规定的权利和义务订立合同。

9. 招标缔约

招标属于要约邀请;投标属于要约;定标或决标属于承诺。

10. 拍卖缔约

拍卖公告属于要约邀请;应买人所作应买的意思表示属于要约;拍卖人落槌属于承诺。

【例题16·多选题】(2023年)下列构成承诺的有( )。

A. 丙进入收费停车场内泊车
B. 丁在公交站,公交车到站丁上车
C. 甲在超市购物,将明码标价的商品放入购物车内
D. 乙半夜入住宾馆,因饥饿打开宾馆明码标价的10元方便面充饥
E. 丙在夜市售卖日常用品,标价8元并附二维码

解析 本题考查承诺。选项C,甲将超市商品放入购物车内并不能构成承诺,在进行付款的时候构成承诺。选项E,属于要约。

【例题17·单选题】(2022年)甲到乙家做客,看到一幅画,甲对该画爱不释手,乙就口头提议5万元卖给甲。但甲因最近投资失败导致资金紧张,就未置可否。当晚甲越想越觉得放不下。第二天,甲醒来后打电话告诉乙说同意5万元购买画。甲同意购买画的行为属于( )。

A. 反要约 B. 要约
C. 承诺   D. 要约邀请

解析 本题考查合同的订立。要约以对话方式作出的,应当即时作出承诺,甲当时未作出承诺,导致要约失效。甲第二天所作同意5万元购买画的意思表示为向乙发出的要约。

考点十四 免责条款和格式条款 ★ 一学多考|中注

(1)提供格式条款一方应采取合理方式提示对方注意免除或减轻其责任条款,按照对方要求予以说明。未提示或说明,致使对方没注意或理解的,

答案
例题16|ABD
例题17|B

对方可以主张该条款不成为合同的内容。

（2）无效格式条款：①提供格式条款一方不合理地免除或者减轻其责任、加重对方责任、限制对方主要权利。②提供格式条款一方排除对方主要权利。③格式条款具有无效民事法律行为的情形和无效的免责条款情形。

（3）无效免责条款：①造成对方人身损害；②因故意或重大过失造成对方财产损失。

（4）对格式条款的理解发生争议的，应当按照通常理解予以解释。对格式条款有两种以上解释的，应当作出不利于提供格式条款一方的解释。格式条款和非格式条款不一致，应当采用非格式条款。

【例题18·多选题】（2024年）下列格式条款中，当然无效的有（　　）。
A. 提供格式条款一方排除对方主要权利的条款
B. 提供格式条款一方不合理地减轻自己责任的条款
C. 提供格式条款一方免除自己责任的条款
D. 提供格式条款一方加重对方责任的条款
E. 提供格式条款一方限制对方主要权利的条款

解析 本题考查格式条款。提供格式条款一方不合理地免除或者减轻其责任、加重对方责任、限制对方主要权利的条款无效。提供格式条款一方排除对方主要权利的条款无效。选项C、D、E，需要以"不合理"为前提，才无效。

考点十五 合同成立的时间、地点、内容、形式 ★★ 一学多考｜中注

1. 合同成立时间和地点比较

合同成立时间和地点比较，见表9-20。

表9-20 合同成立时间和地点比较

项目	成立时间	成立地点
原则上	承诺生效时合同成立，法律另有规定或当事人另有约定的除外	承诺生效的地点为合同成立的地点
合同书形式订立合同	当事人均签名、盖章或按指印时合同成立。**提示** 在签名、盖章或按指印之前，一方已经履行主要义务，对方接受时合同成立	最后签名、盖章或者按指印的地点为合同成立的地点，另有约定的除外。**提示** 约定与实际签字或盖章地点不一致，以约定地点为准
数据电文订立合同	（1）在合同成立前签订确认书，签订确认书时合同成立。（2）网络购物，买方选择商品或服务并提交订单成功时合同成立，另有约定的除外	收件人的主营业地为合同成立的地点；没有主营业地的，其住所地为合同成立的地点。当事人另有约定的，按照其约定

答案 例题18｜AB

（续表）

项目	成立时间	成立地点
招投标	中标通知书到达中标人时	—
现场、网络拍卖	拍卖师落槌、电子系统确认成交时	—

2. 合同内容

合同的内容由当事人约定，一般包括下列条款：①当事人的姓名或者名称和住所；②标的；③数量；④质量；⑤价款或者报酬；⑥履行期限、地点和方式；⑦违约责任；⑧争议解决争议的方法。

提示 前三项通常被认为合同成立不可或缺的必要因素。

3. 合同形式

可以采用书面形式、口头形式或者其他形式。

知识点拨

书面形式：合同书、信件、电报、电传、传真、电子数据交换、电子邮件。

【例题19·单选题】甲公司与乙公司签订一份书面合同，约定："合同履行地点为P市，合同成立地点为Q市。"甲公司在M市签字、盖章后邮寄给乙公司，乙公司在N市签字、盖章后将合同邮寄回甲公司。该合同的成立地点为（　　）。

A. N市　　　　B. P市　　　　C. M市　　　　D. Q市

解析 本题考查合同成立地点。采用书面形式订立合同，合同约定的成立地点与实际签字或者盖章地点不符的，应当认定约定的地点为合同成立地点。题目中合同约定"合同成立地点为Q市"，因此按照当事人约定。

考点十六　双务合同履行中的抗辩权 ★★　　一学多考｜中注

双务合同履行中的抗辩权，见表9-21。

表9-21　双务合同履行中的抗辩权

项目	同时履行抗辩权	后履行抗辩权	不安抗辩权
合同类型	双务合同		
履行顺序	无先后	有先后	
抗辩者	合同双方	后履行一方	先履行一方
行使前提	对方不履行、履行不符合约定。**提示** 不履行非主要债务一般不得行使，除非导致合同目的不能实现或另有约定		确切证据证明+经营状况严重恶化；转移财产、抽逃资金，以逃避债务；丧失商业信誉。**提示** 无确切证据为违约
程序	(1)未履行：拒绝履行请求；(2)履行不符合约定：拒绝相应的履行请求		中止履行+通知对方：(1)对方提供担保，恢复履行；(2)对方未提供担保+未恢复履行能力，解除合同并请求承担违约责任

答案
例题19｜D

考点十七 合同的变更和解除 ★ 一学多考｜中注

1. 合同变更

(1) 协商一致,可以变更合同;

(2) 对合同变更的内容约定不明,推定未变更。

2. 合同解除类型

合同解除类型,见表9-22。

表9-22 合同解除类型

项目	具体规定
约定解除	(1) 协商一致,可以解除合同; (2) 约定解除事由发生时,解除权人可以解除合同
法定解除	(1) 因不可抗力致使不能实现合同目的; (2) 在履行期限届满前,当事人一方明确表示或者以自己的行为表明不履行主要债务; (3) 当事人一方迟延履行主要债务,经催告后在合理期限内仍未履行; (4) 当事人一方迟延履行债务或者有其他违约行为致使不能实现合同目的。 **提示** 以持续履行的债务为内容的不定期合同,当事人可以随时解除,但是应当在合理期限之前通知对方

3. 解除权的行使

(1) 行使期限:法定或约定期限→自解除权人知道或应当知道解除事由之日起1年内行使,或者经对方催告后在合理期限内行使,逾期解除权消灭。

(2) 通知对方:自通知到达对方时解除;通知载明在一定期限内不履行债务则合同自动解除,在该期限内未履行,合同自通知载明的期限届满时解除。

(3) 提起诉讼或申请仲裁方式:法院或仲裁机构确认该主张的,合同自起诉状副本或仲裁申请书副本送达对方时解除。

4. 裁判解除

(1) 合同成立后,基础条件发生了订立合同时无法预见的、不属于商业风险的重大变化,继续履行对当事人一方明显不公平,受不利影响的当事人可以与对方重新协商;合理期限内协商不成,可请求法院或仲裁机构变更或解除合同。

(2) 合同成立后,因政策调整或市场供求关系异常变动等原因导致价格发生订立合同时无法预见的、不属于商业风险的涨跌,继续履行对一方明显不公平的,可以认定合同的基础条件发生了"重大变化"。

5. 解除效力

合同解除后,尚未履行的,终止履行;已经履行的,根据履行情况和合同性质,可以请求恢复原状或采取其他补救措施,并有权请求赔偿损失。合

同因违约解除的，可以请求承担违约责任，另有约定的除外。主合同解除，担保人应承担担保责任，另有约定的除外。合同权利义务终止，不影响合同中结算和清理条款效力。

考点十八 违约责任 ★★ 一学多考|中注

1. 归责原则

无过错责任（严格责任原则）和过错责任原则。

> **知识点拨**
> 无过错责任原则是违约责任的一般归责原则。

2. 违约行为类型

（1）预期违约：履行届满前，明确表示或以自己的行为表明不履行；

（2）届期违约：给付不能、给付拒绝、给付迟延及不完全给付。

3. 违约责任承担方式

违约责任承担方式，见表9-23。

表9-23 违约责任承担方式

项目		具体规定
继续履行	直接强制	金钱债务均可以直接强制履行。 非金钱债务也可以直接强制履行，但下列情形除外： （1）法律上或者事实上不能履行； （2）债务的标的不适于强制履行或者履行费用过高； （3）债权人在合理期限内未请求履行
	间接强制	根据债务的性质不得强制履行，对方可以请求其负担由第三人替代履行的费用。 【例】出租人不修缮房屋，法院可以委托他人或雇人修缮，由出租人承担修缮费用
补救措施		修理、重作、更换、退货、减少价款或者报酬等
赔偿损失		（1）赔偿额相当于因违约所造成的损失，包括合同履行后可以获得的利益，不得超过违约一方订立合同时预见到或者应当预见到的因违约可能造成的损失； （2）一方违约后，对方应采取适当措施防止损失扩大；否则，不得就扩大的损失请求赔偿。一方违约造成对方损失，对方对损失的发生有过错的，可以减少相应的损失赔偿额。一方因对方违约而获有利益，违约方有权主张从损失赔偿额中扣除该部分利益
支付违约金		（1）约定的违约金低于造成的损失的，法院或仲裁机构可以根据当事人的请求予以增加； （2）约定的违约金过分高于造成的损失的（超过30%），法院或者仲裁机构可以根据当事人的请求予以适当减少； （3）恶意违约的当事人一方请求减少违约金的，法院一般不予支持

4. 违约责任的一般免责事由

（1）因不可抗力不能履行合同，根据影响部分或全部免责，法律另有规定的除外。

（2）迟延履行后发生不可抗力，不免除其违约责任。

提示1 不可抗力范围：自然灾害（如地震、台风、洪水、海啸等）、政府行为（如政府颁布禁运的法律）、社会异常现象（如罢工、骚乱等）。

提示2 因不可抗力不能履行合同的，应当及时通知对方，并应当在合理期限内提供证明。

支付违约金 VS 适用定金罚则 VS 赔偿损失，见表9-24。

表9-24　支付违约金 VS 适用定金罚则 VS 赔偿损失

项目		具体规定
违约金 VS 赔偿损失	违约金>实际损失	违约金过分高于造成的损失，适当减少
	违约金<实际损失	违约金低于造成的损失，增加
定金 VS 赔偿损失	定金<实际损失	可以请求赔偿超过定金数额的损失
违约金 VS 定金		可以选择适用违约金或者定金条款

考点十九　买卖合同 ★★★　一学多考│中注

1. 一般规定

一般规定，见表9-25。

表9-25　一般规定

项目	具体规定
概念	转移标的物的所有权于买受人，买受人受领标的物并支付价款的合同。诺成、双务、有偿合同
卖方义务	（1）按约定交货或提货单证及资料，转移所有权； （2）瑕疵担保义务，包括品质瑕疵担保义务和权利瑕疵担保义务
买方义务	付款、领货、法定或约定期间验货
孳息归属	交付之前产生的孳息，归出卖人所有；交付之后产生的孳息，归买受人所有，另有约定的除外
从物	主物转让的，从物随主物转让，法定或另有约定的除外

2. 风险负担

风险负担，见表9-26。

表9-26　风险负担

项目	具体规定
一般情况	标的物毁损、灭失的风险，在标的物交付之前由出卖人承担；交付之后由买受人承担，法定或另有约定的除外

(续表)

项目	具体规定
买受人违约	因买受人的原因致使标的物未按约定期限交付，买受人自违反约定时起承担风险
	出卖人按约定或依规定将标的物置于交付地点，买受人违约没有收取的，风险自违反约定时起由买受人承担
	提示 标的物不符合质量要求，致使不能实现合同目的，买受人可以拒绝接受标的物或解除合同，风险由出卖人承担
在途标的物	毁损、灭失的风险自合同成立时起由买受人承担，另有约定的除外
交付承运人	按约定将标的物运送至买受人指定地点并交付给承运人后，风险由买受人承担
	没约交付地点或约定不明，标的物需要运输的，出卖人将标的物交付给第一承运人后，风险由买受人承担

提示 未交付单证和资料，不影响风险转移

● **得分高手**（2024年多选；2023年、2021年单选）

重点考查标的物毁损、灭失的风险负担。判断标的物风险是否转移给买方，首要前提是标的物质量符合约定，在没有质量瑕疵的情况下，风险一般交付转移给买方。同时注意买受人违约，风险自违约时转移；在途标的物，风险自合同成立时转移。

【例题20·单选题】(2023年)5月12日，B地的甲从A地的乙处购买一批设备，合同中约定由乙代甲办理托运。6月1日，由丙从A地运输至B地，6月12日，甲与丁订立买卖合同，合同约定将丙负责运输的设备卖给丁，预计6月20日到达目的地。6月18日运输途中发生泥石流，导致设备全部毁损。则该批设备的毁损(　　)。

A. 由丙承担

B. 由乙承担

C. 由丁承担

D. 因不可抗力导致的设备的毁损，乙、丙、丁都不承担

解析 本题考查标的物毁损、灭失的风险负担。出卖人出卖交由承运人运输的在途标的物，除当事人另有约定外，毁损、灭失的风险自合同成立时起由买受人承担。

3. 买卖合同的特殊解除规则

买卖合同的特殊解除规则，见表9-27。

答案
例题20｜C

表 9-27　买卖合同的特殊解除规则

项目	具体规定
主从物	(1)因标的物的主物不符合约定而解除合同的,解除合同的效力及于从物; (2)因标的物的从物不符合约定被解除的,解除的效力不及于主物
数物	标的物为数物,其中一物不符合约定的,买受人可以就该物解除合同。但是,该物与他物分离使标的物的价值显受损害的,买受人可以就数物解除合同
分批交付	(1)一批不交付或者交付不符合约定,致使该批标的物不能实现合同目的的,买受人可以就该批标的物解除合同; (2)一批不交付或者交付不符合约定,致使之后其他各批标的物的交付不能实现合同目的的,买受人可以就该批以及之后其他各批标的物解除合同; (3)一批标的物解除合同,该批与其他各批标的物相互依存的,可以就已经交付和未交付的各批标的物解除合同
分期付款	(1)买受人未支付到期价款达到全部价款的1/5,催告后合理期限内仍未支付,出卖人可以请求买受人支付全部价款或者解除合同; (2)出卖人解除合同的,可以向买受人请求支付该标的物的使用费

4. 所有权保留买卖合同

所有权保留买卖合同,见表 9-28。

表 9-28　所有权保留买卖合同

项目	具体规定
概念	约定买受人未履行支付价款或其他义务,标的物的所有权属于出卖人
适用对象	适用于动产,不适用于不动产
效力	(1)保留的所有权未经登记,不得对抗善意第三人; (2)利益、风险及责任随交付而移转
出卖人取回权	(1)买受人未按约定支付价款,经催告后在合理期限内仍未支付; (2)未按照约定完成特定条件; (3)将标的物出卖、出质或者作出其他不当处分

5. 凭样品买卖合同

凭样品买卖合同,见表 9-29。

表 9-29　凭样品买卖合同

项目	具体规定
样品封存	应当封存样品并可以对其质量进行说明,交付的标的物应当与样品及其说明的质量相同
隐蔽瑕疵	买受人不知道样品有隐蔽瑕疵的,即使交付的标的物与样品相同,质量仍应当符合同种物的通常标准

6. 试用买卖合同

试用买卖合同,见表 9-30。

表 9-30　试用买卖合同

项目	具体规定
试用期	(1)当事人可以约定试用期限； (2)没约定或约定不明，依据规定仍不能确定的，由出卖人确定
视为购买	试用期满，买受人对是否购买标的物未作表示的，视为购买 买受人在试用期内已支付部分价款或对标的物出卖、出租、设立担保物权，视为同意购买
使用费	没有约定或约定不明，出卖人无权请求买受人支付
风险	标的物在试用期内毁损、灭失的风险由出卖人承担

【例题21·多选题】(2024年)下列关于买卖合同标的物毁损、灭失的风险负担规则的说法，正确的有(　　)。

A. 保留所有权买卖中，标的物毁损、灭失的风险自标的物所有权转移时，由买受人承担

B. 在途货物买卖中，除当事人另有约定外，标的物毁损、灭失的风险自买卖合同成立时由买受人承担

C. 买受人受领迟延的，标的物毁损、灭失的风险自受领迟延时由买受人承担

D. 买受人因标的物存在质量瑕疵致使不能实现合同目的而拒收标的物的，标的物毁损、灭失的风险由出卖人承担

E. 试用买卖的标的物在试用期间毁损、灭失的风险由买受人承担

解析　本题考查买卖合同标的物毁损、灭失的风险负担。选项A，在保留所有权买卖的情形下，风险随交付而转移，但所有权未随之转移。选项E，标的物在试用期内毁损、灭失的风险由出卖人承担。该条规定的是所有物意外毁损灭失的风险负担。

考点二十　赠与合同★★　　一学多考|中注

1. 特征与瑕疵担保

特征与瑕疵担保，见表9-31。

表 9-31　特征与瑕疵担保

项目	具体规定
特征	诺成、无偿、单务、不要式合同
瑕疵担保	赠与的财产有瑕疵，赠与人不承担责任； 附义务的赠与，赠与的财产有瑕疵的，赠与人在附义务的限度内承担与出卖人相同的责任
	赠与人故意不告知瑕疵或者保证无瑕疵，造成受赠人损失的，应当赔偿

答案
例题21|BCD

2. 赠与合同的撤销

赠与合同的撤销，见表9-32。

表9-32 赠与合同的撤销

项目	任意撤销	法定撤销	
撤销权人	赠与人	赠与人	赠与人的继承人、法定代理人
撤销情形	除下列赠与以外的赠与： （1）经过公证的赠与； （2）依法不得撤销的具有救灾、扶贫、助残等公益、道德义务性质的赠与	（1）严重侵害赠与人或者赠与人近亲属的合法权益； （2）对赠与人有扶养义务而不履行； （3）不履行赠与合同约定的义务 **提示** 公证、公益、道德义务性质的赠与，可以法定撤销	因受赠人的违法行为致使赠与人死亡或者丧失民事行为能力
时间限制	赠与财产的权利转移之前	自知道或者应当知道撤销事由之日起1年内行使	自知道或者应当知道撤销事由之日起6个月内行使

提示 赠与人的经济状况显著恶化，严重影响其生产经营或者家庭生活，可以不再履行赠与义务

【例题22·单选题】根据规定，下列情形中，赠与人可以主张撤销赠与的是(　　)。

A. 张某将1辆小轿车赠与李某，且已交付

B. 甲公司与某地震灾区小学签订赠与合同，将赠与50万元用于修复教学楼

C. 乙公司表示将赠与某大学3辆校车，双方签订了赠与合同，且对该赠与合同进行了公证

D. 陈某将1块名表赠与王某，且已交付，但王某不履行赠与合同约定的义务

解析 本题考查赠与合同。选项A，赠与物已经交付。选项B、C，属于经过公证的赠与合同或者具有救灾、扶贫、助残等社会公益、道德义务性质的赠与合同，均不能任意撤销。选项D，受赠人不履行赠与合同约定的义务，赠与人可以撤销赠与。

考点二十一 借款合同 ★★　　一学多考｜中注

1. 借款合同的类型

借款合同的类型，见表9-33。

答案
例题22｜D

表 9-33　借款合同的类型

项目	具体规定
商业借贷	诺成合同、要式合同、有偿合同
民间借贷	（1）自然人之间：不要式、践成合同； （2）其他民间借款：自合同成立时生效，另有约定或另有规定的除外

2. 自然人之间借款合同生效时间

自贷款人提供借款时合同成立。

（1）以现金支付的，自借款人收到借款时合同成立；

（2）以银行转账、网上电子汇款支付的，自资金到达借款人账户时合同成立；

（3）以票据交付的，自借款人依法取得票据权利时合同成立；

（4）出借人将特定资金账户支配权授权给借款人的，自借款人取得对该账户实际支配权时合同成立；

（5）出借人以与借款人约定的其他方式提供借款并实际履行完成时合同成立。

3. 民间借贷借期利息

民间借贷借期利息，见表 9-34。

表 9-34　民间借贷借期利息

项目	具体规定
有约定	按约定，但超过合同成立时一年期贷款市场报价利率 4 倍的除外
没约定	没有利息
约定不明	自然人之间，没有利息 其他情况，结合合同内容，并根据当地或当事人的交易方式、交易习惯、市场报价利率等因素确定利息

提示 利息不得预先在本金中扣除，预先扣除的，按照实际借款数额返还本息

4. 民间借贷合同无效情形

（1）套取金融机构贷款转贷的；

（2）以向其他营利法人借贷、向本单位职工集资或者以向公众非法吸收存款等方式取得的资金转贷的；

（3）未依法取得放贷资格的出借人，以营利为目的向社会不特定对象提供借款的；

（4）出借人事先知道或者应当知道借款人借款用于违法犯罪活动仍然提供借款的；

（5）违反法律、行政法规强制性规定的；

（6）违背公序良俗的。

【例题 23·单选题】2024 年 3 月 1 日，张某与李某签订借款合同，约定张某向李某借款 50 万元，年利率为 10%。3 月 5 日，李某将 45 万元转账给张某，声明预扣了 5 万元利息。双方未约定借款期限。下列关于该借款合同效力的表述中，正确的是(　　)。

A. 借款合同的成立日期是 2024 年 3 月 1 日
B. 因预先扣除借款利息 5 万元，借款合同无效
C. 借款合同的成立日期是 2024 年 3 月 5 日
D. 因为未约定借款期限，借款合同无效

解析 本题考查民间借贷合同。选项 A、C，自然人之间的借款合同，自贷款人提供借款时成立。选项 B，借款的利息不得预先在本金中扣除，利息预先在本金中扣除的，应当按照实际借款数额返还借款并计算利息。选项 D，当事人对借款期限没有约定或者约定不明确，依据相关规定仍不能确定的，借款人可以随时返还；贷款人可以催告借款人在合理期限内返还。

考点二十二 租赁合同 ★★★ 一学多考|中注

租赁合同，见表 9-35。

表 9-35　租赁合同

项目	具体规定	
概念	租赁合同，是指出租人将租赁物交付承租人使用、收益，承租人支付租金的合同，属于诺成、双务、有偿、持续性合同	
租赁期限	租赁期限不得超过 20 年，超过部分无效。租期届满，续租合同自续订之日起不得超过 20 年	
不定期租赁	(1)租期 6 个月以上，应当采用书面形式，未采用且无法确定租期的，视为不定期租赁。 (2)租期没约或约定不明，依法仍不能确定，视为不定期租赁。 **提示** 不定期租赁，双方可以随时解除合同	
维修	(1)出租人应当履行维修义务，另有约定的除外。 (2)出租人未维修，承租人可以自行维修，费用由出租人负担，因承租人的过错致使租赁物需要维修的除外；因维修影响承租人使用的，应当相应减少租金或者延长租期	
装修	经出租人同意，可以对租赁物进行改善或者增设他物。擅自改善或者增设他物，出租人可以请求恢复原状或者赔偿损失	
转租	出租人同意	(1)可以转租给第三人，租赁合同继续有效。 (2)第三人造成租赁物损失的，承租人应当赔偿损失
	擅自转租	(1)出租人可以解除其与承租人的合同。 (2)出租人知道或者应当知道承租人转租，6 个月内未提出异议的，视为同意转租

答案
例题 23 | C

(续表)

项目	具体规定
租金支付	(1)对支付租金的期限没有约定或者约定不明确，依法仍不能确定，租赁期限不满1年的，应当在租赁期限届满时支付；租赁期限1年以上的，应当在每届满1年时支付，剩余期限不满1年的，应当在租赁期限届满时支付。 (2)承租人无正当理由未支付或者迟延支付租金的，出租人可以请求承租人在合理期限内支付；承租人逾期不支付的，出租人可以解除合同
让与不得击破租赁	租赁物在承租人按照租赁合同占有期限内发生所有权变动的，不影响租赁合同的效力
承租人的解除权	租赁物危及承租人安全或健康，即使签订合同时承租人知道，承租人仍可以随时解除合同
优先购买权	(1)出租人出卖租赁房屋的，应在出卖前合理期限内通知承租人，承租人享有在同等条件下优先购买的权利。 (2)承租人丧失主张优先购买房屋的情形：①房屋按份共有人行使优先购买权；②出租人将房屋出卖给近亲属；③出租人通知后，承租人15日内未明确表示购买；④出租人委托拍卖租赁房屋，拍卖5日前通知承租人，承租人未参加拍卖的。 **提示** 近亲属：配偶、父母、子女、兄弟姐妹、祖父母、外祖父母、孙子女、外孙子女
优先承租权	租赁期限届满，房屋承租人享有以同等条件优先承租的权利

知识点拨
只房屋租赁才有优先购买权。

【例题24·单选题】(2020年)甲公司租用乙公司的仓库，租期3年，租金月付。租期届满后，甲公司继续缴纳租金，乙公司亦未拒绝。3个月后，乙公司将该仓库出租给丙公司。因丙公司要求甲公司限期腾退仓库而引发纠纷。根据《民法典》的规定，下列关于本案租期届满后甲、乙租赁合同效力的说法中，正确的是(　　)。

A. 租期届满后甲、乙租赁合同效力待定，若乙事后明确同意续租则有效
B. 租期届满后因双方并未续订，甲、乙租赁合同终止
C. 租期届满后甲、乙租赁合同继续有效，且乙有权随时解除租赁合同
D. 租期届满后乙仍接受甲缴纳的租金，可视为双方租赁合同续订3年

解析 本题考查租赁合同。租赁期限届满，承租人继续使用租赁物，出租人没有提出异议的，原租赁合同继续有效，但是租赁期限为不定期。不定期租赁合同的当事人可以随时解除合同。

考点二十三　融资租赁合同 ★ 一学多考|中注

1. 概念

融资租赁合同，是出租人根据承租人对出卖人、租赁物的选择，向出卖人购买租赁物，提供给承租人使用，承租人支付租金的合同，属于诺成、双

答案
例题24 | C

务、有偿、要式合同(应当采用书面形式)。

2. 权利义务

(1)三方可以约定,出卖人不履行买卖合同义务的,由承租人行使索赔的权利。

(2)承租人应当履行占有租赁物期间的维修义务。

3. 租赁物所有权

租赁期间,出租人对租赁物享有的所有权,未经登记,不得对抗善意第三人。租赁期间届满,租赁物的归属没有约定或约定不明,依法仍不能确定的,所有权归出租人。

考点二十四 保理合同 ★

1. 概念

保理合同,是指应收账款债权人将现有的或者将有的应收账款转让给保理人,保理人提供资金融通、应收账款管理或者催收、应收账款债务人付款担保等服务的合同,属于诺成、要式(书面形式)、双务、有偿合同。

2. 分类

(1)有追索权保理:保理人可以向应收账款债权人主张返还保理融资款本息或者回购应收账款债权,也可以向应收账款债务人主张应收账款债权。

(2)无追索权保理:保理人应当向应收账款债务人主张应收账款债权,保理人取得超过保理融资款本息和相关费用的部分,无须向应收账款债权人返还。

3. 多个保理

应收账款债权人就同一应收账款订立多个保理合同,致使多个保理人主张权利:①已经登记的先于未登记的取得应收账款;②均已经登记的,按照登记时间的先后顺序取得应收账款;③均未登记的,由最先到达应收账款债务人的转让通知中载明的保理人取得应收账款;④既未登记也未通知的,按照保理融资款或者服务报酬的比例取得应收账款。

考点二十五 承揽合同 ★★ 一学多考|注

1. 概念

承揽合同,是指承揽人按照定作人的要求完成工作,交付工作成果,定作人支付报酬的合同,属于诺成、有偿、双务合同,可以要式或不要式。承揽合同包括加工合同、定作合同、修理合同、房屋修缮合同、复制合同、设计合同、检验合同、翻译合同。

2. 承揽人义务

(1)承揽人应当以自己的设备、技术和劳力,完成主要工作,另有约定的除外。

(2)经定作人同意,承揽人可以将主要工作交由第三人完成,辅助工作

可以直接交第三人完成，承揽人应当就该工作成果向定作人负责。

（3）定作人提供的材料、图纸不符合约定时，应当及时通知定作人，承揽人不得擅自更换。

（4）应当交付工作成果，并提交必要的技术资料和有关质量证明，工作成果不符合质量要求，定作人有权请求承揽人修理、重作、减少报酬、赔偿损失等。

（5）承揽人应当按照要求保守秘密，未经许可，不得留存复制品或技术资料。

（6）共同承揽人对定作人承担连带责任，另有约定的除外。

3. 定作人义务

应按约定期限支付报酬，未支付报酬或者材料费的，承揽人对完成的工作成果享有留置权或者有权拒绝交付，另有约定除外。

4. 解除

（1）承揽人未经定作人同意将主要承揽工作交由第三人完成的，定作人可以解除合同。

（2）定作人在承揽人完成工作前，可以随时解除合同，造成承揽人损失的，应当赔偿损失。

【例题25·单选题】（2021年）甲大学因70年校庆活动，跟乙公司订购了1000只校庆专用杯子，校庆当日交付。下列说法正确的是（　　）。

A. 乙公司可以将制作杯子的债务转移给其他公司

B. 甲大学应该提供该笔订单的原材料

C. 在乙公司完工之前，甲大学可以随时解除合同

D. 若乙公司违约，甲大学可以要求强制执行

解析　本题考查承揽合同。选项A，承揽合同，是指承揽人按照定作人的要求完成工作，交付工作成果，定作人按约定接受工作成果并支付报酬的合同。本题中乙公司按照甲大学的要求制作杯子属于承揽合同。承揽人应当以自己的设备、技术和劳力，完成主要工作，但是当事人另有约定的除外。选项B，承揽合同中原材料既可以由承揽人提供，也可以由定作人提供。选项C，定作人在承揽人完成工作前可以随时解除合同，造成承揽人损失的，应当赔偿损失。选项D，承揽人交付的工作成果不符合质量要求的，定作人可以合理选择请求承揽人承担修理、重作、减少报酬、赔偿损失等违约责任。

考点二十六 建设工程合同　一学多考｜注

1. 概念

建设工程合同，是指承包人进行工程建设，发包人支付价款的合同，包括工程勘察、设计、施工合同，属于诺成、双务、有偿、要式合同（书面形式）。

答案
例题25｜C

2. 必须招标的项目

(1) 大型基础设施、公用事业等关系社会公共利益、公众安全的项目。

(2) 全部或者部分使用国有资金投资或者国家融资的项目。

(3) 使用国际组织或者外国政府贷款、援助资金的项目。

记忆口诀：外国大公基。

3. 发包、分包、转包

(1) 发包人不得将应当由一个承包人完成的建设工程支解发包。

(2) 承包人不得将全部工程转包，不得分包给无资质单位，分包单位不得再分包。工程主体结构的施工必须由承包人自行完成。经发包人同意，可将部分工作交由第三人完成，承担连带责任。

4. 承包人的法定优先权

发包人未按照约定支付价款的，承包人可以催告发包人在合理期限内支付价款。发包人逾期不支付的，除根据建设工程的性质不宜折价、拍卖外，承包人可以与发包人协议将该工程折价，也可以请求人民法院将该工程依法拍卖。建设工程的价款就该工程折价或者拍卖的价款优先受偿。

【例题26·单选题】（2019年）下列给付义务中，应由债务人亲自履行的是（ ）。

A. 汽车买卖合同的出卖人向买受人交付汽车

B. 建设工程承包人对建设工程主体结构的施工

C. 借款人将借款偿还贷款人

D. 出租人对出租房屋进行维修

解析 本题考查建设工程合同。建设工程主体结构的施工必须由承包人自行完成。

考点二十七 运输合同 ★ 一学多考｜注

1. 概念

运输合同，是承运人将旅客或者货物从起运地点运输到约定地点，旅客、托运人或者收货人支付票款或者运输费用的合同，包括客运合同和货运合同。

2. 特征

运输合同属于双务、有偿合同。客运合同为诺成或实践合同，以交易惯例确定；货运合同通常为诺成合同。

提示 从事公共运输的承运人不得拒绝旅客、托运人通常、合理的运输要求。

3. 客运合同

(1) 自承运人向旅客出具客票时成立，另有约定或另有交易习惯的除外。

(2) 运输过程中，承运人应当尽力救助患有急病、分娩、遇险的旅客。

(3) 承运人应当对运输过程中旅客的伤亡进行赔偿，但旅客自身健康原因造成的或者证明伤亡是旅客故意、重大过失造成的除外。运输过程中旅客

答案：例题26 | B

随身携带物品毁损、灭失，承运人有过错的，应当承担赔偿责任。

（4）承运人擅自降低服务标准的，应当根据旅客的请求退票或者减收票款；提高服务标准的，不得加收票款。

4．货运合同

（1）在承运人将货物交付收货人之前，托运人可以要求承运人中止运输、返还货物、变更到达地或者将货物交给其他收货人，但应赔偿损失。

（2）承运人对运输过程中货物的毁损、灭失应赔偿，但能证明因不可抗力、货物本身的自然性质或者合理损耗以及托运人、收货人的过错造成的，不赔偿。

（3）单式联运损失发生在某一区段的，与托运人订立合同的承运人和该区段的承运人承担连带责任。

（4）货物在运输过程中因不可抗力灭失，未收取运费，承运人不得请求支付；已收取运费，可请求返还。

（5）托运人或收货人不支付运费、保管费或者其他费用的，承运人对相应的运输货物享有留置权，另有约定的除外。

考点二十八 保管合同★

1．概念

保管合同，也称寄托合同，是指保管人保管寄存人交付的保管物，并返还该物的合同，属于实践合同（自保管物交付时成立，另有约定的除外）、有偿或无偿合同、不要式合同、继续性合同。

2．权利和义务

（1）对保管费没有约定或约定不明，依据《民法典》仍不能确定的，视为无偿保管。

（2）保管期内因保管不善造成保管物毁损、灭失的，保管人应当赔偿，但是无偿保管人证明自己没有故意或者重大过失的，不承担赔偿责任。

（3）寄存人寄存货币、有价证券或者其他贵重物品，应当向保管人声明。若未声明，该物品毁损、灭失后，按照一般物品赔偿。

（4）寄存人未按约定支付保管费或其他费用，保管人对保管物享有留置权，另有约定的除外。

考点二十九 仓储合同★

（1）仓储合同，也称仓储保管合同，是指保管人储存存货人交付的合储物，存货人支付仓储费的合同。仓储合同属于保管合同的特殊类型，属于双务、有偿、诺成合同、继续性合同。

（2）仓单是提取仓储物的凭证；存货人或者仓单持有人在仓单上背书并经保管人签名或者盖章的，可以转让提取仓储物的权利。存货人或仓单持有人逾期提取的，应加收仓储费；提前提取的，不减收仓储费。

储存期内，因保管不善造成仓储物毁损、灭失的，保管人应赔偿。因仓储物本身的自然性质、包装不符合约定或超过有效存储期造成仓储物变质、损坏，保管人不赔偿。

考点三十 委托合同 ★

1. 概念

委托合同，又称委任合同，是指委托人和受托人约定，由受托人处理委托人事务的合同，属于诺成、不要式、有偿或者无偿合同。

2. 委托人义务

（1）委托人应当预付处理委托事务的费用。受托人为处理委托事务垫付必要费用的，委托人应当偿还该费用及其利息。

（2）受托人完成委托事务的，委托人应当向其支付报酬。因不可归责于受托人的事由，委托合同解除或者委托事务不能完成的，委托人应当向受托人支付相应的报酬。当事人另有约定的，按照其约定。

3. 受托人义务

（1）经委托人同意，受托人可以转委托。

（2）有偿委托，因受托人的过错造成委托人损失的，委托人可以请求赔偿损失。

（3）无偿委托，因受托人的故意或重大过失造成委托人损失的，委托人可以请求赔偿损失。

（4）两个以上的受托人共同处理委托事务的，对委托人承担连带责任。

4. 解除合同

委托人或受托人可以随时解除委托合同，给对方造成损失的，应当赔偿损失，不可归责于该当事人的事由除外。

考点三十一 行纪合同 ★★

行纪合同，见表9-36。

表9-36 行纪合同

项目	具体规定
概念	行纪合同，是指行纪人以自己的名义为委托人从事贸易活动，委托人支付报酬的合同，属于双务、有偿、诺成、不要式合同
行纪费用	行纪人处理委托事务支出的费用，由行纪人负担，另有约定的除外
留置权和提存权	行纪人完成或部分完成委托事务，委托人应当支付相应报酬。逾期不支付报酬，行纪人对委托物享有留置权，另有约定的除外。 【总结】有留置权的合同：保管、运输、仓储、承揽、行纪合同

知识点拨

涉及两个法律关系：行纪人与委托人之间的行纪合同关系；行纪人与第三人之间的买卖合同关系。

(续表)

项目	具体规定
低卖高买和高卖低买	(1)行纪人低于委托人指定的价格卖出或者高于委托人指定的价格买入的,应当经委托人同意;未经同意,行纪人补偿其差额的,该买卖对委托人生效。 (2)行纪人高于委托人指定的价格卖出或者低于委托人指定的价格买入的,可以按照约定增加报酬;没有约定或约定不明,依据规定仍不能确定的,该利益属于委托人
自己交易	行纪人卖出或者买入具有市场定价的商品,除委托人有相反的意思表示外,行纪人自己可以作为买受人或者出卖人,行纪人可要求委托人支付报酬
行纪人直接履行义务	(1)行纪人与第三人订立合同,行纪人对该合同直接享有权利、承担义务。 (2)第三人不履行义务使委托人受到损害,行纪人应赔偿,另有约定的除外

考点三十二 中介合同★★

1. 概念

中介合同,是指中介人向委托人报告订立合同的机会或者提供订立合同的媒介服务,委托人支付报酬的合同,属于双务、有偿、诺成、不要式合同。

2. 报酬与费用

(1)中介人促成合同成立的,委托人应当按约定支付报酬,中介活动费用由中介人负担。

(2)中介人未促成合同成立的,不得请求支付报酬,可以按约定请求支付必要费用。

3. 跳单

在接受中介服务后,利用中介人提供的交易机会或媒介服务,委托人绕开中介人直接订立合同的,应当向中介人支付报酬。

考点三十三 合伙合同★

合伙合同,见表9-37。

表9-37 合伙合同

项目	具体规定
概念	合伙合同,是指2个以上合伙人为了共同的事业目的,订立的互约出资、共享利益、共担风险的合同,属于诺成、不要式、继续性合同

(续表)

项目			具体规定
合伙事务	决定		就合伙事务作出决定，除合伙合同另有约定外，应当经全体合伙人一致同意
	执行	共同执行	合伙事务由全体合伙人共同执行
		委托执行	(1)按约定或全体合伙人决定，可以委托一个或数个合伙人执行合伙事务。 (2)其他合伙人不再执行合伙事务，但是有权监督执行情况
债务承担	对外		合伙人对合伙债务承担连带责任
	对内		清偿合伙债务超过自己应当承担份额的合伙人，有权向其他合伙人追偿
利润分配和亏损分担	(1)合伙合同终止前，合伙人不得请求分割合伙财产。 (2)合伙的利润分配和亏损分担，按照合伙合同的约定办理；合伙合同没有约定或者约定不明确的，由合伙人协商决定；协商不成的，由合伙人按照实缴出资比例分配、分担；无法确定出资比例的，由合伙人平均分配、分担。 提示 按约定→协商→实缴出资比例→平均		
财产份额处分权	除合伙合同另有约定外，合伙人向合伙人以外的人转让其全部或者部分财产份额的，须经其他合伙人一致同意		
解除权	合伙期限没有约定或约定不明，依据《民法典》仍不能确定的，视为不定期合伙，合伙人可以随时解除合同，应当在合理期限之前通知其他合伙人		

第三节 侵权责任法

考点三十四 侵权责任的归责原则 ★★★

侵权责任的归责原则，见表9-38。

表9-38 侵权责任的归责原则

类型	概念	举证	适用
过错责任原则	行为人因过错侵害他人民事权益造成损害的，应当承担侵权责任	原告	网络用户、网络服务提供者责任；教育机构责任(限制民事行为能力人)
过错推定责任原则	推定行为人有错，行为人不能证明自己没错，就应承担侵权责任	被告	教育机构责任(无民事行为能力人)；抛掷物和坠落物件损害责任(一般情况)；动物园动物损害责任；建筑物损害责任(一般情况)

记忆口诀

网络限制教育。

记忆口诀

猪动物无教育。

(续表)

类型	概念	举证	适用
无过错责任原则	无论行为人有无过错，法律规定应当承担侵权责任	无须	环境污染、生态破坏责任；饲养动物；监护人责任；高度危险作业；产品责任

> **记忆口诀**
> 四环见高产。

【例题 27·单选题】（2024 年）下列法律原则中，属于侵权责任法归责原则的是（　　）。

A．诚实信用原则

B．公序良俗原则

C．过错责任原则

D．平等原则

解析 本题考查侵权责任法的归责原则。《民法典》确立了两项归责原则，即过错责任原则（含过错推定责任原则）和无过错责任原则。

考点三十五 侵权责任的构成要件 ★★

(1) 过错侵权责任的构成要件：①损害；②加害行为违法；③加害行为与损害之间存在因果关系；④行为人有过错。

(2) 无过错责任的构成要件：①损害；②加害行为违法；③加害行为与损害之间存在因果关系。

考点三十六 法定免责和减责事由 ★★

法定免责和减责事由，见表 9-39。

表 9-39　法定免责和减责事由

事由	具体规定
依法执行职务	行为人履行法定职责而给他人造成损害的，不承担赔偿责任
正当防卫	因正当防卫造成损害的，不承担民事责任；正当防卫超过必要限度，造成不应有损害的，正当防卫人应当承担适当的民事责任
紧急避险	(1) 因紧急避险造成损害的，由引起险情发生的人承担民事责任；危险由自然原因引起的，紧急避险人不承担民事责任，可以给予适当补偿。 (2) 紧急避险采取措施不当或超过必要限度，造成不应有损害的，紧急避险人应当承担适当的民事责任
紧急救助	因自愿实施紧急救助行为造成受助人损害的，救助人不承担民事责任
自甘冒险	自愿参加具有一定风险的文体活动，因其他参加者的行为受到损害，受害人不得请求其他参加者承担侵权责任，但其他参加者对损害的发生有故意或者重大过失的除外

答案
例题 27 | C

(续表)

事由	具体规定
自助行为	(1)合法权益受到侵害,情况紧迫且不能及时获得国家机关保护,不立即采取措施将使其合法权益受到难以弥补的损害,受害人可以在保护自己合法权益的必要范围内采取扣留侵权人的财物等合理措施,但应当立即请求有关国家机关处理。 (2)受害人采取的措施不当造成他人损害的,应当承担侵权责任
与有过错	被侵权人对同一损害的发生或者扩大有过错的,可以减轻侵权人的责任
受害人故意	损害是因受害人故意造成的,行为人不承担责任
第三人行为	损害是因第三人造成的,第三人应当承担侵权责任
不可抗力	因不可抗力不能履行民事义务的,不承担民事责任,法律另有规定,依规定

【例题28·单选题】(2023年)张某在某网红街经营烧烤店,生意红火,竞争对手李某羡慕至极心生怨念。一日,张某闭店期间,李某醉酒后来到该烧烤店,用一块砖头将烧烤店玻璃打碎,并要往里投放燃烧的酒瓶,准备放火,恰好张某有事临时返回,看到李某要点火烧自己的店铺,遂将李某摁到地上,导致李某的手肘骨折。则张某的行为属于( )。

A. 紧急避险 B. 侵权行为
C. 正当防卫 D. 自助行为

解析 本题考查民事权利的行使和保护。正当防卫,是指为了使国家利益、社会公共利益、本人或者他人的人身权利、财产权利以及其他合法权益免受正在进行的不法侵害,而针对实施侵害行为的人采取的制止不法侵害的行为。本案中李某实施侵害的行为正在进行,张某为了自身利益而制止李某,张某的行为属于正当防卫。自助行为通常认为是侵害行为实施完毕之后采取的行为。本案中李某的侵害行为正在进行中,故不属于自助行为。

【例题29·单选题】(2020年)甲公司铺设燃气管道,在路中挖一条深沟,设置了明显路障和警示标志。乙驾车撞倒全部标志,致丙骑摩托车路经该地时避让不及而驶向人行道,撞伤行人丁。根据《民法典》的规定,丁所受损害应当( )。

A. 由甲公司和乙共同承担连带赔偿责任
B. 由甲公司、乙、丙共同承担连带赔偿责任
C. 由乙承担赔偿责任
D. 由乙、丙共同承担连带赔偿责任

解析 本题考查侵权责任与免责事由。丙骑摩托车路经该地时避让不及而驶向人行道,撞伤行人丁,丙的行为属于紧急避险;因紧急避险造成损害的,由引起险情发生的人承担民事责任。本案中的险情是由于乙驾车撞倒全

答案
例题28 | C
例题29 | C

部标志所致,因此由乙承担赔偿责任。在公共场所或者道路上挖掘、修缮安装地下设施等造成他人损害,施工人不能证明已经设置明显标志和采取安全措施的,应当承担侵权责任(过错推定责任)。本案中甲公司设置了明显路障和警示标志,因此,甲公司不需要承担侵权责任。

考点三十七 法律特别规定的侵权责任类型 ★★★

1. 数人侵权责任

(1)共同侵权:二人以上共同实施侵权行为,造成他人损害的,应当承担连带责任。

(2)教唆、帮助侵权:教唆、帮助完全民事行为能力人实施侵权行为的,应当与行为人承担连带责任。教唆、帮助无民事行为能力人、限制民事行为能力人实施侵权行为,由教唆人、帮助人承担侵权人应承担的全部责任;监护人在未尽到监护职责的范围内与教唆人、帮助人共同承担责任,但责任主体实际支付的赔偿费用总和不应超出被侵权人应受偿的损失数额。监护人先行支付赔偿费用后,就超过自己相应责任的部分可以向教唆人、帮助人追偿。教唆人、帮助人以其不知道且不应当知道行为人为无民事行为能力人、限制民事行为能力人为由,主张不承担侵权责任或者与行为人的监护人承担连带责任的,法院不予支持。**调整**

(3)共同危险行为:二人以上实施危及他人人身、财产安全的行为,其中一人或者数人的行为造成他人损害,能够确定具体侵权人的,由侵权人承担责任;不能确定具体侵权人的,行为人承担连带责任。

(4)分别侵权:二人以上分别实施侵权行为造成同一损害,每个人的侵权行为都足以造成全部损害的,行为人承担连带责任。二人以上分别实施侵权行为造成同一损害,能够确定责任大小的,各自承担相应责任;难以确定责任大小的,平均承担责任。

提示 无意思联络。

【例题30·多选题】(2024年)下列数人侵权中,行为人应当承担连带责任的有( )。

A. 教唆、帮助无民事行为能力人实施侵权行为

B. 教唆、帮助限制民事行为能力人实施侵权行为

C. 教唆、帮助完全民事行为能力人实施侵权行为

D. 二人以上共同实施侵权行为,造成他人损害

E. 二人以上实施危及他人人身、财产安全的行为,其中一人或数人的行为造成他人损害,但不能确认具体侵权人

解析 本题考查数人侵权责任。选项A、B,教唆、帮助无民事行为能力人、限制民事行为能力人实施侵权行为,由教唆人、帮助人承担侵权人应承担的全部责任;监护人在未尽到监护职责的范围内与教唆人、帮助人共同承

担责任。选项 C，教唆、帮助完全民事行为能力人实施侵权行为的，应当与行为人承担连带责任。选项 D，二人以上共同实施侵权行为，造成他人损害的，应当承担连带责任。选项 E，二人以上实施危及他人人身、财产安全的行为，其中一人或者数人的行为造成他人损害，能够确定具体侵权人的，由侵权人承担责任；不能确定具体侵权人的，行为人承担连带责任。

2. 责任主体的特殊规定

（1）监护人责任，见表 9-40。

表 9-40　监护人责任

项目	具体规定
法定监护	①无民事、限制民事行为能力人造成他人损害的，由监护人承担全部侵权责任（无过错责任）。未成年子女造成他人损害，由父母共同承担侵权责任。夫妻离婚后，未成年子女造成他人损害，由离异夫妻共同承担侵权责任。一方以未与该子女共同生活为由主张不承担或者少承担责任的，人民法院不予支持。监护人尽到监护职责的，可以减轻其侵权责任。 ②赔偿费用可以先从被监护人财产中支付，不足部分由监护人支付。从被监护人财产中支付赔偿费用的，应当保留被监护人所必需的生活费和完成义务教育所必需的费用 调整
委托监护	无民事、限制民事行为能力人造成他人损害，监护人将监护职责委托给他人的，监护人应当承担全部责任；受托人在过错范围内与监护人共同承担责任，但责任主体实际支付的赔偿费用总和不应超出被侵权人应受偿的损失数额（受托人过错责任） 调整

（2）暂时丧失意识人责任：完全民事行为能力人对自己的行为暂时没有意识或者失去控制造成他人损害有过错的，应当承担侵权责任（过错责任）；没有过错的，根据行为人的经济状况对受害人适当补偿（公平原则）。

完全民事行为能力人因醉酒、滥用麻醉药品或者精神药品对自己的行为暂时没有意识或者失去控制造成他人损害的，应当承担侵权责任（过错责任）。

（3）雇主责任：与用人单位形成劳动关系的工作人员、执行用人单位工作任务的其他人员，因执行工作任务造成他人损害，由用人单位承担侵权责任（用人单位无过错责任）。 调整

（4）劳务派遣：劳务派遣期间，被派遣的工作人员因执行工作任务造成他人损害，由接受劳务派遣的用工单位承担侵权人应承担的全部责任；劳务派遣单位在不当选派工作人员、未依法履行培训义务等过错范围内，与接受劳务派遣的用工单位共同承担责任，但责任主体实际支付的赔偿费用总和不应超出被侵权人应受偿的损失数额。劳务派遣单位先行支付赔偿费用后，就超过自己相应责任的部分可以向接受劳务派遣的用工单位追偿（用工单位无过错责任，劳务派遣单位过错责任）。 调整

(5)个人帮工：个人之间形成劳务关系，提供劳务一方因劳务造成他人损害，由接受劳务一方承担侵权责任。接受劳务一方承担侵权责任后，可以向有故意或者重大过失的提供劳务一方追偿。提供劳务期间，因第三人的行为造成提供劳务一方损害的，提供劳务一方有权请求第三人承担侵权责任，也有权请求接受劳务一方给予补偿。接受劳务一方补偿后，可以向第三人追偿（接受劳务一方无过错责任）。

(6)承揽人、定作人责任：承揽人在完成工作过程中因过错造成第三人损害，由承揽人承担侵权人应承担的全部责任；定作人在定作、指示或者选任过错范围内与承揽人共同承担责任，但责任主体实际支付的赔偿费用总和不应超出被侵权人应受偿的损失数额。定作人先行支付赔偿费用后，就超过自己相应责任的部分可以向承揽人追偿。 新增

(7)网络侵权责任：网络用户、网络服务提供者利用网络侵害他人民事权益的，应当承担侵权责任。法律另有规定的，依照其规定（过错责任）。

网络服务提供者接到通知后，未及时采取删除、屏蔽、断开链接等必要措施，对损害的扩大部分与该网络用户承担连带责任（过错责任）。

网络服务提供者知道或者应当知道网络用户利用其网络服务侵害他人民事权益，未采取必要措施的，与该网络用户承担连带责任（过错责任）。

(8)安全保障义务人责任：宾馆、商场、银行、车站、机场、体育场馆、娱乐场所等经营场所、公共场所的经营者、管理者或者群众性活动的组织者，未尽到安全保障义务，造成他人损害的，应当承担侵权责任（过错责任；尽到了安全保障义务，可以免除责任）。

因第三人的行为造成他人损害的，由第三人承担侵权责任（过错责任）；经营者、管理者或者组织者未尽到安全保障义务的，承担相应的补充责任。经营者、管理者或者组织者承担补充责任后，可以向第三人追偿。

(9)教育机构责任，见表9-41。

表9-41 教育机构责任

项目	具体规定
过错推定责任	无民事行为能力人在幼儿园、学校或者其他教育机构学习、生活期间受到人身损害的，幼儿园、学校或者其他教育机构应当承担侵权责任；但是，能够证明尽到教育、管理职责的，不承担侵权责任
过错责任	限制民事行为能力人在学校或者其他教育机构学习、生活期间受到人身损害，学校或者其他教育机构未尽到教育、管理职责的，应当承担侵权责任
第三人侵权	无民事行为能力人或者限制民事行为能力人在幼儿园、学校或者其他教育机构学习、生活期间，受到教育机构以外的第三人人身损害，由第三人承担侵权责任；教育机构在人民法院就第三人的财产依法强制执行后仍不能履行的范围内，承担与其过错相应的补充责任。第三人不确定的，未尽到管理职责的教育机构先行承担与其过错相应的责任；教育机构承担责任后可以向已经确定的第三人追偿 调整

3. 产品责任

(1)产品生产者责任：因产品存在缺陷造成他人损害的，生产者应当承担侵权责任(无过错责任)。

(2)被侵权人可以向产品的生产者、销售者请求赔偿(不真正连带责任)，有权请求生产者、销售者承担停止侵害、排除妨碍、消除危险等责任。

因产品存在缺陷造成买受人财产损害，买受人可以请求产品的生产者或者销售者赔偿缺陷产品本身损害以及其他财产损害。**新增**

提示 一方赔偿后，有权向有过错的另一方或第三人(运输者、仓储者)追偿。

(3)明知产品存在缺陷仍然生产、销售，或者没有依据规定采取有效补救措施，造成他人死亡或者健康严重损害的，被侵权人有权请求相应的惩罚性赔偿。

(4)免责事由：产品未投入流通、产品投入流通时缺陷尚不存在、将产品投入流通时的科学技术水平尚不能发现缺陷。

【例题31·单选题】根据《民法典》相关规定，下列侵权行为中，受害人可以请求惩罚性赔偿的是(　　)。

A. 丙造纸厂违反污染物排放标准排放生产废水，导致周围农田一定程度污染

B. 乙汽车生产商发现已售出的汽车制动系统存在设计缺陷，但未采取召回措施，致数位车主发生交通事故

C. 甲酒厂明知白酒存在品质缺陷仍然生产、销售，造成数百人健康严重损害

D. 丁合伙企业故意侵犯他人商标权，对权利人造成一定损害

解析 本题考查产品质量侵权。明知产品存在缺陷仍然生产、销售，或者没有依据规定采取有效补救措施，造成他人死亡或者健康严重损害的，被侵权人有权请求相应的惩罚性赔偿。

4. 机动车交通事故责任

(1) 机动车发生交通事故造成人身伤亡、财产损失的，由保险公司在机动车第三者责任强制保险责任限额范围内予以赔偿；不足的部分，按照下列规定承担赔偿责任：机动车 VS 行人、机动车 VS 非机动车(无过错责任)：非机动车驾驶人、行人没有过错的，由机动车一方承担赔偿责任；有证据证明非机动车驾驶人、行人有过错的，根据过错程度适当减轻机动车一方的赔偿责任；机动车一方没有过错的，承担不超过 10% 的赔偿责任；交通事故的损失是由非机动车驾驶人、行人故意碰撞机动车造成的，机动车一方不承担赔偿责任。

未依法投保强制保险的机动车发生交通事故造成损害，投保义务人和交通事故责任人不是同一人的，由交通事故责任人承担侵权人应承担的全部责

答案
例题31 | C

任；投保义务人在机动车强制保险责任限额范围内与交通事故责任人共同承担责任，但责任主体实际支付的赔偿费用总和不应超出被侵权人应受偿的损失数额。投保义务人先行支付赔偿费用后，就超出机动车强制保险责任限额范围部分可以向交通事故责任人追偿。 新增

（2）因租赁、借用等情形机动车所有人、管理人与使用人不是同一人时，发生交通事故造成损害，属于该机动车一方责任的，由机动车使用人承担赔偿责任；机动车所有人、管理人对损害的发生有过错的，承担相应的赔偿责任。

（3）未经允许驾驶他人机动车，发生交通事故造成损害，属于该机动车一方责任的，由机动车使用人承担赔偿责任；机动车所有人、管理人对损害的发生有过错的，承担相应的赔偿责任，但是《民法典》另有规定的除外。

（4）非营运机动车发生交通事故造成无偿搭乘人损害，属于该机动车一方责任的，应当减轻其赔偿责任，但是机动车使用人有故意或者重大过失的除外。

（5）以买卖或者其他方式转让拼装或者已达到报废标准的机动车，发生交通事故造成损害的，由转让人和受让人承担连带责任。转让人、受让人以其不知道且不应当知道该机动车系拼装或者已经达到报废标准为由，主张不承担侵权责任的，人民法院不予支持。 新增

5. 医疗损害责任

（1）过错责任：患者在诊疗活动中受到损害，医疗机构或者其医务人员有过错的，医疗机构承担赔偿责任。医务人员在诊疗活动中未尽到与当时的医疗水平相应的诊疗义务造成患者损害的，医疗机构应当承担赔偿责任。医务人员在诊疗活动中对患者或者其近亲属未尽到必要的说明义务，造成患者损害的，医疗机构应当承担赔偿责任。医疗机构及其医务人员泄露患者的隐私和个人信息或未经患者同意公开其病历资料的，应当承担侵权责任。

（2）无过错责任：对因药品、消毒产品、医疗器械的缺陷，或输入不合格的血液造成患者损害，患者可向药品上市许可持有人、生产者或血液提供机构请求赔偿，也可向医疗机构请求赔偿。

6. 环境污染和生态破坏责任

（1）因污染环境、破坏生态造成他人损害的，侵权人应当承担侵权责任（无过错责任原则）。

（2）侵权人违反法律规定故意污染环境、破坏生态造成严重后果的，被侵权人有权请求相应的惩罚性赔偿。

（3）因第三人的过错污染环境、破坏生态的，被侵权人可以向侵权人请求赔偿，也可以向第三人请求赔偿。侵权人赔偿后，有权向第三人追偿。

7. 高度危险责任

从事高度危险作业造成他人损害的，应当承担侵权责任（无过错责任原则）。

高度危险责任，见表9-42。

表9-42 高度危险责任

项目	具体规定
民用核设施或运入运出核设施的核材料发生核事故	(1)营运单位承担责任； (2)免责情形：战争、武装冲突、暴乱等情形，受害人故意
民用航空器致害	(1)经营者承担责任； (2)免责情形：受害人故意
易燃、易爆、剧毒、高放射性、强腐蚀性、高致病性等高度危险物致害	(1)占有人或者使用人承担责任； (2)免责情形：受害人故意、不可抗力
高空、高压、地下挖掘活动或高速轨道运输工具侵权	(1)经营者承担责任； (2)免责情形：受害人故意、不可抗力
遗失、抛弃高度危险物致害	(1)所有人承担责任； (2)所有人交由他人管理的，由管理人承担侵权责任；所有人有过错的，与管理人承担连带责任
非法占有高度危险物致害	(1)由非法占有人承担责任（无过错责任）； (2)所有人、管理人不能证明对防止非法占有尽到高度注意义务的，与非法占有人承担连带责任（过错推定责任+连带责任）
未经许可进入高度危险活动（或高度危险物存放）区域受到损害	管理人能够证明已经采取足够安全措施并尽到充分警示义务的，可以减轻或者不承担责任

8. 饲养动物损害责任

(1)饲养的动物造成他人损害的，动物饲养人或者管理人应当承担侵权责任；但能够证明损害是因被侵权人故意或者重大过失造成的，可以不承担或者减轻责任(无过错责任原则)。

(2)违反管理规定，未对动物采取安全措施造成他人损害的，动物饲养人或者管理人应当承担侵权责任；但能够证明损害是因被侵权人故意造成的，可以减轻责任(无过错责任原则)。

(3)禁止饲养的烈性犬等危险动物造成他人损害的，动物饲养人或者管理人应当承担侵权责任(无过错责任原则)。

动物饲养人或者管理人主张不承担责任或者减轻责任的，人民法院不予支持。 新增

(4)动物园的动物造成他人损害的，动物园应当承担侵权责任；但能够证明尽到管理职责的，不承担侵权责任(过错推定责任原则)。

(5)遗弃、逃逸的动物在遗弃、逃逸期间造成他人损害的，由动物原饲养人或者管理人承担侵权责任(无过错责任原则)。

(6)因第三人的过错致使动物造成他人损害的，被侵权人可以向动物饲

养人或者管理人请求赔偿,也可以向第三人请求赔偿。动物饲养人或者管理人赔偿后,有权向第三人追偿(第三人:过错责任原则;饲养人或管理人与第三人:不真正连带责任)。

9. 建筑物和物件损害责任

(1)建筑物、构筑物或者其他设施倒塌、塌陷造成他人损害的,由建设单位与施工单位承担连带责任,但是建设单位与施工单位能够证明不存在质量缺陷的除外。由于所有人、管理人、使用人或者第三人的原因,建筑物、构筑物或者其他设施倒塌、塌陷造成他人损害的,由所有人、管理人、使用人或者第三人承担侵权责任。

(2)建筑物、构筑物或者其他设施及其搁置物、悬挂物发生脱落、坠落造成他人损害,所有人、管理人或者使用人不能证明自己没有过错的,应当承担侵权责任。

(3)从建筑物中抛掷物品或者从建筑物上坠落的物品造成他人损害,由具体侵权人依法承担侵权责任;经调查难以确定具体侵权人的,除能够证明自己不是侵权人的外,由可能加害的建筑物使用人给予补偿。

物业服务企业未采取必要的安全保障措施造成他人损害,在法院就具体侵权人的财产依法强制执行后仍不能履行的范围内,承担与其过错相应的补充责任。

民事案件一审辩论终结前仍难以确定具体侵权人的,未采取必要安全保障措施的物业服务企业承担与其过错相应的责任。被侵权人其余部分的损害,由可能加害的建筑物使用人给予适当补偿。具体侵权人确定后,可以向其追偿。**调整**

(4)堆放物倒塌、滚落或者滑落造成他人损害,堆放人不能证明自己没有过错的,应当承担侵权责任。

(5)在公共道路上堆放、倾倒、遗撒妨碍通行的物品造成他人损害的,由行为人承担侵权责任。公共道路管理人不能证明已经尽到清理、防护、警示等义务的,应当承担相应责任。

(6)因林木折断、倾倒或者果实坠落等造成他人损害,林木的所有人或者管理人不能证明自己没有过错的,应当承担侵权责任。

(7)在公共场所或者道路上挖掘、修缮、安装地下设施等造成他人损害,施工人不能证明已经设置明显标志和采取安全措施的,应当承担侵权责任。

(8)窨井等地下设施造成他人损害,管理人不能证明尽到管理职责的,应当承担侵权责任。

提示 建筑物和物件损害责任一般采用过错推定责任。

【例题32·多选题】(2021年)根据《民法典》相关规定,下列侵权行为中,适用过错推定责任的有(   )。

A. 戊驾车为本公司送货途中撞毁路边报刊亭

B. 丙的汽车被脱落的大楼外墙砖砸坏
C. 乙坐在路边乘凉被倾倒的广告牌砸伤
D. 甲在网络上发表不当言论诋毁他人名誉
E. 丁在动物园游玩时被笼子内的猴子抓伤

解析 本题考查过错推定责任。选项 A，与用人单位形成劳动关系的工作人员、执行用人单位工作任务的其他人员，因执行工作任务造成他人损害，由用人单位承担侵权责任(无过错责任)。选项 B、C，建筑物、构筑物或者其他设施及其搁置物、悬挂物发生脱落、坠落造成他人损害，所有人、管理人或者使用人不能证明自己没有过错的，应当承担侵权责任(过错推定责任)。选项 D，网络用户、网络服务提供者利用网络侵害他人民事权益的，应当承担侵权责任。法律另有规定的，依照其规定(过错责任)。选项 E，动物园的动物造成他人损害的，动物园应当承担侵权责任；但是，能够证明尽到管理职责的，不承担侵权责任(过错推定责任)。

考点三十八 侵权责任的承担方式 ★

(1)承担责任的方式：损害赔偿(最主要的方式，包括补偿性损害赔偿、惩罚性损害赔偿和精神损害赔偿)、停止侵害、排除妨碍、消除危险、返还财产、恢复原状、赔礼道歉、消除影响、恢复名誉。

(2)惩罚性赔偿：依照法律规定，如故意侵害他人知识产权，情节严重的；明知产品存在缺陷仍然生产、销售的；故意污染环境、破坏生态造成严重后果的。

(3)损害赔偿的原则：①完全赔偿原则：侵权人对其侵权行为所造成的实际财产损失，应向受害人予以全部赔偿(损害赔偿的一般原则)。②损益相抵原则：赔偿权利人基于同一侵权行为受有利益的，应将该利益从损害赔偿数额中予以扣除，赔偿义务人仅就差额部分予以赔偿。③过失相抵原则：在确定损害赔偿数额时，应将被侵权人的过失所造成的损害从侵权人应承担的赔偿数额中予以扣除。被侵权人对同一损害的发生或者扩大有过错的，可以减轻侵权人的责任。

答案
例题 32 | BCE

同步训练

考点一 债的概念和构成要素

(单选题)下列关于债的表述中，不正确的是( )。
A. 特定行为即为债的客体   B. 债的主体包括债权人和债务人

C. 债的内容即债权和债务 D. 债的客体也称债的标的物

考点二 债的发生

1. (单选题)下列关于债的发生的表述中,不正确的是(　　)。

    A. 合同是引起债发生的最主要原因,属于意定之债

    B. 假借订立合同,恶意进行磋商,会引发合同之债

    C. 悬赏广告属于单方允诺,是意定之债

    D. 侵权行为属于法定之债

2. (多选题)根据民事法律制度的规定,下列能引起债发生的法律事实有(　　)。

    A. 甲盗用乙的设计图发布在权威网站获奖

    B. 乙公司缴纳企业增值税

    C. 甲、乙两个鱼塘相邻,下雨后水位上涨,甲鱼塘的鱼游到了乙鱼塘

    D. 养子女甲对亲生父母的赡养

    E. 税务机关多收税款

考点三 债的分类

(多选题)根据债法理论,下列关于债的类型的说法,正确的有(　　)。

    A. 买卖合同之债是意定之债、一时之债

    B. 因侵权产生的损害赔偿请求权属于货币之债、法定之债

    C. 礼品卡的持卡人与礼品公司之间的债是选择之债、法定之债

    D. 借款合同是主债,为之担保的抵押合同是从债

    E. 某双人组合与某晚会组委会的演出合同是复数主体之债

考点四 债的效力

1. (多选题)甲公司将一艘货船卖给乙公司。下列关于债务的效力的说法中,正确的有(　　)。

    A. 甲公司交付货船的义务属于合同的主给付义务

    B. 甲将货船的有关文件或者资料交与乙的义务属于合同的附随义务

    C. 乙公司支付货款的义务属于合同的主给付义务

    D. 甲在订立合同前将货船有关情况向乙如实告知的义务属于合同的从给付义务

    E. 甲、乙完成交易后对交易所涉商业秘密的保密义务属于后合同义务

2. (多选题)根据《民法典》的规定,下列关于债务违反及其效力的说法中,正确的有(　　)。

    A. 标的物被洪水冲走而无法交付属于法律不能

    B. 歌手因声带嘶哑而无法演唱属于主观不能

    C. 债务人在债成立后履行期届满之前,能为给付而明确地表示不为给付属于给付拒绝

    D. 给付迟延属于因不可归责于债务人的事由而未为给付所致的迟延

    E. 地点不妥、时间不宜、方法不当均属于不完全给付

考点五 债的保全

1. (单选题)甲公司欠乙公司30万元,一直无力偿还。现丙公司欠甲公司50万元已到期,甲公司一直未向丙公司要求清偿。对甲公司的这一行为,下列表述中正确的是( )。

   A. 乙公司可以向法院起诉,要求丙公司向自己清偿债务
   B. 乙公司向法院起诉丙的必要费用,由丙公司承担
   C. 乙公司可以向法院起诉,要求丙公司偿还欠款50万元
   D. 乙公司应当自知道甲公司怠于行使其到期债权之日起1年内向法院提起诉讼

2. (单选题)根据合同法律制度的规定,下列关于合同保全制度中撤销权行使的表述中,不正确的是( )。

   A. 债权人应以自己的名义行使撤销权
   B. 撤销权的行使范围以债权人的债权为限
   C. 债权人行使撤销权所支付的合理的律师代理费等必要费用,由债权人负担
   D. 自债务人的行为发生之日起5年内没有行使撤销权的,撤销权消灭

考点六 保证

(单选题)甲、乙两公司签订一份买卖合同,约定甲公司向乙公司购买机床一台,价格为300万元。同时,丙公司向乙公司出具一份内容为"丙公司愿为甲公司应付乙公司300万元机床货款承担保证责任"的保函,并加盖了公司公章。之后,由于市场变化,甲、乙双方协商同意将机床价格变更为350万元,但未通知丙公司。乙公司向甲公司交付机床后,甲公司无力按期支付货款,乙公司遂要求丙公司代为清偿。根据合同法律制度的规定,下列表述中,正确的是( )。

A. 丙公司出具保函是其单方行为,因此保证不成立
B. 丙公司应在300万元范围内承担保证责任
C. 丙公司无权拒绝乙公司代为清偿的要求
D. 丙公司应承担保证责任,保证期间适用6个月的短期诉讼时效期间,自主债务履行期届满之日起计算

考点七 定金

1. (单选题)2024年5月1日,甲、乙双方签订货物买卖合同,总价款为100万元,约定由买方支付定金30万元,买方于5月10日交付了25万元,卖方予以接收。下列说法正确的是( )。

   A. 若买方不履行购买义务,卖方可没收25万元定金
   B. 定金合同自5月1日成立
   C. 若卖方不能交付货物,应返还45万元
   D. 约定的定金金额与实际交付的定金金额不一致,定金无效

2. (单选题)甲、乙订立买卖合同约定:甲向乙交付200吨铜材,货款为200万元;乙向甲支付定金20万元;如任何一方不履行合同应支付违约金30万元。甲因将铜材卖给丙而无法向乙交货。根据合同法律制度的规定,在乙向法院起诉时,既能

最大限度保护自己的利益,又能获得法院支持的诉讼请求是( )。
A. 请求甲双倍返还定金40万元
B. 请求甲支付违约金30万元
C. 请求甲支付违约金30万元,同时请求甲双倍返还定金40万元
D. 请求甲支付违约金30万元,同时请求返还定金20万元

考点八 债的移转

1. (单选题)甲向乙借款100万元于2024年3月1日到期,合同约定乙的债权不得转让。丙提供保证担保,保证合同中约定"丙仅对乙承担保证责任"。2024年2月1日,乙将债权让与丁,并于同月15日通知甲,但未告知丙。对此,下列选项正确的是( )。
A. 乙将债权让与丁因违反和甲的合同约定而无效
B. 乙将债权让与丁于2024年2月15日生效
C. 如果乙将债权让与丁,未通知甲,则该转让无效
D. 丙不再承担保证责任

2. (单选题)甲向乙借款100万元于2024年2月1日到期。2024年2月3日,乙将债权让与丙,并于次日通知甲。2024年2月17日,乙又将该债权让与丁,并于次日通知甲。对此,下列选项不正确的是( )。
A. 若甲向乙还款,则甲的债务消灭
B. 若甲向丙还款,则甲的债务消灭
C. 若甲向丁还款,则丙有权要求甲继续履行债务
D. 若甲向丁还款,则丙有权要求乙承担违约责任

考点九 债的消灭

(多选题)根据合同法律制度的规定,下列情形中,导致债的消灭的有( )。
A. 甲欠乙10万元,丙代甲清偿全部欠款
B. 甲公司出售给乙公司10台电脑,甲公司依约交货被乙公司无理由拒收,甲公司将电脑提存
C. 甲公司欠丙公司10万元,丙公司将甲公司兼并
D. 甲免除了丁所欠的3万元借款
E. 甲公司欠乙公司10万元,甲公司分立为丙、丁两家公司

考点十 合同的概念和特征——考点十一 合同的分类

1. (单选题)下列各项中,直接属于《民法典》合同编调整范围的是( )。
A. 刘某与李某签订的缔结婚姻协议
B. 陈某与张某签订的收养协议
C. 赵某与乙公司签订的租赁合同
D. 王某与钱某签订的子女监护权协议

2. (多选题)下列合同中,属于双务、不要式合同、有偿合同的有( )。
A. 建设工程合同   B. 赠与合同

C. 买卖合同
D. 中介合同
E. 保管合同

考点十二 要约——考点十三 承诺

1. (单选题)赵某有一台电脑,5月1日赵某向李某发出邮件称欲以8 000元出售该电脑,5月3日李某回复称如果价格能降至7 500元且能够送货上门则愿意购买,5月5日赵某复函称送货上门没有问题,但价格最低为7 800元。5月7日李某复函表示同意。根据合同法律制度的规定,下列各项中不属于要约的是( )。
   A. 5月1日赵某的第一次发函
   B. 5月3日李某的第一次回函
   C. 5月5日赵某的第二次发函
   D. 5月7日李某的第二次回函

2. (单选题)甲公司以邮政快递的形式向乙公司发出了一份购买100台空调的书面要约,下列情形中甲公司可以撤销要约的是( )。
   A. 甲公司在要约中明示要约不可撤销
   B. 甲公司的要约已经到达乙公司法定地址,且乙公司尚未作出承诺
   C. 乙公司有理由认为要约不可撤销,且已为履行合同做了合理准备工作
   D. 甲公司在要约中确定了承诺期限

考点十四 免责条款和格式条款

(多选题)下列关于格式条款法律规制的说法中,正确的有( )。
A. 对格式条款有两种以上解释的,应当作出不利于提供格式条款一方的解释
B. 格式条款的提供者对免责条款负有提请注意义务和说明义务
C. 格式条款排除对方权利的一律无效
D. 对格式条款的理解发生争议的,应当按照通常理解予以解释
E. 格式条款与非格式条款不一致的,应当采用非格式条款

考点十五 合同成立的时间、地点、内容、形式

(单选题)下列合同不成立的是( )。
A. 甲将车卖给乙,二人约定于3月15日签订书面合同。3月10日,甲将车开至乙处,乙收下,但一直未签订书面合同
B. 甲向乙发出要约的邮件,要求乙10日内答复。乙第二天即回复邮件,但因系统故障,导致乙的邮件到达甲时已是第11天,甲收到后因已超期,未作任何表示
C. 甲、乙商谈买卖手机,并约定签书面合同,甲签好以后,乙在合同上按了手印,但未签字
D. 甲向乙发出要约的邮件,写明:三天之内如果乙不反对,合同就成立。乙收到以后三天内未作任何表示

考点十六 双务合同履行中的抗辩权

(单选题)甲、乙双方签订买卖合同,约定甲支付货款一周后乙交付货物。甲未在约定日期付款,却请求乙交货。根据合同法律制度的规定,对于甲的请求,乙可行使的抗辩权是( )。

A. 不安抗辩权 B. 先诉抗辩权
C. 不履行抗辩权 D. 后履行抗辩权

考点十七 合同的变更和解除——考点十八 违约责任

1. (单选题)甲、乙订立买卖商品房的合同,合同约定甲先将房屋过户并交付给乙,一个月后乙支付全部价款。合同订立后,发生的下列情形中,乙不可以直接通知甲解除合同的是( )。

    A. 房屋交付前,因雷击起火而烧毁
    B. 甲未按期办理过户
    C. 甲在订立合同后将房屋卖给不知情的丙并办理过户
    D. 甲按期将房屋过户给乙,但未交付,经乙催告仍然不交付

2. (多选题)甲将收藏的齐白石的一幅画卖给乙,合同约定,甲先交货,乙再付款,任何一方违约应当支付损失额双倍的违约金。丙得知后提出以更高价格购买,于是甲将画卖给丙,并交付。下列说法中正确的有( )。

    A. 乙可以自己与甲签订的合同在先,主张甲与丙的合同无效
    B. 乙有权要求甲继续履行交付画的义务
    C. 乙可以要求甲承担违约责任
    D. 若乙要求甲支付约定的违约金,甲可以请求法院或仲裁机构予以适当减少
    E. 乙有权要求甲修理、重作、更换

考点十九 买卖合同

1. (单选题)根据合同法律制度的规定,下列关于试用买卖合同的表述中,正确的是( )。

    A. 买受人在试用期内对标的物设立担保物权的,视为同意购买
    B. 当事人没有约定使用费的,出卖人有权主张买受人支付使用费
    C. 试用期限届满,买受人对是否购买标的物未作表示的,视为不同意购买
    D. 标的物在试用期内毁损、灭失的风险由买受人承担

2. (单选题)甲、乙双方于2024年1月7日订立买卖1 000台计算机的合同,价款200万元,双方约定:甲支付全部价款后,计算机的所有权才转移给甲。乙于2月4日交付了1 000台计算机,甲于3月5日支付了100万元,5月6日支付了剩余的100万元。下列关于计算机所有权转移的表述中,符合规定的是( )。

    A. 2月4日1 000台计算机所有权转移 B. 3月5日1 000台计算机所有权转移
    C. 3月5日500台计算机所有权转移 D. 5月6日1 000台计算机所有权转移

考点二十 赠与合同

(单选题)2024年11月8日,甲提出将其正在使用的轿车赠送给乙,乙欣然接受。11月21日,甲将车交付给乙,但未办理过户登记。交车时,乙向甲询问车况,甲称"一切正常,放心使用"。事实上,该车三天前曾出现刹车失灵,故障原因尚未查明。乙驾车回家途中,刹车再度失灵,车毁人伤。根据合同法律制度的规定,下列表述中,正确的是( )。

A. 甲、乙赠与合同的成立时间是 2024 年 11 月 8 日
B. 双方没有办理过户登记，因此轿车所有权尚未转移
C. 甲未如实向乙告知车况，构成欺诈，因此赠与合同无效
D. 赠与合同是无偿合同，因此乙无权就车毁人伤的损失要求甲赔偿

考点二十一 借款合同

(单选题)下列关于民间借贷合同成立及效力的说法中，正确的是(　　)。

A. 自然人之间的借款合同自合同订立时成立
B. 公司之间的借款合同自借款交付时成立
C. 民间借贷合同约定的利率超过合同成立时一年期贷款市场报价利率 4 倍的，超过部分的利息约定无效
D. 民间借贷合同的借款利息可以预先在本金中扣除

考点二十二 租赁合同

(单选题)张某向甲公司租赁汽车一辆，口头约定租期 3 个月。第二个月，甲公司将该汽车出售给王某，但未通知张某。根据合同法律制度的规定，下列表述正确的是(　　)。

A. 该租赁合同属于不定期租赁
B. 甲转让汽车未通知张某，张某有权要求解除租赁合同
C. 张某有权主张同等条件下的优先购买权
D. 王某应当继续履行原租赁合同

考点二十三 融资租赁合同——考点二十五 承揽合同

1. (单选题)根据合同法律制度的规定，下列关于融资租赁合同中租赁物的表述中，不正确的是(　　)。

   A. 出租人对租赁物承担瑕疵担保义务
   B. 承租人履行占有租赁物期间的维修义务
   C. 在租赁期间出租人享有租赁物的所有权
   D. 租赁期限届满，承租人对租赁物享有优先购买权

2. (单选题)根据合同法律制度的规定，下列关于保理合同的表述中，不正确的是(　　)。

   A. 保理合同属于诺成、要式、双务、有偿合同
   B. 保理人无权向应收账款债权人主张返还保理融资款本息
   C. 同一应收账款订立多个保理合同，已经登记的先于未登记的取得应收账款
   D. 同一应收账款订立多个保理合同，均未登记的，由最先到达应收账款债务人的转让通知中载明的保理人取得应收账款

3. (多选题)根据合同法律制度的规定，下列关于承揽合同的表述中，正确的有(　　)。

   A. 承揽人依约有义务按照定作人要求完成工作，交付工作成果
   B. 未经定作人同意，承揽人不得将其承揽的辅助工作交由第三人完成

C. 定作人中途变更承揽工作要求的，承揽人应当承担因此增加的费用
D. 定作人在承揽人完成定作之前可以随时解除合同
E. 定作人提供的材料、图纸不符合约定时，应当及时通知定作人，承揽人不得擅自更换

考点二十六 建设工程合同——考点二十八 保管合同

1. （单选题）甲委托乙无偿保管沙发，在乙妥善保管沙发期间因丙不慎引起火灾致沙发烧毁。对于该沙发损失，甲（   ）。
   A. 只能请求侵权人丙赔偿
   B. 只能在乙、丙2人间任选其一请求赔偿
   C. 只能请求保管人乙赔偿
   D. 可以既请求乙赔偿，又请求丙赔偿

2. （多选题）根据合同法律制度的规定，下列关于建设工程合同的表述中，正确的有（   ）。
   A. 建设工程合同包括工程勘察、设计、施工、监理合同
   B. 建设工程合同属于诺成、双务、有偿、要式合同
   C. 使用国际组织或者外国政府贷款、援助资金的项目必须招标
   D. 建设工程主体结构的施工必须由承包人自行完成
   E. 经发包人同意，承包人可以部分工作交由第三人完成，与第三人承担按份责任

考点二十九 仓储合同——考点三十 委托合同

1. （单选题）甲公司委托张某采购某地药材1吨，并承诺支付报酬1万元。张某要求预付费用5万元，甲公司称收购完成后一并支付。张某到某地发现该种药材因天气原因生长不佳，仅采购到0.5吨。根据合同法律制度的规定，下列表述中不正确的是（   ）。
   A. 张某有权要求甲公司预付处理委托事务的费用
   B. 张某有权要求甲公司偿还为处理委托事务所支付的必要费用及利息
   C. 甲公司有权随时解除委托合同，但张某不可以解除合同
   D. 张某有权要求甲公司支付0.5万元报酬

2. （多选题）根据《民法典》及相关规定，关于仓储合同，下列说法中正确的有（   ）。
   A. 仓储合同属于保管合同的特殊类型，属于实践合同
   B. 仓储合同是提取仓储物的凭证
   C. 存货人或者仓单持有人在仓单上背书并经保管人签名或者盖章的，可以转让提取仓储物的权利
   D. 存货人或仓单持有人逾期提取的，应加收仓储费；提前提取的，减收仓储费
   E. 因仓储物本身的自然性质造成仓储物变质、损坏的，保管人不赔偿

考点三十一 行纪合同——考点三十三 合伙合同

1. （单选题）委托人宁馨委托房屋中介"安家天下"帮其购买住房，在"安家天下"门店

店长房似锦为其提供了大量前期服务之后,宁馨私下与房屋出售人签订房屋买卖合同。根据法律规定,下列关于该合同的说法,正确的是(　　)。
A. 宁馨与"安家天下"签订的合同是行纪合同
B. 宁馨属于"跳单"行为,需要支付"安家天下"中介费
C. "安家天下"未促成交易,宁馨不需要支付"安家天下"中介费
D. "安家天下"无论是否促成交易,宁馨均不需要支付必要费用

2. (单选题)下列关于合伙合同的说法,不正确的是(　　)。
A. 合伙合同终止前,合伙人不得请求分割合伙财产
B. 合伙人对合伙债务承担按份责任
C. 合伙事务作出决定,除合伙合同另有约定外,应当经全体合伙人一致同意
D. 除合伙合同另有约定外,合伙人向合伙人以外的人转让其全部或者部分财产份额的,须经其他合伙人一致同意

考点三十四 侵权责任的归责原则——考点三十六 法定免责和减责事由

1. (多选题)根据我国民事法律的规定,一般侵权责任的构成要件有(　　)。
A. 加害行为违法　　　　　　　　B. 违反合同义务
C. 因果关系　　　　　　　　　　D. 损害
E. 过错

2. (多选题)根据《民法典》的规定,下列侵权事项可免责的有(　　)。
A. 旅游爱好者甲参加户外探险时,被队员滑倒冲撞,受轻微伤
B. 老人乙突然发病晕倒在路边,过路医生在对其进行心肺复苏时压断其一根肋骨
C. 路人丙的轿车被山体滑坡砸坏
D. 行人丁夜间跌进没有设置警示标识的修路者挖开的坑中,胳膊骨折
E. 游客戊在一饭店吃饭后逃单,该店服务员将其手机扣留后立即报警求助

考点三十七 法律特别规定的侵权责任类型

1. (单选题)甲的儿子乙(7周岁)因遗嘱继承了祖父10万元遗产。某日,乙玩耍时将另一小朋友丙的眼睛划伤。丙的监护人要求甲承担赔偿责任2万元。后法院查明,甲已尽到监护职责,下列说法正确的是(　　)。
A. 因乙的财产足以赔偿丙,故不需用甲的财产赔偿
B. 甲已尽到监护职责,无须承担侵权责任
C. 用乙的财产向丙赔偿,乙赔偿后可在甲应承担的份额内向甲追偿
D. 应由甲直接赔偿,否则会损害被监护人乙的利益

2. (单选题)甲是成年人,患有癫痫病。一日甲骑车行走时突然犯病,将一在路边玩耍的6岁儿童乙撞伤,花费医疗费200元。下列关于责任承担的表述,正确的是(　　)。
A. 甲对乙适当补偿　　　　　　　B. 甲和乙共同承担
C. 甲和乙的监护人共同承担　　　D. 甲承担侵权责任

3. (单选题)某小学组织春游,队伍行进中某班班主任张某和其他教师闲谈,未跟进

照顾本班学生。该班学生李某私自离队购买食物，与小贩刘某发生争执被打伤。对李某的人身损害，下列说法正确的是(　　)。

A. 刘某应承担赔偿责任

B. 某小学应承担赔偿责任

C. 某小学应与刘某承担连带赔偿责任

D. 刘某应承担赔偿责任，某小学应承担相应的补充赔偿责任

4. (单选题)夏某在住所附近的河边钓鱼，在回家的途中为抄近道翻过拦网，穿过两座高压电塔，其竖拿鱼竿横穿高压线下时被高压电电击致死。经查，事发地点的高压电塔属于某供电公司，离高压电塔1米处竖立有拦网警示牌，上面喷涂有"有电危险""高压危险""严禁穿行"等显眼字样。下列关于夏某死亡的责任承担的说法中，正确的是(　　)。

A. 应由供电公司承担全部责任

B. 应由夏某自担全部责任

C. 应适用公平责任原则，由夏某和供电公司平均分担责任

D. 供电公司可以减轻责任或不承担责任

5. (单选题)下列关于动物致害侵权责任的说法，不正确的是(　　)。

A. 甲8周岁的儿子在邻居院中玩耍，被院内藏獒咬伤，邻居应承担侵权责任

B. 小学生乙和丙放学途经养狗的王平家，丙故意逗狗，狗被激怒咬伤乙，只能由丙的监护人对乙承担侵权责任

C. 丁下夜班回家途经邻居家门时，未看到邻居饲养的小猪趴在路上而被绊倒摔伤，邻居应承担侵权责任

D. 戊带女儿到动物园游玩时，动物园饲养的老虎从破损的虎笼蹿出将戊女儿咬伤，动物园应承担侵权责任

考点三十八　侵权责任的承担方式

(多选题)关于侵权责任承担方式的说法，正确的有(　　)。

A. 侵害他人造成人身损害的，应当赔偿医疗费、护理费、交通费、营养费、住院伙食补助费等为治疗和康复支出的合理费用，以及因误工减少的收入

B. 侵害他人人身权益造成财产损失的，按照被侵权人因此受到的损失或者侵权人因此获得的利益赔偿

C. 侵害自然人人身权益造成精神损害的，被侵权人有权请求精神损害赔偿

D. 侵害他人财产的，财产损失按照损失发生时的市场价格或者其他合理方式计算

E. 赔偿权利人基于同一侵权行为受有利益的，应将该利益从损害赔偿数额中予以扣除，赔偿义务人仅就差额部分予以赔偿

综合拓展

(综合分析题·2024年)2024年5月10日，甲、乙公司订立合同，双方约定：甲公司向乙公司订购1 000台H761型"上臂式"电子血压计，单价450元；约定甲公司向乙公司支付定金15万元；乙公司负责将电子血压计运送至甲公司；甲公司待货

物验收合格入库后支付货款；乙公司的货款债权不得转让。

5月20日，甲公司交付定金10万元，乙公司收到定金后随即安排装车发货，但装车时工人多装了50台F760型"臂筒式"电子血压计，单价430元。5月23日，乙公司将其货款债权转让给丙公司，用于抵偿尚欠丙公司的到期货款尾款。同日，乙公司将该债权转让事宜通知了甲公司。

5月26日，电子血压计运抵甲公司；5月28日，丙公司请求甲公司支付货款遭到拒绝，遂发生纠纷。

(1)下列关于甲公司与乙公司买卖电子血压计合同的性质、风险转移及履行的说法中，正确的有(　　)。

A．对乙公司多装的50台F760型"臂筒式"电子血压计，甲公司应当接收，并支付货款2.15万元
B．合同履行地为甲公司住所地
C．该合同属于种类物之债
D．5月20日乙公司发货时，要求甲公司支付货款，甲公司可以以后履行抗辩权为由拒绝支付
E．自5月20日乙公司发货时起，电子血压计毁损、灭失的风险随即转移给甲公司

(2)下列关于电子血压计占有形态和物权变动的说法中，正确的有(　　)。

A．5月20日发货时起，甲公司取得电子血压计的所有权
B．5月26日电子血压计运抵甲公司时起，甲公司对电子血压计为直接占有
C．5月20日发货时起，乙公司丧失电子血压计的所有权
D．5月26日电子血压计运抵甲公司时起，乙公司丧失电子血压计的所有权
E．5月20日发货时起，甲公司取得电子血压计的间接占有

(3)甲公司收到电子血压计后发现，其中有100台H761型"上臂式"电子血压计存在质量瑕疵，无法正常使用，下列甲公司可以选择的有(　　)。

A．请求乙公司返还20万元的定金
B．请求乙公司支付违约金
C．请求乙公司更换存在质量瑕疵的100台电子血压计
D．拒绝领受存在质量瑕疵的100台电子血压计
E．请求解除甲公司与乙公司的买卖合同

(4)下列关于"乙公司不得转让货款债权"这一禁止转让效力的说法中，正确的有(　　)。

A．如果丙公司善意，丙公司方可受让45万元的债权，且甲公司不得以禁止转让为由抗辩，拒绝向丙公司履行债务
B．无论丙公司是否善意，均可受让45万元债权，但甲公司可以以禁止转让为由抗辩，拒绝向丙公司履行债务
C．如果丙公司恶意，丙公司不能受让45万元债权，甲公司当然可以拒绝向丙公司履行债务
D．如果丙公司善意，丙公司可以受让45万元债权，甲公司可以以禁止转让为由抗

辩,拒绝向丙公司履行债权
E. 无论丙公司是否善意,均可受让 45 万元债权,甲公司不得以禁止转让为由抗辩,拒绝向丙公司履行债务

参考答案及解析

考点一 债的概念和构成要素

D 【解析】本题考查债的概念和构成要素。选项 D,债的客体也称债的标的,不同于债的标的物。前者指给付本身,后者指给付的对象。仅在交付财物、支付金钱之债中,才有标的物存在。

考点二 债的发生

1. B 【解析】本题考查债的发生。选项 B,假借订立合同,恶意进行磋商,会引发缔约过失之债。

2. ACE 【解析】本题考查债的发生原因。债发生的原因包括合同、缔约过失、单方允诺、侵权行为、无因管理以及不当得利。选项 A,甲盗用乙的设计图属于侵权行为。选项 C,由于天气原因,甲鱼塘的鱼游到乙鱼塘,乙获得了财产利益而甲受到了损失,属于不当得利。选项 E,税务机关多收税款,属于不当得利。选项 B、D,分别属于纳税、为履行道德义务而进行的给付,均不会引起债的发生。

考点三 债的分类

ABD 【解析】本题考查债的分类。选项 C,选择之债,是指债的标的有数宗,当事人可以选择其中之一为履行标的的债。题目中并未说明礼品是数选一还是唯一,不能判断是简单之债还是选择之债。"礼品卡"之债是意定之债。选项 E,复数主体之债,是指债的当事人一方或双方为两人以上的债。双人组合尽管是两个人,但作为一个组合是一个主体,晚会组委会也同样如此,所以是单数主体之债。

考点四 债的效力

1. ACE 【解析】本题考查给付义务。选项 A、C,卖方交付标的物,买方支付货款的义务为主给付义务。选项 B,交付与标的物有关的文件或资料属于从给付义务。选项 D,甲在订立合同前将货船有关情况向乙如实告知的义务属于前合同义务,而非从给付义务。选项 E,甲、乙完成交易后对交易所涉商业秘密的保密义务属于后合同义务。

2. BCE 【解析】本题考查债务违反及其效力。选项 A,标的物被洪水冲走而无法交付属于事实不能。选项 D,给付迟延属于因可归责于债务人的事由而未为给付所致的迟延。

考点五 债的保全

1. A 【解析】本题考查债权人代位权。选项 B,债权人行使代位权的必要费用,由债务人负担。选项 C,乙公司只能要求丙公司向自己偿还 30 万元,而非 50 万元。

选项 D，代位权的行使受两个债权诉讼时效的限制，没有关于 1 年期限限制的规定。

2. C 【解析】本题考查债权人撤销权。选项 C，债权人行使撤销权所支付的合理的律师代理费、差旅费等必要费用，由债务人承担。

考点六 保证

B 【解析】本题考查保证责任、保证期间。选项 A，第三人单方以书面形式向债权人出具担保书，债权人接受且未提出异议的，保证合同成立。选项 B、C，债权人和债务人未经保证人书面同意，协商变更主债权债务合同内容，减轻债务的，保证人仍对变更后的债务承担保证责任；加重债务的，保证人对加重的部分不承担保证责任。选项 D，债权人与保证人可以约定保证期间，但是约定的保证期间早于主债务履行期限或者与主债务履行期限同时届满的，视为没有约定；没有约定或者约定不明确的，保证期间为主债务履行期限届满之日起 6 个月。

考点七 定金

1. C 【解析】本题考查定金。选项 A，定金的数额可以由当事人约定，但是不得超过主合同标的额的 20%，超过部分不产生定金的效力。本题定金数额为 20 万元。给付定金的一方不履行债务或者履行债务不符合约定，致使不能实现合同目的的，无权请求返还定金。若买方不履行购买义务，卖方可没收 20 万元定金。选项 B，定金合同自实际交付定金时成立，定金合同自 5 月 10 日成立。选项 C，收受定金的一方不履行债务或者履行债务不符合约定，致使不能实现合同目的的，应当双倍返还定金。选项 D，实际交付的定金数额多于或者少于约定数额的，视为变更约定的定金数额。

2. D 【解析】本题考查定金和违约金的竞合。当事人既约定违约金，又约定定金的，一方违约时，对方可以选择适用违约金或者定金条款。若选择定金条款，乙可以主张甲返还 40 万元；若选择违约金条款，乙可以主张甲支付 30 万元违约金，同时要求返还 20 万元定金。

考点八 债的移转

1. D 【解析】本题考查债权转让。选项 A，当事人约定金钱债权不得转让的，不得对抗第三人。选项 B，债权人转让债权，无须债务人同意，但应通知债务人，并且合同转让时就生效，即 2 月 1 日。选项 C，债权人转让债权，未通知债务人的，该转让对债务人不发生效力，但是转让有效。

2. A 【解析】本题考查债权多重让与。选项 A，乙将债权转让且通知了甲，债权转让对甲发生效力，甲向乙还款，不导致甲的债务消灭。选项 B，让与人将同一债权转让给两个以上受让人，债务人以已经向最先通知的受让人履行为由主张其不再履行债务的，人民法院应予支持。选项 C、D，债务人明知接受履行的受让人不是最先通知的受让人，最先通知的受让人请求债务人继续履行债务或者依据债权转让协议请求让与人承担违约责任的，人民法院应予支持。

考点九 债的消灭

ABCD 【解析】本题考查债的消灭。引起债消灭的法律原因很多，最主要的法律原因有清偿、抵销、提存、免除、混同和解除。选项 A，属于第三人代为履行，产生清偿效果。选项 B，属于提存。选项 C，属于混同。选项 D，属于免除。选项 E，甲公司债务由丙、丁公司承担连带责任。

考点十 合同的概念和特征——考点十一 合同的分类

1. C 【解析】本题考查《民法典》合同编调整范围。选项 A、B、D，婚姻、收养、监护等有关身份关系的协议，适用有关该身份关系的法律规定；没有规定的，可以根据其性质参照适用合同编的规定。

2. CD 【解析】本题考查合同的分类。选项 A，建设工程合同属于双务、要式合同、有偿合同。选项 B，赠与合同属于单务、不要式合同、无偿合同。选项 E，保管合同可以有偿或无偿，有偿保管合同属于双务合同，无偿保管合同属于单务合同，保管合同属于实践合同。

考点十二 要约——考点十三 承诺

1. D 【解析】本题考查要约和承诺。要约是希望与他人订立合同的意思表示。5月1日赵某的第一次发函是要约。5月3日李某的第一次回函对要约内容有实质性变更，这是新要约。5月5日赵某的第二次发函，对李某新要约的内容又有实质性变更，这也是新要约。5月7日李某复函表示同意，这是承诺。

2. B 【解析】本题考查要约的撤销。有下列情形之一的，要约不得撤销：①要约人以确定承诺期限或者其他形式明示要约不可撤销；②受要约人有理由认为要约是不可撤销的，并已经为履行合同做了合理准备工作。

考点十四 免责条款和格式条款

ABDE 【解析】本题考查格式条款。选项 C，提供格式条款一方排除对方主要权利，该条款无效。

考点十五 合同成立的时间、地点、内容、形式

D 【解析】本题考查合同的成立。选项 A，虽然未签书面合同，但一方已经履行其主要义务，对方接受，视为合同成立。选项 B，受要约人在承诺期限内发出承诺，按照通常情形能够及时到达要约人，但是因其他原因致使承诺到达要约人时超过承诺期限的，除要约人及时通知受要约人因承诺超过期限不接受该承诺外，该承诺有效。选项 C，当事人采用合同书形式订立合同的，自当事人均签名、盖章或者按指印时合同成立。按指印与签字有同等效力，合同成立。选项 D，沉默只有在法律规定、当事人约定或者符合当事人之间的交易习惯时，才可以被视为意思表示，合同不成立。

考点十六 双务合同履行中的抗辩权

D 【解析】本题考查后履行抗辩权。后履行抗辩权，是指当事人互负债务，有先后履行顺序，应当先履行债务一方未履行的，后履行一方有权拒绝其履行请求。

考点十七 合同的变更和解除——考点十八 违约责任

1. B 【解析】本题考查合同的解除。选项 A，因不可抗力不能实现合同目的，是法定解除事由。选项 B、D，当事人一方延迟履行主要债务，经催告后在合理期限内仍未履行的，另外一方当事人可以解除合同。选项 C，甲的行为构成根本违约，可以解除合同。

2. CD 【解析】本题考查违约责任。选项 A，一物多卖的买卖合同均是有效的。选项 B，甲已经将画交付给丙，所有权转移，因此不能继续履行交付义务。选项 E，齐白石的画属于特定物，不适合修理、重作、更换。

考点十九 买卖合同

1. A 【解析】本题考查试用买卖合同。选项 A，试用买卖的买受人在试用期内已经支付部分价款或者对标的物实施出卖、出租、设立担保物权等行为的，视为同意购买。选项 B，试用买卖的当事人对标的物使用费没有约定或者约定不明确的，出卖人无权主张买受人支付使用费。选项 C，试用期限届满，买受人对是否购买标的物未作表示的，视为购买。选项 D，标的物在试用期内毁损、灭失的风险由出卖人承担。

2. D 【解析】本题考查所有权保留。当事人可以在买卖合同中约定，买受人未履行支付价款或者其他义务时，标的物的所有权属于出卖人。本题约定了甲支付全部价款后，计算机的所有权才转移给甲。5月6日甲支付了剩余的100万元，所以5月6日1000台计算机所有权转移。

考点二十 赠与合同

A 【解析】本题考查赠与合同。选项 A，赠与合同是诺成合同，双方意思表示一致则成立。选项 B，轿车是动产，所有权是自交付时转移。选项 C、D，赠与人故意不告知瑕疵或者保证无瑕疵，造成受赠人损失的，应当承担损害赔偿责任。

考点二十一 借款合同

C 【解析】本题考查民间借贷合同。选项 A、B，民间借贷合同包括自然人之间的借款合同和其他借款合同，自然人之间的借款合同属于践成合同，自贷款人提供借款时成立；其他借款合同通常属于诺成合同，自合同成立时生效。选项 C，民间借贷合同约定利率的上限为合同成立时一年期贷款市场报价利率的4倍，超过部分无效。选项 D，民间借贷合同的借款利息不得预先在本金中扣除。利息预先在本金中扣除的，应当按照实际借款数额返还借款并计算利息。

考点二十二 租赁合同

D 【解析】本题考查租赁合同。选项 A，租赁期限6个月以上的，合同应当采用书面形式。当事人未采用书面形式，无法确定租赁期限的，视为不定期租赁。本题租期3个月，属于定期租赁。选项 B、D，租赁物在租赁期间发生所有权变动的，不影响租赁合同的效力，这里并没有要求一定要通知。选项 C，只有房屋租赁规定了优先购买权，其他标的物租赁并不适用优先购买权。

考点二十三 融资租赁合同——考点二十五 承揽合同

1. A 【解析】本题考查融资租赁合同。选项 A，出卖人承担标的物的瑕疵担保义务。

2. B 【解析】本题考查保理合同。选项 B，当事人约定有追索权保理的，保理人可以向应收账款债权人主张返还保理融资款本息或者回购应收账款债权，也可以向应收账款债务人主张应收账款债权。

3. ADE 【解析】本题考查承揽合同的相关规定。选项 B，承揽人可以将其承揽的辅助工作交由第三人完成，并就该第三人完成的工作成果向定作人负责。选项 C，定作人中途变更承揽工作的要求，造成承揽人损失的，应当赔偿损失。

考点二十六 建设工程合同——考点二十八 保管合同

1. A 【解析】本题考查保管合同。保管期内，因保管人保管不善造成保管物毁损、灭失的，保管人应当承担赔偿责任。但是，无偿保管人证明自己没有故意或者重大过失的，不承担赔偿责任。

2. BCD 【解析】本题考查建设工程合同。选项 A，建设工程合同包括工程勘察、设计、施工合同。选项 E，总承包人或者勘察、设计、施工承包人经发包人同意，可以将自己承包的部分工作交由第三人完成。第三人就其完成的工作成果与总承包人或者勘察、设计、施工承包人向发包人承担连带责任。

考点二十九 仓储合同——考点三十 委托合同

1. C 【解析】本题考查委托合同的费用与报酬。选项 A，委托人应当预付处理委托事务的费用。选项 B，受托人为处理委托事务垫付必要费用的，委托人应当偿还该费用及其利息。选项 C，委托合同双方当事人都享有任意解除权。选项 D，受托人完成委托事务的，委托人应当向其支付报酬。因不可归责于受托人的事由，委托合同解除或者委托事务不能完成的，委托人应当向受托人支付相应的报酬。当事人另有约定的，按照其约定。

2. CE 【解析】本题考查仓储合同。选项 A，仓储合同属于保管合同的特殊类型，属于双务、有偿、诺成、继续性合同。选项 B，仓单是提取仓储物的凭证。选项 D，存货人或仓单持有人逾期提取的，应加收仓储费；提前提取的，<u>不减收</u>仓储费。

考点三十一 行纪合同——考点三十三 合伙合同

1. B 【解析】本题考查中介合同。选项 A，该合同属于中介合同。选项 B、C，中介人促成合同成立的，委托人应当按照约定支付报酬。委托人在接受中介人的服务后，利用中介人提供的交易机会或者媒介服务，绕开中介人直接订立合同的，应当向中介人支付报酬。该案中，宁馨属于"跳单"。选项 D，中介人未促成合同成立的，虽不得请求支付报酬，但是可以按照约定请求委托人支付从事中介活动支出的必要费用。

2. B 【解析】本题考查合伙合同。选项 B，合伙人对合伙债务承担连带责任。

考点三十四 侵权责任的归责原则——考点三十六 法定免责和减责事由

1. ACDE 【解析】本题考查侵权责任的构成要件。过错侵权责任的构成要件有四项：

损害、加害行为违法、加害行为与损害之间存在因果关系以及行为人的过错。无过错责任的构成要件有三项：加害行为违法、损害以及加害行为与损害之间的因果关系。

2. ABCE 【解析】本题考查免责事由。选项 A，属于自甘冒险。选项 B，属于紧急救助。选项 C，属于不可抗力。选项 D，修路者有过错，应承担责任。选项 E，属于自助行为。

考点三十七 法律特别规定的侵权责任类型

1. A 【解析】本题考查监护人责任。无民事行为能力人、限制民事行为能力人造成他人损害的，由监护人承担侵权责任。监护人尽到监护职责的，可以减轻其侵权责任。这是有条件的减责规则，但不是免责规则。无民事行为能力人、限制民事行为能力人造成他人损害，赔偿费用可以先从被监护人财产中支付，不足部分由监护人支付。从被监护人财产中支付赔偿费用的，应当保留被监护人所必需的生活费和完成义务教育所必需的费用。

2. A 【解析】本题考查暂时丧失意识。完全民事行为能力人对自己的行为暂时没有意识或者失去控制造成他人损害有过错的，应当承担侵权责任；没有过错的，根据行为人的经济状况对受害人适当补偿。甲对其突然丧失意识并无过错，故适用公平补偿，根据甲的经济状况对受害人儿童乙适当补偿。

3. D 【解析】本题考查教育机构责任。无民事或者限制民事行为能力人在幼儿园、学校或者其他教育机构学习、生活期间，受到教育机构以外的第三人人身损害，由第三人承担侵权责任；教育机构在人民法院就第三人的财产依法强制执行后仍不能履行的范围内，承担与其过错相应的补充责任。第三人不确定的，未尽到管理职责的教育机构先行承担与其过错相应的责任；教育机构承担责任后可以向已经确定的第三人追偿。

4. D 【解析】本题考查高度危险作业侵权。未经许可进入高度危险活动区域或者高度危险物存放区域受到损害，管理人能够证明已经采取足够安全措施并尽到充分警示义务的，可以减轻或者不承担责任。本案中供电公司已经设置拦网、警示标志，可以减轻或不承担责任。

5. B 【解析】本题考查饲养动物损害责任。因第三人的过错致使动物造成他人损害的，被侵权人可以向动物饲养人或者管理人请求赔偿，也可以向第三人请求赔偿。动物饲养人或者管理人赔偿后，有权向第三人追偿。

考点三十八 侵权责任的承担方式

ABDE 【解析】本题考查侵权责任承担方式。选项 C，侵害自然人人身权益造成严重精神损害的，被侵权人有权请求精神损害赔偿。

综合拓展

（1）BC 【解析】本题考查债的分类及买卖合同。选项 A，出卖人多交标的物的，买受人可以接收或者拒绝接收多交的部分。选项 B，合同中约定"乙公司负责将电子血压计运送至甲公司"，因此合同履行地为甲公司住所地。选项 C，种类物之债，

是指以种类物为标的物的债。种类物是具有共同特征和同样经济意义并可以用度量衡计算的可替代之物。选项 D，当事人互负债务，有先后履行顺序，应当先履行债务一方未履行的，后履行一方有权拒绝其履行请求。题目中，合同约定甲公司待货物验收合格入库后支付货款，因此，乙公司发货时要求甲公司支付货款，甲公司此时不满足行使后履行抗辩权的条件。选项 E，买卖合同中约定了交付地点，那么在到达交付地点之前，风险由出卖人乙公司承担。

（2）BD 【解析】本题考查占有及物权变动。选项 A、C、D，动产物权的设立和转让，自交付时发生效力，但是法律另有规定的除外。因此，5月26日电子血压计运抵甲公司时，所有权转移。选项 B、E，直接占有是占有人事实上占有其物；间接占有是基于一定法律关系而对直接占有其物之人有返还请求权的占有。

（3）CD 【解析】本题考查定金、违约责任。选项 A，当事人一方已经部分履行合同，对方接受并主张按照未履行部分所占比例适用定金罚则的，人民法院应予支持。对方主张按照合同整体适用定金罚则的，人民法院不予支持，但是部分未履行致使不能实现合同目的的除外。选项 B，买卖合同中没有约定违约金，因此不能请求乙公司支付违约金。选项 C，履行不符合约定的，应当按照当事人的约定承担违约责任。对违约责任没有约定或者约定不明确，依据《民法典》相关规定仍不能确定的，受损害方根据标的的性质以及损失的大小，可以合理选择请求对方承担修理、重作、更换、退货、减少价款或者报酬等违约责任。选项 D，因标的物不符合质量要求，致使不能实现合同目的的，买受人可以拒绝接受标的物或者解除合同。针对100台电子血压计来说，因为存在质量瑕疵，所以不能实现100台血压计的合同目的，甲公司对此有权拒绝受领。选项 E，标的物为数物，其中一物不符合约定的，买受人可以就该物解除合同。但是，该物与他物分离使标的物的价值显受损害的，买受人可以就数物解除合同。因此，甲公司只能就这100台电子血压计解除合同，不能解除全部的买卖合同。

（4）E 【解析】本题考查债权让与。债权人转让债权，未通知债务人的，该转让对债务人不发生效力。当事人约定金钱债权不得转让的，不得对抗第三人。乙公司的货款债权是金钱债权，且债权转让事项已经通知债务人甲公司。故无论丙公司是否善意，甲公司均不能以禁止转让为由，拒绝向丙公司履行债务。

亲爱的读者，你已完成本章38个考点的学习，本书知识点的学习进度已达56%。

■ 武劲松 主编 ■ 正保会计网校 编

感恩25年相伴 助你梦想成真

中国税务出版社

总目录

上册 / 1　　　下册 / 323

目录 下册>>>

第十章　婚姻家庭与继承法 ………………………………………… 323

- 考试风向 ………………………………………… 323
- 考点详解及精选例题 ………………………………… 324
  - 第一节　婚姻家庭法 ………………………………… 324
    - 考点一　婚姻家庭法基本原则 ………………………… 324
    - 考点二　亲属制度 ………………………………… 324
    - 考点三　婚姻制度 ………………………………… 324
    - 考点四　父母子女关系 ……………………………… 328
    - 考点五　收养制度 ………………………………… 329
  - 第二节　继承法 …………………………………… 330
    - 考点六　继承的一般规定 …………………………… 330
    - 考点七　法定继承 ………………………………… 331
    - 考点八　遗嘱继承 ………………………………… 332
    - 考点九　遗赠和遗赠扶养协议 ………………………… 333
    - 考点十　遗产的处理 ……………………………… 334
  - 同步训练 …………………………………………… 336

第十一章 个人独资企业法 ... 345

- 考试风向 ... 345
- 考点详解及精选例题 ... 346
  - 第一节 个人独资企业和个人独资企业法 ... 346
    - 考点一 个人独资企业的概念与特征 ... 346
  - 第二节 个人独资企业的设立、变更和终止 ... 346
    - 考点二 个人独资企业的设立 ... 346
    - 考点三 个人独资企业的事务管理 ... 347
    - 考点四 个人独资企业的变更与终止 ... 348
  - 同步训练 ... 349

第十二章 合伙企业法 ... 352

- 考试风向 ... 352
- 考点详解及精选例题 ... 353
  - 第一节 合伙企业法基础 ... 353
    - 考点一 合伙企业概述 ... 353
    - 考点二 合伙企业解散、清算 ... 353
  - 第二节 普通合伙企业 ... 354
    - 考点三 普通合伙企业的设立条件 ... 354
    - 考点四 合伙企业财产 ... 355
    - 考点五 合伙企业事务执行 ... 357
    - 考点六 合伙企业与第三人的关系 ... 358
    - 考点七 入伙、退伙 ... 359
    - 考点八 特殊的普通合伙企业 ... 361
  - 第三节 有限合伙企业 ... 362
    - 考点九 有限合伙企业的设立 ... 362
    - 考点十 有限合伙企业的事务执行 ... 363
    - 考点十一 入伙、退伙和身份转变责任承担 ... 365
  - 同步训练 ... 366

第十三章 公司法 ... 374

- 考试风向 ... 374

目 录

考点详解及精选例题 ·· 375

第一节 公司法概述 ·· 375
- 考点一 公司的概述 ·· 375
- 考点二 公司能力 ·· 375
- 考点三 公司章程 ·· 377
- 考点四 公司资本 ·· 378
- 考点五 公司登记 ·· 380
- 考点六 公司人格及其否认制度 ·· 380

第二节 公司设立 ·· 381
- 考点七 设立方式和条件 ··· 381
- 考点八 公司设立责任 ··· 382

第三节 公司股东 ·· 384
- 考点九 股东基本制度 ··· 384
- 考点十 股东出资 ·· 386
- 考点十一 股东权利 ·· 386
- 考点十二 股东诉权 ·· 387

第四节 公司运行 ·· 389
- 考点十三 股东会 ·· 389
- 考点十四 董事会 ·· 392
- 考点十五 经理 ·· 394
- 考点十六 监事会 ·· 394
- 考点十七 董事、监事、高级管理人员 ··· 394
- 考点十八 公司财务会计 ··· 396

第五节 公司变更、解散与清算 ··· 397
- 考点十九 公司变更 ·· 397
- 考点二十 公司解散与清算 ··· 398

同步训练 ·· 400

第十四章 破产法 ·· 413

考试风向 ·· 413

考点详解及精选例题 ·· 414

第一节 破产法基础 ·· 414

3

考点一 破产原因 ·· 414
考点二 破产案件的管辖 ···································· 414
考点三 管理人 ·· 415

第二节 破产申请 ·· 418
考点四 破产申请的提出 ···································· 418
考点五 破产申请的受理 ···································· 420
考点六 破产申请受理的法律后果 ···················· 421

第三节 破产债权 ·· 422
考点七 债权申报 ·· 422
考点八 债权人会议与债权人委员会 ················ 425

第四节 债务人财产 ·· 429
考点九 债务人财产的范围与认定 ···················· 429
考点十 涉及债务人财产的撤销与追回 ············ 430
考点十一 别除权、取回权、抵销权 ················ 431
考点十二 破产费用和共益债务 ························ 435

第五节 重整与和解 ·· 436
考点十三 重整 ·· 436
考点十四 和解 ·· 440

第六节 破产清算 ·· 442
考点十五 破产宣告 ·· 442
考点十六 破产财产变价与分配 ························ 442
考点十七 破产终结 ·· 443

同步训练 ·· 443

第十五章 电子商务法 ·· 457

考试风向 ·· 457

考点详解及精选例题 ·· 458

第一节 电子商务法基础 ·································· 458
考点一 电子商务法基础 ·································· 458

第二节 电子商务经营主体 ······························ 458
考点二 电子商务经营者 ·································· 458
考点三 电子商务平台经营者的权利与义务 ···· 459

第三节　电子商务合同 ··· 460
　　　　　考点四　电子商务合同 ····································· 460
　　　　　考点五　电子签名和电子认证 ······························· 462
　　　　　考点六　电子支付 ··· 463
　　　第四节　电子商务税收法律 ····································· 464
　　　　　考点七　电子商务税收法律 ································· 464
　同步训练 ··· 465

第十六章　社会保险法　470

考试风向 ··· 470
考点详解及精选例题 ··· 471
　　第一节　社会保险法基本理论 ····································· 471
　　　　考点一　社会保险法基本理论 ································· 471
　　第二节　社会保险的种类 ··· 472
　　　　考点二　基本养老保险 ······································· 472
　　　　考点三　医疗保险 ··· 474
　　　　考点四　工伤保险 ··· 474
　　　　考点五　失业保险 ··· 476
　　　　考点六　生育保险 ··· 477
同步训练 ··· 477

第十七章　民事诉讼法　482

考试风向 ··· 482
考点详解及精选例题 ··· 483
　　第一节　民事诉讼法基础 ··· 483
　　　　考点一　民事诉讼法的基本原则 ······························· 483
　　　　考点二　民事审判基本制度 ··································· 484
　　第二节　民事诉讼受案范围和管辖 ································· 485
　　　　考点三　法院受理民事案件的范围 ····························· 485
　　　　考点四　级别管辖 ··· 486
　　　　考点五　地域管辖 ··· 486
　　　　考点六　移送管辖和指定管辖 ································· 487

考点七 涉外民事案件的管辖 …… 488

第三节 民事诉讼参加人 …… 488
考点八 民事诉讼当事人概述 …… 488
考点九 共同诉讼 …… 489
考点十 代表人诉讼 …… 490
考点十一 民事公益诉讼 …… 490
考点十二 第三人诉讼 …… 491
考点十三 诉讼代理人 …… 492

第四节 民事诉讼证据和证明 …… 493
考点十四 民事诉讼证据 …… 493
考点十五 民事诉讼证明 …… 495

第五节 民事诉讼程序 …… 496
考点十六 第一审普通程序 …… 496
考点十七 简易程序 …… 498
考点十八 第二审程序 …… 499
考点十九 审判监督程序 …… 500

同步训练 …… 501

第十八章 刑法 …… 511

考试风向 …… 511
考点详解及精选例题 …… 512

第一节 刑法基础 …… 512
考点一 刑法基本原则 …… 512
考点二 追诉时效 …… 512

第二节 犯罪构成 …… 513
考点三 犯罪构成概述 …… 513
考点四 犯罪客体 …… 513
考点五 犯罪客观方面 …… 514
考点六 犯罪主体 …… 514
考点七 犯罪主观方面 …… 516

第三节 刑罚种类 …… 517
考点八 刑罚概述 …… 517

考点九　主刑 ……………………………………………………………… 518
考点十　附加刑 …………………………………………………………… 520

第四节　刑罚适用 …………………………………………………………… 522
考点十一　累犯 …………………………………………………………… 522
考点十二　自首 …………………………………………………………… 523
考点十三　立功 …………………………………………………………… 524
考点十四　数罪并罚 ……………………………………………………… 526
考点十五　缓刑 …………………………………………………………… 527
考点十六　减刑 …………………………………………………………… 528
考点十七　假释 …………………………………………………………… 529

第五节　涉税犯罪 …………………………………………………………… 532
考点十八　危害税收征管罪 ……………………………………………… 532
考点十九　逃税罪 ………………………………………………………… 533
考点二十　抗税罪 ………………………………………………………… 535
考点二十一　逃避追缴欠税罪 …………………………………………… 536
考点二十二　骗取出口退税罪 …………………………………………… 537
考点二十三　涉票类犯罪 ………………………………………………… 539

第六节　涉税职务犯罪 ……………………………………………………… 545
考点二十四　徇私舞弊不征、少征税款罪 ……………………………… 545
考点二十五　徇私舞弊发售发票、抵扣税款、出口退税罪 …………… 546
考点二十六　徇私舞弊不移交刑事案件罪 ……………………………… 546
考点二十七　违法提供出口退税凭证罪 ………………………………… 547

同步训练 ………………………………………………………………………… 548

第十九章　刑事诉讼法 …………………………………………………………… 560

考试风向 ………………………………………………………………………… 560

考点详解及精选例题 …………………………………………………………… 561

第一节　刑事诉讼法基础 …………………………………………………… 561
考点一　刑事诉讼中的专门机关 ………………………………………… 561
考点二　刑事诉讼参与人 ………………………………………………… 561

第二节　刑事诉讼制度 ……………………………………………………… 564
考点三　刑事诉讼管辖 …………………………………………………… 564

考点四 回避制度 ………………………………………………………… 565
考点五 刑事诉讼代理 …………………………………………………… 566
考点六 刑事辩护制度 …………………………………………………… 566
考点七 认罪认罚从宽制度 ……………………………………………… 570

第三节 强制措施 ………………………………………………………… 573
考点八 强制措施概述 …………………………………………………… 573
考点九 拘传 ……………………………………………………………… 573
考点十 拘留 ……………………………………………………………… 574
考点十一 取保候审 ……………………………………………………… 574
考点十二 监视居住 ……………………………………………………… 576
考点十三 逮捕 …………………………………………………………… 577

第四节 刑事诉讼程序 …………………………………………………… 579
考点十四 立案 …………………………………………………………… 579
考点十五 侦查 …………………………………………………………… 579
考点十六 起诉 …………………………………………………………… 583
考点十七 第一审程序 …………………………………………………… 584
考点十八 简易程序 ……………………………………………………… 585
考点十九 速裁程序 ……………………………………………………… 586
考点二十 第二审程序 …………………………………………………… 587

同步训练 …………………………………………………………………… 588

第三篇 考前模拟

考前模拟2套卷 …………………………………………………………… 600

第十章　婚姻家庭与继承法

重要程度：次重点章节　　分值：7分左右

考试风向

▶ 考情速递

本章主要内容包括婚姻家庭法与继承法，有一定的理论性，学习难度不大，偏重适当记忆。重点关注的考点包括婚姻制度、法定继承、遗嘱继承、遗赠和遗赠抚养协议，以及遗产的处理。本章主要考查单选题、多选题和综合分析题。

▶ 2025年考试变化

本章变动较大。

新增：（1）重视家庭文明建设原则；（2）继承开始的地点。

调整：（1）婚姻家庭与婚姻家庭法概述；（2）亲属制度；（3）结婚的特征和条件；（4）继父母与继子女；（5）继承法的基本原则；（6）遗产管理人的选定和指定。

删除：（1）婚姻的无效与撤销中行使撤销权的时间、申请婚姻无效的主体等；（2）法定财产制中关于《民法典婚姻家庭编司法解释（一）》的表述；（3）继承能力和继承人的特征。

▶ 脉络梳理

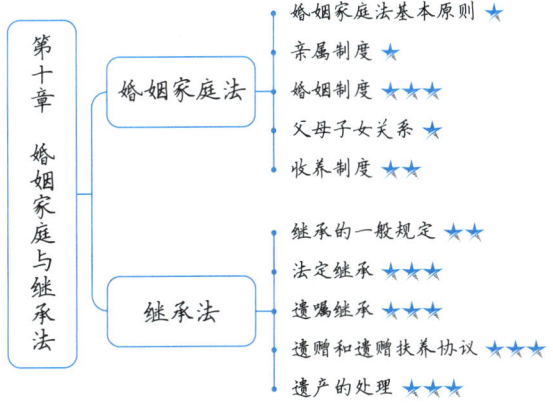

考点详解及精选例题

第一节 婚姻家庭法

考点一 婚姻家庭法基本原则 ★

(1) 婚姻家庭受国家保护;
(2) 婚姻自由:包括结婚自由和离婚自由;
(3) 一夫一妻:禁止重婚,禁止有配偶者与他人同居;
(4) 男女平等:男女两性在政治、经济、文化、社会和家庭等各个方面,享有同等的权利,负担同等的义务;
(5) 保护妇女、未成年人、老年人和残疾人的合法权益;
(6) 重视家庭文明建设:树立优良家风,弘扬家庭美德。 新增

考点二 亲属制度 ★

亲属制度,见表10-1。

表 10-1 亲属制度

项目		内容
亲属		包括配偶、血亲和姻亲
区别	近亲属	配偶、父母、子女、兄弟姐妹、祖父母、外祖父母、孙子女、外孙子女
	家庭成员	配偶、父母、子女和其他共同生活的近亲属
直系血亲		父母、祖父母、外祖父母、子女、孙子女、外孙子女
直系姻亲		儿媳、女婿、公婆、岳父母等
旁系血亲		兄弟姐妹、侄子女、伯、姑、舅、姨、堂兄弟姐妹、表兄弟姐妹等
旁系姻亲		兄嫂、弟媳、妻的兄弟姐妹及其叔伯、妯娌、连襟等

考点三 婚姻制度 ★★★

1. 结婚的条件和程序

结婚的条件和程序,见表10-2。

表 10-2 结婚的条件和程序

项目		内容
条件	必备条件	(1) 男女双方完全自愿; (2) 达到法定结婚年龄,即男不得早于22周岁,女不得早于20周岁; (3) 符合一夫一妻制原则
	禁止条件	(1) 重婚; (2) 有禁止结婚的亲属关系(直系血亲或者三代以内的旁系血亲)

(续表)

项目	内容
程序	男女双方应当亲自(不得代理)到婚姻登记机关申请结婚登记

2. 无效婚姻 【调整】

无效婚姻，见表10-3。

表10-3 无效婚姻

项目	内容
情形	重婚；有禁止结婚的亲属关系；未到法定婚龄
程序	(1)对婚姻效力的审理不适用调解，法院应当依法作出判决。 (2)法院受理请求确认婚姻无效案件后，原告申请撤诉的，法院不予准许
宣告	宣告婚姻无效的机关是法院

3. 可撤销婚姻 【调整】

可撤销婚姻，见表10-4。

表10-4 可撤销婚姻

项目	内容
情形	胁迫；一方患有重大疾病，未如实告知
撤销权人	受胁迫一方、被隐瞒一方
撤销方式	由享有撤销权的一方当事人向法院作提出撤销婚姻的意思表示(不含婚姻登记)

4. 婚姻无效和被撤销的法律后果

在当事人行使撤销权之前，婚姻关系有效，双方当事人之间产生夫妻人身和财产方面的权利和义务，但婚姻因撤销权的行使自始没有法律拘束力。当事人同居期间所得的财产，除有证据证明为当事人一方所有的以外，按共同共有处理。当事人协议处理共同共有的财产→法院根据照顾无过错方的原则判决。无过错方有权请求损害赔偿。

> **得分高手**（2024年多选）
>
> 重点考查无效婚姻与可撤销婚姻的区别。无效婚姻主要原因是违反法律规定，可撤销婚姻不具有结婚的真实合意。

知识点拨

对重婚导致的婚姻无效的财产处理，不得侵害合法婚姻当事人的财产权益。

【例题1·多选题】(2024年)无效婚姻包括( )。

A. 配偶双方为三代以内旁系血亲缔结的婚姻
B. 配偶一方未达法定婚龄而缔结的婚姻
C. 配偶一方隐瞒重大疾病而缔结的婚姻
D. 重婚
E. 配偶一方受胁迫而缔结的婚姻

答案
例题1 | ABD

解析 本题考查无效婚姻。无效婚姻的法定事由包括：①重婚（选项D）；②有禁止结婚的亲属关系（选项A）；③未到法定婚龄（选项B）。可撤销婚姻的法定事由包括：①因受胁迫而主张撤销的婚姻（选项E）；②因对方隐瞒重大疾病而主张撤销的婚姻（选项C）。

5. 夫妻关系

（1）人身关系：夫妻独立姓名权和婚姻姓氏权；夫妻人身自由权；夫妻对未成年子女抚养、教育和保护的平等权；夫妻同居、忠实的权利和义务。

（2）约定夫妻财产制：双方可以约定婚姻关系存续期间所得的财产以及婚前财产归各自所有、共同所有或者部分各自所有、部分共同所有，约定应当采用书面形式。

提示 无约定或约定不明的，按法定财产制。婚前或者婚姻关系存续期间，当事人约定将一方所有的房产赠与另一方，不属于夫妻财产制约定。

（3）法定夫妻财产制，见表10-5。

表10-5 法定夫妻财产制 *调整*

项目	内容
共同财产	工资、奖金、劳务报酬；生产、经营、投资的收益；知识产权的收益；继承或者受赠的财产，《民法典》特别规定的属夫妻一方的个人财产除外
个人财产	一方的婚前财产；一方因受到人身损害获得的赔偿和补偿；遗嘱或赠与合同中确定只归一方的财产；一方专用的生活用品；其他应当归一方的财产

（4）其他夫妻财产关系：夫妻的扶养义务；夫妻日常家事代理权；夫妻继承权。

得分高手（2024年、2021年、2019年单选）

重点考查夫妻财产法律关系。夫妻财产关系先看合法约定，无合法约定按法律规定，婚前财产和具有人身、专属或遗嘱、赠与指定性质的财产归个人所有。

【例题2·单选题】（2024年）夫妻结婚登记当日，书面约定"结婚后夫妻婚前财产属于夫妻共同财产"，则（   ）。

A. 该约定效力待定
B. 该约定未经过公证，无效
C. 该约定因符合《民法典》中关于婚姻财产夫妻双方可以约定而有效
D. 该约定因违反《民法典》中关于一方婚前个人财产婚后归个人所有的规定而无效

解析 本题考查夫妻财产制。男女双方可以约定婚姻关系存续期间所得的财产以及婚前财产归各自所有、共同所有或者部分各自所有、部分共同所有。约定应当采用书面形式。夫妻对婚姻关系存续期间所得的财产以及婚前财产的约定，对双方具有法律约束力。

答案
例题2｜C

【例题 3·单选题】(2021 年)下列夫妻关系存续期间取得的财产中,属于夫妻共同财产的是( )。

A. 一方当事人专用的生活用品
B. 一方当事人的医疗生活补助费
C. 一方当事人获得的伤残补助金
D. 一方当事人继承取得的财产

解析 本题考查夫妻财产制。下列财产为夫妻一方的个人财产:①一方的婚前财产;②一方因受到人身损害获得的赔偿或者补偿(选项 C);③遗嘱或者赠与合同中确定只归一方的财产;④一方专用的生活用品(选项 A);⑤其他应当归一方的财产(选项 B)。夫妻在婚姻关系存续期间所得的下列财产,为夫妻的共同财产,归夫妻共同所有:①工资、奖金、劳务报酬;②生产、经营、投资的收益;③知识产权的收益;④继承或者受赠的财产,但是《民法典》特别规定的属于夫妻一方的个人财产的除外(选项 D);⑤其他应当归共同所有的财产。

【例题 4·单选题】(2019 年)下列婚姻关系存续期间夫妻一方取得的财产中,属于夫妻一方单独所有的是( )。

A. 奖金
B. 知识产权收益
C. 生产、经营收益
D. 因身体受到伤害获赔的医疗费

解析 本题考查夫妻财产制。下列财产为夫妻一方的个人财产:①一方的婚前财产;②一方因受到人身损害获得的赔偿或者补偿;③遗嘱或者赠与合同中确定只归一方的财产;④一方专用的生活用品;⑤其他应当归一方的财产。

6. 协议离婚

夫妻双方自愿离婚,订立书面离婚协议(子女和财产问题达成协议),并亲自到婚姻登记机关申请离婚登记,经婚姻登记机关认可。

离婚冷静期:①登记机关收到申请之日起 30 日内,任何一方不愿意,可以申请撤回离婚登记;②上述期限届满后 30 日内,双方亲自到婚姻登记机关申请离婚证;未申请,视为撤回申请。

7. 判决离婚(诉讼离婚)

(1)法院审理离婚案件,应当调解;如果感情确已破裂,调解无效,应当准予离婚。

(2)有下列情形之一调解无效的,应当准予离婚:①重婚或者与他人同居;②实施家庭暴力或者虐待、遗弃家庭成员;③有赌博、吸毒等恶习屡教不改;④因感情不和分居满 2 年;⑤其他导致夫妻感情破裂的情形。

提示1 经法院判决不准离婚后,双方又分居满 1 年,一方再次提起离婚诉讼,应当准予离婚。一方被宣告失踪,另一方提出离婚诉讼,应准予离婚。

提示2 完成离婚登记或者离婚判决书、调解书生效,即解除婚姻关系。

答案
例题 3 | D
例题 4 | D

(3) 不得提出离婚：女方在怀孕期间、分娩后 1 年内或者终止妊娠后 6 个月内，男方不得提出离婚，但女方提出离婚或者法院认为确有必要受理男方离婚请求的除外。

提示 现役军人的配偶要求离婚，应当征得军人同意，但军人有重大过错的除外。

(4) 子女抚养：①离婚后，不满 2 周岁的子女，以由母亲直接抚养为原则；②已满 2 周岁的子女，父母双方对抚养问题协议不成的，由法院根据双方的具体情况，按照最有利于未成年子女的原则判决；③子女已满 8 周岁的，应当尊重其真实意愿。

提示 离婚后，不直接抚养子女的父或母，有探望子女的权利，另一方有协助的义务。

(5) 抚养费：离婚后，子女由一方直接抚养的，另一方应当负担部分或者全部抚养费。负担费用的多少和期限的长短，由双方协议；协议不成的，由法院判决。上述规定的协议或者判决，不妨碍子女在必要时向父母任何一方提出超过协议或者判决原定数额的合理要求。

(6) 家务劳动补偿：夫妻一方因抚育子女、照料老年人、协助另一方工作等负担较多义务的，离婚时有权向另一方请求补偿，另一方应当给予补偿。具体办法由双方协议；协议不成的，由法院判决。

(7) 有下列情形之一，导致离婚的，无过错方有权请求损害赔偿：①重婚；②与他人同居；③实施家庭暴力；④虐待、遗弃家庭成员；⑤有其他重大过错。

(8) 共同财产处理：协议处理→法院按照顾子女、女方和无过错方权益的原则判决。

(9) 侵害夫妻共同财产：一方隐藏、转移、变卖、毁损、挥霍夫妻共同财产，或者伪造夫妻共同债务企图侵占另一方财产的，在离婚分割夫妻共同财产时，对该方可以少分或者不分。离婚后，另一方发现有上述行为，可以向法院提起诉讼，请求再次分割夫妻共同财产。

(10) 共同债务偿还：①离婚时，夫妻共同债务应当共同偿还。共同财产不足清偿或者财产归各自所有的，由双方协议清偿；协议不成的，由法院判决。②夫妻对婚姻关系存续期间所得的财产约定归各自所有，夫或妻一方对外所负的债务，相对人知道该约定的，以夫或者妻一方的个人财产清偿。

考点四 父母子女关系 ★

(1) 非婚生子女享有与婚生子女同等的权利。

亲子关系确认：父或母向法院起诉请求否认亲子关系，并已提供必要证据予以证明，另一方没有相反证据又拒绝做亲子鉴定的，认定没有亲子关系；父或母以及成年子女起诉请求确认亲子关系，并提供必要证据予以证明，另一方没有相反证据又拒绝做亲子鉴定的，认定有亲子关系。

(2)有抚养教育关系的继父母与继子女间为拟制血亲,无抚养教育关系的继父母与子女间仅为姻亲。

(3)婚姻关系存续期间,夫妻双方一致同意进行人工授精,所生子女应视为婚生子女。

考点五 收养制度 ★★

(1)送养人条件:孤儿的监护人;儿童福利机构;有特殊困难无力抚养子女的生父母。

提示 生父母送养子女,应当双方共同送养;生父母一方不明或者查找不到的,可以单方送养。

(2)下列未成年人,可以被收养:①丧失父母的孤儿;②查找不到生父母的未成年人;③生父母有特殊困难无力抚养的子女。

(3)收养人条件:①无子女或只有1名子女;②有抚养、教育和保护被收养人的能力;③未患有在医学上认为不应当收养子女的疾病;④无不利于被收养人健康成长的违法犯罪记录;⑤年满30周岁。

提示 有配偶者收养子女,应当夫妻共同收养。

(4)收养子女人数:无子女的收养人可以收养2名子女;有子女的收养人只能收养1名子女。收养孤儿、残疾未成年人或者儿童福利机构抚养的查找不到生父母的未成年人,可以不受上述规定和《民法典》规定的收养人无子女或者只有1名子女的限制。

(5)收养三代以内旁系同辈血亲子女的规定,见表10-6。

表10-6 收养三代以内旁系同辈血亲子女的规定

项目	内容
非华侨	不受以下限制:①被收养人生父母有特殊困难无力抚养子女;②送养人为有特殊困难无力抚养子女的生父母;③无配偶者收养异性子女年龄相差40周岁以上
华侨	不受以下限制:除上述①②③外+无子女或者只有1名子女

(6)继父母收养继子女:继父或继母经继子女生父母同意,可以收养继子女。

不受以下限制:"生父母有特殊困难无力抚养的子女""有特殊困难无力抚养子女的生父母""收养人应具备的条件"和"无子女的收养人可以收养两名子女;有子女的收养人只能收养1名子女"。

(7)应当向县级以上民政部门登记,收养关系自登记之日起成立。收养关系当事人各方或者一方要求办理收养公证的,应当办理收养公证。配偶一方死亡,另一方送养未成年子女的,死亡一方的父母有优先抚养的权利。

(8)收养的效力 :①自收养关系成立之日起,养父母与养子女及其近亲属间的权利义务,适用法律关于父母子女及其近亲属关系的规定;②养子

无效的收养行为自始没有法律约束力

女与生父母以及其近亲属间的权利义务关系，因收养关系的成立而消除；③养子女可以随养父或养母姓，经当事人协商一致，也可以保留原姓氏。

(9)收养解除：解除形式包括协议解除和诉讼解除。收养人在被收养人成年以前，不得解除收养关系，但是收养人、送养人双方协议解除的除外。收养关系解除后，养子女与养父母及其他近亲属间的权利义务关系即行消除，与其生父母及其他近亲属之间的权利义务关系自行恢复。但是，成年养子女与生父母及其他近亲属之间的权利义务关系是否恢复，可以协商确定。

提示 无论养子女是否成年，与养父母关系均即行消除。

【例题5·单选题】(2020年)下列关于收养的说法中，符合《民法典》规定的是(　　)。

A．收养人应当年满40周岁
B．配偶一方可以独自收养子女
C．监护人不得将未成年子女送养
D．无子女的收养人可以收养两名子女

解析 本题考查收养。选项A，收养人应当同时具备下列条件：①无子女或者只有一名子女；②有抚养、教育和保护被收养人的能力；③未患有在医学上认为不应当收养子女的疾病；④无不利于被收养人健康成长的违法犯罪记录；⑤年满30周岁。选项B，有配偶者收养子女，应当夫妻共同收养。选项C，未成年人的父母均不具备完全民事行为能力且可能严重危害该未成年人的，该未成年人的监护人可以将其送养。选项D，无子女的收养人可以收养两名子女；有子女的收养人只能收养一名子女。

第二节　继承法

考点六　继承的一般规定 ★★

(1)继承权和受遗赠权的放弃。继承开始后，继承人放弃继承的，应当在遗产处理前，以书面形式作出放弃继承的表示；没有表示的，视为接受继承。受遗赠人应当在知道受遗赠后60日内，作出接受或者放弃受遗赠的表示；到期没有表示的，视为放弃受遗赠。

(2)继承权丧失：①故意杀害被继承人；②为争夺遗产而杀害其他继承人；③遗弃被继承人或者虐待被继承人情节严重；④伪造、篡改、隐匿或者销毁遗嘱，情节严重；⑤以欺诈、胁迫手段迫使或者妨碍被继承人设立、变更或者撤回遗嘱，情节严重。

提示1 受遗赠人有上述行为的，丧失受遗赠权。

提示2 继承人有上述第③~⑤项行为，确有悔改表现，被继承人表示宽恕或者事后在遗嘱中将其列为继承人的，该继承人不丧失继承权。

【例题6·单选题】(2021年)在遗嘱继承中，继承人放弃继承的，应

答案
例题5｜D

当（　　）。

A. 在被继承人生前书面表示放弃
B. 在继承开始后遗产分割前，口头表示放弃
C. 在继承开始后遗产分割前，书面表示放弃
D. 不作出意思表示

解析 本题考查继承权的放弃。继承开始后，继承人放弃继承的，应当在遗产处理前，以书面形式作出放弃继承的表示；没有表示的，视为接受继承。

考点七 法定继承 ★★★

1. 按照法定继承办理的遗产

有下列情形之一的，遗产中的有关部分按照法定继承办理：①遗嘱继承人放弃继承或者受遗赠人放弃受遗赠；②遗嘱继承人丧失继承权或者受遗赠人丧失受遗赠权；③遗嘱继承人、受遗赠人先于遗嘱人死亡或者终止；④遗嘱无效部分所涉及的遗产；⑤遗嘱未处分的遗产。

2. 法定继承人

法定继承人的继承顺序，见表10-7。

表10-7 法定继承人的继承顺序

项目	内容
第一顺序	（1）配偶、子女、父母； （2）丧偶儿媳对公婆，丧偶女婿对岳父母，尽了主要赡养义务的，作为第一顺序继承人
第二顺序	兄弟姐妹、祖父母、外祖父母

提示 继承开始后，由第一顺序继承人继承；没有第一顺序继承人继承的，由第二顺序继承人继承

3. 代位继承

被继承人的子女或者兄弟姐妹先于被继承人死亡的，由被继承人的子女的直系晚辈血亲（孙子女、外孙子女、曾孙子女、外曾孙子女）或者兄弟姐妹的子女代位继承。

4. 转继承

继承开始后，继承人于遗产分割前死亡，并没有放弃继承的，该继承人应当继承的遗产转给其继承人，但是遗嘱另有安排的除外。

提示 代位继承只适用于法定继承；转继承适用于法定继承、遗嘱继承、遗赠。

5. 遗产分配

遗产分配：①同一顺序继承人，一般应当均等，可以协商不均等；②对生活有特殊困难又缺乏劳动能力的继承人，应当照顾；③对被继承人尽了主

答案
例题6 | C

要扶养义务或者与被继承人共同生活的继承人,可以多分;④对继承人以外的依靠被继承人扶养或者对被继承人扶养较多的人,可以分给适当遗产。

【例题7·多选题】(2024年)根据《民法典》的规定,下列亲属属于法定第二顺序继承人的有(　　)。

A. 孙子女　　　　　　　　B. 丧偶儿媳
C. 兄弟姐妹　　　　　　　D. 岳父母
E. 祖父母

解析　本题考查法定继承人。遗产按照下列顺序继承:第一顺序为配偶、子女、父母,第二顺序为兄弟姐妹、祖父母、外祖父母。

考点八　遗嘱继承 ★★★

(1)遗嘱形式:自书遗嘱、代书遗嘱、打印遗嘱、录音录像遗嘱、口头遗嘱、公证遗嘱。

提示 除自书遗嘱、公证遗嘱外,其他形式的遗嘱都需要2个以上见证人。

(2)不能作为遗嘱见证人:①无民事、限制民事行为能力人以及其他不具有见证能力的人;②继承人、受遗赠人;③与继承人、受遗赠人有利害关系的人。

(3)遗嘱无效:①无民事或者限制民事行为能力人所立的遗嘱;②受欺诈、胁迫所立的遗嘱;③伪造的遗嘱;④遗嘱被篡改的,篡改的内容无效;⑤处分了国家、集体或者他人财产的,该部分无效。

提示 遗嘱应当为缺乏劳动能力又没有生活来源的继承人保留必要的遗产份额(对应当保留的必要份额处分无效)。

(4)遗嘱不生效:①遗嘱继承人、受遗赠人先于被继承人死亡,但遗嘱另有规定的除外,如指定有候补继承人或者候补受遗赠人;②遗嘱继承人、受遗赠人在遗嘱成立之后丧失继承权或者受遗赠权;③附解除条件的遗嘱,在遗嘱人死亡之前该条件已经成就;④附停止条件的遗嘱,遗嘱继承人、受遗赠人在条件成就前死亡;⑤遗嘱人死亡时,遗嘱处分的财产标的已经不复存在。

(5)遗嘱的撤回、变更:①遗嘱人可以撤回、变更自己所立遗嘱;②立遗嘱后,遗嘱人实施与遗嘱内容相反的民事法律行为的,视为撤回;③立有数份遗嘱,内容相抵触的,以最后的遗嘱为准。

(6)附义务遗嘱:继承人或受遗赠人没有正当理由不履行义务,经利害关系人或者有关组织请求,法院可以取消其接受附义务部分遗产的权利。

(7)遗嘱执行:①遗嘱人可以在遗嘱中指定一个或数个法定继承人、法定继承人以外的人、某些单位或组织执行遗嘱;②如果遗嘱人没有指定遗嘱执行人,则全体继承人都可以参加执行遗嘱。

答案
例题7 | CE

【例题8·多选题】(2020年)下列遗嘱形式中,依法须有两个以上见证人见证的有( )。

A. 口头遗嘱　　　　B. 打印遗嘱
C. 录音录像遗嘱　　D. 自书遗嘱
E. 代书遗嘱

解析 本题考查遗嘱的形式。选项 A、B、C、E，口头遗嘱、打印遗嘱、录音录像遗嘱、代书遗嘱应当有两个以上见证人在场见证。选项 D，自书遗嘱由遗嘱人亲笔书写，签名，注明年、月、日。

考点九 遗赠和遗赠扶养协议 ★★★

1. 遗赠

遗赠，见表 10-8。

表 10-8　遗赠

项目	内容
主体	遗赠人必须是自然人，受遗赠人可以是自然人(法定继承人以外)或非自然人(国家、集体)
性质	是一种单方民事法律行为，不需受遗赠人同意
放弃	受遗赠人应当在知道受遗赠后60日内，作出接受或者放弃受遗赠的表示；到期没有表示的，视为放弃受遗赠
生效	遗赠人死亡时

继承人是自然人。

2. 遗赠扶养协议

遗赠扶养协议，见表 10-9。

表 10-9　遗赠扶养协议

项目	内容
概念	自然人可以与继承人以外的组织或者个人签订遗赠扶养协议。按照协议，该组织或者个人承担该自然人生养死葬的义务，享有受遗赠的权利
生效	从协议成立之日起发生法律效力
优先效力	遗赠扶养协议具有优先于法定继承和遗嘱继承的效力

● **得分高手**（2024年、2023年多选）

重点考查受遗赠人。受遗赠人是非自然人或者法定继承人以外的自然人，同时注意遗赠人必须是自然人。

【例题 9·单选题】(2024 年)何某临终立下自书遗嘱，对其个人财产处理如下：将房产留给对其尽了主要赡养义务的丧偶儿媳李红，将汽车留给胞弟阿海，将存款留给养子小华，将收藏的字画留给孙子小磊。根据《民法典》

例题 8 | ABCE

规定,下列人员属于受遗赠人的是(　　)。

A. 小华　　　　　　　　B. 小磊

C. 阿海　　　　　　　　D. 李红

解析 本题考查遗赠。遗赠是给予法定继承人范围以外的人财产利益的民事法律行为。选项A、C,法定继承人包括:配偶、子女(包括婚生子女、非婚生子女、养子女和有扶养关系的继子女)、父母、兄弟姐妹、祖父母、外祖父母。选项D,丧偶儿媳对公婆、丧偶女婿对岳父母尽了主要赡养义务的,作为第一顺序继承人。

【例题10·多选题】(2023年)下列关于遗赠性质和遗赠当事人的说法中,正确的有(　　)。

A. 受遗赠人可以是法人也可以是自然人

B. 受遗赠人可以是继承人,也可以是非继承人

C. 受遗赠人在法律规定期限内未表明接受或者拒绝遗赠的,则视为接受遗赠

D. 遗赠为双方法律行为

E. 遗赠人须为自然人

解析 本题考查遗赠。选项B,作为受遗赠人的自然人必须是法定继承人以外的人。选项C,受遗赠人应当在知道受遗赠后60日内,作出接受或者放弃受遗赠的表示;到期没有表示的,视为放弃受遗赠。选项D,遗赠为单方法律行为。

考点十 遗产的处理 ★★★

(1)继承从被继承人死亡时开始,死亡是继承开始的唯一原因。

提示 相互有继承关系的数人在同一事件中死亡,难以确定死亡时间,推定没有其他继承人的人先死亡。都有其他继承人,辈份不同,推定长辈先死亡;辈份相同的,推定同时死亡,相互不发生继承。

(2)继承开始的地点一般为被继承人生前最后的住所地。被继承人生前的最后住所地与主要遗产所在地不一致的,以主要遗产所在地为继承的地点。

(3)遗产:自然人死亡时遗留的个人合法财产。

不得继承的财产:①法律规定,如居住权;②与被继承人的人身有关的具有专属性的财产权利和义务,如抚养费、赡养费或者扶养费请求权;③自然资源利用权;④宅基地、自留山、自留地的使用权;⑤土地承包经营权,但承包收益可以继承。

(4)遗产管理人的选任:①继承开始后,遗嘱执行人为遗产管理人;②没有遗嘱执行人的,继承人应当及时推选遗产管理人;③继承人未推选的,由继承人共同担任遗产管理人;④没有继承人或者继承人均放弃继承的,由被继承人生前住所地的民政部门或者村民委员会担任遗产管理人。

答案

例题9 | B

例题10 | AE

提示 对遗产管理人的确定有争议，利害关系人可以向法院(被继承人死亡时住所地或主要遗产所在地基层法院)申请指定遗产管理人。

（5）遗产管理人的职责：①清理遗产并制作遗产清单；②向继承人报告遗产情况；③采取必要措施防止遗产毁损、灭失；④处理被继承人的债权债务；⑤按照遗嘱或者依照法律规定分割遗产；⑥实施与管理遗产有关的其他必要行为。

提示 遗产管理人可以依照法律规定或者按照约定获得报酬。

（6）遗产分割：①继承人可以在继承开始后随时请求分割遗产。②应当保留胎儿的继承份额，如胎儿出生后死亡，由其继承人继承；如胎儿娩出时是死体，由被继承人的继承人继承。③主要分割方式：实物分割、变价分割、作价补偿、转为按份共有。④继承人以所得遗产实际价值为限清偿被继承人依法应当缴纳的税款和债务，继承人放弃继承的，不负清偿责任。⑤执行遗赠不得妨碍清偿遗赠人依法应当缴纳的税款和债务。⑥既有法定继承又有遗嘱继承、遗赠的，由法定继承人清偿应当缴纳的税款和债务；超过法定继承遗产实际价值部分，由遗嘱继承人和受遗赠人按比例以所得遗产清偿。⑦无人继承又无人受遗赠的遗产，归国家所有，用于公益事业；死者生前是集体所有制组织成员的，归所在集体所有制组织所有。

【例题 11·单选题】下列关于遗产归属权处理规则的说法，错误的是(　　)。

A. 遗产管理人应向继承人报告遗产情况
B. 继承人可以在继承开始后随时请求分割遗产
C. 遗产管理人应当依据遗嘱或法律规定分割遗产
D. 遗产管理人无权处理被继承人的债权债务

解析 本题考查遗产的管理。遗产管理人应当履行下列职责：①清理遗产并制作遗产清单；②向继承人报告遗产情况(选项 A)；③采取必要措施防止遗产毁损、灭失；④处理被继承人的债权债务(选项 D)；⑤按照遗嘱或者依照法律规定分割遗产(选项 C)；⑥实施与管理遗产有关的其他必要行为。选项 B，继承人可以在继承开始后随时请求分割遗产。

【例题 12·单选题】(2020 年)下列关于确定遗产管理人的说法中，正确的是(　　)。

A. 继承人均放弃继承的，由被继承人生前住所地的居委会担任遗产管理人
B. 没有继承人的，由被继承人生前工作单位担任遗产管理人
C. 对遗产管理人的确定有争议的，利害关系人可以申请被继承人生前住所地的民政部门指定
D. 没有遗嘱执行人，继承人又未推选遗产管理人的，由继承人共同担任遗产管理人

答案
例题 11 | D
例题 12 | D

解析 本题考查遗产管理人。选项 A、B，没有继承人或者继承人均放弃继承的，由被继承人生前住所地的民政部门或者村民委员会担任遗产管理人。选项 C，对遗产管理人的确定有争议的，利害关系人可以向人民法院申请指定遗产管理人。选项 D，继承开始后，遗嘱执行人为遗产管理人；没有遗嘱执行人的，继承人应当及时推选遗产管理人；继承人未推选的，由继承人共同担任遗产管理人。

同步训练

考点一 婚姻家庭法基本原则

(单选题)下列不属于婚姻家庭法基本原则的是( )。

A. 恋爱自由原则

B. 重视家庭文明建设原则

C. 男女平等原则

D. 保护妇女、未成年人、老年人和残疾人的合法权益原则

考点二 亲属制度

(单选题)下列不属于近亲属的是( )。

A. 配偶　　　B. 兄弟姐妹　　　C. 外孙子女　　　D. 儿媳

考点三 婚姻制度

1. (单选题)根据《民法典》的规定，下列关于婚姻无效案件的说法中正确的是( )。

   A. 对于婚姻无效可以以调解的方式结案

   B. 婚姻是否无效的判断，由法院或者婚姻登记机关根据法定情形予以确认

   C. 对于婚姻无效应以判决的方式结案

   D. 法院受理请求婚姻无效案件后，原告申请撤诉的，法院经审查撤诉确为原告真实意思表示后，可予准许

2. (多选题)下列关于结婚的条件中，说法正确的有( )。

   A. 男女双方完全自愿

   B. 符合一夫一妻制原则

   C. 血亲之间禁止结婚

   D. 男性不得早于22周岁，女性不得早于20周岁

   E. 五代以内的旁系血亲禁止结婚

3. (多选题)关于可撤销婚姻，下列说法正确的有( )。

   A. 有禁止结婚的亲属关系，该婚姻可撤销

B. 受胁迫结婚，夫妻双方均有权请求撤销该婚姻
C. 被撤销的婚姻，自撤销之日起没有法律约束力
D. 一方患有重大疾病，在结婚登记前未如实告知另一方的，该婚姻可撤销
E. 婚姻无效或者被撤销的，无过错方有权请求损害赔偿

4. (多选题)夫妻关系是指男女因结婚而形成的具有权利义务内容的社会关系。它包括人身关系和财产关系。下列说法中正确的有(　　)。
   A. 夫妻双方都有各自使用自己姓名的权利
   B. 夫妻同居、忠实的权利和义务
   C. 夫妻之间有相互继承遗产的权利
   D. 夫妻对未成年子女抚养、教育和保护的平等权
   E. 婚前或者婚姻关系存续期间，当事人约定将一方所有的房产赠与另一方，属于约定财产制

5. (多选题)根据《民法典》的规定，下列关于离婚婚姻的说法中，正确的有(　　)。
   A. 夫妻双方自愿离婚的，二人书面达成离婚协议，到婚姻登记机关申请离婚登记
   B. 自婚姻登记机关收到离婚登记申请之日起60日内，任何一方不愿意离婚的，可以向婚姻登记机关撤回离婚登记申请
   C. 离婚案件中，一方有重婚或者与他人同居的，法院调解无效，应准予离婚
   D. 原则上，女方在怀孕期间、分娩后1年内或者终止妊娠后6个月内，男方不得提出离婚
   E. 军人的配偶要求离婚，必须征得军人同意

6. (多选题)根据《民法典》的规定，下列关于离婚案件的受理及裁判的说法中，正确的有(　　)。
   A. 法院审理离婚案件应当先进行调解，调解无效才能判决离婚
   B. 若在起诉离婚前已经分居2年，经法院调解无效的，应当判决离婚
   C. 一方被宣告失踪，另一方提出离婚诉讼的，不应准许
   D. 法院判决离婚的，自判决书生效之日起双方婚姻关系解除
   E. 若一审法院判决不准离婚，双方在分居1年后再次提起离婚诉讼的，则法院应准予离婚

7. (多选题)根据《民法典》的规定，下列关于离婚后果的说法中，正确的有(　　)。
   A. 离婚后，不满2周岁的子女，以由母亲直接抚养为原则
   B. 子女已满6周岁的，抚养应当尊重其真实意愿
   C. 离婚后，子女由一方直接抚养的，另一方应当负担部分或者全部抚养费
   D. 子女不得向父母任何一方提出超过抚养协议的费用要求
   E. 重婚、与他人同居、实施家庭暴力和虐待、遗弃家庭成员导致离婚的，无过错方有权请求损害赔偿

8. (多选题)关于离婚时夫妻共同财产的处理，下列说法正确的有(　　)。
   A. 离婚时，夫妻共同债务应当共同偿还
   B. 夫妻对婚姻关系存续期间所得的财产约定归各自所有，夫或妻一方对外所负的

债务，以夫或者妻一方的个人财产清偿

C. 一方隐藏、转移夫妻共同财产的，对该方法院应当判决不分

D. 离婚后，发现另一方在婚姻期间有隐藏共同财产但并未分配的，一方可以请求再次分割夫妻共同财产

E. 共同财产协议处理，达不成协议，法院按照顾子女、女方和无过错方权益的原则判决

考点四 父母子女关系

(单选题)下列关于父母子女关系的表述中，不正确的是(　　)。

A. 非婚生子女享有与婚生子女同等的权利

B. 父或母向法院起诉请求否认亲子关系，并已提供必要证据，认定没有亲子关系

C. 父或母以及成年子女起诉请求确认亲子关系，并提供必要证据，另一方没有相反证据又拒绝做亲子鉴定的，认定有亲子关系

D. 婚姻关系存续期间，夫妻双方一致同意进行人工授精，所生子女应视为婚生子女

考点五 收养制度

1. (单选题)张某(女)与配偶孙某想收养一名男童。下列关于收养的说法中，正确的是(　　)。

   A. 张某与孙某必须是无子女

   B. 张某与孙某必须年满22周岁

   C. 收养人不能患有医学上认为不应当收养子女的疾病

   D. 张某与被收养男童的年龄应当相差40周岁以上

2. (单选题)下列关于特殊收养的说法中，不符合《民法典》规定的是(　　)。

   A. 收养三代以内旁系同辈血亲子女，要求无配偶者收养异性子女年龄相差40周岁以上

   B. 收养孤儿、残疾未成年人，不要求收养人无子女或者只有1名子女

   C. 继父或者继母经继子女的生父母同意，可以收养继子女，不要求年满30周岁

   D. 华侨收养三代以内旁系同辈血亲子女，不要求收养人无子女或者只有1名子女

3. (单选题)下列关于收养效力的说法中，不正确的是(　　)。

   A. 自收养关系成立之日起，养父母与养子女及其近亲属间的权利义务，适用法律关于父母子女及其近亲属关系的规定

   B. 自收养关系成立之日起，养子女与生父母以及其近亲属间的权利义务关系，因收养关系的成立而消除

   C. 养子女可以随养父或养母姓，经当事人协商一致，也可以保留原姓氏

   D. 无效的收养行为法院判决生效之日没有法律约束力

4. (单选题)下列关于收养关系解除的说法中，不正确的是(　　)。

   A. 解除收养关系的形式包括协议解除和诉讼解除

   B. 收养人在被收养人成年以前，不得解除收养关系，但是收养人、送养人双方协

议解除的除外
C. 收养关系解除后，养子女与养父母及其他近亲属间的权利义务关系即行消除
D. 收养关系解除后，养子女与其生父母及其他近亲属之间的权利义务关系自行恢复

5. (多选题)下列关于收养的说法中，符合《民法典》规定的有(　　)。
   A. 当事人协议解除收养关系的，无须办理登记
   B. 收养人在被收养人成年以后，不得解除收养关系
   C. 收养关系自收养协议生效之日起成立
   D. 有配偶者收养子女，应当夫妻共同收养
   E. 收养8周岁以上未成年人的，应当征得被收养人的同意

考点六　继承的一般规定

(多选题)下列行为中，可以引起继承权丧失的有(　　)。
   A. 甲为争夺遗产，伪造、篡改、隐匿或者销毁遗嘱
   B. 甲的母亲生前经常遭受甲的虐待，情节严重
   C. 甲在其父生前为争夺遗产而杀害其他继承人，甲在坐牢期间得到了其父的宽恕
   D. 甲因重大过失杀害被继承人乙
   E. 甲以长期辱骂、殴打等方式迫使其母亲立遗嘱将遗产全部留给自己

考点七　法定继承

(多选题)根据《民法典》的规定，下列关于法定继承的说法中，正确的有(　　)。
   A. 遗嘱继承人、受遗赠人先于遗嘱人死亡，按法定继承
   B. 无论何种情况，丧偶儿媳、丧偶女婿均可以作为第一顺序继承人
   C. 一般来说，同一顺序继承人继承遗产的份额，一般应当均等
   D. 被继承人的子女或者兄弟姐妹先于被继承人死亡的，适用转继承
   E. 继承开始后，继承人于遗产分割前死亡，并没有放弃继承的，适用代位继承

考点八　遗嘱继承

1. (多选题)根据《民法典》的规定，下列关于遗嘱继承的说法中，正确的有(　　)。
   A. 继承人、受遗赠人不能作为遗嘱见证人
   B. 法定继承人以外的人可以担任遗嘱执行人
   C. 遗嘱继承人、受遗赠人先于被继承人死亡，遗嘱不生效
   D. 公证遗嘱由遗嘱人经公证机关办理，办理时，应有两个以上见证人在场见证
   E. 受欺诈、胁迫所立的遗嘱可撤销

2. (多选题)根据《民法典》及相关司法解释的规定，下列遗嘱中，无效的有(　　)。
   A. 赵某突发心脏病，在两位同事的见证下口述了一份遗嘱
   B. 钱某在其儿子的胁迫下立下遗嘱，将名下一套住宅由其儿子继承
   C. 16周岁的孙某患白血病，订立一份自书遗嘱，将其在奥林匹克数学竞赛中的奖金留给其妹妹继承
   D. 已婚的李某谎称自己单身，表示若曹某订立遗嘱将一半的遗产给自己就和曹某

结婚。不知情的曹某订立遗嘱,称自己死后一半的遗产归李某所有

E. 退休教师周某订立自书遗嘱,自己去世后房子赠给长期照顾自己的保姆

3. (多选题)刘某有妻子儿女,为了妥善处理其死后财产,先后立有数份遗嘱,后刘某突发脑出血死亡。根据《民法典》的规定,对其遗产的处理方式的说法正确的有( )。

A. 若其数份遗嘱内容相抵触,应以公证遗嘱为准

B. 若其数份遗嘱内容相抵触,应以其最后所立遗嘱为准

C. 立遗嘱后,刘某实施与遗嘱内容相反的民事法律行为,视为撤回遗嘱

D. 对于其遗嘱中未涉及的遗产应按法定继承处理

E. 与继承人有利害关系的人不能作为遗嘱见证人

考点九 遗赠和遗赠扶养协议

1. (单选题)甲妻病故,膝下无子女,养子乙成年后常年在外地工作。甲与村委会签订遗赠扶养协议,约定甲的生养死葬由村委会负责,死后遗产归村委会所有。后甲又自书一份遗嘱,将其全部财产赠与侄子丙。甲死后,乙就甲的遗产与村委会以及丙发生争议。对此,下列说法正确的是( )。

A. 甲的遗产应归村委会所有

B. 甲所立遗嘱应予撤销

C. 村委会、乙和丙共同分割遗产,村委会可适当多分

D. 村委会和丙平分遗产,乙无权分得任何遗产

2. (多选题)下列关于遗赠的说法,正确的有( )。

A. 遗赠是一种单方民事法律行为,不需受遗赠人同意

B. 遗赠人必须是自然人,受遗赠人必须是法定继承人以外自然人

C. 受遗赠人不能直接参与遗产的分配

D. 遗赠人生前所为的遗赠行为只有到他死亡时才发生法律效力

E. 受遗赠人未在知道受遗赠后60日内,作出是否接受遗赠的表示,视为接受遗赠

3. (多选题)下列关于遗赠扶养协议与遗赠的说法中,正确的有( )。

A. 自然人可以与继承人以外的组织或者个人签订遗赠扶养协议

B. 遗赠是从遗赠人死亡之日起发生法律效力

C. 继承开始后,如果遗赠扶养协议与遗嘱有抵触,按遗嘱处理

D. 遗赠扶养协议自遗赠人死亡时发生法律效力

E. 遗赠扶养协议是生前行为和死后行为的统一

考点十 遗产的处理

(多选题)下列有关遗产处理的说法中,正确的有( )。

A. 继承开始后,遗产转归全体继承人共同共有,继承人可以随时请求分割遗产

B. 既有法定继承又有遗嘱继承、遗赠的,由遗嘱继承人清偿税款和债务

C. 没有继承人的,由被继承人生前住所地居民委员会担任遗产管理人

D. 遗产管理人有权处理被继承人的债权债务

E. 应当保留胎儿的继承份额，如胎儿出生后死亡，由被继承人的继承人继承

参考答案及解析

考点一 婚姻家庭法基本原则

A 【解析】本题考查婚姻家庭法基本原则。婚姻家庭法基本原则有：①婚姻家庭受国家保护原则；②婚姻自由原则；③一夫一妻原则；④男女平等原则；⑤保护妇女、未成年人、老年人、残疾人的合法权益原则；⑥重视家庭文明建设原则。

考点二 亲属制度

D 【解析】本题考查近亲属。近亲属包括配偶、父母、子女、兄弟姐妹、祖父母、外祖父母、孙子女、外孙子女。

考点三 婚姻制度

1. **C** 【解析】本题考查婚姻无效。选项 A、C，对婚姻效力的审理不适用调解，应当依法作出判决。选项 B，婚姻是否无效的判断，由法院根据法定情形予以确认。选项 D，法院受理请求确认婚姻无效案件后，原告申请撤诉的，不予准许。

2. **ABD** 【解析】本题考查结婚的条件。选项 C、E 直系血亲和三代以内的旁系血亲禁止结婚，并不是所有血亲之间均禁止结婚。

3. **DE** 【解析】本题考查可撤销婚姻。选项 A，有下列情形之一的，婚姻无效：①重婚；②有禁止结婚的亲属关系；③未到法定婚龄。选项 B，因胁迫结婚的，受胁迫的一方可以向人民法院请求撤销该婚姻。选项 C，被撤销的婚姻，自始没有法律约束力。选项 D，一方患有重大疾病的，应当在结婚登记前如实告知另一方；不如实告知的，另一方可以向人民法院请求撤销婚姻。选项 E，婚姻无效或者被撤销的，无过错方有权请求损害赔偿。

4. **ABCD** 【解析】本题考查夫妻人身关系。选项 E，婚前或者婚姻关系存续期间，当事人约定将一方所有的房产赠与另一方，不属于夫妻约定财产制。

5. **ACD** 【解析】本题考查协议离婚。选项 B，自婚姻登记机关收到离婚登记申请之日起 30 日内，任何一方不愿意离婚的，可以向婚姻登记机关撤回离婚登记申请。前述规定期限届满后 30 日内，双方应当亲自到婚姻登记机关申请发给离婚证；未申请的，视为撤回离婚登记申请。选项 E，现役军人的配偶要求离婚，应当征得军人同意，但军人有重大过错的除外。

6. **ADE** 【解析】本题考查诉讼离婚。选项 A，法院审理离婚案件，应当进行调解；如果感情确已破裂，调解无效，应当准予离婚。选项 B，因感情不和分居满 2 年，调解无效的，应当准予离婚。选项 C，一方被宣告失踪，另一方提出离婚诉讼的，应准予离婚。选项 D，完成离婚登记，或者离婚判决书、调解书生效，即解除婚姻关系。选项 E，经法院判决不准离婚后，双方又分居满 1 年，一方再次提起离婚诉讼的，应当准予离婚。

7. ACE 【解析】本题考查离婚后果。选项B,子女已满8周岁的,应当尊重其真实意愿。选项D,离婚后,子女由一方直接抚养的,另一方应当负担部分或者全部抚养费。负担费用的多少和期限的长短,由双方协议;协议不成的,由法院判决。上述规定的协议或者判决,不妨碍子女在必要时向父母任何一方提出超过协议或者判决原定数额的合理要求。

8. ADE 【解析】本题考查离婚时夫妻共同财产的处理。选项B,夫妻对婚姻关系存续期间所得的财产约定归各自所有,夫或妻一方对外所负的债务,相对人知道该约定的,以夫或者妻一方的个人财产清偿。选项C,夫妻一方隐藏、转移、变卖、毁损、挥霍夫妻共同财产,或伪造夫妻共同债务企图侵占另一方财产的,在离婚分割夫妻共同财产时,对该方可以(而非应当)少分或不分。

考点四 父母子女关系

B 【解析】本题考查父母子女关系。选项B,父或母向法院起诉请求否认亲子关系,并已提供必要证据,另一方没有相反证据又拒绝做亲子鉴定的,认定没有亲子关系。

考点五 收养制度

1. C 【解析】本题考查收养的条件。收养人应同时具备的条件:①无子女或者只有一名子女;②有抚养、教育和保护被收养人的能力;③未患有在医学上认为不应当收养子女的疾病;④无不利于被收养人健康成长的违法犯罪记录;⑤年满30周岁。选项D,无配偶者收养异性子女的,收养人与被收养人的年龄应当相差40周岁以上。张某有配偶,不适用该规定。

2. A 【解析】本题考查特殊收养。选项A,收养三代以内旁系同辈血亲子女,不要求无配偶者收养异性子女年龄相差40周岁以上。

3. D 【解析】本题考查收养效力。选项D,无效的收养行为自始没有法律约束力。

4. D 【解析】本题考查收养的解除。选项D,收养关系解除后,养子女与养父母及其他近亲属间的权利义务关系即行消除,与其生父母及其他近亲属之间的权利义务关系自行恢复。但是,成年养子女与生父母及其他近亲属之间的权利义务关系是否恢复,可以协商确定。

5. DE 【解析】本题考查收养。选项A,因双方协议而解除收养关系的,双方当事人应向公证机关或基层政权机关提出申请,以公证机关发给的收养关系解除的公证书或者基层政权机关(民政局)办理解除收养关系的登记为准。选项B,收养人在被收养人成年以前,原则上不得解除收养关系,但是收养人、送养人双方协议解除的除外。选项C,收养关系自登记之日起成立。选项D,收养人必须具有抚养、教育和保护被收养人的条件。有配偶者收养子女,应当夫妻共同收养。选项E,收养8周岁以上未成年人的,应当征得被收养人的同意。

考点六 继承的一般规定

BC 【解析】本题考查继承权的丧失。继承人有下列行为之一的,丧失继承权:①故意杀害被继承人;②为争夺遗产而杀害其他继承人;③遗弃被继承人,或者虐待被继承人情节严重;④伪造、篡改、隐匿或者销毁遗嘱,情节严重;⑤以欺诈、胁迫手段迫使或者妨碍被继承人设立、变更或者撤回遗嘱，情节严重。继承人有前述第③项至第⑤项行为，确有悔改表现，被继承人表示宽恕或者事后在遗嘱中将其列为继承人的，该继承人不丧失继承权。

考点七 法定继承

AC 【解析】本题考查法定继承。选项 B，对公婆、岳父母尽了主要赡养义务的丧偶儿媳、丧偶女婿可以作为第一顺序继承人。选项 D，被继承人的子女或者兄弟姐妹先于被继承人死亡的，由被继承人的子女的直系晚辈血亲(孙子女、外孙子女、曾孙子女、外曾孙子女)或者兄弟姐妹的子女代位继承。选项 E，继承开始后，继承人于遗产分割前死亡，并没有放弃继承的，该继承人应当继承的遗产转给其继承人，但是遗嘱另有安排的除外，适用转继承。

考点八 遗嘱继承

1. AB 【解析】本题考查遗嘱继承。选项 A，无民事行为能力人、限制民事行为能力人以及其他不具有见证能力的人不能作为遗嘱见证人；除此之外，继承人、受遗赠人以及与继承人、受遗赠人有利害关系的人(债权人、债务人、共同经营的合伙人)也不能作为遗嘱见证人。选项 B，遗嘱人可以在遗嘱中指定法定继承人中的一个或数个执行遗嘱，也可以指定在法定继承人以外的人执行遗嘱，还可以指定某些单位或组织充当遗嘱执行人。选项 C，遗嘱继承人、受遗赠人先于被继承人死亡，遗嘱不生效，但遗嘱另有规定的除外。选项 D，公证遗嘱无须两个以上见证人在场见证。选项 E，受欺诈、胁迫所立的遗嘱无效。

2. BCD 【解析】本题考查无效遗嘱。下列遗嘱无效：①无民事行为能力人或者限制民事行为能力人所立的遗嘱；②受胁迫、欺诈所立的遗嘱；③伪造的遗嘱；④遗嘱被篡改的，篡改的内容无效。选项 A，遗嘱人在危急情况下，可以立口头遗嘱。口头遗嘱应当有两个以上见证人在场见证。

3. BCDE 【解析】本题考查遗嘱的效力。选项 A，立有数份遗嘱，内容相抵触的，以最后的遗嘱为准。

考点九 遗赠和遗赠扶养协议

1. A 【解析】本题考查遗赠扶养协议、遗嘱的效力。继承开始后，按照法定继承办理；有遗嘱的，按照遗嘱继承或者遗赠办理；有遗赠扶养协议的，按照协议办理。据此可知，遗赠扶养协议的效力大于遗嘱或遗赠的效力，遗嘱或遗赠的效力大于法定继承。本题中，被继承人甲生前与村委会订立遗赠扶养协议，同时又有遗嘱。因此，应该按照遗赠扶养协议的约定办理。

2. ACD 【解析】本题考查遗赠。选项 B，受遗赠人可以是法定继承人以外的任何自然人，也可以是国家或者集体，但不能是法定继承人范围之内的人。选项 E，受遗赠人应当在知道受遗赠后 60 日内，作出接受或者放弃受遗赠的表示；到期没有表示的，视为放弃受遗赠。

3. ABE 【解析】本题考查遗赠扶养协议与遗赠。选项 C，继承开始后，如果遗赠扶养协议与遗嘱没有抵触，遗产分别按协议和遗嘱处理；如果有抵触，按协议处理。

选项 D，遗赠扶养协议从协议成立之日起开始发生法律效力，而遗赠是从<u>遗赠人死亡</u>之日起发生法律效力。

考点十 遗产的处理

AD 【解析】本题考查遗产的分割。选项 B，既有法定继承又有遗嘱继承、遗赠的，由法定继承人清偿税款和债务；<u>超过</u>法定继承遗产实际价值部分，由遗嘱继承人和受遗赠人按比例以所得遗产清偿。选项 C，没有继承人或者继承人均放弃继承的，由被继承人生前住所地的民政部门或者村民委员会担任遗产管理人。选项 E，应当保留胎儿的继承份额，如胎儿出生后死亡，由其继承人继承；如胎儿娩出时是死体，由被继承人的继承人继承。

亲爱的读者，你已完成本章10个考点的学习，本书知识点的学习进度已达59%。

第十一章　个人独资企业法

重要程度：非重点章节　分值：3分左右

考试风向

考情速递

本章主要内容包括个人独资企业和个人独资企业法，个人独资企业的设立、变更和终止。学习难度不大，仅要求适当熟悉。重点关注的考点包括个人独资企业的概念与特征、个人独资企业的事务管理。本章主要考查单选题和多选题。

2025年考试变化

本章变动较小。

删除：个人独资企业的营业转让。

脉络梳理

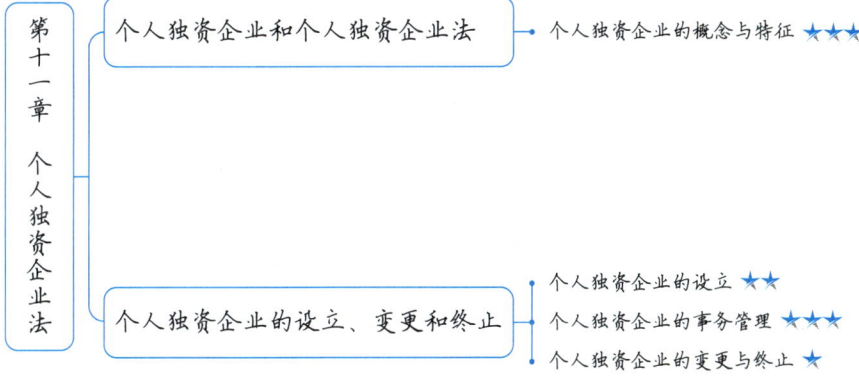

考点详解及精选例题

第一节 个人独资企业和个人独资企业法

考点一 个人独资企业的概念与特征 ★★★

(1) 概念：个人独资企业是依照《个人独资企业法》在中国境内设立，由1个自然人投资，财产为投资人个人所有，投资人以其个人财产对企业债务承担无限责任的经济组织。

> **得分高手**（2023年单选）
>
> 重点考查个人独资企业特征。重点关注个人独资企业出资人是1个中国自然人，个人财产与企业财产不分离，不具有法人资格，投资人承担无限责任。

(2) 特征：①出资人是1个自然人，且仅指中国公民；②个人财产与企业财产不分离，投资人对企业债务承担无限责任；③出资人可以自行或委托、聘任其他具有民事行为能力的人管理企业事务；④个人独资企业是一个非法人组织。

【例题1·单选题】（2023年）下列关于个人独资企业投资人的说法中正确的是(　　)。

A. 投资人的个人财产与企业财产分离
B. 投资人可以是外国公民
C. 投资人可以委托他人负责管理企业的事务
D. 投资人以家庭共有财产对企业债务承担无限责任

解析 本题考查个人独资企业的特征。选项A，个人独资企业投资人的个人财产与企业财产不分离，投资人以其个人财产对企业债务承担无限责任。选项B，个人独资企业的投资人只能是一个中国公民。选项C，个人独资企业投资人可以自行管理企业事务，也可以委托或者聘用其他具有民事行为能力的人负责管理企业的事务。选项D，当投资人申报登记的出资不足以清偿个人独资企业经营所负的债务时，投资人必须以其个人全部财产承担债务责任。

第二节 个人独资企业的设立、变更和终止

考点二 个人独资企业的设立 ★★

(1) 设立条件：①投资人为1个自然人；②有合法的企业名称；③有投

答案
例题1 | C

资人申报的出资;④有固定的生产经营场所和必要的生产经营条件;⑤有必要的从业人员。

提示 以家庭财产投资只能以1个自然人的名义投资;名称中不得使用"有限""有限责任"或"公司"字样。

(2)营业执照的签发日期,为个人独资企业成立日期。

【例题2·单选题】(2021年)根据《个人独资企业法》的规定,个人独资企业的成立日期是(   )。

A. 营业执照签发的日期
B. 提交营业执照申请设立材料的日期
C. 签收营业执照的日期
D. 出资到位日期

解析 本题考查个人独资企业的设立。选项A,个人独资企业营业执照的签发日期,为个人独资企业成立日期。

【例题3·多选题】(2019年)张某从单位辞职后,拟采取个人独资企业形式从事肉类进口业务。下列有关个人独资企业的出资、财产归属及责任承担的说法中,符合法律规定的有(   )。

A. 张某是个人独资企业财产的所有权人
B. 张某不能以家庭财产作为个人出资
C. 张某以投资到个人独资企业的财产对独资企业债务承担有限责任
D. 张某应以其个人财产对独资企业债务承担无限责任
E. 张某可以劳务出资

解析 本题考查个人独资企业的责任承担。选项A、C、D,个人独资企业,是指依照《个人独资企业法》在中国境内设立,由1个自然人投资,财产为投资人个人所有,投资人以其个人财产对企业债务承担无限责任的经营实体。选项B,个人独资企业投资人可以家庭共有财产作为个人出资。选项E,只有普通合伙人可以以劳务出资,个人独资企业投资者不能以劳务出资。

考点三 个人独资企业的事务管理 ★★★

1. 个人独资企业的权利
(1)确定企业名称和使用企业名称的权利;
(2)企业的用人权;
(3)占有、使用和处分企业财产的权利;
(4)决定个人独资企业经营管理的权利;
(5)企业依法获取经营收益的权利。

2. 个人独资企业的义务
(1)遵守法律、法规,诚实信用,不得损害社会公共利益;
(2)依法履行纳税义务;

答案
例题2 | A
例题3 | AD

(3)依法签订劳动合同,保障职工的劳动安全,按时、足额发放工资;
(4)依法设置会计账簿,进行会计核算;
(5)应当按规定参加社会保险,为职工缴纳社会保险费。

3. 事务管理

(1)投资人可以自行、委托或聘用其他具有民事行为能力的人管理;
(2)对受托人或被聘用的人员职权的限制,<u>不得对抗善意第三人</u>。

4. 投资人委托或聘用管理个人权利限制

(1)利用职务上的便利,索取或收受贿赂;
(2)利用职务或工作上的便利侵占企业财产;
(3)挪用企业资金归个人使用或借贷给他人;
(4)擅自将企业资金以个人名义或以他人名义开立账户储存;
(5)擅自以企业财产提供担保;
(6)泄露本企业的商业秘密;
(7)未经投资人同意,从事<u>与本企业相竞争</u>的业务;
(8)未经投资人同意,同本企业订立合同或进行交易;
(9)未经投资人同意,擅自将企业商标或其他知识产权转让给他人使用。

(7)~(9)相对禁止。

【例题4·单选题】(2020年)下列关于个人独资企业出资、权限和事务管理的说法中,正确的是( )。

A. 个人独资企业出资人可以自行管理个人独资企业事务
B. 个人独资企业出资人可以以劳务出资
C. 个人独资企业出资人对受聘人员职权的限制,可以对抗第三人
D. 个人独资企业的名称中可以使用"有限"字样

解析 本题考查个人独资企业出资、权限和事务管理。选项A、C,个人独资企业投资人可以自行管理企业事务,也可以委托或者聘用其他具有民事行为能力的人负责企业的事务管理。投资人对受托人或者被聘用的人员职权的限制,不得对抗善意第三人。选项B,个人独资企业出资人不得以劳务出资。选项D,个人独资企业的名称中不得使用"有限""有限责任"或者"公司"字样。

考点四 个人独资企业的变更与终止 ★

个人独资企业的变更与终止,见表11-1。

表11-1 个人独资企业的变更与终止

项目	内容
变更	存续期间登记事项发生变更的,应当办理变更登记
解散情形 	(1)投资人决定解散; (2)投资人死亡或被宣告死亡,无继承人或继承人决定放弃继承; (3)被依法吊销营业执照

不包括投资人丧失民事行为能力。

答案
例题4 | A

(续表)

项目	内容
清算人	投资人自行清算或债权人申请法院指定清算人
通知公告	自行清算前15日内书面通知债权人，无法通知应公告。债权人接到通知30日内，未接到通知在公告之日起60日内，申报债权
活动限制	清算期间，不得开展与清算目的无关的经营活动
清偿顺序	(1)所欠职工工资和社会保险费用； (2)所欠税款； (3)其他债务
解散后债务承担	原投资人对企业存续期间的债务仍应承担偿还责任，但债权人5年内未向债务人提出偿债请求，该责任消灭
注销登记	清算结束后，投资人或者法院指定的清算人应当编制清算报告，并于15日内办理注销登记

【例题5·多选题】根据《个人独资企业法》的规定，下列情形中导致个人独资企业应当解散的有(　　)。

A．投资人决定解散

B．投资人丧失行为能力

C．投资人死亡且无继承人

D．投资人被宣告死亡且其继承人放弃继承

E．被依法吊销营业执照

解析 ↘ 本题考查个人独资企业的解散。选项A、C、D、E，个人独资企业有下列情形之一时，应当解散：①投资人决定解散；②投资人死亡或者被宣告死亡，无继承人或者继承人决定放弃继承；③被依法吊销营业执照；④法律、行政法规规定的其他情形。

答案 ↘

例题5 | ACDE

扫我做试题

同步训练

考点一 个人独资企业的概念与特征——考点二 个人独资企业的设立

1．(单选题)下列关于个人独资企业的说法中正确的是(　　)。

A．出资人是1个自然人，可以是中国公民或者外国人

B．个人财产与企业财产分离，投资人对企业债务承担有限责任

C．出资人可以自行或委托、聘任其他具有民事行为能力的人管理企业事务

D．个人独资企业能独立承担民事责任，具有法人资格

2. (单选题)下列关于个人独资企业设立的说法中不正确的是( )。

A. 有合法的企业名称和有投资人申报的出资

B. 有固定的生产经营场所和必要的生产经营条件

C. 以家庭财产投资只能以1个自然人的名义投资

D. 营业执照的收到日期，为个人独资企业成立日期

3. (单选题)下列各项表述中，符合《个人独资企业法》规定的是( )。

A. 个人独资企业不是独立的民事主体，也不能独立承担民事责任

B. 投资人可以用个人所有的货币、土地使用权和劳务出资

C. 企业的名称可以使用"工厂"等字样，但不能使用"公司"字样

D. 个人独资企业的投资人可以是自然人、法人或者其他组织

考点三 个人独资企业的事务管理——考点四 个人独资企业的变更与终止

1. (单选题)林木森工作室是小李投资的个人独资企业。根据个人独资企业法律制度的规定，下列说法中正确的是( )。

A. 如小李决定解散企业，则在解散后第4年，小李对企业存续期间的债务，仍应承担偿还责任

B. 如小李决定解散，则须由债权人申请法院指定清算人进行清算

C. 如小李日后想扩大经营，只能设立新的个人独资企业，不能设立该个人独资企业的分支机构

D. 如小李死亡，则该个人独资企业必须解散

2. (多选题)赵某因出国留学将自己的个人独资企业委托王某管理，并授权王某在5万元以内的开支和50万元以内的交易可自行决定。假设第三人对此授权不知情，则王某在受托期间实施的下列行为中，属于法律禁止或无效的有( )。

A. 未经赵某同意与某公司签订交易额为100万元的合同

B. 未经赵某同意将自己的房屋以1万元出售给本企业

C. 未经赵某同意向某电视台支付广告费10万元

D. 未经赵某同意将企业的商标有偿转让

E. 未经赵某同意从事与本企业相竞争的业务

参考答案及解析

考点一 个人独资企业的概念与特征——考点二 个人独资企业的设立

1. C 【解析】本题考查个人独资企业。选项A，出资人是1个自然人，仅指中国公民。选项B，个人财产与企业财产不分离，投资人对企业债务承担无限责任。选项D，个人独资企业不能独立承担民事责任，不具有法人资格，是一个非法人组织。

2. D 【解析】本题考查个人独资企业设立。选项D，营业执照的签发日期，为个人独资企业成立日期。

3. C 【解析】本题考查个人独资企业的设立。选项 A，个人独资企业是独立的民事主体，但不能独立承担民事责任。选项 B，劳务是普通合伙人特有的出资方式，个人独资企业中的投资人不能以劳务作为出资方式。选项 D，个人独资企业的投资人只能是自然人。

考点三 个人独资企业的事务管理——考点四 个人独资企业的变更与终止

1. A 【解析】本题考查个人独资企业的变更与终止。选项 A，个人独资企业解散后，原投资人对个人独资企业存续期间的债务仍应承担偿还责任，但债权人在 5 年内未向债务人提出偿债请求的，该责任消灭。选项 B，个人独资企业解散，由投资人自行清算或者由债权人申请法院指定清算人进行清算。选项 C，个人独资企业可以设立分支机构。选项 D，投资人死亡或者被宣告死亡，如果无继承人或者继承人决定放弃继承的，个人独资企业解散；在本题中，小李死亡，其继承人如果决定继承，个人独资企业可以继续存续。

2. BDE 【解析】本题考查个人独资企业的事务管理。选项 A、C，涉及的行为有效，投资人对受托人职权的限制，不得对抗善意第三人。选项 B、D、E，未经投资人同意，受托人不得同本企业进行交易、将企业商标转让或者从事与本企业相竞争的业务。

亲爱的读者，你已完成本章4个考点的学习，本书知识点的学习进度已达60%。

第十二章 合伙企业法

重要程度：次重点章节　分值：5分左右

考试风向

▰▰▰ 考情速递

本章主要内容包括合伙企业法基础、普通合伙企业和有限合伙企业，学习难度不大，要求适当记忆。重点关注的考点包括合伙企业事务执行，入伙、退伙，有限合伙企业的设立和有限合伙企业的事务执行。本章主要考查单选题、多选题和综合分析题。

▰▰▰ 2025年考试变化

本章无实质性变化。

▰▰▰ 脉络梳理

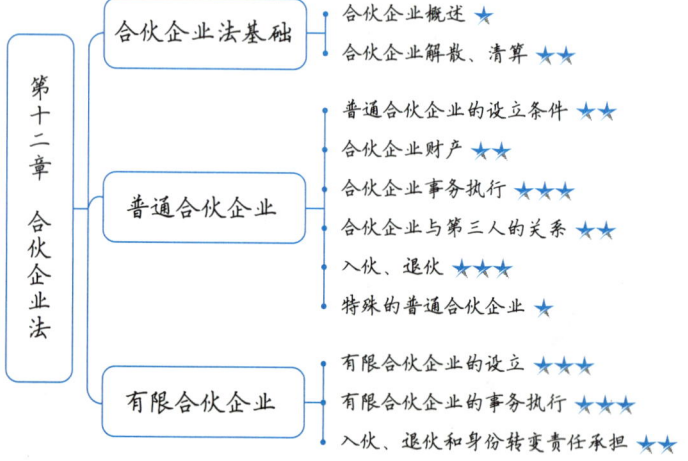

考点详解及精选例题

第一节 合伙企业法基础

考点一 合伙企业概述 ★

1. 合伙企业概念

合伙企业是指由合伙人订立合伙协议共同出资、共担风险、共享经济收益、对合伙企业债务依法承担责任的经营性组织。

2. 特征

(1) 全体合伙人订立书面合伙协议,合伙人可以是自然人、法人或其他组织。

(2) 合伙人共同出资、共担风险、共享经营收益、合伙经营。

(3) 合伙企业是营利性经济组织,属于商事合伙;不具有法人资格;具有人合的团体性;组织形式的持续存在性。

(4) 普通合伙人对合伙企业债务承担无限连带责任。

3. 法律地位

以自己的名义独立从事经营活动,具有享受权利承担义务的资格。

4. 分类

(1) 普通合伙企业由普通合伙人组成,合伙人对合伙企业债务承担无限连带责任。

(2) 有限合伙企业由普通合伙人和有限合伙人组成,普通合伙人对合伙企业债务承担无限连带责任,有限合伙人以其认缴的出资额为限对合伙企业债务承担责任。

考点二 合伙企业解散、清算 ★★ 一学多考|中注

1. 解散情形

包括:①合伙期限届满,合伙人决定不再经营;②合伙协议约定的解散事由出现;③全体合伙人决定解散;④合伙人已不具备法定人数满30天;⑤合伙协议约定的合伙目的已经实现或无法实现;⑥依法被吊销营业执照、责令关闭或被撤销;⑦法律、行政法规规定的其他原因。

2. 清算

(1) 清算人由全体合伙人担任;经全体合伙人过半数同意,可以自解散事由出现后15日内指定1个或数个合伙人,或委托第三人,担任清算人。自解散事由出现15日内未确定清算人,合伙人或其他利害关系人可以申请法院指定清算人。

提示 清算期间，企业存续，不得开展与清算无关的经营活动。

（2）债权申报：清算人自被确定之日起 10 日内将解散事项通知债权人，60 日内在报纸上公告。债权人应当自接到通知书之日起 30 日内，未接到通知书的自公告之日起 45 日内，向清算人申报债权。

（3）财产分配：清算费用→职工工资、社会保险费用、法定补偿金→缴纳所欠税款→清偿债务→分配剩余财产。

（4）注销：合伙企业注销后，原普通合伙人对合伙企业存续期间的债务仍应承担无限连带责任。

【例题 1·单选题】（2020 年）下列关于合伙企业解散的说法中，正确的是（　　）。

A. 合伙企业解散应得到 2/3 以上合伙人同意

B. 合伙企业的合伙人数已不具备法定人数满 10 天的，合伙企业应当解散

C. 合伙企业解散的事由包括任意解散事由和强制解散事由两类

D. 合伙企业经营亏损的，合伙人不得通过协议解散合伙企业

解析 本题考查合伙企业的解散。选项 A，合伙企业全体合伙人决定解散，应当解散。选项 B，合伙企业合伙人已不具备法定人数满 30 天，应当解散。选项 C，合伙企业解散的事由，是指致使合伙企业解散的法律事实，包括任意解散事由和强制解散事由两类。选项 D，合伙企业经营亏损，合伙人可以协商一致解散合伙企业。

第二节 普通合伙企业

考点三 普通合伙企业的设立条件 ★★ 一学多考|申注

普通合伙企业的设立条件，见表 12-1。

表 12-1 普通合伙企业的设立条件

条件		具体规定
有符合规定的合伙人	人数	2 个以上的普通合伙人
	资格	可以是具有完全民事行为能力的自然人、法人或其他组织。 **提示** 国有独资公司、国有企业、上市公司以及公益性的事业单位、社会团体**不得**成为普通合伙人
签订书面合伙协议	订立	全体合伙人协商一致，以书面形式订立
	生效	经全体合伙人签名、盖章后生效
	修改、补充	全体合伙人一致同意，合伙协议另有约定的除外

答案
例题 1 | C

(续表)

条件	具体规定		
有符合规定的出资	出资方式	认缴、实缴	
	出资形式	(1)合伙人可以用货币、实物、知识产权、土地使用权或者其他财产权利出资。 (2)普通合伙人可以用劳务出资(有限合伙人不可以)	
	评估	劳务出资	全体合伙人协商确定,并在合伙协议中载明
		其他非货币出资	全体合伙人协商确定或全体合伙人委托法定评估机构评估
有合伙企业的名称、生产经营场所和法律、行政法规规定的其他条件	普通合伙企业	名称中应当标明"普通合伙"字样	
	特殊的普通合伙企业	名称中应当标明"特殊普通合伙"字样	
	有限合伙企业	名称中应当标明"有限合伙"字样	

【例题2·单选题】 下列关于普通合伙企业的说法中,正确的是( )。

A. 普通合伙企业的设立只能由2个以上的自然人组成
B. 普通合伙企业的合伙人只能是法人或者其他组织,但国有企业、上市公司均不得成为普通合伙人
C. 设立普通合伙企业,合伙人应当签订书面合伙协议
D. 普通合伙企业的合伙人不得以劳务作为出资

解析 本题考查普通合伙企业的设立。选项A、B,普通合伙企业可以由自然人组成,也可以由法人或其他组织组成,但需要有2个以上合伙人,且国有独资公司、国有企业、上市公司以及公益性的事业单位、社会团体不得成为普通合伙人。选项D,普通合伙企业的合伙人可以用劳务出资。

考点四 合伙企业财产 ★★ 一学多考|中注

1. 构成

全体合伙人的出资、合伙企业的收益以及依法取得的其他财产(如合法接受赠与的财产)。

提示 合伙企业财产独立于合伙人的个人财产,合伙人不能直接支配合伙企业财产。

2. 分割

除《合伙企业法》另有规定外,合伙人在合伙企业清算前,不得请求分割合伙企业的财产。

合伙人在合伙企业清算前私自转移或处分合伙企业财产,不得对抗善意

答案
例题2|C

第三人。

3. 合伙企业份额转让

合伙企业份额转让，见表12-2。

表12-2 合伙企业份额转让

项目	内容
对外	(1)除合伙协议另有约定外，经其他合伙人一致同意(约定→一致同意)。 (2)在同等条件下，其他合伙人有优先购买权，但合伙协议另有约定的除外
对内	应通知其他合伙人

4. 份额出质

经其他合伙人一致同意，否则，其出质行为无效，给善意第三人造成损失，行为人承担赔偿责任。

【例题3·单选题】(2021年)根据《合伙企业法》的规定，除合伙协议另有约定外，合伙人向合伙人以外的人转让财产份额，需要(　　)。

A. 2/3以上合伙人同意　　B. 1/2以上合伙人同意

C. 其他合伙人一致同意　　D. 过半数合伙人同意

解析 本题考查合伙企业财产份额转让。本题中，未明确指明是有限合伙人，还是普通合伙人，一般按普通合伙人处理。除合伙协议另有约定外，普通合伙人向合伙人以外的人转让其在合伙企业中的全部或者部分财产份额时，须经其他合伙人一致同意。

【例题4·单选题】(2019年)根据《合伙企业法》的规定，下列有关普通合伙企业财产、财产份额转让以及出质的说法中，正确的是(　　)。

A. 合伙企业的原始财产是指以合伙企业名义依法取得的全部收益

B. 合伙人之间转让在合伙企业中的财产份额，须经其他合伙人同意

C. 合伙人以其在合伙企业中的财产份额出质的，须经其他合伙人一致同意

D. 合伙人向合伙人以外的人转让其在合伙企业中的财产份额的，应当通知其他合伙人

解析 本题考查合伙企业财产。选项A，原始财产是指全体合伙人的出资。选项B，合伙人之间转让在合伙企业中的全部或者部分财产份额时，应当通知其他合伙人。选项C，合伙人以其在合伙企业中的财产份额出质的，须经其他合伙人一致同意；未经其他合伙人一致同意，其行为无效，由此给善意第三人造成损失的，由行为人依法承担赔偿责任。选项D，除合伙协议另有约定外，合伙人向合伙人以外的人转让其在合伙企业中的全部或者部分财产份额时，须经其他合伙人一致同意；合伙人之间转让在合伙企业中的全部或部分财产份额时，应当通知其他合伙人。

答案

例题3 | C

例题4 | C

考点五 合伙企业事务执行 ★★★ 一学多考|中注

1. 执行方式

(1) 全体合伙人共同执行,享有同等权利。

(2) 按合伙协议约定或经全体合伙人决定,可以委托 1 个或数个合伙人对外代表合伙企业,执行合伙事务,其他合伙人不再执行。

提示 作为合伙人的法人、其他组织执行合伙事务的,由其委派的代表执行。

2. 权利

(1) 普通合伙人在合伙企业中具有平等的管理权、经营权、表决权、监督权和代表权。

(2) 执行合伙事务的合伙人对外代表合伙企业。

(3) 不执行合伙事务的合伙人的监督权利。

(4) (所有)合伙人查阅企业会计账簿等财务资料的权利。

(5) 合伙人有提出异议的权利和撤销委托的权利。执行事务合伙人可以对其他合伙人执行的事务提出异议。

3. 义务

(1) 合伙事务执行人向不参加执行事务的合伙人报告企业经营状况和财务状况。

(2) 合伙人不得自营或者同他人合作经营与本合伙企业相竞争的业务(同业绝对禁止)。

(3) 合伙人不得同本合伙企业进行交易,合伙协议另有约定或经全体合伙人一致同意除外(自己交易相对禁止)。

(4) 合伙人不得从事损害合伙企业利益的活动。

4. 决议表决

决议表决,见表 12-3。

表 12-3 决议表决

项目	内容
一般事项	按合伙协议约定→一人一票经全体合伙人过半数通过(>1/2)。 **提示** 合伙企业法另有规定,从其规定
特殊事项	除合伙协议另有约定外,下列事项应经全体合伙人一致同意: (1) 改变合伙企业的名称; (2) 改变合伙企业的经营范围、主要经营场所的地点; (3) 处分合伙企业的不动产; (4) 转让或者处分合伙企业的知识产权和其他财产权利; (5) 以合伙企业名义为他人提供担保; (6) 聘任合伙人以外的人担任合伙企业的经营管理人员

记忆口诀 不动产、知识产权、名称、范围、场所、聘外人、担保(谐音:不知名反常拼单)。

5. 损益分配

约定→协商→实缴出资比例→平分。

提示 合伙协议不得约定将全部利润分配给部分合伙人(有限合伙允许)或者由部分合伙人承担全部亏损(绝对性禁止)。

【例题5·单选题】(2021年)根据《合伙企业法》的规定，在合伙协议没有另外约定的情形下，下列关于执行合伙事务合伙人的权利义务的说法中，正确的是( )。

A. 可以与本企业进行交易

B. 可以作为企业的法定代表人对外开展业务

C. 向其他合伙人报告合伙企业财务状况

D. 法人合伙人执行合伙事务的，须由其法定代表人执行

解析 本题考查普通合伙人执行合伙事务。选项A，普通合伙人执行合伙事务。除合伙协议另有约定或者经全体合伙人一致同意外，普通合伙人不得同本合伙企业进行交易。选项B，合伙企业没有法定代表人。选项C，合伙企业由1个或者数个合伙人执行合伙事务的，执行事务合伙人应当定期向其他合伙人报告事务执行情况以及合伙企业的经营和财务状况。选项D，作为合伙人的法人、其他组织执行合伙事务的，由其委派的代表执行。

【例题6·多选题】(2019年)根据《合伙企业法》的规定，下列有关普通合伙企业合伙事务执行的说法中，正确的有( )。

A. 不执行合伙事务的合伙人有权对执行合伙事务的合伙人执行合伙事务情况进行监督

B. 经全体合伙人决定，可以委托1个或者数个合伙人对外代表合伙企业执行合伙事务

C. 执行合伙事务的合伙人必须是自然人

D. 作为合伙人的法人、其他组织不能对外代表合伙企业执行合伙事务

E. 执行合伙事务的合伙人应当定期向其他合伙人报告事务执行情况

解析 本题考查合伙事务执行。选项C、D，作为合伙人的法人、其他组织执行合伙事务的，由其委派的代表执行。

考点六 合伙企业与第三人的关系 ★★

1. 对外代表权限制

合伙企业对合伙人执行合伙事务以及对外代表合伙企业权利的限制，不得对抗善意第三人。

2. 企业债务清偿

企业财产→合伙人无限连带→合伙人之间分担和追偿。

3. 合伙人债务的清偿

(1)合伙人发生与合伙企业无关的债务，相关债权人不得以其债权抵销

答案

例题5 | C
例题6 | ABE

其对合伙企业的债务；也不得代位行使合伙人在合伙企业中的权利。

（2）合伙人的自有财产不足清偿的，可以以其从合伙企业中分取的收益清偿；债权人可以请求法院强制执行该合伙人在合伙企业中的财产份额用于清偿。

（3）法院强制执行合伙人的财产份额时，应当通知全体合伙人，其他合伙人有优先购买权；其他合伙人未购买，又不同意转让给他人的，应为该合伙人办理退伙结算或削减份额。

> 记忆口诀
> 公私分明，不得抵销，不得代位。

【例题7·单选题】甲为某普通合伙企业的执行事务合伙人，该合伙企业对甲执行合伙事务的权利作了一定限制。某日，甲超越权限代表合伙企业与乙公司签订1份房屋租赁合同，乙公司对甲超越权限并不知情。根据合伙企业法律制度规定，该合同的效力应为(   )。

A. 有效
B. 无效
C. 可撤销
D. 效力待定

解析 本题考查合伙企业与第三人的关系。题目中，甲是合伙企业事务执行人，合伙企业对合伙人执行合伙事务以及对外代表合伙企业权利的限制，不能对抗善意第三人乙公司。因此，该合同有效。

考点七 入伙、退伙 ★★★ 一学多考｜中注

1. 入伙

除合伙协议另有约定外，应当经全体合伙人一致同意，并依法订立书面入伙协议；原合伙人有义务告知合伙企业财务状况。新合伙人对入伙前合伙企业的债务承担无限连带责任。入伙协议另有约定的，从其约定。

2. 退伙

退伙，见表12-4。

表12-4 退伙

项目	内容
协议退伙	合伙协议约定合伙期限的，合伙企业存续期间，有下列情形之一的，合伙人可以退伙：①合伙协议约定的退伙事由出现；②经全体合伙人一致同意；③发生合伙人难以继续参加合伙的事由；④其他合伙人严重违反合伙协议约定的义务
	合伙协议未约定合伙期限的，合伙人在不给合伙企业事务执行造成不利影响的情况下，可以退伙，但应当提前30日通知其他合伙人
声明退伙	—

答案
例题7｜A

(续表)

项目	内容
当然退伙 （法定退伙）	(1)作为合伙人的自然人死亡或者被依法宣告死亡； (2)个人丧失偿债能力（有限合伙人除外）； (3)作为合伙人的法人或者其他组织依法被吊销营业执照、责令关闭、撤销，或者被宣告破产； (4)法律规定或者合伙协议约定合伙人必须具有相关资格而丧失该资格； (5)合伙人在合伙企业中的全部财产份额被法院强制执行。 **提示1** 退伙事由实际发生之日为退伙生效日。 **提示2** 普通合伙人被依法认定为无民事或限制民事行为能力人，经其他合伙人一致同意，可以转为有限合伙人，普通合伙企业转为有限合伙企业
除名退伙	合伙人有下列情形之一，经其他合伙人一致同意，可以决议将其除名：①未履行出资义务；②因故意或者重大过失给合伙企业造成损失；③执行合伙事务时有不正当行为；④发生合伙协议约定的事由。 **提示** 被除名人接到通知之日除名生效，有异议可以起诉

记忆口诀
死了、傻了、没证了、没钱了。

记忆口诀
主要人品问题（不出钱、故意破坏、不正当行为）。

3．退伙结算

（1）按退伙时企业财产状况结算。

（2）退还办法由合伙协议约定或全体合伙人决定，可以退还货币、实物。

（3）退伙人对退伙前企业债务，承担无限连带责任。

4．继承

（1）资格继承：合伙人死亡或被依法宣告死亡，按合伙协议约定或经全体合伙人一致同意，继承人可以取得合伙人资格。

（2）财产继承。

有下列情形之一的，合伙企业应当向合伙人的继承人退还被继承合伙人的财产份额：①继承人不愿意成为合伙人；②法律规定或合伙协议约定合伙人必须具有相关资格，而该继承人未取得该资格；③合伙协议约定不能成为合伙人的其他情形。

提示 普通合伙人身份不能直接继承，财产可以直接继承。

● **得分高手**（2024年、2023年单选；2020年多选）

重点考查入伙的责任承担和退伙情形。新入伙的普通合伙人对入伙前合伙企业的债务承担无限责任。当然退伙主要原因是外在客观原因不得不退伙，除名退伙主要原因是内部合伙人主观原因。

【例题8·单选题】（2024年）李可云是晟海机械厂（普通合伙企业）的新合伙人，入伙协议中约定："李可云对入伙前的合伙企业债务不承担责任。"下列关于李可云对其入伙前合伙企业债务承担及入伙协议约定效力的说法中，符合法律规定的是（　　）。

A. 李可云对入伙前的合伙企业债务承担有限责任
B. 该入伙协议约定不得对抗合伙企业的善意债权人
C. 李可云对入伙前的合伙企业债务承担按份责任
D. 李可云对入伙前的合伙企业债务不承担责任

解析 本题考查普通合伙企业中的合伙人入伙。入伙的新合伙人与原合伙人享有同等权利，承担同等责任。入伙协议另有约定的，从其约定。新合伙人对入伙前合伙企业的债务承担无限连带责任。即使入伙协议中约定新合伙人对合伙前合伙企业债务不承担责任，也不能对抗合伙企业的债权人。在这种情况下，新合伙人应当向合伙企业的债权人清偿债务，但在清偿后有权依据入伙协议的约定向其他合伙人追偿。

【例题9·单选题】（2023年）除有特别约定外，下列关于合伙企业入伙的说法中，正确的是（　　）。
A. 新合伙人对入伙前的合伙企业债务不承担责任
B. 新合伙人与原合伙人在合伙企业中地位不同
C. 原合伙人有义务告知新合伙人合伙企业财务状况
D. 新合伙人入伙应经合伙企业2/3以上合伙人同意

解析 本题考查入伙。选项A，新普通合伙人对入伙前合伙企业的债务承担无限连带责任。选项B，普通合伙企业中，入伙的新合伙人与原合伙人享有同等权利，承担同等责任。入伙协议另有约定的，从其约定。选项C，订立入伙协议时，原合伙人应当向新合伙人如实告知原合伙企业的经营状况和财务状况。选项D，新合伙人入伙，除合伙协议另有约定外，应当经全体合伙人一致同意，并依法订立书面入伙协议。

【例题10·多选题】（2020年）根据《合伙企业法》的规定，可能导致合伙人被除名的事由有（　　）。
A. 因重大过失给合伙企业造成损失
B. 执行合伙事务时有不正当行为
C. 未履行出资义务
D. 合伙人个人丧失对外偿债能力
E. 因故意给合伙企业造成损失

解析 本题考查除名退伙。合伙人有下列情形之一的，经其他合伙人一致同意，可以决议将其除名：①未履行出资义务；②因故意或者重大过失给合伙企业造成损失；③执行合伙事务时有不正当行为；④发生合伙协议约定的事由。选项D属于普通合伙人当然退伙的事由。

考点八 特殊的普通合伙企业 ★ 一学多考｜中注

1. 概念

又称有限责任合伙，是指以专业知识和专门技能为客户提供有偿服务的

答案
例题8｜B
例题9｜C
例题10｜ABCE

专业机构性质的合伙企业,如律师事务所、会计师事务所、税务师事务所等。名称中应当标明"特殊普通合伙"字样。

2. 责任承担和风险防范

责任承担和风险防范,见表 12-5。

表 12-5 责任承担和风险防范

项目		具体内容
责任承担	因故意或重大过失造成合伙企业债务	该合伙人承担无限责任或者无限连带责任
		其他合伙人以其在合伙企业中的财产份额为限承担责任
	非因故意或重大过失造成的合伙企业债务	全体合伙人承担无限连带责任
风险防范	特殊的普通合伙企业应当建立执业风险基金、办理职业保险	
	执业风险基金用于偿付合伙人执业活动造成的债务,应当单独立户管理	

第三节 有限合伙企业

考点九 有限合伙企业的设立 ★★★ 一学多考|中注

(1)有限合伙企业合伙人,见表 12-6。

表 12-6 有限合伙企业合伙人

项目	内容
人数	2 个以上 50 个以下合伙人设立,法律另有规定的除外
组成	有限合伙企业至少应当有 1 个普通合伙人。 **提示** 有限合伙企业仅剩有限合伙人,应当解散;有限合伙企业仅剩普通合伙人,应当转为普通合伙企业
资格	自然人、法人和其他组织可以设立有限合伙企业。 **提示** 国有独资公司、国有企业、上市公司以及公益性的事业单位、社会团体不得成为普通合伙人,可以成为有限合伙人

(2)出资。有限合伙人应当按照合伙协议的约定按期足额缴纳出资;未按期足额缴纳的,应当承担补缴义务,并对其他合伙人承担违约责任。有限合伙人可以用货币、实物、知识产权、土地使用权或者其他财产权利作价出资,不得以劳务出资。

(3)有限合伙企业名称中应当标明"有限合伙"字样。

● **得分高手**(2024 年、2023 年多选)

重点考查有限合伙人的出资。有限合伙人不得以劳务出资,普通合伙人可以用劳务出资。

【例题 11·多选题】（2024 年）有限合伙人可以采用的出资方式包括(　　)。
A. 知识产权
B. 货币
C. 劳务
D. 土地所有权
E. 实物

解析 ↘ 本题考查有限合伙人的出资。有限合伙人可以用货币、实物、知识产权、土地使用权(而非土地所有权)或者其他财产权利作价出资。有限合伙人不得以劳务出资。

【例题 12·多选题】（2023 年）下列关于有限合伙企业说法正确的有(　　)。
A. 法人与其他组织可以成立有限合伙企业
B. 为实现实验教学，公立学校可以成为有限合伙企业的普通合伙人
C. 有限合伙人可以以实物作价出资
D. 有限合伙人可以认缴出资
E. 有限合伙人不得以劳务出资

解析 ↘ 本题考查有限合伙企业。选项 A，有限合伙企业的合伙人可以是自然人、法人或其他组织。选项 B，国有独资公司、国有企业、上市公司以及公益性的事业单位、社会团体不得成为普通合伙人。选项 C，有限合伙人可以用货币、实物、知识产权、土地使用权或者其他财产权利作价出资。选项 D，有限合伙企业设立需要有合伙人认缴或者实际缴付的出资。选项 E，有限合伙企业中的普通合伙人可以劳务出资，有限合伙人不能以劳务出资。

考点十　有限合伙企业的事务执行 ★★★　一学多考｜中注

1. 事务执行

普通合伙人执行合伙事务，有限合伙人不执行合伙事务，不得对外代表有限合伙企业。

表见代表：第三人有理由相信有限合伙人为普通合伙人并与其交易的，该有限合伙人对该笔交易承担与普通合伙人同样的责任。

2. 不视为执行合伙事务

有限合伙人的下列行为，不视为执行合伙事务：①参与决定普通合伙人入伙、退伙；②对企业的经营管理提出建议；③参与选择承办有限合伙企业审计业务的会计师事务所；④为了解和监督有限合伙企业的经营和财务状况，有权获取经审计的财务会计报告，对涉及自身利益的情况，查阅有限合伙企业财务会计账簿等财务资料；⑤在有限合伙企业中的利益受到侵害时，向有责任的合伙人主张权利或者提起诉讼；⑥执行事务合伙人怠于行使权利时，督促其行使权利或者为了本企业的利益以自己的名义提起诉讼；⑦依法为本企业提供担保；⑧可以同本有限合伙企业进行交易，有约定除外(可以

记忆 口诀
有限合伙人类似"非亲生"，不当家作主，不代表家庭，但可以自己交易、建议、会计资料和事务所、诉讼、参与退伙、入伙、经营同业（谐音：自建快速火警）。

答案 ↘
例题 11｜ABE
例题 12｜ACDE

自己交易);⑨可以自营或同他人合作经营与本有限合伙企业相竞争的业务,有约定除外(可以经营同业)。

3. 损益分配

有限合伙企业不得将全部利润分配给部分合伙人,合伙协议另有约定的除外。

【例题13·单选题】(2024年)下列关于有限合伙企业出资构成、事务执行以及债务承担的说法中,正确的是( )。

A. 合伙人均对合伙企业承担有限责任
B. 有限合伙人不参与合伙事务管理,不得对外代表有限合伙企业
C. 有限合伙企业中普通合伙人不得少于2人
D. 合伙企业事务由全体合伙人执行

解析 本题考查有限合伙企业。选项A,有限合伙人对合伙企业承担有限责任,普通合伙人对合伙企业承担无限连带责任。选项C,有限合伙企业中普通合伙人不得少于1人。选项D,合伙企业事务由普通合伙人执行。

【例题14·单选题】(2022年)根据《合伙企业法》的规定,下列关于有限合伙人权利和义务的说法中,正确的是( )。

A. 有限合伙人不得以知识产权出资
B. 有限合伙人不享有对普通合伙人入伙和退伙的表决权
C. 有限合伙人在对外交往中可以代表合伙企业
D. 有限合伙人不参与合伙事务的管理

解析 本题考查有限合伙人的权利、义务。选项A,有限合伙人可以用货币、实物、知识产权、土地使用权或者其他财产权利作价出资。选项B,有限合伙人参与决定普通合伙人入伙、退伙,不视为执行合伙事务。选项C,有限合伙人不执行合伙事务,不得对外代表有限合伙企业。

4. 有限合伙企业的关联交易、竞业禁止、出质与转让

有限合伙企业的关联交易、竞业禁止、出质与转让,见表12-7。

表12-7 有限合伙企业的关联交易、竞业禁止、出质与转让

事项	有限合伙人	普通合伙人
关联交易	可以同本企业进行交易;有约定的除外(先约定,无约定可以)	不得同本企业进行交易,有约定或全体合伙人一致同意除外(先约定或同意,否则不得)
竞业禁止	可以自营或同他人合作经营与本企业相竞争的义务;有约定的除外(先约定,无约定可以)	不得自营或同他人合作经营与本企业相竞争的业务(绝对禁止)
出质	可以将其财产份额出质;有约定的除外(先约定,无约定可以)	财产份额出质,须经其他合伙人一致同意(必须一致同意)

有限合伙人类似"非亲生",一般可以同本企业交易,可以经营同业,可以出质,转让份额只需通知;普通合伙人类似亲生,不得同企业交易,不可经营同业,一致同意才能出质和转让份额。非亲生管理宽松,亲生管理严格。

答案
例题13 | B
例题14 | D

(续表)

事项	有限合伙人	普通合伙人
对外转让	可以向外人转让其财产份额，应提前30日通知其他合伙人，其他合伙人有优先购买权（对外转让需通知）	除另有约定外，向外人转让财产份额，须经其他合伙人一致同意，其他合伙人有优先购买权（对外转让需一致同意）

提示 两类合伙人对内转让其财产份额，应当通知其他合伙人

【例题15·单选题】李某为甲有限合伙企业的有限合伙人，合伙协议未就合伙人权利义务作特别约定。下列关于李某权利义务的表述中，正确的是（　　）。

A. 经其他合伙人一致同意，可以将其财产份额出质
B. 可以同甲有限合伙企业进行交易
C. 不可以自营与甲有限合伙企业相竞争的业务
D. 向合伙人以外的人转让财产份额，须经其他合伙人一致同意

解析 本题考查有限合伙人权利和义务。选项A，有限合伙人可以将其财产份额出质，有约定的除外。选项C，有限合伙人可以自营或者同他人合作经营与本有限合伙企业相竞争的业务，但是，合伙协议另有约定的除外。选项D，有限合伙人可以向外人转让其财产份额，应提前30日通知其他合伙人，其他合伙人有优先购买权。

考点十一 入伙、退伙和身份转变责任承担 ★★　　一学多考｜中注

1. 入伙、退伙和资格继承

入伙、退伙和资格继承，见表12-8。

表12-8　入伙、退伙和资格继承

项目	普通合伙企业	有限合伙企业
入伙	新合伙人对入伙前合伙企业的债务承担无限连带责任	新入伙的有限合伙人对入伙前有限合伙企业的债务，以其认缴的出资额为限承担责任
退伙	退伙人对基于其退伙前的原因发生的合伙企业债务，承担无限连带责任	有限合伙人退伙后，对基于其退伙前的原因发生的有限合伙企业债务，以其退伙时从有限合伙企业中取回的财产承担责任
资格继承	普通合伙人死亡、被依法宣告死亡或者终止时，资格不能直接继承，除非合伙协议约定或经全体合伙人一致同意	有限合伙人死亡、被依法宣告死亡或者终止时，资格可以直接继承

2. 身份转变

（1）有限合伙人转变为普通合伙人的，对其作为有限合伙人期间有限合

答案
例题15｜B

伙企业发生的债务承担无限连带责任。（有→普：前后都无限。）

（2）普通合伙人转变为有限合伙人的，对其作为普通合伙人期间合伙企业发生的债务承担无限连带责任。（普→有：前后各分开。）

【例题16·单选题】 2020年5月，赵某、钱某、孙某共同出资设立甲有限合伙企业（下称甲企业）。赵某为普通合伙人，出资20万元，钱某、孙某为有限合伙人，各出资15万元。2022年，甲企业向银行借款50万元，该借款于2024年到期。2023年，经全体合伙人同意，赵某转变为有限合伙人，孙某转变为普通合伙人。2024年，甲企业无力偿还50万元到期借款，合伙人就如何偿还该借款发生争议。下列关于赵某、钱某、孙某承担偿还50万元借款责任的表述中，符合合伙企业法律制度规定的是（　　）。

A. 赵某、钱某、孙某应承担无限连带责任

B. 孙某以15万元为限承担有限责任

C. 赵某以20万元为限承担有限责任

D. 钱某以15万元为限承担有限责任

解析 ↘ 本题考查合伙人身份转变责任承担。有限合伙人转变为普通合伙人的，对其作为有限合伙人期间有限合伙企业发生的债务承担无限连带责任。普通合伙人转变为有限合伙人的，对其作为普通合伙人期间合伙企业发生的债务承担无限连带责任。

答案 ↘

例题16 | D

同步训练

考点一 合伙企业概述——考点三 普通合伙企业的设立条件

1.（单选题）关于合伙企业的特征，下列说法不正确的是（　　）。

A. 合伙人可以是自然人、法人或其他组织

B. 合伙企业是营利性经济组织，属于商事合伙

C. 合伙企业不具有法人资格，具有人合的团体性

D. 合伙人对合伙企业债务承担无限连带责任

2.（单选题）甲、乙、丙、丁四人拟成立一家普通合伙企业。合伙协议约定，甲以货币出资，乙以国有土地使用权出资，丙以技术专利出资，丁以劳务出资。合伙协议对出资的评估和缴纳方法未作约定。根据合伙企业法律制度的规定，下列关于各合伙人出资的表述中，正确的是（　　）。

A. 甲的货币出资不得分期支付

B. 乙可以自行委托评估机构评估土地使用权价值

C. 丁的劳务出资价值评估办法应由全体合伙人协商确定，并在合伙协议中载明
D. 丙的技术专利出资可以由全体合伙人协商确定价值，也可以由丙自行委托法定评估机构评估

3.（多选题）下列有关合伙企业清算的说法中，正确的有（　　）。
A. 合伙企业解散事由出现后，经全体合伙人过半数同意，可以在法定期限内委托第三人担任清算人
B. 合伙企业的合伙人数已不具备法定人数满60天的，合伙企业应当解散
C. 合伙企业进入清算后，应由清算人代表合伙企业参加诉讼活动
D. 清算人应自被确定之日起15日内将合伙企业解散事项通知债权人
E. 合伙企业注销后，原普通合伙人对合伙企业存续期间的债务仍应承担无限连带责任

考点四　合伙企业财产

1.（单选题）普通合伙人甲、乙、丙、丁共同设立一家合伙企业，其持有合伙企业的份额分别为18%、20%、27%和35%。合伙协议约定：合伙人对外转让份额，应当经3/5以上份额合伙人的同意。甲拟将其持有的10%份额转给非合伙人戊，并拟将其持有的剩余8%的财产份额转让给合伙人丙。根据合伙企业法律制度的规定，下列表述中，正确的是（　　）。
A. 未经乙、丙、丁一致同意，甲不得将其财产份额转让给戊
B. 未经丁同意，甲不得将其财产份额转让给丙
C. 经丙、丁同意，甲即可将其财产份额转让给戊
D. 未经乙同意，甲不得将其财产份额转让给丙

2.（单选题）根据合伙企业法律制度的规定，下列关于合伙人财产份额转让和出质的表述中，正确的是（　　）。
A. 合伙人之间转让在合伙企业中的全部财产份额的，须经其他合伙人一致同意
B. 合伙人向合伙人以外的人转让其在合伙企业中的财产份额的，同等条件下其他合伙人有优先购买权，除非合伙协议另有约定
C. 合伙人以外的人依法受让合伙人在合伙企业中的财产份额的，即成为合伙企业的合伙人
D. 合伙人以其在合伙企业中的财产份额出质的，须经其他合伙人半数以上同意

考点五　合伙企业事务执行

1.（单选题）甲合伙企业有5个合伙人，合伙协议对以下事项的表决都没有特别约定，某次召开合伙人会议表决以下事项，3人同意、2人反对。根据合伙企业法律制度的规定，能够获得通过的是（　　）。
A. 某普通合伙人向合伙人以外的人转让其合伙份额
B. 合伙企业转让一项专利权
C. 合伙企业对外投资
D. 吸收合伙人以外的吴某入伙

2. (单选题)张某、李某、王某和孙某共同设立甲普通合伙企业(下称甲企业),下列表述中,不正确的是( )。
   A. 若合伙协议中没有约定,也未经全体合伙人同意,孙某不得与甲企业交易
   B. 王某为了了解甲企业的财务状况,有权查阅甲企业会计账簿等财务资料
   C. 若张某、李某、王某和孙某一致同意,甲企业可以聘任陈某担任经营管理人员
   D. 若合伙协议约定全部利润分配给张某和李某,全部亏损由王某和孙某承担,该约定有效

3. (单选题)甲为某普通合伙企业的合伙人,该合伙企业经营手机销售业务。甲拟再设立一家经营手机销售业务的个人独资企业。下列关于甲能否设立该个人独资企业的表述中,符合《合伙企业法》规定的是( )。
   A. 甲经其他合伙人一致同意,可以设立该个人独资企业
   B. 甲可以设立该个人独资企业,除非合伙协议另有约定
   C. 甲如不执行合伙企业事务,就可以设立该个人独资企业
   D. 甲只要具有该合伙企业合伙人的身份,就不可以设立该个人独资企业

4. (单选题)2023年6月,自然人甲、乙、丙设立某合伙企业。合伙协议约定:甲、乙各出资30万元,丙出资90万元,均应于合伙企业成立之日起2年内缴清。合伙协议未约定利润分配事项。2024年6月,合伙企业拟分配利润,此时甲、乙已完全履行出资义务,丙已向合伙企业出资60万元。在甲、乙、丙未能就此次利润分配方案达成一致意见的情形下,下列关于此次利润应如何分配的表述中,正确的是( )。
   A. 甲、乙、丙应按1:1:2的比例分配
   B. 甲、乙、丙应按1:1:3的比例分配
   C. 甲、乙、丙应按1:1:1的比例分配
   D. 甲、乙、丙应按各自对合伙企业的贡献度分配

考点六 合伙企业与第三人的关系

1. (单选题)甲普通合伙企业(下称甲企业)的合伙人张某向非合伙人李某借款5万元,李某欠甲企业8万元,甲企业尚欠乙公司货款30万元。下列关于甲企业及其合伙人债务清偿的表述中,正确的是( )。
   A. 若张某无力偿还李某5万元,李某有权代位行使张某在甲企业中的权利
   B. 甲企业欠乙公司的30万元货款,应当先由各合伙人承担无限连带责任
   C. 若甲企业无力清偿乙公司债务,张某清偿的数额超过应分担比例时,有权向其他合伙人追偿
   D. 李某以其对张某的债权抵销对甲企业的债务后,只需偿还甲企业3万元

2. (单选题)张某、李某、王某和赵某共同设立甲普通合伙企业(下称甲企业)。张某从乙银行贷款80万元,到期无法偿还该笔贷款,乙银行请求人民法院强制执行张某的财产份额。下列表述中,正确的是( )。
   A. 张某的全部财产份额被人民法院强制执行后,张某对甲企业的债务不再承担连带责任
   B. 人民法院强制执行张某财产份额时,其他合伙人未购买,又不同意将该财产份

额转让给他人，甲企业应当为张某办理退伙或者削减其相应财产份额的结算

C. 人民法院强制执行张某财产份额时，其他合伙人不行使优先购买权，则乙银行有权自行接管张某在甲企业中的财产份额

D. 人民法院强制执行张某财产份额时，应当取得其他合伙人的一致同意

3. (单选题)甲为某普通合伙企业的执行合伙事务的合伙人。甲为清偿其对合伙企业以外的第三人乙的20万元债务，私自将合伙企业的一台工程机械以25万元的市价卖给善意第三人丙并交付。甲用所获取价款中的20万元清偿了对乙的债务，剩下的5万元被其挥霍一空。根据合伙企业法律制度的规定，下列表述中，正确的是(　　)。

A. 乙应将20万元款项直接返还合伙企业

B. 甲与丙的工程机械买卖合同不成立

C. 合伙企业有权从丙处取回工程机械

D. 合伙企业有权就企业所受损失向甲追偿

考点七 入伙、退伙

1. (单选题)卢某是某普通合伙企业中的合伙人，合伙协议对合伙份额的继承没有约定。卢某死亡，其子小卢是其唯一的继承人。以下表述符合《合伙企业法》规定的是(　　)。

A. 卢某死亡时，应当认定卢某除名退伙

B. 小卢当然取得合伙人资格

C. 若小卢不愿成为合伙人，应当将卢某的合伙份额退还小卢

D. 若小卢无行为能力，则应当让其做有限合伙人，该合伙企业转变为有限合伙企业

2. (单选题)杨某入伙时甲普通合伙企业(下称甲企业)负债30万元，杨某退伙时甲企业已负债80万元。后甲企业解散，尚欠100万元不能清偿。下列关于杨某对甲企业债务承担责任的表述中，正确的是(　　)。

A. 杨某对其退伙前的80万元债务承担无限连带责任

B. 杨某对其入伙前的30万元债务不承担无限连带责任

C. 杨某已退伙，不再对甲企业债务承担责任

D. 杨某对甲企业解散时的100万元债务承担无限连带责任

考点八 特殊的普通合伙企业

1. (单选题)根据合伙企业法律制度的规定，下列关于特殊的普通合伙企业的表述中，正确的是(　　)。

A. 合伙人在执业活动中因重大过失造成的合伙企业债务，其他合伙人以出资额为限承担责任

B. 合伙人在执业活动中因重大过失造成合伙企业债务的，应当按其出资比例承担责任

C. 合伙人在执业活动中因故意造成的合伙企业债务，其他合伙人不承担责任

D. 合伙人在执业活动中因故意造成合伙企业债务的，应当承担无限责任或者无限

连带责任

2. (单选题)甲、乙、丙、丁共同出资设立了一个会计师事务所,采用特殊普通合伙企业形式。甲、乙因重大过失导致事务所负债20万元。对此债务,下列说法不正确的是( )。

   A. 甲、乙承担无限连带责任
   B. 甲、乙以财产份额为限承担有限责任
   C. 丙、丁以财产份额为限承担有限责任
   D. 以合伙企业财产对外承担责任后,甲、乙应当按合伙协议对合伙企业承担赔偿责任

考点九 有限合伙企业的设立——考点十一 入伙、退伙和身份转变责任承担

1. (单选题)甲、乙、丙、丁共同投资设立A有限合伙企业,甲是有限合伙人,在合伙协议未作出特殊约定的情况下,甲从事的下列行为中,不符合合伙企业法律制度规定的是( )。

   A. 获取经审计的企业财务会计报告
   B. 因自身利益受到侵害,向有责任的合伙人提起诉讼
   C. 以合伙企业名义为他人提供担保
   D. 参与选择承办基金审计业务的会计师事务所

2. (单选题)某有限合伙企业有有限合伙人甲、乙,普通合伙人丙、丁,在合伙协议没有特别约定的情况下,以下表述符合《合伙企业法》规定的是( )。

   A. 甲丧失行为能力,未经其他合伙人一致同意其继续做合伙人,甲应当退伙
   B. 乙死亡,其继承人尚未成年,未经其他合伙人一致同意其做合伙人,应当退还其财产份额
   C. 丙丧失行为能力,未经其他合伙人一致同意其转变为有限合伙人,丙应当退伙
   D. 丁死亡,其继承人为完全民事行为能力人,有权继承丁的合伙人资格

3. (单选题)赵某、钱某、孙某、李某共同出资设立甲有限合伙企业(下称甲企业)。赵某、钱某为有限合伙人,孙某、李某为普通合伙人。下列说法中正确的是( )。

   A. 若赵某死亡,其继承人可以合法取得合伙人身份
   B. 若钱某全部财产份额被人民法院强制执行,该合伙企业应当转为普通合伙企业
   C. 若赵某丧失民事行为能力,则其当然退伙
   D. 若钱某退出合伙企业,对合伙企业债务不承担责任

4. (多选题·2021年)下列关于有限合伙企业设立和出资规则的说法中正确的有( )。

   A. 有限合伙人可以用劳务出资
   B. 有限合伙企业中,普通合伙人人数不得少于1人
   C. 国有独资公司不得成为有限合伙企业的普通合伙人
   D. 有限合伙企业名称中应当标明"有限合伙"字样

E. 有限合伙人未按期足额缴付出资的,对其他合伙人承担违约责任

5. (多选题)某有限合伙企业合伙协议未作出特殊约定,则有限合伙人甲从事的下列行为中,符合《合伙企业法》规定的有( )。
   A. 在执行事务合伙人怠于行使权利时,代表合伙企业对造成企业损害的第三人提起诉讼
   B. 有限合伙人可以将其财产份额出质,有约定的除外
   C. 另行设立一合伙企业,从事与本合伙企业竞争的业务
   D. 将自有材料出售给合伙企业
   E. 执行合伙事务,但不得对外代表有限合伙企业

参考答案及解析

考点一 合伙企业概述——考点三 普通合伙企业的设立条件

1. D 【解析】本题考查合伙企业的特征。选项 D,普通合伙人对合伙企业债务承担无限连带责任,有限合伙人以其认缴的出资额为限对合伙企业债务承担责任。

2. C 【解析】本题考查普通合伙企业的设立条件——合伙人的出资。选项 A,合伙人应当按照合伙协议约定的出资方式、数额和缴付期限,履行出资义务。因此,甲是可以分期出资的。选项 B、D,合伙人以实物、知识产权、土地使用权或者其他财产权利出资,需要评估作价的,可以由全体合伙人协商确定,也可以由"全体合伙人"委托法定评估机构评估。

3. ACE 【解析】本题考查合伙企业的清算。选项 B,合伙企业的合伙人数已不具备法定人数满 30 天的,合伙企业应当解散。选项 D,清算人自被确定之日起 10 日内将合伙企业解散事项通知债权人,并于 60 日内在报纸上公告。

考点四 合伙企业财产

1. C 【解析】本题考查合伙企业份额转让。选项 A、C,除合伙协议另有约定外,合伙人向合伙人以外的人转让其在合伙企业中的全部或者部分财产份额时,须经其他合伙人一致同意;题目中是合伙协议另有约定,应从其约定。选项 B、D,合伙人之间转让在合伙企业中的全部或者部分财产份额时,应当通知其他合伙人。

2. B 【解析】本题考查合伙人财产份额转让和出质。选项 A,合伙人之间转让在合伙企业中的全部或者部分财产份额时,应当通知其他合伙人。选项 C,合伙人以外的人依法受让合伙人在合伙企业中的财产份额的,经修改合伙协议即成为合伙企业的合伙人,依照《合伙企业法》和修改后的合伙协议享有权利,履行义务;未修改合伙协议的,不应算作法律所称的"合伙企业的合伙人"。选项 D,普通合伙人以其在合伙企业中的财产份额出质的,须经其他合伙人一致同意。

考点五 合伙企业事务执行

1. C 【解析】本题考查普通合伙企业事务决议表决。选项 A,普通合伙人向合伙人以外的人转让其合伙份额,如果没有特别约定,必须经过其他合伙人的一致同意。

选项B，合伙企业处分知识产权须经全体合伙人一致同意。选项D，吸收其他合伙人入伙也需要经过全体合伙人一致同意。

2. D 【解析】本题考查普通合伙企业事务执行。选项D，合伙协议不得约定将全部利润分配给部分合伙人或者由部分合伙人承担全部亏损。

3. D 【解析】本题考查普通合伙人的义务。普通合伙人不得自营或者同他人合作经营与本合伙企业相竞争的业务。

4. A 【解析】本题考查合伙企业的损益分配。合伙企业的利润分配、亏损分担，按照合伙协议的约定办理；合伙协议未约定或者约定不明确的，由合伙人协商决定；协商不成的，由合伙人按照实缴出资比例分配、分担；无法确定出资比例的，由合伙人平均分配、分担。本题中甲、乙、丙实际出资分别为30万元、30万元、60万元，所以甲、乙、丙应按1：1：2的比例分配利润。

考点六 合伙企业与第三人的关系

1. C 【解析】本题考查合伙企业及合伙人的债务清偿。选项A、D，合伙人发生与合伙企业无关的债务，相关债权人不得以其债权抵销其对合伙企业的债务；也不得代位行使合伙人在合伙企业中的权利。选项B，普通合伙企业对其债务，应先以其全部财产进行清偿，合伙企业不能清偿到期债务的，合伙人承担无限连带责任。选项C，合伙人由于承担无限连带责任，清偿数额超过规定的其亏损分担比例的，有权向其他合伙人追偿。

2. B 【解析】本题考查合伙人的债务清偿。选项A，普通合伙人退伙后，对基于其退伙前的原因发生的合伙企业债务，承担无限连带责任。选项B、D，人民法院强制执行合伙人的财产份额时，应当通知全体合伙人，其他合伙人有优先购买权；其他合伙人未购买，又不同意将该财产份额转让给他人的，依照《合伙企业法》的规定为该合伙人办理退伙结算，或者办理削减该合伙人相应财产份额的结算。选项C，合伙人的自有财产不足清偿其与合伙企业无关的债务的，该合伙人可以以其从合伙企业中分取的收益用于清偿；债权人也可以依法请求人民法院强制执行该合伙人在合伙企业中的财产份额用于清偿。

3. D 【解析】本题考查合伙人在执行合伙事务中的权利和义务。合伙企业对合伙人执行合伙事务以及对外代表合伙企业权利的限制，不得对抗善意第三人。合伙人执行合伙事务，或者合伙企业从业人员利用职务上的便利，将应当归合伙企业的利益据为己有的，或者采取其他手段侵占合伙企业财产的，应当将该利益和财产退还合伙企业；给合伙企业或者其他合伙人造成损失的，依法承担赔偿责任。

考点七 入伙、退伙

1. C 【解析】本题考查合伙人资格和财产继承。选项A，属于当然退伙。选项B，继承人为完全民事行为能力人，首先自己愿意，然后经过全体合伙人一致同意才能取得合伙人资格。选项D，继承人为无行为能力人，经其他合伙人一致同意，继承人可以作为有限合伙人，普通合伙企业也要转变为有限合伙企业。

2. A 【解析】本题考查普通合伙人入伙、退伙后的责任承担。新普通合伙人对入伙前合伙企业的债务承担无限连带责任。退伙人对基于其退伙前的原因发生的合伙企业债务，承担无限连带责任。

考点八 特殊的普通合伙企业

1. D 【解析】本题考查特殊的普通合伙企业。一个合伙人或者数个合伙人在执业活动中<u>因故意或者重大过失</u>造成合伙企业债务的，应当承担无限责任或者无限连带责任，其他合伙人以其在合伙企业中的财产份额为限承担责任。

2. B 【解析】本题考查特殊的普通合伙企业。合伙人因故意或重大过失导致合伙企业损失，该部分合伙人承担无限连带责任，而其他合伙人仅以自己在合伙企业中的财产份额为限承担有限责任。

考点九 有限合伙企业的设立——考点十一 入伙、退伙和身份转变责任承担

1. C 【解析】本题考查有限合伙企业的事务执行。选项 C，有限合伙人不执行合伙事务，不得对外代表有限合伙企业。

2. C 【解析】本题考查合伙人资格继承。选项 A，甲丧失行为能力并不影响其有限合伙人资格。选项 B，乙为有限合伙人，有限合伙人的资格可以当然继承。选项 D，普通合伙人的继承人为完全民事行为能力人，取得合伙人资格仍需经过全体合伙人一致同意。

3. A 【解析】本题考查合伙人的退伙。选项 A，作为有限合伙人的自然人死亡、被依法宣告死亡或者作为有限合伙人的法人及其他组织终止时，其继承人或者权利承受人可以依法取得该有限合伙人在有限合伙企业中的资格。选项 B，钱某全部财产份额被人民法院强制执行，钱某当然退伙，但企业中还有一个有限合伙人赵某，企业不用转为普通合伙企业。选项 C，作为有限合伙人的自然人在有限合伙企业存续期间丧失民事行为能力的，其他合伙人不得因此要求其退伙。选项 D，有限合伙人退伙后，对基于其退伙前的原因发生的有限合伙企业债务，以其退伙时从有限合伙企业中取回的财产承担责任。

4. BCDE 【解析】本题考查有限合伙企业。选项 A，有限合伙人不得以劳务出资。选项 B，有限合伙企业至少应当有一个普通合伙人。选项 C，国有独资公司、国有企业、上市公司以及公益性的事业单位、社会团体不得成为普通合伙人。选项 D，有限合伙企业名称中应当标明"有限合伙"字样。选项 E，有限合伙人未按期足额缴纳出资的，应当承担补缴义务，并对其他合伙人承担违约责任。

5. ABCD 【解析】本题考查有限合伙企业的事务执行。选项 E，有限合伙人不执行合伙事务，不得对外代表有限合伙企业。

亲爱的读者，你已完成本章11个考点的学习，本书知识点的学习进度已达64%。

第十三章 公司法

重要程度：次重点章节　分值：11分左右

考试风向

考情速递

本章主要内容包括公司法概述，公司设立，公司股东，公司运行，公司变更、解散与清算，专业性较强，内容琐碎，数字较多，学习难度大，要求理解和重点记忆。重点关注的考点包括公司能力、设立方式和条件、股东基本制度、股东出资、董事会。本章主要考查单选题、多选题和综合分析题。

2025年考试变化

本章变动较小。
新增：公司章程效力。
调整：简化公司资本制度。
删除：（1）公司法的修改；（2）一人公司与国家出资公司；（3）股份发行。

脉络梳理

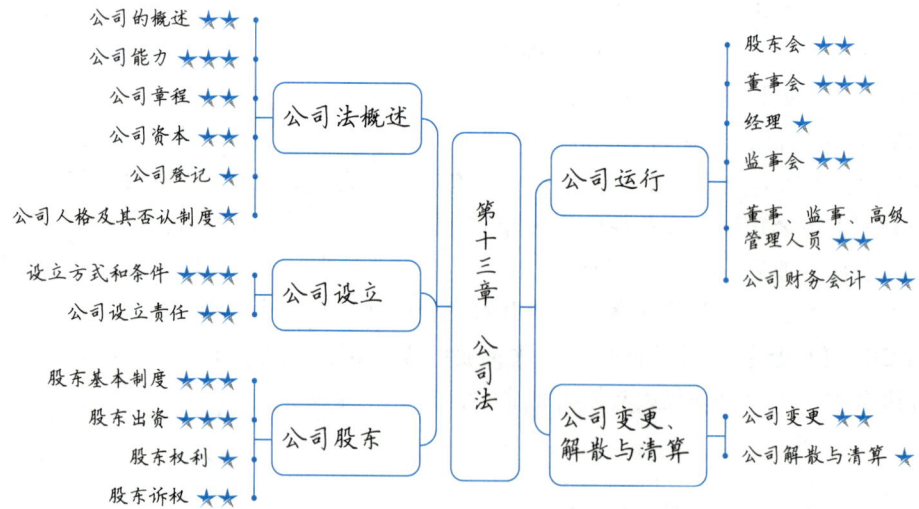

考点详解及精选例题

第一节 公司法概述

考点一 公司的概述 ★★ 一学多考|中注

1. 公司概念

依照法定条件和程序，由股东出资设立的以营利为目的的社团法人。

2. 特征

具有法人资格、营利性和社团性。

提示 有独立财产，以其全部财产承担责任。

3. 公司类型

公司类型，见表13-1。

表13-1 公司类型

类型	具体内容
有限责任公司	股东1~50人，认缴出资，自成立之日起5年内缴足；设立时签订的合同，公司未成立，设立时股东承担连带责任
股份有限公司	(1)发起设立：发起人认购全部股份，1~200人，半数以上在中国有住所。 (2)募集设立：发起人认购≥35%。 实缴出资：成立前，发起人应当缴纳全部认购股款

考点二 公司能力 ★★★ 一学多考|中注

1. 公司权利能力

公司权利能力，见表13-2。

表13-2 公司权利能力

项目	内容
起始终止	始于成立即营业执照签发之日，终于终止即办理完注销登记手续并公告之日
性质限制	享有名称权、名誉权、荣誉权等，不享有专属于自然人的生命权、健康权、姓名权、身体权、肖像权、婚姻权、隐私权等
法律限制	(1)经营范围由章程规定，必须在登记的经营范围内从事经营活动。 (2)公司经营范围必须登记，分为一般经营项目和许可经营项目。 (3)修改公司章程，变更经营范围，应当办理变更登记。 (4)公司不得超越经营范围进行活动，如果超越经营范围订立合同，为保护善意相对人的利益，法院不因此认定合同无效
目的限制	不得违反法律、行政法规、国家限制、特许、禁止经营规定

2. 公司行为能力

公司行为能力，见表13-3。

表13-3 公司行为能力

项目	内容
起始终止	与权利能力同时产生、同时终止，范围和内容与权利能力一致
实现	(1)公司的意思能力：通过公司的法人机关（股东会、董事会、监事会）形成和表示。 (2)公司的行为能力：由公司的法定代表人实现，由代表公司执行公司事务的董事或者经理担任；公司章程或者股东会对法定代表人职权的限制，不得对抗善意相对人
投资限制	(1)法律规定公司不得成为对所投资企业的债务承担连带责任的出资人的，从其规定。 【例】国有独资公司、国有企业、上市公司以及公益性的事业单位、社会团体不得成为普通合伙人。 (2)向其他企业投资，按照公司章程的规定由董事会或者股东会决议。 (3)公司章程对投资总额及单项投资数额有限额规定的，不得超过规定的限额
提供担保	为公司股东或者实际控制人担保：应当经股东会决议，接受公司担保的股东或受实际控制人支配的股东不得参加表决，由出席会议的其他股东所持表决权的过半数（>1/2）通过
	为他人担保：按照公司章程的规定由董事会或者股东会决议
	上市公司特别决议：上市公司一年内购买、出售重大资产或者向他人提供担保的金额超过公司资产总额30%的，应当由股东会作出决议，并经出席会议的股东所持表决权的2/3以上通过
财务资助	股份有限公司不得为他人取得本公司或者其母公司的股份提供赠与、借款、担保以及其他财务资助，公司实施员工持股计划的除外 经股东会决议或者董事会按章程或股东会的授权作出决议，可以为他人取得本公司或者其母公司的股份提供财务资助，但财务资助的累计总额不得超过已发行股本总额的10%。 **提示** 董事会作出决议应当经全体董事的2/3以上通过

3. 公司侵权行为能力

公司侵权行为能力，见表13-4。

表13-4 公司侵权行为能力

项目	内容
构成要件	主体是公司、公司法定代表人、代理人或工作人员；行为是职务行为；具备一般侵权行为构成要件
法律责任	(1)公司的责任：公司向受害人承担赔偿责任。 (2)行为人（工作人员）的责任：公司向受害人承担赔偿责任，行为人承担其他责任，如刑事责任、行政责任和对公司的民事赔偿责任

【例题1·单选题】（2024年）根据《公司法》的规定，下列关于股份有限公司提供财务资助的说法中，正确的是（　　）。

A. 提供财务资助的方式仅限于赠与、借款

B. 董事会作出的提供财务资助的决议，应当经全体董事同意

C. 公司章程可以约定财务资助累计总额且不受发行股本总额限制

D. 因实施员工持股计划，公司可以为员工取得本公司股份提供财务资助

解析 本题考查股份有限公司行为能力。选项A、D，股份有限公司不得为他人取得本公司或者其母公司的股份提供赠与、借款、担保以及其他财务资助，公司实施员工持股计划的除外。选项B、C，经股东会决议，或者董事会按照公司章程或者股东会的授权作出决议，公司可以为他人取得本公司或者其母公司的股份提供财务资助，但财务资助的累计总额不得超过已发行股本总额的10%。董事会作出决议应当经全体董事的2/3以上通过。

【例题2·单选题】（2021年）甲在宁海社区完成了一项防水工程后，将剩余材料卖给了宁海社区乙物业管理公司。经查，甲营业执照经营的范围不包括销售防水材料。根据《民法典》的规定，甲、乙签订的防水材料合同属于（　　）。

A. 有效　　　　　　　　B. 效力待定

C. 无效　　　　　　　　D. 可撤销

解析 本题考查公司经营范围的限制。公司不得超越经营范围进行活动，如果当事人超越经营范围订立合同，为了保护善意相对人的利益，人民法院不因此认定合同无效；但是违反国家限制经营、特许经营以及法律、行政法规禁止经营规定的除外。

考点三 公司章程★★ 一学多考|中注

1. 要求

设立公司必须依法制定公司章程。

2. 制定

公司章程的制定，见表13-5。

表13-5　公司章程的制定

项目	内容
有限责任公司	全体股东共同制定，在章程上签名或盖章
国有独资公司	履行出资人职责的机构制定
股份有限公司	发起方式设立：发起人共同制订
	募集方式设立：发起人制订，经成立大会通过

3. 章程载明事项

章程载明事项，见表13-6。

答案
例题1 | D
例题2 | A

表 13-6　章程载明事项

项目	内容
有限责任公司	包括：①公司名称和住所；②公司经营范围；③公司注册资本；④股东的姓名或者名称；⑤股东的出资额、出资方式和出资日期；⑥公司的机构及其产生办法、职权、议事规则；⑦公司法定代表人的产生、变更办法；⑧股东会认为需要规定的其他事项
股份有限公司	包括：①公司名称和住所；②公司经营范围；③公司设立方式；④公司注册资本、已发行的股份数和设立时发行的股份数、面额股的每股金额；⑤发行类别股的，每一类别股的股份数及其权利和义务；⑥发起人的姓名或者名称、认购的股份数、出资方式；⑦董事会的组成、职权和议事规则；⑧公司法定代表人的产生、变更办法；⑨监事会的组成、职权和议事规则；⑩公司利润分配办法；⑪公司的解散事由与清算办法；⑫公司的通知和公告办法；⑬股东会认为需要规定的其他事项

4. 章程变更

（1）有限责任公司：经代表 2/3 以上表决权的股东通过。

（2）股份有限公司：经出席会议的股东所持表决权的 2/3 以上通过。

5. 章程效力 新增

对一般员工没有约束力。

（1）法律效力：公司章程是公司设立和运营的基本文件，具有法律约束力，对公司、股东、董事、监事、高级管理人员（经理、副经理、财务负责人、上市公司董事会秘书）具有约束力。

（2）内部效力：效力仅及于公司和相关当事人，不具有普遍约束力。公司必须按照章程开展经营活动，股东享有章程规定的权利并履行相应义务，董事、监事和高级管理人员必须按照章程行使职权，履行义务。

（3）外部效力：公司章程经登记后对外公示，具有公示效力，外部人员可以通过章程了解公司的基本信息并据此与公司交易。

（4）司法效力：章程是法院或者仲裁机构处理公司内部纠纷的重要依据。若公司行为违反章程，相关方可通过法律途径维护权益。

考点四　公司资本 ★★　一学多考｜中注

1. 公司资本制度 调整

（1）法定资本制：公司设立时，必须在章程中明确记载资本总额，由股东或者发起人全部认缴并按期缴足出资或者按约定期限缴足股款。目前公司法采用的是认缴后的限期实缴制，主要适用于有限责任公司。我国有限责任公司股东应按照公司章程规定自公司成立之日起 5 年内缴足认缴的出资额；法律、行政法规以及国务院决定对有限责任公司注册资本实缴、注册资本最低限额、股东出资期限另有规定的，从其规定。

（2）授权资本制：公司设立时将资本总额记载于章程中，但不要求股东或者发起人全部认足并缴纳股款。未认购部分，授权董事会在公司成立后根据业务需要随时发行新股。授权资本制主要适用于股份有限公司。在授权资本制下，公司章程或股东会可以授权董事会在 3 年内决定发行不超过已发行股份 50% 的股份，但以非货币财产作价出资的应当经股东会决议；授权董事会发行新股的，董事会决议应当经全体董事 2/3 以上通过。

2. 公司资本原则

公司资本原则，见表 13-7。

表 13-7 公司资本原则

项目	内容
资本确定原则	公司设立时，必须在章程中对公司的注册资本予以明确，并须由股东和发起人全部认足并缴足，否则公司不能成立
资本维持原则	(1) 不得抽逃出资或不得抽回股本。 (2) 股份公司股票发行价格可以按票面金额或超过票面金额，不得低于票面金额。 (3) 公司不得收购本公司的股份（特殊情形除外），不得接受本公司股份作为质权标的
资本不变原则	公司资本总额一旦确定，非经法定程序变更章程，不得改变

3. 公司可以收购本公司股份情况

公司可以收购本公司股份情况，见表 13-8。

表 13-8 公司可以收购本公司股份情况

项目	内容
减少公司注册资本	应经股东会特别决议，自收购之日起 10 日内注销
与持有本公司股份的其他公司合并	应经股东会特别决议，在 6 个月内转让或者注销
股东因对股东会作出的公司合并、分立决议持异议，要求公司收购其股份	应当在 6 个月内转让或者注销
将股份用于员工持股计划或者股权激励	决议：依章程或股东会授权，经 2/3 以上董事出席的董事会会议决议。 时间：在 3 年内转让或注销，公司合计持有的本公司股份数不得超过本公司已发行股份总额的 10%
将股份用于转换公司发行的可转换为股票的公司债券	
上市公司为维护公司价值及股东权益所必需	

记忆口诀

债转股、公司价值、员工持股和奖励、合分异议、合并、减资（谐音：宅家迟疑核检，361）。

【例题 3·单选题】(2020 年)根据《公司法》的规定，下列公司可以收购本公司股份的情形中，应当自收购之日起 10 日内注销所收购股份的是(   )。

A. 与持有本公司股份的其他公司合并

B. 减少公司注册资本

C. 将股份用于员工持股计划或者股权激励

D. 上市公司为维护公司价值所必需

解析 本题考查股份有限公司收购本公司股份。选项A，6个月内转让或者注销。选项C、D，3年内转让或注销。

考点五 公司登记 ★ 一学多考|中注

公司登记，见表13-9。

表13-9 公司登记

项目	内容
类型	设立登记、变更登记、注销登记
设立登记	(1) 营业执照签发日期为公司成立日期。 (2) 电子营业执照与纸质营业执照具有同等法律效力。 (3) 设立分公司，应当向公司登记机关申请登记，领取营业执照

考点六 公司人格及其否认制度 ★ 一学多考|中注

1. 独立人格

(1) 公司是企业法人，有独立财产，享有法人财产权，以其全部财产对公司的债务承担责任。

(2) 有限责任公司的股东以其认缴的出资额为限对公司承担责任；股份有限公司的股东以其认购的股份为限对公司承担责任。

2. 人格否认

公司股东滥用公司法人独立地位和股东有限责任，逃避债务，严重损害公司债权人利益的，应当对公司债务承担连带责任。

3. 人格混同

(记忆口诀：公私资金、账簿、盈利、财产不分。)

(1) 股东无偿使用公司资金或财产，不作财务记载的；

(2) 股东用公司的资金偿还股东的债务，或将公司的资金供关联公司无偿使用，不作财务记载的；

(3) 公司账簿与股东账簿不分，致使公司财产与股东财产无法区分的；

(4) 股东自身收益与公司盈利不加区分，致使双方利益不清的；

(5) 公司的财产记载于股东名下，由股东占有、使用的。

4. 过度控制

(记忆口诀：母子串通和金蝉脱壳。)

(1) 母子公司之间或者子公司之间进行利益输送的；

(2) 母子公司或者子公司之间进行交易，收益归一方，损失由另一方承担的；

(3) 先从原公司抽走资金，再成立经营目的相同或者类似的公司，逃避原公司债务的；

(4) 先解散公司，再以原公司场所、设备、人员及相同或者相似的经营目的另设公司，逃避原公司债务的。

答案
例题3 | B

提示 人格混同属于股东滥用股东权利,应赔偿其他股东和公司损失;过度控制属于公司法人人格否认,应对债权人承担连带责任。

【例题4·多选题】(2020年)下列公司、股东的行为中,可以作为公司人格混同认定依据的有( )。

　　A. 用公司的资金偿还股东债务,不作财务记载

　　B. 控股股东操纵公司决策过程

　　C. 母子公司之间进行利益输送

　　D. 不区分公司账簿与股东账簿

　　E. 股东无偿使用公司资金,不作财务记载

解析 本题考查公司的人格混同。选项B、C,控股股东操纵公司决策过程、母子公司之间进行利益输送属于过度支配与控制的情况。选项D中缺少"致使公司财产与股东财产无法区分"这个条件。

第二节 公司设立

考点七 设立方式和条件 ★★★ 一学多考|中注

1. 设立方式

设立方式,见表13-10。

表13-10 设立方式

项目	内容
发起设立	发起人认购公司应发行的全部股份而设立公司
募集设立	发起人认购设立公司时应发行股份的一部分,其余股份向社会公开募集或者向特定对象募集而设立公司

知识点拨 有限责任公司均发起设立,股份有限公司可以发起设立或募集设立。

2. 设立条件

设立条件,见表13-11。

表13-11 设立条件

项目	有限责任公司	股份有限公司
人数	1人以上50人以下股东(1~50人)	1人以上200人以下发起人,其中须有半数以上的发起人在中国境内有住所
注册资本	全体股东认缴的出资额,公司成立5年内缴足	公司成立前,发起人全额缴纳的认购股份
章程	由股东共同制定	发起方式:发起人制订公司章程; 募集方式:发起人制订后经成立大会通过(出席会议认股人表决权过半数通过)

答案 例题4 | AE

(续表)

项目	有限责任公司	股份有限公司
名称	标明"有限责任公司或者有限公司"	标明"股份有限公司或者股份公司"
住所	以其主要办事机构所在地为住所	
组织机构	(1)一般情况：股东会、董事会和监事会。 (2)规模较小、股东人数较少，可不设立董事会和监事会，只设1名董事、1名监事；全体股东一致同意，有限责任公司可不设监事。 (3)按照章程规定，可在董事会中设置由董事组成的审计委员会，行使监事会职权，不设监事会或监事。 (4)上市公司还设立独立董事和董事会秘书，董事会中设置审计委员会的，董事会对下列事项作出决议前应当经审计委员会全体成员过半数通过：聘用、解聘承办公司审计业务的会计师事务所；聘任、解聘财务负责人；披露财务会计报告	

● **得分高手**（2024年单选）

重点考查有限责任公司与股份有限公司设立条件比较。设立有限公司要求1人以上50人以下股东，实行认缴制，5年内缴足出资；设立股份公司要求1人以上200人以下发起人，且半数以上在中国境内有住所，实行实缴制。两类公司均可以在董事会中设立审计委员会，代替监事会。

【例题5·单选题】（2024年）根据《公司法》的规定，下列关于有限责任公司的股东认缴出资额的缴足期限和比例的说法中，正确的是(　　)。

A. 在公司设立时须缴足1/3
B. 自公司成立之日起5年内缴足
C. 自公司成立之日起8年内缴足
D. 在公司设立时须缴足1/2

解析 ↘ 本题考查股东出资。有限责任公司的注册资本为在公司登记机关登记的全体股东认缴的出资额。全体股东认缴的出资额由股东按照公司章程的规定自公司成立之日起5年内缴足。

考点八 公司设立责任 ★★　一学多考|中注

1. 民事责任承担

民事责任承担，见表13-12。

表13-12　民事责任承担

项目	内容
公司名义	股东为设立公司以公司名义从事的民事活动，法律后果由公司承受。 **提示** 可以向有过错的股东追偿
股东名义	股东为设立公司以自己名义从事的民事活动，第三人有权选择请求公司或者公司设立时的股东承担

答案 ↘
例题5｜B

2. 未实缴出资责任

(1) 缴纳期限和未按期缴纳责任,见表 13-13。

表 13-13 缴纳期限和未按期缴纳责任

事项	有限责任公司	股份有限公司
缴纳期限	按章程要求期限最长自公司成立之日起 5 年内按期足额实缴	发起人在公司成立前按照其认购的股份全额缴纳股款
未缴责任	应当向公司足额缴纳,对给公司造成的损失承担赔偿责任	
	设立时的其他股东与该股东在出资不足的范围内承担连带责任	其他发起人与该发起人在出资不足的范围内承担连带责任

(2) 丧失股权:股东或发起人未按期缴纳出资,经公司书面催缴,宽限期(≥60 日)届满后仍不出资,自董事会决议向该股东发出失权通知之日起,丧失其未缴纳出资的股权。

提示 6 个月内转让或注销,否则,由公司其他股东按照其出资比例足额缴纳相应出资。

(3) 加速到期:有限责任公司不能清偿到期债务的,公司或已到期债权的债权人有权要求已认缴出资但未届出资期限的股东提前缴纳出资。

(4) 转让已认缴但未届出资期限的股权,由受让人承担缴纳义务;受让人未按期足额缴纳,转让人承担补充责任。

(5) 抽逃出资:制作虚假财务会计报表虚增利润进行分配;通过虚构债权债务关系将其出资转出;利用关联交易将出资转出。股东或出资人应当返还,给公司造成损失的,负有责任的董事、监事、高级管理人员与该股东或该出资人承担连带赔偿责任。

3. 公司未设立责任

(1) 公司未成立的,其法律后果由公司设立时的股东承受;设立时的股东为 2 人以上的,享有连带债权,承担连带债务。

(2) 股份有限公司设立时应发行的股份未募足,或者发行股份的股款缴足后,发起人在 30 日内未召开成立大会的,认股人可以按照所缴股款并加算银行同期存款利息,要求发起人返还。

【例题 6·单选题】(2023 年)下列关于有限责任公司的出资人未履行出资义务责任承担法律后果的说法,正确的是( )。

A. 出资人应当向公司承担违约责任
B. 出资人在未履行出资的本息范围内与公司承担连带责任
C. 出资人经催告在合理期限拒不履行出资义务的,可以董事会决议向该股东发出失权通知
D. 出资人无须对公司损失承担赔偿责任

解析 本题考查出资责任。选项 B,公司设立时,股东未按照公司章程

例题 6 | C

规定实际缴纳出资,或者实际出资的非货币财产的实际价额显著低于所认缴的出资额的,设立时的其他股东与该股东在出资不足的范围内承担连带责任。选项C,股东未按照公司章程规定的出资日期缴纳出资,公司依照规定发出书面催缴书催缴出资的,可以载明缴纳出资的宽限期;宽限期自公司发出催缴书之日起,不得少于60日。宽限期届满,股东仍未履行出资义务的,公司经董事会决议可以向该股东发出失权通知,通知应当以书面形式发出。自通知发出之日起,该股东丧失其未缴纳出资的股权。选项A、D,股东未按期足额缴纳出资的,除应当向公司足额缴纳外,还应当对给公司造成的损失承担赔偿责任。

第三节 公司股东

考点九 股东基本制度 ★★★　　一学多考|中注

1. 名义股东与实际出资人

(1)代持协议:实际出资人与名义股东签订的代持协议为有效协议,实际出资人实际履行了出资义务,可向名义股东主张权利。

(2)擅自处分:名义股东将股权转让、质押,实际出资人可请求认定处分股权行为无效,第三人善意取得除外。

2. 股东资格取得

(1)原始取得:设立取得和增资取得。

(2)继受取得:转让、赠与、继承、公司合并。

提示 公司应当签发由法定代表人签名并由公司盖章的出资证明书。

3. 股东资格丧失

(1)公司法人资格消灭,如解散、破产、被合并。

(2)自然人股东死亡或法人股东终止。

4. 有限责任公司转让股权

(1)股东之间转让:可以相互转让其全部或者部分股权。

(2)向股东以外的人转让:应书面通知其他股东(转让数量、价格、支付方式和期限),其他股东在同等条件下有优先购买权。接到书面通知之日起30日内未答复,视为放弃优先购买权。两个以上股东行使优先购买权,协商确定购买比例;协商不成,按照转让时各自的出资比例行使优先购买权。章程另有规定的,从其规定。

(3)法院强制转让:应通知公司及全体股东,其他股东同等条件有优先购买权。自法院通知之日起20日内不行使,视为放弃优先购买权。

提示 受让人自记载于股东名册时,可以行使股东权利。

5. 股份有限公司转让股份

可以向其他股东或股东以外的人转让。

> **记忆口诀**
> 上市1年,任职期>25%、离职半年,不转让。

董事、监事、高级管理人员转让限制：①自公司股票上市交易之日起1年内不得转让；②在就任时确定的任职期间每年转让的股份不得超过其所持有本公司股份总数的25%；③离职后半年内，不得转让其所持有的本公司股份。

6. 公司收购股权

有下列情形之一，对股东会该项决议投反对票的股东可以请求公司按照合理的价格收购其股权，公开发行股份的公司除外：

（1）公司连续5年盈利且符合《公司法》规定的分配利润条件但不向股东分配利润；

（2）有限责任公司合并、分立；

（3）公司转让主要财产；

（4）公司章程规定的营业期限届满或者章程规定的其他解散事由出现，股东会通过决议修改章程使公司存续。

记忆口诀
五年、届满、转让、合并、分立（谐音：五姐让合分）。

提示1 有限责任公司的控股股东滥用股东权利，严重损害公司或其他股东利益的，其他股东有权请求公司按照合理的价格收购其股权。

提示2 公司收购本公司股权，应在6个月内转让或者注销。

【例题7·单选题】根据《公司法》的规定，下列关于股权转让的说法中，正确的是（　　）。

A. 有限责任公司股东之间可以相互转让其全部或者部分股权
B. 有限责任公司股东向股东以外的人转让股权，应当经其他股东所持表决权2/3以上同意
C. 有限责任公司股东向股东以外的人转让股权，应当经其他股东过半数同意
D. 有限责任公司股东转让股权，应经董事会批准

解析 本题考查股权转让。选项A，有限责任公司的股东之间可以相互转让其全部或者部分股权。选项B、C，股东向股东以外的人转让股权的，应当将股权转让的数量、价格、支付方式和期限等事项书面通知其他股东，其他股东在同等条件下有优先购买权。股东自接到书面通知之日起30日内未答复的，视为放弃优先购买权。选项D的说法没有法律依据。

【例题8·单选题】根据公司法律制度的规定，下列关于股份有限公司股份转让限制的表述中，正确的是（　　）。

A. 公司董事在任职期间每年转让的股份，不得超过其持有的本公司股份总数的10%
B. 董事离职后半年内，不得转让其所持有的本公司股份
C. 公司监事在任职期间每年转让的股份，不得超过其持有的本公司股份总数的20%
D. 公司董事所持有的本公司股份，自公司股票上市交易之日起3年内不得转让

答案
例题7｜A
例题8｜B

解析 本题考查股份转让。选项A、C，公司董事、监事、高级管理人员在就任时确定的任职期间每年转让的股份不得超过其所持有本公司股份总数的25%。选项D，公司董事、监事、高级管理人员所持本公司股份，自公司股票上市交易之日起1年内不得转让。

考点十 股东出资 ★★★ 一学多考|中注

股东出资，见表13-14。

表13-14 股东出资

项目	具体内容
可以出资	货币、实物、知识产权、土地使用权、股权、债权
禁止出资	不得以劳务、信用、自然人姓名、商誉、特许经营权或者设定担保的财产等作价出资
股权不得出资情形	(1)已被设立质权； (2)股权所在公司章程约定不得转让； (3)法律、行政法规或者国务院决定规定，股权所在公司股东转让股权应当报经批准而未经批准

【例题9·单选题】(2022年)下列公司股东出资方式中，符合法律规定的是(　　)。

A. 以债权出资　　　　　　　B. 以劳务作价出资
C. 以出质的股权出资　　　　D. 以信用作价出资

解析 本题考查股东出资。股东不得以劳务、信用、自然人姓名或者设定担保的财产等作价出资。

考点十一 股东权利 ★

(1)参与决策权：出席股东会议权、临时提案权(1%以上股份)、召集和主持股东会议权(1/10以上表决权/10%以上股份)、提议召开临时会议权(1/10以上表决权/10%以上股份)、决议事项表决权(普通决议过半数表决权；特别决议2/3以上表决权)、委托表决权。

(2)知情权：股东会议知情权(有限公司提前15日通知；股份公司提前20日通知)；查阅、复制公司重要文件权；查阅会计账簿权(有限公司股东和股份公司连续180日以上单独或合计持有公司3%以上股份的股东)；报酬知情权(董事、监事、高管报酬)。

(3)请求权：请求收购股权(股份)权、解散权(10%以上表决权)。

(4)财产权：收益权、优先认购权(有限公司增资，股东在同等条件下优先认购；股份公司增资，股东不享有)、转让权、优先购买权(有限公司股东向股东以外的人转让股权)、继承权。

答案
例题9丨A

考点十二 股东诉权 ★★ 一学多考|中注

1. 涉及撤销的诉讼

有限责任公司股东会、董事会的会议召集程序、表决方式违反法律、行政法规或者公司章程，或者决议内容违反公司章程。股东自决议作出之日（未被通知参加的股东自知道或者应当知道之日）起60日内，可请求法院撤销。自决议作出之日起1年内没有行使，撤销权消灭。

提示 召集程序或表决方式仅有轻微瑕疵，对决议未产生实质影响的除外。

2. 涉及股东知情权的诉讼

股东要求查阅公司会计账簿、会计凭证的，应当向公司提出书面请求，说明目的。公司拒绝提供查阅的，股东可以请求法院要求公司提供查阅。公司有合理根据认为股东查阅会计账簿有不正当目的，可能损害公司合法利益的，可以拒绝提供查阅，并应当自股东提出书面请求之日起15日内书面答复股东并说明理由。

不正当目的：①股东自营或者为他人经营与公司主营业务有实质性竞争关系业务的，但公司章程另有规定或者全体股东另有约定的除外；②股东为了向他人通报有关信息查阅公司会计账簿，可能损害公司合法利益的；③股东在向公司提出查阅请求之日前的3年内，曾通过查阅公司会计账簿，向他人通报有关信息损害公司合法利益的。

3. 涉及股东失权的诉讼

股东对失权有异议的，应当自接到失权通知之日起30日内，向人民法院提起诉讼。

4. 涉及解散公司的诉讼

公司经营管理发生严重困难，继续存续会使股东利益受到重大损失，通过其他途径不能解决的，持有公司10%以上表决权的股份有限公司的股东，可以请求人民法院解散公司。

不受理：知情权、利润分配请求权等权益受到损害，或者公司亏损、财产不足偿还全部债务，公司被吊销营业执照未进行清算等。

5. 股东直接诉讼

公司董事、高级管理人员违反法律、行政法规或者公司章程的规定，损害股东利益的，股东可以(直接作为原告)向法院提起诉讼。

6. 股东代表诉讼

(1) 提起诉讼的股东，见表13-15。

表13-15 提起诉讼的股东

项目	内容
有限公司	任何一个"股东"(单独股东权)
股份公司	连续180日以上单独或合计持有公司1%以上股份的股东

（2）股东对公司或者全资子公司"董监高"提起诉讼程序，见表13-16。

表13-16　股东对公司或者全资子公司"董监高"提起诉讼程序

项目	内容
董事、高管侵犯公司利益	书面请求公司或者全资子公司监事会提起诉讼（必经程序）
监事侵犯公司利益	书面请求公司或者全资子公司董事会提起诉讼（必经程序）
股东以自己名义起诉	收到股东书面请求后拒绝起诉； 收到请求之日起30日内未起诉； 情况紧急，不立即起诉会使公司受到难以弥补的损害

（3）股东对"他人"提起诉讼程序，见表13-17。

表13-17　股东对"他人"提起诉讼程序

项目	内容
情形	他人侵犯公司或者全资子公司权益，给公司或者全资子公司造成损失
诉讼方式	可以书面请求董事会或者监事会向法院提起诉讼； 可以直接向法院提起诉讼

（4）股东代表诉讼的当事人，见表13-18。

表13-18　股东代表诉讼的当事人

类型	原告	被告	第三人
监事会代为的诉讼	公司	董事、高管	—
董事会代为的诉讼	公司	监事	—
股东代为诉讼	股东	董、监、高或他人	公司

【例题10·多选题】根据《公司法》司法解释的规定，下列关于股东提起诉讼的说法中，正确的有（　　）。

　　A. 股东认为股东会表决方式违反公司章程规定的，可以向人民法院提起公司决议无效诉讼

　　B. 股东认为公司监事违反章程规定，损害公司利益的，应以自己的名义直接向人民法院提起诉讼

　　C. 对股东会转让公司主要财产的决议投反对票的股东，在规定时间内与公司不能达成股权收购协议的，可自股东会决议通过之日起90日内向人民法院提起诉讼

　　D. 公司董事执行职务时违反章程规定，给公司造成损失的，有限责任公司股东应以自己的名义直接向人民法院提起诉讼

　　E. 公司高管执行公司职务时违反公司章程，给公司造成损失的，有限责任公司股东可以书面请求监事会向人民法院提起诉讼

答案　
例题10｜CE

解析　本题考查股东诉讼。选项A，股东会表决方式违反公司章程规定

的,该决议属"可撤销决议",可提起撤销诉讼,而非无效诉讼。选项 B,公司监事违反章程规定,损害公司利益的,股东应先书面请求董事会(执行董事)向法院提起诉讼,情况紧急的,才可直接起诉。选项 D,公司董事执行职务违反章程规定,给公司造成损失的,股东应先书面请求监事会(监事)向法院提起诉讼,情况紧急的,才可直接起诉。

第四节 公司运行

考点十三 股东会 ★★ 一学多考│中注

1. 股东会职权

包括:①选举和更换董事、监事,决定有关董事、监事的报酬事项;②审议批准董事会的报告;③审议批准监事会的报告;④审议批准公司利润分配方案和弥补亏损方案;⑤对发行公司债券作出决议(可授权董事会决议);⑥对公司增加或减少注册资本作出决议;⑦对公司合并、分立、变更公司形式、解散和清算等事项作出决议;⑧修改公司章程。

提示 股东以书面形式一致同意,可不召开股东会,直接决定,并由全体股东在决定文件上签名或盖章;只有一个股东的公司不设股东会,作出上述事项的决定时,应当采用书面形式,并由股东签名或盖章后置备于公司。

记忆口诀: 董事、监事、批准、增资、减资、合并、分立、债券、变更形式、解散、清算、章程(谐音:董监批准增减合分债,边界算账)。

2. 股东会召集和主持

股东会召集和主持,见表13-19。

表13-19 股东会召集和主持

项目	内容
有限公司	(1)首次:<u>出资最多</u>的股东。 (2)之后会议:董事会→监事会→代表1/10以上表决权的股东。 (3)通知与公告:15日前。 **提示** 出席会议股东签字
股份公司	(1)董事会→监事会→连续90日以上单独或者合计持有10%以上股份的股东。 (2)通知与公告:①年会20日前;②临时会议15日前。 **提示** 主持人、出席会议的董事签字

3. 股东会会议频率

股东会会议频率,见表13-20。

表13-20 股东会会议频率

项目	内容
有限公司	(1)定期会议按照公司章程的规定。 (2)临时会议:1/10以上表决权的股东;1/3以上董事;监事会提议

(续表)

项目	内容
股份公司	(1)分为年会和临时股东会，应当每年召开1次年会； (2)有下列情形之一的，应当在2个月内召开临时股东会：董事人数不足《公司法》规定人数(3人)或者公司章程所定人数的2/3时；公司未弥补的亏损达股本总额的1/3时；单独或者合计持有公司10%以上股份的股东请求时；董事会认为必要时；监事会提议召开时

> **记忆口诀**
> 董事会、监事会、10%股份股东、亏损多、董事少（谐音：慧慧拾多少）。

4. 表决权计算

表决权计算，见表13-21。

表 13-21 表决权计算

项目	内容
有限公司	按出资比例，章程另有规定的除外
股份公司	每一股有一表决权，类别股除外。 **提示** 公司持有本公司股份不享有表决权

5. 股东会普通决议

股东会普通决议，见表13-22。

表 13-22 股东会普通决议

项目	内容
有限公司	(1)经代表过半数表决权的股东通过； (2)为股东、实际控制人担保，出席会议其他股东所持表决权过半数
股份公司	出席会议的股东所持表决权的过半数

6. 股东会特别决议

股东会特别决议，见表13-23。

表 13-23 股东会特别决议

项目	内容	
有限公司	(1)修改章程； (2)增加或减少注册资本； (3)合并、分立、解散； (4)变更公司形式	代表2/3以上表决权的股东通过
股份公司	上述+上市公司在1年内购买、出售重大资产或者担保金额超过资产总额的30%	出席会议的股东所持表决权的2/3以上通过
	提示 股份公司选举董事、监事可以用累积投票制，股东可以委托代理人出席	

> **记忆口诀**
> 增减合分，修边界。

7. 股东会决议无效、可撤销和不成立

股东会决议无效、可撤销和不成立，见表13-24。

表 13-24 股东会决议无效、可撤销和不成立

项目	内容
无效	决议内容违反法律、行政法规
可撤销	召集程序、表决方式违反法律、行政法规或者公司章程，或者决议内容违反公司章程。 **提示** 注意内容
不成立	(1)未召开股东会会议作出决议； (2)股东会会议未对决议事项进行表决； (3)出席会议的人数或所持表决权数未达到《公司法》或公司章程规定的人数或所持表决权数； (4)同意决议事项的人数或所持表决权数未达到《公司法》或公司章程规定的人数或所持表决权数

【例题11·单选题】张某、王某、李某、赵某出资设立甲有限责任公司(下称甲公司)，出资比例分别为5%、15%、36%和44%，公司章程对股东会召开及表决的事项无特别规定。下列关于甲公司股东会召开和表决的表述中，符合公司法律制度规定的是(　　)。

A. 张某、王某和李某行使表决权赞成即可通过修改公司章程的决议
B. 张某有权提议召开股东会临时会议
C. 王某和李某行使表决权赞成即可通过解散公司的决议
D. 首次股东会会议的召开由赵某召集和主持

解析 本题考查股东会决议。选项A、C，股东会会议作出修改公司章程、增加或者减少注册资本的决议，以及公司合并、分立、解散或者变更公司形式的决议，必须经代表2/3以上表决权的股东通过。选项B，代表1/10以上表决权的股东，1/3以上的董事，监事会提议召开临时会议的，应当召开临时会议。选项D，首次股东会会议由出资最多的股东召集和主持。

【例题12·单选题】根据公司法律制度的规定，下列关于股份有限公司股东会的表述中，正确的是(　　)。

A. 股东会可以依照公司章程的规定以累积投票制的方式选举董事
B. 股东人数较少的股份有限公司，股东会会议可以每两年召开一次
C. 股东会作出决议，必须经全体股东所持表决权过半数通过
D. 股东会可以对会议通知中未列明的事项作出决议

解析 本题考查股东会。选项B，股东会应当每年召开1次年会。选项C，股东会作出一般决议，经出席会议的股东所持表决权的过半数通过。选项D，股东会不得对会议通知中未列明的事项作出决议。

答案
例题11 | D
例题12 | A

考点十四 董事会 ★★★　一学多考｜中注

记忆口诀：服务股东会，制订方案，制定基本制度，决定内部机构和高管。

1. 董事会职权

包括：①召集股东会会议，并向股东会报告工作；②执行股东会的决议；③决定公司的经营计划和投资方案；④制订公司的利润分配方案和弥补亏损方案；⑤制订公司增加或者减少注册资本以及发行公司债券的方案；⑥制订公司合并、分立、解散或者变更公司形式的方案；⑦决定公司内部管理机构的设置；⑧决定聘任或者解聘公司经理及其报酬事项，并根据经理的提名决定聘任或者解聘公司副经理、财务负责人及其报酬事项；⑨制定公司的基本管理制度。

【注意】第④~⑥项由股东会批准。

2. 有限责任公司与股份有限公司董事会比较

有限责任公司与股份有限公司董事会比较，见表13-25。

表13-25　有限责任公司与股份有限公司董事会比较

项目	有限责任公司	股份有限公司
人数	≥3人 **提示** 规模较小或股东人数较少，可设1名董事	
董事长产生	章程规定	全体董事的过半数选举（>1/2） **提示** 设董事长1人，可以设副董事长，上市公司设董事会秘书
召集和主持	董事长→副董事长→过半数董事共同推举1名董事	
通知	章程规定	召开10日前通知
会议频率	章程规定	每年度至少召开2次会议
临时会议	无相关规定	代表1/10以上表决权的股东、1/3以上董事或者监事会
职工代表	职工300人以上，应当有职工代表，除设监事会并有职工代表外 **提示** 职工代表由职工代表大会、职工大会或其他形式民主选举产生	
任期	不得超过3年（≤3），任期届满，连选可连任。 【注意】监事3年	
召开条件	过半数董事出席，董事不能出席，可书面委托其他董事代为出席。 **提示** 上市公司无关联关系董事过半数出席	
决议	全体董事的过半数通过。 **提示1** 上市公司无关联关系董事过半数通过。 **提示2** 表决实行一人一票，出席会议的董事应在会议记录上签名	
解任	股东会可以决议解任董事，决议作出之日解任生效	
辞任	应当以书面形式通知公司，公司收到通知之日辞任生效	

(续表)

项目	有限责任公司	股份有限公司
审计委员会	\multicolumn{2}{l	}{可在董事会中设置，行使监事会职权，不设监事会或监事。股份公司：3名以上，过半数不得担任其他职务，作出决议过半数通过}
	\multicolumn{2}{l	}{上市公司，董事会对下列事项作出决议前应当经审计委员会全体成员过半数通过：①聘用、解聘承办公司审计业务的会计师事务所；②聘任、解聘财务负责人；③披露财务会计报告}
责任	——	董事会决议违反法律、行政法规或者章程、股东会决议，给公司造成严重损失的，参与决议的董事对公司负赔偿责任，但经证明在表决时曾表明异议并记载于会议记录的，该董事可免责。**提示** 没参与决议和表明异议有会议记录的不需要承担责任

● **得分高手**（2024年单选、多选）

重点考查董事会职权、两类公司董事会区别和审计委员会规定。董事会职权应注意与股东会职权关键词的区别。股份公司董事会特殊规定包括全体董事的过半数选举董事长、每年度至少召开2次会议、有临时会议情况。两类公司都可以在董事会中设置审计委员会，行使监事会职权，不设监事会或监事。

【例题13·单选题】（2024年）根据《公司法》的规定，下列关于审计委员会性质、成员构成及董事会设置流程的说法中，正确的是(   )。

A. 职工代表不能作为审计委员会成员
B. 审计委员会是董事会以外单独设置的议事机构
C. 审计委员会成员应由股东担任
D. 公司设审计委员会的，可不设监事会

解析 本题考查审计委员会。选项A、C，公司董事会成员中的职工代表可以成为审计委员会成员。选项B、D，公司可以按照公司章程的规定在董事会中设置由董事组成的审计委员会，行使《公司法》规定的监事会的职权，不设监事会或者监事。

【例题14·多选题】（2024年）上市公司董事甲与该公司董事会会议决议事项所涉及的乙企业存在关联关系。对此，下列表述正确的有(   )。

A. 甲可以出席与关联事项有关的董事会会议，但不得参与表决
B. 甲无权出席与关联事项有关的董事会会议
C. 甲应当及时向董事会书面报告
D. 董事会作出的关联事项的决议应由无关联关系董事过半数表决通过
E. 甲可以出席与关联事项有关的董事会决议，并可以代其他董事行使表决权

答案
例题13 | D
例题14 | ACD

解析 本题考查上市公司关联董事表决权排除。上市公司董事与董事会会议决议事项所涉及的企业或者个人有关联关系的，该董事应当及时向董事会书面报告。有关联关系的董事不得对该项决议行使表决权，也不得代理其他董事行使表决权。该董事会会议由过半数的无关联关系董事出席即可举行，董事会会议所作决议须经无关联关系董事过半数通过。

考点十五 经理 ★ 一学多考|中注

经理由董事会决定聘任或者解聘。经理对董事会负责，根据公司章程的规定或者董事会的授权行使职权。经理列席董事会会议。

考点十六 监事会 ★★ 一学多考|中注

1. 监事会职权

包括：①检查公司财务。②监督董事、高级管理人员：提出解任的建议，纠正其损害公司利益的行为；对其提起诉讼；要求提交执行职务的报告。③提议召开临时股东会会议；在董事会不履行召集和主持股东会会议时召集和主持股东会会议。④向股东会会议提出提案。

【注意】监事可列席董事会会议。

记忆口诀：监督董高、检查财务、提议、提案（谐音：监检提提）。

2. 有限责任公司与股份有限公司监事会比较

有限责任公司与股份有限公司监事会比较，见表13-26。

表13-26 有限责任公司与股份有限公司监事会比较

项目	有限责任公司	股份有限公司
会议频率	每年至少召开1次	每6个月至少召开1次
召集	主席→副主席→过半数监事共同推举1名监事	
提议的会议	提议召开临时股东会	提议召开临时董事会、临时股东会
是否设立	股东人数较少或规模较小，可以不设，设1名监事。 提示 董事会中设立审计委员会的，不设监事会或监事；有限责任公司经全体股东一致同意，可不设监事	
人数与限制	不少于3人(≥3)，董事、高管不得兼任监事	
职工代表	应当包括职工代表，比例不得低于1/3。 提示 职工代表由职工代表大会、职工大会或其他形式民主选举产生	
主席产生	设主席1人，股份公司可设副主席，由全体监事过半数选举	
任期	任期3年，连选可以连任	
决议与记录	全体监事过半数通过，出席会议监事在会议记录上签名	

提示 凡是有正式党员3人以上的，都应当成立党的基层组织

考点十七 董事、监事、高级管理人员 ★★ 一学多考|中注

(1)不得担任董事、监事、高级管理人员情形：①无民事行为能力或者

限制民事行为能力；②因贪污、贿赂、侵占财产、挪用财产或者破坏社会主义市场经济秩序，被判处刑罚，或者因犯罪被剥夺政治权利，执行期满未逾5年，被宣告缓刑的，自缓刑考验期满之日起未逾2年；③担任破产清算的公司、企业的董事或者厂长、经理，对该公司、企业的破产负有个人责任的，自该公司、企业破产清算完结之日起未逾3年；④担任因违法被吊销营业执照、责令关闭的公司、企业的法定代表人，并负有个人责任的，自该公司、企业被吊销营业执照、责令关闭之日起未逾3年；⑤个人因所负数额较大债务到期未清偿被法院列为失信被执行人。

（2）董事、监事、高级管理人员禁止行为：①侵占公司财产、挪用公司资金；②将公司资金以其个人名义或者以其他个人名义开立账户存储；③利用职权贿赂或者收受其他非法收入；④接受他人与公司交易的佣金归为己有；⑤擅自披露公司秘密。

（3）自己交易：董事、监事、高管直接或间接与本公司订立合同或者进行交易，应当向董事会或股东会报告，并按章程规定经董事会或股东会决议通过。董事、监事、高级管理人员的近亲属，董事、监事、高级管理人员或其近亲属控制的企业，以及与董事、监事、高级管理人员有关联关系的关联人，适用上述规定。

（4）董事、监事、高级管理人员不得利用职务便利为自己或他人谋取属于公司的商业机会，下列情形除外：①向董事会或股东会报告，并按章程规定经董事会或股东会决议通过；②根据法律、行政法规或章程规定，公司不能利用该商业机会。

提示 以上事项关联董事不得参与表决，其表决权不计入表决权总数。出席董事会会议的无关联关系董事人数不足3人的，应当提交股东会审议。

记忆口诀
未成年人、精神病人、犯错的人（大错管5年/缓刑管2年、小错管3年）、欠债多被拉黑的人。

【例题15·单选题】甲股份有限公司2024年6月召开股东会，选举公司董事。根据《公司法》的规定，下列人员中，不得担任该公司董事的是（　　）。

A. 张某，因挪用财产被判处刑罚，执行期满已逾6年
B. 吴某，原系乙有限责任公司董事长，因其个人责任导致该公司破产，清算完结已逾5年
C. 储某，所负数额较大债务到期未清偿
D. 杨某，原系丁有限责任公司法定代表人，因其个人责任导致该公司被吊销营业执照未逾2年

解析 本题考查公司董事、监事、高级管理人员的任职资格。选项D，担任因违法被吊销营业执照、责令关闭的公司、企业的法定代表人，并负有个人责任的，自该公司、企业被吊销营业执照之日起未逾3年的，不得再担任董事。

答案
例题15 | D

考点十八 公司财务会计 ★★ 一学多考|中注

1. 财务要求

应当依照法律、行政法规和国务院财政部门的规定建立本公司的财务、会计制度。应当在每一会计年度终了时编制财务会计报告,并依法经会计师事务所审计。除法定的会计账簿外,不得另立会计账簿,公司资产不得以个人名义开立账户存储。

2. 财务会计报告

(1)有限责任公司:依照公司章程规定的期限送交各股东。

(2)股份有限公司:股东会年会20日前置备于公司,供股东查阅。

3. 利润分配

(1)利润分配顺序:①弥补以前年度的亏损(5年内)→②缴纳所得税→③弥补亏损之后仍存在的亏损(5年前)→④提取法定公积金→⑤任意公积金(非必需)→⑥向股东分配利润(约定→实缴/持股)。

提示 董事会应在股东会决议作出之日6个月内分配。

(2)不得分配利润:①公司持有的本公司股份不得分配利润;②减少注册资本弥补亏损的,公司不得向股东分配,也不得免除股东缴纳出资或者股款的义务;③减少注册资本弥补亏损的,在法定公积金和任意公积金累计额达到公司注册资本的50%前,不得分配利润。

4. 公积金

公积金,见表13-27。

表13-27 公积金

项目		具体规定
盈余公积金	法定公积金	(1)按照公司税后利润的10%提取; (2)累计额为注册资本的50%以上时可以不再提取
	任意公积金	按照公司股东会决议,没有限制
资本公积金		直接由资本、资产或收益形成,超过股票票面金额发行股份所得的溢价款、发行无面额股所得股款未计入注册资本的金额以及国务院财政部门规定列入资本公积金的其他项目
公积金用途		(1)弥补公司亏损; (2)扩大生产经营; (3)转增公司资本。 **提示1** 弥补亏损先使用任意公积金和法定公积金→按规定使用资本公积金 **提示2** 法定公积金转增资本,所留存的该项公积金不得少于转增前公司注册资本的25%

【例题16·单选题】下列关于公司财务会计制度的说法,正确的

是（ ）。

A. 法定公积金转为增加注册资本时，所留存的该项公积金不得少于转增前公司注册资本的25%
B. 公司持有的本公司股份可以分配利润
C. 资本公积金不可以用于弥补公司亏损
D. 法定公积金累计额达到公司注册资本的25%，可以不再提取

解析 本题考查公司的财务会计。选项B，公司持有的本公司股份不得分配利润。选项C，公司的公积金用于弥补公司亏损、扩大公司生产经营或者转为增加公司注册资本。公积金弥补公司亏损，应当先使用任意公积金和法定公积金；仍不能弥补的，可以按照规定使用资本公积金。选项D，公司法定公积金累计额为公司注册资本的50%以上时，可以不再提取。

第五节 公司变更、解散与清算

考点十九 公司变更 ★★ 一学多考|中注

1. 公司的合并与分立

公司的合并与分立，见表13-28。

表13-28 公司的合并与分立

项目	公司合并	公司分立
类型	吸收合并、新设合并	新设分立、派生分立
决议	股东会决议，有限责任公司经代表2/3以上表决权的股东通过；股份有限公司经出席会议股东所持表决权的2/3以上通过	
决议	（1）公司与其持股90%以上的公司合并，被合并的公司不需经股东会决议，但应当通知其他股东，其他股东有权请求公司按照合理的价格收购其股权或者股份。 （2）公司合并支付的价款不超过本公司净资产的10%的，可以不经股东会决议，章程另有规定的除外。 **提示** 依照上述规定合并不经股东会决议的，应当经董事会决议	
文件	编制资产负债表、财产清单	
通知、公告	自作出决议之日起10日内通知债权人，并于30日内在报纸上或者国家企业信用信息公示系统公告；（公司合并）债权人自接到通知书之日起30日内，未接到通知书的自公告之日起45日内，可以要求公司清偿债务或者提供相应担保	
法律后果	公司合并时，合并各方的债权、债务，应当由合并后存续的公司或者新设的公司承继	公司分立前的债务由分立后的公司承担连带责任，公司在分立前与债权人就债务清偿达成的书面协议另有约定的除外

记忆口诀 13345。

答案
例题16 | A

2. 增资、减资

增资、减资，见表13-29。

表13-29 增资、减资

项目	增资	减资
决议	股东会决议，有限责任公司经代表2/3以上表决权的股东通过；股份有限公司经出席会议股东所持表决权的2/3以上通过	
通知、公告	无要求	自作出减少注册资本决议之日起10日内通知债权人，并于30日内在报纸上公告；债权人自接到通知书之日起30日内，未接到通知书的自公告之日起45日内，有权要求公司清偿债务或者提供相应担保

记忆口诀
13345。

【例题17·多选题】下列有关公司合并、分立规则的说法中，正确的有（ ）。

A. 有限责任公司分立，应由股东会作出决议
B. 公司合并时，合并各方的债权、债务由合并后存续的公司承继
C. 股份有限公司合并的决议，需经该公司代表2/3以上表决权的股东通过
D. 公司分立，应当编制资产负债表及财产清单
E. 公司与其持股90%以上的公司合并，被合并的公司不需经股东会决议，但应当通知其他股东

解析 本题考查公司合并、分立。选项C，股份公司股东会作出修改公司章程、增加或者减少注册资本的决议，以及公司合并、分立、解散或者变更公司形式的决议，必须经"出席会议的"股东所持表决权的2/3以上通过。

考点二十 公司解散与清算 ★ 一学多考|中注

1. 解散情形

（1）公司章程规定的营业期限届满或者公司章程规定的其他解散事由出现；
（2）股东会决议解散；
（3）因公司合并或者分立需要解散；
（4）依法被吊销营业执照、责令关闭或者被撤销；
（5）公司经营管理发生严重困难，继续存续会使股东利益受到重大损失，通过其他途径不能解决，持有公司10%以上表决权的股东，可以请求法院解散。

2. 清算组

清算组，见表13-30。

答案
例题17 | ABDE

表 13-30　清算组

项目	内容
自行清算	董事为清算义务人，应当在解散事由出现之日起 15 日内成立清算组 清算组由董事组成，章程另有规定或股东会决议另选他人的除外 **提示** 除合并、分立豁免清算外，其他解散的公司应当清算
指定清算	利害关系人申请法院指定清算组： (1) 逾期不成立清算组进行清算； (2) 成立清算组后不清算
清算组职权	(1) 清理公司财产，分别编制资产负债表和财产清单； (2) 通知、公告债权人； (3) 处理与清算有关的公司未了结的业务； (4) 清缴所欠税款以及清算过程中产生的税款； (5) 清理债权、债务； (6) 分配公司清偿债务后的剩余财产； (7) 代表公司参与民事诉讼活动

3. 债权申报

（1）清算组自成立之日起 10 日内通知债权人，并于 60 日内在报纸上或者国家企业信用信息公示系统公告。

（2）债权人自接到通知之日起 30 日内，未接到通知的自公告之日起 45 日内，向清算组申报债权。

记忆口诀 16345。

4. 清偿顺序

支付清算费用→职工工资、社会保险费用和法定补偿金→缴纳所欠税款→清偿公司债务后的剩余财产→有限责任公司按照股东的出资比例分配/股份有限公司按照股东持有的股份比例分配。

5. 清算注销

清算注销，见表 13-31。

表 13-31　清算注销

项目	内容
注销程序	清算结束后，清算组应制作清算报告，报股东会或法院确认，并报送公司登记机关，申请注销登记
简易注销	适用情况：公司在存续期间未产生债务，或者已清偿全部债务的，经全体股东承诺。 **提示** 若股东承诺不实，对注销登记前的债务承担连带责任 程序：应当通过国家企业信用信息公示系统予以公告，公告期限不少于 20 日。公告期限届满后，未有异议，可以在 20 日内向登记机关申请注销登记

(续表)

项目	内容
强制注销	公司被吊销营业执照、责令关闭或者被撤销，满3年未申请注销登记，登记机关可以通过国家企业信用信息公示系统予以公告，公告期限不少于60日。期满后无异议，登记机关可以注销登记。 **提示** 原股东、清算义务人的责任 不受影响

同步训练

考点一 公司的概述

(单选题)下列关于公司注册资本的表述中，正确的是(　　)。

A. 有限责任公司的注册资本为在公司登记机关登记的全体股东实缴的出资额

B. 股份有限公司的注册资本为在公司登记机关登记的全体股东认缴的股本总额

C. 有限责任公司全体股东认缴的出资额由股东按照公司章程的规定自公司成立之日起5年内缴足

D. 以募集设立方式设立股份有限公司的，发起人认购的股份不得少于公司章程规定的公司设立时应发行股份总数的30%

考点二 公司能力

1. (单选题)根据《公司法》的规定，下列关于公司提供担保的说法中，正确的是(　　)。

   A. 公司可以为股东提供担保，担保数额由董事会决定

   B. 公司为他人提供担保，由董事会决定

   C. 公司为股东提供担保，需经出席股东会议的其他股东所持表决权的过半数通过

   D. 公司不得为公司实际控制人提供担保

2. (多选题)根据公司法律制度的规定，下列关于公司能力的说法中，正确的有(　　)。

   A. 国有独资公司可以对外投资，成为合伙企业的普通合伙人

   B. 公司向其他企业投资，按照公司章程的规定，由董事会或者股东会决议

   C. 公司为公司股东提供担保，须经出席股东会议的其他股东过半数通过，作出决议

   D. 公司诉权由法定代表人代表公司行使

   E. 公司的权利能力始于成立、终于终止，与行为能力一致

考点三 公司章程

(多选题)根据《公司法》的规定，下列关于公司章程和股东责任的说法中，正确的

有( )。
- A. 有限责任公司股东会会议作出修改公司章程的决议，必须经代表 2/3 以上表决权的股东通过
- B. 股份有限公司章程由发起人制订，采用募集方式设立的，须经成立大会经过
- C. 设立公司必须依法制定公司章程
- D. 有限责任公司的章程必须经全体股东同意并签名盖章后才能生效
- E. 章程对公司、股东、董事、监事、高级管理人员、实际控制人具有约束力

考点四 公司资本

(单选题)根据公司法律制度的规定，公司章程或股东会可以授权董事会决议发行新股，下列说法正确的是( )。
- A. 公司章程或者股东会可以授权董事会在 3 年内决定发行不超过已发行股份 30% 的股份
- B. 以非货币财产出资的不得授权董事会决议
- C. 董事会决议应当经全体董事过半数通过
- D. 董事会依照规定决定发行股份导致公司注册资本、已发行股份数发生变化的，对公司章程该项记载事项的修改应当由股东会表决

考点五 公司登记

(单选题)根据《公司法》的规定，下列关于公司设立登记的说法中，正确的是( )。
- A. 营业执照签发日期为公司成立日期
- B. 电子营业执照法律效力优于纸质营业执照
- C. 设立分公司，无须向登记机关申请登记，领取营业执照
- D. 公司登记机关应当发给电子营业执照

考点六 公司人格及其否认制度

(单选题)根据《公司法》的规定，下列关于公司法人人格的说法中，正确的是( )。
- A. 有限责任公司的股东以其认购的股份为限对公司承担责任
- B. 公司股东滥用公司法人独立地位和股东有限责任，逃避债务，严重损害公司债权人利益的，应当对公司债务承担连带责任
- C. 公司账簿与股东账簿不分，致使公司财产与股东财产无法区分属于过度控制
- D. 母子公司或者子公司之间进行交易，收益归一方，损失由另一方承担，属于人格混同

考点七 设立方式和条件

1. (单选题)下列有关股份有限公司设立规则的说法中，正确的是( )。
   - A. 2 人以上 200 人以下发起人，其中须有半数以上的发起人在中国境内有住所
   - B. 必须设立董事会和监事会

C. 按照章程规定，可以在董事会中设置由董事组成的审计委员会，行使监事会职权，不设监事会或监事

D. 发起人应当在公司成立后，按照其认购的股份全额缴纳股款

2. (多选题)下列关于有限责任公司设立、组织机构及公司章程的说法中，正确的有(   )。

A. 注册资本为全体股东认缴的出资额，应当在公司成立5年内缴足

B. 设立董事会的，其成员为3~13人

C. 股东人数1人以上50人以下

D. 公司章程应由全体股东共同制定

E. 规模较小、股东人数较少，可以不设立监事会，但必须设1名监事

考点八 公司设立责任

1. (单选题)甲、乙拟共同投资设立丙有限责任公司，约定由乙担任法定代表人。在公司设立过程中，甲以丙公司的名义和丁公司签订房屋租赁合同。后丙公司因故未成立，尚欠丁公司房租20万元。根据公司法律制度的规定，下列关于该租金清偿责任的表述中，正确的是(   )。

A. 由甲承担全部责任

B. 由甲、乙承担连带责任

C. 由乙承担全部责任

D. 由甲、乙依出资比例按份承担责任

2. (单选题)2024年1月，孙某、张某、赵某共同出资设立一有限责任公司。孙某以房屋作价出资100万元。2024年5月，李某入股该公司。后查明，孙某出资的房屋价值仅为70万元。对孙某出资不足责任承担的下列表述中，正确的是(   )。

A. 应当由孙某、张某、赵某与李某在出资不足的范围内承担连带责任

B. 应当由孙某、张某与赵某在出资不足的范围内承担连带责任

C. 应当由孙某补缴出资差额，无法补足的，减少相应的公司注册资本

D. 应当由孙某补缴出资差额，张某与赵某承担补充责任

3. (单选题)根据《公司法》的规定，下列关于公司设立责任承担的说法中，不正确的是(   )。

A. 设立时的股东为设立公司以自己的名义从事民事活动产生的民事责任，第三人有权选择请求公司或者公司设立时的股东承担

B. 有限责任公司股东应当按公司章程要求期限最长自公司成立之日起5年内按期足额实缴全部出资额

C. 未按照公司章程规定的出资日期缴纳出资的股东，直接丧失其未缴纳出资的股权

D. 有限责任公司不能清偿到期债务的，公司或者已到期债权的债权人有权要求已认缴出资但未届出资期限的股东提前缴纳出资

考点九 股东基本制度

1. (单选题)甲、乙投资设立A公司,邀请张某入股,张某考虑自己可能没有时间管理A公司,于是与李某约定,由张某实际出资100万元并享有投资权益,而李某为名义股东。A公司成立后,张某尚有20万元出资未缴清。到年终,公司分红,张某要求李某把分得的利润给自己;李某见该投资有利可图,于是主张二者之间实为借贷,因此发生纠纷;张某认为李某不再适合做名义股东,要求自己行使在公司中的股东权益。第二年,公司亏损,欠王某货款未付,王某查知李某名下尚有20万元出资未缴清,于是要求李某承担清偿责任。李某趁机将名下的股权以合理价格卖给不知情的刘某,并履行了股权转让手续。下列说法中符合法律规定的是( )。

   A. 若张某以其实际履行了出资义务为由主张获得公司利润,法院应予支持
   B. 张某要求自己行使在公司中的股东权益,公司不得拒绝
   C. 李某可以以自己仅为名义股东为由拒绝王某清偿货款的要求
   D. 张某有权要求刘某返还股权

2. (单选题)甲、乙、丙、丁出资设立了A有限责任公司,公司成立半年后,甲拟将股权转让给丁,丙拟将股权转让给股东以外的戊。A公司章程对股权转让没有特别规定。以下说法正确的是( )。

   A. 甲转让股权应当经过乙、丙一致同意
   B. 丙转让股权无须提前通知甲、乙、丁
   C. 若戊受让该股权时,丙尚有部分出资未届缴付期限,则戊应当承担缴纳出资的责任,丙不再承担责任
   D. 对丙转让的股权,若乙、丁都主张以同等条件购买,协商不成,乙、丁应当按照转让时各自的出资比例购买

考点十 股东出资

(单选题)甲、乙、丙三人拟成立一家有限责任公司,约定甲以某专利权出资,乙以劳务出资,丙以其持有的某公司股权出资。根据公司法律制度的规定,下列表述中,正确的是( )。

A. 甲以专利权出资无须办理权属变更登记,但须许可公司使用该专利
B. 乙可以以劳务出资,但应当由甲、乙、丙三人协商定价
C. 丙可以以股权出资,但必须履行关于股权转让的法定手续
D. 甲、乙、丙实际缴纳出资后,才能向登记机关申请公司设立登记

考点十一 股东权利

(单选题)甲为A有限责任公司出资额最少的小股东,乙为B股份公司2024年设立时起就持有公司股份1%的股东。根据公司法律制度的规定,下列说法中,不正确的是( )。

A. 甲有权查阅A公司的会计凭证 B. 甲有权查阅A公司的会计账簿
C. 乙有权查阅B公司的会计凭证 D. 乙无权查阅B公司的会计账簿

考点十二 股东诉权

1. (单选题)2023年5月,甲股份有限公司(下称甲公司)董事长王某违反公司章程规定将公司300万元资金投入某网络借贷平台。2024年7月,该平台倒闭,甲公司损失惨重,部分股东书面请求甲公司监事会对王某提起诉讼,监事会拒绝,该部分股东中的下列股东因此拟单独向人民法院提起股东代表诉讼,其中有资格提起股东代表诉讼的是(   )。
   A. 已经连续90日持有甲公司5%股份的郑某
   B. 已经连续100日持有甲公司3%股份的赵某
   C. 已经连续240日持有甲公司1.2%股份的乙有限责任公司
   D. 已经连续360日持有甲公司0.8%股份的李某

2. (单选题)根据《公司法》的规定,有限责任公司股东可直接向法院提起诉讼的情形是(   )。
   A. 公司董事违反法律、行政法规规定,损害股东利益的
   B. 公司董事执行公司职务时违反法律、行政法规,给公司造成损失的
   C. 公司董事执行公司职务时违反公司章程,给公司造成损失的
   D. 公司连续3年盈利但不向股东分配利润的

考点十三 股东会

1. (单选题)根据公司法律制度的规定,下列各项中,属于股东会职权的是(   )。
   A. 当董事、高级管理人员的行为损害公司的利益时,要求予以纠正
   B. 决定公司的经营计划和投资方案
   C. 制订公司合并、分立、解散或者变更公司形式的方案
   D. 选举和更换董事、监事,决定有关董事、监事的报酬事项

2. (单选题)某股份有限公司共发行股份3 000万股,每股享有平等的表决权。公司拟召开股东会对与另一公司合并的事项作出决议。在股东会表决时可能出现的下列情形中,能使决议得以通过的是(   )。
   A. 出席会议的股东共持有2 700万股,其中持有1 600万股的股东同意
   B. 出席会议的股东共持有2 400万股,其中持有1 200万股的股东同意
   C. 出席会议的股东共持有1 800万股,其中持有1 300万股的股东同意
   D. 出席会议的股东共持有1 500万股,其中持有800万股的股东同意

考点十四 董事会

1. (单选题)根据《公司法》的规定,下列有关有限责任公司董事会的说法中,错误的是(   )。
   A. 规模较小或股东人数较少,可以不设董事会,设1名董事
   B. 董事任期由公司章程规定,但每届任期不得超过3年
   C. 董事长和副董事长不召集和主持董事会的,由过半数董事共同推举1名董事召集和主持
   D. 董事会会议应当有过半数的董事出席方可举行,作出决议,应当经出席会议的

董事过半数通过

2. (单选题)某有限责任公司董事会由11名董事组成。2024年6月,董事长王某召集并主持召开董事会会议。关于此次会议召开及讨论决议事项的做法,符合《公司法》规定的是(　　)。

A. 制订公司的利润分配方案和弥补亏损方案
B. 审议批准监事会的报告,经表决,有6名董事同意,决定获得通过
C. 根据公司经营情况,会议决定从9月起每位董事提高30%的报酬
D. 鉴于监事会成员中的职工代表张某生病致短时间内不能正常履行职责,会议决定将监事张某更换为本公司职工王某

考点十五 经理

(单选题)甲股份有限公司欲聘请一名经理,关于对经理的聘任,下列说法正确的是(　　)。

A. 聘任经理的事项由审计委员会决定
B. 聘任经理的事项由董事会提议,股东会表决
C. 聘任经理的事项由董事会决定
D. 聘任经理的事项由监事会决定

考点十六 监事会

(单选题)根据公司法律制度的规定,下列关于有限责任公司监事会及监事的表述中,正确的是(　　)。

A. 规模较小的公司可以不设监事会
B. 监事会主席由股东会选举产生
C. 高级管理人员可以兼任监事
D. 公司章程可以规定监事的任期为每届5年

考点十七 董事、监事、高级管理人员

(单选题)某有限公司拟从下列人员中选任董事一名,其中符合《公司法》要求的是(　　)。

A. 甲,4年前因贪污被判处有期徒刑3年缓刑考验期4年
B. 乙,曾担任某企业厂长,该厂5年前破产,乙对此负有个人责任
C. 丙,曾担任某公司法定代表人,该公司2年前因走私被吊销营业执照,且丙对此负有责任
D. 丁,个人负债数额较大到期未清偿,被法院列为失信被执行人

考点十八 公司财务会计

(多选题)根据公司法律制度的规定,下列关于公积金的表述中,正确的有(　　)。

A. 法定公积金可以用于弥补以前年度亏损
B. 公司税后利润中提取法定公积金之后还可以提取任意公积金
C. 法定公积金转为资本时,所留存的该项公积金不得少于转增前公司注册资本

的 25%

D. 法定公积金累计额达到公司注册资本 25%的，可以不再提取

E. 资本公积金不得用于弥补亏损

考点十九 公司变更

(单选题)甲公司决定分立出乙公司单独经营。甲公司原有债权人包括丙银行、丁公司和其他一些小债权人。在分立协议中，甲、乙公司约定：原甲公司债务中，对丁公司的债务由分立出的乙公司承担，其余债务由甲公司承担。该债务分担安排经过丁公司认可，但未通知丙银行和其他小债权人。下列说法中，不正确的是(　　)。

A. 丁公司有权要求甲、乙连带清偿其债务

B. 丙银行有权要求甲、乙连带清偿其债务

C. 小债权人有权要求甲、乙连带清偿其债务

D. 甲公司应当自作出分立决议之日起 10 日内通知债权人

考点二十 公司解散与清算

(单选题)以下关于公司解散和清算的说法中，不正确的是(　　)。

A. 公司解散时，可以自行清算，应当在 15 日内组成清算组，逾期不组成清算组，利害关系人可以请求法院依法组成清算组对公司进行清算

B. 清算组应当自成立之日起 10 日内通知债权人并于 60 日内进行公告

C. 公司清算结束后，清算组应当制作清算报告，报股东会或者人民法院确认，并报送公司登记机关，申请注销公司登记

D. 公司清算过程中，清算组发现公司资产不足以清偿全部债务的，应当对债权人按债权比例清偿

综合拓展

(综合分析题·2024 年)2020 年 6 月山霞有限责任公司成立。公司注册资本 200 万元，水升公司出资 40%、齐某出资 30%、田某出资 30%。田某担任法定代表人，约定出资期限至 2040 年 12 月 31 日。2023 年 12 月 31 日，齐某以现金出资 60 万元，水升公司、田某未出资。2024 年 7 月，田某欲转让股权并通知水升公司、齐某。水升公司一直未作表示，齐某表示购买。8 月 11 日，经过公开竞价，施某购买了田某的股权。8 月 13 日，施某以股东名义记载于股东名册。8 月 15 日，完成股权变更手续。

9 月，公司召开股东会议作出如下决议：①修改股东出资期限至 2030 年 12 月 31 日；②施某享有 51%的表决权；③水升公司以专利权 80 万元追加投资(专利权评估价 50 万元)，并出具了 80 万元的出资证明；④水升公司签署施某变更为法定代表人的申请；⑤股东按季度查阅公司财务会计报告、会计账簿和会计凭证。

10 月，山霞公司债权人王某请求山霞公司偿还到期债权 150 万元，山霞公司以账上资金不足拒绝，王某请求施某、齐某、田某、水升公司承担连带责任。后经协商，债务延期到 2025 年 12 月 31 日。

为了偿还债务，公司作出以下决议：在清偿完债务之前不分配利润；公司法定公积

金已有 50 万元，不再提取法定公积金；不再提取任意盈余公积金；优先使用资本公积金偿还债务；下一年的第一季度，聘请事务所审计上一年度财务报表。

(1)关于田某出售股权的下列表述，正确的有(　　)。

A. 施某自记载于股东名册时，享有股东权利

B. 齐某享有优先购买权

C. 水升公司未作表示，也享有优先购买权

D. 水升公司未作表示，视为不同意出售

E. 田某出售股权，无须通知其他股东

(2)关于 2024 年 9 月召开的股东会议，下列符合规定的有(　　)。

A. 修改股东出资期限至 2030 年 12 月 31 日

B. 施某享有 51% 的表决权

C. 水升公司以专利权 80 万元追加投资(专利权评估价 50 万元)，并出具了 80 万元的出资证明

D. 水升公司签署施某变更法定代表人的申请

E. 股东按季度查阅公司财务会计报告、会计账簿和会计凭证

(3)债权人王某请求施某、齐某、田某、水升公司承担连带责任，下列表述正确的有(　　)。

A. 施某最高承担 80 万元　　B. 齐某最高承担 30 万元

C. 齐某最高承担 60 万元　　D. 水升公司最高承担 80 万元

E. 田某最高承担 60 万元

(4)为了偿还债务，公司作出决议正确的有(　　)。

A. 在清偿完债务之前不分配利润

B. 公司法定公积金已有 50 万元，不再提取法定公积金

C. 不再提取任意盈余公积金

D. 优先使用资本公积金偿还债务

E. 下一年的第一季度，聘请事务所审计上一年度财务报表

参考答案及解析

考点一　公司的概述

C　【解析】本题考查公司注册资本。选项 A，有限责任公司的注册资本为在公司登记机关登记的全体股东认缴的出资额。选项 B，股份有限公司的注册资本为在公司登记机关登记的已发行股份的股本总额。选项 D，以募集设立方式设立股份有限公司的，发起人认购的股份不得少于公司章程规定的公司设立时应发行股份总数的 35%；但是，法律、行政法规另有规定的，从其规定。

考点二　公司能力

1. C　【解析】本题考查公司担保能力的限制。选项 A、D，公司为股东或者实际控制

人提供担保，应当经股东会决议。选项 B，公司向其他企业投资或者为他人提供担保，依照公司章程的规定，由董事会或者股东会决议。

2. BDE 【解析】本题考查公司能力。选项 A，公司可以向其他企业投资。法律规定公司不得成为对所投资企业的债务承担连带责任的出资人的，从其规定。《合伙企业法》规定，国有独资公司、国有企业、上市公司以及公益性的事业单位、社会团体不得成为普通合伙人。选项 C，公司为公司股东或者实际控制人提供担保的，应当经股东会决议，该项表决由出席会议的其他股东所持表决权的过半数通过，而不是由出席股东会议的其他股东过半数通过。

考点三 公司章程

ABCD 【解析】本题考查公司章程和股东责任。选项 E，章程对公司、股东、董事、监事、高级管理人员具有约束力，公司章程作为公司的内部规章，效力仅及于公司和相关当事人，不具有普遍约束力。

考点四 公司资本

B 【解析】本题考查授权资本制。选项 A，公司章程或者股东会可以授权董事会在 3 年内决定发行不超过已发行股份 50% 的股份。选项 C，公司章程或股东会授权董事会决议发行新股，董事会决议应当经全体董事 2/3 以上通过。选项 D，董事会依照规定决定发行股份导致公司注册资本、已发行股份数发生变化的，因股东会已授权，对公司章程该项记载事项的修改无须股东会表决。

考点五 公司登记

A 【解析】本题考查公司设立登记。选项 B，电子营业执照与纸质营业执照具有同等法律效力。选项 C，设立分公司，应当向公司登记机关申请登记，领取营业执照。选项 D，公司登记机关可以发给电子营业执照。

考点六 公司人格及其否认制度

B 【解析】本题考查公司人格。选项 A，有限责任公司的股东以其认缴的出资额为限对公司承担责任；股份有限公司的股东以其认购的股份为限对公司承担责任。选项 C，公司账簿与股东账簿不分，致使公司财产与股东财产无法区分，属于人格混同。选项 D，母子公司或者子公司之间进行交易，收益归一方，损失由另一方承担，属于过度控制。

考点七 设立方式和条件

1. C 【解析】本题考查股份公司的设立。选项 A，1 人以上 200 人以下发起人，其中须有半数以上的发起人在中国境内有住所。选项 B，规模较小、股东人数较少，可以不设立董事会和监事会，只设 1 名董事、1 名监事。选项 D，发起人应当在公司成立前，按照其认购的股份全额缴纳股款。

2. ACD 【解析】本题考查有限责任公司的设立、组织机构及公司章程。选项 B，设立董事会的，其成员为 3 人以上。选项 E，规模较小、股东人数较少，可以不设立监事会，只设 1 名监事；全体股东一致同意，有限责任公司可以不设监事。

考点八 公司设立责任

1. B 【解析】本题考查公司未设立责任。公司未成立的，其法律后果由公司设立时的股东承受；设立时的股东为2人以上的，享有连带债权，承担连带债务。

2. B 【解析】本题考查股东缴纳出资。有限责任公司设立时，股东未按照公司章程规定实际缴纳出资，或者实际出资的非货币财产的实际价额显著低于所认缴的出资额的，设立时的其他股东与该股东在出资不足的范围内承担连带责任。

3. C 【解析】本题考查公司设立责任。选项C，未按照公司章程规定的出资日期缴纳出资的股东，经公司书面催缴出资，宽限期届满后仍不履行出资义务的，自公司董事会决议向该股东发出失权通知之日起，丧失其未缴纳出资的股权。

考点九 股东基本制度

1. A 【解析】本题考查股东资格。选项A，实际出资人与名义股东因投资权益的归属发生争议，实际出资人以其实际履行了出资义务为由向名义股东主张权利的，人民法院应予支持。选项B，记载于股东名册的股东，可以依股东名册主张行使股东权利，如果张某要行使股东权利，则需要按照股权转让的规则处理。选项C，如果公司债权人以登记于公司登记机关的股东未履行出资义务为由，请求其对公司债务不能清偿的部分在未出资本息范围内承担补充赔偿责任，股东以其仅为名义股东而非实际出资人为由进行抗辩的，人民法院不予支持。但是，名义股东在承担相应的赔偿责任后，向实际出资人追偿的，人民法院应予支持。选项D，名义股东将登记于其名下的股权转让、质押或者以其他方式处分，实际出资人以其对于股权享有实际权利为由，请求认定处分股权行为无效的，人民法院可以参照物权善意取得规则处理。刘某依善意取得制度取得了股权，张某无权要求刘某返还股权。

2. D 【解析】本题考查有限责任公司股权转让。选项A、B，对内转让无须其他股东同意，对外转让只需通知其他股东即可。选项C，股东转让已认缴出资但未届出资期限的股权的，由受让人承担缴纳该出资的义务；受让人未按期足额缴纳出资的，转让人对受让人未按期缴纳的出资承担补充责任。

考点十 股东出资

C 【解析】本题考查股东出资。选项A，股东以非货币财产出资的，应当依法办理其财产权的转移手续。选项B，股东不得以劳务、信用、自然人姓名、商誉、特许经营权或者设定担保的财产等作价出资。选项D，出资人认足（非实际缴纳出资）章程规定的出资后，就有资格向登记机关申请公司设立登记。

考点十一 股东权利

C 【解析】本题考查知情权。有限责任公司所有股东均有资格查阅会计凭证、会计账簿，而股份有限公司必须连续180日以上单独或者合计持有公司3%以上股份的股东有资格查阅会计凭证、会计账簿。

考点十二 股东诉权

1. C 【解析】本题考查股东诉讼。公司董事、高级管理人员执行公司职务时违反法律、行政法规或者公司章程的规定的，股份有限公司连续 180 日以上单独或合计持有公司 1% 以上股份的股东，可以书面请求监事会向人民法院提起诉讼，监事会收到书面请求后拒绝提起诉讼，或者自收到请求之日起 30 日内未提起诉讼，或者情况紧急、不立即提起诉讼将会使公司利益受到难以弥补的损害的，股东有权为了公司的利益以自己的名义直接向人民法院提起诉讼。

2. A 【解析】本题考查股东直接诉讼。选项 A，公司董事、高级管理人员违反法律、行政法规或者公司章程的规定，损害股东利益的，股东可以(直接作为原告)依法向人民法院提起诉讼。选项 B、C，董事、高级管理人员侵犯公司利益，需要先找监事会；监事侵犯公司利益，需要先找董事会，股东不能直接提起诉讼。选项 D，公司连续 5 年不向股东分配利润，而公司该 5 年连续盈利，并且符合法律规定的分配利润条件的，有限责任公司异议股东可以要求公司回购其股份。

考点十三 股东会

1. D 【解析】本题考查股东会职权。选项 A，属于监事会的职权。选项 B、C，属于董事会的职权。

2. C 【解析】本题考查股份有限公司股东会特别决议。选项 C，出席股东会的股东共持有 1 800 万股，其中持有 1 300 万股的股东同意，达到了出席会议的股东所持表决权的 2/3 以上，可以通过合并事项。

考点十四 董事会

1. D 【解析】本题考查董事会。选项 D，董事会会议应当有过半数的董事出席方可举行，作出决议，应当经全体董事的过半数通过。

2. A 【解析】本题考查董事会职权。选项 B，审议批准监事会的报告属于股东会职权。选项 C，决定有关董事的报酬事项，属于股东会职权。选项 D，监事会中的职工代表由公司职工通过职工代表大会、职工大会或者其他形式民主选举产生。

考点十五 经理

C 【解析】本题考查股份有限公司的组织机构。股份有限公司设经理，由董事会决定聘任或者解聘。

考点十六 监事会

A 【解析】本题考查监事会。选项 A，股东人数较少或者规模较小的有限责任公司，可以设 1 名监事，不设立监事会。选项 B，监事会主席由全体监事过半数选举产生。选项 C，董事、高级管理人员不得兼任监事。选项 D，监事的任期为每届 3 年。

考点十七 董事、监事、高级管理人员

B 【解析】本题考查董事、监事、高级管理人员的任职资格。有下列情形之一的人员，不得担任公司的董事、监事、高级管理人员：①无民事行为能力或者限制民

事行为能力；②因贪污、贿赂、侵占财产、挪用财产或者破坏社会主义市场经济秩序，被判处刑罚，或者因犯罪被剥夺政治权利，执行期满未逾 5 年，被宣告缓刑的，自缓刑考验期满之日起未逾 2 年；③担任破产清算的公司、企业的董事或者厂长、经理，对该公司、企业的破产负有个人责任的，自该公司、企业破产清算完结之日起未逾 3 年；④担任因违法被吊销营业执照、责令关闭的公司、企业的法定代表人，并负有个人责任的，自该公司、企业被吊销营业执照、责令关闭之日起未逾 3 年；⑤个人因所负数额较大债务到期未清偿被人民法院列为失信被执行人。

考点十八 公司财务会计

ABC 【解析】本题考查公积金。选项 A，公司的公积金主要用于弥补公司亏损、扩大公司生产经营或者转为增加公司资本。选项 B，公司从税后利润中提取法定公积金后，经股东会决议，还可以从税后利润中提取任意公积金。选项 C，法定公积金转为资本时，所留存的该项公积金不得少于转增前公司注册资本的 25%。选项 D，法定公积金按照公司税后利润的 10% 提取，当公司法定公积金累计额为公司注册资本的 50% 以上时，可以不再提取。选项 E，弥补亏损先使用任意公积金和法定公积金，不足再按规定使用资本公积金。

考点十九 公司变更

A 【解析】本题考查公司分立。分立协议中的约定经过丁公司认可，所以丁公司无权向甲公司要求清偿其债务。

考点二十 公司解散与清算

D 【解析】本题考查清算过程。选项 D，公司清算过程中，清算组发现公司资产不足以清偿全部债务的，应当申请该公司破产。

综合拓展

（1）AB 【解析】本题考查股权转让。选项 A，股权转让的，受让人自记载于股东名册时起可以向公司主张行使股东权利。选项 B、C、D、E，有限责任公司的股东向股东以外的人转让股权的，应当将股权转让的数量、价格、支付方式和期限等事项书面通知其他股东，其他股东在同等条件下有优先购买权。股东自接到书面通知之日起 30 日内未答复的，视为放弃优先购买权。本题中，水升公司一直未作表示，仅视为放弃优先购买权，不能视为不同意出售。

（2）BE 【解析】本题考查股东出资、公司能力、股东会的议事规则、股东权利。选项 A，有限责任公司全体股东认缴的出资额由股东按照公司章程的规定自公司成立之日起 5 年内缴足。选项 B，有限责任公司股东会会议由股东按照出资比例行使表决权；但是，公司章程另有规定的除外。选项 C，对作为出资的非货币财产应当评估作价，核实财产，不得高估或者低估作价。选项 D，公司的法定代表人按照公司章程的规定，由代表公司执行公司事务的董事或者经理担任。选项 E，有限责任公司股东有权查阅、复制公司章程、股东名册、股东会会议记录、董事会会议决议、监事会会议决议和财务会计报告。股东可以要求查阅公司会计账簿、会计凭

证。股东要求查阅公司会计账簿、会计凭证的，应当向公司提出书面请求，说明目的。

(3) E 【解析】本题考查股东出资责任。有限责任公司设立时，股东未按照公司章程规定实际缴纳出资，或者实际出资的非货币财产的实际价额显著低于所认缴的出资额的，设立时的其他股东与该股东在出资不足的范围内承担连带责任(公司增资时的股东出资，也适用该规定)。股东转让已认缴出资但未届出资期限的股权的，由受让人承担缴纳该出资的义务；受让人未按期足额缴纳出资的，转让人对受让人未按期缴纳的出资承担补充责任。本题中，水升公司需要缴纳自己认缴的80万元(200万元注册资本的40%)，以及后续增资时的专利权出资欠付的30万元，同时对设立时的股东田某未出资部分的60万元承担责任，因此水升公司最高对170万元(80万元+30万元+60万元)承担责任。齐某需要对水升公司未出资部分110万元(80万元+30万元)及田某未出资部分60万元承担连带责任，因此齐某最高对170万元承担责任。施某需要缴纳田某认缴出资的60万元(200万元注册资本的30%)，以及对水升公司增资时出资部分不足的30万元承担连带责任，因此施某最高对90万元承担责任。田某最高对出资不足部分即60万元承担责任。

(4) ACE 【解析】本题考查公司财务会计。选项A，该决议不违反公司法及其司法解释规定，是允许的。选项B，公司分配当年税后利润时，应当提取利润的10%列入公司法定公积金。公司法定公积金累计额为公司注册资本的50%以上的，可以不再提取。本题中，法定公积金累计额不到注册资本的50%，应当继续提取。选项C，任意公积金，又称任意盈余公积金，是指根据公司章程或股东会决议在法定公积金外自由提取的公积金。公司从税后利润中提取法定公积金后，经股东会决议，还可以从税后利润中提取任意公积金(股东会也可以决议不提取任意公积金)。选项D，资本公积金可以用来弥补亏损、扩大生产经营、转增资本。不包括清偿债务。选项E，公司应当在每一会计年度终了时编制财务会计报告，并依法经会计师事务所审计。

第十四章 破产法

重要程度：次重点章节　分值：7.5分左右

考试风向

考情速递

本章主要内容包括破产法基础、破产申请、破产债权、债务人财产、重整与和解、破产清算，专业性非常强，内容琐碎，学习难度非常大，要求反复思考理解，并加强重点记忆。重点关注的考点包括管理人、破产申请的提出、破产申请受理的法律后果、债权申报、债权人会议与债权人委员会、破产费用和共益债务、重整、破产财产变价与分配。本章主要考查单选题、多选题和综合分析题。

2025年考试变化

本章变动较小。
新增：（1）申请破产需要提交的材料、证据等；（2）取回权行使依据。
调整：管理人、追回权、别除权、取回权、抵销权的位置。
删除：（1）破产分类；（2）债权申报中滞纳金的规定；（3）申报债权应提交的资料。

脉络梳理

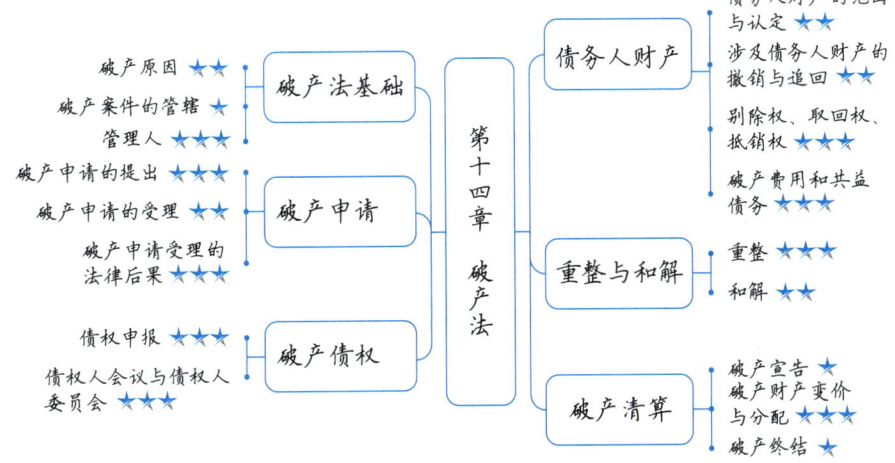

考点详解及精选例题

第一节 破产法基础

考点一 破产原因 ★★ 一学多考│注

在债务人不能清偿到期债务情形下,判断债务人是否存在破产原因有两个标准:一是资产不足以清偿全部债务,二是明显缺乏清偿能力。

(1)不能清偿到期债务,指<u>同时存在</u>下列情形:①债权债务关系依法成立;②债务履行期限已经届满;③债务人未完全清偿债务。

(2)资产不足以清偿全部债务,指债务人的资产负债表或者审计报告、资产评估报告等显示其全部资产不足以偿付全部负债,但有相反证据足以证明债务人资产能够偿付全部负债的除外。

(3)明显缺乏清偿能力,指账面资产虽大于负债,但存在下列情形之一:①因资金严重不足或者财产不能变现等原因,无法清偿债务;②法定代表人下落不明且无其他人员负责管理财产,无法清偿债务;③经法院强制执行,无法清偿债务;④长期亏损且经营扭亏困难,无法清偿债务。

提示 《企业破产法》适用于所有类型企业法人,合伙、个人独资企业等非法人组织的破产清算参照适用。但不适用于个体工商户、农村承包经营户、具有商事主体资格的自然人。

【例题1·单选题】(2024年)甲公司已解散但未清算,债权人乙以甲公司未能清偿到期债务为由向法院申请破产清算。甲公司在法定异议期内证明其公司资产足以清偿全部债务。对此,法院应采取的正确做法是( )。

A. 不予受理乙的破产清算申请
B. 告知乙,若改为申请破产重整,则予以受理
C. 告知乙,若改为申请破产和解,则予以受理
D. 受理乙的破产清算申请

解析 本题考查破产原因。破产原因是判断破产申请能否成立、法院能否受理破产申请的依据。债务人已解散但未清算或者未在合理期限内清算完毕,且未清偿债务的情形下,债权人以债务人未能清偿债务为由向法院提出破产清算申请的,法院应予受理。但债务人在法定异议期限内举证证明其未出现破产原因的除外。本题中,公司在法定异议期内证明其公司资产足以清偿全部债务,即举证证明未出现破产原因,法院应当裁定不予受理。

考点二 破产案件的管辖 ★

(1)破产案件由<u>债务人住所地</u>法院管辖。债务人的住所地以主要办事机

答案
例题1│A

构所在地为原则，注册登记地为例外。**新增**

（2）法院受理破产申请前，申请人可以请求撤回申请。申请人向法院提出破产申请，法院未接收，可以向上一级法院提出破产申请。

考点三 管理人 ★★★ 一学多考|注

1. 管理人的基本要求

必须具有独立的法律地位，在破产案件中与债权人、债务人等不存在可能影响其公正从事管理活动的利害关系，并具有相应的专业能力。

2. 管理人的指定与更换

管理人由法院指定，对法院负责，指定方式包括随机方式、竞争方式、推荐方式；债权人会议认为管理人不能胜任职务，可以申请法院更换。

（1）社会中介机构管理人的更换：①执业许可证或者营业执照被吊销或者注销；②出现解散、破产事由或者丧失承担执业责任风险的能力；③与本案有利害关系；④履行职务时，因故意或者重大过失导致债权人利益受到损害；⑤社会中介机构有重大债务纠纷或者因涉嫌违法行为正在被相关部门调查。

（2）个人管理人的更换：①执业资格被取消、吊销；②与本案有利害关系；③履行职务时，因故意或者重大过失导致债权人利益受到损害；④失踪、死亡或者丧失民事行为能力；⑤因健康原因无法履行职务；⑥执业责任保险失效；⑦个人有重大债务纠纷或者因涉嫌违法行为正被相关部门调查。

记忆口诀：没证、解散、破产、丧失能力、利害关系、故意或重大过失、正被调查。

【比较】比前述更换情形多健康原因、执业责任保险两项。

3. 管理人的种类

（1）有关部门、机构的人员组成的清算组；

（2）依法设立的律师事务所、会计师事务所、破产清算事务所等社会中介机构；

（3）社会中介机构具备相关专业知识并取得执业资格的专业人员。

4. 不得担任管理人情形

（1）因故意犯罪受过刑事处罚；

（2）曾被吊销相关专业执业证书；

（3）与本案有利害关系；

（4）人民法院认为不宜担任管理人的其他情形。

社会中介机构、清算组成员有下列情形之一，认定为有利害关系：①与债务人、债权人有未了结的债权债务关系；②在法院受理破产申请前3年内，曾为债务人提供相对固定的中介服务；③现在是或者在法院受理破产申请前3年内曾经是债务人、债权人的控股股东或者实际控制人；④现在担任或者在法院受理破产申请前3年内曾经担任债务人、债权人的财务顾问、法律顾问。

记忆口诀：未了结债权债务关系、3年内提供过服务、控制股东或实际控制人。

清算组、社会中介机构的派出人员、个人管理人有下列情形之一的，法

院认定为有利害关系：①具有前述 4 种情形；②现在担任或者法院受理破产申请前 3 年内曾经担任债务人、债权人的董事、监事、高级管理人员；③与债权人或债务人的控股股东、董事、监事、高级管理人员存在夫妻、直系血亲、三代以内旁系血亲或者近姻亲关系。

5. 不宜担任管理人情形

（1）因执业、经营中故意或者重大过失行为，受到行政机关、监管机构或者行业自律组织行政处罚或者纪律处分之日起未逾 3 年；

（2）因涉嫌违法行为正被相关部门调查；

（3）因不适当履行职务或拒绝接受法院指定等原因，被法院从管理人名册除名之日起未逾 3 年；

（4）缺乏担任管理人所应具备的专业能力；

（5）缺乏承担民事责任的能力。

【例题 2 · 单选题】（2021 年）下列机构中，可以担任破产管理人的是（　　）。

A. 法院受理破产申请时，对债务人享有 100 万元债权的乙税务师事务所

B. 在法院受理破产案件申请前 2 年内，为债务人提供常年中介服务的甲会计师事务所

C. 在法院受理破产案件申请 5 年前，担任过债务人合同纠纷诉讼代理人的丁律师事务所

D. 法院受理破产申请时，担任债务人法律顾问的丙律师事务所

解析 ▶ 本题考查不得担任管理人的情形。选项 A，与债务人、债权人有未了结的债权债务关系的社会中介机构不得担任管理人。选项 B，在人民法院受理破产申请前 3 年内，曾为债务人提供相对固定的中介服务的社会中介机构不得担任管理人。选项 C，担任过诉讼代理人，并没有说明是"相对固定的中介服务"，而且发生在 5 年前，可以担任管理人。选项 D，现在担任或在人民法院受理破产申请前 3 年内曾经担任债务人、债权人的财务顾问、法律顾问的社会中介机构不得担任管理人。

【例题 3 · 单选题】（2018 年）根据《企业破产法》及司法解释规定，下列关于管理人的说法中，错误的是（　　）。

A. 个人依法也可以担任管理人

B. 管理人可以由财政、审计部门担任

C. 管理人可以由依法设立的社会中介机构担任

D. 管理人可以由有关部门、机构人员组成的清算组担任

解析 ▶ 本题考查管理人的种类。管理人可以由有关部门、机构的人员组成的清算组或者依法设立的律师事务所、会计师事务所、破产清算事务所等社会中介机构以及中介机构中具备相关专业知识并取得执业资格的人员担任。人民法院根据债务人的实际情况，可以在征询有关社会中介机构的意见

后,指定该机构具备相关专业知识并取得执业资格的人员担任管理人。

6. 管理人基本职责

(1)接管债务人的财产、印章和账簿、文书等资料;

(2)调查债务人财产状况,制作财产状况报告;

(3)决定债务人的内部管理事务;

(4)决定债务人的日常开支和其他必要开支;

(5)在第一次债权人会议召开前,决定继续或停止债务人的营业;

(6)管理和处分债务人的财产;

(7)代表债务人参加诉讼、仲裁或者其他法律程序;

(8)提议召开债权人会议。

7. 管理人特定职责

(1)对破产申请受理前成立而债务人和对方当事人均未履行完毕的合同,有权决定是否解除或者继续履行。

(2)自法院裁定债务人重整之日起6个月内,向法院和债权人会议提交重整计划草案;由债务人提出重整计划草案的,管理人需监督执行。

(3)拟订破产财产变价方案和分配方案。

8. 管理人履职要求

(1)管理人依法执行职务,向法院报告工作。

(2)管理人应当列席债权人会议,向债权人会议报告职务执行情况,接受债权人会议和债权人委员会的监督,并回答询问。

(3)在第一次债权人会议召开之前,管理人决定继续或者停止债务人的营业或者有《企业破产法》第69条规定行为之一的,应当经法院许可。

(4)管理人拟通过清偿债务或者提供担保取回质物、留置物,或者与质权人、留置权人协议以质物、留置物折价清偿债务等方式,进行对债权人利益有重大影响的财产处分行为,应及时报告债权人委员会;未设立债权人委员会的,应及时报告法院。

(5)管理人处分的债务人重大财产,应事先制作财产管理或变价方案并提交债权人会议表决;表决未通过的,不得处分。

(6)确需聘请中介机构对债务人财产进行审计、评估,经法院许可后,可以自行公开聘请。

9. 管理人责任

(1)未依法勤勉尽责,忠实执行职务的,法院可以处以罚款,给债权人、债务人或第三人造成损失的,依法承担赔偿责任。

(2)因过错未依法行使撤销权导致债务人财产不当减损,债权人可以提起诉讼主张其赔偿。

10. 管理人报酬

管理人报酬,见表14-1。

表 14-1　管理人报酬

项目	具体规定
确定	管理人的报酬由审理企业破产案件的法院确定
异议	债权人会议对报酬有异议，应当向法院书面提出，债权人会议无权直接调整管理人的报酬
支付	管理人的报酬应列入破产财产分配方案，从债务人财产中优先支付
保障	管理人报酬属于破产费用，由债务人财产随时清偿 在和解、重整程序中，管理人报酬方案应列入和解协议草案或重整计划草案，报债权人会议审查通过

【例题 4·多选题】下列关于破产管理人的说法中，正确的有(　　)。

A. 破产管理人有权提议召开债权人会议，列席并回答有关询问
B. 破产管理人不能依法公正执行职务的，法院无权更换
C. 破产管理人履行职责所获报酬应列入破产财产分配方案，从债务人财产中优先支付
D. 破产管理人负责管理和处分债务人的财产，接受债权人会议和债权人委员会的监督
E. 破产管理人由债权人会议选举产生，但应向法院报告工作

解析 ↘ 本题考查破产管理人。选项 B，管理人不能依法公正执行职务的，人民法院可以根据债权人会议的申请或者依职权决定更换管理人。选项 E，破产管理人由人民法院在受理破产案件时指定。

第二节　破产申请

考点四　破产申请的提出 ★★★　一学多考|注

1. 初始申请主体

初始申请主体，见表 14-2。

表 14-2　初始申请主体

申请人	申请条件	申请种类
债务人	不能清偿到期债务，且资产不足以清偿全部债务或者明显缺乏清偿能力。 **提示** 债务人申请破产，需要提交以下材料： (1) 破产申请书：包括申请人、被申请人的基本情况，申请目的，申请的事实和理由等	破产清算、重整、和解

答案 ↘
例题 4｜ACD

(续表)

申请人	申请条件	申请种类
债务人	(2) 主体材料：债务人的营业执照或者法律文件原件和复印件。 (3) 财务证据材料：财产状况说明、债务清册、债权清册、有关财务会计报告等。 (4) 其他相关证据：如企业职工情况和安置方案，企业亏损情况的书面说明，企业至破产申请日的资产状况明细表等 【新增】	破产清算、重整、和解
债权人	债务人不能清偿到期债务	破产清算、重整
	债务人已解散但未清算或在合理期限内未清算完毕，且未清偿债务	破产清算
依法负有清算责任的人	企业法人已解散但未清算或者未清算完毕，资产不足以清偿债务。 【提示】一般董事为清算责任人	破产清算
国务院金融监管机构	商业银行、证券公司、保险公司等金融机构具有破产原因	破产清算、重整

2. 后续申请主体(法院受理破产申请后、宣告破产前)

后续申请主体，见表14-3。

表14-3 后续申请主体

申请人	申请种类
债务人	重整、和解
出资额占债务人注册资本1/10以上的出资人	重整
【提示】重整程序限制：首先申请对债务人进行破产清算的债权人，只能在法院受理破产申请后、宣告破产前申请重整；其他债权人可以直接申请重整	

● **得分高手**（2019年单选）

重点考查破产申请主体。债务人可以申请破产清算、重整、和解，债权人可以申请破产清算、重整。尤其注意只有债务人可以申请和解，占债务人注册资本1/10以上的出资人只能申请重整。

【例题5·单选题】（2019年）当债务人不能清偿到期债务，并且资产不足以清偿全部债务时，可以向人民法院提出和解申请的是( )。

A. 管理人　　　　　　　　B. 债权人
C. 清算组　　　　　　　　D. 债务人

解析 本题考查破产的申请主体。债务人可以依照规定，直接向人民法院申请和解；也可以在人民法院受理破产申请后、宣告债务人破产前，向人

答案
例题5 | D

民法院申请和解。

考点五 破产申请的受理 ★★ 一学多考|注

破产申请的受理，见表14-4。

表14-4 破产申请的受理

项目		具体内容
受理时限	债务人或清算人申请	收到破产申请之日起15日内裁定（特殊情况，经上级批准，延长15日）
	债权人申请	5日内法院通知债务人→7日内债务人提异议→异议期满10日内法院裁定
受理送达	债务人或清算人申请	裁定作出之日起5日内送达申请人
	债权人申请	裁定作出之日起5日内送达债务人→债务人自裁定送达之日起15日内提交文件（财产状况说明、债务清册、债权清册、有关财务会计报告以及职工工资的支付和社会保险费用的缴纳情况）
	提示	法院裁定受理破产申请的，应当同时指定管理人。法院自裁定受理破产申请之日起25日内通知已知债权人，并予以公告
不予受理		法院收到申请后，发现具有以下情形，裁定不予受理： (1)债务人隐匿、转移财产，为逃避债务而申请破产的； (2)债权人借破产申请毁损债务人商业信誉，意图损害公平竞争的
		裁定不受理→自裁定作出之日起5日内送达申请人并说明理由→对裁定不服，自裁定送达之日起10日内向上一级法院提起上诉
破产申请驳回		法院受理破产申请后，经审查发现债务人有巨额财产下落不明且不能合理解释财产去向等情形（不具备破产原因），可以裁定驳回申请

【例题6·单选题】根据企业破产法律制度的规定，下列有关破产申请受理程序的表述中，正确的是(   )。

A. 除法律另有规定外，人民法院应当自收到破产申请之日起5日内裁定是否受理

B. 法院不予受理破产申请和驳回破产申请均应以裁定形式作出

C. 债务人应在人民法院受理破产申请的裁定送达之日起45日内，向人民法院提交财产状况说明、债务清册、债权清册、财务会计报告等资料

D. 人民法院应当自裁定受理破产申请之日起30日内通知已知债权人，并予以公告

答案
例题6|B

解析 本题考查破产申请的受理。选项 A，一般情况下，人民法院应当自收到破产申请之日起 15 日内裁定是否受理；债权人提出破产申请，债务人对申请有异议的，人民法院应当自债务人异议期满之日起 10 日内裁定是否受理。选项 C，债务人应当在人民法院受理破产申请的裁定送达之日起 15 日内，向人民法院提交财产状况说明、债务清册、债权清册、有关财务会计报告以及职工工资的支付和社会保险费用的缴纳情况。选项 D，人民法院应当自裁定受理破产申请之日起 25 日内通知已知债权人，并予以公告。

考点六 破产申请受理的法律后果 ★★★ 一学多考|注

1. 债务清偿

法院受理破产申请后，债务人对个别债权人的债务清偿一般无效。债务人的债务人或财产持有人应当向管理人清偿债务或交付财产。

2. 当事人均未履行完毕的合同

当事人均未履行完毕的合同，见表 14-5。

表 14-5　当事人均未履行完毕的合同

项目	具体内容
管理人选择权	履行合同：对方当事人应当履行，但对方当事人有权要求管理人提供担保，产生的债务属于共益债务 解除合同：产生的损害赔偿请求权，可申报债权（以实际损失为限，违约金不是破产债权）
视为合同解除	（1）管理人自破产申请受理之日起 2 个月内未通知对方当事人； （2）管理人自收到对方当事人催告之日起 30 日内未答复； （3）管理人决定继续履行，对方要求管理人提供担保，管理人不提供

3. 保全措施的解除与执行程序的中止

法院受理破产申请后，有关债务人财产的保全措施应当解除，执行程序应当中止。

4. 民事诉讼或者仲裁的中止与继续

法院受理破产申请后，已经开始而尚未终结的有关债务人的民事诉讼或者仲裁应当中止；在管理人接管债务人的财产后，该诉讼或者仲裁继续进行。破产申请受理后，债权人就债务人财产向法院提起民事诉讼的，法院不予受理。

破产申请受理前，债权人就债务人财产提起下列诉讼，尚未审结的，法院应当中止审理：

（1）主张次债务人代替债务人直接向其偿还债务的；

（2）主张债务人的出资人、发起人和负有监督股东履行出资义务的董事、

有关债务人的行政诉讼或者刑事诉讼不受破产程序的影响。

高级管理人员，或者协助抽逃出资的其他股东、董事、高级管理人员、实际控制人等直接向其承担出资不实或者抽逃出资责任的；

(3) 以债务人的股东与债务人法人人格严重混同为由，主张债务人的股东直接向其偿还债务人对其所负债务的。

【例题 7·单选题】2023 年 8 月 20 日，红光公司因自己不能支付到期债务，向法院提出破产申请，法院于 2023 年 9 月 1 日受理其破产申请，同时指定了破产管理人，破产管理人接管红光公司后查明：红光公司有一笔到期贷款 380 万元没有支付，被甲公司起诉至法院。2023 年 8 月 10 日，法院终审判决红光公司支付甲公司欠款及违约金共计 400 万元，后红光公司因不履行判决被甲公司申请强制执行，法院对红光公司办公楼予以查封。法院办理红光公司破产申请时，此判决尚未执行，根据《企业破产法》，法院受理破产申请后，对红光公司办公楼的正确处理是（   ）。

A. 将红光公司办公楼用于偿还所欠甲公司的贷款
B. 将办公楼计入债务人财产，解除对红光公司办公楼的查封
C. 不将办公楼计入债务人财产，继续对红光公司办公楼予以执行
D. 将红光公司办公楼拍卖偿付破产费用

解析 本题考查破产案件受理的法律后果。法院受理破产申请后，有关债务人财产的保全措施应当解除，执行程序应当中止。

【例题 8·单选题】法院裁定受理破产申请后，下列有关各方的做法中，符合法律要求的是（   ）。

A. 债务人的债务人向债务人清偿债务
B. 债务人指定破产管理人
C. 对管理人决定继续履行的合同，对方当事人不得要求债务人提供担保
D. 对破产申请受理前成立而双方均未履行完毕的合同，管理人决定解除

解析 本题考查破产申请受理后的工作及法律后果。选项 A，人民法院受理破产申请后，债务人的债务人或者财产持有人应当向管理人清偿债务或者交付财产。选项 B，人民法院受理破产申请的，应同时指定管理人，管理人负责接管债务人的财产。选项 C，管理人决定继续履行合同的，对方当事人应当履行；但是对方当事人有权要求管理人提供担保。

第三节　破产债权

考点七　债权申报 ★★★　　一学多考｜注

债权申报的相关内容，见表 14-6。

答案
例题 7 | B
例题 8 | D

表 14-6　债权申报的相关内容

项目	内容
申报期限	自法院发布受理破产申请公告之日起，30 日≤申报期限≤3 个月
补充申报	申报期限内未申报债权，可以在破产财产最后分配前补充申报，但此前已进行的分配，不再对其补充分配；审查和确认补充申报债权的费用，由补充申报人承担。债权人申报债权时，应当书面说明债权的数额和有无财产担保，并提交有关证据
债权申报后果	(1)取得破产程序当事人地位。 (2)诉讼时效因债权申报而中断。 (3)逾期申报或未按规定申报债权的，将产生失权或其他不利后果
不必申报	职工的工资和医疗、伤残补助、抚恤费用、所欠的应当划入职工个人账户的基本养老保险、基本医疗保险费用、补偿金
未到期	未到期的债权，在破产申请受理时视为到期
附利息	(1)附利息的债权自破产申请受理时起停止计息。 (2)法院受理债务人破产案件后，债权人请求担保人承担担保责任，担保人主张担保债务自法院受理破产申请之日起停止计息的，法院应予支持。 (3)无利息的债权，无论是否到期，均以本金申报债权
附条件、附期限	附条件、附期限的债权和诉讼、仲裁未决的债权，债权人可以申报
连带债权	连带债权人可以由其中一人代表全体连带债权人申报债权，也可以共同申报债权(申报的债权是连带债权的，应当说明)
连带债务人破产	连带债务人数人被裁定适用《企业破产法》规定的程序的，其债权人有权就全部债权分别在各破产案件中申报债权
求偿权申报	(1)债务人的保证人或者其他连带债务人已经代替债务人清偿债务的，以其对债务人的求偿权申报债权。 (2)债务人的保证人或者其他连带债务人尚未代替债务人清偿债务的，以其对债务人的将来求偿权申报债权。但是，债权人已经向管理人申报全部债权的除外(不得重复申报)
保证人破产	(1)保证人被裁定进入破产程序的，债权人有权申报其对保证人的保证债权。 (2)主债务未到期的，保证债权在保证人破产申请受理时视为到期。一般保证的保证人主张行使先诉抗辩权的，法院不予支持，但债权人在一般保证人破产程序中的分配额应予提存，待一般保证人应承担的保证责任确定后再按照破产清偿比例予以分配。 (3)保证人被确定应当承担保证责任的，保证人的管理人可以就保证人实际承担的清偿额向主债务人或其他债务人行使求偿权

(续表)

项目	内容
保证人、债务人均破产	(1)债务人、保证人均被裁定进入破产程序的,债权人有权向债务人、保证人分别申报债权。 (2)债权人向债务人、保证人均申报全部债权的,从一方破产程序中获得清偿后,其对另一方的债权额不作调整,但债权人的受偿额不得超出其债权总额。保证人履行保证责任后不再享有求偿权
挑拣履行权	管理人或者债务人解除合同的,对方当事人以因合同解除所产生的损害赔偿请求权申报债权
委托合同	债务人是委托合同的委托人,被裁定适用《企业破产法》规定的程序,受托人不知该事实,继续处理委托事务的,受托人以由此产生的请求权申报债权
付款人	债务人是票据的出票人,被裁定适用《企业破产法》规定的程序,该票据的付款人继续付款或者承兑的,付款人以由此产生的请求权申报债权
债权登记	(1)管理人应当对所申报的债权进行登记造册。 (2)管理人应当编制债权表并提交第一次债权人会议核查。 (3)债权表、债权申报登记册及债权申报资料在破产期间由管理人保存,债权人、债务人、债务人职工及其他利害关系人有权查阅
债权确认	(1)债务人、债权人对债权表记载的债权无异议的,由法院裁定确认。 (2)有异议的,经管理人解释或调整后,异议人仍然不服的,或者管理人不予解释或调整的,异议人应当在债权人会议核查结束后15日内向法院提起债权确认的诉讼。 (3)已经生效法律文书确定的债权,管理人应当确认

【例题9·多选题】(2020年)下列关于破产债权申报的说法中,正确的有( )。

A. 债权人申报债权时,应当书面说明债权数额和有无财产担保并提交有关证据

B. 债权人在确定的债权申报期限内未申报债权的,此前已经进行的分配,不再对其补充分配

C. 连带债权人可以由其中一人代表全体连带债权人申报债权

D. 债权人在确定的债权申报期限内未申报债权的,可以在破产财产最后分配后补充申报

E. 债权人在确定的债权申报期限内未申报债权的,可以在破产财产最后分配前补充申报

答案
例题9 | ABCE

解析 本题考查破产债权的申报。选项D,在确定的债权申报期限内未

申报债权的，可以在破产财产最后分配前补充申报；但是，此前已进行的分配，不再对其补充分配。

【例题10·单选题】 根据《企业破产法》及司法解释规定，可以申报破产债权的是(　　)。

A．因管理人依照破产法规定解除合同，产生的违约金
B．破产申请受理前成立的设定质押担保的债权
C．未到期债权在破产申请受理后产生的利息
D．因管理人在破产申请受理后变卖破产财产形成的债权

解析 本题考查破产债权。选项A，管理人或者债务人依照破产法规定解除合同的，对方当事人以因合同解除所产生的损害赔偿请求权申报债权。可申报的债权以实际损失为限，违约金不作为破产债权。选项B，有财产担保的债权和无财产担保的债权均属于破产债权，均在申报之列。选项C，附利息的债权，自破产申请受理时停止计息，故破产申请受理后产生的利息不可作为破产债权申报。选项D，破产申请受理后，管理人为破产财产的管理、变价、分配等而进行的必要民事活动中形成的债权，属于破产费用，优先从破产财产中拨付，不在破产债权之列。

考点八 债权人会议与债权人委员会 ★★★　一学多考｜注

1. 债权人会议
(1)会议召集，见表14-7。

表14-7　会议召集

项目	具体规定
第一次会议	由法院召集，债权申报期限届满之日起15日内召开
以后会议	在法院认为必要时或者管理人、债权人委员会、占债权总额1/4以上的债权人向债权人会议主席提议时召开

(2)设主席1人，由法院从有表决权的债权人中指定，主席主持债权人会议。召开债权人会议，管理人应当提前15日通知已知的债权人。

(3)债权人会议职权：①核查债权；②申请法院更换管理人(不能直接更换)，审查管理人的费用和报酬；③监督管理人；④选任和更换债权人委员会成员(不包括职工代表)；⑤决定继续或者停止债务人的营业(第一次债权人会议之前由管理人决定，之后由债权人会议决定)；⑥通过重整计划；⑦通过和解协议；⑧通过债务人财产的管理方案；⑨通过破产财产的变价方案；⑩通过破产财产的分配方案。

提示 债权人会议可以委托债权人委员会行使第②、③、⑤项职权，但不得作出概括性授权，委托其行使所有职权。

答案
例题10｜B

(4)现场表决,见表14-8。

表14-8 现场表决

项目	具体规定
第一次会议	凡是申报债权者均有权参加第一次债权人会议,有权参加对其债权的核查、确认活动
以后会议	只有债权得到确认者才有权行使表决权
	债权尚未确定,除法院临时确定债权额者外,不得行使表决权
职工和工会代表	债务人的职工和工会代表没有表决权
担保权人	享有法定的表决权,但对于通过和解协议和通过破产财产的分配方案不享有表决权

知识点拨:债权人可以委托代理人出席债权人会议,行使表决权。

(5)非现场表决:管理人应当在债权人会议召开后的3日内,以信函、电子邮件、公告等方式将表决结果告知参与表决的债权人。

(6)决议规则,见表14-9。

表14-9 决议规则

项目	具体规定
一般决议	由出席会议的有表决权的债权人过半数(>1/2)通过,并且其所代表的债权额占无财产担保债权总额的1/2以上(≥1/2),法律另有规定的除外。 **提示** 债权人会议的决议,对于全体债权人均有约束力
重整计划草案	出席会议的同一表决组的债权人过半数(>1/2)同意重整计划草案,并且其所代表的债权额占该组债权总额的2/3以上(≥2/3),该组通过重整计划草案
	各表决组均通过重整计划草案时,重整计划即为通过
和解协议	由出席会议的有表决权的债权人过半数(>1/2)同意,并且其所代表的债权额占无财产担保债权总额的2/3以上(≥2/3)
表决未通过的处理	债务人财产的管理方案、破产财产的变价方案,经债权人会议表决未通过的,由法院裁定
	破产财产的分配方案,经债权人会议二次表决仍未通过的,由法院裁定

记忆口诀:双1/2=通过决议。

记忆口诀:1/2+2/3=通过重整/和解。

记忆口诀:管家分配,未通过法院裁定。

(7)决议撤销:债权人认为债权人会议的决议违反法律规定,损害其利益的,可以自作出决议之日起15日内,请求法院撤销该决议,责令重新作出决议。

有以下情形之一,损害债权人利益,债权人申请撤销的,法院应予支持:①债权人会议的召开违反法定程序;②债权人会议的表决违反法定程序;③债权人会议的决议内容违法;④债权人会议的决议超出债权人会议的职权范围。

提示 法院可以裁定撤销全部或者部分事项决议,责令重新作出决议。

【例题11·多选题】 以在债权人会议上对议定事项是否享有表决权为标准,债权人分为有表决权的债权人和无表决权的债权人。下列人员中,享有表决权的有( )。

A. 逾期未申报的无财产担保的债权人
B. 依法申报债权的有保证人担保的债权人
C. 未放弃优先受偿权的有财产担保的债权人
D. 已就担保物得到足额清偿的有财产担保的债权人
E. 已代替债务人清偿债务的保证人

解析 本题考查有表决权的债权人。债权人因申报债权而有权参加债权人会议,享有对提交债权人会议讨论事项的表决权。选项A,债权人未申报债权,不享有表决权。有财产担保的债权人就未受清偿的债权额享有表决权,选项D,债权人已就担保物得到足额清偿,不享有表决权。

【例题12·单选题】 根据《企业破产法》的规定,经债权人会议表决未通过的,可以由人民法院裁定的事项为( )。

A. 更换债权人委员会成员方案
B. 破产财产的变价方案
C. 重整计划方案
D. 监督管理人方案

解析 本题考查债权人会议上经表决不能通过而需由人民法院裁定的事项。债权人会议表决不能够通过债务人财产管理方案和破产财产变价方案的,由人民法院裁定;对破产财产的分配方案,债权人会议经二次表决仍不能通过的,由人民法院裁定。

2. 债权人委员会

债权人委员会,见表14-10。

表14-10 债权人委员会

项目	具体规定
设立	选任机关(债权人会议决定是否设置),对破产程序进行监督的常设机构
成员	债权人会议选任的债权人代表和1名债务人的职工代表或者工会代表
	不得超过9人(≤9人),经法院书面决定认可
职权	(1)监督债务人财产的管理和处分; (2)监督破产财产分配; (3)提议召开债权人会议; (4)债权人会议委托的其他职权(申请法院更换管理人,审查管理人的费用和报酬;监督管理人;决定继续或者停止债务人的营业)

答案
例题11 | BCE
例题12 | B

(续表)

项目	具体规定
报告债权人委员会	（1）管理人实施下列行为，应当及时报告债权人委员会：①涉及土地、房屋等不动产权益的转让；②探矿权、采矿权、知识产权等财产权的转让；③全部库存或者营业的转让；④借款；⑤设定财产担保；⑥债权和有价证券的转让；⑦履行债务人和对方当事人均未履行完毕的合同；⑧放弃权利；⑨担保物的取回；⑩对债权人利益有重大影响的其他财产处分行为。 （2）未设立债权人委员会的，管理人实施上述规定的行为应当及时报告法院。 （3）在第一次债权人会议召开之前实施上述规定的行为，应当经法院许可。 提示 管理人应当提前10日书面报告债权人委员会或法院
决议	债权人委员会决定所议事项应获得全体成员过半数通过，并作成议事记录

【例题13·单选题】债权人委员会作为破产监督人，是对破产程序进行监督的常设机构。根据《企业破产法》的规定，有权根据需要确定是否设立债权人委员会的是（　　）。

A. 管理人　　　　　　　　B. 人民法院
C. 债权人会议　　　　　　D. 清算组

解析 本题考查债权人委员会。债权人会议可以决定是否设立债权人委员会。

【例题14·单选题】债权人委员会是对破产程序进行监督的机构。下列关于债权人委员会的说法中，正确的是（　　）。

A. 是否设立债权人委员会，应由债权人会议根据需要决定
B. 债权人会议必须决定设立债权人委员会
C. 债权人委员会由债权人会议选定的债权人代表组成
D. 债权人委员会应当经人民法院判决认可后方可设立

解析 本题考查债权人委员会的相关规定。选项B，债权人委员会是对破产程序进行监督的常设机构，债权人委员会是否设立，由债权人会议根据需要确定。选项C、D，债权人会议决定设立债权人委员会的，债权人委员会由债权人会议选任的债权人代表和1名债务人的职工代表或者工会代表组成，不得超过9人，经人民法院书面决定认可。

【例题15·多选题】根据《企业破产法》，在第一次债权人会议召开之前，管理人实施的下列行为中，应当经人民法院许可的有（　　）。

A. 决定继续或者停止债务人的营业
B. 转让全部库存或者营业
C. 设定财产担保事项
D. 决定债务人的日常开支和其他必要开支
E. 履行债务人和对方当事人均未履行完毕的合同

解析 本题考查债权人委员会。

答案
例题13 | C
例题14 | A
例题15 | ABCE

第四节 债务人财产

考点九 债务人财产的范围与认定 ★★ 〔一学多考｜注〕

1. 概念

破产申请受理时属于债务人的全部财产，以及破产申请受理后至破产程序终结前债务人取得的财产。

2. 受理时的财产

受理时的财产，见表14-11。

表14-11 受理时的财产

项目	具体规定
担保财产	(1) 债务人已依法设定担保物权的特定财产，认定为债务人财产； (2) 对债务人的特定财产在担保物权消灭或者实现担保物权后的剩余部分，在破产程序中可用以清偿破产费用、共益债务和其他破产债权
共有财产	债务人对按份享有所有权的共有财产的相关份额，或者共同享有所有权的共有财产的相应财产权利，以及依法分割共有财产所得部分，应认定为债务人财产
债务人所有的货币、实物，依法可用货币估价并可转让的债权、股权、知识产权、用益物权等财产和财产权益，法院均应认定为债务人财产	

3. 受理后至破产终结前

依法执行回转的财产，认定为债务人财产。

4. 不属于债务人财产

(1) 债务人基于仓储、保管、承揽、代销、借用、寄存、租赁等合同或者其他法律关系占有、使用的他人财产；

(2) 债务人在所有权保留买卖中尚未取得所有权的财产；

(3) 所有权专属于国家且不得转让的财产；

(4) 其他依照法律、行政法规不属于债务人的财产。

5. 债务人财产的保全

(1) 法院可以根据管理人的申请或者依职权，对债务人财产采取保全措施。

(2) 对债务人财产已采取保全措施的相关单位，在知悉法院已裁定受理有关债务人的破产申请后，应当及时解除对债务人财产的保全措施。

【例题16·单选题】（2024年）下列选项中属于破产企业的财产范围的是（　　）。

A. 一直免费使用的政府办公楼

B. 其他公司质押的车辆

C. 经营租入设备

D. 破产申请受理后取得的 10 000 股可上市交易的股票

解析 本题考查破产财产的范围。选项 A、B、C，破产企业均没有取得财产的所有权，不属于破产企业的财产。选项 D，债务人财产，是指破产申请受理时属于债务人的全部财产，以及破产申请受理后至破产程序终结前债务人取得的财产。根据规定，除债务人所有的货币、实物外，债务人依法享有的可以用货币估价并可以依法转让的债权、股权、知识产权、用益物权等财产和财产权益，人民法院均应当认定为债务人财产。

考点十 涉及债务人财产的撤销与追回 ★★ 一学多考|注

1. 撤销权行使主体

(1) 由管理人统一行使；

(2) 在重整程序中，债务人可以在管理人的监督下自行行使。

2. 请求法院撤销的情形

受理申请前 1 年内，债务人的下列行为，管理人有权请求法院撤销：

(1) 无偿转让财产。

(2) 以明显不合理的价格进行交易。

提示 不论受让人是否善意；因撤销该交易，对于债务人应返还受让人已支付价款所产生的债务，作为共益债务清偿。

(3) 对没有财产担保的债务提供财产担保。

提示 对原来已经成立的债务补充设置物权担保，可撤销；在设定债务的同时提供的财产担保，不能撤销。

(4) 对未到期的债务提前清偿。

提示 破产申请受理前 1 年内债务人提前清偿的未到期债务，在破产申请受理前已经到期，管理人不得请求撤销；该清偿行为发生在破产申请受理前 6 个月内且债务人达到破产情形的除外。

(5) 放弃债权 (不论债权到期与否)。

个别清偿：法院受理破产申请前 6 个月内，债务人达到破产条件，仍对个别债权人进行清偿，管理人有权请求法院撤销。

提示 破产申请受理后，债务人对个别债权人的债务清偿无效。

3. 不可撤销情形

(1) 债务人对以自有财产设定担保物权的债权进行的个别清偿，但债务清偿时担保财产的价值低于债权额的除外。

(2) 债务人经诉讼、仲裁、执行程序对债权人进行的个别清偿，但是债务人与债权人恶意串通损害其他债权人利益的除外。

(3) 债务人为维系基本生产需要而支付水费、电费等的。

(4) 债务人支付劳动报酬、人身损害赔偿金的。

答案
例题 16 | D

4. 起算点

（1）债务人经过行政清理程序转入破产程序的，起算点为行政监管机构作出撤销决定之日。

（2）债务人经过强制清算程序转入破产程序的，起算点为法院裁定受理强制清算申请之日。

5. 涉及债务人财产无效的情形

（1）为逃避债务而隐匿、转移财产的；

（2）虚构债务或者承认不真实的债务的。

提示 管理人可以提起诉讼，主张返还债务人财产。

【例题17·多选题】 根据《企业破产法》及司法解释的规定，针对债务人处理财产的有关行为，管理人提出撤销而法院不予支持的情形有（　　）。

A. 债务人支付劳动报酬

B. 债务人经执行程序对债权人进行的所有个别清偿

C. 债务人因经营失误而支付赔偿金

D. 债务人为维系基本生产需要而支付水费、电费

E. 债务人支付人身损害赔偿金

解析 本题考查涉及债务人财产行为的撤销与无效。选项A、D、E，债务人对债权人进行的以下个别清偿，管理人请求撤销的，人民法院不予支持：①债务人为维系基本生产需要而支付水费、电费等的；②债务人支付劳动报酬、人身损害赔偿金的；③使债务人财产受益的其他个别清偿。

6. 追回权

管理人行使追回权情形：

（1）对因《企业破产法》规定的可撤销行为和无效行为而取得的债务人的财产。

（2）对债务人的董事、监事和高级管理人员利用职权从企业获取的非正常收入和侵占的企业财产。其中，非正常收入包括绩效奖金、普遍拖欠职工工资情况下获取的工资性收入、其他非正常收入。

管理人需注意的事项：

（1）出资人未缴纳出资或抽逃出资的追回，不受未届章程规定的缴纳期和诉讼时效影响。

（2）通过清偿债务或者提供担保取回质物、留置物，应及时报告债权人委员会。

考点十一 别除权、取回权、抵销权 ★★★

1. 别除权

（1）概念：对破产人的特定财产享有担保权的权利人，对该特定财产享有优先受偿的权利。

答案
例题17｜ADE

提示 担保物须属于破产人所有,属于第三人的财产,不构成别除权。

(2)不受破产与和解程序限制,可以随时单独就担保物优先受偿的权利。但在重整程序中,别除权人的优先受偿权受到限制(暂停行使)。

(3)别除权人行使优先受偿权利未能完全受偿的,其未受偿的债权作为普通债权;放弃优先受偿权利的,其债权作为普通债权。

2. 取回权

(1)权利人的取回权,见表14-12。

表14-12 权利人的取回权

项目	具体规定
行使依据 **新增**	主要是基于物权行使取回权,尤其是所有权人的取回权。特殊情况依债权行使取回权。 主要表现为加工承揽人破产时,定作人取回定作物;承运人破产时,托运人取回托运货物;承租人破产时,出租人收回出租物;保管人破产时,寄存人或存货人取回寄存物或仓储物;受托人破产时,信托人取回信托财产等
取回情形	法院受理破产申请后,债务人占有的不属于债务人的财产,该财产的权利人可以通过管理人取回,企业破产法另有规定的除外
拒绝取回	权利人行使取回权时未依法向管理人支付相关的加工费、保管费、托运费、委托费、代销费等费用,管理人有权拒绝其取回相关财产
取回时间	应在破产财产变价方案或和解协议、重整计划草案提交债权人会议表决前向管理人提出。 **提示** 在上述期限后主张取回,应当承担延迟行使取回权增加的相关费用
取回标的	通常情况下,权利人取回权的行使仅限于原物;不能取回原物的,可以取回变价款、保险金、赔偿金、代偿物、财产转让对价款

(2)出卖人的取回权:①法院受理破产申请时,出卖人已将买卖标的物向作为买受人的债务人发运,债务人尚未收到且未付清全部价款的,出卖人可以取回在运途中的标的物。但是,管理人可以支付全部价款,请求出卖人交付标的物。②通过通知承运人或实际占有人中止运输、返还货物、变更到达地,或者将货物交给其他收货人等方式,对在运途中标的物主张了取回权但未能实现,或者在货物未达管理人前已向管理人主张取回在运途中标的物,在买卖标的物到达管理人后,出卖人向管理人主张取回的,管理人应予准许。③出卖人对在运途中标的物未及时行使取回权,在买卖标的物到达管理人后向管理人行使在运途中标的物取回权的,管理人不应准许。

(3)所有权保留的买卖合同的处理,见表14-13。

表 14-13 所有权保留的买卖合同的处理

项目		内容
出卖人破产	继续履行	出卖人破产，其管理人决定继续履行合同，买受人应当按约定支付价款或履行其他义务
		买受人未依约支付价款或履行完毕其他义务，或将标的物出卖、出质或作出其他不当处分，给出卖人造成损害，出卖人管理人依法有权主张取回标的物。但是，买受人已经支付的物总价款的 75% 以上或第三人善意取得标的物所有权或其他物权的除外
		因上述规定未能取回标的物，出卖人管理人依法主张买受人继续支付价款、履行完毕其他义务，以及承担相应赔偿责任，法院应予支持
	解除合同	出卖人破产，其管理人决定解除合同，并要求买受人向其交付买卖标的物的，法院应予支持
		买受人以其不存在未依约支付价款或者履行完毕其他义务，或者将标的物出卖、出质或者作出其他不当处分情形抗辩的，法院不予支持
		买受人依法履行合同义务并依法将买卖标的物交付出卖人管理人后，买受人已支付价款损失形成的债权作为共益债务清偿。但是，买受人违反合同约定，出卖人管理人主张上述债权作为普通破产债权清偿的，法院应予支持
买受人破产	继续履行	买受人破产，其管理人决定继续履行合同，合同约定的买受人支付价款或者履行其他义务的期限在破产申请受理时视为到期，买受人管理人应当及时向出卖人支付价款或者履行其他义务
		买受人管理人无正当理由未及时支付价款或履行完毕其他义务，或将标的物出卖、出质或作出其他不当处分，给出卖人造成损害，出卖人有权主张取回标的物。但是，买受人已支付的物总价款的75%以上或第三人善意取得标的物所有权或者其他物权的除外
		因上述规定未能取回标的物，出卖人依法主张买受人继续支付价款、履行完毕其他义务，以及承担相应赔偿责任的，法院应予支持。对因买受人未支付价款或者未履行完毕其他义务，以及买受人管理人将标的物出卖、出质或者作出其他不当处分导致出卖人损害产生的债务，出卖人主张作为共益债务清偿的，法院应予支持
	解除合同	买受人破产，其管理人决定解除合同，出卖人主张取回买卖标的物的，法院应予支持
		出卖人取回买卖标的物，买受人管理人主张出卖人返还已支付价款的，法院应予支持。取回的标的物价值明显减少，给出卖人造成损失的，出卖人可从买受人已支付价款中优先予以抵扣后，将剩余部分返还给买受人；对买受人已支付价款不足以弥补出卖人标的物价值减损损失形成的债权，出卖人主张作为共益债务清偿的，法院应予支持

3. 抵销权

（1）提出主体：债权人在破产申请受理前对债务人负有债务的，可以向管理人主张抵销。

提示 管理人不得主动抵销债务人与债权人的互负债务，但抵销使债务人财产受益的除外。

（2）抵销生效：管理人无异议，抵销自管理人收到通知之日起生效。管理人有异议，法院判决驳回管理人提起的抵销无效诉讼请求的，该抵销自管理人收到主张债务抵销的通知之日起生效。

（3）管理人异议的，应当在约定的异议期限内或者自收到主张债务抵销的通知之日起3个月内向法院提起诉讼。无正当理由逾期提起的，法院不予支持。

管理人下列异议，法院不予支持：①破产申请受理时，债务人对债权人负有的债务尚未到期；②破产申请受理时，债权人对债务人负有的债务尚未到期；③双方互负债务标的物种类、品质不同。

（4）不得抵销情形。

第一，债务人的债务人在破产申请受理后取得他人对债务人的债权。

【例】A企业欠B企业50万元，5月20日人民法院受理了A企业的破产案件；C企业与债务人A企业之间也有合同的交易，C企业欠A企业50万元的货款，在破产申请受理后，C企业不可以通过取得B企业的50万元的债权，与欠A企业的50万元债务进行的抵销。

第二，债权人已知债务人有不能清偿到期债务或者破产申请的事实，对债务人负担债务的；但是，债权人因为法律规定或者有破产申请1年前所发生的原因而负担债务的除外。

第三，债务人的债务人已知债务人有不能清偿到期债务或者破产申请的事实，对债务人取得债权的；但是，债务人的债务人因为法律规定或者有破产申请1年前所发生的原因而取得债权的除外。

（5）抵销无效：破产申请受理前6个月内，债务人具有破产原因，债务人与个别债权人以抵销方式对个别债权人清偿，其抵销的债权债务属于上述第二、第三项规定的情形之一，管理人在破产申请受理之日起3个月内向法院提起诉讼，主张该抵销无效的，法院应予支持。

（6）债务人的股东主张以下列债务与债务人对其负有的债务抵销，债务人管理人提出异议的，法院应予支持：①债务人股东因欠缴债务人的出资或者抽逃出资对债务人所负的债务；②债务人股东滥用股东权利或者关联关系损害公司利益对债务人所负的债务。

【例题18·单选题】根据《企业破产法》的规定，法院受理破产申请后，下列涉及债务人财产的说法中，正确的是(　　)。

A. 债务人的债务人已知债务人有不能清偿到期债务或者破产申请的事

实，对债务人取得债权的，可以向管理人主张抵销

B. 债务人的高级管理人员利用职权从债务人获取的非正常收入，管理人应当追回

C. 法院受理破产申请后，债务人占有的不属于债务人的财产，该财产的权利人不得再向债务人主张取回

D. 债务人的债务人在破产申请受理后取得他人对债务人的债权的，可以向管理人主张抵销

解析 本题考查追回权、取回权、抵销权。选项 A，债务人的债务人已知债务人有不能清偿到期债务或者破产申请的事实，对债务人取得债权的，不得向管理人主张抵销；但是，债务人的债务人因为法律规定或者有破产申请 1 年前所发生的原因而取得债权的除外。选项 B，债务人的董事、监事和高级管理人员利用职权从企业获取的非正常收入和侵占的企业财产，管理人应当追回。选项 C，人民法院受理破产申请后，债务人占有的不属于债务人的财产，该财产的权利人可以通过管理人取回。但是，《企业破产法》另有规定的除外。选项 D，债务人的债务人在破产申请受理后取得他人对债务人的债权的，不得向管理人主张抵销。

考点十二 破产费用和共益债务 ★★★ 一学多考|注

1. 破产费用

法院受理破产申请后，发生的下列费用：

（1）破产案件的诉讼费用；

（2）管理、变价和分配债务人财产的费用；

（3）管理人执行职务的费用、报酬和聘用工作人员的费用。

提示 破产费用必须是为全体债权人的共同利益而支出。

法院裁定受理破产申请的，此前债务人尚未支付的公司强制清算费用、未终结的执行程序中产生的评估费、公告费、保管费等执行费用，参照破产费用规定，由债务人财产随时清偿。

2. 共益债务

法院受理破产申请后，为全体债权人共同利益，发生的下列债务：

（1）因管理人或者债务人请求对方当事人履行双方均未履行完毕的合同所产生的债务；

（2）债务人财产受无因管理所产生的债务；

（3）因债务人不当得利所产生的债务；

（4）为债务人继续营业而应支付的劳动报酬和社会保险费用以及由此产生的其他债务；

（5）管理人或者相关人员执行职务致人损害所产生的债务；

（6）债务人财产致人损害所产生的债务。

答案
例题 18 | B

3. 清偿规则

(1)破产费用和共益债务由债务人财产随时清偿。

(2)债务人财产不足以清偿所有破产费用和共益债务的，先行清偿破产费用。

(3)债务人财产不足以清偿所有破产费用或者共益债务的，按照比例清偿。

(4)债务人财产不足以支付破产费用的，管理人应当提请法院终结破产程序。

【例题19·单选题】(2023年)根据《企业破产法》的规定，下列关于破产费用、共益债务认定及清偿原则的说法中，正确的是( )。

A. 债务人财产不足以清偿所有破产费用和共益债务的，先行清偿共益债务

B. 债务人财产致人损害所产生的费用属于破产费用

C. 破产费用和共益债务由债务人财产随时清偿

D. 管理人执行职务的报酬属于共益债务

解析 ↘ 本题考查破产费用和共益债务。选项A，债务人财产不足以清偿所有破产费用和共益债务的，先行清偿破产费用。选项B，债务人财产致人损害所产生的债务属于共益债务。选项D，管理人执行职务的费用、报酬和聘用工作人员的费用属于破产费用。

【例题20·单选题】(2021年)以下属于破产费用的是( )。

A. 破产期间管理人的报酬

B. 债务人财产受无因管理所产生的债务

C. 管理人执行职务致人损害所产生的债务

D. 因债务人不当得利所产生的债务

解析 ↘ 本题考查破产费用。人民法院受理破产申请后发生的下列费用，为破产费用：①破产案件的诉讼费用；②管理、变价和分配债务人财产的费用；③管理人执行职务的费用、报酬和聘用工作人员的费用。选项B、C、D，属于共益债务。

第五节 重整与和解

考点十三 重整 ★★★ 一学多考|注

1. 重整申请

重整申请，见表14-14。

表14-14 重整申请

项目	申请人	具体规定
直接重整	债务人	不能清偿到期债务且资产不足以清偿全部债务或者明显缺乏清偿能力
	债权人	债务人不能清偿到期债务

答案 ↘
例题19|C
例题20|A

(续表)

项目	申请人	具体规定
转入重整	债务人	债权人申请对债务人进行破产清算,在法院受理破产申请后,宣告债务人破产前,债务人可以向法院申请重整
	10%出资人	受理破产申请后,宣告债务人破产前,出资额占债务人注册资本1/10以上的出资人,可以向法院申请重整

2. 重整期间及相关规定

重整期间及相关规定,见表14-15。

表14-15 重整期间及相关规定

项目	具体规定
具体期间	自法院裁定债务人重整之日起至重整程序终止(不包括重整计划执行阶段)
经营管理	(1)在重整期间,经债务人申请,法院批准,债务人可以在管理人的监督下自行管理财产和营业事务; (2)管理人负责管理财产和营业事务的,可以聘任债务人的经营管理人员负责营业事务
担保权暂停	在重整期间,对债务人的特定财产享有的担保权暂停行使。但是,担保物有损坏或者价值明显减少的可能,足以危害担保权人权利的,担保权人可以向法院请求恢复行使担保权
借款担保	在重整期间,债务人或者管理人为继续营业而借款的,可以为该借款设定担保
取回权	债务人合法占有的他人财产,该财产的权利人在重整期间要求取回的,应当符合事先约定的条件
出资人分红限制	在重整期间,债务人的出资人不得请求投资收益分配
"董监高"转股限制	在重整期间,债务人的董事、监事、高级管理人员不得向第三人转让其持有的债务人的股权,经法院同意的除外

3. 终止重整程序

在重整期间,有下列情形之一,经管理人或者利害关系人请求,法院应当裁定终止重整程序,并宣告债务人破产:

(1)债务人的经营状况和财产状况继续恶化,缺乏挽救的可能性;

(2)债务人有欺诈、恶意减少债务人财产或者其他显著不利于债权人的行为;

(3)由于债务人的行为致使管理人无法执行职务。

【例题21·单选题】下列关于破产重整的说法中,正确的是( )。

A. 破产重整期间,是指法院受理破产申请至重整程序终止的期间

B. 破产重整期间，除债务人管理破产财产受管理人监督外，债务人的营业事务不受管理人干预

C. 破产重整期间，债务人的出资人请求投资收益分配的权利受保护

D. 破产重整期间，债务人可以决定内部管理事务

解析 本题考查破产重整。选项 A，重整期间，是指法院裁定债务人重整之日起至重整程序终止的期间。选项 B，在重整期间，债务人管理破产财产和营业事务，均受管理人的监督。选项 C，在重整期间，债务人的出资人不得请求投资收益分配。

4. 重整计划草案的制作

重整计划草案的制作，见表 14-16。

表 14-16 重整计划草案的制作

项目	具体内容
制作人	(1)债务人自行管理财产和营业事务的，由债务人制作重整计划草案； (2)管理人负责管理财产和营业事务的，由管理人制作重整计划草案
提交期限	自法院裁定债务人重整之日起 6 个月内，向法院和债权人会议提交重整计划草案；经债务人或者管理人请求，有正当理由的，法院可以裁定延期 3 个月
逾期后果	未按期提出重整计划草案，法院应当裁定终止重整程序，并宣告债务人破产
内容限制	重整计划不得规定减免债务人欠缴的纳入社会统筹账户的社会保险费用，该项费用的债权人不参加重整计划草案的表决

5. 重整计划草案分组表决

重整计划草案分组表决，见表 14-17。

表 14-17 重整计划草案分组表决

表决形式	具体规定
第一组：对债务人的特定财产享有担保权的债权	出席会议的同一表决组的债权人过半数同意，并且其所代表的债权额占该组债权总额的 2/3 以上的，该组通过
第二组：职工劳动债权	
第三组：债务人所欠税款	
第四组：普通债权	

【时间】法院自收到重整计划草案之日起 30 日内召开债权人会议，对草案进行表决

记忆口诀
>1/2+≥2/3。

法院必要时可以在普通债权组中设小额债权组进行表决。

答案
例题 21 | D

6. 出资人

债务人的出资人代表可以列席讨论重整计划草案的债权人会议。重整计划草案涉及出资人权益调整事项的，应当设出资人组，对该事项进行表决。

7. 批准

(1)各表决组均通过重整计划草案时，重整计划即为通过，自通过之日起 10 日内，申请法院批准。

(2)符合规定，法院自收到申请之日起 30 日内裁定批准，终止重整程

序，并予以公告。

8. 二次表决

部分表决组未通过，可以协商后再表决一次，不得损害其他表决组的利益。

9. 强制批准

(1) 未通过的表决组拒绝再次表决或者再次表决仍未通过，但重整计划草案符合法定条件的，债务人或者管理人可以申请法院批准重整计划草案。

(2) 法院经审查认为符合规定的，应自收到申请之日起 30 日内裁定批准，终止重整程序，并予以公告。

10. 终止重整

重整计划草案未获得通过且未获得批准，或者债权人会议通过的重整计划未获得法院批准，法院应当裁定终止重整程序，并宣告债务人破产。

【例题 22·单选题】根据《企业破产法》的规定，下列有关重整计划草案的表述中，正确的是(　　)。

A. 重整计划草案由债权人委员会负责制作
B. 债务人或者管理人应当自人民法院裁定重整之日起 6 个月内完成重整计划草案
C. 重整计划草案经债权人会议表决通过后，重整程序即告终止
D. 重整计划草案经人民法院裁定批准后，重整程序即告中止

解析 ↘ 本题考查重整计划草案的相关规定。选项 A，债务人自行管理财产和营业事务的，由债务人制作重整计划草案。管理人负责管理财产和营业事务的，由管理人制作重整计划草案。选项 C、D，各表决组均通过重整计划草案时，重整计划即为通过。重整计划通过后，债务人或者管理人应当向人民法院提出批准重整计划的申请。人民法院经审查认为符合《企业破产法》规定的，应当自收到申请之日起 30 日内裁定批准，终止重整程序，并予以公告。

11. 重整计划草案的执行

(1) 执行主体：重整计划由债务人负责执行；法院裁定批准重整计划后，已接管财产和营业事务的管理人应当向债务人移交财产和营业事务。

(2) 监督主体：在重整计划规定的监督期内，管理人监督执行，债务人应当报告执行情况和债务人财务状况。

(3) 约束力：经法院裁定批准的重整计划，对债务人和全体债权人均有约束力。债权人未依照规定申报债权的，在重整计划执行期间不得行使权利。在重整计划执行完毕后，可以按照重整计划规定的同类债权的清偿条件行使权利。债权人对债务人的保证人和其他连带债务人所享有的权利，不受影响。按照重整计划减免的债务，自重整计划执行完毕时起，债务人不再承担清偿责任。

(4) 重整计划终止。终止情形：债务人不能执行或不执行重整计划，法院经管理人或利害关系人请求，应裁定终止重整计划执行，并宣告债务人破产。

答案 ↘
例题 22 | B

终止效果：①为重整的执行提供的担保继续有效；②债权人在重整计划中作出的债权调整的承诺失去效力；③债权人因执行重整计划所受的清偿仍然有效，债权未受清偿的部分作为破产债权，在其他同顺位债权人同自己所受的清偿达到同一比例时，才能继续接受破产分配。

【例题23·多选题】（2021年）下列关于重整计划的说法中，正确的有（　　）。

A. 重整计划草案未获得法院批准的，法院应宣告债务人破产
B. 重整计划执行人不执行重整计划的，经利害关系人请求，法院应当更换执行人继续执行重整计划
C. 债权人未依照规定申报债权的，在重整计划执行期间不得行使权利
D. 债权人依照债权分类对重整计划分组进行表决
E. 管理人负责管理财产和营业事务的，由管理人制作重整计划草案

解析 本题考查重整程序。选项A，重整计划草案未获得通过且未依照《企业破产法》第八十七条的规定获得批准，或者已通过的重整计划未获得批准的，人民法院应当裁定终止重整程序，并宣告债务人破产。选项B，债务人不能执行或者不执行重整计划的，人民法院经管理人或者利害关系人请求，应当裁定终止重整计划的执行，并宣告债务人破产。选项C，债权人未依照规定申报债权的，在重整计划执行期间不得行使权利。选项D，依照债权分类，参加讨论重整计划草案债权人会议的各类债权的债权人，分组对重整计划草案进行表决。选项E，债务人自行管理财产和营业事务的，由债务人制作重整计划草案。管理人负责管理财产和营业事务的，由管理人制作重整计划草案。

考点十四 和解 ★★

1. 申请人

（1）债务人可以直接向法院申请和解；

（2）债务人可以在法院受理破产申请后、宣告债务人破产前向法院申请和解。

提示 和解只能由债务人提出；债务人申请和解，应当提出和解协议草案。

对债务人的特定财产享有担保权的权利人，自法院裁定和解之日起可以行使权利。债权人会议通过和解协议的决议，由出席会议的有表决权的债权人过半数同意，并且其所代表的债权额占无财产担保债权总额的2/3以上。

记忆口诀
＞1/2＋≥2/3。

答案
例题23 | ACDE

2. 终止和解程序

（1）债权人会议通过和解协议的，由法院裁定认可，终止和解程序，并予以公告；管理人应当向债务人移交财产和营业事务，并向法院提交执行职

务的报告。

（2）和解协议草案经表决未获得通过，或者已经通过的和解协议未获得法院认可的，法院应当裁定终止和解程序，并宣告债务人破产。

3. 和解协议效力

经法院裁定认可的和解协议，对债务人和全体和解债权人均有约束力。和解债权人未申报债权的，在和解协议执行期间不得行使权利。在和解协议执行完毕后，可以按照和解协议规定的清偿条件行使权利。和解债权人对债务人的保证人和其他连带债务人所享有的权利，不受影响。按照和解协议减免的债务，自和解协议执行完毕时起，债务人不再承担清偿责任，依法不能免除或者和解协议有特别规定的除外。

4. 和解协议无效

因债务人的欺诈或者其他违法行为而成立的和解协议，法院应当裁定无效，并宣告债务人破产；有前述情形的，和解债权人因执行和解协议所受的清偿，在其他债权人所受清偿同等比例的范围内，不予返还。

5. 终止执行和解协议

（1）终止情形：债务人不能执行或不执行和解协议，法院经和解债权人请求，应当裁定终止和解协议执行，并宣告债务人破产。

（2）终止效果：①为和解协议的执行提供的担保继续有效；②法院裁定终止和解协议执行的，和解债权人在和解协议中作出的债权调整的承诺失去效力；③和解债权人因执行和解协议所受的清偿仍然有效，和解债权未受清偿的部分作为破产债权；上述债权人，只有在其他债权人同自己所受的清偿达到同一比例时，才能继续接受分配。

【例题 24·单选题】（2023 年）根据《企业破产法》的规定，下列关于和解协议效力的说法中，正确的是(   )。

A. 债权人会议通过和解协议即视为和解程序终止
B. 按照和解协议减免的债务，自和解协议通过时起，债务人不再承担清偿责任
C. 经人民法院裁定认可的和解协议对债务人和全体和解债权人均有约束力
D. 和解债权人基于和解协议所受清偿，在法院裁定和解协议无效后，应予全部返还

解析 ↘ 本题考查和解协议。选项 A，债权人会议通过和解协议的，由人民法院裁定认可，终止和解程序，并予以公告。选项 B，按照和解协议减免的债务，自和解协议执行完毕时起，债务人不再承担清偿责任。选项 D，因债务人的欺诈或者其他违法行为而成立的和解协议，人民法院应当裁定无效，并宣告债务人破产。有此情形的，和解债权人因执行和解协议所受的清偿，在其他债权人所受清偿同等比例的范围内，不予返还。

答案 ↘
例题 24 | C

第六节　破产清算

考点十五　破产宣告 ★

1. 宣告破产情形
(1)债务人被申请破产,且符合法定破产原因;
(2)在重整中,法院裁定终止重整程序,宣告破产的;
(3)在和解中,出现问题导致可宣告破产的。

2. 破产宣告程序
法院宣告债务人破产,应当自裁定作出之日起 5 日内送达债务人和管理人,自裁定作出之日起 10 日内通知已知债权人,并予以公告。

提示 破产宣告裁定的作出,是破产企业真正开始进入清算的标志。

3. 终结破产程序
破产宣告前,有下列情形之一的,法院应当裁定终结破产程序,并予以公告:①第三人为债务人提供足额担保或者为债务人清偿全部到期债务;②债务人已清偿全部到期债务。

考点十六　破产财产变价与分配 ★★★

1. 破产财产变价
(1)变价方案由管理人拟订,提交债权人会议讨论通过,由管理人负责执行。
(2)由出席会议有表决权的债权人的过半数通过,并且其所代表的债权额占无财产担保债权总额的 1/2 以上。经债权人会议表决未通过的,由法院裁定。

2. 破产财产分配
(1)分配方案由管理人拟订,提交债权人会议讨论通过,并提请法院裁定许可,由管理人执行。
(2)清偿顺序:①破产费用→②共益债务→③破产人所欠职工的工资和医疗、伤残补助、抚恤费用,所欠的应当划入职工个人账户的基本养老保险、基本医疗保险费用,以及法律、行政法规规定应当支付给职工的补偿金→④破产人欠缴的除上述规定以外的社会保险费用和破产人所欠税款→⑤普通破产债权。

提示 破产财产不足以清偿同一顺序的清偿要求,按比例分配。

(3)附生效条件或者解除条件的债权:①在最后分配公告日,生效条件未成就或者解除条件成就的,应当分配给其他债权人;②在最后分配公告日,生效条件成就或者解除条件未成就的,应当交付给债权人。
(4)未受领的破产财产分配额:债权人自最后分配公告之日起满 2 个月

仍不领取的,视为放弃受领分配的权利,管理人或者法院将提存的分配额分配给其他债权人。

(5)诉讼或者仲裁未决的债权:自破产程序终结之日起满 2 年仍不能受领分配的,法院应当将提存的分配额分配给其他债权人。

考点十七 破产终结 ★

破产终结,见表 14-18。

表 14-18 破产终结

项目	具体内容
终结情形	破产人无财产可供分配的,管理人应当请求法院裁定终结破产程序
追加分配	自破产程序终结之日起 2 年内,债权人可以请求法院按照破产财产分配方案进行追加分配情形: (1)发现有依照破产法规定(如可撤销行为、无效行为等)应当追回的财产的; (2)发现破产人有应当供分配的其他财产的。 **提示** 财产数量不足以支付分配费用的,不再追加分配,由法院将其上缴国库
终结后果	(1)破产程序终结,破产人未能清偿的债务,依法予以免除; (2)破产人的保证人和其他连带债务人,在破产程序终结后,对债权人依照破产清算程序未受清偿的债权,依法应当继续承担清偿责任

同步训练

考点一 破产原因

(单选题)因 A 公司未能偿还对 B 公司的债务,B 公司向人民法院提出对 A 公司进行破产清算的申请。以下能够成为法院不受理该破产申请理由的是(　　)。

A．A 公司对 B 公司的债务尚未到期
B．A 公司长期亏损且经营扭亏困难,无法清偿债务
C．A 公司认为自己账面资产超过负债,只是实物资产难以变现,未达到资不抵债的程度
D．A 公司认为自己账面资产超过负债,只是法定代表人下落不明且无其他人员负责管理财产,而该情况只是暂时的

考点二 破产案件的管辖

(单选题)破产申请是破产程序开始的前提。根据企业破产法律制度的规定,下列有关破产申请及管辖的表述中,正确的是(　　)。

A. 破产申请只能由债务人向人民法院提出
B. 破产申请在人民法院受理前不能撤回
C. 破产案件由债务人住所地人民法院管辖
D. 破产案件由破产财产所在地人民法院管辖

考点三 管理人

1.（单选题）根据企业破产法律制度的规定，下列主体中可以担任管理人的是（　　）。
A. 因盗窃行为受过刑事处罚的张某
B. 破产申请受理前根据有关规定成立的行政清算组
C. 因违法行为被吊销执业证书的王某
D. 正在担任债务人财务顾问的李某

2.（多选题）下列关于破产管理人报酬的说法中，正确的有（　　）。
A. 管理人的报酬由债权人会议确定
B. 债权人会议对报酬有异议，债权人会议可以直接调整管理人的报酬
C. 管理人的报酬应列入破产财产分配方案，从债务人财产中优先支付
D. 管理人报酬属于破产费用，由债务人财产随时清偿
E. 在和解、重整程序中，管理人报酬方案应列入和解协议草案或重整计划草案，报债权人会议审查通过

考点四 破产申请的提出

1.（单选题）根据《企业破产法》及相关规定，下列主体中，不能作为破产申请人的是（　　）。
A. 债权人的出资人　　B. 依法对债务人负有清算责任的人
C. 债权人　　　　　　D. 债务人

2.（单选题）根据企业破产法律制度的规定，下列有关重整申请人的表述中，正确的是（　　）。
A. 进入破产程序前，债务人可以直接向人民法院申请重整
B. 人民法院受理破产申请后、宣告债务人破产前，破产管理人可以向人民法院申请重整
C. 人民法院受理债权人提出的破产申请后、宣告债务人破产前，出资额占债务人注册资本5%以上的出资人，可以向人民法院申请重整
D. 人民法院受理债权人提出的破产申请后，债务人不能向人民法院申请重整

考点五 破产申请的受理

（单选题）根据企业破产法律制度的规定，下列有关破产申请受理程序的表述中，不正确的是（　　）。
A. 人民法院裁定受理破产申请的，应同时指定管理人，管理人负责接管债务人的财产
B. 法院不予受理破产申请和驳回破产申请均应以裁定形式作出
C. 债务人有隐匿、转移财产等行为，为了逃避债务而申请破产的，法院应当裁定

驳回破产申请

D. 人民法院应当自裁定受理破产申请之日起 25 日内通知已知债权人，并予以公告

考点六 破产申请受理的法律后果

1. (单选题) 2024 年 7 月，甲、乙两公司签订一份买卖合同。按照合同约定，双方已于 2024 年 8 月底前各自履行了合同义务的 50%。2024 年 10 月，人民法院受理了债务人甲公司的破产申请。2024 年 10 月 31 日，甲公司管理人收到了乙公司关于是否继续履行该买卖合同的催告，但直至 2024 年 12 月初，管理人尚未对乙公司的催告做出答复。下列关于该买卖合同的表述中，正确的是(   )。

    A. 乙公司无须继续履行合同
    B. 管理人有权要求乙公司继续履行合同
    C. 乙公司有权要求管理人就合同履行提供担保
    D. 乙公司有权就合同约定的违约金申报债权

2. (单选题) 2024 年 12 月 5 日，A 市人民法院受理了债务人甲公司的破产申请。2024 年 9 月，B 市人民法院受理了本市乙公司代位权一案，乙公司主张甲公司的债务人丙公司代为偿还债务。同时，丁公司起诉甲公司合同纠纷案正在 C 市法院审理。此时，前述两个案件均未审结。甲公司于 12 月 7 日将账上现金 100 万元转给债权人戊以清偿所欠货款。同时，D 市的己因与甲公司的合同纠纷准备起诉甲要求其承担违约责任。对此，下列表述中，不正确的是(   )。

    A. 乙公司与丙公司之间的诉讼应当中止审理，甲公司被宣告破产前，法院依法终结破产程序的，该案件恢复审理
    B. 丁公司与甲公司之间的合同纠纷案应当中止审理，在管理人接管甲公司财产后由 C 市人民法院继续审理
    C. 甲公司 12 月 7 日将账上现金 100 万元转给债权人戊的行为无效
    D. 已经起诉甲公司的案件可以向 A 市或 D 市法院提起

3. (多选题) 法院裁定受理破产申请后，下列关于法律后果的说法中，正确的有(   )。

    A. 有关债务人财产的保全措施应当解除
    B. 有关债务人财产的执行程序可以终止
    C. 有关债务人的刑事诉讼应当中止
    D. 债务人未履行完毕的合同，不得解除
    E. 有关债务人的仲裁应当中止

考点七 债权申报

1. (单选题) 根据企业破产法律制度的规定，管理人依法编制的债权登记表，应当提交特定主体核查。该特定主体是(   )。

    A. 债权人委员会   B. 债权人会议主席
    C. 人民法院   D. 第一次债权人会议

2. (单选题) 下列关于破产债权申报的说法中，正确的是(   )。

A. 债权人应当在法院确定的债权申报期限内向法院申报债权
B. 债权人应当在法院确定的债权申报期限内向债权人会议申报债权
C. 债权人应当在法院确定的债权申报期限内向债权人委员会申报债权
D. 债权人应当在法院确定的债权申报期限内向管理人申报债权

3. （单选题）根据《企业破产法》的规定，下列有关债权申报的表述中，正确的是（   ）。

A. 债权申报期限由法院确定，最短 30 日，最长 60 日
B. 破产申请受理时，债权人起诉债务人的案件尚未审结，债权人有权申报债权
C. 债权人在法院确定的债权申报期限内未申报债权的，不再补充申报
D. 债务人破产，连带债权人可以分别在破产案件中申报全部债权

4. （单选题）甲公司被申请破产，甲公司之前向 A 银行贷款由乙公司做保证人。下列关于该笔债权处理的说法，正确的是（   ）。

A. A 银行可以先在甲公司的破产案件中申报债权，然后要求乙公司承担未获清偿的部分
B. A 银行可以在甲公司的破产案件中申报债权，同时要求乙公司承担保证责任，乙公司承担责任后不得在甲公司的破产案件中获得清偿
C. A 银行可以先要求乙公司承担保证责任，乙公司承担全部责任后不得在甲公司的破产案件中申报债权
D. A 银行若未在甲公司的破产案件中申报债权，也未通知乙公司，乙公司可以不再承担保证责任

5. （单选题）甲公司被裁定进入破产程序，债权人乙申报 100 万元债权以及破产案件受理后的延期付款利息 10 万元。债权人丙申报 200 万元债权，该笔债权属于附条件债权，条件尚未达成。债权人丁对乙申报的债权有异议。对此，下列说法正确的是（   ）。

A. 对债权人乙申报的 110 万元债权，法院应当确认
B. 丙附条件的 200 万元债权可以在破产程序中申报破产债权
C. 针对丁的异议，债权人会议应当调整或解释
D. 丁对调整或解释不服的，应当以甲公司为被告提起诉讼

6. （多选题）甲公司向 A 银行借款 100 万元，乙公司是该笔借款的保证人。甲公司和乙公司均被裁定进入破产程序。下列关于该笔债权处理的说法，正确的有（   ）。

A. A 银行可以在甲公司和乙公司的破产案件中分别申报全部债权
B. A 银行若先从甲公司的破产案件中获得清偿，则相应调减其在乙公司破产案件中的分配额
C. A 银行若先从乙公司的破产案件中获得清偿，则乙公司有权利向甲公司追偿
D. A 银行从甲公司和乙公司破产案件中获得的清偿额不得超出其债权总额
E. A 银行只能在甲公司和乙公司的破产案件中选择一个申报全部债权

考点八 债权人会议与债权人委员会

1. （单选题）根据《企业破产法》的规定，下列关于债权人委员会的表述中，正确的

是( )。

A. 在债权人会议中应当设置债权人委员会
B. 债权人委员会的成员人数最多不得超过7人
C. 债权人会议可以授权债权人委员会行使债权人会议的全部职权
D. 债权人委员会中应当有1名债务人企业的职工代表或者工会代表

2. (多选题)债权人会议具有特定情形,损害债权人利益的,债权人可以申请撤销。以下属于可以申请撤销的情形有( )。

A. 债权人会议的召开违反法定程序
B. 债权人会议的表决违反法定程序
C. 债权人会议的决议内容违法
D. 债权人会议的决议超出债权人会议的职权范围
E. 债权人会议的表决未通过

3. (多选题)根据《企业破产法》的规定,下列关于债权人会议的表述中,正确的有( )。

A. 所有债权人都可以参加债权人会议,并享有表决权
B. 第一次债权人会议由管理人负责召集
C. 所有申报债权者均有权参加第一次债权人会议
D. 债权人会议主席由人民法院从债权人或管理人的专业人员中指定
E. 债权人会议的决议,由出席会议的有表决权的债权人过半数通过,并且其所代表的债权额占无财产担保债权总额的1/2以上

考点九 债务人财产的范围与认定

(单选题)根据《企业破产法》及相关规定,下列关于债务人财产认定的说法中,正确的是( )。

A. 所有权专属于国家且不得转让的财产,法院不应认定为债务人财产
B. 债务人基于租赁合同占有、使用的他人财产,法院应认定为债务人财产
C. 债务人已依法设定担保物权的特定财产,法院不应认定为债务人财产
D. 债务人在所有权保留买卖中尚未取得所有权的财产,法院应认定为债务人财产

考点十 涉及债务人财产的撤销与追回

1. (单选题)根据《企业破产法》的规定,下列涉及债务人财产的行为中,无效的是( )。

A. 债务人明显缺乏清偿能力,仍对个别债权人清偿
B. 债务人放弃债权
C. 债务人为逃避债务而隐匿、转移财产
D. 债务人对没有担保的债务提供担保

2. (单选题)人民法院于2024年6月10日受理A公司破产案件。在管理人对A公司的财产进行清理时发现如下事实,其中管理人不能请求法院予以撤销的是( )。

A. 2023年6月1日,A公司对同年8月1日才到期的欠甲公司的债务提前清偿

B. 2024年1月1日，A公司与债权人乙公司协商，将抵押担保的数额由100万元增加到150万元

C. 2024年2月1日，A公司将价值50万元的设备作价10万元转让给关联企业丙公司

D. 2024年3月1日，A公司免除了其债务人丁公司的15万元债务

考点十一 别除权、取回权、抵销权

1. (单选题)甲公司向乙公司融资租赁了一套设备，合同没有约定租期届满设备所有权归属。融资租赁期间，甲公司被申请破产，管理人接管甲公司的财产以后，由于甲公司账册不全，管理人不知融资租赁的情况，将该套设备拍卖给不知情的丙公司，丙公司已经提走设备并付款。下列说法正确的是(　　)。

A. 乙公司有权要求取回拍卖的设备

B. 乙公司有权申报普通债权

C. 乙公司可以要求按共益债务清偿

D. 乙公司可以要求按破产费用清偿

2. (多选题)下列关于破产程序中追回权和取回权的说法中，正确的有(　　)。

A. 人民法院受理破产申请后，债务人占有的不属于债务人的财产，该财产的权利人有权通过管理人取回，企业破产法另有规定的除外

B. 人民法院受理破产申请后，债务的出资人尚未完全履行出资义务的，管理人有权要求其缴纳出资

C. 对因企业破产法规定的无效行为而取得的债务人的财产，管理人有权追回

D. 权利人主张取回权，管理人不予认可的，权利人有权以管理人为被告提起诉讼，请求行使取回权

E. 权利人行使取回权，应当在破产财产变价方案或者和解协议、重整计划草案提交债权人会议表决前提出

考点十二 破产费用和共益债务

(多选题)甲公司因经营管理不善，长期亏损，不能清偿到期债务，遂于2024年6月20日，向法院提出破产申请，法院于2024年6月25日裁定受理此案并予以公告。根据《企业破产法》，法院与管理人的下列做法或者说法中，正确的有(　　)。

A. 法院于2024年7月1日通知所有已知债权人，并进行公告，确定债权申报期限为2024年7月1日至2024年7月25日

B. 管理人发现甲公司于2023年11月1日无偿转让150万元财产，遂向法院申请予以撤销，追回财产

C. 2024年6月1日甲公司与乙公司签订一份买卖合同，双方均未履行完毕，管理人决定继续履行该合同

D. 2024年6月5日甲公司与丙公司签订了一份加工承揽合同，双方均未履行完毕，管理人决定解除该合同

E. 在债权申报期间，甲公司库房堆积货物倒塌，砸中一位工作人员，造成其椎骨

骨折，需要支付医疗费等相关费用20万元，管理人认为，该费用属破产债权

考点十三 重整

1. (单选题)下列有关重整制度的表述，错误的是( )。
   A. 在重整期间，对债务人的特定财产享有的担保权暂停行使
   B. 在重整期间，为重整进行而发生的费用与债务，性质上相当于共益债务
   C. 在重整期间，债务人或者管理人为继续营业而借款的，可以为该借款设定担保
   D. 在重整期间，债务人的出资人可以请求投资收益分配

2. (单选题)自人民法院裁定批准重整计划之日起，下列做法不符合《企业破产法》规定的是( )。
   A. 重整计划由债务人或管理人制作，由管理人执行
   B. 债权人未依照规定申报债权的，在重整计划执行期间不得行使权利
   C. 按照重整计划减免的债务，自重整计划执行完毕时起，债务人不再承担清偿责任
   D. 重整计划中对债务作出的减免对债务人的保证人或连带债务人不产生效力

3. (单选题)甲企业因不能清偿到期债务被申请重整，其中欠乙公司无担保货款50万元。在重整执行期间，乙公司得到10%的货款即5万元，当人民法院裁定终止重整计划执行，并宣告债务人破产时，乙公司可以继续得到清偿的情形是( )。
   A. 全体债权人都得到5万元的清偿后
   B. 全体无财产担保的债权人都得到5万元的清偿后
   C. 全体债权人都得到10%的清偿后
   D. 全体无财产担保的债权人都得到10%的清偿后

考点十四 和解

1. (单选题)根据《企业破产法》及相关规定，下列关于和解的说法中，正确的是( )。
   A. 经法院裁定认可的和解协议，对债务人和全体和解债权人均有约束力，但和解债权人对债务人的保证人所享有的权利，不受和解协议的影响
   B. 债权人会议通过和解协议的决议，由出席会议的有表决权的债权人一致同意
   C. 法院裁定终止和解协议执行的，和解债权人在和解协议中作出的债权调整的承诺失去效力，和解债权人因执行和解协议所受的清偿无效
   D. 债权人可以直接向法院申请和解，但不能在法院受理破产申请后、宣告债务人破产前，向法院申请和解

2. (多选题)根据《企业破产法》的规定，下列关于和解与和解协议的说法中，正确的有( )。
   A. 和解以债权人向人民法院提出和解申请为前提
   B. 和解申请须由人民法院裁定许可
   C. 和解协议须经债权人会议决议通过
   D. 人民法院裁定终止和解协议执行的，为和解协议的执行提供的担保无效

E. 按照和解协议减免的债务，自和解协议执行完毕时起，债务人不再承担清偿责任

考点十五 破产宣告

（单选题）根据《企业破产法》及相关规定，下列不属于宣告破产情形的是（　　）。

A. 债务人被申请破产，且符合法定破产原因

B. 第三人为债务人提供足额担保或者为债务人清偿全部到期债务的

C. 在重整中，法院裁定终止重整程序，宣告破产的

D. 在和解中，出现问题导致可宣告破产的

考点十六 破产财产变价与分配

（单选题）根据《企业破产法》的规定，下列关于破产财产分配的说法中，不正确的是（　　）。

A. 破产财产分配方案由管理人拟订，提交债权人会议讨论通过，并提请人民法院裁定许可

B. 破产财产在优先清偿破产费用和共益债务后，首先清偿破产人所欠职工的工资和医疗、伤残费用、抚恤费用等职工债权

C. 对债权人未受领的破产财产分配额，管理人应当分配给其他债权人

D. 对诉讼或仲裁未决的债权，自破产程序终结之日起满2年仍不能受领分配的，人民法院应当将其分配额分配给其他债权人

考点十七 破产终结

（单选题）根据《企业破产法》及相关规定，下列关于破产终结的表述错误的是（　　）。

A. 破产人无财产可供分配的，管理人应当请求法院裁定终结破产程序

B. 自破产程序终结之日起3年内，债权人可以请求法院按照破产财产分配方案进行追加分配

C. 破产程序终结，破产人未能清偿的债务，依法予以免除

D. 破产人的保证人和其他连带债务人，在破产程序终结后，对债权人依照破产清算程序未受清偿的债权，依法应当继续承担清偿责任

综合拓展

（综合分析题）卓力有限责任公司（下称卓力公司）成立于2010年11月，注册资本300万元，主要销售孕婴系列乳品。为了扩大规模，2012年2月1日，卓力公司向恒达公司借款1000万元，期限10年。2022年9月，由于受重大质量问题影响，卓力公司经营业绩一落千丈，向恒达公司的借款到期后一直未还，恒达公司催收两次无果。2024年3月6日，恒达公司以卓力公司未能履行还款义务、已经丧失清偿能力为由，向法院申请卓力公司破产。

（1）下列关于本案破产申请及其撤回、受理的说法，正确的有（　　）。

A. 恒达公司作为债权人无权提出破产申请

B. 恒达公司作为债权人可向卓力公司住所地法院提出卓力公司破产申请
C. 恒达公司提出的破产申请，在法院受理前不能撤回
D. 是否受理恒达公司提出的破产申请，一般由法院在15日内裁定
E. 恒达公司作为债权人提出破产申请须由其全体董事共同提出

（2）下列关于恒达公司破产申请受理的说法，正确的有(　　　)。
A. 法院收到破产申请后，应在10日内进行审查，裁定是否受理
B. 恒达公司提出破产申请后，法院应当自收到破产申请之日起5日内通知债务人卓力公司
C. 法院受理破产申请后，应当自受理破产申请之日起30日内通知已知的其他债权人，并予以公告
D. 对法院不予受理破产申请的裁定和驳回破产申请的裁定不服的，恒达公司均可提出上诉
E. 法院裁定受理破产申请后，恒达公司的债务人卓力公司应当向恒达公司清偿债务

（3）下列关于破产管理人的说法，正确的有(　　　)。
A. 破产管理人由债权人会议选举产生，对债权人会议负责并报告工作
B. 破产管理人负责管理债务人的全部财产，接受债权人会议的监督
C. 破产管理人不能依法公正执行职务的，法院无权更换
D. 破产管理人有权提议召开债权人会议，列席并回答有关询问
E. 破产管理人履行职责获得的报酬列入破产财产分配方案，从债务人财产中优先支付

（4）下列关于债权申报的说法，正确的有(　　　)。
A. 债权申报期限自法院裁定受理破产申请之日起计算，最长不得超过2个月
B. 债权人应当在确定的债权申报期限内向法院申报债权
C. 债权人在确定的债权申报期限内未申报债权的，可以在破产财产最后分配前补充申报
D. 债权人在破产财产开始分配后补充申报的债权不能作为破产债权
E. 已经代替债务人清偿债务的保证人，可以其对债务人的求偿权申报债权

参考答案及解析

考点一　破产原因

A　【解析】本题考查破产原因。明显缺乏清偿能力，指账面资产虽大于负债，但存在下列情形之一：①因资金严重不足或者财产不能变现等原因，无法清偿债务；②法定代表人下落不明且无其他人员负责管理财产，无法清偿债务；③经法院强制执行，无法清偿债务；④长期亏损且经营扭亏困难，无法清偿债务。

考点二　破产案件的管辖

C　【解析】本题考查破产管辖。选项A，债务人不能清偿到期债务，债权人可以向人民法院提出重整或者破产清算的申请。选项B，申请人可以在人民法院受理破产

申请以前请求撤回申请。选项 C、D，破产案件由债务人住所地人民法院管辖。

考点三 管理人

1. B 【解析】本题考查不得担任管理人情形。有下列情形之一的，不得担任管理人：①因故意犯罪受过刑事处罚(选项 A)；②曾被吊销相关专业执业证书(选项 C)；③与本案有利害关系(选项 D)；④人民法院认为不宜担任管理人的其他情形。

2. CDE 【解析】本题考查破产管理人报酬。选项 A，管理人的报酬由法院确定。选项 B，债权人会议对报酬有异议，应当向法院书面提出，债权人会议无权直接调整管理人的报酬。

考点四 破产申请的提出

1. A 【解析】本题考查破产申请人。选项 B，企业法人已解散但未清算或者未清算完毕，资产不足以清偿债务的，依法负有清算责任的人应当向人民法院申请破产清算。选项 C，债务人不能清偿到期债务，债权人可以向人民法院提出对债务人进行重整或者破产清算的申请。选项 D，债务人具有破产原因，可以向人民法院提出重整、和解或者破产清算申请。

2. A 【解析】本题考查破产申请人。选项 A，债务人或者债权人可以直接向人民法院申请对债务人进行重整。选项 B、C、D，债权人申请对债务人进行破产清算的，在人民法院受理破产申请后、宣告债务人破产前，债务人或者出资额占债务人注册资本 1/10 以上的出资人(不包括破产管理人)，可以向人民法院申请重整。

考点五 破产申请的受理

C 【解析】本题考查破产申请。选项 C，债务人有隐匿、转移财产等行为，为了逃避债务而申请破产的，法院应当裁定不予受理。人民法院受理破产申请后，经审查发现债务人有巨额财产下落不明且不能合理解释财产去向等情形，即没有达到不能清偿到期债务，并且资产不足以清偿全部债务或者明显缺乏清偿能力界限的，可以裁定驳回申请。

考点六 破产申请受理的法律后果

1. A 【解析】本题考查尚未履行完毕的合同。人民法院受理破产申请后，管理人对破产申请受理前成立而债务人和对方当事人均未履行完毕的合同有权决定解除或者继续履行，并通知对方当事人。管理人自破产申请受理之日起 2 个月内未通知对方当事人，或者自收到对方当事人催告之日起 30 日内未答复的，视为解除合同，所以乙公司无须继续履行合同。对方当事人申报的破产债权以实际损失为限，违约金不得作为破产债权申报。

2. D 【解析】本题考查破产申请受理的效力。选项 A，乙、丙之间的诉讼为个别清偿诉讼，该诉讼应当中止审理。如果债务人未被法院宣告破产，法院裁定终结破产程序的，该案件应当依法恢复审理。选项 B，已经开始而尚未终结的有关债务人的民事诉讼或者仲裁应当中止，在管理人接管债务人财产、掌握诉讼情况后能够继续进行。选项 C，法院受理破产申请后，债务人对个别债权人的清偿行为无效。

选项 D，人民法院受理破产申请后，有关债务人的民事诉讼，只能向受理破产申请的人民法院提起。

3. AE 【解析】本题考查破产申请受理后的法律后果。选项 A、B，人民法院受理破产申请后，有关债务人财产的保全措施应当解除，执行程序应当中止。选项 C、E，人民法院受理破产申请后，已经开始而尚未终结的有关债务人的民事诉讼或者仲裁应当中止；在管理人接管债务人的财产后，该诉讼或者仲裁继续进行。选项 D，人民法院受理破产申请后，管理人对破产申请受理前成立而债务人和对方当事人均未履行完毕的合同有权决定解除或者继续履行，并通知对方当事人。

考点七 债权申报

1. D 【解析】本题考查破产债权的确认。管理人收到债权申报材料后，应当登记造册，对申报的债权进行审查，并编制债权登记表。债权登记表应当提交第一次债权人会议核查。

2. D 【解析】本题考查破产债权申报要求。债权人应当在人民法院确定的债权申报期限内向管理人申报债权。

3. B 【解析】本题考查破产债权申报的一般规则。选项 A，债权申报期限自人民法院发布受理破产申请公告之日起计算，最短不得少于 30 日，最长不得超过 3 个月。在法律规定的期间内，人民法院可以根据案件的具体情况确定申报债权的期限。选项 B，附条件、附期限的债权和诉讼、仲裁未决的债权，债权人也可以申报。选项 C，在人民法院确定的债权申报期限内，债权人未申报债权的，可以在破产财产最后分配前补充申报；但是，此前已进行的分配，不再对其补充分配。为审查和确认补充申报债权的费用，由补充申报人承担。选项 D，连带债权人可以由其中一人代表全体连带债权人申报债权，也可以共同申报债权，但是不可以每个人都去申报全部债权。

4. A 【解析】本题考查破产债权申报的特别规定。选项 B，担保人清偿债权人的全部债权后，可以代替债权人在破产程序中受偿；在债权人的债权未获全部清偿前，担保人不得代替债权人在破产程序中受偿，但是有权就债权人通过破产分配和实现担保债权等方式获得清偿总额中超出债权的部分，在其承担担保责任的范围内请求债权人返还。选项 C，债权人直接要求保证人承担责任的，债务人的保证人或者其他连带债务人已经代替债务人清偿债务的，以其对债务人的求偿权申报债权。选项 D，债权人知道或者应当知道债务人破产，既未申报债权也未通知担保人，致使担保人不能预先行使追偿权的，担保人就该债权在破产程序中可能受偿的范围内免除担保责任，但是担保人因自身过错未行使追偿权的除外。

5. B 【解析】本题考查破产债权申报的特别规定。选项 A，10 万元的利息不予确认。选项 B，附条件、附期限的债权和诉讼、仲裁未决的债权，债权人可以申报破产债权。选项 C、D，债务人、债权人对债权表记载的债权有异议的，应当说明理由和法律依据。经管理人解释或调整后，异议人仍然不服的，或者管理人不予解释或调整的，异议人应当在债权人会议核查结束后 15 日内向人民法院提起债权确认的

诉讼。债权人对债权表记载的他人债权有异议的，应将被异议债权人列为被告。

6. AD 【解析】本题考查破产债权申报的特别规定。选项 A、E，债务人、保证人均被裁定进入破产程序的债权人<u>有权向债务人、保证人</u>分别申报债权。选项 B、D，债权人向债务人、保证人均申报全部债权的，从一方破产程序中获得清偿后，其对另一方的债权额<u>不作调整</u>，但债权人的受偿额不得超出其债权总额。选项 C，保证人履行保证责任后<u>不再享有求偿权</u>。

考点八 债权人会议与债权人委员会

1. D 【解析】本题考查债权人委员会。选项 A，债权人委员会并<u>不是必须</u>的，是否设置由债权人会议决定。选项 B，债权人委员会的成员人数最多<u>不得超过 9 人</u>。选项 C，有些职权<u>不可以授权</u>债权人委员会行使，如表决通过债务人财产的变价方案。

2. ABCD 【解析】本题考查债权人会议决议撤销。债权人会议的<u>召开、表决、决议内容</u>违反法定程序和决议超出债权人会议的职权范围均可以申请撤销。

3. CE 【解析】本题考查债权人会议。选项 A，所有债权人都可以参加债权人会议，但只有经过<u>确认</u>的债权人才享有表决权。选项 B，第一次债权人会议由<u>人民法院</u>负责召集。选项 D，债权人会议主席由人民法院从<u>有表决权的债权人</u>中指定。

考点九 债务人财产的范围与认定

A 【解析】本题考查债务人财产。选项 B，债务人基于<u>仓储、保管、承揽、代销、借用、寄存、租赁</u>等合同或者其他法律关系占有、使用的他人财产，不应认定为债务人财产。选项 C，债务人已依法设定担保物权的特定财产，人民法院应当认定为<u>债务人</u>财产。选项 D，债务人在<u>所有权保留买卖中尚未取得所有权</u>的财产，不应认定为债务人财产。

考点十 涉及债务人财产的撤销与追回

1. C 【解析】本题考查涉及债务人财产的无效行为的规定。涉及债务人财产的下列行为无效：为逃避债务而隐匿、转移财产的；虚构债务或者承认不真实的债务的。人民法院受理破产申请后，债务人对个别债权人的债务清偿无效。选项 A，表述不严谨。选项 B、D，涉及管理人有权请求法院依法撤销的情形。

2. A 【解析】本题考查破产撤销权。选项 A，清偿行为发生在受理破产案件 1 年之前，不可撤销。选项 B，在受理破产申请前 1 年内，对原来没有财产担保的债务提供财产担保，管理人有权请求人民法院撤销。选项 C，受理破产申请前 <u>1 年内</u>，以明显不合理的价格进行交易的，管理人有权请求人民法院予以撤销。选项 D，受理破产申请前 <u>1 年内</u>，放弃债权的，管理人有权请求人民法院予以撤销。

考点十一 别除权、取回权、抵销权

1. C 【解析】本题考查取回权。债务人占有的他人财产被违法转让给第三人，第三人已经善意取得的，原权利人无法取回该财产，如果转让行为发生在破产申请受理后，因管理人执行职务导致原权利人损害产生的债务，作为<u>共益债务</u>清偿。

2. ABCE 【解析】本题考查追回权和取回权。选项 D，应当以<u>债务人</u>为被告，而不

是以管理人为被告。

考点十二 破产费用和共益债务

BCD 【解析】本题考查债权申报、债务人财产、破产债权、共益债务。选项 A，债权申报期限自人民法院发布受理破产申请公告之日起计算，最短不得少于 30 日，最长不得超过 3 个月。选项 E，债务人财产致人损害所产生的债务属于共益债务，而非破产债权。

考点十三 重整

1. D 【解析】本题考查重整制度。选项 D，在重整期间，债务人的出资人不可以请求投资收益分配。
2. A 【解析】本题考查重整制度。选项 A，重整计划由债务人或管理人制作，由债务人执行。
3. D 【解析】本题考查重整计划终止。人民法院裁定终止重整计划执行的，债权人因执行重整计划所受的清偿仍然有效，得到清偿的债权人只有在其他同顺位债权人同自己所受的清偿达到同一比例时，才能继续接受分配。

考点十四 和解

1. A 【解析】本题考查和解。选项 B，债权人会议通过和解协议的决议，由出席会议的有表决权的债权人过半数同意，并且其所代表的债权额占无财产担保债权总额的 2/3 以上。选项 C，人民法院裁定终止和解协议执行的，和解债权人在和解协议中作出的债权调整的承诺失去效力；和解债权人因执行和解协议所受的清偿仍然有效。选项 D，债权人无权提出和解申请；债务人可以在法院受理破产申请后、宣告债务人破产前，向法院申请和解，也可以直接向法院申请和解。
2. BCE 【解析】本题考查和解程序。选项 A，和解以债务人向人民法院提出和解申请为前提，债权人无权向人民法院提出和解申请。选项 D，人民法院裁定终止和解协议执行的，为和解协议的执行提供的担保继续有效。

考点十五 破产宣告

B 【解析】本题考查宣告破产情形。选项 B，属于法院应当裁定终结破产程序的情形。

考点十六 破产财产变价与合配

C 【解析】本题考查破产财产的分配。对债权人未受领的破产财产分配额，管理人应当提存。债权人自最后分配公告之日起满 2 个月仍不领取的，视为放弃受领分配的权利，管理人或者人民法院应当将提存的分配额分配给其他债权人。

考点十七 破产终结

B 【解析】本题考查破产终结。选项 B，自破产程序终结之日起 2 年内，债权人可以请求法院按照破产财产分配方案进行追加分配情形：①发现有依照破产法规定（如可撤销行为、无效行为等）应当追回的财产的；②发现破产人有应当供分配的其他财产的。

综合拓展

（1）B 【解析】本题考查破产申请及其撤回、受理。选项 A，债权人有权提出破产申请。选项 B，破产案件由债务人住所地法院管辖。选项 C，申请人可以在法院受理破产申请之前请求撤回申请。选项 D，对于债务人、依法负有清算责任的人提出破产申请，法院自收到破产申请之日起 15 日内裁定是否受理。对于债权人提出破产申请的，不适用这个规定。选项 E，《企业破产法》仅规定债权人有权对债务人提出破产申请，但是没有限定必须由债权人的全体董事共同提出。一般情况下，应该由债权人的法定代表人代表债权人向法院提出。

（2）BD 【解析】本题考查破产申请受理。选项 A，债权人提出破产申请的，人民法院应当自收到申请之日起 5 日内通知债务人。债务人对申请有异议的，应当自收到人民法院的通知之日起 7 日内向人民法院提出。人民法院应当自异议期满之日起 10 日内裁定是否受理。有特殊情况需要延长裁定受理期限的，经上一级人民法院批准，可以延长 15 日。选项 C，人民法院应当自裁定受理破产申请之日起 25 日内通知已知债权人，并予以公告。选项 E，《企业破产法》规定，人民法院受理破产申请后，债务人对个别债权人的债务清偿无效。恒达公司是债权人，卓力公司是债务人，法院裁定受理破产申请后，应当进入破产清算程序，而不能让债务人对个别债权人恒达公司清偿债务，否则就损害了其他债权人的利益。

（3）BDE 【解析】本题考查管理人。选项 A，破产管理人由法院指定，向法院报告工作，并接受债权人会议和债权人委员会的监督。选项 C，人民法院有权依职权决定更换管理人。

（4）CE 【解析】本题考查债权申报。选项 A，债权申报期限自人民法院发布受理破产申请公告之日起计算，最短不得少于 30 日，最长不得超过 3 个月。选项 B，债权人应当在确定的债权申报期限内向管理人（而非向法院）申报债权。选项 D，在破产财产最后分配前补充申报的债权属于破产债权。

亲爱的读者，你已完成本章17个考点的学习，本书知识点的学习进度已达75%。

第十五章　电子商务法

重要程度：非重点章节　分值：3.5分左右

考试风向

考情速递

本章主要内容包括电子商务法基础、电子商务经营主体、电子商务合同和电子商务税收法律，有一定的专业性，内容较少，学习难度不大，要求适当了解。重点关注的考点包括电子商务经营主体、电子商务合同、电子签名和电子认证以及电子商务税收法律。本章主要考查单选题和多选题。

2025年考试变化

本章变动较大。

调整：(1)电子商务法的基本原则；(2)电子商务经营主体的权利与义务；(3)电子签名、电子认证、电子支付；(4)电子商务税收法律。

脉络梳理

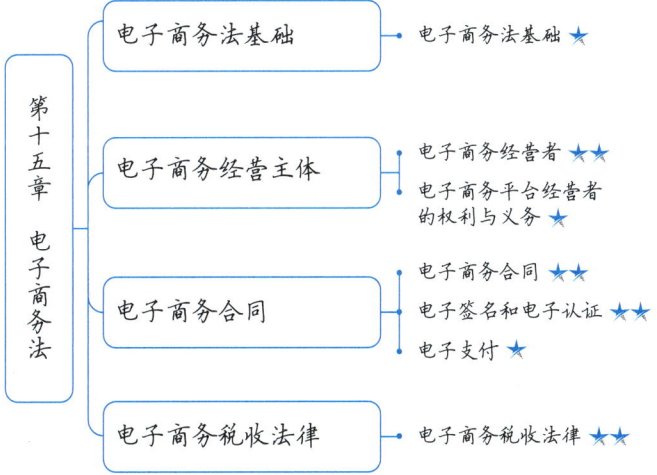

考点详解及精选例题

第一节 电子商务法基础

考点一 电子商务法基础 ★

1. 电子商务的概念

电子商务是指通过互联网等信息网络销售商品或者提供服务的经营活动。

2.《电子商务法》的适用范围

金融类产品和服务、利用信息网络提供新闻信息、音视频节目、出版以及文化产品等内容方面的服务不适用《电子商务法》。

3.《电子商务法》基本原则

包括：①鼓励创新原则；②技术中立原则，即线上线下一致原则；③自愿、平等、公平、诚实信用原则；④规范监管原则；⑤协同治理原则。

【例题1·单选题】（2023年）下列关于电子商务的说法正确的是（　　）。

A. 金融类产品适用《电子商务法》
B. 电子商务活动是利用计算机技术进行的
C. 金融类服务适用《电子商务法》
D. 电子商务是通过互联网销售商品或提供服务

解析 本题考查《电子商务法》的适用范围。电子商务，是指通过互联网等信息网络销售商品或者提供服务的经营活动。金融类产品和服务，利用信息网络提供新闻信息、音视频节目、出版以及文化产品等内容方面的服务，不适用《电子商务法》。

第二节 电子商务经营主体

考点二 电子商务经营者 ★★

1. 电子商务经营者的种类

电子商务经营者包括：电子商务平台经营者（不包括自然人）、平台内经营者、自建网站经营者和其他电子商务经营者。

2. 电子商务经营者登记主体

(1) 法人和非法人组织已经进行了主体设立登记的无须再进行电子商务经营者的登记；

(2) 自然人电子商务经营者原则上应登记。

答案
例题1 | D

3. 无须登记的情形

（1）个人销售自产农副产品、家庭手工业产品；

（2）个人利用自己的技能从事依法无须取得许可的便民劳务活动和零星小额交易活动。

4. 电子商务经营主体的一般性权利 *新增*

（1）自主经营权；

（2）依法获得公平对待的权利；

（3）域名及相关资源（网站标识）的所有权；

（4）安全保护权。

5. 电子商务经营主体的一般性义务 *新增*

（1）合法经营义务；

（2）身份明示义务，在其首页显著位置公示营业执照信息、行政许可信息；

（3）商品或服务信息、交易信息记录义务；

（4）消费者权益保护义务；

（5）合同履行义务；

（6）纳税义务；

（7）知识产权保护义务；

（8）数据共享义务，应按照主管部门要求提供相关数据信息；

（9）跨境电子商务合规义务，遵守进出口监督管理的法律和相关规定。

考点三 电子商务平台经营者的权利与义务 ★ *调整*

1. 电子商务平台经营者的权利

（1）自主经营权；

（2）信息管理权；

（3）规则制定权；

（4）争议处理权；

（5）知识产权保护协助权。

2. 电子商务平台经营者的义务

（1）信息核验与报送义务；

（2）维护网络安全的义务；

（3）对交易信息的保存义务，平台交易信息应予以记录、保存，保存不少于 3 年；

（4）消费者权益保护义务；

（5）公平交易义务；

（6）保护知识产权义务；

（7）协助监管义务。

第三节 电子商务合同

考点四 电子商务合同★★

1. 电子商务合同的概念

双方或多方当事人之间通过电子信息网络以电子的形式达成的设立、变更、终止财产性民事权利义务关系的协议。

2. 电子商务合同的特征

(1) 属于民事法律行为。

(2) 交易主体的虚拟和广泛。

(3) 合同订立方式的技术化、标准化：电子签名、电子认证等标准是电子合同存在的基础。

(4) 合同订立方式的电子化：要约和承诺均可以以电子形式完成。

(5) 合同中的意思表示电子化：一般将电子化的意思表示称为"数据电文"。

3. 电子商务合同的订立和成立

(1) 在电子商务中推定当事人具有相应的民事行为能力，但有相反证据足以推翻的除外。电子商务经营者发布的商品或者服务信息符合要约条件的，用户选择该商品或者服务并提交订单成功，合同成立。当事人另有约定的，从其约定。

一般以承诺作为电子商务合同成立时间。在承诺生效前，电子商务经营者与用户中的一方已经实际履行其所负担的主给付义务且相对人予以接受，该合同成立的时间前移。一般以承诺的生效地为电子商务合同的生效地点。在没有约定的情况下，采取数据电文方式订立的合同应当以收件人主营业地为合同成立地点，如果没有营业地的，则以经常居住地为合同成立地点。 调整

提示 不得以格式条款等方式约定消费者支付价款后合同不成立。

(2) 数据电文发送与接收，见表15-1。

表15-1 数据电文发送与接收

项目	内容
视为发件人发送	经发件人授权发送的；发件人的信息系统自动发送的；收件人按照发件人认可的方法对数据电文进行验证后结果相符的。 提示 当事人对上述事项另有约定的，从其约定
视为收到	发件人收到收件人的收讫确认时，数据电文视为已经收到

(续表)

项目	内容
时间有约定按约定，未约定按以下规定	发送时间：数据电文进入发件人控制之外的某个信息系统的时间，视为<u>发送</u>时间
	接收时间：①收件人指定特定系统接收数据电文的，数据电文进入该<u>特定系统</u>的时间，视为接收时间；②未指定特定系统的，数据电文进入收件人的任何系统的<u>首次</u>时间，视为接收时间
地点有约定按约定，未约定按以下规定	发送地点：发件人的主营业地为数据电文的发送地点；没有主营业地的，其<u>经常居住地</u>为发送地点
	接收地点：收件人的主营业地为数据电文的接收地点；没有主营业地的，其<u>经常居住地</u>为接收地点
交付时间有约定按约定，未约定按以下规定	第一，合同标的为交付商品并采用快递物流方式交付的，收货人<u>签收</u>时间为交付时间。 第二，合同标的为提供服务的，生成的电子凭证或者实物凭证中载明的时间为交付时间；前述凭证没有载明时间或载明时间与实际提供服务时间不一致，<u>实际提供</u>服务的时间为交付时间。 第三，合同标的为采用在线传输方式交付的，合同标的进入对方当事人指定的特定系统并且能够<u>检索识别</u>的时间为交付时间

4．自动信息系统

（1）电子商务当事人使用自动信息系统订立或者履行合同的行为对使用该系统的当事人具有法律效力。

（2）因自动信息系统发生技术故障，未按照预先设定的程序指令、算法、参数与条件运行，导致数据电文未按时传递、传递不完整或者失实，使用自动信息系统的一方当事人应当承担相应的法律后果；给对方当事人造成损失的，应当赔偿。

（3）因开发者、提供者原因造成技术故障、错误运行的，自动信息系统的使用者可以向开发者、提供者追偿。

5．快递物流提供者义务

（1）有义务提示收货人当面查验快递包裹内件，收货人有权要求<u>查验之后</u>再签收。

（2）交由他人代收，应经收货人同意；使用智能快件箱、驿站等非合同约定的方式递送，应<u>征得</u>收件人同意，否则构成违约。

（3）提供快递物流服务的同时，可以接受电子商务经营者的委托提供<u>代收货款</u>服务。

【例题2·多选题】（2021年）根据《电子签名法》的规定，下列关于数据电文发送和接收的说法中正确的有（　　）。

A. 当事人对发送或接收有特别约定的，从其约定
B. 经发件人授权发送的，视为发件人发送
C. 发件人的信息系统自动发送的，视为发件人发送
D. 当事人未指定系统接收的，以最先进入收件人任一系统的时间为接收时间
E. 收件人营业执照登记的住所地与主营业地不一致的，应以营业执照登记的住所地为接收地

解析 本题考查电子合同的订立与成立规则。选项A，当事人对数据电文的发送时间、接收时间有约定的，从其约定。选项B、C，数据电文有下列情形之一的，视为发件人发送：①经发件人授权发送的；②发件人的信息系统自动发送的；③收件人按照发件人认可的方法对数据电文进行验证后结果相符的。选项D，收件人指定特定系统接收数据电文的，数据电文进入该特定系统的时间，视为该数据电文的接收时间；未指定特定系统的，数据电文进入收件人的任何系统的首次时间，视为该数据电文的接收时间。选项E，收件人的主营业地为数据电文的接收地点；没有主营业地的，其经常居住地为接收地点。

考点五 电子签名和电子认证 ★★

1. 电子签名适用范围

民事活动中的合同或者其他文件、单证等文书，当事人可以约定使用电子签名。

2. 电子签名的形式

包括：①图形化电子签名；②密码签名：银行普遍使用；③生物特征签名：指纹、虹膜、面部特征、笔迹等。

3. 不适用电子签名的范围

包括：①涉及婚姻、收养、继承等人身关系的文书；②涉及停止供水、供热、供气等公用事业服务的文书；③法律、行政法规规定的不适用电子文书的其他情形。

4. 可靠的电子签名应具备的条件

（1）电子签名制作数据用于电子签名时，属于电子签名人专有；
（2）签署时电子签名制作数据仅由电子签名人控制；
（3）签署后对电子签名的任何改动能够被发现；
（4）签署后对数据电文内容和形式的任何改动能够被发现。

5. 电子认证

电子认证是利用电子技术对某个实体的身份、信息或合法性的确认过程，可以分为：①数字证书认证；②时间戳认证；③生物特征认证；④单点登录认证。电子认证可以在电子商务、电子政务、金融服务、医疗健康、教育等多个场景中得到应用。

知识点拨
可靠的电子签名与手写签名或者盖章具有同等的法律效力。

答案
例题2 | ABCD

【例题 3·单选题】 下列民商事活动中，不适用电子签名方式的是( )。

A. 收养协议
B. 教育服务协议
C. 销售机器
D. 买卖汽车

解析 ↘ 本题考查电子签名。电子签名、数据电文不适用下列文书：①涉及婚姻、收养、继承等人身关系的；②涉及停止供水、供热、供气等公用事业服务的；③法律、行政法规规定的不适用电子文书的其他情形。

考点六 电子支付 ★

1. 电子支付的类型

网上支付、电话支付、移动支付、销售点终端交易(POS)、自动柜员机交易(ATM)。

2. 电子支付法律关系的相关主体

(1)发端人指电子支付中的付款人，向发端人银行发出付款指示的人。

(2)受益人指电子支付中的收款人，要求受益人银行适当接受所划拨资金的人。

(3)银行及支付机构包括发端人银行、受益人银行、中间银行以及非银行支付机构。

(4)认证机构指在网上为参与电子商务各方提供各种认证要求、证书服务、确认用户身份而建立的一种权威的、可信赖的、公正的第三方机构。

3. 电子支付法律关系涉及的合同关系

(1)发端人与受益人的商务合同。

(2)发端人、受益人与银行或支付机构之间的金融服务合同。

(3)认证机构与用户之间的认证服务合同。

4. 电子支付服务提供者的义务 【调整】

(1)信息披露义务，应当依法依规告知用户电子支付服务的功能、使用方法、注意事项、相关风险和收费标准等事项。

(2)支付指令处理义务，保证电子支付指令可被追溯且不可篡改，应根据用户发起的支付指令划转备付金。

(3)安全保障义务，应当采取有效措施保障支付环境的安全，包括支付数据的维护、信息传输、数据保留与删除等。

(4)资金安全保障义务，应根据用户指令及时准确地完成资金划转，并在交易未达成时将价款返还到用户账户。

(5)提供服务义务，应当向用户免费提供对账服务以及最近三年的交易记录。

(6)协助义务，应当加强电子支付交付指令的授权验证，配合电子支付用户查找未经授权电子交易的发生原因。

答案 ↘
例题 3 | A

5. 电子支付服务提供者的责任 【调整】

（1）未经授权的支付造成的损失，由电子支付服务提供者承担，但如果电子支付服务提供者能够证明未经授权的支付是因用户的过错造成的，则不承担责任。

（2）电子支付服务提供者因自身系统或内控制度的原因，造成电子支付指令未执行，未适当执行或迟延执行，致使用户款项未准确入账的，应及时纠正，并承担相应责任。

【例题 4·单选题】（2024 年）下列对电子支付法律关系的认定中，正确的是（ ）。

A. 发端人与受益人之间是商务合同关系
B. 银行与认证机构之间是金融服务合同关系
C. 受益人与认证机构之间是金融服务合同关系
D. 发端人与银行之间是商务合同关系

解析 ↘ 本题考查电子支付。电子支付的法律关系主体包括发端人、受益人、银行及支付机构和认证机构。选项 A，发端人和受益人可以理解为消费者和商家，因此，发端人与受益人之间是商务合同关系。选项 B、C，认证机构在网上为参与电子商务各方提供各种认证要求、证书服务、确认用户关系，因此，认证机构与用户之间是认证服务合同关系。选项 D，银行及支付机构包括发端人银行、受益人银行、中间银行以及非银行支付机构，与发端人、受益人之间是金融服务合同关系。

第四节 电子商务税收法律

考点七 电子商务税收法律 ★★

1. 电子商务经营主体依法纳税与办理纳税登记

即使不需办理市场主体登记的电子商务经营者在首次纳税义务发生后，应当依法申请办理税务登记。

2. 电子商务经营主体应依法出具发票

电子商务经营者销售商品或者提供服务应当依法出具纸质发票或者电子发票等购货凭证或者服务单据。电子发票与纸质发票具有同等法律效力。

3. 税收协助 【调整】

电子商务平台经营者应当依法向市场监督管理部门报送平台内经营者的身份信息、收入信息、交易明细。平台经营者需提示平台内经营者依法办理税务登记。

4. 电子商务税收的基本原则 【调整】

（1）税收中性原则。

在电子商务与传统商务之间保持税收中性。从事类似交易、处于类似情

答案 ↘
例题 4｜A

况下的纳税人应缴纳相同水平的税款。

（2）公平与效率原则，见表15-2。

表15-2　公平与效率原则

项目	内容
税收公平	税法对具有同等纳税能力的人应当规定相同的税收负担
税收效率	国家征税应使社会承担的非税款负担为最小，即以最少的成本损失取得依法应有的税收收入，包括：①税收的经济效率；②税收的行政效率

（3）税收法定原则。

征税主体必须依照法律的规定征税，纳税主体依照法律的规定纳税，内容包括：①课税要素法定；②课税要素明确；③税收程序合法。

（4）灵活性原则。

税收制度应具备灵活性，以保证税制与技术和商业共同发展。

【例题5·多选题】（2019年）电子商务税收的原则包括（　　）。

A．公序良俗原则　　　　　　B．税收中性原则

C．公平与效率原则　　　　　D．意思自治原则

E．过错责任原则

解析　本题考查电子商务税收的基本原则。电子商务税收的基本原则包括税收中性原则、公平与效率原则、税收法定原则、灵活性原则。

答案
例题5｜BC

同步训练

考点一　电子商务法基础

（单选题）下列有关电子商务及《电子商务法》的说法正确的是（　　）。

A．利用信息网络提供新闻信息服务的，适用《电子商务法》

B．金融类产品和服务适用《电子商务法》

C．电子商务本质是一种商务活动，它与传统商务的主要不同之处在于利用了现代通信技术

D．电子商务是指通过计算机销售商品或者提供服务的经营活动

考点二　电子商务经营者

1．（单选题）根据《电子商务法》的规定，下列关于电子商务经营者的说法，正确的是（　　）。

A．通过微信网络社交软件出售日用品的，不属于电子商务经营者

B. 自然人不具有平台内经营者的主体资格

C. 法人、非法人组织、自然人都可以注册成为电子商务平台经营者

D. 法人和非法人组织已经进行了主体设立登记的无需再进行电子商务经营者的登记

2.（多选题）根据电子商务法律制度的规定，下列各项不需要办理电子商务经营者登记的有（　　）。

A. 个人销售自产农副产品　　B. 个人销售家庭手工业产品

C. 个人从事食品销售　　　　D. 个人从事生活用品零售

E. 个人利用自己的技能从事依法无须取得许可的便民劳务活动

考点三 电子商务平台经营者的权利与义务

（多选题）根据电子商务法律制度的规定，下列属于电子商务经营主体的一般性权利的有（　　）。

A. 自主经营权　　　　　　　B. 依法获得公平对待的权利

C. 域名及相关资源的所有权　　D. 安全保护权

E. 规则制定权

考点四 电子商务合同

1.（单选题）下列选项关于电子商务合同的说法正确的是（　　）。

A. 电子商务合同是双方当事人通过电子信息网络以纸质合同的形式设立的协议

B. 电子商务合同是一种民事法律行为

C. 电子商务合同是一种非表意行为

D. 电子商务合同中的要约可以以电子的形式完成，而承诺不可以

2.（单选题）下列关于电子商务合同订立与履行的说法，不正确的是（　　）。

A. 因技术故障，未按照预先设定的程序指令、算法、参数与条件运行，导致数据电文未按时传递、传递不完整或者失实，使用自动信息系统的一方当事人应当承担相应的法律后果

B. 快递物流服务提供者在交付商品时，应当提示收货人当面查验

C. 当事人没有约定的情况下，合同标的为交付商品并采用快递物流方式交付的，收货人签收时间为交付时间

D. 在电子商务中一律推定当事人具有相应的民事行为能力

3.（多选题）下列关于电子商务合同的订立、履行的说法，正确的有（　　）。

A. 电子商务经营者发布的商品或者服务信息符合要约条件的，用户选择该商品或者服务并提交订单成功，合同成立

B. 合同标的为提供服务的，生成的电子凭证或者实物凭证中载明的时间为交付时间，当事人另有约定的除外

C. 合同标的为采用在线传输方式交付的，合同标的进入对方当事人指定的特定系统的时间为交付时间

D. 电子商务当事人可以约定采用快递物流方式交付商品

E. 电子商务经营者可以以格式条款等方式约定消费者支付价款后合同不成立

考点五 电子签名和电子认证

1. (多选题)下列关于电子签名的表述正确的有(   )。
   A. 涉及停止供水等公用事业服务的文书,当事人可以约定采用电子签名
   B. 可靠的电子签名与手写签名或者盖章具有同等的法律效力
   C. 当事人约定使用电子签名、数据电文的文书,不得仅因为其采用电子签名、数据电文的形式而否定其法律效力
   D. 图形化电子签名、生物特征签名和密码签名均属于电子签名形式
   E. 当事人可以使用电子签名签订婚姻关系的文书

2. (多选题)可靠的电子签名应当具备的条件有(   )。
   A. 电子签名制作数据用于电子签名时,属于电子签名人专有
   B. 签署时电子签名制作数据仅由电子签名人控制
   C. 签署后对电子签名的明显改动能够被发现
   D. 签署后对数据电文内容的任何改动能够被发现
   E. 签署后对数据电文形式的细微改动能够被发现

考点六 电子支付

(单选题)根据电子商务法律制度的规定,下列关于电子支付的说法,错误的是(   )。
   A. 发端人指电子支付中的付款人,向发端人银行发出付款指示的人
   B. 电子支付服务提供者应当向用户免费提供对账服务以及最近1年的交易记录
   C. 电子支付服务提供者应根据用户指令及时准确地完成资金划转,并在交易未达成时将价款返还到用户账户
   D. 网上支付、移动支付、电话支付、销售点终端交易、自动柜员机交易均属于电子支付

考点七 电子商务税收法律

1. (单选题)下列关于电子商务税收法律的理解,正确的是(   )。
   A. 依法不需要办理市场主体登记的电子商务经营者不需要办理税务登记
   B. 电子商务经营者销售商品依法出具的电子发票优于纸质发票法律效力
   C. 电子商务经营者销售商品或者提供服务可根据具体业务情况选择是否出具纸质发票或者电子发票等购货凭证或者服务单据
   D. 平台经营者需提示平台内经营者依法办理税务登记

2. (多选题)下列属于税收中性原则体现的有(   )。
   A. 课税应在电子商务与传统商务之间保持税收中性
   B. 征税应当兼顾经济效率和行政效率
   C. 课税要素明确,税收程序合法
   D. 从事类似交易、处于类似情况下的纳税人应缴纳相同水平的税款
   E. 税收制度应具备灵活性

参考答案及解析

考点一 电子商务法基础

C 【解析】本题考查电子商务及《电子商务法》适用范围。选项 A、B，金融类产品和服务，利用信息网络提供新闻信息、音视频节目、出版以及文化产品等内容方面的服务，不适用《电子商务法》。选项 D，电子商务，是指通过互联网等信息网络销售商品或者提供服务的经营活动。

考点二 电子商务经营者

1. D 【解析】本题考查电子商务经营者。选项 A，通过微信网络社交软件出售日用品等物品的经营者属于其他电子商务经营者。选项 B，平台内经营者并非都须具备法人或非法人组织资格，自然人同样可以成为平台内经营者。选项 C，只有法人或者非法人组织才可以注册成为电子商务平台经营者。

2. ABE 【解析】本题考查电子商务经营者登记的内容。不需要办理电子商务经营者登记的情况：①个人销售自产农副产品、家庭手工业产品的；②个人利用自己的技能从事依法无须取得许可的便民劳务活动和零星小额交易活动的；③依照法律、行政法规不需要进行登记的。

考点三 电子商务平台经营者的权利与义务

ABCD 【解析】本题考查电子商务经营主体的一般性权利与义务。选项 E，属于电子商务平台经营者的权利。平台经营者可以制定平台服务协议和交易规则，明确进入和退出平台、商品和服务质量保障、消费者权益保护等方面的权利和义务。

考点四 电子商务合同

1. B 【解析】本题考查电子商务合同的概念和特征。选项 A、B、C，电子商务合同是双方或者多方当事人之间通过电子信息网络以电子的形式达成的设立、变更、终止财产性民事权利义务关系的协议。电子商务合同是一种民事法律行为。选项 D，电子商务合同中的要约和承诺均可以以电子的形式完成。

2. D 【解析】本题考查电子商务合同的订立与履行。选项 D，在电子商务中推定当事人具有相应的民事行为能力，但有相反证据足以推翻的除外。

3. ABD 【解析】本题考查电子商务合同的订立、履行。选项 C，合同标的为采用在线传输方式交付的，合同标的进入对方当事人指定的特定系统并且能够检索识别的时间为交付时间。当事人另有约定的除外。选项 E，电子商务经营者不得以格式条款等方式约定消费者支付价款后合同不成立，格式条款等含有该内容的，其内容无效。

考点五 电子签名和电子认证

1. BCD 【解析】本题考查电子签名和电子认证。选项 A、E，电子签名、数据电文不适用下列文书：①涉及婚姻、收养、继承等人身关系的；②涉及停止供水、供热、供气等公用事业服务的；③法律、行政法规规定的不适用电子文书的其他情形。

2. ABD 【解析】本题考查可靠的电子签名。选项 C，签署后对电子签名的任何改动能够被发现。选项 E，签署后对数据电文形式的任何改动能够被发现。

考点六 电子支付

B 【解析】本题考查电子支付法律制度。选项 B，电子支付服务提供者应当向用户免费提供对账服务以及最近 3 年的交易记录。

考点七 电子商务税收法律

1. D 【解析】本题考查电子商务税收法律。选项 A，即使不需要办理市场主体登记的电子商务经营者在首次纳税义务发生后，应当依照税收征收管理法律、行政法规的规定申请办理税务登记。选项 B，电子商务经营者销售商品依法出具的电子发票与纸质发票具有同等法律效力。选项 C，电子商务经营者销售商品或者提供服务应当依法出具纸质发票或者电子发票等购货凭证或者服务单据。

2. AD 【解析】本题考查电子商务税收的基本原则。选项 B，征税应当兼顾经济效率和行政效率，属于公平与效率原则。选项 C，课税要素明确，税收程序合法属于税收法定原则。选项 E，属于灵活性原则。

亲爱的读者，你已完成本章7个考点的学习，本书知识点的学习进度已达78%。

第十六章　社会保险法

重要程度：非重点章节　　分值：2分左右

考试风向

▰▰▰ 考情速递

本章主要内容包括社会保险法基本理论和社会保险的种类，有一定的专业性，内容较少，学习难度不大，要求适当了解。重点关注的考点是社会保险法基本理论。本章主要考查单选题和多选题。

▰▰▰ 2025年考试变化

本章变动较小。

调整：（1）社会保险法的基本原则；（2）社会保险法律关系。

▰▰▰ 脉络梳理

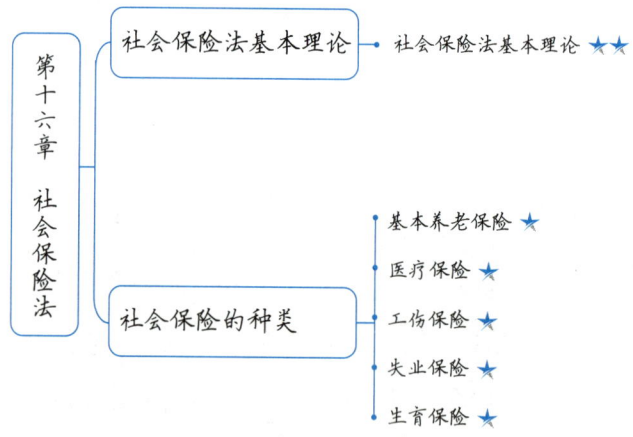

考点详解及精选例题

第一节 社会保险法基本理论

考点一 社会保险法基本理论 ★★

1. 种类

基本养老保险、医疗保险、工伤保险、失业保险、生育保险,还包括补充保险。

记忆口诀
老公是医生。

2. 社会保险法的基本原则

社会保险法的基本原则,见表 16-1。

表 16-1 社会保险法的基本原则

基本原则	内容
普遍保障性原则	对公民实行普遍的社会保障
基本保障原则	满足基本生活需要和提供基本生存条件的保障
多层次原则	除了基本保险外,还可建立补充保险:补充养老保险(企业年金、职业年金)、补充医疗保险、商业人寿、健康保险
合理性原则	社会保险水平应当与经济社会发展水平相适应
社会化原则	社会保险资金来源社会化、管理社会化、责任社会化
国家承担最终责任原则	国家不仅是社会保险制度的发起者和监督者,也是社会保险制度的资助者和保证者,是最终责任的承担者
公平与效率相结合原则	在确保社会公平的同时,也要注重提高社会保障的效率
立法保障原则	通过立法来规范社会保险关系,保障公民的社会保险权益

3. 保险费缴纳主体

(1)中华人民共和国境内的用人单位和个人依法缴纳社会保险费。缴纳社会保险费是用人单位和个人的义务。

(2)职工基本养老保险、职工基本医疗保险、失业保险的缴费义务由用人单位与职工共同承担;工伤保险、生育保险的缴费义务全部由用人单位承担。

(3)无雇工的个体工商户、未在用人单位参加社会保险的非全日制从业人员以及其他灵活就业人员可以参加基本养老保险、基本医疗保险,由个人缴纳基本养老保险和基本医疗保险费用。

(4)农村居民参加新型农村社会养老保险、新型农村合作医疗,要承担个人(或家庭)缴费义务。

4. 征收主体

2019年1月1日起，税务部门统一征收各项社会保险费。

5. 社会保险登记

（1）用人单位应当自成立之日起 30 日内 向当地社保经办机构申请办理登记。

（2）用人单位的社会保险登记事项发生变更或者用人单位依法终止的，应当自变更或者终止之日起 30 日内 办理变更或注销登记。

（3）用人单位应当自用工之日起 30 日内 为其职工向社保经办机构申请办理登记。

【例题1·多选题】（2022年）根据社会保险法基本理论，下列属于社会保险的有（　　）。

A. 人身保险
B. 基本养老保险
C. 生育保险
D. 医疗保险
E. 财产保险

解析　本题考查社会保险法基本理论。社会保险包括：基本养老保险、医疗保险、工伤保险、失业保险、生育保险，还包括补充保险。

【例题2·单选题】（2020年）社会保险除基本保险之外，还可以建立补充保险（如：补充养老保险、补充医疗保险、健康保险等），这体现的是社会保险的（　　）。

A. 多层次原则
B. 普遍保障原则
C. 合理保障原则
D. 基本保障原则

解析　本题考查社会保险的基本原则。选项A，多层次原则，是指社会保险除了基本保险之外，还可以建立补充保险。

第二节　社会保险的种类

考点二　基本养老保险 ★

1. 职工基本养老保险

职工基本养老保险，见表16-2。

表16-2　职工基本养老保险

项目	内容
适用范围	各类企业及职工、事业单位及其工作人员、灵活就业人员、中国境内就业的外国人。 提示　不包括公务员

答案
例题1 | BCD
例题2 | A

(续表)

项目	内容
职工基本养老保险基金	职工基本养老保险基金包括：①用人单位和个人缴费；②基本养老保险费利息和其他收益；③财政补贴；④滞纳金；⑤其他可以纳入基本养老保险基金的资金。 **提示** 个人缴纳的基本养老保险费计入个人账户，退休之前个人不得提前支取
职工基本养老保险待遇给付	给付条件为：①达到国家法定退休年龄并办理相关手续；②基本养老保险费累计缴费年限满15年。 **提示** 参加职工基本养老保险的个人，因病或者非因工死亡的，其遗属可以领取丧葬补助金和抚恤金
转移	个人跨统筹地区就业的，其基本养老保险关系随本人转移，缴费年限累计计算

【例题3·单选题】（2019年）下列人员中，属于职工基本养老保险适用对象的是（　　）。

A．公务员　　　　　　　　B．参照公务员管理的人员
C．城镇非从业居民　　　　D．企业职工

解析 本题考查基本养老保险适用范围。职工基本养老保险适用范围包括：①各类企业及其职工；②事业单位及其工作人员；③灵活就业人员；④中国境内就业的外国人。

2．新型农村社会养老保险

新型农村社会养老保险，见表16-3。

表16-3　新型农村社会养老保险

项目	内容
参保对象	年满16周岁（不含在校学生）、未参加城镇职工基本养老保险的农村居民，可在户籍地自愿参加
筹资方式	个人缴费、集体补助、政府补贴

3．城镇居民社会养老保险

城镇居民社会养老保险，见表16-4。

表16-4　城镇居民社会养老保险

项目	内容
参保对象	年满16周岁（不含在校学生）、不符合职工基本养老保险参保条件的城镇非从业居民，可在户籍地自愿参加
城镇居民养老保险基金组成	主要由个人缴费、政府补贴组成

答案
例题3｜D

(续表)

项目	内容
养老待遇	由基础养老金和个人账户养老金构成，支付终身。国家根据经济发展和物价变动，适时调整基础养老金最低标准

考点三 医疗保险★

1. 种类

医疗保险包括城镇职工基本医疗保险、新型农村合作医疗、城镇居民医疗保险。

2. 城镇职工基本医疗保险

(1)参保范围：①职工应当参加职工基本医疗保险，由用人单位和职工按规定共同缴纳保险费；②无雇工的个体工商户、未在用人单位参加职工基本医疗保险的非全日制从业人员以及其他灵活就业人员可以参加职工基本医疗保险，由个人按规定缴纳保险费。

(2)基本医疗保险基金：基本医疗保险基金由统筹基金和个人账户构成。职工个人缴纳的基本医疗保险费，全部计入个人账户。单位缴纳的保险费一部分用于建立统筹基金，另一部分划入个人账户。

(3)基本医疗保险的范围：被保险人在自然生病时享受基本的医疗服务，符合基本医疗保险药品目录、诊疗项目、医疗服务设施标准以及急诊、抢救的医疗费用，按规定从基本医疗保险基金中支付。

(4)个人跨统筹地区就业的，其基本医疗保险关系随本人转移，缴费年限累计计算。

(5)下列医疗费用不纳入基本医疗保险基金支付范围：应当从工伤保险基金中支付；应当由第三人负担；应当由公共卫生负担；在境外就医。

3. 新型农村合作医疗

覆盖全体农村居民，所有农村居民都可以家庭为单位自愿参加，一般以县(市)为单位进行统筹。

4. 城镇居民医疗保险

不属于城镇职工基本医疗保险制度覆盖范围的中小学阶段的学生(包括职业高中、中专、技校学生)、少年儿童和其他非从业城镇居民可自愿参加城镇居民基本医疗保险。

考点四 工伤保险★

1. 参保对象

包括中国境内的企业、事业单位、社会团体、民办非企业单位、基金会、律师事务所、会计师事务所等组织和有雇工的个体工商户，不包括公务员、参照《公务员法》管理的事业单位、社会团体的工作人员。

2. 缴纳主体

由用人单位缴纳工伤保险费，职工不缴纳工伤保险费。

3. 工伤认定

(1)在工作时间和工作场所内，因工作原因受到事故伤害的；

(2)工作时间前后在工作场所内，从事与工作有关的预备性或者收尾性工作受到事故伤害的；

(3)在工作时间和工作场所内，因履行工作职责受到暴力等意外伤害的；

(4)患职业病的；

(5)因工外出期间，由于工作原因受到伤害或者发生事故下落不明的；

(6)在上下班途中，受到非本人主要责任的交通事故或者城市轨道交通、客运轮渡、火车事故伤害的；

(7)法律、行政法规规定应当认定为工伤的其他情形。

4. 视同工伤

(1)在工作时间和工作岗位，突发疾病死亡或者在48小时之内经抢救无效死亡的；

(2)在抢险救灾等维护国家利益、公共利益活动中受到伤害的；

(3)职工原在军队服役，因战、因公负伤致残，已取得革命伤残军人证，到用人单位后旧伤复发的。

5. 不得认定为工伤或者视同工伤

(1)因故意犯罪受到伤害的；

(2)因醉酒或者吸毒受到伤害的；

(3)自残或者自杀的；

(4)法律、行政法规规定的其他情形。

6. 工伤认定申请

用人单位未按规定提出工伤认定申请的，工伤职工或者其近亲属、工会组织在事故伤害发生之日或者被诊断、鉴定为职业病之日起1年内，可以直接向用人单位所在地统筹地区社会保险行政部门提出工伤认定申请。职工或者其近亲属认为是工伤，用人单位不认为是工伤的，由用人单位承担举证责任。

7. 工伤保险待遇

工伤保险基金负担：工伤医疗康复待遇、辅助器具配置待遇、伤残待遇、死亡待遇。

8. 工伤保险基金

工伤保险基金包括用人单位缴纳的工伤保险费、工伤保险基金的利息和依法纳入工伤保险基金的其他资金。

【例题4·单选题】根据《社会保险法》的规定，下列选项中属于视同工伤情形的是(   )。

A. 张某为避免上班迟到而闯红灯，并因此与李某发生车祸，张某承担主要责任

B. 杨某因酗酒与他人发生冲突而受到的伤害

C. 失业人员才某为挽救跳楼的刘某而受伤住院

D. 原军队服役人员赵某，因公负伤致残，已取得革命伤残军人证，转业后到用人单位旧伤复发

解析 本题考查工伤认定。选项A，在上下班途中，受到非本人主要责任的交通事故或者城市轨道交通、客运轮渡、火车事故伤害的，属于工伤，张某闯红灯属于本人主要责任，不属于工伤。选项B，酗酒属于不认定工伤范围。选项C，工伤是职工在工作过程中因工作原因受到事故伤害或者患职业病。才某为失业人员，不适用工伤相关规定。选项D，职工原在军队服役，因战、因公负伤致残，已取得革命伤残军人证，到用人单位后旧伤复发的，视同工伤。

考点五 失业保险 ★

1. 领取条件

(1) 失业前用人单位和本人已经缴纳失业保险费满1年；

(2) 非因本人意愿中断就业；

(3) 已办理失业登记，并有求职要求。

2. 停止享受的情形

(1) 重新就业；

(2) 应征服兵役；

(3) 移居境外；

(4) 享受基本养老保险待遇；

(5) 无正当理由，拒不接受当地政府指定的部门或者机构介绍的适当工作或者提供的培训。

3. 失业保险费的缴纳

(1) 城镇企业事业单位按照本单位工资总额的2%缴纳失业保险费；

(2) 城镇企业事业单位职工按照本人工资的1%缴纳失业保险费。

【例题5·单选题】(2023年)根据《社会保险法》的规定，享受失业保险待遇具备的条件之一是( )。

A. 享受基本养老保险待遇

B. 因辞职而中断就业

C. 有求职需求但未办理失业登记

D. 失业前用人单位和本人已经缴纳失业保险费满1年

解析 本题考查享受失业保险待遇的条件。从失业保险基金中领取失业保险金的条件：①失业前用人单位和本人已经缴纳失业保险费满1年的；

答案
例题4 | D
例题5 | D

②非因本人意愿中断就业的；③已经进行失业登记，并有求职要求的。

考点六 生育保险 ★

1. 缴纳主体

职工应当参加生育保险，由用人单位按规定缴纳生育保险费，职工不缴纳生育保险费。

2. 保险待遇

（1）生育保险待遇的内容包括：生育医疗费用、生育津贴。

（2）申请生育保险待遇的条件：①申请主体是参加了生育保险的职工或职工的未就业配偶，用人单位已经缴纳生育保险费；②符合国家计划生育的规定；③建立合法、有效的婚姻关系；④符合生育保险的就医、药品、诊疗和医疗服务设施的规定。

3. 申请主体

用人单位已经缴纳生育保险费的，其职工享受生育保险待遇；职工未就业配偶按照国家规定享受生育医疗费用待遇。

同步训练

考点一 社会保险法基本理论

1. (单选题)满足基本生活需要和提供基本生存条件的保障，这体现的是社会保险法的(　　)。
   A. 社会化原则　　　　　　　　B. 普遍保障性原则
   C. 合理性原则　　　　　　　　D. 基本保障原则

2. (多选题)下列各项保险，需要用人单位和职工共同缴纳的有(　　)。
   A. 生育保险　　　　　　　　　B. 工伤保险
   C. 基本养老保险　　　　　　　D. 基本医疗保险
   E. 失业保险

考点二 基本养老保险

1. (单选题)根据社会保险法律制度的规定，下列关于职工基本养老保险的表述，不正确的是(　　)。
   A. 基本养老保险费累计缴费必须满20年才能享有保险待遇
   B. 个人缴纳的基本养老保险费计入个人账户，退休之前个人不得提前支取
   C. 个人跨统筹地区就业的，其基本养老保险关系随本人转移，缴费年限累计计算
   D. 参加职工基本养老保险的个人，因病或者非因工死亡的，其遗属可以领取丧葬

补助金和抚恤金

2. (单选题)下列关于城镇居民社会养老保险的表述不正确的是（　　）。

　　A. 参保对象为年满18周岁（含在校学生）、不符合职工基本养老保险参保条件的城镇非从业居民

　　B. 城镇居民养老保险基金主要由个人缴费和政府补贴组成

　　C. 养老金待遇由基础养老金和个人账户养老金构成，支付终身

　　D. 国家根据经济发展和物价变动，适时调整基础养老金最低标准

3. (多选题)职工基本养老保险基金包括（　　）。

　　A. 用人单位和个人缴费　　　　B. 基本养老保险费利息和其他收益

　　C. 财政补贴　　　　　　　　　D. 滞纳金

　　E. 集体补助

考点三　医疗保险

1. (单选题)根据社会保险法律制度的规定，下列关于我国城镇职工基本医疗保险的表述，不正确的是（　　）。

　　A. 无雇工的个体工商户可以参加城镇职工基本医疗保险，由个人按照国家规定缴纳基本医疗保险费

　　B. 基本医疗保险基金由统筹基金和个人账户构成，统筹基金和个人账户分开管理、分别核算

　　C. 用人单位和职工个人缴纳的基本医疗保险费全部计入个人账户

　　D. 工伤医疗费用不纳入基本医疗保险基金支付范围

2. (多选题)根据《社会保险法》的规定，下列参加城镇职工基本医疗保险人员的医疗费用，由基本医疗保险基金支付的有（　　）。

　　A. 因治疗工伤产生的医疗费用

　　B. 在境外就医产生的医疗费用

　　C. 符合基本医疗保险药品目录的医疗费用

　　D. 符合基本医疗保险诊疗项目的医疗费用

　　E. 符合基本医疗保险医疗服务设施标准的医疗费用

3. (多选题)下列属于城镇居民医疗保险参保对象的有（　　）。

　　A. 无雇工的个体工商户

　　B. 不属于城镇职工基本医疗保险制度覆盖范围的职业高中、中专、技校学生

　　C. 不属于城镇职工基本医疗保险制度覆盖范围的中小学阶段的学生

　　D. 不属于城镇职工基本医疗保险制度覆盖范围的少年儿童

　　E. 灵活就业人员

考点四　工伤保险

1. (单选题)下列关于工伤保险的表述，正确的是（　　）。

　　A. 公务员属于工伤保险的参保对象

　　B. 工伤保险费由用人单位和职工共同缴纳

C. 工伤职工可以在事故伤害发生之日起2年内，直接向用人单位所在地统筹地区社会保险行政部门提出工伤认定申请

D. 职工或者其近亲属认为是工伤，用人单位不认为是工伤的，由用人单位承担举证责任

2. (多选题)根据《工伤保险条例》的规定，职工出现以下情形，应当认定或视同工伤的有(　　)。

A. 工作时间前在工作场所内，从事与工作有关的预备性工作受到事故伤害的

B. 在工作时间和工作岗位突发疾病，在48小时内经抢救无效死亡的

C. 在抢险救灾等维护国家利益活动中受到伤害的

D. 在上下班途中，受到本人主要责任交通事故伤害的

E. 因工外出期间，由于工作原因发生事故受到伤害的

考点五　失业保险

1. (单选题)下列人员均处于失业状态，失业前缴纳失业保险费均超过1年，失业后均办理了失业登记，并有求职要求。四人中可以领取失业保险金的是(　　)。

A. 吴某，为照顾家庭，移居境外

B. 张某，享受基本养老保险待遇

C. 赵某，被所在单位领导批评，主动辞职，中断就业

D. 王某，违反单位操作规程，被所在单位开除，中断就业

2. (多选题)失业人员在领取失业保险金期间有下列情形，应当停止领取失业保险待遇的有(　　)。

A. 应征服兵役　　　　　　　　B. 移居境外

C. 重新就业的　　　　　　　　D. 到异地求职

E. 有正当理由，不接受政府就业培训

考点六　生育保险

1. (多选题)根据我国社会保险相关法律规定，下列选项属于申请生育保险待遇的条件的有(　　)。

A. 符合生育保险的就医、药品、诊疗和医疗服务设施的规定

B. 合法婚姻者的生育

C. 非婚生育

D. 申请主体是参加了生育保险的职工或职工的未就业配偶，用人单位已经缴纳生育保险费

E. 合法婚姻者的计划外生育

2. (多选题)根据《社会保险法》的规定，生育保险待遇包括(　　)。

A. 住院误工工资　　　　　　　B. 生活护理费

C. 生育医疗费用　　　　　　　D. 住院伙食补助费

E. 生育津贴

参考答案及解析

考点一 社会保险法基本理论

1. D 【解析】本题考查社会保险法的基本原则。选项A，社会化原则指社会保险资金来源社会化、管理社会化、责任社会化。选项B，普遍保障性原则指对公民实行普遍的社会保障。选项C，合理性原则指社会保险水平应当与经济社会发展水平相适应。

2. CDE 【解析】本题考查保险费的缴纳。职工基本养老保险、基本医疗保险、失业保险的缴费义务由用人单位与职工共同承担；工伤保险、生育保险的缴费义务全部由用人单位承担。

考点二 基本养老保险

1. A 【解析】本题考查职工基本养老保险。职工基本养老保险待遇的给付条件之一为，基本养老保险费累计缴费必须满15年。

2. A 【解析】本题考查城镇居民社会养老保险。选项A，城镇居民社会养老保险参保对象为年满16周岁(不含在校学生)、不符合职工基本养老保险参保条件的城镇非从业居民。

3. ABCD 【解析】本题考查职工基本养老保险基金组成。职工基本养老保险基金包括：①用人单位和个人缴费；②基本养老保险费利息和其他收益；③财政补贴；④滞纳金；⑤其他可以纳入基本养老保险基金的资金。

考点三 医疗保险

1. C 【解析】本题考查城镇职工基本医疗保险。选项C，基本医疗保险基金由统筹基金和个人账户构成：①职工个人缴纳的基本医疗保险费，全部计入个人账户；②用人单位缴纳的基本医疗保险费分为两部分，一部分用于建立统筹基金，一部分划入个人账户。

2. CDE 【解析】本题考查城镇职工基本医疗保险。选项A、B，下列医疗费用不纳入基本医疗保险基金支付范围：①应当从工伤保险基金中支付的；②应当由第三人负担的；③应当由公共卫生负担的；④在境外就医的。选项C、D、E，符合基本医疗保险药品目录、诊疗项目、医疗服务设施标准以及急诊、抢救的医疗费用，按照国家规定从基本医疗保险基金中支付。

3. BCD 【解析】本题考查城镇居民医疗保险的参保对象。选项A、E，属于城镇职工基本医疗保险的参保对象。

考点四 工伤保险

1. D 【解析】本题考查工伤保险。选项A，公务员不属于工伤保险的参保对象。选项B，工伤保险由用人单位缴纳工伤保险费，职工不缴纳工伤保险费。选项C，用人单位未按规定提出工伤认定申请的，工伤职工或者其近亲属、工会组织在事故伤害发生之日或者被诊断、鉴定为职业病之日起1年内，可以直接向用人单位所在地统筹地区社会保险行政部门提出工伤认定申请。

2. ABCE 【解析】本题考查工伤认定。选项A、D、E，职工有下列情形之一的，应当认定为工伤：①在工作时间和工作场所内，因工作原因受到事故伤害的；②工作时间前后在工作场所内，从事与工作有关的预备性或者收尾性工作受到事故伤害的；③在工作时间和工作场所内，因履行工作职责受到暴力等意外伤害的；④患职业病的；⑤因工外出期间，由于工作原因受到伤害或者发生事故下落不明的；⑥在上下班途中，受到非本人主要责任的交通事故或者城市轨道交通、客运轮渡、火车事故伤害的。选项B、C，职工有下列情形之一的，视同工伤：①在工作时间和工作岗位，突发疾病死亡或者在48小时之内经抢救无效死亡的；②在抢险救灾等维护国家利益、公共利益活动中受到伤害的；③职工原在军队服役，因战、因公负伤致残，已取得革命伤残军人证，到用人单位后旧伤复发的。

考点五 失业保险

1. D 【解析】本题考查失业保险。《社会保险法》规定，失业人员领取失业保险金应当符合以下条件：①失业前用人单位和本人已经缴纳失业保险费满1年；②非因本人意愿中断就业；③已经进行失业登记，并有求职要求。以上三个条件必须同时符合才可以领取失业保险金。

2. ABC 【解析】本题考查失业保险。停止领取失业保险待遇的情形：①重新就业的；②应征服兵役的；③移居境外的；④享受基本养老保险待遇的；⑤无正当理由，拒不接受当地人民政府指定部门或者机构介绍的适当工作或者提供的培训的。

考点六 生育保险

1. ABD 【解析】本题考查申请生育保险待遇的条件。选项A、B、D，申请生育保险待遇的条件包括：①申请主体是参加了生育保险的职工或职工的未就业配偶，用人单位已经缴纳生育保险费；②符合国家计划生育的规定；③建立合法、有效的婚姻关系；④符合生育保险的就医、药品、诊疗和医疗服务设施的规定。

2. CE 【解析】本题考查生育保险。我国生育保险待遇主要包括两项：一是生育津贴，二是生育医疗费用。

亲爱的读者，你已完成本章6个考点的学习，本书知识点的学习进度已达79%。

第十七章 民事诉讼法

重要程度：非重点章节　　分值：5分左右

考试风向

▰▰▰▰ 考情速递

本章主要内容包括民事诉讼法基础、民事诉讼受案范围和管辖、民事诉讼参加人、民事诉讼证据和证明、民事诉讼程序，专业性较强，内容较多，学习难度大，要求理解加适当记忆。重点关注的考点包括地域管辖、民事诉讼当事人概述、共同诉讼、民事公益诉讼、诉讼代理人、民事诉讼证据、民事诉讼证明、第一审普通程序和简易程序。本章主要考查单选题和多选题。

▰▰▰▰ 2025年考试变化

本章无实质性变化。

▰▰▰▰ 脉络梳理

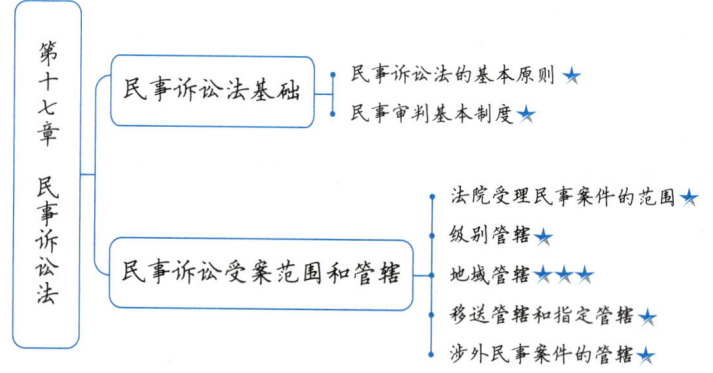

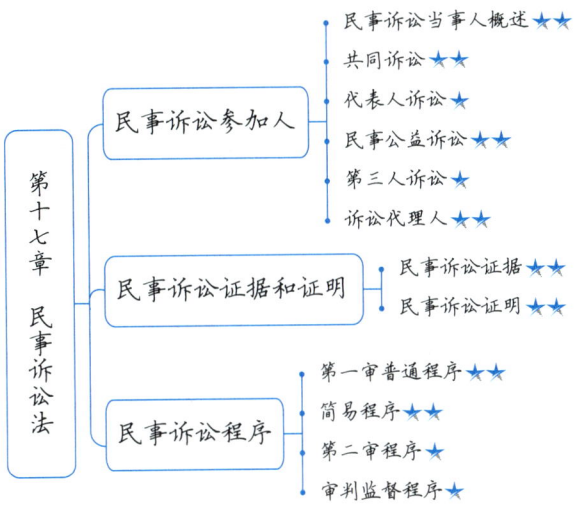

考点详解及精选例题

第一节 民事诉讼法基础

考点一 民事诉讼法的基本原则 ★

民事诉讼法的基本原则,见表17-1。

表17-1 民事诉讼法的基本原则

基本原则	具体规定
当事人诉讼权利平等原则	(1)双方当事人诉讼地位平等。 (2)双方当事人诉讼权利义务平等(平等≠相同)。 (3)法院应当保障和便利当事人能够平等地行使诉讼权利
辩论原则	辩论权的行使贯穿诉讼的整个过程,形式可以是口头或书面
诚实信用原则	(1)对当事人适用主要体现在:不得滥用诉讼权利,恶意制造诉讼状态;禁止伪证行为和虚假陈述;禁止矛盾行为,即禁反言;不得实施突袭诉讼行为。 (2)对法院适用主要体现在:禁止滥用审判权;禁止突袭裁判;禁止滥用自由裁量权;法官裁判民事案件对于判决应当说明理由,对法律适用作出正确合理的解释
处分原则	在整个诉讼过程中,双方当事人有权在法律规定的范围内处分自己的民事权利和诉讼权利
法院调解原则	(1)法院调解活动贯穿审判程序整个过程。 (2)法院调解要在自愿和合法的基础上进行。 (3)对调解不成的案件法院应当及时判决
民事检察监督原则	检察院有权对民事诉讼实行法律监督

【例题1·单选题】下列关于民事诉讼法基本原则的说法，正确的是(　　)。

A. 当事人诉讼权利平等原则意味着当事人拥有相同的诉讼权利
B. 处分原则意味着法院无权干涉当事人民事权利或者诉讼权利的行使
C. 被告进行答辩是辩论原则的表现
D. 调解原则适用于民事审判程序和民事执行程序

解析 本题考查民事诉讼法基本原则。选项A，当事人诉讼权利平等原则，是地位上的平等，诉讼权利内容并不一定相同。选项B，民事诉讼当事人要在法律规定的范围内处分自己的民事权利和诉讼权利，如果违法，法院将代表国家实行干预。选项D，调解原则适用于民事审判程序。

考点二　民事审判基本制度　一学多考｜中

1. 公开审判制度

公开审判制度，见表17-2。

表17-2　公开审判制度

项目	具体规定
公开审判内容	法院审理民事案件，除合议庭评议外，应当公开进行，包括审判主体和情况公开；向当事人和社会公开；审判阶段公开；审判公开；除涉及国家秘密、商业秘密和个人隐私的内容外，公众可以查阅发生法律效力的判决书、裁定书
法定不公开	涉及国家秘密、个人隐私或法律另有规定的
申请不公开	离婚案件、商业秘密的案件，当事人申请不公开审理的，可以不公开
调解不公开	法院审理民事案件，调解过程不公开，但当事人同意公开的除外
公开宣判	法院对公开审理或者不公开审理的案件，一律公开宣告判决

2. 合议制度

（1）合议制度，指由三名以上审判人员组成审判组织，代表法院对民事案件进行集体审理和裁判的制度。独任制，指由一名审判人员独立对案件审理并作出裁判的制度。

（2）第一审民事案件，见表17-3。

表17-3　第一审民事案件

项目		具体规定
简易程序		审判员一人独任审理
普通程序	独任制	基层人民法院审理的基本事实清楚、权利义务关系明确的第一审民事案件，可以由审判员一人独任审理
	合议制	一般情况

（3）第二审民事案件，见表17-4。

答案
例题1｜C

表 17-4　第二审民事案件

项目	具体规定
独任制	中级人民法院对第一审适用简易程序审结或者不服裁定提起上诉的第二审民事案件，事实清楚、权利义务关系明确的，经双方当事人同意，可以由审判员一人独任审理
合议制	一般情况

（4）不得独任审理：①涉及国家利益、社会公共利益的案件；②涉及群体性纠纷，可能影响社会稳定的案件；③人民群众广泛关注或者其他社会影响较大的案件；④属于新类型或者疑难复杂的案件；⑤法律规定应当组成合议庭审理的案件。

提示 法院审理中，发现不宜由审判员一人独任审理的，应裁定转合议庭审理。

3．回避制度

回避制度，见表 17-5。

表 17-5　回避制度

项目	具体规定
回避主体	审判人员；法官助理、书记员、司法技术人员、翻译人员、鉴定人、勘验人；检察人员从事民事检察活动
回避法定事由	（1）是本案当事人或者当事人、诉讼代理人近亲属的； （2）与本案有利害关系的； （3）与本案当事人、诉讼代理人有其他关系，可能影响对案件公正审理的； （4）审判人员接受当事人、诉讼代理人请客送礼，或者违反规定会见当事人、诉讼代理人的

记忆口诀 当今离奇剑客。

4．两审终审制度

两审终审制度，见表 17-6。

表 17-6　两审终审制度

项目	具体规定
一审终审	最高法院一审裁判、小额诉讼程序、特别程序、督促程序以及公示催告程序审理的案件
两审终审	一般情况

第二节　民事诉讼受案范围和管辖

考点三　法院受理民事案件的范围 ★　一学多考｜中

（1）平等主体之间发生的财产权和人身权纠纷；

(2)因劳动关系引起的纠纷，法律明文规定依照民事诉讼程序审理的案件；

(3)其他法律调整的社会关系引起的纠纷，如选民资格案件、宣告失踪或者宣告失踪人死亡案件、认定公民无民事行为能力或限制民事行为能力案件、认定财产无主案件等。

考点四 级别管辖 ★

我国法院分为四级，即基层法院、中级法院、高级法院和最高法院。此外，还有专门法院，即军事法院、海事法院、知识产权法院和金融法院等。级别管辖，见表17-7。

表17-7 级别管辖

项目	具体规定
基层法院	管辖第一审民事案件，但民事诉讼法另有规定的除外
中级法院	(1)重大涉外案件(包括争议标的额大的案件、案情复杂的案件，或者一方当事人人数众多等具有重大影响的案件)； (2)在本辖区有重大影响的案件； (3)最高人民法院确定由中级人民法院管辖的案件
高级法院	管辖在本辖区有重大影响的第一审民事案件
最高法院	(1)在全国有重大影响的第一审民事案件； (2)认为应当由本院审理的案件

考点五 地域管辖 ★★★

地域管辖，见表17-8。

表17-8 地域管辖

项目	具体规定
一般地域管辖	以当事人的住所地与法院辖区的隶属关系来确定的管辖，原则是被告所在地法院管辖。 **提示** 对公民提起的民事诉讼，由被告住所地人民法院管辖；被告住所地与经常居住地不一致的，由经常居住地人民法院管辖。对法人或者其他组织提起的民事诉讼，由被告住所地人民法院管辖。法人或者其他组织的住所地，是指法人或者其他组织的主要办事机构所在地
特殊地域管辖	以当事人住所地、诉讼标的、诉讼标的物所在地或者引起法律关系发生、变更或者消灭的法律事实所在地为标准确定的管辖
协议管辖	合同或者其他财产权益纠纷的当事人可以书面协议选择被告住所地、合同履行地、合同签订地、原告住所地、标的物所在地等与争议有实际联系的地点的法院管辖，但不得违反级别管辖和专属管辖的规定

记忆口诀
两人+两行为+一物。

(续表)

项目	具体规定	
专属管辖	不动产纠纷	不动产所在地法院管辖
	港口作业纠纷	港口所在地法院管辖
	继承遗产纠纷	被继承人死亡时住所地或者主要遗产所在地法院管辖
共同管辖和选择管辖	2个以上法院都有管辖权的诉讼(共同管辖),原告可以向其中1个法院起诉(选择管辖)。原告同时向2个以上有管辖权的法院起诉的,由最先立案的法院管辖。2个以上法院都有管辖权的诉讼,先立案的法院不得将案件移送给另一个有管辖权的法院	

记忆口诀：港口补给。

知识点拨：多个法院有管辖权,立案在先且禁止踢皮球。

● **得分高手**（2024年单选）

重点考查专属管辖。通过记忆口诀快速掌握专属管辖的范围,专属管辖一般是在争议物品或争议行为所在地法院管辖,同时注意合同纠纷属于协议管辖,不属于专属管辖。

【例题2·单选题】(2024年)下列法院移送案件的做法中,符合《民事诉讼法》规定的是( )。

A. 原告先后向两个有管辖权的法院起诉,两个法院协商后,先立案法院将案件移送给后立案法院管辖
B. 法院受理继承案件后,发现被继承人住所地和主要遗产不在本法院管辖区域内,将案件移送给主要遗产所在地法院管辖
C. 房屋产权纠纷案件的原告在房屋所在地法院起诉,受诉法院将案件移送给被告所在地法院
D. 原告因港口作业纠纷向港口所在地法院起诉,被告向法院提出应由被告所在地法院管辖,港口所在地法院将案件移送给被告所在地法院管辖

解析 本题考查民事诉讼管辖。选项A,如果原告同时向两个以上有管辖权的法院起诉,则由最先立案的法院管辖。两个以上法院都有管辖权的诉讼,先立案的法院不得将案件移送给另一个有管辖权的法院。移送管辖,是指法院受理案件后,发现无管辖权时,将案件移送给有管辖权的法院审理。因继承遗产纠纷提起的诉讼,由被继承人死亡时住所地或者主要遗产所在地法院管辖。选项B,受理案件的法院无管辖权,应将案件移送给有管辖权的法院审理。因不动产纠纷提起的诉讼,由不动产所在地法院管辖。选项C,房屋所在地法院有管辖权,不需要移送。因港口作业中发生纠纷提起的诉讼,由港口所在地法院管辖。选项D,港口所在地法院有管辖权,不需要移送。

考点六 移送管辖和指定管辖 ★　一学多考|中

(1)移送管辖,指法院受理案件后,发现无管辖权,将案件移送给有管

答案
例题2 | B

辖权的法院审理。

（2）指定管辖，指有管辖权的法院由于特殊原因，不能行使管辖权的，由上级法院指定管辖。法院之间因管辖权发生争议，由双方协商解决；协商不了，报请共同上级法院指定管辖。

考点七 涉外民事案件的管辖 ★

记忆口诀
侵权、代表、签订、履行、财产、标的物（谐音：秦代牵驴财物）。

1. 地域管辖

对在我国领域内没有住所的被告提起除身份关系以外的诉讼，如果合同签订地、合同履行地、诉讼标的物所在地、可供扣押财产所在地、侵权行为地、代表机构住所地位于中华人民共和国领域内，可以由我国领域内的合同签订地、合同履行地、诉讼标的物所在地、可供扣押财产所在地、侵权行为地、代表机构住所地法院管辖。

2. 协议管辖

当事人书面协议选择我国法院管辖的，可以由我国法院管辖。当事人未提出管辖权异议，并应诉答辩或提出反诉的，视为我国法院有管辖权。

3. 专属管辖

（1）因在我国领域内设立的法人或其他组织的设立、解散、清算，以及该法人或其他组织作出的决议效力等纠纷提起的诉讼；

（2）因与在我国领域内审查授予的知识产权的有效性有关的纠纷提起的诉讼；

（3）因在我国领域内履行中外合资经营企业合同、中外合作经营企业合同、中外合作勘探开发自然资源合同发生纠纷提起的诉讼。

4. 选择管辖

当事人订立排他性管辖协议选择外国法院管辖，不得违反我国专属管辖，不得涉及我国主权、安全或社会公共利益。我国法院受理案件后，当事人以外国法院已经先受理为由，书面请求我国法院中止诉讼，可以裁定中止诉讼，但是存在下列情形之一的除外：①当事人协议选择我国法院管辖，或者纠纷属于我国法院专属管辖；②由我国法院审理明显更为方便。

第三节 民事诉讼参加人

考点八 民事诉讼当事人概述 ★★

1. 概念

民事诉讼中的当事人，指因民事上的权利义务关系发生争议，以自己的名义进行诉讼，要求人民法院行使民事裁判权的人及相对人。

2. 诉讼权利能力

享有民事诉讼当事人的法律资格。公民的诉讼权利能力始于出生，终于死亡。法人、其他组织的诉讼权利能力始于依法成立,终于解散或撤销。

3. 诉讼行为能力

诉讼行为能力,是指以自己的行为行使诉讼权利、履行诉讼义务的能力。诉讼行为能力,见表17-9。

表17-9 诉讼行为能力

项目	具体规定
自然人	(1)始于成年,终于死亡或宣告无行为能力; (2)未成年人、精神病人有诉讼权利能力,但没有诉讼行为能力,由其法定代理人代理其诉讼
法人、其他组织	(1)始于依法成立,终于解散或撤销; (2)法人的诉讼行为能力,通过其法定代表人的诉讼行为来实现; (3)其他组织的诉讼行为能力,通过其主要负责人的诉讼行为来实现

考点九 共同诉讼 ★★

1. 必要共同诉讼与普通共同诉讼对比

必要共同诉讼与普通共同诉讼对比,见表17-10。

表17-10 必要共同诉讼与普通共同诉讼对比

项目	必要共同诉讼	普通共同诉讼
当事人人数	当事人一方或双方为2人以上	
诉讼标的	共同的(1个) 【例】共同侵权	同一种类(多个) 【例】90户业主诉物业
是否可分	不可分,必须合并审理	可分,不一定合并审理
裁判	必须同一裁判	应当分别裁判
诉讼人之间关系	共同诉讼人必须一同起诉或者一同应诉,彼此有连带关系,其中1人的行为经其他共同诉讼人承认,对其他共同诉讼人发生效力	普通的共同诉讼人之间没有共同的权利义务,其中1人的行为,对其他共同诉讼人不发生效力
管辖法院	只有一个诉讼,按规定法院管辖	几个诉讼必须属于同一法院管辖、适用同一种诉讼程序

2. 必要共同诉讼的情形

(1)劳务派遣人员因执行工作任务造成他人损害的,当事人主张劳务派遣单位承担责任的,用工单位与劳务派遣单位为共同被告。

(2)营业执照上登记的经营者与实际经营者不一致的,以登记的经营者和实际经营者为共同诉讼人。

(3)在诉讼中,未依法登记领取营业执照的个人合伙的全体合伙人为共同诉讼人。

（4）企业法人分立的，因分立前的民事活动发生的纠纷，以分立后的企业为共同诉讼人。

（5）借用业务介绍信、合同专用章、盖章的空白合同书或者银行账户的，以出借单位和借用人为共同诉讼人。

（6）保证合同纠纷：因保证合同纠纷提起的诉讼，债权人向保证人和被保证人一并主张权利的，法院应当将保证人和被保证人列为共同被告。保证合同约定为一般保证，债权人仅起诉保证人的，法院应当通知被保证人作为共同被告参加诉讼；债权人仅起诉被保证人的，可以只列被保证人为被告。

（7）无民事行为能力人、限制民事行为能力人造成他人损害的，无民事行为能力人、限制民事行为能力人和其监护人为共同被告。

（8）原告起诉被代理人和代理人，要求承担连带责任的，被代理人和代理人为共同被告。

（9）共有财产权受到他人侵害，部分共有权人起诉的，其他共有权人为共同诉讼人。

（10）以挂靠形式从事民事活动，当事人请求由挂靠人和被挂靠人依法承担民事责任的，该挂靠人和被挂靠人为共同诉讼人。

（11）在继承遗产的诉讼中，部分继承人起诉的，法院应通知其他继承人作为共同原告参加诉讼；被通知的继承人不愿意参加诉讼又未明确表示放弃实体权利的，法院仍应将其列为共同原告。

考点十 代表人诉讼 ★

代表人诉讼，见表 17-11。

表 17-11 代表人诉讼

项目	具体规定
概念	当事人一方人数众多（一般 10 人以上）的共同诉讼，可以由当事人推选代表人进行诉讼
效力	代表人的诉讼行为对其所代表的当事人发生效力，但代表人变更、放弃诉讼请求或者承认对方当事人的诉讼请求，进行和解，必须经被代表的当事人同意
人数确定的代表人诉讼	起诉时人数确定，全体成员推选 1 个或数个代表人
人数不确定的代表人诉讼	起诉时人数未确定，在法院登记的当事人推选或商定代表人
代理人	代表人 2~5 人，每位代表人可委托 1~2 人作为诉讼代理人

考点十一 民事公益诉讼 ★★

民事公益诉讼，见表 17-12。

表 17-12 民事公益诉讼

项目	具体规定
案件类型	污染环境、破坏生态环境和资源保护、食品药品安全领域侵害众多消费者合法权益等损害社会公共利益的案件
原告	法律规定的机关和有关组织、检察院
受理条件	(1)有明确的被告； (2)有具体的诉讼请求； (3)有社会公共利益受到损害的初步证据； (4)属于法院受理民事诉讼范围和受诉法院管辖
管辖	一般由侵权行为地或者被告住所地中级法院管辖
共同原告	法院受理公益诉讼案件后，依法可以提起诉讼的其他机关和有关组织，可以在开庭前向法院申请参加诉讼。法院准许参加诉讼的，列为共同原告
民事诉讼	法院受理公益诉讼案件，不影响同一侵权行为的受害人根据《民事诉讼法》的规定提起诉讼
和解、调解	当事人达成和解或调解协议后，法院应当将和解或调解协议公告。公告时间不得少于 30 日
撤诉	公益诉讼案件的原告在法庭辩论终结后申请撤诉的，法院不予准许
重复起诉	公益诉讼案件的裁判发生效力后，其他依法具有原告资格的机关和有关组织就同一侵权行为另行提起公益诉讼的，法院裁定不予受理，法律、司法解释另有规定的除外

> 记忆口诀
>
> 资环食药。

【例题 3·多选题】(2022 年)根据民事诉讼法律制度的规定，下列属于民事公益诉讼受案范围的有(   )。

A. 生态环境
B. 资源保护
C. 侵害众多消费者合法权益
D. 知识产权
E. 污染环境

解析 本题考查民事公益诉讼。对污染环境、侵害众多消费者合法权益等损害社会公共利益的行为，法律规定的机关和有关组织可以向人民法院提起诉讼。人民检察院在履行职责中发现破坏生态环境和资源保护、食品药品安全领域侵害众多消费者合法权益等损害社会公共利益的行为，在没有前述规定的机关和组织或者前述规定的机关和组织不提起诉讼的情况下，可以向人民法院提起诉讼。

考点十二 第三人诉讼 ★

第三人诉讼，见表 17-13。

> 答案
>
> 例题 3 | ABCE

表 17-13　第三人诉讼

项目	有独立请求权的第三人	无独立请求权的第三人
分类依据	享有全部或部分的独立请求权	案件的处理结果与其有法律上的利害关系
诉讼地位	相当于原告，以本诉中的原告和被告为共同被告	非原告非被告，只能参加到当事人一方进行诉讼
诉讼权利	—	(1)一审中无权提管辖权异议，无权放弃、变更诉讼请求或申请撤诉； (2)法院判决承担民事责任的第三人，享有与当事人同一的诉讼权利义务，可以和解、上诉、请求执行判决

考点十三　诉讼代理人 ★★

1. 特征

(1)诉讼代理人必须以被代理人的名义进行诉讼；
(2)诉讼代理人是有诉讼行为能力的人；
(3)同一诉讼代理人只能代理一方当事人，不能同时代理双方当事人；
(4)在代理权限内实施诉讼行为；
(5)代理诉讼行为所产生的法律后果直接由被代理人承担。

2. 种类

法定诉讼代理人(基于亲权、监护权产生)和委托诉讼代理(基于委托协议产生)。

记忆口诀
律师、服务、推荐、近亲属(谐音：师父退亲)。

3. 委托诉讼代理人范围

(1)律师、基层法律服务工作者；
(2)当事人的近亲属或者工作人员；
(3)当事人所在社区、单位以及有关社会团体推荐的公民。

提示 当事人、法定代理人可以委托1~2人作为诉讼代理人。

4. 委托诉讼代理权消灭

(1)诉讼终结；
(2)委托代理人死亡或者丧失诉讼行为能力；
(3)委托代理人辞却或解除委托。

提示 辞却或解除委托，当事人必须书面告知法院，并由法院通知对方当事人，否则，不发生辞却或者解除的效力。

【例题4·单选题】下列关于民事诉讼委托代理的说法正确的是(　　)。
A. 委托诉讼代理权于委托代理人死亡时消灭
B. 解除委托诉讼代理自法院接到书面解除通知时生效
C. 未成年人的父母可以成为委托诉讼代理人

D. 当事人的亲属可以成为委托诉讼代理人

解析 本题考查民事诉讼委托代理。选项 A，委托代理人死亡或者丧失诉讼行为能力，即失去了行使诉讼代理权的能力，无法代理诉讼，诉讼代理权随之丧失。选项 B，委托代理人辞却或解除委托，当事人必须书面告知人民法院，并由人民法院通知对方当事人，否则，不发生辞却或解除的效力。选项 C，未成年人的父母作为其监护人，是法定诉讼代理人，不是委托诉讼代理人。选项 D，当事人的近亲属可以成为委托代理人。

第四节　民事诉讼证据和证明

考点十四　民事诉讼证据 ★★

1. 民事诉讼证据的特征

客观性；关联性；合法性。

2. 民事诉讼证据的理论分类

民事诉讼证据的理论分类，见表17-14。

表17-14　民事诉讼证据的理论分类

分类		具体规定
能否单独、直接证明待证事实	直接证据	能够单独、直接证明待证事实，如借款合同
	间接证据	不能直接、单独证明待证事实，需要与其他证据相结合，如转账凭据
是否直接来源于案件事实	原始证据	直接来源于案件事实，如借款合同原件
	派生证据	不直接来源于案件事实，经过中间环节辗转得来，如借款合同复印件
证据与当事人主张的关系	本证	证明当事人一方所主张的事实存在
	反证	证明当事人一方所主张的事实不存在

3. 民事诉讼证据的法定分类

民事诉讼证据的法定分类，见表17-15。

表17-15　民事诉讼证据的法定分类

项目	具体规定
当事人陈述	当事人在诉讼中向法院所作的关于案件事实的叙述
书证	用文字、符号、图画在某一物体上表达人的思想，其内容可以证明待证事实的一部分或者全部
物证	用物品的外形、特征、质量等证明待证事实的一部分或全部
视听资料	录音资料和影像资料
电子数据	电子邮件、电子数据交换、网上聊天记录、博客、微博、手机短信、电子签名、域名等

答案
例题4 | A

(续表)

项目	具体规定
证人证言	(1)不能正确表达意思的人,不能作为证人; (2)待证事实与其年龄、智力状况或者精神健康状况相适应的无民事行为能力人和限制民事行为能力人,可以作为证人; (3)双方当事人同意证人以其他方式作证并经法院准许的,证人可以不出庭作证; (4)无正当理由,未出庭的证人以书面等方式提供的证言,不得作为认定案件事实的根据
鉴定意见	对某些专门性问题,指定具有专业知识的人进行鉴定,从而作出科学分析,提出结论性的意见
勘验笔录	法院审判人员为了查明案情,对与争议有关的现场或者物品,亲自进行勘查检验,进行拍照、测量,将勘验情况和结果制成笔录

提示 被害人陈述是刑事诉讼中的证据种类,现场笔录是行政诉讼中的证据种类

【例题5·单选题】(2021年)下列关于民事诉讼证人作证规则的说法中,正确的是( )。

A. 未成年人不得作为证人出庭作证
B. 不论证人是否出庭作证,法院均可将其书面证言作为定案的依据
C. 证人证言具有不可替代性
D. 涉及商业秘密的,证人可以拒绝作证

解析 本题考查民事诉讼证人作证规则。选项A,待证事实与其年龄、智力状况或者精神健康状况相适应的无民事行为能力人和限制民事行为能力人,可以作为证人。选项B,无正当理由未出庭的证人以书面等方式提供的证言,不得作为认定案件事实的根据。选项D,对涉及国家秘密、商业秘密或个人隐私的证据应当保密,需要在法庭出示的,不得在公开开庭时出示。

【例题6·多选题】下列民事诉讼证据中,属于物证的有( )。

A. 证明甲公司财务情况的会计账簿
B. 证明甲、乙婚姻关系存在的结婚证
C. 证明甲伤害乙侵权事实的沾上乙血迹的木棒
D. 证明甲、乙谈话内容的录音
E. 证明甲、乙在共同伤人现场的鞋印

解析 本题考查民事诉讼证据的分类。选项A、B,会计账簿、证明婚姻关系的结婚证属于书证。选项C、E,凡是用物品的外形、特征、质量等证明待证事实的一部分或全部的,称为物证。物证的特点:具有较强的客观性;具有较强的稳定性;具有特定性和不可替代性。选项D,谈话录音属于视听资料。

4. 证据调查收集

当事人向法院提供证据,应当提供原件或原物;如需自己保存证据原件、

答案
例题5 | C
例题6 | CE

原物或者提供原件、原物确有困难的，可以提供经法院核对无异的复制件或复制品。当事人及其诉讼代理人因客观原因不能自行收集的证据，或者人民法院认为审理案件需要的证据，人民法院应当调查收集。

5. 证据保全

当事人在证据可能灭失或以后难以取得的情况下，申请证据保全的，应当在举证期限届满前向法院提出。当事人或者利害关系人申请采取查封、扣押等限制保全标的物使用、流通等保全措施，或者保全可能对证据持有人造成损失的，法院应当责令申请人提供相应担保。

考点十五 民事诉讼证明 ★★

民事诉讼证明，见表 17-16。

表 17-16 民事诉讼证明

项目	具体规定
举证责任	当事人对自己提出的主张，有责任提供证据；原告向法院起诉或者被告提出反诉，应当提供符合起诉条件的相应证据
当事人自认	在诉讼过程中，一方当事人陈述的于己不利的事实，或者对于己不利的事实明确表示承认的，另一方当事人无须举证证明。一方当事人对于另一方当事人主张的于己不利的事实既不承认也不否认，经审判人员说明并询问后，其仍然不明确表示肯定或者否定的，视为对该事实的承认
证明的对象（待证事实）	(1)当事人主张的民事实体权益所根据的事实； (2)当事人主张的具有程序性质的法律事实； (3)证据性事实； (4)外国法律和地方性法规、习惯
无须举证证明	(1)自然规律以及定理、定律； (2)众所周知的事实； (3)根据法律规定推定的事实； (4)根据已知的事实和日常生活经验法则推定出的另一事实； (5)已为仲裁机构的生效裁决所确认的事实； (6)已为法院发生法律效力的裁判所确认的事实； (7)已为有效公证文书所证明的事实。 **提示** 第(2)项~第(4)项当事人有相反证据<u>足以反驳</u>的除外；第(5)项~第(7)项当事人有相反证据<u>足以推翻</u>的除外
举证期限	可以由当事人协商，并经法院准许 法院确定举证期限，一审普通程序≥15日；一简易程序≤15日；一审小额诉讼≤7日；提供新证据二审案件≥10日
证据交换	(1)证据交换的时间可由当事人协商一致并经法院认可，也可由法院指定； (2)当事人申请延期举证经法院准许的，证据交换日相应顺延

记忆口诀
自然规律、众所周知、推定、确认、证明（谐音：自知腿瘫症）。

(续表)

项目	具体规定
质证	(1)证据应当在法庭上出示,并由当事人互相质证; (2)对涉及国家秘密、商业秘密和个人隐私的证据应当保密,需要在法庭出示的,不得在公开开庭时出示
不能单独作为认定案件事实的根据	(1)当事人的陈述; (2)无民事或限制民事行为能力人所作的与其年龄、智力状况或者精神健康状况不相当的证言; (3)与一方当事人或者其代理人有利害关系的证人陈述的证言; (4)存有疑点的视听资料、电子数据; (5)无法与原件、原物核对的复制件、复制品

记忆口诀
陈述、疑点、不相当、利害关系、复制品(谐音:陈姨不立志)。

【例题7·单选题】(2020年)根据《民事诉讼法》的规定,下列事实中,当事人无须举证证明的是( )。

A. 当事人主张的具有程序性质的法律事实
B. 习惯
C. 自然规律
D. 当事人主张的实体权益所根据的事实

解析 本题考查民事诉讼中当事人无须举证的情况。

【例题8·多选题】根据《民事诉讼法》及司法解释的规定,下列关于民事诉讼证明、举证事项的表述中,正确的有( )。

A. 证据应当在法庭上出示
B. 当事人对自己提出的主张,有责任提供证据
C. 与一方当事人或者其代理人有利害关系的证人陈述的证言不能作为证据
D. 人民法院确定举证期限,第一审普通程序案件不得少于15日,当事人提供新的证据的第二审案件不得少于10日
E. 举证期限可以由当事人协商一致,并经人民法院准许

解析 本题考查民事诉讼的证明。选项C,与一方当事人或者其代理人有利害关系的证人陈述的证言不能单独作为认定案件事实的根据。

第五节 民事诉讼程序

考点十六 第一审普通程序 ★★ 一学多考|中

(1)起诉条件:①原告是与本案有直接利害关系的公民、法人和其他组织;②有明确的被告;③有具体的诉讼请求和事实、理由;④属于法院受理民事诉讼的范围和受诉法院管辖。

(2)起诉应当向法院递交起诉状,并按照被告人数提出副本。书写起诉

记忆口诀
直接利害、诉讼请求、被告、范围(谐音:知青摘饭)。

答案
例题7|C
例题8|ABDE

状确有困难的,可以口头起诉,法院记入笔录。符合起诉条件,必须受理。法院受理,诉讼时效中断,重新计算;不受理或驳回起诉,诉讼时效不中断。

(3)不予受理情形:①属于行政诉讼受案范围,告知原告提起行政诉讼;②双方达成书面仲裁协议,告知原告申请仲裁;③应当由其他机关处理的争议,告知原告向有关机关申请解决;④不属于本院管辖,告知原告向有管辖权的法院起诉;⑤对判决、裁定、调解书已经发生法律效力的案件,当事人又起诉的,告知原告申请再审,但法院准许撤诉的裁定除外;⑥依照法律规定,在一定期限内不得起诉的案件,在不得起诉的期限内起诉的,不予受理;⑦判决不准离婚和调解和好的离婚案件,判决、调解维持收养关系的案件,没有新情况、新理由,原告在6个月内又起诉的,不予受理。

(4)再次起诉:①裁定不予受理、驳回起诉的案件,原告再次起诉,符合起诉条件且不属于不予受理情形的,法院应予受理;②原告撤诉或法院按撤诉处理后,原告以同一诉讼请求再次起诉的,法院应予受理;③赡养费、扶养费、抚养费案件,裁判发生法律效力后,因新情况、新理由,一方当事人再行起诉要求增加或减少费用的,法院应作为新案受理。

(5)审理前准备。文书送达:法院应在立案之日起5日内将起诉状副本发送被告,被告收到15日内提出答辩状。

开庭通知:法院审理民事案件,应当在开庭3日前通知当事人和其他诉讼参与人。

追加当事人:法院发现应当参加诉讼的当事人没有参加,应当通知参加或当事人申请追加。

审判组织:①一般合议庭审理;②基层法院审理的基本事实清楚、权利义务关系明确的第一审民事案件,可以由审判员1人适用普通程序独任审理。

(6)除涉及国家秘密、个人隐私或者法律另有规定的以外,应当公开进行审理。离婚案件和涉及商业秘密的案件,当事人申请不公开审理的,可以不公开审理。法院对公开审理或不公开审理的案件,一律公开宣告判决。

适用普通程序审理的案件,法院应当在立案之日起6个月内审结。特殊情况,经本院院长批准,可延长6个月;若还需延长,报上级法院批准。

(7)撤诉:宣判前,原告申请撤诉的,是否准许,由法院裁定。原告经传票传唤,无正当理由拒不到庭的,或者未经法庭许可中途退庭的,可以按撤诉处理。

【例题9·单选题】下列关于民事诉讼起诉和受理的说法中,正确的是( )。

A. 符合起诉条件的,法院应当在3日内立案
B. 不符合起诉条件的,法院应当裁定驳回原告诉讼请求
C. 起诉应有明确的被告
D. 起诉应采用书面形式,递交起诉状

答案
例题9|C

解析 本题考查民事诉讼的起诉和受理。选项 A，符合起诉条件的，法院应当在 7 日内立案。选项 B，不符合起诉条件的，应当裁定不予受理。选项 D，起诉应当向人民法院递交起诉状，并按照被告人数提出副本。书写起诉状确有困难的，可以口头起诉，由人民法院记入笔录，并告知对方当事人。

考点十七 简易程序★★

（1）适用范围：基层法院和它的派出法庭审理事实清楚、权利义务关系明确、争议不大的简单的民事案件；当事人双方约定适用简易程序。当事人约定适用简易程序，应当在开庭前提出。

（2）不适用简易程序：①起诉时被告下落不明的；②发回重审的；③当事人一方人数众多的；④适用审判监督程序的；⑤涉及国家利益、社会公共利益的；⑥第三人起诉请求改变或者撤销生效判决、裁定、调解书的。

（3）原告可通过书面或口头方式起诉。可用简便方式传唤当事人和证人、送达诉讼文书、审理案件，但应当保障当事人陈述意见的权利。

适用简易程序审理案件，应当一次开庭审结，但法院认为确有必要再次开庭的除外。由审判员 1 人独任审理，应当在立案之日起 3 个月内审结，特殊情况，经本院院长批准，可以延长 1 个月。

（4）简易转普通：①法院发现案件不宜适用简易程序，需要转为普通程序审理的，应当在审理期限届满前作出裁定，案件转为普通程序审理的，审理期限自法院立案之日计算；②当事人就案件适用简易程序提出异议，法院经审查，异议成立，裁定转为普通程序。

提示 已经按照普通程序审理的案件，在开庭后不得转为简易程序审理。

（5）有下列情形之一，法院在制作裁判文书时对认定事实或者判决理由部分可以适当简化：①当事人达成调解协议并需要制作民事调解书；②一方当事人在诉讼过程中明确表示承认对方全部或部分诉讼请求；③当事人对案件事实没有争议或争议不大；④涉及个人隐私或商业秘密的案件，当事人一方要求简化裁判文书中的相关内容，法院认为理由正当；⑤当事人双方一致同意简化裁判文书。

【例题 10·单选题】下列关于适用简易程序审理民事案件具体方式的表述中，不符合民事诉讼法律制度规定的是（　　）。

A. 当事人双方约定适用简易程序

B. 人民法院可以电话传唤双方当事人

C. 审理案件时由审判员独任审判

D. 已经按普通程序审理的案件在开庭后可以转为简易程序审理

解析 本题考查简易程序。已经按照普通程序审理的案件，在开庭后不得转为简易程序审理。

答案

例题 10 | D

考点十八 第二审程序 ★ 　一学多考|中

1. 上诉对象和期限

上诉对象和期限，见表17-17。

表17-17　上诉对象和期限

项目	具体规定
上诉对象	一审未发生法律效力的判决和3类裁定（不予受理、驳回起诉、管辖权异议）
上诉期限	判决书送达之日起15日/裁定书送达之日起10日内向上一级法院提起上诉 **提示** 上诉状应当通过原审法院提出

2. 诉讼地位

（1）双方当事人和第三人都提起上诉的，均列为上诉人，法院可以依职权确定二审程序中当事人的诉讼地位。

（2）必要共同诉讼人的一人或者部分人提起上诉的，按下列情形分别处理：①上诉仅对与对方当事人之间权利义务分担有意见，不涉及其他共同诉讼人利益的，对方当事人为被上诉人，未上诉的同一方当事人依原审诉讼地位列明；②上诉仅对共同诉讼人之间权利义务分担有意见，不涉及对方当事人利益的，未上诉的同一方当事人为被上诉人，对方当事人依原审诉讼地位列明；③上诉对双方当事人之间以及共同诉讼人之间权利义务承担有意见的，未提起上诉的其他当事人均为被上诉人。

【例】一审：原告甲、乙、丙；被告：丁。

二审：①上诉人甲→被上诉人丁，乙、丙为原审原告；②上诉人甲→被上诉人乙、丙，丁为原审被告；③上诉人甲→被上诉人乙、丙、丁。

3. 审理

二审法院应当对上诉请求的有关事实和适用法律进行审查；二审法院应当围绕当事人的上诉请求进行审理。二审法院对上诉案件，除可以由审判员一人独任审理的情况外，应当组成合议庭，原则上开庭审理，可以调解。经过阅卷、调查和询问当事人，对没有提出新的事实、证据或者理由，合议庭认为不需要开庭审理的，可以不开庭审理。

可以不开庭审理情形：①不服不予受理、管辖权异议和驳回起诉裁定；②当事人提出的上诉请求明显不能成立；③原判决、裁定认定事实清楚，但适用法律错误；④原判决严重违反法定程序，需要发回重审。

4. 二审处理

二审处理，见表17-18。

表17-18　二审处理

项目	具体规定
原判决、裁定认定事实清楚，适用法律正确	以判决、裁定方式驳回上诉，维持原判决、裁定

(续表)

项目	具体规定
原判决、裁定认定事实错误或者适用法律错误	以判决、裁定方式依法改判、撤销或者变更
原判决认定基本事实不清	裁定撤销原判决，发回原审法院重审，或者查清事实后改判
原判决遗漏当事人或违法缺席判决等严重违反法定程序	裁定撤销原判决，发回原审法院重审

提示 原审法院对发回重审的案件作出判决后，当事人提起上诉，二审法院不得再次发回重审。

5. 审限

对判决的上诉案件，应当在二审立案之日起3个月内审结，有特殊情况需要延长的，由本院院长批准。对裁定的上诉案件，应当在二审立案之日起30日内作出终审裁定。

【总结】审理时限比较，见表17-19。

表17-19 审理时限比较

项目	具体规定
一审普通程序	6个月+6个月（经本院院长批准）+N（上级法院批准）
一审简易程序	3个月+1个月（经本院院长批准）
二审程序	判决：3个月+N（由本院院长批准）；裁定：30日

【例题11·单选题】根据《民事诉讼法》的规定，下列关于第二审程序的表述中，不正确的是（　　）。

A. 第二审人民法院的判决和裁定是终审的判决和裁定
B. 当事人应当通过原审人民法院提交上诉状
C. 当事人不服地方人民法院第一审裁定的，有权在裁定书送达之日起10日内向上一级人民法院提起上诉
D. 对判决的上诉案件，二审立案之日起6个月内审结，有特殊情况需要延长的，由本院院长批准

解析 本题考查第二审程序。对判决的上诉案件，二审立案之日起3个月内审结，有特殊情况需要延长的，由本院院长批准。

考点十九 审判监督程序 ★

（1）审理对象：已经生效且确有错误的判决书、裁定书和调解书。

（2）当事人申请再审。当事人申请再审的期限规定为裁判生效后6个月内提出。可以向上一级法院申请再审；一方人数众多或双方为公民的案件，也可以向原审法院申请再审。

答案
例题11｜D

当事人的申请符合下列情形之一的，人民法院应当再审：①有新的证据，足以推翻原判决、裁定的；②原判决、裁定认定的基本事实缺乏证据证明的；③原判决、裁定认定事实的主要证据是伪造的；④原判决、裁定认定事实的主要证据未经质证的；⑤对审理案件需要的主要证据，当事人因客观原因不能自行收集，书面申请法院调查收集，法院未调查收集的；⑥原判决、裁定适用法律确有错误的；⑦审判组织的组成不合法或者依法应当回避的审判人员没有回避的；⑧无诉讼行为能力人未经法定代理人代为诉讼，或者应当参加诉讼的当事人因不能归责于本人或者其诉讼代理人的事由而未参加诉讼的；⑨违反法律规定，剥夺当事人辩论权利的；⑩未经传票传唤，缺席判决的；⑪原判决、裁定遗漏或者超出诉讼请求的；⑫据以作出原判决、裁定的法律文书被撤销或者变更的；⑬审判人员审理该案件时有贪污受贿、徇私舞弊、枉法裁判行为的。

提示 当事人对已生效的解除婚姻关系的判决、调解书，不得申请再审。

（3）法院决定再审情形：①各级法院院长对本院已经发生法律效力的判决、裁定、调解书，发现确有错误，认为需要再审的，应当提交审判委员会讨论决定；②最高人民法院对地方各级人民法院已经发生法律效力的判决、裁定、调解书，上级法院对下级法院已经发生法律效力的判决、裁定、调解书，发现确有错误的，有权提审或者指令下级法院再审。

（4）检察院抗诉再审情形。抗诉的主体是上级检察院与最高人民检察院。地方各级检察院发现同级法院已经发生法律效力的裁判确有错误的，不得直接进行抗诉，提请上级检察院按照审判监督程序进行抗诉。

提示 检察院提出抗诉的案件，法院应当再审。

（5）当事人申请再审的，不停止判决、裁定的执行。法院审理再审案件，应当另行组成合议庭。

同步训练

考点一 民事诉讼法的基本原则

（单选题）下列关于民事诉讼法基本原则的说法，正确的是（　　）。

A. 法院调解原则要求对于民事案件，法院应当优先调解

B. 处分原则意味着在整个诉讼过程中，双方当事人有权在法律规定的范围内处分自己的民事权利和诉讼权利

C. 辩论原则意味着辩论权的行使贯穿诉讼的整个过程，形式只能是书面

D. 公平公正原则要求法官裁判民事案件对于判决应当说明理由，对法律适用作出

正确合理的解释

考点二 民事审判基本制度

1. （多选题）下列关于公开审判制度的说法，正确的有（　　）。
   A. 法院审理民事案件，除合议庭评议外，应当公开进行
   B. 涉及国家秘密、个人隐私的案件不公开审理
   C. 离婚案件、涉及商业秘密的案件不公开审理
   D. 法院审理民事案件，调解过程公开
   E. 法院对公开审理或者不公开审理的案件，一律公开宣告判决

2. （多选题）下列关于合议制度的说法，正确的有（　　）。
   A. 合议制度由5名以上审判人员组成审判组织
   B. 基层人民法院审理的基本事实清楚、权利义务关系明确的第一审民事案件，可以由审判员一人独任审理
   C. 中级人民法院应当采用合议制审理案件
   D. 涉及国家利益、社会公共利益的案件不得独任审理
   E. 法院审理中，发现不宜由审判员一人独任审理，应裁定转合议庭审理

考点三 法院受理民事案件的范围

（多选题）根据《民事诉讼法》的规定，下列案件属于法院受理民事案件范围的有（　　）。
   A. 平等主体之间发生的财产权和人身权纠纷
   B. 认定公民无民事行为能力或限制民事行为能力案件
   C. 选民资格案件
   D. 宣告失踪或者宣告失踪人死亡案件
   E. 对税务机关行政处罚不服产生的纠纷

考点四 级别管辖

（单选题）根据《民事诉讼法》的规定，下列案件第一审不适用中级人民法院管辖的是（　　）。
   A. 重大涉外案件
   B. 认为应当由本院审理的案件
   C. 最高人民法院确定由中级人民法院管辖的案件
   D. 在本辖区有重大影响的案件

考点五 地域管辖

（单选题）根据民事诉讼法律制度的规定，下列关于两个人民法院均有管辖权的民事诉讼的表述中，不正确的是（　　）。
   A. 原告向两个有管辖权的人民法院起诉的，由最先立案的人民法院管辖
   B. 先立案的人民法院可以将案件移送给另一个有管辖权的人民法院
   C. 人民法院在立案前发现另一个有管辖权的人民法院已先立案的，不得重复立案

D. 人民法院立案后发现另一个有管辖权的人民法院已先立案的，裁定将案件移送给先立案的人民法院

考点六　移送管辖和指定管辖

(单选题)下列关于民事诉讼管辖的说法中，正确的是(　　)。

A. 对同一案件两个以上法院都有管辖权的，称为协议管辖
B. 法院受理案件后发现无管辖权时，将案件移送给有管辖权的法院审理，称为移送管辖
C. 对同一案件两个以上法院都有管辖权的，当事人选择其中一个法院起诉的，是指定管辖
D. 对同一案件两个以上法院都有管辖权的，当事人选择其中一个法院起诉的，是专属管辖

考点七　涉外民事案件的管辖

(单选题)依照《民事诉讼法》的规定，下列关于涉外民事诉讼管辖的说法，错误的是(　　)。

A. 涉外民事纠纷的当事人书面协议选择我国法院管辖的，可以由我国法院管辖
B. 当事人未提出管辖异议，并应诉答辩或者提出反诉的，视为我国法院有管辖权
C. 当事人订立排他性管辖协议选择外国法院，我国法院无权管辖
D. 我国法院受理案件后，当事人以外国法院已经先受理为由，书面请求我国法院中止诉讼，一般可以裁定中止诉讼

考点八　民事诉讼当事人概述

(单选题)下列有关民事诉讼当事人的说法中，正确的是(　　)。

A. 遗产继承中享有的民事权利能力的胎儿可以作为诉讼当事人
B. 以精神病人为被告的诉讼，精神病人的法定代理人是当事人
C. 当事人应当具有民事诉讼行为能力
D. 以无民事行为能力人为被告的诉讼，无民事行为能力人的监护人是当事人

考点九　共同诉讼

(单选题)张三(6周岁)星期天和祖母王美丽去公园。玩游戏过程中，张三将李四(6周岁)的双眼划伤，致使李四的右眼失明、左眼视力下降。李四的父亲李大壮要求张家赔偿李四的医疗费、伤残费共计60万元。张三的父亲张飞以张三是未成年人为由拒绝赔偿。李家只好诉至法院。下列关于本案诉讼参与人地位的表述中不正确的是(　　)。

A. 本案原告是李四，其父李大壮是李四法定代理人
B. 本案被告是张三，张飞是其委托代理人
C. 本案原告是李四，被告是张三和张飞
D. 王美丽是证人

考点十 代表人诉讼

(单选题)下列有关代表人诉讼的说法中,不正确的是( )。

A. 当事人一方一般5人以上的共同诉讼,可以由当事人推选代表人进行诉讼
B. 起诉时人数确定的代表人诉讼,全体成员推选1个或数个代表人
C. 起诉时人数未确定的代表人诉讼,在法院登记的当事人推选或商定代表人
D. 代表人2~5人,每位代表人可委托1~2人作为诉讼代理人

考点十一 民事公益诉讼

1. (多选题)根据民事诉讼法律制度的规定,下列有关公益诉讼的说法,正确的有( )。

A. 公益诉讼案件一般由侵权行为人所在地或者被告住所地基层法院管辖
B. 污染环境、资源保护、食品药品安全领域侵害众多消费者合法权益等损害社会公共利益的,适用公益诉讼
C. 当事人达成和解或调解协议后,法院应当将和解或调解协议公告不少于30日
D. 公益诉讼案件的原告在法庭辩论终结后申请撤诉的,法院不予准许
E. 法院受理公益诉讼案件,同一侵权行为的受害人不得再提起民事诉讼

2. (多选题)某品牌手机生产商在手机出厂前预装众多程序,大幅侵占手机标明内存。某省消费者保护协会以侵害消费者知情权为由提起公益诉讼,法院受理了该案。对此,下列说法中正确的有( )。

A. 消费者协会提起诉讼须有社会公共利益受到损害的初步证据
B. 依法可以提起诉讼的其他机关和有关组织,可以在法庭辩论终结前向法院申请参加诉讼
C. 法院已受理消费者协会提起的公益诉讼,因同一侵权行为而受害的消费者就不能再提起侵权之诉了
D. 在本案的审理过程中,当事人可以和解,法院也可以调解
E. 若法院作出的裁判发生法律效力后,其他依法具有原告资格的机关和有关组织就同一侵权行为另行提起公益诉讼,除法律、司法解释另有规定的,法院裁定不予受理

考点十二 第三人诉讼

(单选题)孙某和李某就一辆汽车的所有权发生纠纷并诉至法院,武某闻讯后,向人民法院提起诉讼,认为无论孙某还是李某都不是汽车的所有人,自己才对这辆汽车享有所有权。关于武某在孙某、李某争讼案件的法律地位,下列说法正确的是( )。

A. 原告
B. 有独立请求权的第三人
C. 无独立请求权的第三人
D. 共同被告

考点十三 诉讼代理人

(多选题)张某与甲财务公司发生合同纠纷,准备起诉甲公司。根据《民事诉讼法》的规定,下列人员可以作为张某诉讼代理人的有( )。

A. 其在中学工作的同学

B. 其做公务员的邻居

C. 其所在街道的基层法律服务工作者

D. 其从事送外卖工作的哥哥

E. 其在甲公司工作的同事

考点十四 民事诉讼证据

(单选题)根据民事诉讼法律制度的规定,下列关于民事诉讼证人的说法中,不正确的是( )。

A. 不能正确表达意思的人,不能作为证人

B. 未成年人不得作为证人出庭作证

C. 双方当事人同意证人以其他方式作证并经法院准许的,证人可以不出庭作证

D. 无正当理由,未出庭的证人以书面等方式提供的证言,不得作为认定案件事实的根据

考点十五 民事诉讼证明

1. (多选题)下列当事人提交的证据中,不能单独作为认定案件事实根据的有( )。

   A. 与书证原件核对无误的复印件

   B. 有其他证据佐证并以合法手段取得的、无疑点的视听资料

   C. 与一方当事人或者其代理人有利害关系的证人出具的证言

   D. 无法与原件、原物核对的复印件、复制品

   E. 当事人的陈述

2. (多选题)根据民事诉讼法律制度的规定,下列关于民事诉讼证据的说法中,正确的有( )。

   A. 当事人对自己提出的主张,有责任提供证据

   B. 提供原件或原物确有困难的,可以提供经法院核对无异的复制件或复制品

   C. 证据可能灭失或以后难以取得的,应当在举证期限届满前向法院提出证据保全

   D. 在诉讼过程中,一方当事人陈述的于己不利的事实,另一方当事人须举证证明

   E. 原告向法院起诉或者被告提出反诉,应当提供符合起诉条件的相应的证据

考点十六 第一审普通程序

1. (多选题)根据民事诉讼法律制度的规定,下列关于起诉的说法中,正确的有( )。

   A. 起诉必须有具体的诉讼请求和事实、理由

   B. 起诉必须递交起诉状,不得口头起诉

   C. 未成年人不得以自己的名义起诉

   D. 超过诉讼时效的案件不得起诉

   E. 原告撤诉后,又以同一诉讼请求再次起诉的,法院应予受理

2. (多选题)根据民事诉讼法律制度的规定,下列关于起诉、受理和审判的说法中,正确的有( )。

A. 原告是与本案必须有直接或间接利害关系的公民、法人和其他组织

B. 法院受理案件后,诉讼时效中断,重新计算

C. 双方达成书面仲裁协议,法院不予受理,告知申请仲裁

D. 法院应在立案之日起5日内将起诉状副本发送被告,被告收到15日内提出答辩状

E. 适用普通程序审理,立案之日起3个月内审结,特殊情况,经本院院长批准,可延长3个月

考点十七 简易程序

(多选题)下列关于民事诉讼简易程序适用规则的说法中,正确的有(   )。

A. 适用简易程序的,举证期限不得超过15日

B. 已经按照普通程序审理的案件,在开庭后可以转为简易程序审理

C. 第一审和第二审程序都可以适用简易程序

D. 基层人民法院或者派出法庭可以当即审理

E. 法院适用简易程序审理案件,应当在立案之日起3个月内审结,特殊情况可以延期

考点十八 第二审程序

1. (单选题)张三被李四打伤后诉至法院请求赔偿,李四败诉。一审判决书送达李四时,李四当场表示不服,拟上诉。下列关于李四上诉及二审的说法,正确的是(   )。

A. 上诉状应当通过第二审法院提出

B. 李四应当在15日内提起上诉

C. 上诉既可以提交上诉状,也可以口头提出

D. 如果李四上诉,二审法院必须在3个月内审结

2. (单选题)下列关于第二审程序的说法中,不正确的是(   )。

A. 双方当事人和第三人都提起上诉的,均列为上诉人

B. 第二审法院审理案件,应当对上诉请求的有关事实和适用法律进行审查

C. 原判决、裁定认定事实清楚,但适用法律错误,可以不开庭审理

D. 对裁定的上诉案件,应当在二审立案之日起60日内作出终审裁定

3. (单选题)王某诉刘某物权纠纷一案,一审法院判决刘某败诉,刘某不服欲提起上诉。对本案下列说法中不正确的是(   )。

A. 刘某应在一审判决送达之日起15日内提起上诉

B. 王某可以对二审法院的管辖权提出异议

C. 若二审法院在审理过程中发现原判决认定基本事实不清,应当裁定撤销原判决,发回原审法院重审,或者查清事实后改判

D. 第二审人民法院作出的判决是终审判决,刘某若依然不服,不能提起上诉

考点十九 审判监督程序

1. (多选题)关于民事诉讼再审程序的说法,下列表述正确的有(   )。

A. 已经生效且确有错误的判决书、裁定书和调解书，当事人可以申请再审

B. 当事人申请再审一般应在判决、裁定发生法律效力后3个月内提出

C. 当事人对已经发生法律效力的解除婚姻关系的判决，可以申请再审

D. 检察院提出抗诉的案件，法院应当再审

E. 当事人申请再审的，停止判决、裁定的执行

2. (多选题) 张某诉乙公司医疗费用纠纷一案，A 市 B 区法院经审理作出生效判决后，发现其认定事实的主要证据是伪造的。关于本案的处理，下列说法正确的有(   )。

A. 若判决尚未发生效力，B 区法院可以将判决书予以收回，重新作出新的判决

B. 如 B 区法院决定再审，应当另行组成合议庭

C. B 区法院告知当事人向 A 市中级人民法院提起再审

D. 如上诉期间届满前当事人未上诉，B 区法院可以决定再审，纠正原判决中的错误

E. 如 B 区法院决定再审，应裁定中止原判决的执行

参考答案及解析

考点一 民事诉讼法的基本原则

B 【解析】本题考查民事诉讼法基本原则。选项 A，法院调解原则，是指民事诉讼过程中，对于能够调解或者应当调解的案件，法院应当在当事人自愿和合法的基础上，组织双方当事人依法定程序对争议的问题进行协商达成协议，以调解方式解决民事纠纷。选项 C，辩论原则意味着辩论权的行使贯穿诉讼的整个过程，形式可以书面或口头。选项 D，法官裁判民事案件对于判决应当说明理由，对法律适用作出正确合理的解释是诚实信用原则的体现。

考点二 民事审判基本制度

1. ABE 【解析】本题考查公开审判制度。选项 C，离婚案件、涉及商业秘密的案件，当事人申请不公开审理的，可以不公开。选项 D，法院审理民事案件，调解过程不公开，但当事人同意公开的除外。

2. BDE 【解析】本题考查合议制度。选项 A，合议制度由3名以上审判人员组成审判组织。选项 C，中级人民法院对第一审适用简易程序审结或者不服裁定提起上诉的第二审民事案件，事实清楚、权利义务关系明确的，经双方当事人同意，可以由审判员一人独任审理。

考点三 法院受理民事案件的范围

ABCD 【解析】本题考查法院受理民事案件的范围。选项 E 属于行政案件的范围。

考点四 级别管辖

B 【解析】本题考查级别管辖。选项 A、C、D，中级人民法院管辖的第一审案件包括：①重大涉外案件(包括争议标的额大的案件、案情复杂的案件，或者一方当事人人数众多等具有重大影响的案件)；②在本辖区有重大影响的案件；③最高人

民法院确定由中级人民法院管辖的案件。选项B，最高人民法院管辖在全国有重大影响的第一审民事案件，以及最高人民法院认为应由自己审理的案件。

考点五 地域管辖

B 【解析】本题考查共同管辖和选择管辖。选项A，两个以上人民法院都有管辖权的诉讼，原告可以向其中一个人民法院起诉；原告向两个以上有管辖权的人民法院起诉的，由最先立案的人民法院管辖。选项B，先立案的人民法院不得将案件移送给另一个有管辖权的人民法院。选项C、D，人民法院在立案前发现其他有管辖权的人民法院已先立案的，不得重复立案；立案后发现其他有管辖权的人民法院已先立案的，裁定将案件移送给先立案的人民法院。

考点六 移送管辖和指定管辖

B 【解析】本题考查民事诉讼的管辖。选项A，属于共同管辖。协议管辖是指当事人在争议发生之前或发生之后，用书面协议的方式，选择管辖法院。选项C、D，对同一个案件两个以上法院都有管辖权的，当事人选择其中一个法院起诉的，属于选择管辖。

考点七 涉外民事案件的管辖

C 【解析】本题考查涉外民事案件的管辖。选项C，当事人订立排他性管辖协议选择外国法院，不得违反我国专属管辖，不得涉及我国主权、安全或社会公共利益，人民法院可以裁定不予受理；已经受理的，裁定驳回起诉。

考点八 民事诉讼当事人概述

A 【解析】本题考查民事诉讼的当事人。选项A，《民法典》规定的遗产继承中享有的民事权利能力的胎儿具有诉讼权利能力，可以作为诉讼当事人。选项B、D，民事诉讼的当事人以自己名义进行民事诉讼活动，而精神病的法定代理人、无民事行为能力人的监护人，作为法定代理人参加诉讼，不属于当事人。选项C，具有民事诉讼权利能力，是作为民事诉讼当事人的法律资格，当事人应当具有民事诉讼权利能力，但可以没有民事诉讼行为能力。

考点九 共同诉讼

B 【解析】本题考查必要共同诉讼。无民事行为能力人、限制民事行为能力人造成他人损害的，无民事行为能力人、限制民事行为能力人和其监护人为共同被告，据此可知，张飞是共同被告。

考点十 代表人诉讼

A 【解析】本题考查代表人诉讼。选项A，当事人一方人数众多(一般10人以上)的共同诉讼，可以由当事人推选代表人进行诉讼。

考点十一 民事公益诉讼

1. BCD 【解析】本题考查公益诉讼。选项A，公益诉讼案件一般由侵权行为地或者被告住所地中级法院管辖。选项E，法院受理公益诉讼案件，不影响同一侵权行为的受害人根据民事诉讼法的规定提起诉讼。

2. ADE 【解析】本题考查公益诉讼。选项 B，人民法院受理公益诉讼案件后，依法可以提起诉讼的其他机关和有关组织，可以在开庭前向人民法院申请参加诉讼。选项 C，人民法院受理公益诉讼案件，不影响同一侵权行为的受害人根据《民事诉讼法》的规定提起诉讼。

考点十二 第三人诉讼

B 【解析】本题考查民事诉讼中的第三人。武某对孙某和李某争议的诉讼标的享有独立的请求权，武某在本诉中是有独立请求权的第三人。

考点十三 诉讼代理人

CD 【解析】本题考查委托诉讼代理人的范围。《民事诉讼法》规定，下列人员可以被委托为诉讼代理人：①律师、基层法律服务工作者；②当事人的近亲属或者工作人员；③当事人所在社区、单位以及有关社会团体推荐的公民。

考点十四 民事诉讼证据

B 【解析】本题考查民事诉讼的证人。选项 B，待证事实与其年龄、智力状况或者精神健康状况相适应的无民事行为能力人和限制民事行为能力人，可以作为证人。

考点十五 民事诉讼证明

1. CDE 【解析】本题考查民事诉讼证明。不能单独作为认定案件事实根据的证据：①当事人的陈述；②无民事行为能力人或者限制民事行为能力人所作的与其年龄、智力状况或者精神健康状况不相当的证言；③与一方当事人或者其代理人有利害关系的证人陈述的证言；④存有疑点的视听资料、电子数据；⑤无法与原件、原物核对的复制件、复制品。

2. ABCE 【解析】本题考查民事诉讼的证人。选项 D，在诉讼过程中，一方当事人陈述的于己不利的事实，另一方当事人无须举证证明。

考点十六 第一审普通程序

1. AE 【解析】本题考查民事诉讼的起诉。选项 A，提起民事诉讼必须有具体的诉讼请求和事实、理由。选项 B，起诉原则上应当向人民法院递交起诉状，书写起诉状确有困难的，可以口头起诉，由人民法院记入笔录，并告知对方当事人。选项 C，未成年人可以作为原告，以自己的名义起诉，由其法定代理人代理参加诉讼。选项 D，诉讼时效期间届满，当事人不丧失起诉权，即，超过诉讼时效期间的案件，可以起诉。选项 E，原告撤诉或法院按撤诉处理后，原告以同一诉讼请求再次起诉的，法院应予受理。

2. BCD 【解析】本题考查民事诉讼的起诉、受理和审判。选项 A，原告是与本案必须有直接利害关系的公民、法人和其他组织。选项 E，适用普通程序审理的案件，法院应当在立案之日起 6 个月内审结；特殊情况，经本院院长批准，可延长 6 个月。

考点十七 简易程序

ADE 【解析】本题考查简易程序。选项 B，已经按照普通程序审理的案件，在开庭后不得转为简易程序审理。选项 C，第二审程序不可以适用简易程序。

考点十八 第二审程序

1. B 【解析】本题考查第二审程序。选项 A，上诉状应当通过原审法院提出。选项 B，当事人不服地方人民法院第一审判决的，有权在判决书送达之日起 15 日内向上一级人民法院提起上诉。当事人不服地方人民法院第一审裁定的，有权在裁定书送达之日起 10 日内向上一级人民法院提起上诉。选项 C，上诉必须提交上诉状。选项 D，对判决的上诉案件，应在二审立案之日起 3 个月内审结。有特殊情况需要延长的，由本院院长批准。

2. D 【解析】本题考查第二审程序。选项 D，对裁定的上诉案件，应当在二审立案之日起 30 日内作出终审裁定。

3. B 【解析】本题考查第二审程序。管辖权异议的客体是第一审民事案件的管辖权，对第二审民事案件不得提出管辖权异议。

考点十九 审判监督程序

1. AD 【解析】本题考查民事诉讼再审程序。选项 B，当事人申请再审一般应在判决、裁定发生法律效力后 6 个月内提出。选项 C，当事人对已经发生法律效力的解除婚姻关系的判决，不得申请再审。选项 E，当事人申请再审的，不停止判决、裁定的执行。

2. BD 【解析】本题考查民事诉讼再审程序。选项 A、C，人民法院无权收回其已经公示的判决书。如果认为判决书有错误，可以启动审判监督程序。选项 E，按照审判监督程序决定再审的案件，裁定中止原判决、裁定、调解书的执行，但追索赡养费、扶养费、抚养费、抚恤金、医疗费用、劳动报酬等案件，可以不中止执行。

亲爱的读者，你已完成本章 19 个考点的学习，本书知识点的学习进度已达 85%。

第十八章 刑 法

重要程度：重点章节　分值：13.5分左右

考试风向

▶ 考情速递

本章主要内容包括刑法基础、犯罪构成、刑罚种类、刑罚适用、涉税犯罪和涉税职务犯罪，涉及考点多，理论性和专业性很强，学习难度较大，要求准确理解和重点记忆。应系统复习所有考点，尤其重点关注犯罪主体、附加刑、累犯、自首、缓刑、假释、危害税收征管罪、逃税罪和涉票类犯罪。本章考查单选题、多选题和综合分析题，各种题型考查频率都很高，应当加强各种题型的训练。

▶ 2025年考试变化

本章变动较大。

新增：（1）一般累犯中，判处有期徒刑宣告缓刑的，不认定为累犯的内容；（2）单位自首的认定；（3）立功的认定、立功处理考虑的情节；（4）假释中认定"确有悔改表现"的条件。

调整：自首中自动投案表述。

删除：减刑中的减刑幅度。

▶ 脉络梳理

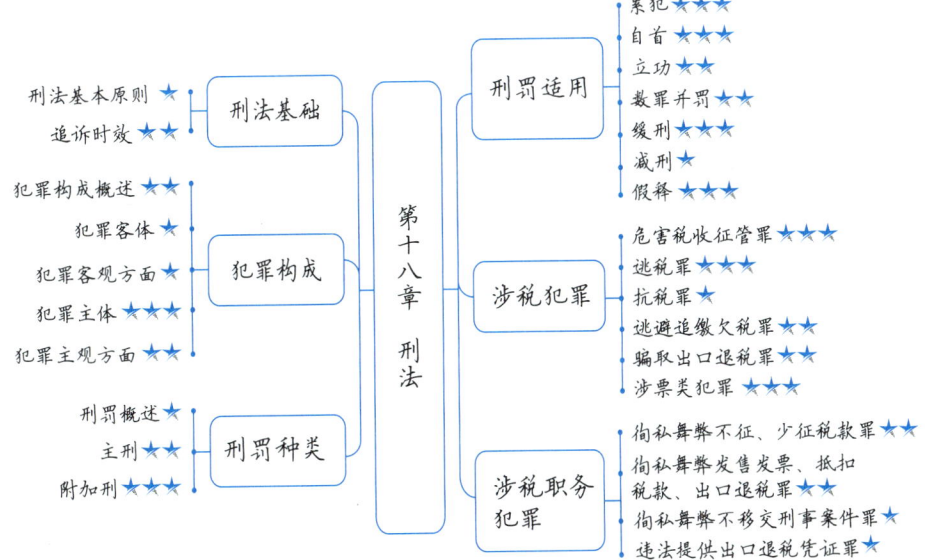

考点详解及精选例题

第一节 刑法基础

考点一 刑法基本原则 ★

1. 罪刑法定原则

法律明文规定为犯罪行为，依照法律定罪处刑；法律没有明文规定为犯罪行为的，不得定罪处刑。

> **知识点拨**
> 法无明文规定不为罪，法无明文规定不处罚。

2. 平等适用刑法原则

对任何人犯罪，在适用法律上一律平等，不允许任何人有超越法律的特权。

3. 罪刑相当原则

刑罚的轻重，应当与犯罪分子所犯罪行和承担的刑事责任相适应，要求重罪重罚，轻罪轻罚，罪刑相当，罚当其罪。

【例题1·单选题】(2019年)刑法的基本原则是在刑事立法和刑事司法中必须遵循的具有全局性和根本性的准则。下列原则中，属于刑法基本原则的是(　　)。

A. 公开审判原则　　　　B. 罪刑法定原则
C. 疑罪从无原则　　　　D. 认罪从宽原则

解析 本题考查刑法基本原则。刑法基本原则包括：罪刑法定原则、平等适用刑法原则、罪刑相当原则。

考点二 追诉时效 ★★

1. 追诉时效种类

追诉时效种类，见表18-1。

表18-1 追诉时效种类

法定最高刑	追诉时效	起算点
有期徒刑<5年	5年	从犯罪之日起计算；犯罪行为有连续或继续状态，从犯罪行为终了之日起计算
5年≤有期徒刑<10年	10年	
有期徒刑≥10年	15年	
无期徒刑、死刑	20年(20年后认为必须追诉的，报最高检察院核准)	

2. 追诉时效中断

犯罪分子实施犯罪后，在追诉期限以内又犯罪的，前罪追诉的期限从犯后罪之日起计算。

> **答案**
> 例题1 | B

3. 不受时效限制

(1) 在检察院、公安机关、国家安全机关立案侦查或在法院受理案件以后，逃避侦查或审判的；

(2) 被害人在追诉期限内提出控告，法院、检察院、公安机关应当立案而不予立案的。

【例题 2·多选题】(2018 年)根据《刑法》及有关规定，下列关于追诉时效的说法中，正确的有(   )。

A. 连续或继续状态的犯罪，追诉时效从犯罪行为终了之日起计算
B. 一般犯罪的追诉时效，从犯罪之日起计算
C. 超过追诉时效的，一般不再追究犯罪分子的刑事责任
D. 在追诉时效期限内又犯罪的，前罪追诉的期限从犯后罪之日起计算
E. 法定最高刑为 10 年以上有期徒刑的，追诉时效为 20 年

解析 本题考查刑法的追诉时效。选项 E，法定最高刑为 10 年以上有期徒刑的，追诉时效为 15 年。

第二节 犯罪构成

考点三 犯罪构成概述 ★★

犯罪构成概述，见表 18-2。

表 18-2 犯罪构成概述

项目	具体规定
犯罪特征	严重的社会危害性；刑事违法性；应受刑罚处罚性
犯罪构成要件	犯罪客体、犯罪客观方面、犯罪主体、犯罪主观方面

【例题 3·多选题】(2019 年)根据刑法理论，犯罪构成要件通常包括(   )。

A. 犯罪客体   B. 犯罪主体   C. 犯罪动机
D. 犯罪客观方面   E. 犯罪主观方面

解析 本题考查犯罪构成要件。犯罪的成立必须具备四个要件，即犯罪客体、犯罪客观方面、犯罪主体、犯罪主观方面。

考点四 犯罪客体 ★

1. 概念

《刑法》所保护的而为犯罪行为所侵害的社会主义社会关系。

2. 种类

(1) 一般客体：一切犯罪行为共同侵犯的客体，即《刑法》所保护的社会主义社会关系的统一整体。

答案
例题 2 | ABCD
例题 3 | ABDE

(2)同类客体:某一类犯罪所共同侵犯的某一类社会关系。例如,危害税收征管罪,包括逃税罪等共同侵犯国家的税收征管制度。

(3)直接客体:具体犯罪所直接侵犯的具体的社会主义社会关系。直接客体的分类,见表18-3。

表18-3 直接客体的分类

项目	内容
简单客体	一个犯罪行为只侵犯一种具体的社会关系。 【例】逃税罪侵犯了我国税收征收管理制度
复杂客体	一个犯罪行为同时侵犯两种以上具体的社会关系。 【例】抗税罪既侵犯了国家税收征管制度,又侵犯了依法执行征税职务活动的税务人员的人身权利

3. 犯罪客体与犯罪对象的区别

(1)所有犯罪都有犯罪客体,但并非都有犯罪对象;

(2)所有犯罪都侵害犯罪客体,但并非都必然损害犯罪对象。

考点五 犯罪客观方面 ★

犯罪客观方面,见表18-4。

表18-4 犯罪客观方面

项目	内容
犯罪客观方面	犯罪行为和由这种行为所造成的危害结果
必备要件	危害行为;危害结果;危害行为与危害结果之间的因果关系
选择性犯罪要件	犯罪的时间、地点和方法不是所有犯罪构成的必备要件,仅是某些犯罪构成所必需

考点六 犯罪主体 ★★★

1. 自然人犯罪主体

(1)刑事责任年龄,见表18-5。

表18-5 刑事责任年龄

年龄	内容	
年龄<12周岁	不负刑事责任	不满16周岁不予刑事处罚的,责令其父母或者其他监护人加以管教;在必要的时候,依法进行专门矫治教育
12周岁≤年龄<14周岁	犯故意杀人、故意伤害罪,致人死亡或者以特别残忍手段致人重伤造成严重残疾,情节恶劣,经最高检核准追诉的,应当负刑事责任	
14周岁≤年龄<16周岁	只对犯故意杀人、故意伤害致人重伤或者死亡、强奸、抢劫、贩卖毒品、放火、爆炸、投放危险物质罪负刑事责任	
年龄≥16周岁	应当负刑事责任	

（2）跨年龄段刑事责任问题：①已满16周岁后实施某种犯罪（如盗窃、强奸），并在已满14周岁不满16周岁期间也实施过相同的行为（盗窃罪不追究、强奸追究刑事责任），属于法定八种犯罪，一并追究刑事责任，包括前罪（强奸罪）；不属于法定八种犯罪，只追究已满16周岁以后的犯罪（盗窃行为）。②已满14周岁不满16周岁期间，实施了法定的八种犯罪，并在已满12周岁不满14周岁时也实施过相同的行为，只追究已满12周岁不满14周岁后实施的故意杀人、故意伤害这种特定严重犯罪的刑事责任。

（3）年龄<18周岁，应当从轻或者减轻处罚；犯罪时不满18周岁的人不适用死刑、不作为累犯；符合缓刑条件的，应当予以缓刑。

（4）年龄≥75周岁犯罪，见表18-6。

表18-6　年龄≥75周岁犯罪

项目	内容
故意犯罪	可以从轻或者减轻处罚
过失犯罪	应当从轻或者减轻处罚

提示1 符合缓刑条件的，应当予以缓刑。
提示2 审判时已满75周岁的人，不适用于死刑，但以特别残忍手段致人死亡除外

（5）精神病人在不能辨认或不能控制自己行为的时候造成危害结果，经法定程序鉴定确认，不负刑事责任。尚未完全丧失辨认或控制自己行为能力的精神病人犯罪的，应当负刑事责任，但是可以从轻或减轻处罚。间歇性的精神病人在精神正常的时候犯罪，应当负刑事责任。

（6）醉酒的人、又聋又哑的人和盲人犯罪，见表18-7。

表18-7　醉酒的人、又聋又哑的人和盲人犯罪

项目	内容
醉酒的人	应当负刑事责任
又聋又哑的人	可以从轻、减轻或者免除处罚
盲人	

2. 单位犯罪主体

单位犯罪主体，见表18-8。

表18-8　单位犯罪主体

项目	内容
主体	公司、企业、事业单位、机关、团体
主观方面	有为本单位谋取非法利益的故意，由单位集体或者其负责人作出犯罪决定，并通过直接责任人员加以实施
两罚制	对单位判处罚金，并对其直接负责的主管人员和其他直接责任人员可不区分主犯、从犯，按照其在单位犯罪中所起的作用判处刑罚

(续表)

项目	内容
不属于单位犯罪	（1）个人为进行违法犯罪活动而设立的公司、企业、事业单位实施犯罪的； （2）公司、企业、事业单位设立后，以实施犯罪为主要活动的； （3）个人盗用单位名义实施犯罪，违法所得由实施犯罪的个人私分的； （4）单位一般成员实施的犯罪； （5）与单位的经营管理活动没有任何关系的犯罪； （6）仅为单位个别或少数成员谋取非法利益的。 **提示**《刑法》分则特别规定可以由单位实施的犯罪，才能认定为单位犯罪

【例题4·多选题】根据《刑法》的规定，下列关于对未成年人犯罪案件处理的说法中，正确的有(   )。

A. 对未成年人犯罪，应当免除处罚
B. 对未成年人犯罪，应当判处缓刑
C. 因犯罪时不满16周岁，不予刑事责任的，责令其父母或者其他监护人加以管教
D. 已满16周岁的人犯罪，应当负刑事责任
E. 犯罪时不满18周岁的人，即使以特别残忍手段致人死亡，也不适用死刑

解析 ↘ 本题考查犯罪主体。选项A，依照规定追究刑事责任的不满18周岁的人，应当从轻或者减轻处罚。选项B，不满18周岁的人犯罪，符合缓刑条件的，应当予以缓刑。

考点七 犯罪主观方面 ★★

1. 构成要件
（1）主观方面包括：犯罪故意、犯罪过失；
（2）犯罪故意、犯罪过失是必备要件；
（3）犯罪目的是某些犯罪构成的必备要件，犯罪动机不是犯罪构成的必备要件，不影响定罪，只影响量刑。

2. 故意和过失的分类
故意和过失的分类，见表18-9。

表18-9 故意和过失的分类

项目		内容
故意	直接故意	明知自己行为会发生危害结果+希望结果发生
	间接故意	明知自己行为可能发生危害结果+放任结果发生

答案 ↘
例题4 | CDE

(续表)

项目		内容
过失	疏忽大意的过失	应当预见自己行为可能发生危害结果+疏忽大意没预见+发生这种结果
	过于自信的过失	已经预见自己行为可能发生危害结果+轻信能避免+发生这种结果

3. 犯罪目的和动机

犯罪目的是希望通过实施犯罪行为达到某种危害社会的结果,只存在于直接故意犯罪中。犯罪动机是刺激行为人实施犯罪行为以达到犯罪目的的内心冲动或者起因,只存在于直接故意犯罪中。

【例题5·单选题】(2023年)甲驾驶大型载货汽车在工地倒车时,未按驾驶要求仔细观察四周情况,将站在车后的乙撞倒,致乙重伤。法院判决甲构成犯罪。根据犯罪构成理论,甲构成犯罪的主观方面属于( )。

A. 直接故意
B. 疏忽大意的过失
C. 间接故意
D. 过于自信的过失

解析 本题考查犯罪构成。选项B,疏忽大意的过失,是指行为人应当预见自己的行为可能发生危害社会的结果,因为疏忽大意而没有预见,以致发生这种结果的心理态度。甲未按照要求仔细观察四周情况,因而导致损害结果,属于疏忽大意的过失。

第三节 刑罚种类

考点八 刑罚概述 ★

刑罚概述,见表18-10。

表18-10 刑罚概述

项目		内容
主刑	管制、拘役、有期徒刑、无期徒刑、死刑	(1)只能独立适用,不能附加适用; (2)对一个犯罪只能适用一个主刑,不能同时适用两个或两个以上的主刑
附加刑	罚金、剥夺政治权利、没收财产、驱逐出境	(1)既可以独立适用,也可以附加适用; (2)对一个犯罪可以适用两个或者两个以上的附加刑

【例题6·多选题】根据刑事法律制度的规定,下列有关刑罚的说法中,正确的有( )。

A. 刑罚有主刑与附加刑之分,管制、拘役属于附加刑

答案
例题5 | B

B. 对一个犯罪不能同时适用两个或者两个以上的主刑

C. 主刑可以独立适用，也可以附加适用

D. 附加刑不能独立适用，只能附加适用

E. 对犯罪的外国人，可以独立适用或者附加适用驱逐出境

解析 本题考查刑罚。选项A，附加刑包括罚金、剥夺政治权利、没收财产和驱逐出境（对犯罪的外国人适用）；主刑包括管制、拘役、有期徒刑、无期徒刑和死刑。选项C，主刑只能独立适用，不能附加适用。选项D、E，附加刑既可以独立适用，也可以附加适用。

考点九 主刑 ★★

1. 管制

管制，见表18-11。

表18-11 管制

项目	内容
刑期	3月≤Y≤2年，数罪并罚Y≤3年，从<u>判决执行之日</u>起计算；先行羁押的，羁押1日折抵刑期2日
执行	<u>不予关押</u>，但限制其一定人身自由，实行社区矫正，应当遵守下列规定： (1)遵守法律、行政法规，服从监督； (2)未经执行机关批准，不得行使言论、出版、集会、结社、游行、示威自由的权利； (3)按照执行机关规定报告自己的活动情况； (4)遵守执行机关关于会客的规定； (5)离开所居住的市、县或者迁居，应当报经执行机关批准
待遇	(1)犯罪分子仍可留在原来的工作单位或居住地工作或劳动； (2)对被判处管制的犯罪分子在劳动中<u>应同工同酬</u>
禁止令	(1)判处管制，可根据犯罪情况，同时宣布禁止令，禁止其在执行期间从事特定活动，进入特定区域、场所，接触特定的人； (2)禁止令期限可以等于或短于管制期限，但<u>不少于3个月</u>； (3)禁止令由司法行政机关指导管理的社区矫正机构负责执行，检察院实行监督

2. 拘役

拘役，见表18-12。

表18-12 拘役

项目	内容
刑期	1月≤Y≤6月，数罪并罚Y≤1年，从判决执行之日起计算；先行羁押的，羁押1日折抵刑期1日
执行	公安机关就近执行，不关监狱，关拘役所、看守所

答案
例题6｜BE

(续表)

项目	内容
待遇	拘役执行期间,每月可回家1~2天;参加劳动,可酌量发给报酬

3. 有期徒刑

有期徒刑,见表18-13。

表18-13 有期徒刑

项目	内容			
刑期		6月≤Y≤15年		从判决执行之日起计算;先行羁押的,羁押1日折抵刑期1日
	数罪并罚	总和刑期Y<35年	Y≤20年	
		总和刑期Y≥35年	Y≤25年	
执行	监狱或者其他执行场所执行			

4. 无期徒刑

无期徒刑,见表18-14。

表18-14 无期徒刑

项目	内容
执行	须与剥夺政治权利同时适用;先行羁押的不折抵刑期
	由监狱或者其他执行场所执行

5. 死刑

死刑,见表18-15。

表18-15 死刑

项目		内容
不适用		(1)犯罪时不满18周岁的人和审判时怀孕的妇女; (2)审判时已满75周岁的人,但以特别残忍手段致人死亡的除外
审判		中级以上法院进行一审,基层法院不得判处被告人死刑
核准		除依法由最高法院判决的以外,都应当报请最高法院核准
死刑缓期执行	适用	应当判处死刑,如果不是必须立即执行的,可以判处死刑同时宣告缓期2年执行
	核准	可由高级法院判决或者核准
	执行	(1)没有故意犯罪,2年期满后,减为无期徒刑; (2)确有重大立功表现,2年期满后,减为25年有期徒刑; (3)故意犯罪,情节恶劣的,报请最高法院核准后执行死刑
	限制减刑	对被判处死刑缓期执行的累犯以及因故意杀人、强奸、抢劫、绑架、放火、爆炸、投放危险物质或者有组织的暴力性犯罪被判处死刑缓期执行的犯罪分子,可以同时决定对其限制减刑

主刑执行机关、期限对比总结，见表 18-16。

表 18-16 主刑执行机关、期限对比总结

项目	执行机关	期限	刑期计算
管制	社区矫正	3月≤Y≤2年； 数罪并罚≤3年	自判决执行之日起计算； 先行羁押的，羁押1日折抵刑期2日
拘役	公安机关	1月≤Y≤6月； 数罪并罚≤1年	
有期徒刑	监狱、其他执行场所	6月≤Y≤15年； 数罪并罚（总和<35年）≤20年； 数罪并罚（总和≥35年）≤25年	自判决执行之日起计算； 先行羁押的，羁押1日折抵刑期1日
无期徒刑	监狱、其他执行场所	无期	先行羁押的不折抵刑期

【例题 7·单选题】(2020 年)根据《刑法》的规定，下列有关禁止令的说法中，正确的是(　　)。

A. 禁止令的期限必须与管制的期限相同

B. 检察院对公安机关执行禁止令的活动进行监督

C. 禁止令由公安机关负责执行

D. 对判处管制的犯罪分子，可以根据犯罪情况，同时宣布禁止令

解析 ↘ 本题考查禁止令。选项 A，禁止令的期限，既可以与管制执行期限相同，也可以短于管制执行的期限，但不得少于 3 个月。选项 B、C，禁止令由司法行政机关指导管理的社区矫正机构负责执行。人民检察院对社区矫正机构执行禁止令的活动实行监督。选项 D，对被判处管制的犯罪分子，可以根据犯罪情况，同时宣布禁止令。

考点十 附加刑 ★★★

1. 罚金

(1)由第一审法院执行；财产在异地的，第一审法院可以委托财产所在地法院代为执行。

(2)在判决指定的期限内一次或者分期缴纳；期满不缴纳的，强制缴纳。

2. 没收财产

(1)不得以追缴犯罪所得、没收违禁品和供犯罪所用的本人财物来代替或者折抵；

(2)应当对犯罪分子及其扶养的家属保留必需的生活费用；

(3)不得没收属于犯罪分子家属所有或者应有的财产；

知识点拨 1
对犯罪的单位只能单处罚金；罚款属于行政处罚。

知识点拨 2
没收违法所得、没收非法财物属于行政处罚。

答案 ↘
例题 7 | D

(4)没收财产以前犯罪分子所负的正当债务,即犯罪分子在判决生效前所负他人的合法债务,需要以没收的财产偿还的,经债权人请求,应当偿还。

3. 驱逐出境

对于犯罪的外国人,可以独立适用或者附加适用驱逐出境。

4. 剥夺政治权利

剥夺政治权利,见表18-17。

表18-17 剥夺政治权利

项目	内容	
适用	(1)危害国家安全的犯罪分子应当附加剥夺政治权利; (2)故意杀人、强奸、放火、爆炸、投毒、抢劫等严重破坏社会秩序的犯罪分子,可以附加剥夺政治权利; (3)对于被判处死刑、无期徒刑的犯罪分子,应当剥夺政治权利终身	
剥夺权利	(1)选举权和被选举权; (2)言论、出版、集会、结社、游行、示威自由的权利; (3)担任国家机关职务的权利; (4)担任国有公司、企业、事业单位和人民团体领导职务的权利(非领导职务可以)	
期限	(1)与管制附加适用,期限相等,同时执行; (2)独立适用或者与拘役、有期徒刑附加适用,期限为1年以上5年以下; (3)与死刑、无期徒刑附加适用,终身剥夺; (4)死刑缓期执行减为有期徒刑或无期徒刑减为有期徒刑,期限应改为3年以上10年以下	从徒刑、拘役执行完毕或假释之日起计算;适用于主刑执行期间

得分高手(2024年多选;2022年、2021年单选)

重点考查附加刑适用。附加刑可单独或附加适用。一个犯罪可适用两个以上附加刑。缓刑、数罪并罚仍需执行附加刑。

【例题8·多选题】(2024年)根据《刑法》的规定,下列关于附加刑适用的说法正确的有(   )。

A. 对一个犯罪可以适用两个以上附加刑
B. 犯罪分子假释后,不再执行剥夺政治权利
C. 被宣告缓刑的犯罪分子同时被判处附加刑的,附加刑无须执行
D. 数罪中有判处附加刑,数罪并罚时附加刑仍须执行
E. 附加刑不能单独适用,只能附加适用

解析 本题考查附加刑。选项A,对一个犯罪可以适用两个或两个以上附加刑。选项B,附加剥夺政治权利的刑期,从徒刑、拘役执行完毕之日或者从假释之日起计算。选项C,被宣告缓刑的犯罪分子,如果被判处附加刑,附加刑仍须执行。选项D,数罪中有判处附加刑的,附加刑仍须执行,其中

答案
例题8|AD

附加刑种类相同的，合并执行；种类不同的，分别执行。选项 E，附加刑既可单独适用，也可附加适用。

【例题 9·单选题】（2021 年）下列关于附加刑适用的说法中，正确的是（ ）。

A. 罚金应在判决指定的期限内一次缴纳
B. 对危害国家安全的犯罪分子应当附加剥夺政治权利
C. 在没收财产时，可以用追缴的犯罪所得来代替
D. 罚金不可以单独适用

解析 本题考查附加刑。选项 A，罚金在判决指定的期限内一次或者分期缴纳。选项 B，对于危害国家安全的犯罪分子应当附加剥夺政治权利。选项 C，在没收财产时，不得以追缴犯罪所得、没收违禁品和供犯罪所用的本人财物来代替或者折抵。选项 D，罚金是附加刑。附加刑既可以独立适用，也可以附加适用。

第四节 刑罚适用

考点十一 累犯 ★★★

知识点拨 1

过失犯罪不成立累犯；拘役、管制、附加刑不成立累犯；对于被假释的犯罪分子，从假释期满之日起计算。

1. 一般累犯 1
(1) 前罪和后罪必须是 <u>故意犯罪</u>；
(2) 前罪和后罪必须是 <u>有期徒刑以上</u> 的刑罚；
(3) 后罪必须发生在前罪刑罚执行完毕或者赦免以后的 <u>5 年之内</u>；
(4) 累犯不适用于 <u>不满 18 周岁</u> 的人犯罪。

提示 被判处有期徒刑宣告缓刑的犯罪分子，在缓刑考验期满后 5 年内再犯应当判处有期徒刑以上刑罚之罪的，<u>不认定累犯</u>，但可以作为新罪确定刑罚时的酌定从重情节。 新增

2. 特别累犯 2
(1) 前罪和后罪都必须是危害国家安全犯罪、恐怖活动犯罪、黑社会性质的组织犯罪；
(2) 后罪必须发生在前罪刑罚执行完毕或者赦免以后。

知识点拨 2

不考虑间隔时间和刑罚种类。

3. 累犯量刑
对累犯 <u>应当从重处罚，不得缓刑、不得假释</u>（可以减刑）。

【例题 10·单选题】（2023 年）甲因故意犯罪被判处有期徒刑，有期徒刑执行完毕后又犯罪。下列关于甲是否构成累犯的说法中，正确的是（ ）。

A. 若后罪是交通肇事罪，可能构成
B. 若后罪在前罪刑罚执行完后 5 年内发生，可能构成
C. 若后罪应当被判处拘役，可能构成
D. 若犯后罪时不满 18 周岁，可能构成

答案
例题 9 | B
例题 10 | B

解析 本题考查一般累犯。一般累犯的成立条件：一是前罪和后罪都必须是故意犯罪。二是前罪被判处的刑罚和后罪应当判处的刑罚都必须是有期徒刑以上的刑罚。三是后罪必须发生在前罪刑罚执行完毕或者赦免以后的5年之内。四是累犯不适用于不满18周岁的人犯罪。

考点十二 自首 ★★★

1. 一般自首

犯罪以后自动投案，如实供述自己罪行的行为。

2. 视为自动投案

(1) 犯罪嫌疑人向其所在单位、城乡基层组织或者其他有关负责人员投案。

(2) 犯罪嫌疑人因病、伤或者为了减轻犯罪后果，委托他人先代为投案或者先以信电投案。

(3) 罪行尚未被司法机关发觉，仅因形迹可疑被有关组织或者司法机关盘问、教育后，主动交代自己的罪行。

(4) 犯罪后逃跑，在被通缉、追捕过程中，主动投案。

(5) 经查实确已准备去投案，或者正在投案途中，被公安机关捕获。

(6) 并非出于犯罪嫌疑人主动，而是经亲友规劝、陪同投案。

(7) 公安机关通知犯罪嫌疑人的亲友，或者亲友主动报案后，将犯罪嫌疑人送去投案。

(8) 犯罪后主动报案，虽未表明自己是作案人，但没有逃离现场，在司法机关询问时交代自己罪行。

(9) 明知他人报案而在现场等待，抓捕时无拒捕行为，供认犯罪事实。

(10) 在司法机关未确定犯罪嫌疑人，尚在一般性排查询问时主动交代自己罪行。

(11) 因特定违法行为被采取行政拘留、司法拘留、强制隔离戒毒等行政、司法强制措施期间，主动向执行机关交代尚未被掌握的犯罪行为。

(12) 其他符合立法本意，应当视为自动投案的情形。

提示 犯罪嫌疑人自动投案后又逃跑的，不能认定为自首。

3. 如实供述

(1) 数罪自首：仅如实供述所犯数罪中部分犯罪的，只对如实供述部分犯罪的行为，认定为自首。

(2) 共同犯罪：共同犯罪案件中的犯罪嫌疑人，除如实供述自己的罪行，还应当供述所知的同案犯。

4. 以自首论的情形（特别自首）

被采取强制措施的犯罪嫌疑人、被告人和已宣判的罪犯，如实供述司法机关尚未掌握的罪行，与司法机关已掌握的或者判决确定的罪行属不同罪行的，以自首论。

知识点拨

犯罪嫌疑人自动投案并如实供述自己的罪行后又翻供的，不认定为自首，但在一审判决前又能如实供述的，认定为自首。

5. 单位自首 新增

单位犯罪案件中，单位集体决定或者单位负责人决定而自动投案，如实交代单位犯罪事实的，或者单位直接负责的主管人员自动投案，如实交代单位犯罪事实的，应当认定为单位自首。单位自首的，直接负责的主管人员和直接责任人员未自动投案，但如实交代自己知道的犯罪事实的，可以视为自首；拒不交代自己知道的犯罪事实或者逃避法律追究的，不应当认定为自首。单位没有自首，直接责任人员自动投案并如实交代自己知道的犯罪事实的，对该直接责任人员应当认定为自首。

6. 自首和坦白的量刑规定

自首和坦白的量刑规定，见表18-18。

表18-18 自首和坦白的量刑规定

项目	内容
自首	(1)对于自首的犯罪分子，可以从轻或者减轻处罚。其中，犯罪较轻的，可以免除处罚。 (2)共同犯罪案件的犯罪分子到案后，揭发同案犯共同犯罪事实的，可以酌情予以从轻处罚
坦白	犯罪嫌疑人虽不具有规定的自首情节，但是如实供述自己罪行的，可以从轻处罚；因其如实供述自己罪行，避免特别严重后果发生的，可以减轻处罚

一般自首、特别自首、坦白的对比总结，见表18-19。

表18-19 一般自首、特别自首、坦白的对比总结

一般自首	特别自首	坦白
尚未在案	在案	在案
自动投案	—	被动归案
如实供述	如实供述不同的罪行	如实供述已掌握的罪行

【例题11·多选题】犯罪后自动投案是认定为自首的必要条件。下列情形中，应当视为自动投案的有(   )。

A. 犯罪后逃跑，在被通缉、追捕过程中，自动投案的
B. 正在投案途中，被公安机关捕获的
C. 犯罪后逃至亲属家中，在亲属家中被公安机关捕获的
D. 并非出于犯罪嫌疑人主动，而是经亲友规劝，陪同其投案的
E. 亲友主动报案后，将犯罪嫌疑人送去投案的

解析 本题考查自首。

考点十三 立功 ★★

立功，见表18-20。

答案
例题11 | ABDE

表 18-20　立功

项目	一般立功	重大立功
情形	(1)犯罪分子到案后有检举、揭发他人犯罪行为,包括共同犯罪案件中的犯罪分子揭发同案犯共同犯罪以外的其他犯罪,经查证属实。 (2)提供侦破其他案件的重要线索,经查证属实。 (3)阻止他人犯罪活动。 (4)协助司法机关抓捕其他犯罪嫌疑人(包括同案犯)。 (5)具有其他有利于国家和社会的突出表现	(1)犯罪分子有检举、揭发他人重大犯罪行为,经查证属实。 (2)提供侦破其他重大案件的重要线索,经查证属实。 (3)阻止他人重大犯罪活动。 (4)协助司法机关抓捕其他重大犯罪嫌疑人(包括同案犯)。 (5)对国家和社会有其他重大贡献等表现
量刑	可以从轻或者减轻处罚	可以减轻或者免除处罚

重大：一般是指犯罪嫌疑人、被告人可能被判处无期徒刑以上刑罚或案件在本省、自治区、直辖市或全国范围内有较大影响等情形

提示 不认定立功：①本人通过非法手段或者非法途径获取的；②本人因原担任的查禁犯罪等职务获取的；③他人违反监管规定向犯罪分子提供的；④负有查禁犯罪活动职责的国家机关工作人员或者其他国家工作人员利用职务便利提供的；⑤犯罪分子揭发他人犯罪行为时没有指明具体犯罪事实的；⑥揭发的犯罪事实与查实的犯罪事实不具有关联性的；⑦提供的线索或者协助行为对于其他案件的侦破或者其他犯罪嫌疑人的抓捕不具有实际作用的；⑧犯罪分子的亲友直接向有关机关揭发他人犯罪行为,提供侦破其他案件的重要线索,或者协助司法机关抓捕其他犯罪嫌疑人的。 **新增**

自首、立功和累犯量刑对比总结,见表 18-21。

表 18-21　自首、立功和累犯量刑对比总结

项目	内容
自首	(1)可以从轻或者减轻处罚； (2)犯罪较轻的,可以免除处罚
立功	(1)一般立功：可以从轻或者减轻处罚； (2)重大立功：可以减轻或者免除处罚
累犯	应当从重处罚,不得缓刑、不得假释

【例题 12·多选题】（2021 年）下列立功表现中,可以列为免除处罚的有(　　)。

A．阻止他人重大犯罪活动

B. 检举、揭发他人重大犯罪行为，经查证属实
C. 提供侦破其他案件的重要线索，经查证属实
D. 协助公安机关抓捕同案其他重大犯罪嫌疑人
E. 协助公安机关抓捕非同案其他犯罪嫌疑人

解析 ↘ 本题考查立功。有重大立功表现的，可以减轻或者免除处罚。重大立功主要表现：①犯罪分子有检举、揭发他人重大犯罪行为，经查证属实；②提供侦破其他重大案件的重要线索，经查证属实；③阻止他人重大犯罪活动；④协助司法机关抓捕其他重大犯罪嫌疑人（包括同案犯）；⑤对国家和社会有其他重大贡献等表现。

考点十四 数罪并罚 ★★

1. 数罪并罚的原则

数罪并罚的原则，见表18-22。

表18-22 数罪并罚的原则

原则	内容	
吸收原则	（1）死刑+死刑以下刑罚=死刑； （2）无期+无期以下刑罚=无期； （3）有期+拘役=有期	
并科原则	主刑	（1）有期+管制=有期+管制； （2）拘役+管制=拘役+管制
	附加刑	（1）种类相同，合并执行； （2）种类不同，分别执行
限制加重原则	有期徒刑 (单罚6个月~15年)	（1）总和不满35年：最高不能超过20年； （2）总和35年以上：最高不能超过25年
	拘役 (单罚1~6个月)	最高不能超过1年
	管制 (单罚3个月~2年)	最高不能超过3年

2. 适用数罪并罚的不同情况

（1）发现漏罪：判决宣告以后，刑罚执行完毕以前，发现被判刑的犯罪分子在判决宣告以前还有其他罪没有判决的，应当对新发现的罪作出判决，把前后两个判决所判处的刑罚，依照规定，决定执行的刑罚。已经执行的刑期，应当计算在新判决决定的刑期以内（先并后减）。

（2）又犯新罪：判决宣告以后，刑罚执行完毕以前，被判刑的犯罪分子又犯罪的，应当对新犯的罪作出判决，把前罪没有执行的刑罚和后罪所判处的刑罚，依照规定，决定执行的刑罚（先减后并）。

答案 ↘
例题12 | ABD

（3）不适用数罪并罚：刑罚执行完毕以后又犯罪的，属于是否构成累犯问题；刑罚执行完毕以后发现被判刑的犯罪分子在判决宣告以前还有其他罪没有判决的，如果没有超过追诉时效，应依法定罪量刑，这既不是数罪并罚问题，也不是累犯问题。

【例题 13·单选题】（2021 年）依据《刑法》的有关规定，下列说法正确的是(   )。

A．附加刑只能附加适用，不能独立适用
B．主刑只能独立适用，不能附加适用
C．既判处有期徒刑又判处拘役的，有期徒刑执行完毕后仍需执行拘役
D．既判处拘役又判处管制的，拘役执行完毕后无须执行管制

解析 本题考查刑罚的种类与数罪并罚。选项 A，附加刑既可以独立适用，也可以附加适用。选项 C、D，数罪中有判处有期徒刑和拘役的，执行有期徒刑。数罪中有判处有期徒刑和管制，或者拘役和管制的，有期徒刑、拘役执行完毕后，管制仍须执行。

考点十五 缓刑 ★★★

1. 适用

被判处拘役、3 年以下有期徒刑的犯罪分子，同时符合下列条件的，可以宣告缓刑：①犯罪情节较轻；②有悔罪表现；③没有再犯罪的危险；④宣告缓刑对所居住社区没有重大不良影响。

提示 不满 18 周岁的人、怀孕的妇女和已满 75 周岁的人，同时符合以上条件，应当宣告缓刑；对于累犯和犯罪集团的首要分子，不适用缓刑。

2. 缓刑考验期

缓刑考验期，见表 18-23。

表 18-23 缓刑考验期

项目	内容
拘役	原判刑期≤Y≤1 年，但不能少于 2 个月（Y≥2 月）
有期徒刑	原判刑期≤Y≤5 年，但不能少于 1 年（Y≥1 年）

知识点拨：从判决确定之日起计算。

3. 执行

（1）在缓刑考验期限内依法实行社区矫正。
（2）缓刑考验期满，原判刑罚不再执行，并公开予以宣告。

提示 宣告缓刑的犯罪分子，如果被判处附加刑，附加刑仍须执行。

4. 撤销缓刑

在缓刑考验期限内：①犯新罪或者发现漏罪；②违反法律、行政法规或国务院有关部门关于缓刑的监管规定；③违反法院判决中的禁止令，情节严重。

答案：例题 13 | B

5. 禁止令

(1) 宣告缓刑，可以根据犯罪情况，同时禁止犯罪分子在缓刑考验期限内从事特定活动，进入特定区域、场所，接触特定的人。

(2) 禁止令的期限，可以与缓刑考验的期限相同，也可以短于缓刑考验的期限，但不得少于 2 个月，从缓刑执行之日起计算。

提示 管制的禁止令不少于 3 个月。

【例题 14·单选题】(2020 年)根据《刑法》的规定，下列有关缓刑的说法中，正确的是(　　)。

A. 缓刑适用于法定刑为拘役或 5 年以下有期徒刑的犯罪
B. 对犯罪时已满 70 周岁的人应当适用缓刑
C. 累犯不适用缓刑
D. 被宣告缓刑的犯罪分子，附加刑不需要执行

解析 本题考查缓刑。选项 A、B，被判处拘役或者 3 年以下有期徒刑的犯罪分子，符合条件的，可以宣告缓刑，对其中不满 18 周岁的人、怀孕的妇女和已满 75 周岁的人，应当宣告缓刑。选项 D，被宣告缓刑的犯罪分子，如果被判处附加刑，附加刑仍须执行。

考点十六 减刑 ★

1. 适用

被判处管制、拘役、有期徒刑或者无期徒刑的犯罪分子，在刑罚执行期间认真遵守监规，接受教育改造，有悔改或者立功表现，可以减刑；有重大立功表现，应当减刑。

2. 限制

(1) 对判处拘役或 3 年以下有期徒刑并宣告缓刑的罪犯，一般不适用减刑。

(2) 有期、无期罪犯在执行期间又故意犯罪，新罪判处有期徒刑的，自新罪判决确定之日起 3 年内不予减刑；新罪判无期徒刑的，自新罪判决确定之日起 4 年内不予减刑。

(3) 被判处终身监禁的罪犯，不得再减刑或者假释。

提示 宣告缓刑考验期+确有重大立功→可以减刑，相应缩减缓刑考验期。

3. 减刑起始时间

(1) 刑期<5 年，应执行 1 年以上；
(2) 5 年≤刑期<10 年，应执行 1 年 6 个月以上，原国家工作人员犯贪污贿赂罪应执行 2 年以上；
(3) 刑期≥10 年，应执行 2 年以上，原国家工作人员犯贪污贿赂罪应执行 3 年以上；
(4) 被判处无期徒刑的罪犯在刑罚执行期间，符合减刑条件的，执行

答案
例题 14 | C

2 年以上；

(5) 死缓减无期：执行 3 年以上方可减刑。

提示 有期徒刑减刑的起始时间自判决执行之日起计算。罪犯有重大立功表现的，可以不受减刑起始时间限制。

4. 减刑后的实际执行期间

(1) 有期、拘役、管制：不能少于原判刑期的 1/2。

(2) 无期：不能少于 13 年。

(3) 一般死缓：15 年(不含考验期 2 年)。

(4) 对被判处死刑缓期执行的累犯以及因故意杀人、强奸、抢劫、绑架、放火、爆炸、投放危险物质或者有组织的暴力性犯罪被判处死刑缓期执行的犯罪分子，法院作出裁判的同时可决定对其限制减刑：①减为无期的，不能少于 25 年；②减为 25 年的，不能少于 20 年。

(5) 被判处有期徒刑罪犯减刑时，对附加剥夺政治权利的期限可以酌减，酌减后不得少于 1 年。

【例题 15·多选题】(2021 年)下列关于刑罚适用的说法中，正确的有(   )。

A. 对于自首的犯罪分子，可以从轻或减轻处罚
B. 有期徒刑减刑的起始时间自判决执行之日起计算
C. 累犯不适用于未满 18 周岁的人犯罪
D. 对于累犯不适用缓刑
E. 刑罚执行完毕后又犯罪的，应予数罪并罚

解析 本题考查刑罚适用。选项 E，刑罚执行完毕以后又犯罪的，属于是否构成累犯的问题，而不是数罪并罚问题。

考点十七 假释 ★★★

1. 适用对象

被判处有期徒刑或者无期徒刑的犯罪分子，认真遵守监规，接受教育改造，确有悔改表现，没有再犯罪的危险。

确有悔改表现 同时具备的条件：①认真悔罪；②遵守法律法规及监规，接受教育改造；③积极参加思想、文化、职业技术教育；④积极参加劳动，努力完成劳动任务。

提示 职务犯罪的罪犯不积极退赃、协助追缴赃款赃物、赔偿损失，或者服刑期间利用个人影响力和社会关系等不正当手段意图获得假释的，不认定确有悔改表现。

2. 适用条件

(1) 有期徒刑：执行原判刑期 1/2 以上，方可假释；

(2) 无期徒刑：实际执行 13 年以上，方可假释；

例题 15 | ABCD

(3)死刑缓期执行：减为无期徒刑或者有期徒刑后，实际执行15年以上，方可假释；

(4)如果有国家政治、国防、外交等方面特殊需要的情况，经最高法院核准，可以不受执行刑期条件的限制。

3. 不得假释

(1)累犯；

(2)因故意杀人、爆炸、抢劫、强奸、绑架、放火、投放危险物质或者有组织的暴力性犯罪被判处10年以上有期徒刑、无期徒刑的犯罪分子；

(3)对于生效裁判中有财产性判项，罪犯确有履行能力而不履行或者不全部履行的，不予假释；

(4)依照规定被撤销假释的罪犯，一般不得再假释。

4. 优先适用

罪犯既符合法定减刑条件，又符合法定假释条件的，可以优先适用假释。

5. 假释的考验期

(1)有期徒刑的假释考验期限，为没有执行完毕的刑期；

(2)无期徒刑的假释考验期限为10年。

6. 假释的职业禁止

因利用职业便利实施犯罪，或者实施违背职业要求的特定义务的犯罪被判处刑罚的，法院可以根据犯罪情况和预防再犯罪的需要，禁止其自刑罚执行完毕之日或者假释之日起从事相关职业，期限为3年至5年。

7. 假释后减刑

被假释的罪犯，除有特殊情形外，一般不得减刑，其假释考验期也不能缩短；被撤销假释的罪犯，收监后符合减刑条件的，可以减刑。

缓刑、减刑与假释的对比总结，见表18-24。

表18-24 缓刑、减刑与假释的对比总结

项目	缓刑	减刑	假释
适用对象	拘役、3年以下有期徒刑	管制、拘役、有期徒刑、无期徒刑	有期徒刑、无期徒刑
主要条件	犯罪情节较轻，有悔罪表现，没有再犯罪的危险，宣告缓刑对所居住社区没有重大不良影响。**提示** 不满18周岁、怀孕的妇女和已满75周岁符合条件的，应当宣告缓刑	认真遵守监规，接受教育改造，确有悔改表现或者有立功表现。**提示** 有重大立功表现的，应当减刑	认真遵守监规，接受教育改造，确有悔改表现，没有再犯罪的危险

(续表)

项目	缓刑	减刑	假释
不适用	（1）累犯； （2）犯罪集团的首要分子	（1）被判处拘役或者3年以下有期徒刑，并被宣告缓刑的犯罪分子，一般不适用减刑； （2）被假释的罪犯，除有特殊情形外，一般不得减刑	（1）累犯； （2）因故意杀人、强奸、抢劫、绑架、放火、爆炸、投放危险物质或者有组织的暴力性犯罪被判处10年以上有期徒刑、无期徒刑的犯罪分子
期限	考验期限： （1）拘役：原判刑期以上1年以下，但是不能少于2个月； （2）有期徒刑：原判刑期以上5年以下，但是不能少于1年	减刑后实际执行刑期： （1）判处管制、拘役、有期徒刑：不能少于原判刑期的1/2； （2）无期徒刑：不能少于13年	考验期限： （1）有期徒刑：没有执行完毕的刑期； （2）无期徒刑：10年
社区矫正	√	×	√
禁止	2个月≤禁止令≤缓刑考验期限	×	职业禁止：3~5年

【例题16·单选题】（2024年）根据《刑法》的规定，下列关于假释适用的说法中，正确的是(　　)。

A. 对判处无期徒刑并已执行12年以上的犯罪分子，可以假释

B. 对判处3年以上有期徒刑且已执行原判刑期1/3以上的犯罪分子，可以假释

C. 对因故意杀人罪被追究刑事责任的犯罪分子，不得假释

D. 无期徒刑的假释考验期限为10年

解析 本题考查假释。选项A、B，被判处有期徒刑的犯罪分子，执行原判刑期1/2以上，被判处无期徒刑的犯罪分子，实际执行13年以上，如果认真遵守监规，接受教育改造，确有悔改表现，没有再犯罪的危险，可以假释。选项C，对累犯以及因故意杀人、强奸、抢劫、绑架、放火、爆炸、投放危险物质或者有组织的暴力性犯罪被判处10年以上有期徒刑、无期徒刑的犯罪分子，不得假释。

从轻、减轻和免除处罚汇总，见表18-25。

表18-25 从轻、减轻和免除处罚汇总

主体	应当/可以	从轻	减轻	免除
应追究刑事责任，12周岁≤Y<18周岁	应当	√	√	—

答案
例题16｜D

(续表)

主体	应当/可以	从轻	减轻	免除
已满75周岁(≥75周岁) 故意	可以	√	√	—
已满75周岁(≥75周岁) 过失	应当	√	√	—
尚未完全丧失辨认或控制自己行为能力的精神病人	可以	√	√	—
又聋又哑	可以	√	√	√
盲人	可以	√	√	√
自首	可以	√	√	√(较轻)
立功	可以	√	√	—
重大立功	可以	—	√	√

缓刑、减刑与假释比较，见表18-26。

表18-26 缓刑、减刑与假释比较

主体	缓刑	减刑	假释
不满18周岁(<18周岁)	(符合条件)应当	—	—
已满75周岁(≥75周岁)	(符合条件)应当	—	—
怀孕的妇女	(符合条件)应当	—	—
犯罪集团首要分子	不适用	—	—
累犯	不适用	(死缓)可以限制	不得
故意杀人、强奸、抢劫、绑架、放火、爆炸、投放危险物质或者有组织的暴力性犯罪	—	(死缓)可以限制	(10年以上有期徒刑，无期)不得
管制	—	√	—
拘役	√	√	—
有期徒刑	(≤3年)√	√	(≥1/2)√
无期徒刑	—	√	(≥13年)√

第五节 涉税犯罪

考点十八 危害税收征管罪 ★★★

危害税收征管罪，见表18-27。

表18-27 危害税收征管罪

项目	内容
种类	逃税罪、抗税罪、逃避追缴欠税罪、骗取出口退税罪和相关涉票类犯罪

(续表)

项目	内容		
犯罪客体	国家的税收征管制度		
犯罪客观方面	行为人采取各种方式、方法,逃避缴纳税款、逃避缴纳欠税、骗取出口退税、抗税以及虚开、出售发票,情节严重的行为		
犯罪主体	一般主体或特殊主体,既包括单位,也包括个人		
	逃税罪	特殊主体:纳税人、扣缴义务人	
	抗税罪	特殊主体:纳税人、扣缴义务人	
	逃避追缴欠税罪	特殊主体:纳税人(扣缴义务人不能成为逃避缴纳欠税罪主体)	
	骗取出口退税罪	一般主体	
犯罪主观方面	故意,过失不构成危害税收征管罪		

【例题17·单选题】(2021年)根据《刑法》的相关规定,犯罪主体仅限纳税人的犯罪的是( )。

A. 逃避追缴欠税罪　　　B. 逃税罪
C. 骗取出口退税罪　　　D. 抗税罪

解析 本题考查逃避追缴欠税罪。选项B,逃税罪犯罪主体为特殊主体,既可以是个人,也可以是单位,包括纳税人和扣缴义务人。选项C,骗取出口退税罪犯罪主体是一般主体,既可以是纳税人,也可以是非纳税人,既可以是个人,也可以是单位。选项D,抗税罪犯罪主体是纳税人或者扣缴义务人。抗税罪只能由自然人实施,单位不能成为抗税罪的主体。

考点十九 逃税罪 ★★★

1. 逃税罪的犯罪构成

逃税罪的犯罪构成,见表18-28。

表18-28 逃税罪的犯罪构成

项目	内容	
犯罪主体	特殊主体:纳税人和扣缴义务人(可以是自然人,也可以是单位)	
犯罪主观方面	直接故意(确因疏忽而没有纳税申报,属于漏税,依法补缴即可,其行为不构成犯罪)	
犯罪客体	税收征收管理制度	
犯罪客观方面	欺骗、隐瞒手段	包括:①伪造、变造、转移、隐瞒、擅自销毁账簿、记账凭证或者其他涉税资料的;②以签订"阴阳合同"等形式隐匿或者以他人名义分解收入、财产的;③虚列支出,虚抵进项税额或者虚报专项附加扣除的;④提供虚假材料,骗取税收优惠的;⑤编造虚假计税依据的;⑥为不缴、少缴税款而采取的其他欺骗、隐瞒手段

答案
例题17 | A

(续表)

项目	内容
犯罪客观方面	不申报	包括：①依法在登记机关办理设立登记的纳税人，发生应税行为而不申报纳税的；②依法不需要在登记机关办理设立登记或者未依法办理设立登记的纳税人，发生应税行为，经税务机关依法通知其申报而不申报纳税的；③其他明知应当依法申报纳税而不申报纳税的

2. 立案追诉标准

(1)纳税人采取欺骗、隐瞒手段进行虚假纳税申报或者不申报，逃避缴纳税款，数额在10万元以上并且占各税种应纳税总额的10%以上，经税务机关依法下达追缴通知后，不补缴应纳税款、不缴纳滞纳金或者不接受行政处罚。

> **记忆口诀**
> 纳税人：金额+比例+知错不改。

提示 纳税人在公安机关立案后再补缴应纳税款、缴纳滞纳金或者接受行政处罚的，不影响刑事责任的追究。

(2)纳税人5年内因逃避缴纳税款受过刑事处罚或者被税务机关给予2次以上行政处罚，又逃避缴纳税款，数额在10万元以上并且占各税种应纳税总额的10%以上。

> **记忆口诀**
> 纳税人：金额+比例+前科。

提示1 对于纳税人：只有金额≥10万元且比例≥10%，才有可能构成逃税罪，否则，仅成立一般逃税违法行为(按照《税收征管法》追究行政责任)。

提示2 逃税行为跨越若干个纳税年度，其中一个纳税年度的逃税数额及百分比达到刑法规定的标准(10万元以上、10%以上)，即构成逃税罪；各纳税年度逃税数额累计计算，百分比按各逃税年度最高值确定。

(3)扣缴义务人采取欺骗、隐瞒手段，不缴或者少缴已扣、已收税款，数额在10万元以上。

> **记忆口诀**
> 扣缴义务人：逃税金额≥10万元，不适用不予追究刑事责任的特别条款。

3. 不予追究刑事责任的特别条款

纳税人(不包括扣缴义务人)有采取欺骗、隐瞒手段进行虚假纳税申报或者不申报，逃避缴纳税款，数额在10万元以上并且占各税种应纳税总额10%以上之行为，经税务机关依法下达追缴通知后，补缴应纳税款，缴纳滞纳金，已受行政处罚的，不予追究刑事责任；但是，5年内因逃避缴纳税款受过刑事处罚或者被税务机关给予2次以上行政处罚的除外。

4. 逃税罪与徇私舞弊不征、少征税款罪的区别

逃税罪与徇私舞弊不征、少征税款罪的区别，见表18-29。

表18-29 逃税罪与徇私舞弊不征、少征税款罪的区别

罪名	涉及主体	行为
逃税罪	税务机关工作人员作为共犯	与逃税人勾结，故意不履行依法征税的职责，不征、少征税款

(续表)

罪名	涉及主体	行为
徇私舞弊不征、少征税款罪	税务机关工作人员	知道行为人的逃税行为，但出于私利佯装不知，对行为人的逃税行为采取放任态度，因此不征、少征税款

> **得分高手**（2024年、2022年、2021年单选）
>
> 重点考查逃税罪立案追诉标准。纳税人：逃税数额在10万元以上，占应纳税额的百分比在10%以上。扣缴义务人：逃税数额在10万元以上。

【例题18·单选题】（2024年）根据《刑法》的规定，下列关于追究逃税罪刑事责任的说法中，正确的是（　　）。

A. 已办理设立登记的纳税人，不按期申报纳税，经税务机关通知申报仍不申报，逃税数额超过10万元的，应当追究刑事责任

B. 纳税人有逃避缴纳税款行为，在公安机关立案后，足额补缴应纳税款并缴纳滞纳金的，应当不予追究刑事责任

C. 纳税人在一个纳税年度内多次实施逃税行为，累计数额超过10万元的，应当追究刑事责任

D. 扣缴义务人采取欺骗、隐瞒手段少缴已扣税款数额超过10万元的，应当追究刑事责任

解析 本题考查逃税罪。选项A、C、D，逃税罪包括两种情形：一是纳税人逃避应当缴纳税款达到一定数额并占应纳税额的一定比例（10万元以上+10%以上）；二是扣缴义务人不缴或者少缴已扣、已收税款达到一定数额（10万元以上）。选项A，缺少逃避缴纳税款占各税种应纳税总额的比例，无法判断是否构成逃税罪。选项B，纳税人在公安机关立案后再补缴应纳税款、缴纳滞纳金或者接受行政处罚的，不影响刑事责任的追究。

考点二十　抗税罪 ★

抗税罪，见表18-30。

表18-30　抗税罪

项目	内容
犯罪客体	复杂客体：国家税收征管制度、依法执行征税职务活动的税务人员的人身权利
犯罪客观方面	以暴力、威胁方法拒不缴纳税款的行为： (1) 暴力的最大限度只能是造成轻伤害，如果超过这一限度则可能成立故意伤害罪、故意杀人罪等。 (2) 单独实施以暴力威胁方法阻碍税务人员执行公务的行为，按照妨害公务罪定罪处罚

答案
例题18 | D

(续表)

项目	内容
犯罪主体	纳税人、扣缴义务人（主体是自然人，单位不能成为抗税罪犯罪主体）
犯罪主观方面	直接故意

考点二十一 逃避追缴欠税罪 ★★

1. 逃避追缴欠税罪的犯罪构成

逃避追缴欠税罪的犯罪构成，见表18-31。

表18-31 逃避追缴欠税罪的犯罪构成

项目	内容
犯罪客体	复杂客体：国家税收征管制度、国家财产所有权
犯罪客观方面	在欠缴应纳税款的情况下，纳税人采取转移或者隐匿财产手段，致使税务机关无法追缴欠缴的税款，数额在1万元以上的行为
犯罪主体	纳税人（扣缴义务人不能成为逃避追缴欠税罪主体）
犯罪主观方面	直接故意。明知自己有补缴所欠税款义务，为逃避税务机关追缴欠税而故意隐瞒转移财产，以达到非法获利目的。 **提示** 因财力不足，客观上无力缴纳税款，致使税务机关无从收缴欠缴税款，或者对纳税期限不清楚，过失导致欠缴税款的，不构成本罪

逃避追缴欠税数额不足1万元的，由税务机关依照《税收征管法》规定处理，而不能以犯罪论处。

2. 逃避追缴欠税罪与逃税罪

逃避追缴欠税罪与逃税罪，见表18-32。

表18-32 逃避追缴欠税罪与逃税罪

项目	逃避追缴欠税罪	逃税罪
主体	纳税人	纳税人、扣缴义务人
主观目的	逃避税务机关追缴其所欠缴的应纳税款的目的	通过欺骗、隐瞒手段，达到不缴或少缴应纳税款的目的
客观要件	采取转移或者隐匿财产的手段致使税务机关无法追缴其所欠缴的应纳税款	采取伪造、变造、隐匿、擅自销毁账簿记账凭证，在账簿上多列支出或者不列、少列收入，经税务机关通知申报而拒不申报或者采取虚假申报手段，不缴或者少缴应纳税款
构成犯罪	数额较大（≥1万元）	情节严重

【例题19·单选题】（2023年）下列涉税犯罪中，犯罪主体只能是纳税人的是（ ）。

A．伪造增值税专用发票罪
B．逃税罪
C．抗税罪
D．逃避追缴欠税罪

解析 本题考查涉税犯罪。选项 A，伪造增值税专用发票罪的犯罪主体是任何单位和个人。选项 B，逃税罪的犯罪主体是纳税人和扣缴义务人。选项 C，抗税罪的犯罪主体是纳税人或扣缴义务人。选项 D，逃避追缴欠税罪的犯罪主体是纳税人。

考点二十二 骗取出口退税罪 ★★★

1. 骗取出口退税罪的犯罪构成

骗取出口退税罪的犯罪构成，见表 18-33。

表 18-33 骗取出口退税罪的犯罪构成

项目	内容
犯罪客体	复杂客体：国家出口退税管理制度、公共财产所有权
犯罪客观方面	利用国家出口退税制度，以假报出口或者其他欺骗手段，骗取国家出口退税款，数额在 10 万元以上
犯罪主体	一般主体（纳税人、非纳税人均可）：自然人、单位（不限于是否具有进出口经营权）
犯罪主观方面	故意且具有骗取国家出口退税款的目的

提示1 假报出口的行为：①伪造或者签订虚假的买卖合同；②以伪造、变造或者其他欺骗手段取得出口货物报关单、出口收汇核销单、出口货物专用缴款书等有关出口退税单据、凭证；③虚开、伪造、非法购买增值税专用发票或者其他可以用于出口退税的发票；④其他虚构已税货物出口事实的行为。

提示2 假报出口或者其他欺骗手段的情形：①使用虚开、非法购买或者以其他非法手段取得的增值税专用发票或者其他可以用于出口退税的发票申报出口退税的；②将未负税或者免税的出口业务申报为已税的出口业务的；③冒用他人出口业务申报出口退税的；④虽有出口，但虚构应退税出口业务的品名、数量、单价等要素，以虚增出口退税额申报出口退税的；⑤伪造、签订虚假的销售合同，或者以伪造、变造等非法手段取得出口报关单、运输单据等出口业务相关单据、凭证，虚构出口事实申报出口退税的；⑥在货物出口后，又转入境内或者将境外同种货物转入境内循环进出口并申报出口退税的；⑦虚报出口产品的功能、用途等，将不享受退税政策的产品申报为退税产品的；⑧以其他欺骗手段骗取出口退税款的。

2. 骗取出口退税罪需要注意的几个问题

骗取出口退税罪需要注意的几个问题，见表 18-34。

答案
例题 19 | D

表 18-34 骗取出口退税罪需要注意的几个问题

项目	内容	
逃税罪 VS 骗取出口退税罪	纳税人缴纳税款后，以假报出口或者其他欺骗手段，骗取所缴纳的税款的，依照逃税罪定罪处罚；骗取税款超过所缴纳的税款部分，依照骗取出口退税罪的规定处罚	
未实际取得出口退税款	实施骗取国家出口退税行为，没有实际取得出口退税款的，可以比照既遂犯从轻或者减轻处罚	
善意取得虚开增值税专用发票	构成要件	(1) 发票记载事项与客观实际完全相符； (2) 购货方不知道发票为虚开，且没有能力知道发票为虚开； (3) 发票经过税务机关认证为真发票
	法律后果	如果没有证据表明购货方知道销货方提供的专用发票是以非法手段获得的，则对购货方不以骗取出口退税罪论处

【例题 20·单选题】(2018 年) 纳税人缴纳税款后，实施假报出口手段骗取出口退税，骗取税款数额超过其缴纳的税款部分，涉嫌构成(   )。

A．逃避缴纳税款罪

B．抗税罪

C．骗取出口退税罪

D．虚开用于骗取出口退税、抵扣税款发票罪

解析 本题考查骗取出口退税罪。纳税人缴纳税款后，实施假报出口或者其他欺骗手段，骗取所缴税款的，按逃税罪处罚；骗取税款超过所缴纳的税款部分，对超过的部分以骗取出口退税罪论处。

逃税罪、逃避追缴欠税罪、骗取出口退税罪和抗税罪比较，见表 18-35。

表 18-35 逃税罪、逃避追缴欠税罪、骗取出口退税罪和抗税罪比较

项目	逃税罪	逃避追缴欠税罪	骗取出口退税罪	抗税罪
主体	纳税人、扣缴义务人（单位、个人）	纳税人（单位、个人）	任何单位和个人	纳税人、扣缴义务人（个人）
主观方面	直接故意	直接故意	故意	直接故意
客体	国家税收征管制度	(1) 国家税收征管制度； (2) 国家财产所有权	(1) 国家出口退税管理制度； (2) 公共财产所有权	(1) 国家税收征管制度； (2) 依法执行征税工作的税务人员的人身权利

答案
例题 20 | C

(续表)

项目	逃税罪	逃避追缴欠税罪	骗取出口退税罪	抗税罪
客观方面（表现）	（1）纳税人采取欺骗、隐瞒手段进行虚假纳税申报或者不申报，逃避缴纳税款；（2）扣缴义务人采取欺骗、隐瞒的手段，不缴或者少缴已扣、已收税款；（3）纳税人5年内因逃避缴纳税款受过刑事处罚或者被税务机关给予二次以上行政处罚，又逃避缴纳税款	行为人采取转移或者隐匿财产的手段致使税务机关无法追缴其所欠缴的应纳税款的行为	利用国家出口退税制度，以假报出口或者其他欺骗手段，骗取国家出口退税款	以暴力、威胁方法拒不缴纳税款
客观方面（起刑）	（1）纳税人：10万元以上并且占各税种应纳税总额的10%以上；（2）扣缴义务人：10万元以上	1万元以上	10万元以上	无数额限制

考点二十三 涉票类犯罪 ★★★

1. 与发票有关犯罪的概述

与发票有关犯罪的概述，见表18-36。

表18-36 与发票有关犯罪的概述

犯罪行为	增值税专用发票	用于出口退税、抵扣税款发票	普通发票
虚开	虚开增值税专用发票罪	虚开用于骗取出口退税、抵扣税款发票罪	虚开发票罪
制造/伪造	伪造增值税专用发票罪（假）	非法制造用于骗取出口退税、抵扣税款发票罪（假）	非法制造发票罪（假）
出售	出售伪造的增值税专用发票罪（假）	出售非法制造的用于骗取出口退税、抵扣税款发票罪（假）	出售非法制造的发票罪（假）
出售	非法出售增值税专用发票罪（真）	非法出售用于骗取出口退税、抵扣税款发票罪（真）	非法出售发票罪（真）
购买	购买伪造的增值税专用发票罪（假）	—	—
购买	非法购买增值税专用发票罪（真）	—	—
持有	持有伪造的发票罪（假）		

2. 虚开增值税专用发票或者虚开用于骗取出口退税、抵扣税款发票罪

（1）虚开增值税专用发票或者虚开用于骗取出口退税、抵扣税款发票罪的犯罪构成，见表18-37。

表18-37 虚开增值税专用发票或者虚开用于骗取出口退税、抵扣税款发票罪的犯罪构成

项目	内容
客体	复杂客体（主流观点）：国家税收征管制度、国家税收制度
客观方面	行为人实施了虚开增值税专用发票或者虚开用于骗取出口退税、抵扣税款的其他发票（海关完税凭证、农产品收购凭证）
主体	一般主体：单位和个人均可构成
主观方面	故意，一般具有牟利目的

（2）为他人虚开、为自己虚开、让他人为自己虚开、介绍他人虚开：①没有实际业务，开具增值税专用发票、用于骗取出口退税、抵扣税款的其他发票的；②有实际应抵扣业务，但开具超过实际应抵扣业务对应税款的增值税专用发票、用于骗取出口退税、抵扣税款的其他发票的；③对依法不能抵扣税款的业务，通过虚构交易主体开具增值税专用发票、用于骗取出口退税、抵扣税款的其他发票的；④非法篡改增值税专用发票或者用于骗取出口退税、抵扣税款的其他发票相关电子信息的。

（3）与骗取出口退税罪区分：①虚开发票又骗取出口退税的犯罪人，如果骗取出口退税已完成，通常以骗取出口退税罪定罪；②骗取出口退税未遂，或者虚开发票数额特别巨大，给国家造成特别重大损失的，应认定为虚开增值税专用发票或者虚开用于骗取出口退税、抵扣税款发票罪。

（4）注意问题：①以伪造的增值税专用发票进行虚开，达到犯罪标准的，应当以虚开增值税专用发票罪追究刑事责任；②盗窃增值税专用发票或者可以用于骗取出口退税、抵扣税款的其他发票的，按盗窃罪定罪处罚；③使用欺骗手段骗取增值税专用发票或者可以用于骗取出口退税、抵扣税款的其他发票的，按诈骗罪定罪处罚。

【例题21·单选题】2023年8月，被告人李某为非法获利，在无注册资金的情况下申请注册成立了甲公司，并担任法定代表人。2023年12月至2024年7月，李某经王某介绍，在无货物交易的情况下，采取按发票面额收取开票费的方法，以甲公司名义为M市乙公司开具增值税专用发票18份。乙公司将其中的16份发票向当地税务部门申报抵扣。2024年10月至2025年2月，李某采取上述同样方法，为N市丙公司开具增值税专用发票22份。丙公司将上述发票向税务部门全部申报抵扣。下列关于涉案公司与李某的相关行为性质的说法中，正确的是（　　）。

A. 乙公司的行为属于为他人虚开

B. 甲公司的行为属于为他人虚开
C. 丙公司的行为属于介绍他人为自己虚开
D. 李某的行为属于为他人虚开

解析 本题考查单位犯罪主体、虚开增值税专用发票。个人为进行违法犯罪活动而设立公司、企业、事业单位实施犯罪的，不以单位犯罪论处，故李某的行为构成为他人虚开。乙公司、丙公司的行为属于让他人为自己虚开。

3. 虚开发票罪

虚开发票罪，见表18-38。

表18-38 虚开发票罪

项目	内容
客体	国家发票管理制度
客观方面	虚开增值税专用发票和用于骗取出口退税、抵扣税款发票以外的其他发票，情节严重的行为：①没有实际业务而为他人、为自己、让他人为自己、介绍他人开具发票的；②有实际业务，但为他人、为自己、让他人为自己、介绍他人开具与实际业务的货物品名、服务名称、货物数量、金额等不符的发票的；③非法篡改发票相关电子信息的；④违反规定以其他手段虚开的
主体	一般主体，任何单位或者个人
主观方面	直接故意(间接故意和过失不构成本罪)

提示 虚开发票罪的立案标准：①虚开发票票面金额在50万元以上的；②虚开发票100份以上且票面金额在30万元以上的；③5年内因虚开发票受过刑事处罚或者二次以上行政处罚，又虚开发票，票面金额达到上述第①项、第②项标准60%以上的。

4. 非法出售增值税专用发票罪

非法出售增值税专用发票罪，见表18-39。

表18-39 非法出售增值税专用发票罪

项目	内容
客体	复杂客体：国家税收征管秩序、国家对增值税专用发票的管理制度
客观方面	行为人违反增值税专用发票管理规定，无权出售增值税专用发票而非法出售，或者有权出售增值税专用发票的税务人员违法出售增值税专用发票
	立案追诉标准：票面税额累计在10万元以上的；非法出售增值税专用发票10份以上且票面税额在6万元以上的；非法获利数额在1万元以上的
主体	持有增值税专用发票的单位或者个人；出售增值税专用发票的税务机关工作人员
主观方面	直接故意且以营利为目的(间接故意或者过失，不构成本罪)

5. 非法出售用于骗取出口退税、抵扣税款发票罪

非法出售用于骗取出口退税、抵扣税款发票罪，见表18-40。

答案
例题21 | D

表 18-40　非法出售用于骗取出口退税、抵扣税款发票罪

项目	内容
客体	复杂客体：国家税收征管秩序、国家发票管理制度
客观方面	行为人为达到营利目的，非法出售用于骗取出口退税、抵扣税款的经税务机关监制的具有出口退税、抵扣税款功能的非增值税专用发票的行为
	立案追诉标准：票面可以退税、抵扣税额累计在 10 万元以上的；非法出售用于骗取出口退税、抵扣税款的其他发票 10 份以上且票面可以退税、抵扣税额在 6 万元以上的；非法获利数额在 1 万元以上的
主体	一般主体：任何单位或者个人
主观方面	直接故意且以营利为目的（间接故意和过失不构成本罪）

6. 非法出售发票罪

非法出售发票罪，见表 18-41。

表 18-41　非法出售发票罪

项目	内容
客体	复杂客体：国家税收征管秩序、国家发票管理制度
客观方面	行为人为达到营利目的，非法出售普通发票行为
	立案追诉标准：非法出售增值税专用发票、用于骗取出口退税、抵扣税款的其他发票以外的发票 100 份以上且票面金额累计在 30 万元以上的；票面金额累计在 50 万元以上的；非法获利数额在 1 万元以上的。 **提示** 情节严重：票面金额≥250 万元；≥500 份+≥150 万元；违法所得≥5 万元
主体	一般主体：任何单位或者个人
主观方面	直接故意且以营利为目的（间接故意和过失不构成本罪）

7. 伪造、出售伪造的增值税专用发票罪

伪造、出售伪造的增值税专用发票罪，见表 18-42。

表 18-42　伪造、出售伪造的增值税专用发票罪

项目	内容
客体	复杂客体：国家税收征管秩序、国家对增值税专用发票的管理规定
客观方面	行为人违反增值税专用发票管理规定，伪造增值税专用发票，或者明知自己所持有的是伪造的增值税专用发票，而仍然出售
	立案追诉标准：票面税额累计在 10 万元以上的；伪造或者出售伪造的增值税专用发票 10 份以上且票面税额在 6 万元以上的；非法获利数额在 1 万元以上的。 **提示** 数量较大：票面税额≥50 万元；≥50 份+≥30 万元

(续表)

项目	内容
主体	一般主体：任何单位或者个人
主观方面	直接故意且具有营利目的

8. 非法制造、出售非法制造的用于骗取出口退税、抵扣税款发票罪

非法制造、出售非法制造的用于骗取出口退税、抵扣税款发票罪，见表18-43。

表18-43　非法制造、出售非法制造的用于骗取出口退税、抵扣税款发票罪

项目	内容
客体	复杂客体：国家税收征管秩序、国家发票管理制度
客观方面	伪造、擅自制造或者出售伪造、擅自制造的可以用于骗取出口退税、抵扣税款的其他发票 立案追诉标准：票面可以退税、抵扣税额累计在10万元以上的；伪造、擅自制造或者出售伪造、擅自制造的发票10份以上且票面可以退税、抵扣税额在6万元以上的；非法获利数额在1万元以上的。 **提示** 数额巨大：退税、抵扣税额≥50万元；≥50份+≥30万元
主体	一般主体：任何单位或者个人
主观方面	直接故意且具有营利目的（间接故意和过失均不构成本罪）

9. 非法制造、出售非法制造的发票罪

非法制造、出售非法制造的发票罪，见表18-44。

表18-44　非法制造、出售非法制造的发票罪

项目	内容
客体	复杂客体：国家税收征管秩序、国家发票管理制度
客观方面	行为人为达到营利目的，非法制造或者出售非法制造的不具有骗取出口退税、抵扣税款功能的普通发票的行为 立案追诉标准：伪造、擅自制造或者出售伪造、擅自制造的不具有骗取出口退税、抵扣税款功能的其他发票100份以上且票面金额累计在30万元以上的；票面金额累计在50万元以上的；非法获利数额在1万元以上的。 **提示** 情节严重：票面额≥250万元；≥500份+≥150万元；违法所得≥5万元
主体	一般主体：任何单位或者个人
主观方面	直接故意且具有营利目的（间接故意和过失均不构成本罪）

10. 非法购买增值税专用发票或者购买伪造的增值税专用发票罪

非法购买增值税专用发票或者购买伪造的增值税专用发票罪，见表18-45。

表 18-45　非法购买增值税专用发票或者购买伪造的增值税专用发票罪

项目	内容
客体	复杂客体：国家税收征管秩序、国家对增值税专用发票的管理制度
客观方面	行为人违反增值税专用发票管理规定，从合法或者非法拥有真增值税专用发票的单位或者个人手中购买增值税专用发票或者购买伪造的增值税专用发票
	立案追诉标准：非法购买增值税专用发票或者购买伪造的增值税专用发票 20 份以上且票面税额在 10 万元以上的；票面税额累计在 20 万元以上的
主体	一般主体：任何单位或者个人
主观方面	故意且具有营利目的

【注意】（1）购买伪造的增值税专用发票又出售的，以出售伪造的增值税专用发票罪定罪处罚；

（2）非法购买增值税专用发票用于骗取抵扣税款或者骗取出口退税款，同时构成非法购买增值税专用发票罪与虚开增值税专用发票罪、骗取出口退税罪的，依照处罚较重的规定定罪处罚；

（3）非法购买真、伪两种增值税专用发票的，数量累计计算，不实行数罪并罚。

【例题22·多选题】（2019年）根据刑法理论，构成伪造、出售伪造的增值税专用发票罪，必须有伪造、出售伪造的增值税专用发票的行为。下列行为中，属于伪造、出售伪造的增值税专用发票行为或者按照该行为处理的有（　　）。

A. 变造增值税专用发票

B. 个人私自印制增值税专用发票

C. 公司擅自印制增值税专用发票

D. 明知增值税专用发票系伪造仍出售

E. 明知系伪造的增值税专用发票仍购买

解析　本题考查伪造、出售伪造的增值税专用发票罪。选项E，明知是伪造的增值税专用发票仍然购买的，构成购买伪造的增值税专用发票罪。

【例题23·单选题】2024年4月以来，陶某等人分别以自己或者家族成员名义，先后注册15家公司，从税务机关骗购各类普通发票共计2.4万份，以200元至1 000元不等的价格对外出售9 000余份，涉案金额近亿元，非法获利200余万元。本案中，陶某涉嫌的罪名是（　　）。

A. 非法出售发票罪

B. 非法购买发票罪

C. 出售伪造发票罪

D. 出售抵扣税款发票罪

答案

例题22｜ABCD

例题23｜A

解析 本题考查非法出售发票罪。非法出售发票罪是指违反国家发票管理规定,非法出售除增值税专用发票和可以用于骗取出口退税、抵扣税款的非增值税专用发票以外的普通发票的行为。《刑法》没有规定选项 B、C、D 这三种罪名。

11. 持有伪造的发票罪

持有伪造的发票罪,见表 18-46。

表 18-46 持有伪造的发票罪

项目	内容
客体	国家税收征管制度
客观方面	持有伪造的增值税专用发票或者可以用于骗取出口退税、抵扣税款的其他发票 50 份以上且票面税额累计在 25 万元以上的;票面税额累计在 50 万元以上的;以外的其他发票 100 份以上且票面税额累计在 50 万元以上的。 **提示** 数额巨大:≥上述标准的 5 倍
主体	一般主体:任何单位或者个人
主观方面	直接故意(行为人明知是伪造的发票而持有,间接故意和过失不构成本罪;如果行为人主观上不知道是伪造的发票,而是受欺骗、蒙蔽,误以为是真发票而持有的,不能认定为犯罪)

第六节 涉税职务犯罪

考点二十四 徇私舞弊不征、少征税款罪 ★★

徇私舞弊不征、少征税款罪,见表 18-47。

表 18-47 徇私舞弊不征、少征税款罪

项目	内容
客体	国家税务机关正常的税收征管秩序
客观方面	行为人违反税收法规徇私舞弊,不征或者少征应征税款,致使国家税收遭受重大损失: (1)徇私舞弊不征、少征应征税款,致使国家税收损失累计达 10 万元以上; (2)上级主管部门工作人员指使税务机关工作人员徇私舞弊不征、少征应征税款,致使国家税收损失累计达 10 万元以上; (3)徇私舞弊不征、少征应征税款不满 10 万元,但具有索取或者收受贿赂或者其他恶劣情节; (4)其他致使国家税收遭受重大损失的情形
主体	税务机关工作人员(非税务人员超越职权,擅自作出减免税决定,造成不征或少征税款的,应当追究责任人员滥用职权罪的法律责任)

(续表)

项目	内容
主观方面	故意(行为人明知纳税人应当缴纳税款,却为徇私情私利而故意不征或者少征税款;主观上故意或者过失是区别本罪与玩忽职守罪的标志)

提示 (1)税务人员与纳税人勾结,不征或少征应征税款,应按徇私舞弊不征、少征税款罪和逃避追缴税款罪或者逃避追缴欠税罪的共犯论处,从一重罪定罪处罚。

(2)税务人员利用职务上的便利,索取、收受纳税人财物,不征、少征应征税款,致使国家税收遭受重大损失的,应当以徇私舞弊不征、少征税款罪和受贿罪数罪并罚。

(3)税务机关工作人员在办理发售发票、抵扣税款、出口退税工作中接受贿赂而实施徇私舞弊不征、少征税款的,按照规定实行数罪并罚。

(4)在税务机关采用定期定额征收方式导致少征税款或者纳税人提供虚假材料骗取减免税出现的不征或者少征税款以及因税务人员业务素质原因造成的少征税款等情况下,因税务人员不具有主观故意,不能认定为有罪。

考点二十五 徇私舞弊发售发票、抵扣税款、出口退税罪 ★★

徇私舞弊发售发票、抵扣税款、出口退税罪,见表18-48。

表18-48 徇私舞弊发售发票、抵扣税款、出口退税罪

项目	内容
客体	税收征管秩序
客观方面	违反法律、行政法规的规定,在办理发售发票、抵扣税款、出口退税工作中徇私舞弊,致使国家利益遭受重大损失的行为
	立案标准:①徇私舞弊,致使国家税收损失累计达10万元以上;②徇私舞弊,致使国家税收损失累计不满10万元,但发售增值税专用发票25份以上或者其他发票50份以上或者增值税专用发票与其他发票合计50份以上,或者具有索取、收受贿赂或者其他恶劣情节;③其他致使国家利益遭受重大损失的情形
主体	税务机关的工作人员
主观方面	故意(过失不构成本罪,但可能构成玩忽职守罪)

提示 税务机关工作人员在办理发售发票、抵扣税款、出口退税工作中接受贿赂而实施徇私舞弊发售发票、抵扣税款、出口退税罪的,按照规定实行数罪并罚。

考点二十六 徇私舞弊不移交刑事案件罪 ★

徇私舞弊不移交刑事案件罪,见表18-49。

表 18-49 徇私舞弊不移交刑事案件罪

项目	内容
客体	行政机关的行政执法活动秩序、司法机关正常的刑事司法活动秩序
客观方面	行政执法人员利用职务之便,徇私情私利、伪造材料、隐瞒情况、弄虚作假,对依法应当移交司法机关追究刑事责任的案件不移交,情节严重的行为
	立案标准:①对依法可能判处3年以上有期徒刑、无期徒刑、死刑的犯罪案件不移交;②不移交刑事案件涉及3人次以上;③司法机关提出意见后,无正当理由仍然不予移交;④以罚代刑,放纵犯罪嫌疑人,致使犯罪嫌疑人继续进行违法犯罪活动;⑤行政执法部门主管领导阻止移交;⑥隐瞒、毁灭证据,伪造材料,改变刑事案件性质;⑦直接负责的主管人员和其他直接责任人员为谋取本单位私利而不移交刑事案件,情节严重;⑧其他情节严重的情形
主体	行政执法人员,具体是指工商、税务、监察等依法具有行政执法权的行政机关中承担执法工作的公务人员
主观方面	故意

考点二十七 违法提供出口退税凭证罪 ★

违法提供出口退税凭证罪,见表 18-50。

表 18-50 违法提供出口退税凭证罪

项目	内容
客体	税务机关的税收征管制度
客观方面	违反国家规定,在提供出口货物报关单、出口收汇核销单等出口退税凭证的工作中徇私舞弊,致使国家利益遭受重大损失的行为
	立案标准:①徇私舞弊,致使国家税收损失累计达10万元以上;②徇私舞弊,致使国家税收损失累计不满10万元,但具有索取、收受贿赂或者其他恶劣情节的;③其他致使国家利益遭受重大损失的情形
主体	海关、外汇管理等国家机关工作人员
主观方面	故意

【例题 24·多选题】(2020 年)根据《刑法》的规定,下列职务犯罪中,犯罪主体必须是税务机关工作人员的有(   )。

A. 受贿罪

B. 违法提供出口退税凭证罪

C. 徇私舞弊不移交刑事案件罪

D. 徇私舞弊不征、少征税款罪

E. 徇私舞弊发售发票、抵扣税款、出口退税罪

例题 24 | DE

解析 本题考查涉税职务犯罪。选项A，受贿罪的犯罪主体是国家工作人员。选项B，违法提供出口退税凭证罪的犯罪主体是海关、外汇管理等国家机关工作人员。选项C，徇私舞弊不移交刑事案件罪的犯罪主体必须是行政执法人员，具体是指在工商、税务、监察等依法具有行政执法权的行政机关中承担执法工作的公务人员。选项D、E，徇私舞弊不征、少征税款罪和徇私舞弊发售发票、抵扣税款、出口退税罪的犯罪主体是税务机关工作人员。

同步训练

考点一 刑法基本原则——考点三 犯罪构成概述

1. (单选题)下列关于罪刑相当原则的说法，正确的是(　　)。
   A. 罪刑相当原则要求什么行为是犯罪、各种犯罪的构成要件和应惩处的处罚，以及各个刑种如何具体适用等，都必须由《刑法》明文规定
   B. 罪刑相当原则要求对一切人的合法权益都要平等地保护，不允许有任何歧视
   C. 罪刑相当原则要求刑罚与犯罪性质、犯罪情节和罪犯的人身危险性相适应
   D. 罪刑相当原则要求重罪从重或加重罚，轻罪从轻或减轻罚

2. (单选题)甲于2002年3月5日犯A罪，该罪的法定最高刑为10年，2006年11月21日甲又犯B罪，B罪的法定最高刑为7年。那么A罪的追诉期限的结束时间应为(　　)。
   A. 2017年3月4日　　　　　　　B. 2021年11月21日
   C. 2016年11月21日　　　　　　D. 2012年3月4日

3. (单选题)下列情形应当受到追诉期限限制的是(　　)。
   A. 在人民法院受理了齐某自诉汤某故意伤害案件以后，汤某离家杳无音信
   B. 丛某因出国而未在法定期限内对钟某侮辱案提出控告
   C. 薛某向公安机关报案，声称自己被抢劫，因薛某说话颠三倒四，接案人员对其报案有怀疑而未立案
   D. 秦某得知与其共同诈骗的李某被公安机关抓获逃离居住地藏匿

考点四 犯罪客体——考点六 犯罪主体

1. (单选题)下列关于犯罪客体的说法，不正确的是(　　)。
   A. 《刑法》所保护的社会主义社会关系的统一整体属于犯罪的一般客体
   B. 某一类犯罪所共同侵犯的某一类社会关系属于犯罪的同类客体
   C. 具体犯罪所直接侵犯的具体的社会主义社会关系属于犯罪的直接客体
   D. 同类客体分为简单客体和复杂客体，一个犯罪行为只侵犯一种具体的社会关系属于复杂客体，一个犯罪行为同时侵犯两种以上具体的社会关系属于简单客体

2. (单选题)根据《刑法》的规定,下列关于未成年人和老年人犯罪的定罪与量刑的说法中,正确的是( )。
   A. 犯罪时不满18周岁的人,可以作为一般累犯
   B. 犯罪时不满16周岁的人,不负刑事责任
   C. 审判时已满75周岁的被告人,一般不适用死刑
   D. 已满75周岁的被告人故意犯罪,应当减轻处罚

3. (单选题)根据我国《刑法》的规定,下列关于行为人的责任承担的说法不正确的是( )。
   A. 精神病人在不能辨认或者不能控制自己行为的时候造成危害结果,经法定程序鉴定确认的,不负刑事责任
   B. 间歇性的精神病人在精神正常的时候犯罪,应当负刑事责任
   C. 醉酒的人犯罪,应当负刑事责任,可以从轻处罚
   D. 又聋又哑的人或者盲人犯罪,可以从轻、减轻或者免除处罚

考点七 犯罪主观方面

(单选题)果农张三,为防止水果被盗,在果园周围架了很多电网,一天晚上,王四来偷水果,不幸触电身亡。张三对该结果所持的主观态度属于( )。
   A. 直接故意   B. 间接故意
   C. 过于自信的过失   D. 疏忽大意的过失

考点八 刑罚概述——考点十 附加刑

1. (单选题)下列关于附加刑的说法,不正确的是( )。
   A. 犯罪分子的财产在异地的,第一审人民法院可以委托财产所在地人民法院代为执行罚金
   B. 不得以追缴犯罪所得、没收违禁品和供犯罪所用的本人财物来代替或者折抵没收财产
   C. 对于被判处死刑、无期徒刑的犯罪分子,应当剥夺政治权利终身
   D. 对犯罪的单位可以单处或并处罚金

2. (多选题)下列关于管制的说法,正确的有( )。
   A. 对被判处管制的犯罪分子予以关押,限制其人身自由
   B. 对被判处管制的犯罪分子,可以根据犯罪情况,同时宣布禁止令
   C. 管制的期限为3个月以上2年以下的,数罪并罚不超过3年
   D. 管制的刑期,从判决执行之日起计算,判决执行以前先行羁押的,羁押1日折抵刑期1日
   E. 对判处管制的犯罪分子,依法实行社区矫正

3. (多选题)下列关于主刑的说法,正确的有( )。
   A. 拘役的期限为1个月以上6个月以下的,数罪并罚时不能超过1年,由公安机关就近执行
   B. 有期徒刑的期限一般为6个月以上15年以下,数罪并罚不超过20年

C. 无期徒刑须与剥夺政治权利同时适用，有劳动能力的，都应当参加劳动，接受教育改造

D. 对不满18周岁的人和怀孕的妇女，即使罪行极其严重，也不适用死刑

E. 死刑缓期执行，又称死缓，不是独立刑种，而是死刑适用制度

考点十一 累犯——考点十三 立功

1. (单选题)根据《刑法》及有关规定，下列选项构成自首的是( )。

   A. 甲挪用公款后主动向单位领导承认了全部犯罪事实，并请求单位领导不要将自己移送司法机关

   B. 乙涉嫌徇私舞弊不征、少征税款被侦查机关讯问时，如实供述了自己的罪行，但辩称其完全是为了减轻企业的税负而未谋私利，其行为不构成犯罪

   C. 丙参与共同盗窃后，主动投案并供述其参与盗窃的具体情况。后查明，系因分赃太少、得知举报有奖才投案

   D. 丁因纠纷致戊轻伤后，报警说自己伤人了。报警后见戊举拳冲过来，丁以暴力致其死亡，并逃离现场

2. (多选题)根据刑事法律制度的规定，下列有关累犯的表述中，正确的有( )。

   A. 过失犯罪不构成一般累犯

   B. 一般累犯要求前罪和后罪均为有期徒刑以上的刑罚，且后罪必须发生在前罪刑罚执行完毕或者赦免以后的5年之内

   C. 特别累犯要求前罪和后罪都是危害国家安全犯罪、恐怖活动犯罪或者黑社会性质的组织犯罪，不考虑间隔时间和刑罚种类

   D. 可以适用假释和缓刑

   E. 应当从重处罚

3. (多选题)根据刑事法律制度的规定，下列有关自首的表述中，正确的有( )。

   A. 并非出于犯罪嫌疑人主动，而是经亲友规劝、陪同投案，不视为自动投案

   B. 犯罪嫌疑人自动投案后又逃跑的，不能认定为自首

   C. 仅如实供述所犯数罪中部分犯罪的，只对如实供述部分犯罪的行为，认定为自首

   D. 被采取强制措施的犯罪嫌疑人、被告人和已宣判的罪犯，如实供述司法机关尚未掌握的罪行，与司法机关已掌握的或判决确定的罪行属不同罪行的，以自首论

   E. 对于自首的犯罪分子，可以从轻或者减轻处罚，不得免除处罚

考点十四 数罪并罚

(多选题)甲犯虚开增值税专用发票罪和出售伪造的增值税专用发票罪，分别被判处有期徒刑10年和7年，法院决定合并执行15年。在执行2年后，法院发现甲在判决宣告以前还有没有判决的逃税罪，并就逃税罪判处有期徒刑5年。根据《刑法》的规定，下列说法正确的有( )。

A. 对甲应当采用先减后并的并罚方式，并罚后还需要执行的最低刑期为20年

B. 甲实际执行的有期徒刑不可能超过20年

C. 甲实际执行的有期徒刑必然超过20年

D. 对甲并罚后还需执行的刑期最低为 13 年

E. 将甲所犯的三个罪行合并执行,在 10 年以上 22 年以下确定刑期

考点十五 缓刑——考点十七 假释

1. (单选题)下列关于减刑的说法中,符合刑事法律制度规定的是( )。

   A. 减刑只适用于被判处有期徒刑、无期徒刑的犯罪分子

   B. 被判处有期徒刑后有立功表现的,应当减刑

   C. 被判处有期徒刑后有立功表现的,可以减刑

   D. 被判处无期徒刑后有重大立功表现的,可以减刑

2. (单选题)下列关于减刑的说法中,不符合刑事法律制度规定的是( )。

   A. 对判处拘役或 3 年以下有期徒刑并宣告缓刑的罪犯,一般不适用减刑

   B. 被判处终身监禁的罪犯,不得再减刑或者假释

   C. 被判处不满 5 年有期徒刑的罪犯应当执行 1 年以上方可减刑

   D. 判处管制、拘役、有期徒刑的,减刑以后实际执行的刑期不能少于原判刑期的 1/3

3. (单选题·2021 年)根据《刑法》的相关规定,下列关于假释的说法正确的是( )。

   A. 假释适用于拘役、有期徒刑或者无期徒刑

   B. 因抢劫被判处无期徒刑不得假释

   C. 判处有期徒刑的,执行原刑期 2/3 以上,可以假释

   D. 未履行罚金判决的罪犯不可以假释

4. (单选题)根据法律规定,被判处有期徒刑或者无期徒刑的犯罪分子,符合规定条件的,可以予以假释。下列可以适用假释的犯罪情形是( )。

   A. 因抢劫罪被判处 8 年有期徒刑的犯罪分子,实际已经执行 5 年刑期,狱中表现良好,确有悔改表现,没有再犯罪的危险

   B. 因暴力抢劫被判处 10 年有期徒刑的犯罪分子,实际已经执行 6 年刑期,狱中表现良好,确有悔改表现

   C. 因受贿罪被判处 15 年有期徒刑的犯罪分子,实际已经执行 5 年刑期,狱中表现良好,确有悔改表现

   D. 被判处无期徒刑的犯罪分子,实际已经执行 12 年刑期,狱中表现良好,确有悔改表现

考点十八 危害税收征管罪

(单选题)根据《刑法》的规定,下列关于危害税收征管犯罪的说法中,正确的是( )。

   A. 骗取出口退税罪、虚开增值税专用发票罪属于危害税收征管犯罪

   B. 犯罪主体只能是单位

   C. 侵犯的客体是市场经济秩序

   D. 行为人在主观方面存在故意或者过失

考点十九 逃税罪

(单选题·2019 年)王某 5 年内因逃税被税务机关给予 3 次行政处罚后,又采取欺骗手段进行虚假纳税申报,逃税 20 万元,占各税种应纳税总额的 8%。下列有关是

否追究王某刑事责任的做法中,正确的是( )。

A. 按逃税罪追究王某刑事责任

B. 对王某不予追究刑事责任

C. 按诈骗罪追究王某刑事责任

D. 按逃避追缴欠税罪追究王某刑事责任

考点二十 抗税罪

(单选题)根据我国《刑法》的规定,下列关于抗税罪的说法正确的是( )。

A. 犯罪主体必须是纳税人或扣缴义务人

B. 纳税人造成税务工作人员轻微伤的,不构成抗税罪

C. 抗税数额必须达到数额较大的法定要求才能构成抗税罪

D. 构成抗税罪必须达到情节严重的法定要求

考点二十一 逃避追缴欠税罪

(单选题·2019年)根据《刑法》的规定,犯罪主体仅限于纳税人的犯罪是( )。

A. 逃税罪
B. 逃避追缴欠税罪
C. 骗取出口退税罪
D. 抗税罪

考点二十二 骗取出口退税罪

(单选题)根据刑事法律制度的规定,下列关于骗取出口退税罪的理解错误的是( )。

A. 骗取出口退税罪犯罪主体是特殊主体,非纳税人不能构成本罪

B. 虚报出口产品的功能、用途等,将不享受退税政策的产品申报为退税产品的行为,应当认定为骗取出口退税罪中"假报出口或者其他欺骗手段"

C. 骗取出口退税罪是结果犯,必须达到法定结果,罪名才能成立

D. 实施骗取国家出口退税行为,没有实际取得出口退税款的,可以比照既遂犯从轻或者减轻处罚

考点二十三 涉票类犯罪

1.(单选题)根据《刑法》及相关规定,关于虚开增值税专用发票罪,下列说法正确的是( )。

A. 单位和个人均可构成本罪

B. 对于虚开发票又骗取出口退税的犯罪人,如果骗取出口退税未遂,通常以骗取出口退税罪定罪

C. 介绍他人虚开增值税专用发票不属于虚开增值税专用发票

D. 以伪造的增值税专用发票进行虚开,应当按照伪造的增值税专用发票罪定罪处罚

2.(多选题)根据刑事法律制度的规定,下列关于涉税犯罪的说法正确的有( )。

A. 逃税行为跨越若干个纳税年度,每个纳税年度的逃税数额及百分比达到刑法规定的标准,才构成逃税罪

B. 行为人仅是自身逃匿以躲避追缴欠税的,不构成逃避追缴欠税罪

C. 行为人以暴力、威胁方法拒不缴纳税款,故意伤害致人轻伤的,属于抗税罪情节严重的情形

D. 行为人故意伪造普通发票,违法所得 1 万元以上的,涉嫌构成非法制造发票罪

E. 持有伪造的增值税专用发票,票面税额在 50 万元以上的,涉嫌构成持有伪造的发票罪

考点二十四 徇私舞弊不征、少征税款罪

(单选题)税务人员徇私舞弊是徇私舞弊不征、少征税款罪的客观方面要件之一,下列情形中,构成本罪客观方面要件的是( )。

A. 纳税人提供虚假材料骗取减免税导致不征或少征税款

B. 税务人员工作严重不负责任导致不征或少征税款

C. 税务人员为照顾朋友违规决定不征或少征税款

D. 税务人员因税收业务不熟造成不征或少征税款

考点二十五 徇私舞弊发售发票、抵扣税款、出口退税罪

(单选题)根据《刑法》和刑法理论,下列有关徇私舞弊发售发票、抵扣税款、出口退税罪的表述中,不正确的是( )。

A. 徇私舞弊,致使国家税收损失累计达 10 万元以上的,应予立案

B. 犯罪主体是税务机关工作人员

C. 主观方面表现为故意或过失

D. 税务机关工作人员在办理发售发票、抵扣税款、出口退税工作中接受贿赂而实施徇私舞弊发售发票、抵扣税款、出口退税罪的,按照规定实行数罪并罚

考点二十六 徇私舞弊不移交刑事案件罪

(多选题)徇私舞弊不移交刑事案件罪的构成要件有( )。

A. 客观方面表现包括对案件性质认识错误或因工作失误不移交案件

B. 侵犯的客体是行政机关的行政执法活动秩序、司法机关正常的刑事司法活动秩序

C. 犯罪主体为行政执法机关

D. 犯罪主体为行政执法人员

E. 主观方面必须是故意或过失

考点二十七 违法提供出口退税凭证罪

(多选题)海关工作人员张某违反国家有关规定,徇私舞弊给不具有出口资格的甲企业提供出口货物报关单 3 份,致使国家税收损失 200 余万元。下列说法正确的有( )。

A. 张某构成违法提供出口退税凭证罪

B. 张某构成徇私舞弊提供出口退税凭证罪

C. 应当没收张某的全部财产

D. 张某所犯之罪，海关、外汇管理等国家机关工作人员以外的其他行政机关工作人员也可以构成
E. 如果张某主观为过失，则不构成犯罪

综合拓展

(**综合分析题·2024 年**) 赵某投资设立东川商贸有限公司(以下简称东川公司)并担任法定代表人。孙某担任公司财务负责人。公司兼营内销和出口业务，属于增值税一般纳税人。

2022 年 11 月 5 日，为虚增业务取得银行贷款，赵某指示孙某虚构东川公司与赵某投资设立的赵记经营部之间 1 000 万元货物销售业务，并由公司出纳王某开具增值税发票，该发票未交付给该经营部，东川公司取得贷款后由王某予以冲销。

2023 年 3 月，东川公司以低于市场价格 50% 的价格购进商品并取得增值税专用发票，拟于次日对外销售。为少交该商品销售税款，经赵某同意，在孙某主导下，东川公司通过中间人李某取得西海公司开具的金额为 500 万元的增值税专用发票。西海公司支付李某中介费，扣除发票金额 2% 服务费后将剩余资金以现金形式交付孙某，后孙某将该资金存入以王某名义开设并由赵某控制使用的银行账户。

2024 年 2 月，孙某因涉嫌交通肇事罪被立案侦查。侦查期间，孙某主动供述东川公司取得西海公司增值税专用发票以及将资金存入王某个人账户的事实。同时揭发：西川商贸有限公司(以下简称西川公司)自 2023 年 1 月至 2023 年 12 月，通过西川外贸代理服务中心(以下简称西川外服中心)协助出具虚假证明文件，取得出口退税款 300 万元，其中 200 万元为西川公司已缴纳税款。根据孙某提供的线索，公安机关查实了西川公司骗取出口退税的事实，后将孙某涉嫌犯罪案件移送审查起诉。在审判阶段，孙某提出审判长周某与赵某关系密切，可能影响案件公正审理，遂申请周某回避。

(1)针对东川公司虚构货物销售业务开具发票这一案情，下列关于各主体的行为是否构成虚开增值税专用发票罪的说法中，正确的有(　　)。

A. 赵某的行为构成虚开增值税专用发票罪
B. 王某的行为不构成虚开增值税专用发票罪
C. 东川公司的行为不构成虚开增值税专用发票罪
D. 孙某的行为构成虚开增值税专用发票罪
E. 赵记经营部的行为不构成虚开增值税专用发票罪

(2)针对东川公司取得西海公司增值税专用发票这一案情，下列涉案主体涉嫌虚开增值税专用发票罪的有(　　)。

A. 赵某　　　　　B. 西海公司　　　　　C. 李某
D. 孙某　　　　　E. 东川公司

(3)针对西川公司骗取出口退税这一案情，下列关于犯罪构成及涉案金额的认定中，正确的有(　　)。

A. 西川外服中心的行为不构成骗取出口退税罪

B. 西川公司的行为构成骗取出口退税罪

C. 西川公司行为构成逃税罪

D. 西川公司逃税金额为 200 万元

E. 西川公司骗取出口退税金额为 300 万元

(4)下列关于孙某行为认定、刑罚适用及权利行使的说法中,正确的有(　　)。

A. 对孙某可能适用数罪并罚　　B. 孙某的揭发行为构成立功

C. 孙某有权申请周某回避　　　D. 孙某的行为构成累犯

E. 孙某的供述行为构成自首

参考答案及解析

考点一 刑法基本原则——考点三 犯罪构成概述

1. C 【解析】本题考查罪刑相当原则。选项 A,是罪刑法定原则。选项 B,是平等适用刑法原则。选项 D,罪刑相当原则要求重罪重罚,轻罪轻罚,罪刑相当,罚当其罪。

2. B 【解析】本题考查《刑法》的追诉时效。在追诉期限以内又犯罪的,前罪追诉的期限从犯后罪之日起计算。由于前罪的法定最高刑期为 10 年,故其追诉时效应为 15 年,即从 2006 年 11 月 21 日起算,结束时间应为 2021 年 11 月 21 日。

3. B 【解析】本题考查《刑法》追诉时效延长的情况。选项 A、C、D,在人民检察院、公安机关、国家安全机关立案侦查或者在人民法院受理案件以后,逃避侦查或者审判的,不受追诉期限的限制。被害人在追诉期限内提出控告,人民法院、人民检察院、公安机关应当立案而不予立案的,不受追诉期限的限制。选项 B,并没有可以延长追诉时效的理由,因此要受追诉时效的限制。

考点四 犯罪客体——考点六 犯罪主体

1. D 【解析】本题考查犯罪客体。选项 D,直接客体分为简单客体和复杂客体,一个犯罪行为只侵犯一种具体的社会关系属于简单客体,一个犯罪行为同时侵犯两种以上具体的社会关系属于复杂客体。

2. C 【解析】本题考查自然人犯罪主体。选项 A,累犯不适用于犯罪时不满 18 周岁的人。选项 B,已满 12 周岁不满 14 周岁的人,犯故意杀人、故意伤害罪,致人死亡或者以特别残忍手段致人重伤造成严重残疾,情节恶劣,经最高人民检察院核准追诉的,应当负刑事责任。已满 14 周岁不满 16 周岁的人,须对犯故意杀人、故意伤害致人重伤或者死亡、强奸、抢劫、贩卖毒品、放火、爆炸、投放危险物质罪负刑事责任。选项 D,已满 75 周岁的人故意犯罪的,可以从轻或者减轻处罚;过失犯罪的,应当从轻或者减轻处罚。

3. C 【解析】本题考查刑事责任能力。选项 C,醉酒的人犯罪,应当负刑事责任。《刑法》并未规定其可以从轻处罚。

考点七 犯罪主观方面

B 【解析】本题考查犯罪的主观方面。张三为防水果被盗，在果园周围私拉电网，其主观上是明知自己的行为可能会发生致人触电死亡的后果，但为防盗却放任这种结果的发生，其主观心态不是过失。同时，其私拉电网是为了防止水果被盗，主观上并不积极追求致使偷盗人死亡，所以其主观心态也不是直接故意。实际上他对于偷水果的人的死亡后果采取了听之任之的态度，其主观心态是间接故意。

考点八 刑罚概述——考点十 附加刑

1. D 【解析】本题考查附加刑。选项D，对犯罪的单位只能单处罚金。

2. BCE 【解析】本题考查管制。选项A，对被判处管制的犯罪分子不予关押，限制其一定的人身自由。选项D，管制的刑期，从判决执行之日起计算，判决执行以前先行羁押的，羁押1日折抵刑期2日。

3. ACE 【解析】本题考查主刑。选项B，有期徒刑的期限一般为6个月以上15年以下。数罪并罚后，有期徒刑总和刑期不满35年的，最高不能超过20年；总和刑期在35年以上的，最高不能超过25年。选项D，对犯罪时不满18周岁的人和审判时怀孕的妇女，即使罪行极其严重，也不适用死刑。审判的时候已满75周岁的人，不适用死刑，但以特别残忍手段致人死亡的除外。

考点十一 累犯——考点十三 立功

1. C 【解析】本题考查自首。选项A，甲请求单位领导不要将自己移送司法机关，可见其没有自动归案的意图，因此不构成自首。选项B，选项中并未交代乙自动归案的信息，乙被抓后如实供述自己的罪行属坦白，而非自首。选项D，丁虽然报警说自己伤人，但在报警之后再次实施新的犯罪且逃离现场，未将自己置于司法机关的控制之下，因此丁的行为不构成自首。

2. ABCE 【解析】本题考查累犯。根据规定，累犯不得假释，不适用缓刑。

3. BCD 【解析】本题考查自首。选项A，并非出于犯罪嫌疑人主动，而是经亲友规劝、陪同投案，视为自动投案。选项E，对于自首的犯罪分子，可以从轻或者减轻处罚。其中，犯罪较轻的，可以免除处罚。

考点十四 数罪并罚

BD 【解析】本题考查数罪并罚的适用。选项A，甲的逃税罪是漏罪，应该采用"先并后减"的并罚方式。选项C、E，对甲的并罚方式为：用原来已经确定15年刑期与新判决的5年刑期进行并罚，在15年以上20年以下确定最终的刑期，再减去已经执行的2年，那么甲还需要执行的刑期最低为13年。实际执行的刑期不可能超过20年。

考点十五 缓刑——考点十七 假释

1. C 【解析】本题考查减刑。选项A，减刑适用于被判处管制、拘役、有期徒刑或者无期徒刑的犯罪分子。选项B、C，犯罪分子确有悔改或者立功表现的，人民法

2．D　【解析】本题考查减刑。选项 D，判处管制、拘役、有期徒刑的，减刑以后实际执行的刑期不能少于原判刑期的 1/2。

3．B　【解析】本题考查假释。选项 A，假释适用于被判处有期徒刑或者无期徒刑的犯罪分子。选项 C，被判处有期徒刑的犯罪分子，执行原判刑期 1/2 以上，如果认真遵守监规，接受教育改造，确有悔改表现，没有再犯罪的危险的，可以假释。选项 D，对于生效裁判中有财产性判项，罪犯确有履行能力而不履行或者不全部履行的，不予假释。即此时不予假释的前提是确有履行能力而不履行或者不全部履行的，如果确实没有履行能力，不在此限。

4．A　【解析】本题考查假释。选项 B，对累犯以及因故意杀人、强奸、抢劫、绑架、放火、爆炸、投放危险物质或者有组织的暴力性犯罪被判处 10 年以上有期徒刑、无期徒刑的犯罪分子，不得假释。选项 C、D，被判处有期徒刑的犯罪分子，执行原判刑期 1/2 以上，被判处无期徒刑的犯罪分子，实际执行 13 年以上，如果认真遵守监规，接受教育改造，确有悔改表现，没有再犯罪的危险的，可以假释。

考点十八　危害税收征管罪

A　【解析】本题考查危害税收征管犯罪。选项 B、C、D，危害税收征管犯罪侵犯的客体是国家的税收征管制度。犯罪主体既包括单位，也包括个人。犯罪在主观方面存在故意，过失不构成本罪。

考点十九　逃税罪

B　【解析】本题考查逃税罪。凡 5 年内因逃避缴纳税款受过刑事处罚或者被税务机关给予 2 次以上行政处罚，又逃避缴纳税款，数额在 10 万元以上并且占各税种应纳税总额 10% 以上的，则构成逃税罪。凡逃税额不足各税种应纳税总额 10% 的，或者逃税额不足 10 万元的，或者逃税额超过 10 万元但不足各税种应纳税总额 10% 的，或者逃税额不足 10 万元但超过各税种应纳税总额 10% 的，均属于一般逃税违法行为，不构成逃税罪。这里王某的逃税行为占各税种应纳税总额的 8%，不构成逃税罪。

考点二十　抗税罪

A　【解析】本题考查抗税罪。选项 B，抗税罪客观方面表现为以暴力、威胁方法拒不缴纳税款的行为。造成轻伤害是抗税罪的行为表现之一。选项 C、D，抗税罪没有数额和情节严重的要求。

考点二十一　逃避追缴欠税罪

B　【解析】本题考查涉税犯罪。选项 A，逃税罪的犯罪主体是纳税人和扣缴义务人。选项 C，骗取出口退税罪的犯罪主体是一般主体（纳税人、非纳税人均可）。选项 D，抗税罪的犯罪主体是纳税人或扣缴义务人。

考点二十二 骗取出口退税罪

A 【解析】本题考查骗取出口退税罪。骗取出口退税罪犯罪主体是一般主体,既可以是纳税人,也可以是非纳税人,既可以是个人,也可以是单位,而且单位不限于是否具有进出口经营权。

考点二十三 涉票类犯罪

1. A 【解析】本题考查虚开增值税专用发票罪。选项 B,对于虚开发票又骗取出口退税的犯罪人,如果骗取出口退税已完成,通常以骗取出口退税罪定罪;如果骗取出口退税未遂,或者虚开发票数额特别巨大,给国家造成特别重大损失,应认定为虚开增值税专用发票或者虚开用于骗取出口退税、抵扣税款发票罪。选项 C,虚开增值税专用发票包括为他人虚开、为自己虚开、让他人为自己虚开、介绍他人虚开增值税专用发票行为。选项 D,以伪造的增值税专用发票进行虚开,达到虚开增值税专用发票罪规定标准的,应当以虚开增值税专用发票罪追究刑事责任。

2. BCDE 【解析】本题考查涉税犯罪。选项 A,逃税行为跨越若干个纳税年度,只要其中一个纳税年度的逃税数额及百分比达到刑法规定的标准(10 万元以上、10%以上),即构成逃税罪。

考点二十四 徇私舞弊不征、少征税款罪

C 【解析】本题考查徇私舞弊不征、少征税款罪。选项 A、D,在税务机关采用定期定额征收方式导致少征税款或者纳税人提供虚假材料骗取减免税出现的不征或者少征税款以及因税务人员业务素质原因造成的少征税款等情况下,因税务人员没有徇私舞弊的主观故意,不能认定为有罪。选项 B,税务人员在税收工作中严重不负责任,不征或者少征税款,致使国家税收遭受重大损失的,对责任人员应追究玩忽职守罪。

考点二十五 徇私舞弊发售发票、抵扣税款、出口退税罪

C 【解析】本题考查徇私舞弊发售发票、抵扣税款、出口退税罪。选项 C,主观方面表现为故意,过失不构成徇私舞弊发售发票、抵扣税款、出口退税罪。

考点二十六 徇私舞弊不移交刑事案件罪

BD 【解析】本题考查徇私舞弊不移交刑事案件罪的构成要件。选项 A、E,徇私舞弊不移交刑事案件罪的主观方面必须是故意,过失不构成本罪。选项 C,徇私舞弊不移交刑事案件罪的犯罪主体为行政执法人员。

考点二十七 违法提供出口退税凭证罪

AE 【解析】本题考查违法提供出口退税凭证罪。选项 A、B,违法提供出口退税凭证罪,是指海关、外汇管理等国家机关工作人员违反国家规定,在提供出口货物报关单、出口收汇核销单等出口退税凭证的工作中徇私舞弊,致使国家利益遭受重大损失的一种渎职犯罪。选项 C,违法提供出口退税凭证罪的处罚并不包括没收财产。选项 D,违法提供出口退税凭证罪的犯罪主体是海关、外汇管理等国家机关工

作人员，其他自然人或单位均不能成为本罪的主体。选项 E，过失不构成违法提供出口退税凭证罪。

综合拓展

（1）BCE 【解析】本题考查虚开增值税专用发票罪。选项 A、B、C、D，对于有实际生产经营活动的企业为虚增业绩、融资、贷款等不以骗抵税款为目的，没有因抵扣造成税款被骗损失的，不以虚开增值税专用发票或者虚开用于骗取出口退税、抵扣税款发票罪定性处理，构成其他犯罪的，依法以其他犯罪追究刑事责任。选项 E，赵记经营部并未实际取得增值税专用发票，也未让东川公司虚开增值税专用发票，故不构成虚开增值税专用发票罪。

（2）ABCD 【解析】本题考查虚开增值税专用发票罪。虚开增值税专用发票不仅应当追究开票人的刑事责任，受票人和介绍人也可构成本罪，应依法追究刑事责任。以单位名义实施，但属于个人行为，且违法所得归个人所有，应认定为自然人犯罪而非单位犯罪。所以东川公司不构成虚开增值税专用发票罪，赵某、孙某、李某构成虚开增值税专用发票罪。西海公司为他人虚开，构成虚开增值税专用发票罪。

（3）ABCD 【解析】本题考查骗取出口退税罪。选项 A，从事货物运输代理、报关、会计、税务、外贸综合服务等中介组织及其人员违反国家有关进出口经营规定，为他人提供虚假证明文件，致使他人骗取国家出口退税款，情节严重的，依照提供虚假证明文件罪追究刑事责任。本题中，西川外服中心的行为不构成骗取出口退税罪。选项 B、C、D、E，纳税人缴纳税款后，采取假报出口或者其他欺骗方法，骗取所缴税款的，按逃税罪处罚；骗取税款超过所缴纳的税款部分，以骗取出口退税罪论处。本题中，西川公司构成骗取出口退税罪和逃税罪，骗取出口退税金额100万元，逃税金额200万元。

（4）ABCE 【解析】本题考查刑罚的适用。选项 A、B、E，孙某之前构成虚开增值税专用发票罪，跟交通肇事罪能够数罪并罚。孙某揭发西川公司的犯罪行为，并经公安机关查证属实，孙某的行为构成立功。孙某主动供述东川公司取得西海公司增值税专用发票以及将资金存入王某个人账户的事实，构成自首。选项 C，当事人、法定代理人、辩护人、诉讼代理人有权向人民法院提出申请，要求他们回避。孙某有权申请周某回避。选项 D，累犯，是指因犯罪受过一定刑罚处罚的犯罪分子，在刑罚执行完毕或者赦免以后，在法定期限内又犯一定之罪的情况。孙某的行为不构成累犯。

亲爱的读者，你已完成本章27个考点的学习，本书知识点的学习进度已达94%。

第十九章 刑事诉讼法

重要程度：次重点章节　　分值：5.5分左右

考试风向

▰ 考情速递

本章主要内容包括刑事诉讼法基础、刑事诉讼制度、强制措施和刑事诉讼程序，考查分数不高，但涉及考点多，理论性和专业性较强，学习难度较大，要求理解和适当记忆。重点关注的考点包括刑事诉讼参与人、刑事辩护制度、认罪认罚从宽制度、取保候审和逮捕。本章考查单选题、多选题和综合分析题，需适当加强题目训练。

▰ 2025年考试变化

本章变动较大。

新增：（1）基层法院移送中级法院管辖的案件；（2）任职回避；（3）法定不起诉；（4）不起诉案件撤销等。

调整：（1）刑事诉讼专门机关；（2）地域管辖；（3）起诉具体内容表述。

删除：（1）刑事诉讼专门机关中海关走私犯罪部门；（2）自诉案件的立案条件；（3）第一审程序中公开与不公开审理的内容；（4）速裁案件的二审程序；（5）刑事执行。

▰ 脉络梳理

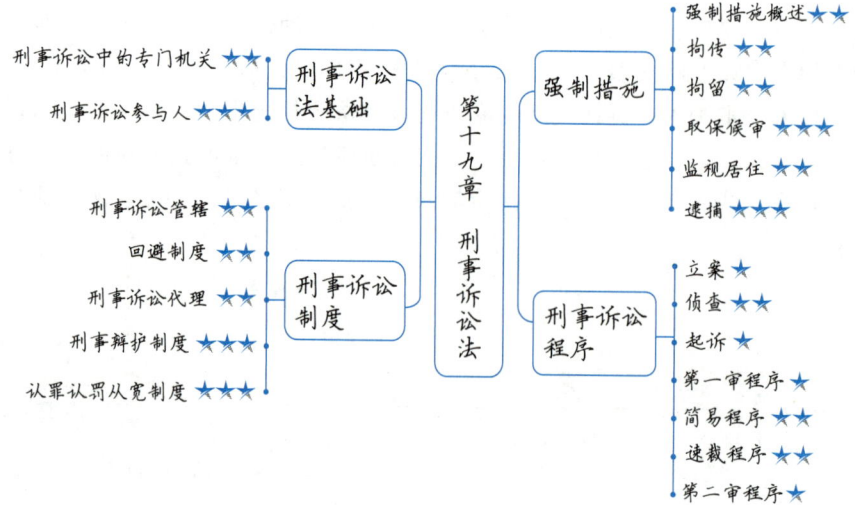

考点详解及精选例题

第一节 刑事诉讼法基础

考点一 刑事诉讼中的专门机关 ★★

1. 公安机关

大部分案件的侦查权，强制措施的执行权（取保候审、监视居住、拘留、逮捕），刑罚的执行权（拘役、剥夺政治权利）。

2. 检察院

国家的侦查机关之一，国家唯一的公诉机关，专门的诉讼监督机关。

3. 法院

唯一有权审理并定罪量刑的专门机关。

4. 法律特别规定的机关或机构

国家安全部门、军队保卫部门、中国海警局、监狱。

考点二 刑事诉讼参与人 ★★★

1. 刑事诉讼当事人

刑事诉讼当事人，见表 19-1。

表 19-1 刑事诉讼当事人

当事人	具体内容
被害人	合法权益遭受犯罪行为侵害的人
自诉人	以个人名义直接向法院提起诉讼，要求追究被告人刑事责任的人（通常为被害人或被害人的法定代理人）
犯罪嫌疑人、被告人	以检察院向法院提起公诉为分界
附带民事诉讼的原告人和被告人	

2. 其他诉讼参与人

法定代理人、诉讼代理人、辩护人、证人、鉴定人、翻译人员。

提示 侦查、检察和审判人员（包括审判员和人民陪审员）均不属于诉讼参与人。

3. 公诉案件被害人诉讼权利

（1）对侵犯其人身权利、民主权利、财产权利的犯罪行为以及犯罪嫌疑人，有权向公安机关、检察院、法院报案或者控告，要求追究责任。

（2）自案件移送审查起诉之日起，有权委托诉讼代理人。

（3）对公安机关应当立案而不立案的，有权向检察院提出意见。

(4)对检察院作出的不起诉决定不服的,有权向上一级检察院提出申诉。

(5)如有证据证明公安机关、检察院对于侵犯其人身权利、财产权利的行为应当追究刑事责任而不予追究的,有权直接向法院起诉。

(6)对公安司法人员侵犯其诉讼权利和人身权利的行为有权提出控告。

(7)有权申请审判人员、检察人员、侦查人员及书记员、翻译人员和鉴定人回避。

(8)有权提起附带民事诉讼。

(9)不服地方各级法院的第一审判决,有权请求检察院抗诉。

(10)有权参加法庭审理,行使陈述权、辩论权,并可以向证人、鉴定人、被告人发问。

(11)对已经发生法律效力的裁判不服的,可以向法院或者检察院提出申诉。

4. 自诉人的诉讼权利

(1)有权直接向法院提起自诉。

(2)有权(随时)委托诉讼代理人(非辩护人)。

(3)有权申请审判人员以及书记员、鉴定人、翻译人员回避。

(4)法院受理自诉案件后,对于因为客观原因不能取得并提供的有关证据,自诉人有权申请法院调查取证。

(5)在法院宣告判决前,有权同被告人自行和解或者撤回自诉。

(6)有权参加法庭调查和法庭辩论。

(7)有权对第一审法院尚未发生法律效力的判决、裁定提出上诉。

(8)有权对法院已经发生法律效力的判决、裁定提出申诉。

自诉案件的范围:
(1)告诉才处理的案件(侮辱、诽谤案;暴力干涉婚姻自由案;虐待案和侵占案)。
(2)检察院没有提起公诉,被害人有证据证明的轻微刑事案件。
(3)被害人有证据证明对被告人侵犯自己人身、财产权利的行为应当依法追究刑事责任,且有证据证明曾经提出控告,而公安机关或者检察院不予追究被告人刑事责任的案件(公诉转自诉)。

5. 犯罪嫌疑人、被告人的诉讼权利

(1)辩护及委托辩护的权利,有权拒绝辩护人继续为其辩护,有权另行委托辩护人。

(2)有权对司法机关工作人员侵犯其诉讼权利或人身侮辱的行为提出控告。

(3)有权要求具有法定应当回避情形的审判人员、检察人员、侦查人员等回避。

(4)在依法告诉才处理的和被害人有证据证明的轻微刑事案件中,有权对自诉人提起反诉。

(5)对地方各级法院所作的没有发生法律效力的第一审判决或裁定,被告人有权提出上诉。

(6)对各级法院所作的已经发生法律效力的判决或裁定,有权提出申诉。

6. 法定代理人

(1)包括:被代理人的父母、养父母、监护人和负有保护责任的机关、团体的代表。

(2)地位:有独立的诉讼地位,享有一定的诉讼权利,负担一定的诉讼义务。

7. 委托诉讼代理人

委托诉讼代理人指公诉案件的被害人及其法定代理人或者近亲属、自诉案件的自诉人及其法定代理人委托代为参加诉讼的人和附带民事诉讼的当事人及其法定代理人委托代为参加诉讼的人。

8. 辩护人

辩护人指依法接受委托或指定,参加诉讼并为犯罪嫌疑人或被告人进行辩护的诉讼参与人。

9. 证人

证人只能是自然人,不能是法人,生理上、精神上有缺陷或者年幼,不能辨别是非、不能正确表达的人,不能作证人。

10. 鉴定人

担任过本案的侦查人员、检察人员和审判人员,以及充当过证人、辩护人、诉讼代理人或者同案件有利害关系的,应当回避。

11. 翻译人员

不能同案件有利害关系,凡是依法应当回避的,必须回避。

【例题1·单选题】(2024年)下列人员中,属于刑事诉讼当事人的是(   )。

A. 辩护人
B. 诉讼代理人
C. 自诉人
D. 法定代理人

解析 本题考查刑事诉讼参与人。选项C,刑事诉讼当事人,是指与案件事实和诉讼结果有切身利害关系,在诉讼中处于控告或者被控告地位的诉讼参与人,是刑事诉讼的主要参加者,包括被害人、自诉人、犯罪嫌疑人、被告人、附带民事诉讼的原告人和被告人。选项A、B、D,其他刑事诉讼参与人,是指刑事诉讼当事人以外的、根据法律规定和诉讼需要而参加刑事诉讼活动的人,包括法定代理人、诉讼代理人、辩护人、证人、鉴定人和翻译人员。

【例题2·单选题】(2021年)下列关于刑事诉讼参与人及其诉讼地位的说法正确的是(   )。

A. 在刑事诉讼中,法定代理人不具有独立的诉讼地位
B. 被害人本人能作为自诉人,但其法定代理人不能作为自诉人
C. 证人可以是自然人,也可以是法人
D. 人民团体推荐的人可以担任刑事诉讼的辩护人

解析 本题考查刑事诉讼参与人。选项A,法定代理人有独立的诉讼地位,享有一定的诉讼权利,负担一定的诉讼义务。选项B,通常情况下,自诉人是该案件的被害人,或者是被害人的法定代理人。选项C,证人是指当事人以外的、就自己知道的案件情况向司法机关作证的人。证人不能更换和代替,并且只能是自然人,不能是法人。

答案
例题1 | C
例题2 | D

第二节 刑事诉讼制度

考点三 刑事诉讼管辖 ★★

1. 立案管辖

（1）公安机关管辖：刑事案件的侦查由公安机关进行，法律另有规定的除外。除外情况是指：①法院直接受理的刑事案件；②军人违反职责的犯罪和军队内部发生的刑事案件；③罪犯在监狱内犯罪的刑事案件；④其他依照法律和规定应当由其他机关管辖的案件。

（2）检察院管辖：检察院立案侦查国家工作人员利用职权实施的犯罪，包括：①检察院在对刑诉活动实行法律监督中发现的司法工作人员利用职权实施的非法拘禁，刑讯逼供、非法搜查等侵犯公民权利、损害司法公正的犯罪；②对于公安机关管辖的国家机关工作人员利用职权实施的重大犯罪案件，需要由检察院直接受理时，经省级以上检察院决定，可以由检察院立案侦查。

（3）法院管辖：自诉案件由法院直接受理，自诉案件指依法应由被害人本人或者近亲属自行向法院起诉的案件，包括：①告诉才处理的案件；②检察院没有提起公诉，被害人有证据证明的轻微刑事案件；③被害人有证据证明对被告人侵犯自己人身、财产权利的行为应当依法追究刑事责任，且有证据证明曾经提出控告，而公安机关或者检察院不予追究被告人刑事责任的案件（公诉转自诉）。

2. 审判管辖

（1）级别管辖，见表19-2。

表19-2 级别管辖

项目	具体内容
基层法院	第一审普通刑事案件，但是依法由上级法院管辖的除外
中级法院	危害国家安全、恐怖活动案件；可能判处无期徒刑、死刑案件；适用违法所得没收程序的案件；适用缺席审判程序审理的案件。 基层法院对可能判处无期徒刑、死刑的第一审刑事案件，应当移送中级法院审判。对下列第一审刑事案件，可以请求移送中级法院审判：①重大、复杂案件；②新类型的疑难案件；③在法律适用上具有普遍指导意义的案件 新增
高级法院	全省（自治区、直辖市）性的重大刑事案件
最高法院	全国性的重大刑事案件

提示 上级法院在必要时，可以审判下级法院管辖的第一审刑事案件；下级法院认为案情重大、复杂，需要由上级法院审判的，可以请求移送上一级法院审判

（2）地域管辖，见表19-3。

表 19-3　地域管辖

项目	具体内容
一般地域	由犯罪地的法院管辖，如果由被告人居住地的法院审判更为适宜，可以由被告人居住地的法院管辖
特殊地域	服刑期间发现漏罪和又犯新罪：①漏罪由原审法院管辖，服刑地或者犯罪地法院管辖更为适宜的，可由服刑地或犯罪地的法院管辖；②服刑期间又犯罪的，由服刑地法院管辖；③逃脱期间犯罪，由服刑地的法院管辖，但在犯罪地捕获并发现新罪的，由犯罪地法院管辖

（3）专门管辖：包括军事法院、海事法院、知识产权法院、金融法院等，只有军事法院具有刑事案件审判权。

（4）指定管辖：上级法院可以指定下级法院审判管辖不明的案件或者指定下级法院将案件移送其他法院审判。

（5）并案管辖：①一人犯数罪、共同犯罪或其他需要并案审理的案件，其中一人或者一罪属于上级法院管辖的，全案由上级法院管辖。②法院发现被告人还有其他犯罪被起诉、审查起诉、立案侦查或立案调查的，可以并案审理；涉及同种犯罪的，一般应当并案审理，由最初受理地法院审判。必要时，可由主要犯罪地的法院审判。③第二审法院在审理过程中，发现被告人还有其他犯罪没有判决的，参照第②项。决定并案审理，应当发回第一审法院处理。

考点四　回避制度★★

1. 回避的范围和种类

回避的范围和种类，见表 19-4。

表 19-4　回避的范围和种类

项目	具体内容
回避范围	审判人员、检察人员、侦查人员
回避种类	自行回避、申请回避、指令回避

2. 回避理由

（1）身份不当：①是本案的当事人或当事人的近亲属；②本人或其近亲属和本案有利害关系；③担任过本案的证人、鉴定人、辩护人、诉讼代理人；④与本案的辩护人、诉讼代理人有近亲属关系；⑤与本案当事人有其他关系，可能影响公正处理案件。

（2）涉嫌违法违规：①违反规定会见本案当事人、辩护人、诉讼代理人；②为本案当事人推荐、介绍辩护人、诉讼代理人，或者为律师、其他人员介绍办理本案；③索取、接受本案当事人及其委托的人的财物或其他利益；④接受本案当事人及其委托的人的宴请，或者参加由其支付费用的活动；⑤向本案当事人及其委托的人借用款物；⑥有其他不正当行为，可能影响公

正审判。

(3)跨越诉讼阶段:①参与过本案调查、侦查、审查起诉工作的监察、侦查、检察人员,调至法院工作的,不得担任本案的审判人员;②在一个审判程序中参与过本案审判工作的合议庭组成人员或者独任审判员,不得再参与本案其他程序的审判,但是,发回重新审判的案件,在第一审人民法院作出裁判后又进入第二审程序、在法定刑以下判处刑罚的复核程序或者死刑复核程序的,原第二审程序、在法定刑以下判处刑罚的复核程序或者死刑复核程序中的合议庭组成人员不受本规定的限制。

(4)任职回避:依照法律和有关规定应当实行任职回避的,不得担任案件的审判人员。 新增

3. 回避决定

(1)审判人员、检察人员、侦查人员的回避,分别由法院院长、检察长、公安机关负责人决定;

(2)法院院长的回避,由本院审判委员会决定;检察长和公安机关负责人的回避,由同级检察院检察委员会决定。

提示 对驳回申请回避的决定,可以申请复议一次。

考点五 刑事诉讼代理 ★★

(1)公诉案件的被害人及其法定代理人或者近亲属,自案件移送审查起诉之日起,有权委托诉讼代理人。检察院自收到移送审查起诉的材料之日起3日内告知被害人及其法定代理人或者近亲属有权委托诉讼代理人。

(2)自诉案件的自诉人及其法定代理人有权随时委托诉讼代理人。法院自决定受理自诉案件之日起3日内告知自诉人及其法定代理人有权委托诉讼代理人。

(3)刑事附带民事诉讼案件的当事人及其法定代理人,自案件移送审查起诉之日起,有权委托诉讼代理人。检察院自收到移送审查起诉的材料之日起3日内告知刑事附带民事诉讼当事人及其法定代理人有权委托诉讼代理人。

(4)代理人的范围:律师、人民团体或被代理人单位推荐的人、被代理人的监护人、亲友。

提示 正在被执行刑罚或依法被剥夺、限制人身自由的人,不得担任诉讼代理人。

考点六 刑事辩护制度 ★★★

1. 辩护的种类和辩护人的范围

(1)自行辩护:贯穿刑事诉讼整个过程。

(2)指定辩护,见表19-5。

表 19-5　指定辩护

项目	具体内容
可以指定辩护	具有下列情形之一，被告人没有委托辩护人的，法院可以通知法律援助机构指派律师为其提供辩护：①共同犯罪案件中，其他被告人已经委托辩护人的；②案件有重大社会影响的；③检察院抗诉的；④被告人的行为可能不构成犯罪的；⑤有必要指派律师提供辩护的其他情形
应当指定辩护	对下列没有委托辩护人的犯罪嫌疑人、被告人，法院、检察院应当通知法律援助机构指派律师为其提供辩护：①盲、聋、哑人；②尚未完全丧失辨认或者控制自己行为能力的精神病人；③可能被判处无期徒刑、死刑的人。高级法院复核死刑案件或者死刑缓期执行期间故意犯罪的案件，被告人没有委托辩护人的，应当通知法律援助机构指派律师为其提供辩护

（3）委托辩护人：犯罪嫌疑人、被告人除自己行使辩护权外，还可以委托 1~2 人作为辩护人。1 名辩护人不得为 2 名以上的同案被告人，或者未同案处理但犯罪事实存在关联的被告人辩护。犯罪嫌疑人、被告人在押的，也可以由其监护人、近亲属代为委托辩护人。

（4）辩护人的任职资格：律师；人民团体或者犯罪嫌疑人、被告人所在单位推荐的人；犯罪嫌疑人、被告人的监护人、亲友。

不得担任辩护人：①正在被执行刑罚或者处于缓刑、假释考验期间的人；②依法被剥夺、限制人身自由的人；③被开除公职或者被吊销律师、公证员执业证书的人；④法院、检察院、监察机关、公安机关、国家安全机关、监狱的现职人员；⑤人民陪审员；⑥与本案审理结果有利害关系的人；⑦外国人或者无国籍人；⑧无行为能力或者限制行为能力的人。

提示 第③项~第⑦项规定的人员，如果是被告人的监护人、近亲属，由被告人委托担任辩护人的，可以准许。

（5）审判人员和法院其他工作人员：从法院离任后 2 年内，不得以律师身份担任辩护人。从法院离任后，不得担任原任职法院所审理案件的辩护人，但系被告人的监护人、近亲属的除外。审判人员和法院其他工作人员的配偶、子女或者父母不得担任其任职法院所审理案件的辩护人，但系被告人的监护人、近亲属的除外。

（6）委托时间，见表 19-6。

表 19-6　委托时间

项目	具体内容
犯罪嫌疑人	自被侦查机关第一次讯问或者采取强制措施之日起，有权委托辩护人。**提示** 在侦查期间，只能委托律师作为辩护人
被告人	有权随时委托辩护人

(7)告知时间：①侦查机关在第一次讯问犯罪嫌疑人或者对犯罪嫌疑人采取强制措施的时候，应当告知犯罪嫌疑人有权委托辩护人。②检察院自收到移送审查起诉的案件材料之日起 3 日内，应当告知犯罪嫌疑人有权委托辩护人。③法院自受理案件之日起 3 日内，应当告知被告人有权委托辩护人。④犯罪嫌疑人、被告人在押期间要求委托辩护人的，检察院和公安机关应当及时、法院应当在 3 日内向其监护人、近亲属或者其指定的人员转达要求。

【例题 3·单选题】（2024 年）下列关于委托辩护的说法中，正确的是(　　)。

A. 一名辩护人最多可以接受两名同案被告人的委托

B. 犯罪嫌疑人只能自己委托辩护人，不能由近亲属、监护人代为委托辩护人

C. 侦查期间，犯罪嫌疑人只能委托律师作为辩护人

D. 一名被告人只能委托一名辩护人

解析 本题考查辩护。选项 A，一名辩护人不得为两名以上的同案被告人，或者未同案处理但犯罪事实存在关联的被告人辩护。选项 B，犯罪嫌疑人、被告人在押的，也可以由其监护人、近亲属代为委托辩护人。选项 C，犯罪嫌疑人自被侦查机关第一次讯问或者采取强制措施之日起，有权委托辩护人；在侦查期间，只能委托律师作为辩护人。被告人有权随时委托辩护人。选项 D，犯罪嫌疑人、被告人除自己行使辩护权外，还可以委托一至二人作为辩护人。

2. 辩护人的责任、权利与义务

(1)辩护人的责任：根据事实和法律，提出犯罪嫌疑人、被告人无罪、罪轻或者减轻、免除其刑事责任的材料和意见，维护犯罪嫌疑人、被告人的诉讼权利和其他合法权益。

(2)辩护人在侦查期间的权利：①为犯罪嫌疑人提供法律帮助；②代理申诉、控告；③申请变更强制措施；④向侦查机关了解犯罪嫌疑人涉嫌的罪名和案件有关情况，并提出意见。

提示 危害国家安全犯罪、恐怖活动犯罪，在侦查期间辩护律师会见在押的犯罪嫌疑人，应当经侦查机关许可。

(3)会见权：①辩护律师可以同在押的或者被监视居住的犯罪嫌疑人、被告人会见和通信；其他辩护人经法院、检察院许可，也可以同在押的犯罪嫌疑人、被告人会见和通信。②辩护律师持律师执业证书、律师事务所证明和委托书或者法律援助公函要求会见在押的犯罪嫌疑人、被告人的，看守所应当及时安排会见，至迟不得超过 48 小时。③自案件移送审查起诉之日起，可以向犯罪嫌疑人、被告人核实有关证据。辩护律师会见犯罪嫌疑人、被告人时不被监听。

(4)阅卷权：①自检察院对案件审查起诉之日起，辩护律师可以查阅、摘抄、复制案卷材料，其他辩护人经检察院、法院许可，也可查阅、摘抄、

答案
例题 3 | C

复制案卷材料。但人民检察院检察委员会的讨论记录、人民法院合议庭和审判委员会的讨论记录以及其他依法不公开的材料除外。②辩护律师可以申请查阅作为证据材料向法院移送的讯问录音录像，值班律师可以查阅案卷材料。③复制案卷材料可以采用复印、拍照、扫描、电子数据拷贝等方式。④查阅、摘抄、复制案卷材料，涉及国家秘密、商业秘密、个人隐私的，应当保密；对不公开审理案件的信息、材料或者在办案过程中获悉的案件重要信息、证据材料，不得违反规定泄露、披露，不得用于办案以外的用途。

（5）调查取证权：①辩护律师经证人或者其他有关单位和个人同意，可以向他们收集、调取与本案有关的材料；②辩护律师申请向被害人及其近亲属、被害人提供的证人收集与本案有关的材料，法院认为确有必要的，应当签发准许调查书；③法院收集、调取证据材料时，辩护律师可以在场。

（6）质询权：辩护人认为在调查、侦查、审查起诉期间监察机关、公安机关、检察院收集的证明犯罪嫌疑人、被告人无罪或者罪轻的证据材料未随案移送，申请检察院、法院、公安机关、检察院调取的，应当以书面形式提出，并提供相关线索或者材料。

（7）申请回避权：认为审判人员、检察人员、侦查人员具有法定回避情形，有权向司法机关申请，要求有关人员回避；对驳回申请回避的决定，有权申请复议。

（8）申诉、控告权：认为公安机关、检察院、法院及其工作人员阻碍其依法行使诉讼权利的，有权向同级或上一级检察院申诉或者控告。

（9）律师担任辩护人、诉讼代理人，经法院准许，可以带一名助理参加庭审。律师助理参加庭审的，可以从事辅助工作，但不得发表辩护、代理意见。

（10）辩护人义务：①不得帮助犯罪嫌疑人、被告人隐匿、毁灭、伪造证据或者串供，不得威胁、引诱证人作伪证以及进行其他干扰司法机关诉讼活动的行为。②辩护人收集的有关犯罪嫌疑人、被告人不在犯罪现场、未达到刑事责任年龄、属于依法不负刑事责任的精神病人的证据，应当及时告知公安机关、人民检察院、人民法院。③辩护律师对在执业活动中知悉的委托人的有关情况和信息，有权予以保密。但是，辩护律师在执业活动中知悉委托人或者其他人，准备或者正在实施危害国家安全、公共安全以及严重危害他人人身安全的犯罪的，<u>应当及时告知司法机关</u>。

【例题4·多选题】在刑事诉讼中，犯罪嫌疑人的辩护律师享有多种诉讼权利。下列关于辩护律师诉讼权利的说法中，正确的有（　　）。

A. 自案件移送审查起诉之日起，可以向犯罪嫌疑人、被告人核实有关证据
B. 经人民法院、人民检察院许可，可以查阅、摘抄、复制本案的案卷材料
C. 可以申请人民检察院、人民法院调取公安机关、人民检察院未提交的在侦查、审查起诉期间收集的证明犯罪嫌疑人无罪或者罪轻的证据材料
D. 可以向侦查机关了解犯罪嫌疑人涉嫌的罪名和案件有关情况，提出意见

E. 经人民法院、人民检察院许可，可以同在押的犯罪嫌疑人会见和通信

解析 本题考查辩护律师的诉讼权利。选项B，辩护律师自人民检察院对案件审查起诉之日起，可以查阅、摘抄、复制本案的案卷材料，无须经过人民法院、人民检察院的许可。选项E，辩护律师可以同在押犯罪嫌疑人、被告人会见和通信，无须经过人民法院、人民检察院的许可。其他辩护人经人民法院、人民检察院许可，也可以同在押的犯罪嫌疑人、被告人会见和通信。

考点七 认罪认罚从宽制度 ★★★

1. 适用范围

适用范围，见表19-7。

表19-7 适用范围

项目	具体内容
适用阶段	认罪认罚从宽制度贯穿刑事诉讼全过程，适用于所有刑事案件的侦查、起诉、审判等阶段
适用案件	没有适用罪名和可能判处刑罚的限定

2. 认罪

认罪，见表19-8。

表19-8 认罪

项目	具体内容
认定标准	犯罪嫌疑人、被告人自愿如实供述自己的罪行，对指控的犯罪事实没有异议
不影响认罪	承认指控的主要犯罪事实，仅对个别事实情节提出异议，或者虽然对行为性质提出辩解但表示接受司法机关认定意见的，不影响认罪的认定

3. 认罚

认罚，见表19-9。

表19-9 认罚

项目	具体内容
认定标准	犯罪嫌疑人、被告人真诚悔罪，愿意接受处罚
各阶段认罚形式	在侦查阶段表现为表示愿意接受处罚
	在审查起诉阶段表现为接受检察院拟作出的起诉或不起诉决定，认可检察院的量刑建议，签署认罪认罚具结书
	在审判阶段表现为当庭确认自愿签署具结书，愿意接受刑罚处罚
不认定为认罚	犯罪嫌疑人，被告人虽然表示"认罚"，却暗中串供、干扰证人作证，毁灭、伪造证据或者隐匿、转移财产，有赔偿能力而不赔偿损失，则不能适用认罪认罚从宽制度
不影响认罚	犯罪嫌疑人、被告人享有程序选择权，不同意适用速裁程序、简易程序的，不影响认罚的认定

答案
例题4 | ACD

4. 从宽

从宽,见表19-10。

表19-10 从宽

项目	具体内容	
从宽理解	从宽分为实体从宽和程序从简两方面	
	原则上	可以从宽(非一律从宽)
	不予从宽	对犯罪性质和危害后果特别严重、犯罪手段特别残忍、社会影响特别恶劣的犯罪嫌疑人、被告人,认罪认罚不足以从轻处罚的,依法不予从宽处罚
从宽幅度把握	对犯罪嫌疑人、被告人具有自首、坦白情节,同时认罪认罚的,应当在法定刑幅度内给予相对更大的从宽幅度。认罪认罚与自首、坦白不作重复评价	

【例题5·单选题】(2023年)下列关于认罪认罚从宽制度适用规则的说法中,正确的是(　　)。

A. 被告人愿意接受处罚,但不同意适用简易程序,不应作认罚的认定

B. 被告人虽然承认被指控的主要犯罪事实,但对个别事实情节提出异议,不应作认罪的认定

C. 被告人认罪认罚,同时具有坦白情节,应当在法定刑幅度内给予相对更大的从宽幅度

D. 只要被告人认罪,不管其认罚与否,对其从宽幅度应一致

解析 本题考查认罪认罚从宽制度。选项A,犯罪嫌疑人、被告人享有程序选择权,不同意适用速裁程序、简易程序的,不影响认罚的认定。选项B,承认指控的主要犯罪事实,仅对个别事实情节提出异议,或者虽然对行为性质提出辩解但表示接受司法机关认定意见的,不影响认罪的认定。选项C,被告人具有自首、坦白情节,同时认罪认罚的,应当在法定刑幅度内给予相对更大的从宽幅度。选项D,认罪认罚的从宽幅度一般应当大于仅有坦白,或者虽认罪但不认罚的从宽幅度。

5. 强制措施的适用

强制措施的适用,见表19-11。

表19-11 强制措施的适用

项目	具体内容
不羁押	犯罪嫌疑人认罪认罚,对于罪行较轻、采用非羁押性强制措施足以防止发生社会危险性的,根据犯罪性质及可能判处的刑罚,可不适用羁押性强制措施
不逮捕	(1)犯罪嫌疑人认罪认罚,公安机关认为罪行较轻、没有社会危险性的,应当不再提请检察院审查逮捕。 (2)对提请逮捕的,检察院认为没有社会危险性不需要逮捕的,应当作出不批准逮捕的决定

答案
例题5 | C

6. 权益的保障

（1）犯罪嫌疑人、被告人权益保障：①犯罪嫌疑人、被告人自愿认罪认罚，没有辩护人的，法院、检察院、公安机关（看守所）应当通知值班律师为其提供法律咨询、程序选择建议、申请变更强制措施等法律帮助；②犯罪嫌疑人、被告人自愿认罪认罚，没有委托辩护人，拒绝值班律师帮助的，法院、检察院、公安机关应当允许，记录在案并随案移送。但是审查起诉阶段签署认罪认罚具结书时，检察院应当通知值班律师到场。

（2）被害方权益保障：①办理认罪认罚案件，应当听取被害人及其诉讼代理人的意见，并将犯罪嫌疑人、被告人是否与被害方达成和解协议、调解协议或者赔偿被害方损失，取得被害方谅解，作为从宽处罚的重要考虑因素；②被害人及其诉讼代理人不同意对认罪认罚的犯罪嫌疑人、被告人从宽处理的，不影响认罪认罚从宽制度的适用；③犯罪嫌疑人、被告人认罪认罚，但没有退赃退赔、赔偿损失，未能与被害方达成调解或者和解协议的，从宽时应当予以酌减；④犯罪嫌疑人、被告人自愿认罪并且愿意积极赔偿损失，但由于被害方赔偿请求明显不合理，未能达成调解或者和解协议的，一般不影响对犯罪嫌疑人、被告人从宽处理。

7. 对反悔的处理

对反悔的处理，见表19-12。

表19-12 对反悔的处理

项目	具体内容
起诉前反悔	认罪认罚具结书失效，检察院应当在全面审查事实证据的基础上，依法提起公诉
审判阶段反悔	法院应当根据审理查明的事实，依法作出裁判

8. 适用的程序

对认罪认罚案件，应当根据案件情况，依法适用速裁程序、简易程序或者普通程序审理。

（1）速裁程序：基层法院管辖的可能判处3年有期徒刑以下刑罚的案件，案件事实清楚，证据确实、充分，被告人认罪认罚并同意适用速裁程序。检察院提起公诉时，可建议法院适用速裁程序。

（2）简易程序：基层法院管辖的被告人认罪认罚案件，事实清楚、证据充分，被告人对适用简易程序没有异议。

（3）普通程序：普通程序办理认罪认罚案件，可以适当简化法庭调查、辩论程序。

（4）程序转换：①适用速裁程序审理的，法院发现被告人的行为不构成犯罪或者不应当追究刑事责任、被告人违背意愿认罪认罚，被告人否认指控的犯罪事实情形的，应当转为普通程序审理；②发现其他不宜适用速裁程序但符合简易程序适用条件的，应当转为简易程序重新审理；③发现不宜适用简易程序审理的，应当转为普通程序审理。

【例题6·多选题】（2021年）下列关于认罪认罚从宽制度适用的说法中，正确的有（   ）。

A. 对认罪认罚案件，适用速裁程序和简易程序，不适用普通程序
B. 认罪认罚从宽制度要求在程序上从简、实体上从宽
C. 认罪认罚与自首、坦白不作重复评价
D. 认罪认罚从宽制度适用于起诉和审判阶段，不适用于侦查阶段
E. 犯罪嫌疑人自愿认罪并同意量刑建议和程序适用的，可以独自签署认罪认罚具结书

解析 本题考查认罪认罚从宽制度。选项A，对认罪认罚案件，应当根据案件情况，依法适用速裁程序、简易程序、普通程序。选项D，认罪认罚从宽制度贯穿刑事诉讼全过程，适用于所有刑事案件的侦查、起诉、审判各个阶段，没有适用罪名和可能判处刑罚的限定。选项E，犯罪嫌疑人自愿认罪，同意量刑建议和程序适用的，应当在辩护人或者值班律师在场的情况下签署认罪认罚具结书。

第三节　强制措施

考点八　强制措施概述 ★★

强制措施指公安机关、检察院和法院为了保证刑事诉讼的顺利进行，根据案件情况，依法对犯罪嫌疑人、被告人或者现行犯、重大嫌疑分子所采取的强制性限制其人身自由或者暂时剥夺其人身自由的各种法定强制方法，包括拘传、拘留、取保候审、监视居住、逮捕。

记忆口诀
举报建住。

考点九　拘传 ★★

拘传，见表19-13。

表19-13　拘传

项目	具体内容
批准	对犯罪嫌疑人、被告人实施拘传，须经法院、检察院、公安机关的负责人审批，签发拘传证（票）后方可执行
执行	拘传时，执行人员不得少于2人，应当向被拘传人出示拘传证（票）。对抗拒拘传的，可以使用戒具，强制到案
时间	拘传犯罪嫌疑人、被告人持续的时间不得超过12小时；案情特别重大、复杂，需要采取拘留、逮捕措施的，拘传持续的时间不得超过24小时
次数	不得以连续拘传的形式变相拘禁犯罪嫌疑人、被告人，应当保证被拘传人的饮食和必要的休息时间
地点	犯罪嫌疑人、被告人所在的县、市

答案
例题6 | BC

(续表)

项目	具体内容
处理	将犯罪嫌疑人、被告人拘传到案后，应当立即讯问

考点十 拘留★★

1. 拘留的适用范围

现行犯或者重大嫌疑分子，如有下列情形之一，公安机关可以先行拘留：①正在预备犯罪、实行犯罪或者在犯罪后即时被发觉的；②被害人或者在场亲眼看见的人指认他犯罪的；③在身边或者住处发现有犯罪证据的；④犯罪后企图自杀、逃跑或者在逃的；⑤有毁灭、伪造证据或者串供可能的；⑥不讲真实姓名、住址，身份不明的；⑦有流窜作案、多次作案、结伙作案重大嫌疑的。

检察院对犯罪后企图自杀、逃跑或者在逃和有毁灭、伪造证据或者串供可能的犯罪嫌疑人，可以决定拘留。

2. 拘留的执行

拘留的执行，见表19-14。

表19-14 拘留的执行

项目	具体内容
执行	由公安机关执行
羁押	对于现行犯或者重大嫌疑分子的拘留，或者根据检察院决定作出的拘留，公安机关均应当立即将被拘留人送看守所羁押，至迟不得超过24小时
通知	除无法通知或者涉嫌危害国家安全犯罪、恐怖活动犯罪通知可能有碍侦查的情形以外，公安机关、人民检察院应当在拘留后24小时以内，通知被拘留人的家属
讯问	公安机关、检察机关对被拘留的人，应当在拘留后24小时以内进行讯问。发现不应当拘留的，必须立即释放，并发给释放证明
期限	检察院直接受理侦查的案件，拘留犯罪嫌疑人的羁押期限为14日，特殊情况下可以延长1~3日

考点十一 取保候审★★★

1. 取保候审的适用范围

法院、检察院和公安机关对有下列情形之一的犯罪嫌疑人、被告人，可以取保候审：①可能判处管制、拘役或者独立适用附加刑的；②可能判处有期徒刑以上刑罚，采取取保候审不致发生社会危险性的；③患有严重疾病、生活不能自理，怀孕或者正在哺乳自己婴儿的妇女，采取取保候审不致发生社会危险性的；④羁押期限届满，案件尚未办结，需要采取取保候审的。

公安机关对累犯，犯罪集团的主犯，以自伤、自残办法逃避侦查的犯罪嫌疑人,严重暴力犯罪以及其他严重犯罪的犯罪嫌疑人不得取保候审。检察院对于严重危害社会治安的犯罪嫌疑人,以及其他犯罪性质恶劣、情节严重的犯罪嫌疑人不得取保候审。

2. 取保候审的申请和决定

取保候审的申请和决定,见表19-15。

表19-15 取保候审的申请和决定

项目	具体内容
申请	被羁押、监视居住以及被逮捕后的犯罪嫌疑人、被告人及其法定代理人、近亲属或者辩护人有权向公安机关、检察院、法院申请取保候审
决定	公安机关、检察院、法院在接到取保候审的申请书后,应当在3日之内作出是否同意的答复

3. 取保候审的方式

对犯罪嫌疑人、被告人决定取保候审的,应当责令其提出保证人或者交纳保证金。对同一犯罪嫌疑人决定取保候审,不得同时使用保证人保证与保证金保证。提供保证金的人应当将保证金一次性存入公安机关指定银行的专门账户。

对下列犯罪嫌疑人、被告人决定取保候审的,可以责令其提出1~2名保证人:①无力交纳保证金的;②未成年或者已满75周岁的;③不宜收取保证金的。保证人必须符合下列条件:①与本案无牵连;②有能力履行保证义务;③享有政治权利,人身自由未受到限制;④有固定的住处和收入。

4. 取保候审的执行

取保候审的执行,见表19-16。

表19-16 取保候审的执行

项目	具体内容
执行	公安机关执行。被取保候审的犯罪嫌疑人、被告人应当遵守以下规定:①未经执行机关批准不得离开所居住的市、县;②住址、工作单位和联系方式发生变动的,在24小时以内向执行机关报告;③在传讯的时候及时到案;④不得以任何形式干扰证人作证;⑤不得毁灭、伪造证据或者串供
期限	对犯罪嫌疑人、被告人取保候审最长不得超过12个月;在取保候审期间,不得中断对案件的侦查、审查起诉和审理

【例题7·单选题】(2021年)下列关于取保候审适用规则的说法中,正确的是( )。

A. 对犯罪嫌疑人决定取保候审的,应当要求其提出保证人并交纳保证金
B. 公安机关对于累犯可以适用取保候审
C. 公安机关对犯罪嫌疑人取保候审的,不得中断对案件的侦查
D. 对犯罪嫌疑人取保候审的,最长不得超过6个月

答案 ↓

例题7 | C

解析 本题考查取保候审。选项 A，人民法院、人民检察院和公安机关决定对犯罪嫌疑人、被告人取保候审，应当责令犯罪嫌疑人、被告人提出保证人或者交纳保证金。对同一犯罪嫌疑人决定取保候审，不得同时使用保证人保证和保证金保证方式。选项 B，对累犯，犯罪集团的主犯、以自伤、自残办法逃避侦查的犯罪嫌疑人、严重暴力犯罪以及其他严重犯罪的犯罪嫌疑人不得取保候审。选项 C，取保候审期间，不得中断对案件的侦查、起诉和审理。选项 D，人民法院、人民检察院和公安机关对犯罪嫌疑人、被告人取保候审最长不得超过 12 个月。

考点十二 监视居住 ★★

1. 监视居住的适用范围

法院、检察院和公安机关对符合逮捕条件，有下列情形之一的犯罪嫌疑人、被告人，可以监视居住：①患有严重疾病、生活不能自理的；②怀孕或者正在哺乳自己婴儿的妇女；③系生活不能自理的人的唯一扶养人；④因为案件的特殊情况或者办理案件的需要，采取监视居住措施更为适宜的；⑤羁押期限届满，案件尚未办结，需要采取监视居住措施的。对符合取保候审条件，但犯罪嫌疑人、被告人不能提出保证人，也不交纳保证金的，可以监视居住。

2. 监视居住的执行

监视居住的执行，见表 19-17。

表 19-17 监视居住的执行

项目	具体内容
义务	由公安机关执行。被监视居住的犯罪嫌疑人、被告人应当遵守以下规定： (1)未经执行机关批准不得离开执行监视居住的处所。 (2)未经执行机关批准不得会见他人或者通信。 (3)在传讯的时候及时到案。 (4)不得以任何形式干扰证人作证。 (5)不得毁灭、伪造证据或者串供。 (6)将护照等出入境证件、身份证件、驾驶证件交执行机关保存
期限	对犯罪嫌疑人、被告人监视居住最长不得超过 6 个月；在监视居住期间，不得中断对案件的侦查、审查起诉和审理
执行场所	(1)监视居住应当在犯罪嫌疑人、被告人的住处执行；无固定住处的，可以在指定的居所执行。 (2)对于涉嫌危害国家安全犯罪、恐怖活动犯罪，在住处执行可能有碍侦查的，经上一级公安机关批准，也可在指定的居所执行。 (3)不得指定在羁押场所、专门的办案场所执行
通知	指定居所监视居住的，除无法通知的以外，应当在执行监视居住后 24 小时以内，通知被监视居住人的家属

(续表)

项目	具体内容
折抵刑期	(1)指定居所监视居住的期限应当折抵刑期。 (2)被判处管制的,监视居住1日折抵刑期1日;被判处拘役、有期徒刑的,监视居住2日折抵刑期1日

考点十三 逮捕 ★★★

(1)对有证据证明有犯罪事实,可能判处徒刑以上刑罚的犯罪嫌疑人、被告人,采取取保候审尚不足以防止发生下列社会危险性的,应当予以逮捕:①可能实施新的犯罪的;②有危害国家安全、公共安全或者社会秩序的现实危险的;③可能毁灭、伪造证据,干扰证人作证或者串供的;④可能对被害人、举报人、控告人实施打击报复的;⑤企图自杀或者逃跑的。

对有证据证明有犯罪事实,可能判处10年有期徒刑以上刑罚的,或者有证据证明有犯罪事实,可能判处徒刑以上刑罚,曾经故意犯罪或者身份不明的,应当予以逮捕。对可能判处徒刑以下刑罚的被告人,违反取保候审、监视居住规定,严重影响诉讼活动正常进行的,可以决定逮捕;被取保候审、监视居住的犯罪嫌疑人、被告人违反取保候审、监视居住规定,情节严重的,可以予以逮捕。

(2)提请逮捕:公安机关对被拘留的人,认为需要逮捕的,应当在拘留后的3日以内,提请检察院审查批准;特殊情况下,可以延长1~4日。对于流窜作案、多次作案、结伙作案的重大嫌疑分子,提请审查批准的时间可以延长至30日。

(3)检察院应当自接到公安机关提请批准逮捕书后的7日以内,作出批准逮捕或者不批准逮捕的决定。检察院审查批准逮捕犯罪嫌疑人由检察长决定;重大案件应当提交检察委员会讨论决定。

检察院审查批准逮捕,可以讯问犯罪嫌疑人;有下列情形之一的,应当讯问犯罪嫌疑人:①对是否符合逮捕条件有疑问的;②犯罪嫌疑人要求向检察人员当面陈述的;③侦查活动可能有重大违法行为的。检察院审查批准逮捕,可以询问证人等诉讼参与人,听取辩护律师的意见;辩护律师提出要求的,应当听取辩护律师的意见。

(4)犯罪嫌疑人涉嫌的罪行较轻且没有其他重大犯罪嫌疑,具有下列情形之一的,可以作出不批准逮捕或者不予逮捕的决定:①属于预备犯、中止犯,或者防卫过当、避险过当的;②主观恶性较小的初犯,共同犯罪中的从犯、胁从犯,犯罪后自首、有立功表现或者积极退赃、赔偿损失、确有悔罪表现的;③过失犯罪的犯罪嫌疑人,犯罪后有悔罪表现,有效控制损失或者积极赔偿损失的;④犯罪嫌疑人与被害人双方根据《刑事诉讼法》规定达成和解协议,经审查,认为和解系自愿、合法且已经履行或者提供担保的;⑤犯罪嫌疑人认罪认罚的;⑥犯罪嫌疑人系已满14周岁未满18周岁的未成年人或者在校学生,本人有悔罪表现,其家庭、学校或者所在社区、居民委员会、村民委员会具备监护、帮教条件的;⑦犯罪嫌疑人系已满75周岁的人。

(5)逮捕的决定和执行,见表19-18。

表 19-18 逮捕的决定和执行

项目	具体内容
决定	检察院、法院对符合规定情形的犯罪嫌疑人、被告人有权决定逮捕
执行	公安机关(公安机关逮捕人的时候,必须出示逮捕证) 逮捕后,应当立即将被逮捕人送看守所羁押,除无法通知的以外,应当在逮捕后 24 小时以内,通知被逮捕人的家属
讯问	法院、检察院对于各自决定逮捕的人,公安机关对于经检察院批准逮捕的人,都应当在逮捕后 24 小时以内进行讯问;发现不应当逮捕的,必须立即释放,并发给释放证明。必要时可依法变更强制措施

(6)逮捕变更,见表 19-19。

表 19-19 逮捕变更

项目	具体内容
申请人	犯罪嫌疑人、被告人及其法定代理人、近亲属或者辩护人申请变更、解除强制措施的,应当说明理由
变更情形	被逮捕的被告人具有下列情形之一的,法院应当立即释放;必要时,可以依法变更强制措施:①第一审法院判决被告人无罪、不负刑事责任或者免予刑事处罚的;②第一审法院判处管制、宣告缓刑、单独适用附加刑,判决尚未发生法律效力的;③被告人被羁押的时间已到第一审法院对其判处的刑期期限的;④案件不能在法律规定的期限内审结的。 **提示** 被逮捕的被告人具有下列情形之一的,法院可以变更强制措施:患有严重疾病、生活不能自理的;怀孕或者正在哺乳自己婴儿的;系生活不能自理的人的唯一扶养人

【例题 8·单选题】(2024 年)下列关于逮捕、取保候审的说法中,正确的是( )。

A. 取保候审分别由公安机关、检察机关、审判机关执行

B. 公安机关对犯罪嫌疑人取保候审的应当责令其提出保证人并交纳保证金

C. 对有证据证明有犯罪事实可能判处 10 年以上有期徒刑的犯罪嫌疑人应当予以逮捕

D. 对违反取保候审规定需要逮捕的犯罪嫌疑人,应先行监视居住

解析 本题考查取保候审、逮捕。选项 A,取保候审由公安机关执行。选项 B,对同一犯罪嫌疑人决定取保候审,不得同时使用保证人保证和保证金保证。选项 C,对有证据证明有犯罪事实,可能判处 10 年有期徒刑以上刑罚的,或者有证据证明有犯罪事实,可能判处徒刑以上刑罚,曾经故意犯罪或者身份不明的,应当予以逮捕。选项 D,被取保候审、监视居住的犯罪嫌疑人、被告人违反取保候审、监视居住规定,情节严重的,可以予以逮捕。《刑事诉讼法》及相关规定未规定应先行监视居住。

答案
例题 8 | C

强制措施比较，见表 19-20。

表 19-20　强制措施比较

项目	拘传	拘留	取保候审	监视居住	逮捕
决定	公安机关 人民检察院 人民法院	公安机关 人民检察院	公安机关 人民检察院 人民法院	公安机关 人民检察院 人民法院	人民检察院 人民法院
执行	公安机关 人民检察院 人民法院	公安机关	公安机关	公安机关	公安机关
文件	拘传证(票)	拘留证	—	—	逮捕证
期限	≤12 小时 重大复杂需逮捕≤24 小时 不得连续拘传	公安：≤3 日 + 1~4 日 （流多结 30 日）+ 7 日 检察院：≤14 日 + 1~3 日	≤12 月	≤6 月	—
讯问	立即讯问	24 小时内	—	—	24 小时内
羁押	—	立即送看守所羁押，至迟不超 24 小时	—	—	立即将被逮捕人送看守所羁押

第四节　刑事诉讼程序

考点十四　立案 ★

立案，见表 19-21。

表 19-21　立案

项目	具体内容
条件	(1) 有犯罪事实。 (2) 需要追究刑事责任
材料来源	(1) 公安机关或者人民检察院自行发现的犯罪事实或者获得的犯罪线索。 (2) 单位和个人的报案或者举报。 (3) 被害人的报案或者控告。 (4) 犯罪人的自首

考点十五　侦查 ★★

1. 侦查措施

侦查措施，见表 19-22。

表 19-22　侦查措施

项目	具体内容
概念	指公安机关、人民检察院为了查明案情，收集证据，查获犯罪嫌疑人，依据法律规定而进行的各种专门调查工作。 【区别】刑事强制措施是为了保证刑事诉讼顺利进行，强制限制或暂时剥夺人身自由
种类	讯问犯罪嫌疑人，询问证人、被害人，勘验、检查，搜查，查封、扣押物证、书证，鉴定，技术侦查措施，通缉。 【区别】刑事强制措施包括拘传、取保候审、监视居住、拘留、逮捕

记忆口诀

询查口述，看见通缉。

2. 讯问犯罪嫌疑人

讯问犯罪嫌疑人，见表 19-23。

表 19-23　讯问犯罪嫌疑人

项目	具体内容
负责	必须由公安机关的侦查人员或检察院的检察人员负责，侦查人员或检察人员不得少于 2 人
讯问地点	(1)送交看守所羁押后讯问，应当在看守所内进行。 (2)对不需要逮捕、拘留的犯罪嫌疑人，可以传唤到犯罪嫌疑人所在市、县内的指定地点或者到他的住处进行讯问。 (3)对在现场发现的犯罪嫌疑人，可以口头传唤，并将传唤的原因和依据告知被传唤人
讯问时间	传唤持续的时间不得超过 12 小时；案情特别重大、复杂，需要采取拘留、逮捕措施的，传唤持续的时间不得超过 24 小时。两次传唤间隔的时间一般不得少于 12 小时
讯问要求	(1)应当个别进行。 (2)对于可能判处无期徒刑、死刑的案件或者其他重大犯罪案件，应当对讯问过程进行录音或者录像

3. 询问证人、被害人

询问证人、被害人，见表 19-24。

表 19-24　询问证人、被害人

项目	具体内容
询问地点	可以在现场进行 可以到证人所在单位、住处或者证人提出的地点进行。 提示 讯问是叫你去哪，就去哪；询问是你说去哪，就去哪 在必要的时候，可以通知证人到检察院或者公安机关提供证言

(续表)

项目	具体内容
询问要求	询问证人应当个别进行
	询问重大或者有社会影响的案件的重要证人,应当对询问过程实行全程录音、录像

4. 勘验、检查

勘验、检查,见表19-25。

表19-25 勘验、检查

项目	具体内容
见证人	勘验时,检察院应当邀请2名与案件无关的见证人在场
解剖尸体	对于死因不明的尸体:公安机关、检察机关有权决定解剖,并且通知死者家属到场,并在解剖通知书上签名或者盖章。死者家属无正当理由拒不到场或者拒绝签名、盖章的,不影响解剖的进行
侦查实验	必要时,经公安机关、检察机关负责人批准,可以进行侦查实验

5. 搜查

搜查,见表19-26。

表19-26 搜查

项目	具体内容
见证人	应当有被搜查人或者他的家属、邻居或者其他见证人在场
证件	应当向被搜查人或者他的家属出示搜查证,执法人员不少于2人
直接搜查	(1)可能随身携带凶器。 (2)可能隐藏爆炸、剧毒等危险物品。 (3)可能隐匿、毁弃、转移犯罪证据。 (4)可能隐匿其他犯罪嫌疑人。 **提示** 搜查结束后24小时内补办有关手续

6. 查封、扣押

(1)侦查人员在侦查活动中发现可用以证明犯罪嫌疑人有罪或者无罪、犯罪情节轻重的各种财物、文件的,应当查封、扣押;与案件无关的财物、文件,不得查封、扣押。

(2)侦查人员认为需要扣押犯罪嫌疑人的邮件、电报时,经公安机关或者检察院批准,即可通知邮电机关将有关的邮件、电报扣押。

提示 经查明确实与案件无关的,应当在3日以内解除查封或者予以退还。

7. 鉴定

(1)侦查机关应当将用作证据的鉴定意见告知犯罪嫌疑人、被害人;被害人死亡或者没有诉讼行为能力的,应当告知其法定代理人、近亲属或诉讼

代理人。

（2）犯罪嫌疑人的辩护人或者近亲属以犯罪嫌疑人有患精神病可能而申请对犯罪嫌疑人进行鉴定的，精神病鉴定的期间不计入羁押期限和办案期限。

提示 重新鉴定的，应当另行指派或者聘请鉴定人。

8. 技术侦查措施

技术侦查措施，见表19-27。

表19-27 技术侦查措施

项目	具体内容
措施	电子侦听、电话监听、电子监控、秘密拍照或录像、进行邮件检查等秘密的专门技术
适用范围	(1)危害国家安全犯罪、恐怖活动犯罪、黑社会性质的组织犯罪、重大毒品犯罪或者其他严重危害社会的犯罪案件。 (2)利用职权实施的严重侵犯公民人身权利的重大犯罪案件。 (3)追捕被通缉或者批准、决定逮捕的在逃的犯罪嫌疑人、被告人的案件。 **提示** 检察机关办理直接受理侦查的案件，需要追捕被通缉或者决定逮捕的在逃犯罪嫌疑人、被告人的，经过批准，不受前述案件范围的限制
期限	对于复杂、疑难案件，期限届满仍有必要继续采取技术侦查措施的，经过原批准机关批准，有效期可以延长，每次不超过3个月

9. 通缉

检察机关决定通缉的，应当将通缉通知书和通缉对象的照片、身份、特征、案情简况送达公安机关，由公安机关发布通缉令，追捕归案。

10. 侦查期限

侦查期限，见表19-28。

表19-28 侦查期限

项目	具体内容
期限	对犯罪嫌疑人逮捕后的侦查羁押期限不得超过2个月
延长	(1)案情复杂、期限届满不能终结的案件，可以经上一级检察院批准延长1个月。 (2)下列案件在规定的期限届满不能侦查终结的，经省、自治区、直辖市检察院批准或者决定，可以延长2个月：①交通十分不便的边远地区的重大复杂案件；②重大的犯罪集团案件；③流窜作案的重大复杂案件；④犯罪涉及面广，取证困难的重大复杂案件。 (3)对犯罪嫌疑人可能判处10年有期徒刑以上刑罚，依照规定延长期限届满，仍不能侦查终结的，经省、自治区、直辖市检察院批准或者决定，可以再延长2个月
重新计算	侦查期间，发现犯罪嫌疑人另有重要罪行的，自发现之日起依照规定重新计算侦查羁押期限

11. 侦查终结

侦查终结，见表19-29。

表19-29　侦查终结

项目	具体内容
公安机关侦查案件	(1)移送检察院审查起诉。 (2)听取辩护律师意见：在案件侦查终结前，辩护律师提出要求的，侦查机关应当听取辩护律师的意见，并记录在案。 (3)撤销案件：发现不应对犯罪嫌疑人追究刑事责任
检察院自侦案件	检察院侦查终结的案件，应当作出提起公诉、不起诉或者撤销案件的决定

【例题9·多选题】根据《刑事诉讼法》的规定，下列关于侦查措施的说法中，符合法律规定的有(　　)。

A. 侦查人员可以在现场询问证人，应当个别进行

B. 在犯罪嫌疑人家属、邻居或者其他见证人在场的情况下，侦查人员可以对犯罪嫌疑人住所进行搜查

C. 对犯罪嫌疑人逮捕后的侦查羁押期限一律不得超过2个月

D. 侦查人员在侦查中不得查封、扣押与案件无关的财物、文件

E. 侦查人员讯问抓获的犯罪嫌疑人，必须在看守所内进行

解析　本题考查侦查措施。选项C，对犯罪嫌疑人逮捕后的侦查羁押期限不得超过2个月；案情复杂、期限届满不能终结的案件，可以经上一级检察院批准延长1个月。选项E，犯罪嫌疑人被送交看守所羁押以后，侦查人员对其进行讯问，应当在看守所内进行。对不需要逮捕、拘留的犯罪嫌疑人，可以传唤到犯罪嫌疑人所在市、县内的指定地点或者到他的住处进行讯问，但是应当出示人民检察院或者公安机关的证明文件。

考点十六　起诉 ★

起诉，见表19-30。

表19-30　起诉

项目	具体内容
审查期限	(1)检察机关应当在1个月以内作出决定；重大、复杂的刑事案件，可延长15日。 (2)犯罪嫌疑人认罪认罚，符合速裁程序的，10日以内作出决定；对可能判处有期徒刑超过1年的，可延长至15日。 (3)对于监察机关移送起诉的已采取留置措施的案件，检察院应当对犯罪嫌疑人先行拘留，留置措施自动解除。检察院应当在拘留后的10日以内作出是否逮捕、取保候审或者监视居住的决定。在特殊情况下，决定的时间可以延长1日至4日。检察院决定采取强制措施的期间不计入审查起诉期限　新增

答案
例题9 | ABD

(续表)

项目	具体内容
补充侦查	(1)检察机关认为需要补充侦查或补充调查的，应当退回公安机关或者监察机关，要求其1个月内完成，审查起诉期限重新计算，补充侦查或者补充调查以2次为限。 (2)对于2次补充侦查的案件，仍然认为证据不足，不符合起诉条件的，应当作出不起诉决定
排除非法证据	采用刑讯逼供等非法方法收集的犯罪嫌疑人、被告人供述和采用暴力、威胁等非法方法收集的证人证言、被害人陈述，应当予以排除。收集物证、书证不符合法定程序，可能严重影响司法公正的，应当予以补正或者作出合理解释；不能补正或者作出合理解释，对该证据应当予以排除
法定不起诉 新增	(1)情节显著轻微、危害不大，不认为是犯罪的。 (2)犯罪已过追诉时效期限的。 (3)经特赦令免除刑罚的。 (4)依照刑法告诉才处理的犯罪，没有告诉或者撤回告诉的。 (5)犯罪嫌疑人、被告人死亡的

考点十七 第一审程序 ★

第一审程序，见表19-31。

表19-31 第一审程序

项目	具体内容
审查受理	7日以内审查完毕→起诉书副本在开庭10日以前送达被告人及其辩护人
庭前准备	案件具有下列情形之一的，法院可以决定召开庭前会议： (1)证据材料较多、案情重大复杂。 (2)控辩双方对事实、证据存在较大争议。 (3)社会影响重大
法庭审判	开庭→法庭调查→法庭辩论→被告人最后陈述→评议和宣判
延期审理	在法庭审判过程中，遇有下列情形之一，影响审判进行的，可以延期审理： (1)需要通知新的证人到庭，调取新的物证，重新鉴定或者勘验。 (2)检察人员发现提起公诉的案件需要补充侦查，提出建议。 (3)由于申请回避而不能进行审判。 (4)被告人揭发他人犯罪行为或者提供重要线索，检察院认为需要进行查证，建议补充侦查。 **提示** 延期审理的案件，检察院应当在1个月以内补充侦查完毕
中止审理	在审判过程中，有下列情形之一，致使案件在较长时间内无法继续审理的，可以中止审理： (1)被告人患有严重疾病，无法出庭

(续表)

项目	具体内容
中止审理	(2)被告人脱逃。 (3)自诉人患有严重疾病，无法出庭，未委托诉讼代理人出庭。 (4)由于不能抗拒的原因。 **提示** 中止审理的原因消失后，应当恢复审理。中止审理的期间不计入审理期限
审理期限	(1)受理后2个月以内宣判，至迟不得超过3个月。 (2)有下列情形之一的，经上一级法院批准，可以延长3个月；因特殊情况还需要延长的，报请最高法院批准：①可能判处死刑的案件；②附带民事诉讼的案件；③交通十分不便的边远地区的重大复杂案件；④重大的犯罪集团案件；⑤流窜作案的重大复杂案件；⑥犯罪涉及面广，取证困难的重大复杂案件。 **提示** 法院改变管辖的案件，从改变后的法院收到案件之日起计算审理期限；检察院补充侦查的案件，补充侦查完毕移送法院后，法院重新计算审理期限

【例题10·单选题】根据《刑事诉讼法》的规定，下列有关一审诉讼程序的表述中，正确的是(　　)。

A. 启动刑事诉讼一审程序必须由人民检察院提起公诉
B. 审判过程中，若因当事人申请回避致使审判不能进行，法庭可以决定延期审理
C. 人民法院审理公诉案件，应当在受理后3个月内宣判
D. 中止审理的期间应计入审理期限

解析 本题考查刑事诉讼第一审程序。选项A，当事人提起自诉，同样可以启动刑事诉讼一审程序。选项C，人民法院审理公诉案件，应当在受理后2个月以内宣判，至迟不得超过3个月。对于可能判处死刑的案件或者附带民事诉讼的案件，以及有《刑法》第158条规定情形之一的，经上一级人民法院批准，可以延长3个月；因特殊情况还需要延长的，报请最高人民法院批准。选项D，中止审理的期间不计入审理期限。

考点十八 简易程序 ★★

简易程序，见表19-32。

表19-32 简易程序

项目	具体内容
适用	基层法院管辖的案件，可以适用简易程序： (1)案件事实清楚、证据充分的。 (2)被告人承认自己所犯罪行，对指控的犯罪事实没有异议的。 (3)被告人对适用简易程序没有异议的

答案
例题10 | B

(续表)

项目	具体内容
不适用	(1)被告人是盲、聋、哑人的。 (2)被告人是尚未完全丧失辨认或者控制自己行为能力的精神病人的。 (3)案件有重大社会影响的。 (4)共同犯罪案件中部分被告人不认罪或者对适用简易程序有异议的。 (5)辩护人作无罪辩护的。 (6)被告人认罪,但经审查认为可能不构成犯罪的
启动	(1)被告人及其辩护人有权申请适用简易程序。 (2)检察院可以建议法院适用简易程序
审判组织	适用简易程序审理案件,对可能判处 3 年有期徒刑以下刑罚的,可以组成合议庭进行审判,也可以由审判员 1 人独任审判
	对可能判处的有期徒刑超过 3 年的,应当组成合议庭进行审判
宣判	一般应当当庭宣判,但在判决宣告前应当听取被告人的最后陈述,裁判文书可以简化
审限	受理后 20 日内审结;对可能判处的有期徒刑超过 3 年的,可以延长至一个半月
转为普通程序	(1)被告人的行为可能不构成犯罪的。 (2)被告人可能不负刑事责任的。 (3)被告人当庭对起诉指控的犯罪事实予以否认的。 (4)案件事实不清、证据不足的。 (5)不应当或者不宜适用简易程序的其他情形

考点十九 速裁程序★★

速裁程序,见表 19-33。

表 19-33 速裁程序

项目	具体内容
适用	基层法院管辖的可能判处 3 年有期徒刑以下刑罚的案件,案件事实清楚,证据确实、充分,被告人认罪认罚并同意适用速裁程序的
不适用	(1)被告人是盲、聋、哑人的。 (2)被告人是尚未完全丧失辨认或者控制自己行为能力的精神病人的。 (3)被告人是未成年人的。 (4)案件有重大社会影响的。 (5)共同犯罪案件中部分被告人对指控的犯罪事实、罪名、量刑建议或者适用速裁程序有异议的。 (6)被告人与被害人或者其法定代理人没有就附带民事诉讼赔偿等事项达成调解或者和解协议的。 (7)辩护人作无罪辩护的。 (8)其他不宜适用速裁程序的情形

(续表)

项目	具体内容
审判	审判员一人独任审判。一般不进行法庭调查、法庭辩论。可以集中开庭,逐案审理。应当当庭宣判,裁判文书可以简化。 **提示** 宣判前应当听取辩护人的意见和被告人最后陈述意见
审限	适用速裁程序审理案件,法院应当在受理后10日以内审结;对可能判处的有期徒刑超过1年的,可以延长至15日
转化	法院在审理过程中,发现有被告人的行为可能不构成犯罪或者不应当追究其刑事责任、被告人违背意愿认罪认罚、被告人否认指控的犯罪事实、案件疑难复杂或者对适用法律有重大争议以及其他不宜适用速裁程序审理的情形的,应当转为普通程序或者简易程序审理

考点二十 第二审程序 ★

第二审程序,见表19-34。

表19-34 第二审程序

项目	具体内容
上诉	被告人、自诉人及其法定代理人,不服地方各级法院尚未发生法律效力的第一审的判决、裁定,有权用书状或者口头向上一级法院提出上诉
	被告人的辩护人和近亲属,经被告人同意,可以提出上诉
	附带民事诉讼的当事人及其法定代理人,可以对判决、裁定中的附带民事诉讼部分提出上诉
抗诉	地方各级检察院认为同级法院尚未发生法律效力的第一审的判决、裁定确有错误时,应当向上一级法院提出抗诉,提请法院进行重新审判
请求抗诉	被害人及其法定代理人不服地方各级法院第一审的判决的,自收到判决书后5日以内,有权请求检察院提出抗诉
期限	不服判决的上诉和抗诉的期限为10日,不服裁定的上诉和抗诉的期限为5日,从接到判决书、裁定书的次日起算
审理	审理形式:一般合议庭开庭审理,速裁程序上诉的案件,可以不开庭审理。 审查内容:第二审法院应当就第一审判决认定的事实和适用法律进行全面审查,不受上诉或者抗诉范围的限制。共同犯罪的案件只有部分被告人上诉的,应当对全案进行审查,一并处理
上诉不加刑	第二审法院审理被告人或其法定代理人、辩护人、近亲属提出上诉的案件,不得对被告人的刑罚作出实质不利的改判
	第二审法院发回原审法院重新审判的案件,除有新的犯罪事实,检察院补充起诉的以外,原审法院不得加重被告人的刑罚。 **提示** 检察院提出抗诉或者自诉人提出上诉的案件,不受上述规定的限制

（续表）

项目	具体内容
期限	(1)应当在2个月内审结，对于可能判处死刑或者附带民事诉讼的案件，经省、自治区、直辖市高级法院批准或者决定，可以延长2个月；因特殊情况还需要延长的，报请最高法院批准。 (2)最高法院受理上诉、抗诉案件的审理期限，由最高法院决定

【例题11·单选题】根据《刑事诉讼法》的规定，（　　）提出上诉的案件，不受上诉不加刑的限制。

A．被告人的法定代理人　　　B．自诉人

C．被告人的辩护人　　　　　D．被告人的近亲属

解析 本题考查上诉不加刑的例外。第二审人民法院审理被告人或者他的法定代理人、辩护人、近亲属上诉的案件，不得加重被告人的刑罚。第二审人民法院发回原审人民法院重新审判的案件，除有新的犯罪事实，人民检察院补充起诉的以外，原审人民法院也不得加重被告人的刑罚。人民检察院提出抗诉或者自诉人提出上诉的，不受前述规定的限制。

答案
例题11 | B

扫我做试题

同步训练

考点一 刑事诉讼中的专门机关

（单选题）下列关于刑事诉讼中专门机关的说法，正确的是（　　）。

A．法院是主要有权审理并定罪量刑的专门机关

B．检察院是国家唯一的公诉机关，不属于国家的侦查机关

C．公安机关拥有所有案件的侦查权

D．国家安全部门、军队保卫部门属于特定专门机关

考点二 刑事诉讼参与人

1．（单选题）根据《刑事诉讼法》的规定，下列人员中，不属于诉讼参与人的是（　　）。

A．鉴定人　　B．证人　　C．辩护人　　D．书记员

2．（单选题）根据《刑事诉讼法》的规定，自诉人在刑事诉讼中有权（　　）。

A．委托辩护人　　　　　　B．在判决宣告后撤回自诉

C．申请鉴定人回避　　　　D．在判决宣告后与被告人自行和解

3．（多选题）被告人李某虚构他人购买中原油田内部房屋的事实，骗取刘某、张某等50名受害人人民币890万元。此案中刘某、张某作为刑事诉讼的被害人，依法可行使的权利有（　　）。

A. 有权申请被告辩护律师回避
B. 有权提起刑事附带民事诉讼
C. 自案件移送审查起诉之日起，有权委托诉讼代理人
D. 对人民检察院作出的不起诉决定不服，有权向上一级检察院提出申诉
E. 对一审判决不服有权请求人民检察院提出申诉

考点三 刑事诉讼管辖

(单选题)根据刑事诉讼法律制度的规定，下列关于刑事诉讼管辖的说法，正确的是( )。

A. 告诉才处理的案件属于自诉案件，由检察院直接受理
B. 公安机关负责所有刑事案件的侦查
C. 可能判处无期徒刑、死刑的第一审刑事案件，由中级人民法院管辖
D. 一人犯数罪、共同犯罪或者其他需要并案审理的案件，其中一人或者一罪属于上级人民法院管辖的，上级人民法院应当将案件移送下级人民法院管辖

考点四 回避制度

1. (多选题)根据《刑事诉讼法》及有关规定，审判人员违反规定可能影响案件公正处理的，案件当事人有权申请其回避。下列情形中，符合申请回避条件的有( )。
   A. 法官丙接受当事人及其委托人宴请
   B. 法官丁为本案当事人介绍辩护人、诉讼代理人
   C. 法官乙按照规定会见本案辩护人
   D. 法官戊向本案当事人借用普通住房
   E. 法官甲接受当事人及其委托人的财物

2. (多选题)根据刑事诉讼法律制度的规定，关于回避，下列说法中，正确的有( )。
   A. 审判人员的回避，应当由院长决定
   B. 法院院长的回避，由同级人民检察院检察委员会决定
   C. 检察人员的回避，应当由检察长决定
   D. 公安机关负责人的回避，由同级人民检察院检察委员会决定
   E. 侦查人员的回避，应当由公安机关负责人决定

考点五 刑事诉讼代理

(单选题)我国刑事诉讼法律制度规定了刑事诉讼代理制度，下列人员中，不能够委托诉讼代理人的人员是( )。

A. 自诉人　　　　　　　　　　B. 自诉人的法定代理人
C. 被害人的近亲属　　　　　　D. 自诉人的近亲属

考点六 刑事辩护制度

1. (单选题·2020年)在刑事诉讼中，犯罪嫌疑人、被告人有权委托辩护人。下列有关委托辩护人的说法中，正确的是( )。
   A. 犯罪嫌疑人、被告人可以委托其正处于缓刑考验期的亲友担任辩护人

B. 犯罪嫌疑人、被告人可以委托人民陪审员担任辩护人

C. 犯罪嫌疑人、被告人可以委托已从法院离职1年的律师朋友以律师身份担任辩护人

D. 犯罪嫌疑人、被告人可以委托其在法院任职的监护人担任辩护人

2. (单选题)根据刑事诉讼法律的规定,下列不属于人民法院、人民检察院应当通知法律援助机构指派律师为其辩护的情形是( )。

A. 犯罪嫌疑人、被告人因经济困难或者其他原因没有委托辩护人的

B. 被告人是尚未完全丧失辨认或控制自己行为能力的精神病人而未委托辩护人的

C. 被告人是盲、聋、哑人而没有委托辩护人的

D. 被告人可能被判处死刑而没有委托辩护人的

考点七 认罪认罚从宽制度

1. (多选题)下列对认罪认罚从宽制度的说法中,正确的有( )。

A. 对犯罪嫌疑人、被告人具有自首、坦白情节,同时认罪认罚的,应当在法定刑幅度内给予相对更大的从宽幅度,认罪认罚与自首、坦白不作重复评价

B. 犯罪嫌疑人、被告人犯数罪,仅如实供述其中一罪的,全案不作认罪的认定,不适用认罪认罚从宽制度

C. 犯罪嫌疑人、被告人虽然表示认罪,却隐匿、转移财产,有赔偿能力而不赔偿损失,不能适用认罪认罚从宽制度

D. 犯罪嫌疑人、被告人享有程序选择权,不同意适用速裁程序、简易程序的,影响认罚的认定

E. 承认指控的主要犯罪事实,仅对个别事实情节提出异议,不影响认罪的认定

2. (多选题)下列关于认罪认罚从宽制度适用的说法中,正确的有( )。

A. 犯罪嫌疑人、被告人自愿认罪认罚,没有辩护人的,法院、检察院、公安机关(看守所)应当通知值班律师为其提供法律帮助

B. 被害人及其诉讼代理人不同意对认罪认罚的犯罪嫌疑人、被告人从宽处理的,不影响认罪认罚从宽制度的适用

C. 犯罪嫌疑人、被告人自愿认罪并且愿意积极赔偿损失,但由于被害方赔偿请求明显不合理,未能达成调解或者和解协议的,影响对犯罪嫌疑人、被告人从宽处理

D. 犯罪嫌疑人起诉前反悔的,认罪认罚具结书失效,检察院应当在全面审查事实证据的基础上,依法提起公诉

E. 适用速裁程序审理的,法院发现被告人违背意愿认罪认罚,应当转为简易程序审理

考点八 强制措施概述

(多选题)根据《刑事诉讼法》的规定,下列属于刑事强制措施的有( )。

A. 拘传 B. 通缉 C. 搜查

D. 监视居住 E. 逮捕

考点九 拘传

(单选题)根据《刑事诉讼法》及相关规定,下列关于拘传的说法,正确的是( )。

A. 对犯罪嫌疑人、被告人实施拘传,必须经人民检察院的负责人批准

B. 拘传时，应当向被拘传人出示拘传证，执行人员不得少于2人，对抗拒拘传的，可以使用戒具，强制到案
C. 对犯罪嫌疑人、被告人的拘传不得超过3次，每次不得超过8小时
D. 可以连续拘传犯罪嫌疑人

考点十 拘留

(多选题)根据《刑事诉讼法》及相关规定，下列关于拘留的说法，正确的有(　　)。
A. 公安机关对于犯罪后企图自杀、逃跑的，可以先行拘留
B. 对于现行犯或者重大嫌疑分子的拘留，公安机关应当立即将被拘留人送看守所羁押，至迟不得超过24小时
C. 公安机关、人民检察院必须在拘留后24小时以内，通知被拘留人的家属
D. 公安机关、检察机关对被拘留的人，应当在拘留后的12小时以内进行讯问
E. 检察院直接受理侦查的案件，拘留犯罪嫌疑人的羁押期限为14日，特殊情况下可以延长1日至3日

考点十一 取保候审

(多选题)取保候审是刑事强制措施之一，根据《刑事诉讼法》的规定，下列关于取保候审的说法中，正确的有(　　)。
A. 可能判处有期徒刑以上刑罚，采取取保候审不致发生社会危险性的，可以适用取保候审
B. 对同一犯罪嫌疑人决定取保候审，可以同时使用保证人保证与保证金保证
C. 取保候审的最长期限为6个月，未经执行机关批准不得离开所居住的市、县
D. 公安机关、人民检察院、人民法院均可作出取保候审决定，由公安机关执行
E. 未成年或者已满75周岁的，可以责令其提出1~2名保证人

考点十二 监视居住

(多选题)根据《刑事诉讼法》以及相关司法解释，下列关于刑事诉讼强制措施的表述中，正确的有(　　)。
A. 对符合取保候审条件，但犯罪嫌疑人、被告人不能提出保证人，也不交纳保证金的，可以监视居住
B. 人民法院、人民检察院和公安机关对犯罪嫌疑人、被告人监视居住最长不得超过6个月
C. 监视居住的期限应当折抵刑期，被判处拘役、有期徒刑的，监视居住1日折抵刑期1日
D. 监视居住由公安机关执行
E. 法院、检察院和公安机关对符合逮捕条件，患有严重疾病、生活不能自理的犯罪嫌疑人、被告人，可以监视居住

考点十三 逮捕

1. (多选题)根据《刑事诉讼法》的规定，下列关于逮捕的说法中，正确的有(　　)。

A. 有证据证明有犯罪事实，可能判处徒刑以上刑罚的犯罪嫌疑人，应当予以逮捕

B. 公安机关对被拘留的人，认为需要逮捕的，应当在拘留后的7日以内，提请检察院审查批准

C. 检察院应当自接到公安机关提请批准逮捕书后的7日以内，作出批准逮捕或者不批准逮捕的决定

D. 公安机关逮捕后，应当立即将被逮捕人送看守所羁押，除无法通知的以外，应当在逮捕后24小时以内，通知被逮捕人的家属

E. 法院、检察院对于各自决定逮捕的人，公安机关对于经检察院批准逮捕的人，都应当在逮捕后12小时以内进行讯问

2．(多选题)根据《刑事诉讼法》的规定，下列关于拘留和逮捕的说法，正确的有(　　)。

A. 公安机关在侦查案件过程中，发现重大嫌疑分子犯罪后企图逃跑的，有权采取拘留措施

B. 人民检察院在侦查直接受理的案件时，需要拘留犯罪嫌疑人的，有权作出拘留决定并自行执行

C. 逮捕犯罪嫌疑人、被告人，必须经人民检察院批准或者人民法院决定，由公安机关执行

D. 对患有严重疾病、生活不能自理的被告人，可以采取取保候审措施

E. 公安机关对于被拘留的人，应当在拘留后12小时内进行讯问；逮捕犯罪嫌疑人、被告人的，应当在24小时内进行讯问

考点十四 立案——考点十六 起诉

1．(单选题)立案程序是整个刑事诉讼活动的开始。下列关于刑事诉讼立案的说法，错误的是(　　)。

A. 立案是刑事诉讼的必经程序

B. 所有刑事案件的立案条件均须满足有犯罪事实，需要追究刑事责任

C. 犯罪人的自首属于量刑情节，不属于刑事诉讼立案的材料来源

D. 单位和个人的报案或者举报，是公安司法机关决定是否立案的最主要最普遍的材料来源

2．(单选题)根据《刑事诉讼法》的规定，下列关于补充侦查或补充调查的说法中，正确的是(　　)。

A. 检察机关认为需要补充侦查或补充调查的，应当退回公安机关或者监察机关，要求其2个月内完成

B. 补充侦查或者补充调查完毕移送起诉后，审查起诉期限重新计算

C. 补充侦查或者补充调查以3次为限

D. 2次退回补充调查或补充侦查的案件，仍证据不足，应当不予起诉

3．(多选题)根据《刑事诉讼法》的规定，下列关于侦查措施和侦查程序的说法中，正确的有(　　)。

A. 犯罪嫌疑人可以拒绝回答侦查人员的讯问

B. 在侦查期间，发现犯罪嫌疑人另有重要罪行的，自发现之日起依照规定重新计算侦查羁押期限

C. 重大的犯罪集团案件，在规定的期限届满不能侦查终结的，经省、自治区、直辖市检察院批准或者决定，可以延长2个月

D. 必要时，经公安机关、检察机关负责人批准，可以进行侦查实验

E. 检察机关、公安机关发布通缉令，由公安机关追捕归案

考点十七 第一审程序

(单选题)根据《刑事诉讼法》的规定，下列有关一审诉讼程序的表述中，正确的是( )。

A. 证据材料较多的案件，法院应当决定召开庭前会议

B. 延期审理的案件，检察院应当在2个月以内补充侦查完毕

C. 在审判过程中，被告人脱逃的，应当中止审理

D. 人民法院审理公诉案件，应当在受理后2个月以内宣判，至迟不得超过3个月

考点十八 简易程序

(多选题)根据《刑事诉讼法》的规定，下列关于简易程序的表述中，正确的有( )。

A. 被告人是盲、聋、哑人的案件，不适用简易程序

B. 适用简易程序审理的案件，对可能判处3年有期徒刑以下刑罚的，可以由审判员一人独任审判

C. 人民法院适用简易程序审理案件的过程中，发现被告人可能不负刑事责任，不宜再适用简易程序的，应该按照规定转为普通程序审理

D. 中级人民法院审理事实清楚、证据确实充分的案件可以适用简易程序

E. 受理后20日内审结，对可能判处的有期徒刑超过3年的，可以延长至一个半月

考点十九 速裁程序

(单选题)根据《刑事诉讼法》的规定，下列关于速裁程序的表述中，正确的是( )。

A. 基层法院管辖的可能判处3年有期徒刑以下刑罚的案件，案件事实清楚，证据确实、充分，可以适用速裁程序

B. 被告人是盲、聋、哑人或者未成年人的，可以适用速裁程序

C. 由审判员一人独任审判，一般不进行法庭调查、法庭辩论，应当当庭宣判

D. 法院在审理过程中，发现被告人否认指控的犯罪事实，应当转为普通程序

考点二十 第二审程序

(多选题)根据《刑事诉讼法》的规定，下列关于第二审程序的表述中，正确的有( )。

A. 被害人的辩护人和近亲属，经被害人同意，可以提出上诉

B. 第二审法院应当就第一审判决认定的事实和适用法律进行全面审查，不受上诉或者抗诉范围的限制

C. 共同犯罪的案件只有部分被告人上诉的，应当对全案进行审查，一并处理

D. 第二审法院审理上诉的案件，不得对被告人的刑罚作出实质不利的改判

E. 应当在2个月内审结，对于可能判处死刑或者附带民事诉讼的案件，经省、自治区、直辖市高级法院批准或者决定，可以延长2个月

综合拓展

（综合分析题）迅辉制药股份公司主要生产健骨消痛丸，公司法定代表人陆某指令保管员韩某采用不登记入库、销售人员打白条领取产品的方法销售，逃避缴税65万元，占各税种应纳税总额的20%。迅辉公司及陆某以逃税罪被公安机关立案侦查。

（1）本案中陆某被逮捕后，公安机关、侦查人员及人民检察院的下列做法中，正确的有（　　）。

A. 陆某被逮捕后，公安机关对陆某的侦查羁押期限不得超过2个月

B. 若在侦查期间，发现陆某另有抗税罪的，自发现之日起重新计算侦查羁押期限

C. 可以由1名侦查人员讯问陆某

D. 侦查人员认为需要扣押陆某的邮件、电报的时候，经公安机关批准，即可通知邮电机关将有关的邮件、电报扣押

E. 人民检察院对陆某案件审查起诉时，认为案件需要补充侦查的，可以自行侦查

（2）若本案审判人员决定就本案召开庭前会议，关于本案庭前会议，下列表述正确的有（　　）。

A. 陆某有主动参加庭前会议的权利

B. 陆某可在庭前会议上就案件管辖提出异议

C. 陆某的辩护人申请排除非法证据的，可在庭前会议中就是否排除作出决定

D. 控辩双方可在庭前会议中就出庭作证的证人名单进行讨论

E. 若本案证据材料较多、案情重大复杂，应当召开庭前会议

（3）如陆某被采取取保候审措施，下列说法正确的有（　　）。

A. 取保候审由公安机关执行

B. 决定对陆某取保候审，应当责令陆某提出保证人或者交纳保证金

C. 若陆某的住址、工作单位和联系方式发生变动，在48小时以内向执行机关报告

D. 未经执行机关批准，陆某不得离开所居住的市、县

E. 陆某不得以任何形式干扰证人作证

（4）一审判处迅辉公司罚金100万元，陆某有期徒刑5年。陆某以量刑过重为由上诉，检察院未抗诉。关于本案的第二审程序，下列表述正确的有（　　）。

A. 二审法院应在陆某的上诉范围进行审查

B. 二审法院应当组成合议庭，开庭审理

C. 若二审法院决定开庭审理本案，同级检察院应派员出席法庭

D. 二审法院不得加重陆某的刑罚

E. 除特殊情况外，二审法院应在3个月内审结

参考答案及解析

考点一 刑事诉讼中的专门机关

D 【解析】本题考查刑事诉讼中的专门机关。选项 A，法院是唯一有权审理并定罪量刑的专门机关。选项 B，检察院是国家的侦查机关之一，国家唯一的公诉机关，专门的诉讼监督机关。选项 C，公安机关拥有大部分案件的侦查权。

考点二 刑事诉讼参与人

1. D 【解析】本题考查刑事诉讼参与人。刑事诉讼参与人包括当事人、法定代理人、诉讼代理人、辩护人、证人、鉴定人和翻译人员。
2. C 【解析】本题考查自诉人在刑事诉讼案件中的诉讼权利。选项 A，自诉案件的自诉人及其法定代理人，附带民事诉讼的当事人及其法定代理人，有权随时委托诉讼代理人。选项 B、D，自诉人撤回自诉或与被告人和解，要在判决宣告前进行。
3. BCD 【解析】本题考查被害人的权利。选项 A，辩护律师不属于回避的人员范围。选项 E，被害人对一审判决不服的，有权请求人民检察院提出抗诉，而非申诉。

考点三 刑事诉讼管辖

C 【解析】本题考查刑事诉讼管辖。选项 A，告诉才处理的案件属于自诉案件，由法院直接受理。选项 B，刑事案件的侦查由公安机关进行，法律另有规定的除外。人民检察院立案侦查国家工作人员利用职权实施的犯罪。选项 D，一人犯数罪、共同犯罪或者其他需要并案审理的案件，其中一人或者一罪属于上级人民法院管辖的，全案由上级人民法院管辖。

考点四 回避制度

1. ABDE 【解析】本题考查回避制度。审判人员具有下列情形之一的，当事人及其法定代理人有权申请其回避：①违反规定会见本案当事人、辩护人、诉讼代理人的；②为本案当事人推荐、介绍辩护人、诉讼代理人，或者为律师、其他人员介绍办理本案的；③索取、接受本案当事人及其委托的人的财物或者其他利益的；④接受本案当事人及其委托的人的宴请，或者参加由其支付费用的活动的；⑤向本案当事人及其委托的人借用款物的；⑥有其他不正当行为，可能影响公正审判的。
2. ACDE 【解析】本题考查回避制度。法院院长的回避，由本院审判委员会决定。

考点五 刑事诉讼代理

D 【解析】本题考查刑事诉讼代理。公诉案件的被害人及其法定代理人或者近亲属，附带民事诉讼的当事人及其法定代理人，自案件移送审查起诉之日起，有权委托诉讼代理人。自诉案件的自诉人及其法定代理人，有权随时委托诉讼代理人。选项 D，自诉人的近亲属不能够委托诉讼代理人。

考点六 刑事辩护制度

1. D 【解析】本题考查辩护人。选项 A、B、D，下列人员不得担任辩护人：①正在

被执行刑罚或者处于缓刑、假释考验期间的人；②依法被剥夺、限制人身自由的人；③被开除公职或者被吊销律师、公证员执业证书的人；④人民法院、人民检察院、监察机关、公安机关、国家安全机关、监狱的现职人员；⑤人民陪审员；⑥与本案审理结果有利害关系的人；⑦外国人或者无国籍人；⑧无行为能力或者限制行为能力的人。前述第③项~第⑦项规定的人员，如果是被告人的监护人、近亲属，由被告人委托担任辩护人的，可以准许。选项C，审判人员和人民法院其他工作人员从人民法院离任后2年内，不得以律师身份担任辩护人。

2．A 【解析】本题考查指定辩护。对下列没有委托辩护人的犯罪嫌疑人、被告人，人民法院、人民检察院应当通知法律援助机构指派律师为其提供辩护：①盲、聋、哑人；②尚未完全丧失辨认或者控制自己行为能力的精神病人；③可能被判处无期徒刑、死刑的人。

考点七 认罪认罚从宽制度

1．ABCE 【解析】本题考查认罪认罚规定。选项D，犯罪嫌疑人、被告人享有程序选择权，不同意适用速裁程序、简易程序的，不影响认罚的认定。

2．ABD 【解析】本题考查认罪认罚从宽制度。选项C，犯罪嫌疑人、被告人自愿认罪并且愿意积极赔偿损失，但由于被害方赔偿请求明显不合理，未能达成调解或者和解协议的，一般不影响对犯罪嫌疑人、被告人从宽处理。选项E，适用速裁程序审理的，法院发现被告人的行为不构成犯罪或者不应当追究刑事责任、被告人违背意愿认罪认罚，被告人否认指控的犯罪事实情形的，<u>应当转为普通程序审理</u>。

考点八 强制措施概述

ADE 【解析】本题考查刑事强制措施。刑事强制措施包括拘传、拘留、取保候审、监视居住、逮捕。选项B、C属于侦查措施。

考点九 拘传

B 【解析】本题考查拘传。选项A，对犯罪嫌疑人、被告人实施拘传，须经人民法院、人民检察院、公安机关的负责人批准。选项C、D，对犯罪嫌疑人、被告人的拘传次数，法律没有明确规定，但不得以连续拘传的形式变相拘禁犯罪嫌疑人。拘传持续的时间不得超过12小时；案情特别重大、复杂，需要采取逮捕措施的，拘传持续的时间不得超过24小时。

考点十 拘留

ABE 【解析】本题考查拘留。选项C，除无法通知或者涉嫌危害国家安全犯罪、恐怖活动犯罪通知可能有碍侦查的情形以外，公安机关、人民检察院应当在拘留后24小时以内，通知被拘留人的家属。选项D，公安机关、检察机关对被拘留的人，应当在拘留后的24小时以内进行讯问。

考点十一 取保候审

ADE 【解析】本题考查取保候审。选项B，对同一犯罪嫌疑人决定取保候审，<u>不得同时使用</u>保证人保证与保证金保证。选项C，取保候审的最长期限为12个月。

考点十二 监视居住

ABDE 【解析】本题考查监视居住。指定居所监视居住的期限才可以折抵刑期，被判处拘役、有期徒刑的，监视居住2日折抵刑期1日。

考点十三 逮捕

1. **CD** 【解析】本题考查逮捕。选项A，有证据证明有犯罪事实，可能判处徒刑以上刑罚的犯罪嫌疑人，采取取保候审尚不足以防止发生企图自杀或者逃跑等社会危险性的，应当予以逮捕。选项B，公安机关对被拘留的人，认为需要逮捕的，应当在拘留后的3日以内，提请检察院审查批准；特殊情况下，可以延长1~4日。对于流窜作案、多次作案、结伙作案的重大嫌疑分子，提请审查批准的时间可以延长至30日。选项E，法院、检察院对于各自决定逮捕的人，公安机关对于经检察院批准逮捕的人，都应当在逮捕后24小时以内进行讯问。

2. **AC** 【解析】本题考查拘留和逮捕。选项B，拘留一律由公安机关执行。选项D，缺少"采取取保候审不致发生社会危险性的"条件。选项E，公安机关对于被拘留的人应当在拘留后的24小时内进行讯问。

考点十四 立案——考点十六 起诉

1. **C** 【解析】本题考查刑事诉讼立案。刑事诉讼立案的材料来源：①公安机关或者人民检察院自行发现的犯罪事实或者获得的犯罪线索；②单位和个人的报案或者举报；③被害人的报案或者控告；④犯罪人的自首。

2. **B** 【解析】本题考查补充侦查、补充调查。选项A，检察机关认为需要补充侦查或补充调查的，应当退回公安机关或者监察机关，要求其1个月内完成。选项C，补充侦查或者补充调查以2次为限。选项D，2次退回补充调查或补充侦查的案件，仍证据不足，不符合起诉条件的，依法作出不起诉决定。

3. **BCD** 【解析】本题考查侦查措施和侦查程序。选项A，侦查机关在讯问时应依法告知犯罪嫌疑人在侦查阶段的诉讼权利，如有权拒绝回答与本案无关的问题。选项E，检察机关决定通缉的，应当将通缉通知书和通缉对象的照片、身份、特征、案情简况送达公安机关，由公安机关发布通缉令，追捕归案。

考点十七 第一审程序

D 【解析】本题考查刑事诉讼第一审程序。选项A，证据材料较多、案情重大复杂的案件，法院可以决定召开庭前会议。选项B，延期审理的案件，检察院应当在1个月以内补充侦查完毕。选项C，在审判过程中，被告人脱逃的，致使案件在较长时间内无法继续审理的，可以中止审理。

考点十八 简易程序

ABCE 【解析】本题考查简易程序。选项D，基层人民法院审理符合条件的案件可以适用简易程序。

考点十九 速裁程序

C 【解析】本题考查速裁程序。选项A，基层法院管辖的可能判处3年有期徒刑以下刑罚的案件，案件事实清楚，证据确实、充分，被告人认罪认罚并同意适用速裁程序的，可以适用速裁程序。选项B，被告人是盲、聋、哑人或者未成年人的，不适用速裁程序。选项D，法院在审理过程中，发现有被告人的行为不构成犯罪或者不应当追究其刑事责任、被告人违背意愿认罪认罚、被告人否认指控的犯罪事实、案件疑难复杂或者对适用法律有重大争议以及其他不宜适用速裁程序审理的情形的，应当转为普通程序或者简易程序审理。

考点二十 第二审程序

BCE 【解析】本题考查第二审程序。选项A，被害人没有上诉权。选项D，第二审法院审理被告人或其法定代理人、辩护人、近亲属提出上诉的案件，不得对被告人的刑罚作出实质不利的改判。检察院提出抗诉或者自诉人提出上诉的案件，不受上述规定的限制。

综合拓展

（1）BDE 【解析】本题考查侦查措施、侦查期限、补充侦查。选项A，对犯罪嫌疑人逮捕后的侦查羁押期限一般不得超过2个月。案情复杂、期限届满不能终结的可以申请延长，有法定特殊情况的，最长可以延至7个月。因特殊原因，在较长时间内不宜交付审判的特别重大复杂的案件，由最高人民检察院报请全国人民代表大会常务委员会批准后可在7个月的基础上继续延长。选项C，讯问犯罪嫌疑人必须由2名以上侦查人员进行。

（2）BD 【解析】本题考查庭前会议。选项A，召开庭前会议，根据案件情况，可以通知被告人参加，被告人并没有主动参加庭前会议的权利。选项C，召开庭前会议，审判人员可以就"是否对出庭人员名单有异议、是否申请排除非法证据"向控辩双方了解情况，听取意见。但对非法证据"是否排除作出决定"应在正式审理阶段进行。选项E，若本案证据材料较多、案情重大复杂，可以召开庭前会议。

（3）ABDE 【解析】本题考查取保候审。住址、工作单位和联系方式发生变动的，在24小时以内向执行机关报告。

（4）CD 【解析】本题考查二审程序。选项A，二审法院应就一审判决认定的事实和适用法律进行全面审查，不受陆某上诉范围的限制。选项B，二审法院应当组成合议庭，开庭审理的情形有：被告人、自诉人及其法定代理人对第一审认定的事实、证据提出异议，可能影响定罪量刑的上诉案件；被告人被判处死刑的上诉案件；人民检察院抗诉的案件；其他应当开庭审理的案件。本案不符合应当开庭审理的情形。选项E，除特殊情况外，二审法院应在2个月内审结。

亲爱的读者，你已完成本章20个考点的学习，本书知识点的学习进度已达100%。

第三篇 考前模拟

税务师应试指南

考前模拟 2 套卷

优秀的你有足够的理由相信：沉下心，慢慢来，你想要的美好，终将如期而至。现在，你已完成了前期的学习，终于来到应试指南的结束篇"考前模拟"，快来扫描下方二维码进行模拟考试吧！

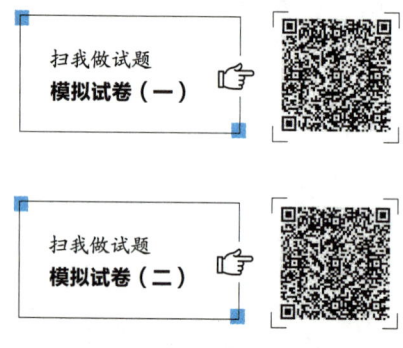

全国税务师职业资格考试采用闭卷、无纸化形式，此篇考前模拟助力考前练习，快来体验吧！